见识城邦

更新知识地图　拓展认知边界

讲给大家的中国历史

—09—

分裂与互动

杨 照－著

中信出版集团 | 北京

图书在版编目（CIP）数据

讲给大家的中国历史. 9, 分裂与互动 / 杨照著. --
北京：中信出版社, 2021.5（2025.12重印）
ISBN 978-7-5217-2673-2

Ⅰ. ①讲… Ⅱ. ①杨… Ⅲ. ①中国历史－通俗读物
Ⅳ. ①K209

中国版本图书馆CIP数据核字(2020)第265747号

本书仅限中国大陆地区发行销售

讲给大家的中国历史09：分裂与互动

著　　者：杨　照
出版发行：中信出版集团股份有限公司
（北京市朝阳区东三环北路27号嘉铭中心　邮编　100020）
承 印 者：北京通州皇家印刷厂

开　　本：880mm × 1230mm　1/32　　印　　张：10.5　　字　　数：224千字
版　　次：2021年5月第1版　　印　　次：2025年12月第7次印刷
书　　号：ISBN 978-7-5217-2673-2
定　　价：48.00元

目 录

第二讲　北宋的变法与党争

第三讲　从北宋到南宋

第五讲　宋代古文运动

第六讲　重读宋诗

第七讲　重读宋词

第八讲　辽、西夏与金

第九讲　草原风云

总　　序

重新认识中国历史

01

钱穆（宾四）先生自学出身，没有学历，没有师承，很长一段时间在小学教书，然而他认真阅读并整理了古书中几乎所有春秋、战国时期的相关史料，写成了《先秦诸子系年》一书。钱穆之所以写这样一本考据大书，很重要的刺激来自名噪一时的《古史辨》。钱穆认为，以顾颉刚为首的这群学者"疑古太过"，戴着先入为主的有色眼镜看中国古代史料，处处寻觅伪造作假的痕迹，没有平心静气、尽量客观地做好查考比对文献的基本功夫。功夫中的功夫、基本中的基本，是弄清楚这些被他们拿来"疑古辨伪"的材料究竟形成于什么时代。他们不愿做、不能做，以至于许多推论必定流于意气、草率，于是钱穆便以一己之力从根做起，竟然达成将大部分史料精确排比到可以“编年”的成就。

很明显，《先秦诸子系年》的成就直接打击了《古史辨》的可信度。当时任职燕京大学，在中国学术界意气风发、引领风骚的顾颉刚读了《先秦诸子系年》，也立刻理解了钱穆的用意。他的反应是什么？他立刻推荐钱穆到广州中山大学教书，还邀请钱穆为《燕京学报》写稿。中山大学钱穆没有去，倒是替《燕京学报》写了《刘向歆父子年谱》，钱穆说：“此文不啻特与颉刚诤议，颉刚不介意，既刊余文，又特推荐余在燕京任教。”

这是个“民国传奇”。里面牵涉那个时代学者对于知识学问的热情执着，也牵涉那个时代学者的真正风范，还牵涉那个时代学院重视学识高于重视学历的开放氛围。没有学历的钱穆在那样的环境中，单靠学问折服了潜在的论敌，得以进入当时的最高学府任教。

这个传奇还有后续。钱穆后来从燕京大学转往北大。“中国通史”是当时政府规定的大学历史系必修课，北大历史系惯常的做法，是让系里每个老师轮流排课，将自己擅长的时代或领域浓缩在几堂课中教授，用这种方式来构成“中国通史”课程。换句话说，大家理所当然地认为“中国通史”就是由古至今不同断代的中国历史接续起来的，顶多再加上一些跨时代的专史。

可是，被派去教授“中国通史”课秦汉一段历史的钱穆，不同意这个做法。他公开对学生表达了质疑：不知道前面的老师说了什么，也不知道后面的老师要说什么，每个老师来给学生片断的知识，怎么可能让学生贯通地理解中国历史？学生被钱穆说服了，也是那个时代的精神。学生认为既然不合理就该要求改，系里也同意既然批评、反对得有道理就该改。

怎么改？那就将“中国通史”整合起来，上学期由钱穆教，下学期则由系里的中古史大学者陈寅恪教。这样很好吧？问了钱穆，钱穆却说不好，而且明白表示，他希望自己一个人教，而且有把握可以自己一个人教。

这是何等狂傲的态度？本来只是个小学教员，靠顾颉刚提拔才破格到北大历史系任职的钱穆，竟然敢排挤数不清精通多少种语言、已经是中古史权威的大学者陈寅恪，自己一个人独揽教“中国通史”的工作。他凭什么？他有资格吗？

至少那个年代的北大历史系觉得钱穆有资格，依从他的意思，让他自己一个人教“中国通史”。钱穆累积了在北大教“中国通史”的经验，后来在抗战中随西南联大避居昆明时，埋首写出了经典史著《国史大纲》。

02

由《国史大纲》的内容及写法回推，我们可以明白钱穆坚持一个人教“中国通史”，以及北大历史系让他教的理由。那不是他狂傲，而是他对于什么是“通史”提出了当时系里其他人没想到的深刻认识。

用原来的方式教的，是“简化版中国历史”，不是“中国通史”。“中国通史”的关键，当然是在“通”字，而这个“通”字显然来自太史公司马迁的“通古今之变”。司马迁的《史记》包纳了两千多年，如此漫长的时间中发生过那么多的事，对于一个史家最大的挑战，不在于如何收集两千多年来留下来的种种资料，而在于如何从庞大的资料中进行有意义的选择，从中选择什么，又放弃什么。

关键在于“有意义”。只是将所有材料排比出来，呈现的势必是偶然的混乱。许多发生过的事，不巧没有留下记录；留下记录可供后世了解的，往往琐碎零散。更重要的是，这些偶然记录下来的人与事，彼此之间有什么关联呢？如果记录是偶然的，人与人、事与事之间也没有什么关联，那为什么要知道过去发生了什么？

史家的根本职责就在于有意识地进行选择，并且排比、串联所选择的史料。最简单、最基本的串联是因果解释，从过去发生的事情中去挖掘、去探索“因为／所以”：前面有了这样的现象，以至于后来有了那样的发展；前面做了这样的决定，以至于后来有了那样的结果。排出“因为／所以”来，历史就不再是一堆混乱的现象与事件，人们阅读历史也就能够借此理解时间变化的法则，学习自然或人事因果的规律。

“通古今之变”，就是要从规模上将历史的因果解释放到最大。之所以需要像《史记》那样从文明初始写到当今现实，是因为这是人类经验的最大值，也就提供了从过往经验中寻找出意义与智慧的最大可能性。我们能从古往今来的漫长时间中找出什么贯通原则或普遍主题呢？或者通过消化漫长时间中的种种记录，我们如何回答那些只有放在历史长河里才能回答的关键问题呢？

这是司马迁最早提出的“通古今之变”理想，应该也是钱穆先生坚持一个人从头到尾教“中国通史”的根本精神价值来源。“通史”之“通”在于建立一个有意义的观点，帮助学生、读者从中国历史中看出一些特殊的贯通变化。这是众多可能观点中的一个，借由历史的叙述与分析能够尽量表达清楚，因而也必然是“一家之言”。不一样的人研究历史会看到、突显不同的重点，提出不同的解释。如果是不同时代、不同主题就换不同人从不同观点来讲，那么追求一贯“通古今之变”的理想与精神就无处着落了。

03

这也是我明显不自量力一个人讲述、写作一部中国历史的勇气来源。我要说的，是我所见到的中国历史，从接近无穷多的历史材料中，有意识、有原则地选择出其中一部分，讲述如何认识中国历史的一个故事。我说的，只是众多中国历史可能说法中的一个，有我如此述说、如此建立“通古今之变”因果模式的道理。

一言以蔽之，这个道理是“重新认识”。通过学校教育、普遍阅读或大众传媒，一些读者对中国历史有了一些基本常识和刻板印象。我试图做的，是邀请这样的读者来“重新认识”中国历史，来检验一下你以为的中国历史和事实史料及史学研究所呈现的，有多大的差距。

在选择中国历史叙述重点时，我会优先考虑那些史料或史学研究上扎实可信，却和一般常识、刻板印象不相合甚至相违背的部分。这个立场所根据的，是过去百年来，“新史学”、西方史学诸方法被引进并运用到研究中国历史中所累积的丰富成果。但很奇怪也很不幸的是，这些精彩、有趣、突破性的历史知识与看法，却迟迟没有进入教育体系，没有进入一般人的历史常识中，以至于21世纪的大部分人对中国历史的认识，竟然还依循一百多年前流通的传统说法。“重新认识”的一个目的，就是用这些新发现、新研究成果修正、挑战、取代传统旧说法。

“重新认识”的另一个目的，是回到“为什么学历史”的态度问题上，提供不同的思考。学历史到底在学什么？是学一大堆人名、地名、年代，背诵下来用于考试时答题？这样的历史知识一来在互联网上随时都能查到，二来和我们的现实生活有什么关联？还是学用现代想法改编的古装历史故事、历史戏剧？这样的历史，固然有现实联结，方便我们投射感情入戏，然而对于我们了解过去、体会不同时代的特殊性，有什么帮助呢？

在这套书中，我的一贯信念是学历史最重要的不是学What——历史上发生了什么，而是要探究How和Why——去了解这些事是如何发生的，为什么会发生。没有What当然无从解释How和Why，历史不可能离开事实叙述而只存在理论，然而历史也不可以、不应该只停留在事实叙述上。只叙述事实，不解释如何与为什么，无论将事实说得多么生动，也无助于我们从历史认识人的行为多样性以及个体或集体行为逻辑。

借由述说漫长的中国历史，借由同时探究历史中的如何与为什么，我希望一方面能帮助读者梳理、思考当下的文明、社会是如何形成的，一方面能让读者确切感受到中国文明内在的多元样貌。在时间之流里，中国绝对不是单一不变的，中国人、中国社会、中国文明曾经有过太多不一样的面貌。这些历史上曾经存在的种种面貌，加起来才是中国。在没有如实认识中国历史的丰富变化之前，先别将任何关于中国的看法及说法视为理所当然。

04

这是一套一边说中国历史，一边解释历史知识如何可能的书。我的用心是希望读者不要只是被动地接受这些信息，将其当作斩钉截铁的事实，而是能够在阅读中去好奇、去思考：我们怎么能知道过去发生了什么，又如何去评断该相信什么、怀疑什么？历史知识的来历常常和历史本身同样曲折复杂，甚至更加曲折复杂。

这套书一共分成 13 册，能够成书的最主要原因是台湾“敏隆讲堂”和“趋势讲堂”让我两度完整地讲授中国通史课程，每一次课程前后横跨五个年头。换句话说，从二〇〇七年第一讲算起，我花了超过十年的时间。在十年备课及授课过程中，我的大部分时间都用于消化关于中国历史的研究的各种论文及专著，并努力吸收这些研究的发现与论点，尽量有机地编组进我的历史叙述与讨论中。明白地说，我将自己的角色设定为一个勤劳、忠实、不轻信、不妥协的二手研究整合者，而不是进入原始材料提出独特成果的人。只有放弃自己的原创研究冲动，虚心地站在前辈及同辈学者的庞大学术基础上，才有可能处理中国通史题材，才能找出一点点“通”的心得。

这套书有将近两百万字的篇幅，时间范围涵盖从新石器时代到辛亥革命。这样一套书，一定不可避免地夹杂了许多错误。我只能期望将单纯知识事实上的“硬伤”降到最低，至于论理与解释带有疑义的部分就当作“抛砖引玉”，请专家读者不吝提出指正意见，得以将中国历史的认识推到更广且更深的境界。

第一讲

宋朝士人与皇帝的关系

01

学习历史的目的之一

“一代要有一代的历史”，这话什么意思？如果历史就是过去的事，过去了的不会再改变，那么上一代的历史，就应该和下一代的历史一样啊，为什么说“一代要有一代的历史”？

历史上曾经发生过的事不会改变，但是我们看待历史的眼光却会随着不同时代的不同关怀、不同价值观而有所变化。例如说以前我们将历史视为固定、标准的答案来学习，现在我们不这样看、不这样想了。我们发现那些可以被以标准答案的形式背下来的内容——哪一年谁在哪里做了什么事，既然是固定不变的，也就很容易可以查得到，那也就相对不那么重要。

重要或不重要，牵涉到学习历史的目的。学习历史的两个目的，显然都无法借由背诵这些内容来达成。一个目的是通过历史来了解、掌握人类集体经验，让我们今天在生活上有所参考，那么知道宋朝在哪一年，以及是经由谁推翻了哪个朝代而建立的，会有意义、有作用吗？这样的知识会对我们如何看待生活、看待政治、看待社会有帮助有影响？不会吧！

如果要让历史对于现实产生提醒、借鉴作用，那么所需要的不是这样的死知识，而是要从历史中整理出变化的现象与规则，认清人类在过去遇到怎样的事，有了怎样的反应，怎样的动机产生怎样的行为，怎样的行为又造成了怎样的后果……只有整理出规则，我们才能对比，在今天出现了怎样的事或许我们可以如何反应，或评估理解别人为什么这样反应而不是那样。有用的、需要的，是归纳后的原理、原则，而不是单纯陈述个案的信息，而偏偏只有后者才能用背诵的方式记忆起来。

不过如果学历史只是为了要对现实生活有帮助，那就不需要学习那么长久、那么复杂的历史内容。我们需要的只是从历史里简化归纳后的变化规则，而不需要历史本身。这就是为什么西方十八、十九世纪“历史哲学”如此流行，蔚为显学。相当程度上，“历史哲学”就是淬炼历史得到的结果，它告诉人们：不必费那么多时间、力气学历史，只要从历史里榨取出精华就好了，一目了然就知道了历史的律则是怎么回事。

但吊诡的是，风行一时的各种“历史哲学”后来几乎都被扬弃了。“历史哲学”整理了普遍的规律，既然是普遍的，也就是适用于过去、现在和未来，但没有任何一套“历史哲学”能够借由整理出的规律准确地预测未来。毫无例外地，每一条从历史里归纳出的定律，都在时间中被证明是不准确的。

也就是说“历史哲学”纷纷被它们所无法预见的人类行为多样性给打败了。

02

学习历史的目的之二

由此浮现出学历史的第二种目的，那就是借由历史去连接人类经验的广度，去感知人类经验的多元多样性。我们只能活在自己的时代里，但我们不是第一代活着的人类，也不会是最后一代。历史的一项作用是向我们全幅显现，人类是多么奇特、独一无二的动物，我们建立了文明，摆脱了本能的约束，创造了其他动物绝对无法比拟的复杂性。自然、本能同质相似性很高，文明却可以天差地别。

一棵树需要固定的水分、阳光和从土壤中得到的几种化学成分。同样品种的树会长出极相似的树皮，同样分枝法产生的树枝，以及形状相同的树叶。自然界同种的动物用基本上相同的方式觅食，寻找并食用相同的食物，而且吃东西的方式也大致相同。人却不是如此。人给自己披上各式各样的衣服，选择吃成百上千的食物，用数不清的步骤、手法准备食物，也用数不清的不同方式进食。

通过历史，我们看到过去的人类累积产生了多么丰富多样的经验。这才是人的真实面貌、完整面貌。

抱持这样的目的学历史，和前面一种目的学历史，就产生了很不同的历史。前一种是简化的，是强调、凸显“同”的，专注找相同的，以便归纳为人类行为律则；后一种则要尽量保留复杂性，强调、凸显“异”，找到不同的现象就收入“历史多样性”宝盒里。越是不一样的，越是应该被写进历史来。

用背诵标准答案的方式更不可能趋向这两种学历史的目的。甚至是以考试为手段的历史学习法，都很难达成这两种学历史的目的。没有固定答案无法考试，但每一个固定答案必然排除了许多相关的多元错杂现象，取消了更丰富的多元可能性。从认识人类多元性的角度出发，比较容易明白为何不同时代会有不同的历史，因为会用不同的方式整理人类经验，而凸显了不同的面向、不同的重点。

“一代要有一代的历史”，还因为作为后代的人，我们有机会认识前代的人，前代本身成为历史，于是我们会有第二序的自觉，去讨论、去检验前一代的人为何相信这样的历史，诉说这样的历史。我们不可能也不应该天真地认定前人写的历史就是历史唯一的答案，应该注意到他们会有自己的动机、理由这样看历史、这样写历史。

欧阳修写“五代史”，告诉我们五代发生了这些事，今天我们很清楚欧阳修是宋朝人，必然是以宋朝的本位立场去看五代的。他有从他那个时代去看才刚结束不久的五代的角度，意识到这件事，我们一方面就不会将欧阳修写的五代历史照单全收当作是我们的五代史，另一方面我们也可以换一种方式读欧阳修的“五代史”，从中看出欧阳修及其时代所抱持的关怀与价值判断。

03

如何评价宋朝重文轻武?

过去认识宋朝历史，最强烈的印象就是“积弱不振”，对外关系上一塌糊涂，从对辽、对西夏、对金到对蒙古人，一贯都是采取守势，跟人家签了很不像样的条约，给金银给布匹，还要叫人家哥哥，甚至叫人家叔叔。不只是纳献的行为很丢脸，而且纳献的项目计算方式竟然是将几万两钱和几万匹布硬是加在一起，以“两匹”做奇怪的单位，不同计量单位无法相加这一基本数学常识竟缺乏，真是荒唐。小孩都知道五只鸡和三只兔不能加起来变成“八只鸡兔”，宋朝人竟然不知道!

“积弱不振”的印象有其历史事实基础，然而在这事实之上，我们今天可以多一些认识，做一些补充说明。第一，宋代的“积弱不振”来自“重文轻武”的长期政策，被宋太祖赵匡胤写入“家法”中一直传承下来。而赵匡胤所着眼的，是为了彻底解决从中唐以降，武人治国，或者说武人乱国的严重问题。“重文轻武”固然造成了外患难以处理的局面，但是，同时我们也应该看到：“重文轻武”的确成功改革了原本藩镇割据的乱象，创造了中国近世辉煌的文人文化。

其次，我们应该看到特别凸显宋代对外关系失败，这种历史态度主要是清朝受到西方势力影响之后，产生的自卑感及恨铁不成钢的心情影响的。在强烈的挫折心情的投射下，对外关系的成败，尤其是能否战胜、扩张，就成了衡量朝代好坏的重要标准。套用之前提过的，杨联陞先生的“朝代竞赛”看法，也就是清中叶以来，对外关系成了朝代竞赛最主要的规则，用这种规则来比赛，汉朝、唐朝成了大赢家，相对地，宋朝就成了输家中的输家。

以受到外力屈辱的视角看历史，看不到“重文轻武”的正面价值，只看到不断战败的负面结果，再和清朝自身一再败于西方坚船利炮的弱者形象重叠在一起，很自然就忽略了“重文轻武”社会了不起的文化活力与文化成就。

五代加上十国，政权不断更迭，有很多皇帝及国君，其中大部分是武人出身。大部分的政权都是打出来的，而每个政权存在的时间太短，还来不及从“马上得天下”转入“马下治天下”就已经被另外的军事势力打倒了。大部分皇帝、国君传不到第二代、第三代，不能够累积治国经验，也无法有效提供稳定的政治秩序。

在这样的历史环境中，宋太祖取代后周当上皇帝，不可能有把握自己的这个朝代可以长治久安，相反他看到的例子都是像后唐、后晋、后周这样的短命朝代。他必须有和之前这些朝代很不一样的做法，才有机会不要步其后尘，不再让自己陷入另一个短命朝代的悲哀中。

04

燕云十六州的关键地位

赵匡胤和他弟弟赵光义都是武人出身，对于兵权极度敏感，因为他们很了解握有兵权的人如何思考，又可能做出什么样的事情来。有兵权的人会做的，是据地自雄，也就破坏了过去中国的大一统形式。

在赵匡胤生命的最后一年，群臣曾奏请为他加“一统太平”的尊号，赵匡胤立刻表示反对，理由是根本尚未“一统”，更不必夸口说“太平”了。他心中有个非常明确的目标，那就是“一统”，而且不只是以武力征服还没臣服的地区，更要建立起“一统”的根本条件，排除妨碍“一统”的主要因素。

宋太宗赵光义接在赵匡胤后面当皇帝，他采用的年号是“太平兴国”，表示到这时候有“太平”了，但是还没有完全“一统”。

他在位期间，北征消灭了十国中的最后一国北汉，但这仍然不是“一统”，因为“燕云十六州”还控制在辽的手中，拿不回来。

“燕云十六州”是建立后晋的石敬瑭为了要篡夺后唐而和辽进行的交易。辽以军事行动支持石敬瑭，换得“燕云十六州”这一大块北方战略之地。“燕云十六州”的位置在代城、涿州以北，也就是农业民族与游牧民族的交界地区。在中国历史上，代城是农业和游牧民族冲突争战的关键点，因为那就是农业土地的最北限。农业民族控有“燕云十六州”，可以借由地形在此布设防线，防堵游牧民族南下牧马。这是一块广阔的草原地带，如果没有特别安排防堵措施，游牧民族的骑兵就几乎可以随时南下，很快就冲进了农业生产区域。

草原地带可农可牧，当然农业条件不算好，要进行农业生产必须辛苦作业。然而长期以来农业民族一惯将农业线向北推，其动机不在生产，而在防卫。将农田往北推，让这块土地有农民居住，才能形成军事防线，提供军务所需。如果在农业生产上稍有松懈，这块地方又会很快回复为草原，成为游牧民族的进袭通路。

石敬瑭所做的，是将在唐代经由藩镇开发维持的稳固农业屏障，拱手让给了辽。失去了这块区域，在此以南的政权就必须随时提防游骑势力长驱直下，也就必须在南方储备防御的力量。对于农业民族来说很痛苦也需付出很高代价的储备做法就是养马。你得训练保有自己的骑兵，以便北方游骑南下时可以对抗，你再也没办法以整顿过的农田地形来阻绝、防堵北方。没有对抗的势力，北方游骑就可以大剌剌地选择收获季节南下，抢走农户辛苦耕种的成果，轻松过冬。养好了实力，明年再来。

公元九七九年，宋灭北汉；没有了北汉作为缓冲，很快就发生了宋辽之间的冲突。辽的大批骑兵南下，抢夺了代城附近的农业收成。于是宋太宗决定亲征北伐。赵光义也是武人出身，有军事经验，是真的能带兵的。军队先是攻下了涿州，看来情势大好，却不意辽中大将耶律休哥带军队从两翼杀出，冲得宋军大乱，宋太宗身上中箭，无法骑马，只好坐在驴车上逃离战场，军队溃败。

此后宋太宗一直受旧箭伤所苦，而且视那场败战为奇耻大辱，在宋朝政治上留下了深沉的阴影。

05

雍熙北伐与“将从中御”的祖宗家法

公元九八二年，年仅 12 岁的辽圣宗即位，九八六年，宋太宗逮住机会再度北伐。和七年前不一样的是，宋太宗留在京城，没有亲征。宋军分成三路北上，却无法维系有效的三路协同作战。这次被称为“雍熙北伐”的行动中有两场主要的战役，一场是宋军在岐沟关大败。大败之后有了下一步该如何做的讨论，是要留在原地屯田待变，还是要撤退？其中有一路的将军，叫杨业，戏剧中常称杨继业，他主张撤军，避开刚打胜仗的辽军，转到侧翼进行奇袭。但这样的主张却被太师潘仁美否决了，还嘲笑提议的杨业，说他：“果然是北汉的降将！”于是杨业只好从代城出兵迎战辽军，结果又败，杨业被辽国俘虏，在辽营绝食而死。杨业抗辽，父子皆智勇，受到宋及后代人民称颂，“杨家将”故事的流传也从此开始。

宋太宗第二次不亲征，当然有道理，毕竟上一次那么危险受了箭伤。不过他第一次亲征也是有道理的，因为五代的皇帝都是自己带兵的，如果不自己带兵要如何“杯酒释兵权”？如何说服人家将兵权交出来？

赵匡胤、赵光义都会自己带兵，所以定下一个祖宗家法，规定“将从中御”，将领带兵出去打仗都要听命于皇帝，换句话说，皇帝自己是前线指挥官。这是防止将领模仿“陈桥兵变”，节制武人不得作乱办法中的一环。

皇帝是真正的统帅，理所当然应该到前线去。然而到了第二次北伐，受过伤的皇帝不方便再去前线，可是这三路分头出击的部队，却都还要由留在后方的皇帝来指挥节制，这可就麻烦了。皇帝不可能实时准确掌握三支部队的动态，命令又有时间差，怎么能协同作战呢？

“雍熙北伐”大败，显露了宋朝之后还会一再遭遇的根本问题，那就是皇帝无法授权武将。这种方式连赵光义都打不了胜仗，之后的皇帝没有军事经验，要怎么指挥部队行动？只要祖宗家法不改，宋朝的军队就不只不能打仗，根本就无法派遣指挥。

宋太宗北伐还有一项严重影响。第一次北伐受伤乘驴车逃走过程中，皇帝一度下落不明，于是就有大臣主张应该紧急让德昭太子即位，以免在战争状态中没有皇帝。德昭太子身份特殊，他不是赵光义的儿子，是赵匡胤的儿子。

经过太后介入，以及“烛影斧声”的怪奇事件，弟弟赵光义在哥哥赵匡胤之后即位，但同时又安排了让赵匡胤的儿子，而不是赵光义的儿子当太子，表示之后皇位还是会回归到赵匡胤的这一系。很显然，这样的安排，对赵光义来说是为了收服人心不得已的妥协，却偏偏遇到作战中有人要拥立太子，负伤生还的赵光义当然不高兴。

赵光义带去北伐的，是原本攻打北汉的同一支部队，成功灭了北汉之后，来不及回来，就又去打辽国。等到北伐失利了，德昭太子就向皇帝请求，觉得还是应该给予部队灭北汉的奖赏，赵光义给他的答复是："不急，等你当皇帝时你自己来赏吧！"这话很明显表示了太子想用这种方式收买人心让皇帝很不满。因此，第二次"雍熙北伐"赵光义不亲征了，其中一个有力的原因是，有惩于前鉴，担心后方有变。

06

赵普如何影响皇位的继承?

遇到了敏感的继承问题，赵光义就找了赵普来问。赵普最有名的是他留下的一句：“半部《论语》治天下”。他能在宋太祖、宋太宗两朝都有很高的地位，享有实权，不是侥幸、偶然的。宋太宗即位后，一度疏远赵普，因为很多人去告状说赵普反对宋太祖传位给弟弟。

赵光义找来赵普，直接就问：“你当时反对哥哥传位于我，现在你怎么看？”这话表面看来，像是挑衅地问赵普觉得他当皇帝当得好不好，有不称职吗？但聪明的赵普不朝这个方向答话。他说：“我当时告诫过你哥哥，他不听我的，他已经犯过一次错了，难道你还要再犯一次吗？”

赵普没有否认自己反对传位给赵光义，也没有为了那样的态度道歉。他其实仍然坚持兄传弟是不对的，那和赵光义是否能干，当皇帝能不能称职无关。重点在于这样传位会带来不稳定。接下来到底该传给哥哥的儿子，还是赵光义自己的儿子，不正是兄传弟造成的难题吗？赵匡胤没有接受劝谏，证明是个错误，岂不就造成了当前的困扰吗？

同时赵普又毫不犹豫地表态：还是应该维持父传子的方式，不要再错了，不要再制造混乱了。这也就是明确地反对由德昭太子继位。因为这样，原本被疏离了的赵普，又在太宗朝得到重用。

发生了一连串的事件后，德昭太子因故自杀，接着他的弟弟又得病去世了，赵匡胤留下来两个有皇位继承权的儿子都不在了。不过这时候还有另一个威胁，那是赵光义的弟弟秦王赵廷美。前面是哥哥传弟弟，那也就不能排除等这个弟弟死了，皇位再传给更小的弟弟。这正是赵普劝诫不成的错误所致。

后来也靠赵普的协助，以“交接大臣”的祖宗家法治办赵廷美，将他放逐在外。但在治办赵廷美的过程中，赵光义的大儿子赵元佐却站在叔叔那边，因而和自己的父亲发生了严重冲突。他被父亲刻意疏远，有一回得知父亲设宴找了其他兄弟却独独漏了他，他为之喝得烂醉，烂醉中冲动地将自己住的宫殿放火烧了。

这个儿子疯了。另一个儿子赵元僖又比父亲早死。据说他是被宠妾意外毒死的，原本下毒要害的对象是赵元僖的原配妻子，却不小心毒死了赵元僖。

07

辽军南下与澶渊之盟

这些宫廷传言后来都成了重要的戏剧题材。不过历史上真正重要的是从赵普身上我们看到了“重文轻武”另一个方向的发展。轻武人、重文人的习惯甚至进一步改变了皇权的性质。宋太宗也是武人出身，却延续哥哥的办法，不断贬抑武人，抬高文人。到了他的子孙，逐渐地就将自己认同于文人，皇权和文人身份重合。

赵光义开始编书，开始自己写诗，也鼓励侍臣们要写诗。最聪明的统治术运用，是将他写的诗和字，当作奖赏赐给臣下。这一行为和文人文化配合在一起，就产生了谁能得到皇帝的诗和字，在意义上甚至高于从皇帝那里得到珠宝、土地这样的统治效果。

太宗朝时流传这样一个故事。皇帝写了诗，一位大臣竟然用万言长文来解释皇帝的诗，皇帝一高兴，就提笔用三种不同的字体抄写那位大臣祝贺皇帝的诗送给他。一旁两位名臣，同时入翰林，并列为“五凤”的吕蒙正与苏易简，趁机也向皇帝求字，以致为此吵了起来，吕蒙正像小孩般对皇帝大叫：“是我先要的！”皇帝却非但不以为忤，没有降罪处罚，还将两个人都升了官。

这样的风气甚至也影响了武将。要在朝廷上受到重视，与其追求建立多少战功，展现自己多会打仗，还不如写几首像样的诗。其他武人不会写诗，会写诗的自然就容易出头了。

太宗死后真宗即位，他是宋朝第一个没有军事经验的皇帝，而且以他的出身，在这方面条件最差。太宗朝还有战争时，会陪着皇帝与知军事的，是当时的德昭太子。但德昭太子死了，他弟弟赵德芳也死了，连赵元佐到赵元僖都没有当上皇帝。真宗既非长子，也非嫡出，自然就没有受到什么养成准备了。

公元九九七年，真宗即位。辽国清楚记得自己这边新皇帝上任时，宋朝是怎么趁机发兵来骚扰的。于是也以其人之道还治其人之身，连续两年出兵犯边。然后萧太后统领军队大举南下。

宋朝朝廷哗然。大多数人都主张观望、谈判，担任宰相的寇準力排众议，要求真宗御驾亲征。辽军南下是闰九月时，真宗勉强同意亲征，却拖延着迟迟不出兵。于是寇準想了各种方式催促出兵，简直形成了宰相和皇帝间的大斗法。寇準故意累积六七天的战报，一口气将连续不利的消息呈递给真宗，让真宗感到事态严重。到了十一月二十日，真宗率领的大军才正式出发。

这时候辽国军队已经迫近河南北部，宋军到达澶州停了下来。澶州跨黄河两岸，分南北城。真宗先进了南城，寇準不同意，坚持皇帝必须驻扎在北城，也就是更靠近辽军的地方。双方大军决战，几项条件都对辽国不利，出兵已久，又深入敌境，加上澶州易守难攻，辽军一下子折损了两员大将，最终宋军取得了决战胜利。

真宗很高兴，立刻就派出曹利用去讲和。出发前皇帝叮嘱曹利用，谈和难免花钱，但不能超过一百万。曹利用出来后，宰相寇準也找他，问他皇帝如何交代。听了曹利用的回报，寇準不假辞色告诉他："如果超过四十万你就不必回来了！"

曹利用去谈了，以二十万匹布加二十万钱谈成了。还来不及回报，真宗另外派的使者私下问谈判结果，曹利用不方便说话，就以手势比了"三"。使者自作聪明赶紧向真宗回报说："三百万！"真宗惊讶那么多，但随即又说："算了，只要能够平安也不算太多。"

08

天书与封禅也无法提高皇权

在这个事件中，我们看到了宋代士人在政治上相对强硬的态度。“重文轻武”到了极端，也就使得士人有了“与皇帝共治天下”的感受，他们察觉皇帝在行使皇权时，为了避免武人武力介入，需要文人的协助，甚至皇权的合法性是建立在和文人合作，取得文人配合一事上的。

为了裁抑武人，宋代皇帝的确必须对文人相对让步，赵匡胤、赵光义允许赵普介入皇位继承的考虑与决定，真宗时寇凖也取得了坚持让皇帝到最前线去的权力。宋代是出名相最多的时代，范仲淹、欧阳修，后面更有权倾一时的王安石。

寇凖对真宗的强硬态度，不是出于他个人与皇帝的关系，而是他代表文人所取得的特殊权力，一项清楚的例证是同为真宗朝的大臣王旦。王旦和寇準平常相处得不好，立场往往对立，然而在澶渊之战中，两人却密切合作。寇準力主皇帝亲征，当然必须负责和皇帝一起到前线去，那谁留守呢？留守的是王旦。军队出发之前，王旦和寇準同在真宗面前，王旦问："军队出发后，如果十日都未有捷报，该如何？"

这是个既可怕又难堪的问题，意思是皇帝亲征万一打败仗了怎么办？这问题其实只有一个答案，重点是必须要由皇帝亲口说出来，才有未来处理的依据。而在王旦和寇準的逼视下，尽管千般不愿意，真宗还是不能不说："那就立太子。"那不是立太子，而是立太子为帝，让太子即位。

王旦的意思是你们在前线可能遭遇不测，我在后方留守不能没有皇帝，所以当着皇帝的面一定要争取到交代。这也是将如何处理皇位的事情，当作是自己大臣责任的一部分，是"与皇帝共治天下"的另一种反映。从寇準到王旦，示范了北宋士人的集体特性，他们不只有勇气，更重要的，他们的勇气来自他们的集体自尊与自信。

他们不可能挑战皇权，他们也知道皇帝可以任意处置大臣，可是他们不怕得罪皇帝，因为这个人被换掉了，换上另一个士人，他的态度也还是一样的。王旦和寇準可以互争、为政敌，但在面对皇帝时，他们都属于士人集团的一分子，拥有同样的士人意识，都相信士人有权也有责要"与皇帝共治天下"。这边的大臣叫你御驾亲征，那边的大臣要你允诺十天没有捷报就换皇帝，都是强硬的。

战事平息，签订"澶渊盟约"之后，王钦若到皇帝面前批评寇準，说他的态度轻忽了皇帝的安全，置皇帝性命于危急之地。有人说，真宗的反应是似乎恍然大悟，方才明了原来自己到前线去是会有危险的。但对比前面和王旦的问答就知道，这绝对不可能是事实。都已经被迫允诺十天要立新皇帝的时限，真宗怎么可能不知道有危险？

所以真正的重点是王钦若提出了可以提高皇帝地位的方法，也就是告诉皇帝如何能够不再被宰相、大臣要挟逼迫。他的方法是得到上天给予的符箓后到泰山封禅。看看过去的皇帝为什么那么威武，因为他们都到泰山封禅，而宋朝传到第三个皇帝了，却迟迟还未行封禅礼。

真宗听了，半信半疑，问："要得到上天降下的符箓，有那么容易吗？"王钦若表示当然可以有符箓。真宗还是没有把握，就找了朝中号称博学的杜镐，问他古代的祥瑞、异象、符箓究竟是怎么一回事。杜镐回答说，那是圣人用来教化民众的手段，意思是不是真的从天上降下来的，只是让人民相信有这种天道显现，因而不敢为非作歹。

杜镐和王钦若的立场或许不同，但观念却是一致的。王钦若之所以声称封禅一定能得到符箓，并不是出于迷信，刚好相反，是根本认为符箓是人造出来的，那么当然只要造就有。这是近世中国文人的另一项特殊精神，他们带有浓厚的世俗理性精神，不相信超越的力量，而是从圣人设教的功能角度予以合理化了。

皇帝认为杜镐也同意王钦若的主张，于是就真的去假造出了天书。皇帝先告诉宰相自己做了个梦，梦见有神人预告将赐予天书，天书上会有所指示。过了不久果然有人献上了天书，上面写的是：“赵受命，兴于宋，付于恒。居其器，守于正。世七百,九九定。”这也就是符箓。关键在“世七百”，表示宋朝可以传七百代，或至少可以传七百年。好了，有此依据，就可以出发去泰山封禅了。

09

武将狄青的悲剧

真宗真的相信封禅可以提高皇权，让他身上的权力上追秦皇汉武。但时代改变了，宋代的士人已经不是汉武帝时对于无法参与封禅耿耿于怀含恨而终的司马谈了。

真宗之所以采纳这种策略，是因为在和辽的冲突中，他真切感受到自己在寇準、王旦等士人面前没有足够的权威。可是他造天书、搞封禅的做法，遇到了只从统治功能角度看这种仪式的宋代士人，那是缘木求鱼，不可能有增长皇帝权威的效果，甚至可能反而使得皇权更加低落。

王钦若是这件事的主谋，杜镐成了帮凶，但其心理的出发点都在于不相信祥瑞、异象、符箓真的是上天降下的，他们知道那是人造的。士人普遍不相信符箓及封禅的神秘性神圣性，做这样的事又怎么可能提高皇帝在他们面前的权威呢?

实际的效果是让皇帝在统治上更加依赖士人，连要如何对付士人，连符箓怎么来，又是什么样的东西，皇帝也得靠士人给他建议，为他解说。

北宋政治史上的一大主题，是党争。而党争现象背后的结构性因素，就是皇权合法性相对低落。皇帝可以任意处置个别的士人，但皇帝无法独立于士人意见，也无法摆脱士人的牵制进行统治。从一个方向看，不同的政党要争取皇帝的支持；但换另一个方向看，我们也要看到皇帝也需要抓住某个政党，才能行使统治权。皇帝没有高高在上俯视士人争执，做一个仲裁者、统合者的角色，在政权行使上他和士人紧紧连在一起，他是党争中的重要部分，于是就让党争愈发严重，无法收拾了。

从真宗朝到仁宗朝，情况愈发朝士人倾斜。在西北对抗西夏的名将，韩琦、范仲淹，他们都是文人，而不是真正的武将，但担任军事领袖的却是他们。武人出身且实际带兵，有时还要带不是宋朝的兵，要带领吐蕃部队联合作战的，是狄青。狄青骁勇善战，号称“连二十四战不败”，因而受到范仲淹的注意。范仲淹特别接见狄青，谈什么?范仲淹交给他一本《春秋左传》，告诉他武人不可以不读书，要他好好研读《春秋左传》。

狄青还真的听话读书，才有后来的发展。他在前线建立了许多功绩，得到了皇帝召见的至高荣宠。皇帝见了他，又跟他说什么，给他什么样的奖励?皇帝特别允许他可以除去脸上的刺青。是的，狄青和所有的武人都一样，脸上有刺青，走到哪里人家都看得到，也都被看不起。不过狄青的反应是婉拒了，表示他有分寸，接受自己武人的身份，这让他取得了文人的信任与尊重，可以在仁宗朝继续发展。

狄青的传奇胜仗，是平定广源蛮之役，那是在西南深山峻谷中，汉人的军队无法在那样的地理环境中打仗，狄青去动员指挥了吐蕃兵，才得以制伏了广源蛮人侬智高。借此他被授命全权岭南军事，西南边境的军事由他统筹。这是破格任命。首先，破格由武人而不是文人担任一般的军事长官。平常武人只有在战事爆发了才能领军，但领军时旁边又一定会配一位监军，不可能让武人自行指挥。狄青成了唯一例外，他不是文人也能当军事领导，要出兵时皇帝也不派宦官监军去监视、牵制他。

后世关于狄青的记录，尤其是民间戏文中，强调的往往都不是他战场武勇的那一面。打侬智高的戏，凸显的是他如何用智。出征前夜，他让一部分部队放松，喧哗欢乐，毕竟明天一战能否活着谁有把握呢，大家当然放纵狂欢。在此同时，狄青带另一部分的部队趁夜奇袭侬智高，对方一直听见喧哗狂欢之声，不会有防备。

另一段是狄青出兵前，一定会掷铜板求预兆，而每次掷出来的结果都是正面，全军认定上天预兆会打胜仗，因而士气大振。不过事实上狄青所用的铜板，两面都是正面。

最会打仗的狄青，靠的是具备符合文人价值的素质，而不是武勇。这是北宋“重文轻武”付出的最高代价，不只是不重视军事能力，到后来连打仗战备是怎么一回事都扭曲失真了。作为一个武人，其应有的武勇价值消失了；作为一个将领，其应有的带兵本领与原则消失了。

担任全权岭南军事之后，狄青再度被仁宗拔擢为枢密使，但即使是他自谦自抑，得到许多文人信任，这命令一出还是引发轩然大波，原本支持他的文人也纷纷表示无法接受。突然之间，都城中谣言四起，说狄青家夜里出现奇怪火光，狄家的狗生出角来，或是有人穿着怪异的衣服进入他们家……都是这一类怪力乱神的妖怪故事，简直不把武人当人看待。

于是仁宗不得不罢免狄青，终究狄青不得不抑郁以终。戏文中留下的故事说，狄青得知自己要被外放陈州，突然想起陈州最有名的橘子叫青沙烂，这名字岂不是预言狄青要烂死在陈州吗？后来他果然以 49 岁之年死于陈州。

10

士人集体力量与皇帝权力平行合作

仁宗之后，神宗即位，年轻气盛，问前朝留下的老臣富弼该如何统治天下。富弼的答案好简单："二十年不用兵。"神宗无法忍受这种保守退缩的态度，他知道绝对不能用像富弼这样的宰相，要当强悍的皇帝，先要找到一个强悍的宰相。他找的，就是王安石。

神宗朝迫切要处理的大问题，是西夏。此时王韶上了著名的《平戎策》，建议先拿河湟之地，来建立对西夏的包围之势，可以联络吐蕃，然后用吐蕃之兵连接西羌，从南边威吓西夏。《平戎策》得到了王安石大力支持，熙宁五年（公元一〇七二年）神宗就任命王韶为枢密副使到河湟之地屯田，建立熙州，特别强调是熙宁年间新建立的国土。

公元一〇八一、一〇八二连续两年发兵三十万进攻西夏，这也是北宋最后两次对外用兵，前一年先败于灵州，次年又败于永乐城，两场对西夏的出征失利彻底浇灭了宋朝对外的军事企图。

宋代政治上最关键的因素，是士人与皇帝共治。这不是皇帝高高在上，由士人去服侍皇帝，而是士人集体的力量与皇帝权力平行合作。这又是之所以要重新认识中国历史的一个理由。过去对于中国政治的印象，总是一体假定权力中心就是皇帝，由皇帝来统治。然而历史现实上，皇帝权力不只随时代有大有小，而且行使的方式很不一样，和底下的官僚体制间的关系也不断变化。把所有的皇帝都看成是一样的，以为他们在政治上的地位与作用都一样，就无法认识中国政治史最核心的真貌了。

第二讲

北宋的变法与党争

01

近世中国政治的一大特色

近世中国政治上的一大特色是过去得以牵制、制衡皇权的因素，不论是社会性的或制度性的，都大幅削减。社会性的是中介集团，如世族门第和寺庙的势力萎缩，制度性指示的是没有了单一的宰相，原本负责劝谏皇帝的谏官所起的作用转移，谏官和纠举官员的御史功能相同了。

另外，经过了五代动乱后，新建的王朝小心谨慎处理地方权力，确保中唐以下的藩镇割据状况不会重现。地方不准拥有兵权，军事事务完全集中在中央。即使是与军事无关的地方行政权也大幅削减，一切都由中央统筹管理。

之所以产生皇权如此提升的变化，根底上有着更普遍的中国社会重新组构，社会群体与社会阶级在这段时间中彻底大翻修。在这变化过程中，士人的角色与地位当然也牵涉其中。皇权上升一部分依靠律定出来的新的权力集团——文人集团，也就是皇帝成了士人的领袖，由士人的知识、能力、操守与社会信任来保障皇权。因而北宋之后，唯一能和皇帝分权的，只有士人。缺少了士人的身份，不管家世多么显赫，不管立下多少战功，都不能正式取得政治体制中的地位，不能取得依随这地位而来的权力。

再者，士人身份取得的路径，到宋代之后也近乎单一化了。唐代还有世族出身的士人，他们接受世族教育养成，进入太学，如此成为一个士人，再看是否能在科举中考取明经科或进士科，这决定未来他们在朝廷中的前途。但宋代以后，这条路没有了，要成为士人一定得通过科举，而参加科举的价值意识形态也就是参与协助皇帝统治。皇帝和士人关系比之前密切许多。

从皇权的角度看，这是所得多于所失的划算交易。失，是和士人分权，与士人共治，不再能独断行使统治权；得，则是获得了统治上的高度安全感。相对于过去的武人或世家，士人没有世袭的保障，每个人必须通过科举来取得身份和权力，父亲是士人，不能保证儿子也是士人。以前的世族一代代传下来，很多比朝代还长久，皇帝换人换姓了，这些世族都还一直在。武人也是一代传一代，有自己的稳固基础，只对皇帝表面服从与尊重。

科举产生的士人都没有这种问题。虽然是分权分治，士人和皇帝在这方面形成决然对比。皇帝是世袭的，正常情况下由血缘来决定，不会中断；士人身份与权力却是及身而终，活着的时候有，死了就没有了，不可能依凭其意志传递交付给任何人。

02

宋代党争：意见之争远胜于身份之争

借由抬高士人地位，将武人相对贬抑下去，解决了过去军权威胁皇权，地方威胁中央的严重问题，也就是将政权的合法性建立在和士人的合作共治基础上。于是就建立了种种祖宗家法来保护士人，不可以侮辱士人、不可以杀言官等，都被视为朝代的政治原则，用来节制了皇权。如此在北宋刺激出高度的士气，作为一个集团，士人真的相信，既自豪又带有责任感地相信，天下是由皇帝和士人共治的。

近世前期与近世后期在这方面有着最大的差异。明朝之后，士人的地位逐渐沦丧，以至于虽然表面的角色维持着，社会上也没有出现其他集团和阶级侵蚀、抢夺士人的权力，但实质上士人和皇帝之间的距离越拉越大，一种是权力上的距离，另一种是关系上的距离，而两者又密切互动。

明太祖因“胡惟庸案”而废宰相，只是士人与皇帝距离拉大的其中一项因素。出现了“廷杖”的惩罚，也是其中一项因素。“以八股取士”，将读书彻底技术化，窒息了士人的思想发展，也是其中一项因素。众多因素累积彼此加强，到了万历朝，恶化到出现皇帝二十年不见朝臣的荒唐局面，试问，绝大部分士人，即使任职高官，都从来不曾见着皇帝，要如何“与皇帝共治天下”？甚至要如何维持“与皇帝共治天下”的信念？

从历史上看，唐朝有党争，宋朝也有党争，但了解了宋朝独特的“士人与皇帝共治天下”政治背景，我们就会小心，不能想当然地将两朝的党争混为一谈。唐朝党争分党分派的原则是“身份重于意见”，牛党和李党成员身份背景很不一样，但彼此政见立场没有很明显的差别。党争过程中不太会看到有人因为信念的改变，而从这个党跳到那个党去。两党的属性很难改变，因为身份无法改变。

宋朝没有门第、寒门的区别，也没有明经科和进士科的区别，那是唐朝党争的根本原因。宋朝的党争是倒过来的，“意见重于身份”。若要从身份上看，其实看不出太大的道理。元祐朝有所谓的“洛”“蜀”“朔”三党，看起来好像是用出身地域来区分的。在四川出生长大的就归到“蜀”派，和其他四川人在一起。但是细查当时的党派状况，却发现三派领导人有明确地域出身差别，“蜀党”是以来自四川眉山的苏轼为首的，可是归在这一党，和苏轼相善的，却并不都是四川人。尤其是后来新党复辟后，和苏轼一起遭到打压放逐的那群人，很多都不是来自四川。

北宋党争本质上是意见之争，意见之争也就没有必要争论谁属于哪个党。唐代牛党的人不太可能明天变成李党的，李党的人也不会想将牛党的人拉到自己的阵营里来。可是北宋的党争就有很高的流动性，没有必然的力量将一个人限制在一个党里，也没有必然的力量控制一个政党应该包括哪些成员。高流动性也就等于是充满各种变节以及背叛可能性的环境。那个时代党没有制度化，没有党员、党证、党代表大会，纯粹依意见立场形成团体，照理说应该会有许多不同团体，各个团体都很不稳定，团体之间混战一气，果真如此，那就很难形成两个党对峙拉扯的“党争”。

有“党争”，因为先有关于“党”的一些特别观念，才形成了特殊的“党”。

03

北宋的新“朋党”观念

宋仁宗庆历四年，即公元一〇四四年，有一天皇帝召集重要的辅臣，包括范仲淹、欧阳修、尹洙等人，问：“自昔小人多为朋党，亦有君子之党乎？”以前历史上有很多小人结党作恶的例子，那么君子也会成群，也会结党吗？

范仲淹回答：“臣在边时，见好战者自为党，而怯战者亦自为党，其在朝廷，邪正之党亦然，唯圣心所察耳。苟朋而为善，于国家何害也？”依照他过去守边时的经验，好战的通常会在一起，也就是态度同样、主张相同的人倾向于结合为群体，那么想必朝廷也是一样，正人和正人在一起，邪人和邪人在一起。那就看皇帝如何判断哪些人是正，哪些又是邪了。如果形成团体是为了要做好事，那应该没有坏处吧！

然后因应这个议题，欧阳修接着写了《朋党论》，文章里说：

大凡君子与君子以同道为朋，小人与小人以同利为朋，此自然之理也。然臣谓小人无朋，惟君子有之，其故何哉？小人所好者利禄也，所贪者财货也。当其同利之时，暂相党引以为朋者，伪也。及其见利而争先，或利尽而交疏，则反相贼害，虽其兄弟亲戚不能相保。故臣谓小人无朋，其暂为朋者，伪也。君子则不然，所守者道义，所行者忠义，所惜者名节。以之修身，则同道而相益，以之事国，则同心而共济，终始如一。此君子之朋也。

他先将君子和小人之所以结为朋党的理由予以区别开来，君子是因为具备同样的原则而在一起，小人却是为了追求同样的利益才在一起。君子不会和小人一起，小人也不会因为原则而结合，这都是自然的现象，自然的道理。

不过接着他话锋一转，做了个翻案，说其实小人没有朋党，君子才有。以前传统上认为“小人群居为不善”，仁宗皇帝的问题也预设了君子应该是独立行事的，只有小人才聚为群体，欧阳修却说不对，应该是相反才对。这就显现了前面所说的中国式的自由主义，以及士人相对于皇帝的一种不驯的态度。明知皇帝讨厌朋党，不希望士人结党，他们却因此更要表现不同的判断，独立于皇帝立场之外的判断。

小人喜欢的是利禄，贪图的是财货，结交朋友只是用来获取利益的手段而已，不是真的喜欢结交朋友，所以是假的。在利益相关的情况下，有时候为了抢夺利益就翻脸了，有时候则是利益消失了，也就失去了继续在一起的动机，不只如此，本来在一起的还会为了利益而彼此陷害，为了利益，就算是兄弟亲戚，也不会互相帮忙，不会提供协助、保护。

君子就不一样。君子遵守道义原则，而且珍惜自己的名节，在私人修养上，君子可以和君子互相砥砺增进；如果是在国事上，那就可以同心共济，基于相同的信念而始终如一不会分开了。所以只有君子的朋党是真的、恒常的，小人的朋党相对只是在表面假象上，也必然是短暂的。

04

君子党与小人党

到了神宗朝元祐年间，另一位古文大家苏轼写下了《续朋党论》，这是摆明了接续欧阳修的文章，替欧阳修写续集。欧阳修说君子有党是理所当然的，君子们才能长久在一起，小人无法团结，苏轼则进一步区分“君子党”和“小人党”：

君子以道事君，人主必敬之而疏。小人唯予言而莫予违，人主必狎之而亲。疏者易间，而亲者难睽也。而君子者，不得志则奉身而退，乐道不仕。小人者，不得志则侥幸复用，唯怨之报。此其所以必胜也。

这是从“人主”的反应来看的。君子以原则对待国君，是就是，不是就不是，对就对，不对就不对。所以国君会敬重君子，却不会那么喜欢和君子在一起。小人却是国君说什么都同意都称赞，能够讨国君欢喜，所以国君就会亲近他们。本来就疏远了的人，当然很容易被离间，平常亲近的人却很难被隔开。而且君子是如果不被喜爱不被亲近，依然坚持原则，宁可离开。小人不能忍受被疏离，一定要想尽办法争取再被重用，还会报复那些使得他们被疏离的人。这就是小人一定会胜过君子的原因。

由此产生了对于朋党的二分观念，要么是君子之党，不然就是小人之党。可以想见如此二分又必然符合“我们／他们”的区隔。“我们”一定是君子之党，那么“他们”也就一定是小人之党。

司马光自己深陷在党争中，他在《资治通鉴》里写到了唐代的牛李党争，引用唐文宗说的一句话：“去河北贼易，去朝中朋党难。”然后接着发了一段议论：

臣光曰：夫君子小人之不相容，犹冰炭之不可同器而处也。故君子得位则斥小人，小人得势则排君子，此自然之理也。

唐文宗的感慨是朝廷两党斗得水火不容，斗得不识大体，就连河北发生乱事，依然苦斗不休。但司马光的评语却是强调有朋党之争，是“自然之理”。换句话说，唐文宗感慨错了，不该希望“去朝中朋党”啊！

司马光这种态度，实在难称史家平允之言。为什么朝中朋党去不了？因为一边是君子一边是小人，君子有权就排斥小人，小人得势就排挤君子。这清楚反映了宋代士人的观念，自认是君子，就容不得小人，视对方为小人，也就有心理准备会被对方排斥、排挤。这不是在评论唐代党争，而是表达宋代党争的根本态度。

宋代党争取得了前所未有的合法性，既然分君子、小人，那就势不两立，非争不可。宋代士人就是文人，文人没有不当官的，当官的士人也没有不会写文章的，于是更进一步出现了好多合理化党争的文章，铿锵有力，一篇篇都是出自大家手笔。文章要写得最有力，就是动用了道德修辞来分辨朋党，于是党争就不可能只是争是非对错，一定要上纲到争善恶好坏——我们是善的，对方就一定是恶的；我们是好的，对方就一定是坏的。道德论述介入之后，彼此的对立当然更加严重，几乎消灭了任何妥协合作的空间，更取消了一切就事论事讨论的可能。双方一说话、一写文章就都是人身攻击，将对方指为恶人、坏人。

05

苏轼：台谏对宰相影响太大了！

回到庆历四年的场景，为什么仁宗皇帝特别找大臣来问君子是不是也会结党？

那是因为当时一位宦官蓝元震向皇帝告状，说范仲淹、欧阳修、尹洙、余靖等人“自为朋党”，成群结队就一定是要窃取国家利益，而且他们还要扩大朋党的规模，正在拉拢蔡襄，提醒皇帝要特别注意。

其实蓝元震不过是当时反范仲淹他们这个集团的其中一股势力，在外朝，还有好些御史和谏官也已经对这个集团侧目，跃跃欲试准备发难打击他们了。皇帝不得不处理，所以将他们找来，意思就是要他们自己解释，这到底是怎么一回事。作为这个集团的老大哥，范仲淹提出了强力辩护，希望让皇帝改变态度，不要认为朋党就一定要为非作歹，告诉皇帝也有好人为了做好事而结集团体。

将朋党问题闹那么大，一部分原因在台谏的设立。谏官本来是要帮助宰相劝谏皇帝的，到了宋代却被皇帝拉拢过去，反而变成站在皇帝的立场来监视宰相，如此在功能上就和原本的御史台重合了。原先谏官因为必须劝谏皇帝，通常选择比较年轻又勇于直言的人来担任。在新的态势下，谏官变得更有理由勇于直言了，一来直言批评的对象是宰相，不用承担像批评皇帝那么大的风险；二来要显示比御史更严厉，争取皇帝的注意。于是使得宰相，乃至于整个文官体系和谏官间形成很紧张的关系。

苏轼恃才傲物，曾经在他的《上神宗皇帝书》中直接提到谏官，他说：

> 恭惟祖宗所以深计而预虑，固非小臣所能臆度而周知。然观其委任台谏之一端，则是圣人过防之至计。历观秦、汉以及五代，谏诤而死，盖数百人。而自建隆以来，未尝罪一言者，纵有薄责，旋即超升，许以风闻，而无官长，风采所系，不问尊卑。言及乘舆，则天子改容，事关廊庙，则宰相待罪。故仁宗之世，议者讥宰相但奉行台谏风旨而已。

我不敢用自己的有限智慧去揣度祖宗订定制度的深刻用心，不过看设立台谏这一件事，显然是圣人为了避免犯错的极端手段。极端到什么程度呢？从历史上看，秦、汉开始，直到五代，直言谏诤因而丧失生命的，有几百人啊！可是从宋朝建立以来，从来没有言官被入罪，就算有轻罚的，也马上就又获得拔擢。言官得到鼓励，可以越过长官报告，以至于他们眼中简直没有尊卑概念了。批评皇帝，皇帝客客气气领受；如果批评朝政，那么宰相立刻就倒霉要被处罚了。言官嚣张到人们半开玩笑说，做宰相的其实是奉台谏命令行事啊！

苏轼文章的重点，在于台谏对宰相有太大的影响力了！之前言官那么多人获罪，为什么宋朝的言官都没事，除了皇帝优遇言官之外，关键更在于言官批评的主要对象是宰相。言官只负责批评，话当然很容易说，但要承担批评的宰相可就难了，搞到后来，言官好像变成宰相的上司了，宰相必须顾虑言官的意见，甚至执行言官的意见。

话锋一转，苏轼语带讽刺地说言官不见得个个都是有德有能的人，他们的意见也不见得都多高明，但还是得养着他们，为了让他们真正能发挥作用。言下之意，显然言官将力气用在指导宰相，绝对是不对的。

06

为什么范仲淹主张给朋党合法性？

这些言官唯一的任务，是盯着这些做官的人，检举他们做了什么错事，久了就在职务上养成了两个习惯。第一个是习惯运用尖刻的语言来批评，尤其是讲到宰相，一定攻击其品行道德，不只是讲起来最理直气壮，最淋漓尽致，而且不需要证据，也最难说明解释。

举个例子，看看御史大夫吕大防弹劾宰相所使用的字句：

> 豺狼当路，击逐宜先，奸邪在朝，弹劾敢后……朝廷骇闻，天下失望。政典之所不赦，人神之所共弃。

这个人的行为，像是豺狼挡在路上，必须尽快打走；作为御史对于弹劾奸邪之人，不能落后。奸邪的程度，已经到了朝廷俱皆震骇，让百姓失望，刑法无法找到可以饶恕的条文，神人共愤。

这是“四六”骈文，工整有力，批评得很重。吕大防批评的对象是谁？是欧阳修。欧阳修竟然会是这样的无可饶恕的人？他都做了什么伤天害理的事？为什么我们印象里的欧阳修一点儿都不像是这段文字所形容的？

重点就在，欧阳修还真没做什么邪恶到神人共愤的行为，更糟的是，吕大防之所以将话讲得那么重那么绝对，也不是他和欧阳修有什么血海深仇，如此扭曲地对欧阳修描述，他那种咬牙切齿的口气，主要来自台谏言官的既成观念，觉得那是他们职责的一部分，甚至就是他们主要的职责，要用这种方式攻击、纠弹宰相。

不只针对欧阳修，任何人当上了宰相，就必然被言官视为毒蛇猛兽，被言官群起而攻之。要是明明没有贪赃枉法，没有渎职舞弊，如何攻击？最简单也最便宜的莫须有，却又往往最难辩解的罪名，就是“朋党”。能当到宰相，在官场上总有朋友吧，一定有比较亲近的三个五个、八个十个同僚，于是只要指明他有朋友、有常见面谈事情的同僚，就构成“朋党”之罪了。过去的观念，小人才结朋党，所以倒过来有朋党的人也就坐实了是小人。

这就是为什么范仲淹要强调君子也有党，为什么这些大臣兼名士兼文章大家要前仆后继论朋党、肯定朋党，为了要堵住这个太方便言官攻击谩骂的点。

他们强调不只有小人之党，也有君子之党，希望能阻止言官用朋党到皇帝面前去挑拨。如此心态下，很自然形成了极端二元价值划分，将自己视为君子，将自己所不同意或不同意自己的人视为小人，还进一步上纲至君子、小人势不两立。

07

北宋的保守党和改革党

大臣分党，又受到宋代政治基本规范的影响。为了解决五代的动荡与不确定性，赵匡胤和赵光义兄弟特别凸显祖宗家法，要为宋朝制定一些最明确、不能改动的原则。既然是不能改动的，遵循祖宗家法的朝廷政治必然带有强烈的保守性格。

保守性最清楚表现在对于既有的政治体制，不动、不改变是应该的，相对地，如果要有所改异，就必须提出解释，而且需要有非常充分的理由。反映在政治立场上，必定有很大一批人是保守派，是“旧党”，认为现状很好不需要改，或者认为就算现状有问题，也不能轻举妄动，极度不信任改变、改革。

如此一来，有心要面对现实推动改革的人，一来必须去冲动“旧党”的保守结构，二来也就很难一个人单打独斗提出主张、宣扬主张，他们必须要有相当的集团力量，才能不被既存的保守势力淹没。

宋代的考试制度比唐代更严谨，也更全面。考卷要糊名，取得当官资格要考试，能当多高的官也要考试。影响所及，宋代官僚体制也比唐代严谨，一切都制度化，皇帝用人的决策空间其实小了很多，被牵制、阻止跳过制度规范不次拔擢。

从宋代开始高度发展的这套官僚体制，后来化身显现在游戏“升官图”中。那可不是简单的图，也不是简单的游戏，非常细密安排了官僚系统中一步一步晋升的步骤。现代美国的小孩从小玩《大富翁》，原名叫 Monopoly，本意是“垄断”，在游戏中熟悉如何买卖土地、房屋，如何存款、借款，如何收付租金与过路费，以便将来在这套资本主义系统中成为具备垄断优势的大富翁；中国近世社会的小孩则玩“升官图”，在游戏中内化关于什么官在什么位子的上下前后顺序，熟悉官职变化的规则，以便将来在这套系统中爬到最高的官职上。

“升官图”反映出近世官场的特色，和中古之前很不一样，严密的官僚体制规范中，几乎取消了不次擢升的可能。武将被压抑了，连在战场上建立战功，像狄青那样，升官时都还是感受到突破不了的天花板存在。过去靠家世身份而能平步青云的机会，也随着世族没落消失了。如此产生的集体效果是官僚体制上的每一步都是设计好了的，走到这一步下一步会是什么，只要不得罪皇帝遭到降等放逐，就大致是清楚的。

每个人都在熬年资，也就是说大部分的人不会希望变动。已经熬到这个地步，当然期待顺利接到设想好的下一步去。这是使得北宋政治长期抗拒变化的另一股巨大力量。

这样的政治环境，对谁最不利？什么样的人最容易感到不满？自然是年轻官僚成员，刚进入这个系统，还来不及熬到足够年资，感觉前途依旧如此遥远的年轻人。他们如果想要有所作为，必定得撼动如此井然森严的结构，必定得扮演改革派。

原有体系中的人大部分是不愿意变动的，要真能撼动，光一个人扮演改革派是绝对不够的，他还必定要找到同伴。

在仁宗朝欧阳修、富弼他们想有所作为，他们因为太过积极而被言官参奏，可是换到神宗朝，当王安石被拔擢为参知政事时，却变成了担任宰相的富弼是主要的保守派。不只因为他年纪大了，还因为他深入这个体系，成了这个体系的代表人物。

08

助长党争的一个因素是皇帝

助长党争的另一个因素是皇帝。相对于士人，皇权并没有绝对高度，于是北宋的皇帝从太祖以下就意识到了，要和士人合作；对皇帝来说最有利的情况，是士人不团结。士人分裂为党派对皇帝是有好处的。士人团结会给皇帝最大的压力，很难对这个集团说不，但如果士人分裂了，那么皇帝就自然成了两派争相拉拢效忠的对象，也取得了介入仲裁的高度。

《续资治通鉴长编》中有记载，在任命寇準时，真宗曾经引用太祖的话，并将其视为金科玉律，那话是“议论相扰则各不敢为非”，朝廷上最好有不同意见，彼此互相反对抗衡，那就都不敢嚣张任事了。这是宋代祖宗留下来给做皇帝的权谋之术，根深蒂固。

关于党争最常见的误会，是讨论皇帝到底站在哪一边，假定不同的皇帝有不同的立场，有的支持新党，有的支持旧党。但史料上显现的，却是不管哪个皇帝，往往都依违于不同党派间，不是单纯地站在哪一边，而是始终保持弹性。

神宗皇帝初即位，依照原本的保守观念，应该要凸显王朝的重要成就，从太祖建国到神宗这时候，差不多有一百多年了，宋朝已经证明了不会是短命的朝代，成就了百年的和平秩序。然而此时王安石却上了一篇《本朝百年无事札子》，题目看起来附和这个主题，但实际内容却是唱反调的。

王安石做了翻案，意思是百年来怎么会是“无事”？这个王朝有很多问题，只是被掩蔽起来，假装无事。就连要大家称许、讨论“百年无事”，都是掩饰问题的一种手段。王朝发展到这个阶段，绝非“无事”，可以列出来的“有事”有问题一大串。

一般历史的说法，神宗被王安石说服了，所以支持新党，王安石趁机拔擢了许多新党人士，斥退原先的旧党人士。但几年后神宗去世了，哲宗即位，由高太皇太后掌权，于是重新启用旧党，尽废新法。

这样的大略印象忽略了几件事。第一是神宗朝，王安石曾一度罢相，而且时间还挺长。第二是当新党用事时，旧党不得志，却并没有受到清算，大多维持既有的地位，所以可以很快就又回到权力核心。第三，到了哲宗朝司马光尽废新法，但新党人物也仍然留在朝中，等哲宗亲政他们很快就又回来了，章惇主导又行新法。

从神宗到哲宗，皇帝在最高权力运用上都刻意保留了一定的空间，不会彻底表态，让底下两派相争，赢家输家保持一定的局面，不会全输全赢。皇帝如此运用权力，加上前面解释的极端二元道德修辞，把一切都弄成好人和坏人斗，党争当然愈演愈烈。

09

“拗相公”王安石的四大罪名

在这样的一般政治解构背景之上，又有几项因素使得“熙宁党争”格外激烈。

一项是王安石的个性。他最有名的绰号叫“拗相公”，表明他很固执，很难接受折中、妥协。司马光曾经列出王安石的四大罪状，分别是：一侵官，二生事，三征利，四拒谏。

先说“生事”，那是不只要改革，而且要大改。司马光自己的标准是“非大坏不更造”，全面改革会带来的破坏往往超过改革所能解决的问题，所以如果没有“大坏”却要全面重造，就是“生事”。

不过这样的指责，王安石当然不服气，他的答辩指出：国家积贫积弱，这最根底的两项已经如此严重，当然是“大坏”，非“更造”不能解决问题，那怎么能说是“生事”？

党争其中一项争执重点，就在对于现况的评估。基本上，旧党是乐观派，新党是悲观派，一边强调没坏没问题的部分，一边则凸显已经“大坏”造成十分危险的部分。

再看“侵官”，这有两层意思。一层指的是破坏官僚体制，从王安石自己开始，就不是依循原有的官员升迁路径上来，是被皇帝不次拔擢的。然后王安石再运用他的权位又拔擢了好多新党人士。这些人上来之后，夺走了一些老臣原有的官守，僭用了他们的官职，这就造成了第二层意义的“侵官”。

王安石“侵官”的具体证据，就是许多大臣纷纷请求退休。御史中丞杨绘曾经特别向皇帝指出，看看这些最近离开朝廷的人的年纪，退休的，范镇六十三、吕诲五十八、欧阳修六十五；另外有富弼六十八、司马光和王陶五十，以身体不好为理由，请求调任比较闲散的职位，这是为什么？皇帝难道不该想想吗？

皇帝想了，也明白原因，就以此问王安石。王安石的回答是：没错，的确如此，这几个人都是因为不愿与我合作而离开的。不过以建造房子做比喻，要先打好地基，才能在地基上树立起柱子，柱子才能承受梁的重量，梁才能撑得住屋顶，才能有屋内的空间。如果用“粪壤”打地基，用“烂石”来当柱子的底部，用“朽木”来当柱和梁，房屋一定会坏啊！

意思是这些人不合作，太好了，不然要由这些“粪壤”“烂石”“朽木”来当材料，新政怎么可能做得起来？王安石的语言和想法，都很刻薄，表现出要将这些人排挤在外，还要羞辱他们的态度；对司马光来说，那就是使得这些人不能在原有的官职上发挥作用的“侵官”做法。

不过四项罪名中，对旧党来说最严重的是“征利”。朋党论要分君子、小人，而传统中君子、小人最理所当然的划分，就是一个求“义”，一个求“利”，君子言义，小人言利，而的的确确，王安石口口声声都以“利”作为他政策的主要辩护。从“青苗法”、“免役钱”、养马等等，都牵涉钱。王安石认为宋朝之所以积弱，因为积贫，要先解决“贫”的问题才有可能强大。所以他的政策强调“利”，强调钱。

这不就是“言利”的态度，不就证明了他是小人？一切都朝钱看，这种人怎么可能是君子；一切都朝钱看，又如何对国家好，岂不是从道德根底上败坏了国家？既然证明了他是小人，在极端二分的价值观中，也就证明了支持王安石的人是小人党，反对他的人是君子党。

对于“征利”的指控，王安石提出的辩护是《周礼》，《周礼》是周公写的，书中半本都在谈理财，那么难道周公也“征利”吗？意思是他所做的事，和周公《周礼》中所记载的没有两样。

将自己比作周公，这太狂傲了吧！不只如此，王安石还写了《周官新义》，加上王雱（他的儿子）的《诗经新义》、吕惠卿的《书经新义》，称为“三经新义”，拿来当作学校教材和科举考试上的内容。这等于是以他自己的经学看法，作为教学与考试的标准。

王安石明知如果不要那么强调理财，多搭配一些其他方面的政策，可以减少敌对阻力；也明知道将自己的著作定为经学权威必然招来强烈攻击，但他就是故意不让步，故意挑衅。他回答皇帝的话，表明不需要这些人跟他合作，他改科考教材又表明了他要用新的标准去寻找新的人才，成立自己的朋党。

10

党争败坏政治思考与讨论的空间

在王安石这种个性的冲击下，政治意见的歧异就必然扩大为党派之争，又必然升级为没有妥协空间的零和竞争。对于党争的激化，王安石的确要负很大的责任，不过党争的结构性因素，却是早于王安石崛起前就已经存在了，在王安石在政坛消失之后，也仍然存在，持续作用。

“熙宁党争”大斗一场，新党压过旧党。元祐朝前期旧党重振势力，压过新党，但当时新党的章惇已经在准备下一波的反击。哲宗亲政后，新党大反扑，一度将旧党几乎尽数赶出权力圈。而也就在新党势力的峰点，没有旧党挑战时，新党内部开始分裂。吕惠卿代表了新党内部的激进派。

相应地，当旧党执政不必考虑新党因素时，旧党内部也有洛党和蜀党之争。洛党的领袖是理学家程颐，蜀党领袖则是大文豪苏轼。据说洛蜀党的争执，源自一件小事，牵涉到大史学家司马光。

司马光去世，苏轼应该是丧礼最适当的主持者，然而皇帝却将这个角色分派给了自己的老师程颐。程颐的个性及其相信的道理都是一板一眼没有弹性的。苏轼入京那天恰好是要祭祀明堂的日子，他就先去完成了明堂祭仪，然后准备去祭拜司马光。不意被程颐阻止了，认为这样不合古礼。

什么样的古礼？对于程颐来说是最基本的原则，孔子说的“哭则不歌”，吉事的仪式和凶事的仪式不能放在同一天。祀明堂是吉事，那么同一天之后就不能去吊丧。苏轼很生气，就说：我知道“只有哭则不歌”的规定，但可没有“歌则不哭”啊！就硬是不理会程颐的阻拦，闯了进去。

苏轼讨厌程颐仗着皇帝老师的身份装腔作势，更受不了他死守书本规定的态度，这本来是两人个性上差异造成的冲突，然而在北宋的政治结构下，遇到没有新党威胁时，也就足以造成旧党本身的另一波党争。

北宋不只有一场新旧党争，有好几次新旧党争，而且还要加上新旧党内部分裂之争，从仁宗朝开始持续到徽宗朝，几乎没有间断。最有名的“熙宁党争”因为有“拗相公”王安石做主角格外有戏剧性，然而绝对不能将王安石视为引发党争的主要原因。

再者，党争很严重，政治内耗很伤，不过促使党争不断的结构性因素对于北宋积弱影响更大。高度保守抗拒改革的心态，绝对化“重文轻武”的安排，使得这个朝廷甚至无法在军事上自卫，不断退缩，这可不是党争造成的结果。

党争带来的最大破坏，其实是将道德修辞大量运用在政治上。自视为君子，将对手必然贬抑为小人，而且理所当然认定君子所为就必然是对的，小人决定的、小人做的，就一定是错的。如此而彻底败坏了政治思考与政治讨论的空间，那么大的帝国，但看待帝国事务的想法却极其简单，近乎幼稚。如此也使得道德要求变得越来越严格，越来越僵化，都用善恶对错二分来看待，没有了比较细腻，允许灰色地带、考虑不同情境不同条件的可能性。政治与道德如此紧密地绑在一起，明显给两者都带来了不好的结果。

程颐是这个僵化思考时代的代表，所以他会和带有自由豪气的苏轼发生那样的冲突。理学探讨心性理气，有其认真深刻之处，然而理学一旦碰触到具体道德问题，就往往僵化得荒唐，甚至近乎恐怖。例如一定要严格找出嫂嫂落水，叔叔是否该救、能救的规定，进而导出“生死事小，失节事大”的普遍结论，订定为一般社会行为守则，就既荒谬又可怕，基本上是以严厉、绝对的道德修辞掩盖了人的真实多样性。

在这方面，理学变成了“道学”，一天到晚关心的是依照一套守则确保自己是好人，当好人。从这种角度出发，他们对于好人的光明面、昂扬精神少有着墨，而是从负面、反面不断拘束，不断压抑，这种想法从政治又蔓延到社会，留下了长久的后遗症。

11

王安石变法失败的根源

王安石的变法失败，相当程度上也源自北宋思想中“目的理性”高度发达，相对“工具理性”被压抑、跟不上的问题。他设定了政治上新的目的，深信自己提出的目的是对的，因而和旧党发生了严重争执。他坚持目的是对的，也就由目的合理化自己所设计的种种政策。他的政策远非当时的官僚体制所能执行的，过程中产生了许多流弊，引来各方怨言。但王安石无法正视不当手段所造成的弊病，坚持以正当目的为自己的政策辩护，结果更无法修正手段。只关心目的，使得他相对乐观，总以为定好制度就能收到预期的效果，也就必然缺乏检验实效的紧张感，以及提防手段偏差的监督程序。他的对手看到了错误，以此攻击他的政策，又刺激他更不愿让步，更坚持目的上的正确性与正当性。

这是北宋政治失败，终于导致朝代灭亡悲剧的根本原因。

第 三 讲

从北宋到南宋

01

没有接受君王教育的宋王朝

宋代政治上另一项不容忽视的特性，是皇帝的统治意识相对薄弱。连续几朝的皇帝都没有觉得当皇帝那么重要、那么了不起，更没有认真看待做了皇帝应该要担负的统治责任。

中国近世社会中民间戏剧兴起，其中一项大受欢迎的主题，是搬演想象中的宫廷斗争。宫斗戏几百年来，一直到今天，都建立在一项基本假设上，那就是只要有机会大家都想当皇帝，所以要尽一切办法去争太子的位子。这样的习惯假设，有时会妨碍我们解读史料中宋代的现实状况。

史料证据显示：第一，北宋连续出了好几个不称职的皇帝，有的个性或能力不适合当皇帝，有的则是心态上不想当皇帝；第二，之所以出现这种现象，根底上因为宋朝对于立储、立太子没有那么重视，连带地当然对于太子，也就是未来皇帝的教育训练缺乏扎实的准备。

从北宋到南宋，面对北方的强敌，皇帝表现出空前的软弱姿态。到后来甚至可以和金人约为君臣，将自己降等都没关系。南宋高宗即位，金人要求他跪拜金国使者接受册封，他本来也答应了，但后来碍于舆论才变卦。这不单纯是强弱现实态势造成的，更反映了对于皇帝位子的观念与价值衡量。

宋朝的皇帝观念，和唐朝不一样。李世民策动了“玄武门之变”，不只是杀了兄弟，随后又逼父亲退位，抢夺了皇帝大位。唐玄宗时发生了“安史之乱”，玄宗仓皇出走，太子很快就在灵武宣布即位，产生了父子间的紧张关系。但在宋徽宗朝，却是皇帝看局势不妙，自己不愿再当皇帝了，叫太子接位，宋钦宗已经当太子当很久了，却大哭大闹，绝对不愿接位。他不想当皇帝，更精确地说，他怕当皇帝。

这种状况背后，就是宋朝皇权的关键大问题，这些要当皇帝，当上皇帝的人，基本上都没有受过合格的皇帝教育，从心态、知识到能力，都没有适当的培养训练。

长远一点儿，从通史的角度看，中国历史上的皇帝权位，一方面有很自然的一部分，就是由自然血缘身份决定的一部分，但另一方面，皇帝的工作却又没有那么自然，牵涉到很复杂的条件。

因而一个由世袭皇帝统治的王朝的好坏，取决于如何选择下一代的皇帝，如果有选择的空间的话。另外也就取决于对于未来皇帝的教育与养成。过去的历史书中很少关注、很少谈的，是皇帝如何成为皇帝。这方面提供最多讯息的反而是“辫子戏”，关于清朝的宫中戏剧会有这部分的情节，因为清朝格外重视皇子的教育，也不采取嫡长子继承制，等于是让所有的皇子彼此竞争，表现自己的品性与能力来让父亲考核、选择。

但我们不能将清宫中的情况视为中国历史的通例。宋朝就很不一样。谈宋代历史为什么从文人文化谈起，就因为强大的文人文化甚至改变了皇权的性格。宋代皇子不是没受教育，而是在文人文化影响下，他们所受的教育，基本上是文人教育，而不是君王教育。

马基雅维利的《君主论》清楚定义了什么是君王教育的主要内容，中国传统中从《老子》到法家的种种著作与观念，也都示范了君王应该具备的能力。最主要的是高度的权力欲望，尽量膨胀自己的权力，运用权术控制臣下，摆脱约束，使得权力尽量趋近绝对化，制人而不受制于人。

然而这套权术之学，却和宋代文人文化的“义利之辨”核心价值，还有讲究品味的倾向，是相违背的。于是就使得深受文人文化浸染的宋代皇帝，没有那么理所当然地去学习君王之术，对于权力与权术的看法变得不一样。

02

连续几个不愿当皇帝的皇帝

继宋仁宗之后即位的是宋英宗，他不是仁宗的亲生儿子，而是濮王所生，本名叫赵宗实，后来改名为赵曙。仁宗和曹皇后婚后未有小孩，先将濮王的儿子抱入宫中养了四年，等到曹皇后生了儿子，就将这个小孩送还濮王府。然而曹皇后生的三个儿子都幼年夭折，意谓着仁宗皇帝没有嫡子。等到大臣要求立皇太子时，皇帝和皇后商议后，跳过其他庶子，选了濮王的儿子。

赵曙听到要他进宫当皇太子，极度不愿意，后来才勉强从命。进宫前还特别嘱咐家里的仆人，要他们将自己的房间收拾照顾好，认为自己随时可能回来。他一直不相信自己会当皇帝，也没有强烈的意愿想当皇帝。

刚接位成了皇帝，赵曙立刻就大病一场，病的起头是仁宗皇帝去世，赵曙得知后竟然惊叫："某不敢为！某不敢为！"还是大臣们压着他披上龙袍；仁宗大殓之日，赵曙又像发了疯一样，"号呼狂走"。(《资治通鉴长编·卷一百九十八》）致使仪式无法顺利进行，必须强力将赵曙拉开。有这样的情况，于是英宗即位后，先由曹太后垂帘听政。到了仁宗的葬礼时，赵曙又出状况，礼仪上规定他该哭的时候，他偏偏哭不出来，整个人像根木头一样没有反应。

为什么会这样？很重要的是他心中的"孝亲"观念让他过不去。英宗亲政之后，他花了一年半的时间，与外朝大斗争，只为了一件事，那就是"议定濮王号"。依照礼法，他的生父濮王应该称"皇叔"，他却坚持一定要称"皇考"。这很麻烦啊，如果称濮王为"皇考"，那仁宗皇帝怎么办？一个人不能同时有两个父亲啊，皇帝更不能啊！

很显然，他无法接受自己变成了仁宗和曹皇后的儿子，就必须放弃原本的真实身份。他作为濮王儿子的责任，对他来说，高于当皇帝奉行仪式的责任。他从来没有准备好要公开以仪式让自己变成仁宗的儿子，可是仁宗去世相关的每一件事、每一个动作，都要求他表现"孝子"的认知，这让他无法接受。

当时掌政的韩琦想了个办法，宣布新皇帝生病了，所以委由皇太后听政。然而这时的英宗已经不是小孩了，皇太后听政显然只能是一时权宜，不能长久。于是又有了新的困扰：要如何让皇太后将权力交出来，交给不是她自己亲生的，又表现得不愿意当她儿子的新皇帝？

还是靠宰相韩琦的设计。有一天，韩琦借口事态紧急，拿了十本相关奏折交给英宗，让英宗决断。要如何签批意见或做决断，韩琦应该事先都告诉英宗了，等英宗批完奏折，韩琦再将奏折拿到曹太后那里，问太后的看法。太后看了之后，点点头说："皇上批得挺不错的。"

然后韩琦就对曹太后表示，自己老了，希望能离开中央，到地方去。那个时代的惯例，文人宰相请辞，一定是表示有所不满。曹太后立刻明白韩琦在不满什么，也就顺势说："宰相还不老，倒是我老了，应该先退下来。"太后让步了，韩琦又马上打蛇随棍上，就问太后要还政的日期，太后没料到他如此咄咄逼人，被逼得说不出话来，起身离开。她一起身，韩琦就喊："撤帘！"这是赶鸭子上架了，当作皇太后此刻就结束垂帘听政，帘子撤得好快，快到曹太后的身影还没走远，看得到她的裙角。

如此一连串的变化发展，当然是韩琦事先安排好的，曹太后没有机会抗拒。也就是究竟要太后主政，还是英宗主政，实质上宰相有很大的决定权，甚至是操控在宰相手中的。

接着登场的就是"濮议"了。皇帝要称濮王为"皇考"，谁一定反对？当然是太后。名义上皇帝是仁宗的儿子，所以也是曹太后的儿子，她才当太后的啊，如果英宗另有一个父亲，这不只在伦常上产生问题，更是在政治上等于推翻了太后的地位。

"濮议"拖了很久，最后是以太后同意签署才收场的，据说那又是韩琦伺机将太后灌醉后完成的，因为韩琦无法忍受"濮议"不解决造成朝政停摆的状况。

对待一个没有很想当皇帝的英宗，韩琦不断扩张相权。到了英宗病重垂危时，宫中必须准备让太子接位了，偏偏此时大家以为去世了的英宗却动了一下，还有生命迹象啊！那怎么办呢？要暂停太子即位的仪式？韩琦当下决定仪式继续，旁边的人紧张地问："如果老皇帝醒来呢？"韩琦的回答是："那就让他当太上皇吧！"

连这样的事韩琦都认定宰相也能决定。日后到了明朝相权低落，士人和皇帝的地位一下一上，清朝时对着皇帝要下跪说话，以至于宋代的情况就被忽略、遗忘了。

03

从神宗到哲宗上上下下的执拗

英宗之后，神宗即位，他是个想当皇帝，而且认真当皇帝的人。但神宗又反映了皇子、皇帝教育的另一面问题。神宗严重缺乏权术观念，他之所以重用"拗相公"王安石，一部分原因在于他自己也是个"拗皇帝"。对很多事情的看法很固执，不切实际又不讲究手段。

神宗朝在处理西夏问题上，付出了巨大的代价。要强兵所以进行激烈改革，改革能收到效果之前，先引发了严重党争，后来得到的一些进展，也都在神宗朝就消耗掉了。关键在神宗错估形势，发动了两次西夏战争，先败于灵州，再败于永乐城。第一次是大军出征，败逃而返；第二次没有那么大野心了，只是为了得到军队驻扎地而逐永乐城，却被西夏大军包围，无功而还。两场败仗之后，神宗就一病不起了。

两场败仗花费了许多年逐渐累积的国库蓄积。神宗去世后，由仅 10 岁的哲宗即位，大权落入英宗的皇后，现在成了高太皇太后的手里。她是由仁宗的曹皇后养大的，从小就在皇宫里，嫁给英宗时宫中的说法是“皇帝娶媳妇，皇后嫁女儿”，可见她和曹皇后的亲近程度。

仁宗朝在宫中长大，又经历英宗、神宗两朝，高太皇太后对宫廷里里外外通透熟悉，掌权理所当然。太皇太后听政时，不是像清朝慈禧太后听政，慈禧太后是隔着帘子坐在光绪的后面，形式上大臣仍然是对皇帝上奏的。而哲宗小皇帝和高太皇太后对坐，大臣有事，就面向太皇太后报告，于是小皇帝就一直记得自己是看着众臣的屁股背影长大的。

加上他和名义上的祖母一点儿都不亲，于是长大之后，就认定此事为极大的羞辱，这一方面是他对于自己的皇帝仪式性身份缺乏具体、确切的理解，另一方面，是宫廷里无法处理礼法规定下的细节问题。

高太皇太后听政的特色是“母改子政”，推翻了神宗的新政，改而重用旧党。等到哲宗亲政，他就挟着对于羞辱的记忆与愤怒，再度激烈地反转，尽废旧党，再度起用新党。而这次的翻转又和神宗朝时不一样，因为哲宗要发泄愤怒的对象实际上不是旧党，而是给他羞辱记忆的祖母，所以他故意采取了破坏礼法的做法，包括曾经要降旨取消已逝的高太皇太后的谥号，并用“老奸擅国”的词语予以谴责。

这件事显示了哲宗皇帝没有意识到个人情绪与宫廷事务之间的分际，也缺乏对于皇帝角色该做什么不该做什么的基本分寸。尤其是面对强大的文人文化，哲宗不愿或不能对于最重要的“孝亲”行为进行调整。英宗坚持认“濮王”为父亲，哲宗则是为生母朱德妃强烈打抱不平，因祖母压迫其生母，以至于在祖母死后发动批斗。这些事件都和士人所看重、所强调的名分上“孝亲”行为规范，大相径庭。这就使得皇帝与士人的共治关系增添了对皇帝行使皇权不利的变数。

近世文人文化中，有一种中古思想中所没有的个人道德意识，讲究“诚”。中古世家中的孝，着重在表面的礼仪，但宋代文人，尤其是讲究道德的理学，却要求个人内心的真实感情。理学谈心谈性谈理，都不只是道理，要落实在现实生命中。“孝亲”是天理在人的一种表现，是内在的，而不是外在表演的。受此影响，英宗和哲宗倾向于肯定实质的孝亲感情，对于濮王和朱德妃的感情，却相对忽略了自身皇帝职务上应有的对仁宗和高太皇太后的孝亲责任。

据说朱德妃平常对向太后和高太皇太后极度遵奉，只有一次对太后与太皇太后的安排感到不满。那是哲宗皇帝大婚时。向太后安排要娶孟皇后，成婚那天是五月二十六日，从阴阳上看，是“天地合”，一种解释是“天地合”正适合皇帝皇后成婚，是吉祥的；但有另一种说法认为“天地合”表示阴阳激荡，有所不测。朱德妃担心如此一来儿子的阳气会被皇后的阴气冲激，希望改期，但毕竟人微言轻，婚礼还是在这一天举行了。

但朱德妃的态度，显然影响了皇帝。大婚之后没多久，他就借口宫中有巫蛊术产生不安，将孟皇后废掉，改立刘皇后，以此表现支持生母。

孟皇后被废，在后来南宋建立的过程中，变得极为关键。靖康二年，金人将徽宗、钦宗掳走，连带还有众多嫔妃和王室成员，这被宋人视为“靖康之耻”。原来的孟皇后因为被废了，不具备宗室身份，就留了下来。金人立了一个傀儡朝廷，由张邦昌主政，张邦昌特别去找了原来的孟皇后出来，给她一个“宋太后”的头衔，作为这个“大齐朝”和之前宋朝的联结，缓和臣民的敌意。

后来康王赵构渡河到了南方，即位成为宋高宗，也就是南宋的第一位皇帝，他当然不是徽宗也不是钦宗册立的，而是取得孟太后的支持，给予他接续宋朝的合法性。

04

文人宋徽宗被选为皇帝

哲宗之后是徽宗。在历史上很难找到比他更不适合当皇帝，却在没有准备的情况下登基的了。哲宗去世时只有 25 岁，没有子嗣，只好从神宗的儿子，也就是哲宗的兄弟中去找新的皇帝。徽宗在兄弟间排行第十一个，又不是嫡出，他怎么可能料到有一天自己会当皇帝？

哲宗死时已经没有向太后的亲生儿子可供选择，当时的宰相章惇对于选择新皇帝提了三个建议，但都被向太后拒绝了。而章惇最反对的就是当时的端王，偏偏向太后就选定了端王成为后来的徽宗。章惇反对端王最主要的理由就是他“为人轻佻”，不能当人君。章惇和向太后各持己见，一度僵住了，后来是另外一位大臣曾布介入，支持向太后，徽宗才得以登基。

徽宗不可能有当皇帝的任何准备。神宗的嫡长子已经成为哲宗，接下来照理一定是往下传给哲宗的儿子，就算预想到哲宗可能无嗣早死，还有那么多排在他前面的兄弟，怎么轮也轮不到他。更何况章惇对他的看法不算错，他不只不庄重，更是一个误生在帝王家的文人。

徽宗留下许多荒唐故事，例如他喜欢逛妓院，是撷芳楼的大主顾。不过关于这方面懒惰昏聩的形象，我们需要小心一点儿应对。第一项要考虑的因素，是他被后世视为亡国之君，传统上有一套关于亡国之君的刻板印象，自然会被运用在他身上。

另一项因素是看看徽宗在艺术上的成就，包括他独步中国书法史的瘦金字，完全独出心裁，竟然能写得既显瘦骨，笔画间却又柔软如风吹柳枝。那样一种对比的柔媚，没有任何其他人学得会。他还留下了“草书千字文”，也是书法史上顶尖一流的草书。另外还有他的花鸟画、山水画，乃至于他的诗。能有如此成就的人，像是个荒唐纵欲的人？荒唐纵欲，又没有任何生活压力的人，会愿意投注工夫培养这样的本事，并耗费时间在创造作品上？

他拥有这些本事，即使当了皇帝之后，仍然花很多时间作画、写字、编书画集，没有人要求他做，那是他真正的兴趣。

当然从任何角度看，徽宗都是个失败的皇帝。不过要给他比较公允的评价应该看到他明明显露强烈且杰出的文人性格与能力，那个政治系统出了什么问题，竟然还是选中了他来当皇帝呢？

章惇看出他不适合当皇帝，向太后却一定要选他，这里面有太多权力斗争的因素，事实上都和他无关，而且显然也未将他的意愿与准备考虑在内，用这种方式选皇帝、立皇帝，也难怪会有好几个既不适合当皇帝，也没有意愿当皇帝的皇帝。

从北宋到南宋，皇帝缺乏基本政治判断能力，就使得朝廷付出极高的代价。虽然西夏和辽是北宋最主要的敌人，但接连的皇帝都无法准确地了解它们。神宗的既定观念是如果宋朝强大了，应该先联络吐蕃包围西夏，然后再处理辽。这很明显是个误判，首先这时候辽和西夏国力都在下降中，对宋朝并没有直接的威胁，而辽自身遇到的问题又比西夏严重。

神宗却在自身尚未准备好的情况下，高估吐蕃协助的力量，冒进攻击其实对宋朝没有领土野心的西夏，结果一败涂地，让辽有趁隙进逼的机会。

05

误判时局，宋徽宗联金攻辽

徽宗出于绘画的兴趣，有一段时间沉迷于奇石。做皇帝的没办法到处旅游去看奇石，却有权力和资源让人家将奇石运来给他欣赏。这就是所谓的“花石纲”，征集民间的各种船只运输工具，专门来运奇岩怪石。其中最有名的一块石头，皇帝还特别给它“盘固侯”的封号，以示重视。“盘固侯”之所以得名，因为很大很重，高四五十尺，周围百人环抱，要通过水运送到汴京来。皇帝没有想到这是多么劳民伤财、引发民怨的举措吗？

要由这样的皇帝来判断国家局势，能不危险吗？徽宗派了童贯出使辽国，到了辽国首都燕京，他的第一印象是完全不觉得自己到了外国。也就是辽国已经高度汉化，尤其是辽国的核心地区及其统治阶层，汉化程度非常高。

于是童贯从燕京带回一个人来提供一手情报。这个人本来叫马植，但为了强调他是汉人，童贯将他改名为李良嗣，表示他有纯正的汉人血统。到了汴京之后，徽宗又赐姓赵，于是再改为赵良嗣。

马植带来的有效讯息，是草原民族势力新变化，辽汉化的同时，金人崛起了，辽不只是兵力变弱了，而且陷入腹背受敌的状态。得到这样的消息，徽宗记起了祖宗家法里反复强调的任务——收复燕云，就定了和金人联络，夹击辽国的策略。

但这“联金攻辽”的策略，太想当然了，缺乏两项关键的调查分析，快速就做出了判断与决定。第一是金人的实力如何，能对辽产生多大的威胁？连带地，能对宋产生多大的威胁？这也就联系到第二个问题：金人对宋朝有多少了解，可能会采取什么态度？

为什么念兹在兹一定要收复燕云，又为什么迟迟收复不了？关键的因素在于北方草原民族的高度机动力，以马为战斗的主力，由北向南进攻时有很大的优势。相对地，由南向北运动的方向，受限于地形，必须依赖人力，速度慢，负重轻。约同金人一起行动，金是由北而南，宋是由南而北，显然有很大的差异。

宋朝君臣却见不及此，见猎心喜，一厢情愿地和金人形成密约，约好同时出兵。同时出兵的安排就已经对由南往北进攻的宋朝不利，行动速度注定要比由北而南的金兵来得慢，更糟的是到了约定时间，宋军甚至都还没准备好，出兵时间晚了。金人进展很快，已经快要打到辽的京城时，宋军才真正出动，而且一遭遇辽军就打了败仗。

北方金人一路顺利，打到辽最后一位皇帝天祚帝出亡，辽宣告灭亡。这时候宋朝厚着脸皮去跟金要求依照协议收回燕云地区，金给了燕京旁边的六个州，不过向宋朝要了三百万贯的“代税钱”，意思是补偿他们这块地方的税收损失。

宋朝上下一片欢庆气氛，没有真的收回石敬瑭给出去的燕云十六州，但反正辽灭亡了，就赶紧建立“复燕云碑”。然而“复燕云碑”立好没多久，金人找到了出亡的天祚帝，确定原本辽国地区没有任何问题了，就驱驰大军南下，宋军根本抵挡不住。

金兵迫近，徽宗做的最重要决定，是不干皇帝了，将位子让给儿子钦宗，钦宗也不想当皇帝，急得在地上打滚，不得已才勉强登基。

06

靖康之变：尽量议和，皇帝当人质也同意

钦宗也是在没有准备的情况下当上皇帝的。自己的父亲在皇位上，到这时候二十多年了，而且看来还刚刚创造了可以建“复燕云碑”来庆祝的大功绩，他怎么会预想很快轮到自己当皇帝呢？

局势变化太快了，钦宗被赶鸭子上架登基，外面是金人军队步步进逼，就连到底该战该和，要打还是要谈判，他都拿不出主意来，只能不断摇摆改变。摇摆改变当然不可能掌握时机，于是就出现了条件不好时却要打，好不容易打胜仗了却决定要议和的情况，士气更低，防御就更难了。

时战时和有太多变量，金人为了掌控局面，就要求谈和要以人质做保证。康王赵构曾经被送去当人质，朝廷却又不顾他死活

改变了立场，转而再战。如此反复态度却让金人起疑，觉得赵构应该不是真的亲王，不然宋方为什么会说战就战。幸好没有杀他，而是将他送回去，换了肃王。要不然恐怕就没有后来的宋高宗了。

钦宗在反复中保存了一个主轴，就是尽量议和。议和时金人故意狮子大开口，要求一千万两金和一千万匹布，这原本是一看就知道不可能的数字，宋朝这边却都答应去想想办法，然后在汴京城内大搜刮，结果也才搜出十六万两金来。十六万两和一千万两差太多了吧！

一边反复战战和和，一边心里想要的是尽量议和，于是时间越拖，就越是战不了，打不赢了，也就更迫切非议和不可。肃王去当了人质还不够，金人又依循狮子大开口的惯例，无限上纲到要求皇帝来当人质。这就像下棋时拿下了别人的将或帅，主子都没了，还如何下下去？绝对不可能考虑答应。

然而在皇帝意识相对薄弱的情况下，宋朝竟然连这种条件都没有断然拒绝，甚至还认真自我安慰，皇帝去当人质还有太上皇在。后来金人索性就将老小两个皇帝一起掳走了。

在中国的皇朝历史上，很难想象还有别的朝代会容许这种事发生。这确实是奇耻大辱，而这样的耻辱源自重文轻武，到这时武勇作战在皇帝心中几乎不成选项了。或者说战争不再是为了求胜，而只是换取好一点儿议和条件的手段罢了，所以才能这样说打就打，说不打就不打。

先是长期屈服于辽人的武力威胁下，接着两败于西夏，再来和金人联合出兵竟然还败给辽，鲜活明确的经验给了宋朝皇帝强烈印象：仗是不能打的，总得找出可以不打仗的方式。如果只有将皇帝卖掉才能不打仗，那也就只好将皇帝卖掉吧！

07

宋金南北对峙的地理因素

靖康之耻也表现在汴梁基本上是不战而降的。金人兵临城下，然后开始提议和条件，宋人尽量答应而且努力做到。不只是没有要死守的决心，而且对于金人所提的条件，也好像没有答应的底线。很有一种儿戏的性质，就像和小孩玩象棋，你要吃他的将了，他无所谓，说："你要吃就吃，反正我这边还有很多棋子。"认定了只要讲和了，往后总还有别的机会，别的办法。

于是到了靖康二年四月初五，原本的宋朝皇室乘坐几百辆牛车上路了，浩浩荡荡在金兵的监视下走了几天，四月十日渡过宋与辽的分界线，众人大哭。一直到七月二十日才终于抵达燕京，过程中如果不是坐在牛车上而是骑马的话，那就算是皇帝都要被用绳索绑在马上，真是受尽了屈辱。

皇帝被掳走了，但北宋并没有亡国。金人愿意取得人质后离开，因为他们知道宋朝还有军队，并没有打算要久留和宋人死战，选择先回去收拾处理新占领的辽国地区。所以建立了由张邦昌领导的傀儡政府，但没多久，张邦昌也放弃了有名无实的“大齐朝”。

不只是“败”，而且是“耻”，那当然应该寻求雪耻。可是这时候在临安即位的新皇帝——高宗，又是一个没有准备也没有积极意愿要当皇帝的人。他在动荡中因祸得福，被金人看作是假皇族，所以不在一同绑往燕京的行列里，皇族只剩下孟皇后和他。他不得不代表宋朝，这个王朝突然落在他身上，他能做、他该做的，就是尽量保存自己，保存自己也就等于保存了赵姓的宋朝。

最具象征意义的是“泥马渡河”的故事，而且这“泥马渡河”的传奇，竟然不是一次，而是两次。一次是北宋灭亡后要渡过长江，还有一次是已经在江南当上皇帝以后。这在一般人印象、记忆中，高宗逃得多么艰险，多么辛苦。从北方逃到南方，从商丘逃到扬州，又一度到温州，还曾经逃到海上。靠着韩世忠在“黄天荡之役”陷住金兵，加上岳飞追击金兵，才总算让长江以南没有敌踪。

金人崛起极为快速，仍然保持着草原民族的性质。金人具备高度机动力与战斗力南下，但到了马匹难以派上用场的南方，他们的优势就消失了。韩世忠在“黄天荡之役”号称“八千人困住十万人”的胜仗，其实相当程度上是靠地理地形，利用沼泽与河流，介于陆战与水战间的打法，击败了仍然抱持草原战斗态度的金兵。经此一败，金兵也明白了地理上的不利状况，短时间内不会再轻易举兵南下。

所以在此之后，从高宗到孝宗，宋金的南北对峙其实是有着高度默契的态势。双方有着通畅的沟通管道，经常就和平条件讨价还价，或来催讨欠款欠物。双方都明白，以江为界的地理态势短时间内很难改变。

08

岳飞的军事目标从未得到皇帝认可？

岳飞的悲剧是在这个背景中产生的。他是个武人，他真的想要雪耻和反攻，而且他够聪明，知道雪耻和反攻需要怎样的权力。因而在皇帝和朝廷文人的眼中，他是个跋扈、难以节制的部将，正符合“祖宗家法”中特别要防范的那种武人。他不受节制的方式不是割据地方，而是不顾现实地一直将有限的资源投入到北伐上。

岳飞故事中最令后世愤慨的是宰相秦桧给予他的罪名。韩世忠问秦桧岳飞是因什么罪名被下狱，秦桧的回答是：“事体莫须有。”后世解释为秦桧嚣张跋扈，表示皇帝要杀他，或我要杀他，不需要理由。

这样的解释使得很多人以为岳飞被杀是没有罪名的。事实上有，而且有好几条明确的罪名。一条罪名是岳飞公然宣布要带十万军北伐，但当时他有权率领的军队根本没有这么多人。他自作主张将刘光世所带领的军队也纳入自己的领导之下，这破坏了统帅号令体制。更严重的，皇帝并没有要北伐。

高宗皇帝从来不想北伐，这既牵涉到对于现实势力的评估，也牵涉到和徽宗、钦宗尴尬的关系。但正因为徽宗、钦宗在金人手中，高宗皇帝绝对说不出口反对北伐。岳飞聚集了大军，自己宣布要北伐，触动了宋朝最敏感的神经，这岂不就是将自己看作“节度使”，全权节度军务了？

宋朝的制度绝对不能容许再出现一个节度使，高宗皇帝的立场也绝对不能容许一个任意发动北伐产生不可控制政治军事变量的武将。

岳飞的另一条严重罪名是他曾经面见皇帝，要求皇帝“早立太子”。在此之前，不是没有大臣给过皇帝类似的建议，然而不同的是，那些人都是自命“和皇帝共治天下”的文人，而武人就算像狄青官至枢密副使，都从来不曾取得可以干预皇家事务的权力。

更麻烦的是岳飞是在高宗还没有生出儿子的情况下去做出这样的建议。当时高宗已经为了不育感受到极大的压力，岳飞还要他“早立太子”，岂不是意谓要他选一个不是他的骨肉子嗣来预先继承皇位？这是什么样的居心！

岳飞的悲剧来自他从来没有得到皇帝和文臣的信任，他们不曾认可他的军事目标。要达成那样的军事目标，他必须控有地方上的垄断性权力，的的确确就像唐朝的节度使所具备的。但在宋朝不可能再允许出现这种节度使，岳飞的做法只会让皇帝和文臣更加不信任他。

岳飞被杀后，南宋抗金的努力也大致结束了。金朝因为发展太快，也需要时间来处理北方的局面，于是形成了明确的南北分立局面。这段历史的重点，因而不在外患，而在对于南方进一步的开发。定都南方后，经济、社会的布局与结构，都发生了重大变化，尤其是城市的地位与作用，带动南方转化，出现了从元朝延续到明朝的城市网络中特殊的南方经济，也就是在中国唯物史观中所称的“中国资本主义萌芽期”。

第 四 讲

宋代的城市生活

01

“两税法”和“熙宁变法”

北周设计的均田法，其核心是授田，加上租庸调法，提供了唐朝可以快速稳定下来的制度性基础。这套制度将人民对国家的租税义务，和国家提供人民的生产条件，有效地配合上。国家先给予生产来源，然后人民再以生产所得奉献国家。而且国家的税赋是以自然生产原始形式来征收的，田地上生产的麦、黍、稷等作物，依照比例缴纳实物，是“租”；农家自身种麻养蚕进行纺织的布部分交出来，是“庸”；另外贡献一定时间的劳动力给国家，是“调”。中间很少经过货币的中介。

这原本是倾向于自然经济的一种制度，将人民引导回农村，尽量在农业基础上自给自足，定着于土地上，国家得以恢复“编户齐民”，争夺原本隐匿在世家大户庄园里的人民。但“安史之乱”带来连年动荡，到了德宗朝，因为战乱等因素使得均田破坏了，不得不改立“两税法”，每年分春、秋两季征税，所以称“两税法”。

不过“两税法”真正的变化重点不在于征税的时间，而在于将原本的租庸调改为以钱计算。从租庸调到两税法，首先是货币的角色不一样了，旧架构中有货币流通，然而从国家的角度看，从一般农民的角度看，货币都没有那么必要。实行“两税法”之后，国家税收非得要有货币不可了，税额是用钱整合计算的。

唐朝最早是将这种改革当作是不得已的因应措施，内在那种希望整合“编户齐民”，希望农民仍然长期留在固定的土地上，希望农村保持自给自足自然经济状态的想法，并没有因“两税法”的实施而动摇。等到五代大战乱结束后，宋朝建立，原本仍致力于恢复“编户齐民”，并且部分恢复实物征收，也恢复了实体的力役之征。除了环境绝对不许可恢复均田制之外，其他部分都朝向复旧来处理人民对国家的义务关系。

然而这种状况到了神宗朝，有了大转变。前面看过旧派对“熙宁变法”和王安石最普遍的批评之一，就是政策中都是钱，都在想钱，都在说钱。王安石变法的核心就在于说服了神宗同意、相信，国家最大的问题出在财政上。不论对外对内，军事或民事，朝廷想要有任何作为，都非得先有钱不可。

王安石拿出来的一套变法措施，其内在精神和“两税法”是一致的。也就是要以货币来整合国家财政，不管是收入或支出，不管是谷物、织品或力役，都统整在货币下来计算来管理。这是新设立的“度支三司条例司”的主要任务。

王安石认为国家财政陷入困境的根本原因，就在于无从统计，算不出来收入和支出的对应关系。丰年时国家收入了许多谷物，但这些谷物就是谷物，无法换成马，也无法换成军队。人口增长时，力役随之增加，但有那么多人来服役能干吗？

为了让国家财政可以管理，可以在支出上有效率，“熙宁变法”基本上就必须将收入化为钱来计算。所以有“代役钱”、“免役钱”等措施，但看在旧党的眼中，这是变相加重人民的负担，人民本来可以利用农闲时去服力役，现在却必须多缴钱请人去服役，这当然是多出来的钱。王安石解释这些措施主要是针对城市居民，等于是让他们出钱为公家提供雇佣劳动，但真正执行时，就会出现很多愿意自己服力役的人都被强迫要缴钱。

又例如“方田均税法”，要规定一块土地依照其等级以及其面积来征税，同样等级同样面积的土地，不管种了什么也不管收成如何，就应该缴一样的税。这背后的思考，也是要摆脱自然经济、实物征税所产生的种种问题。但在执行上，就必然要跳过实物改以钱来计算。

所以“两税法”和“熙宁变法”是两波强大的力量，将中国经济从中古的自然经济，推向近世的货币经济。货币的地位与重要性在这个过程中不断上升。

02

从纸钞到白银，近世社会的货币特色

过去自然经济系统下，货币用途不广，然而在国家税收需求推动下，货币大幅增长，经由货币中介后交易变得方便了，也就刺激了更多的交易。中古时期，在货币不足的情况下，丝、绢、帛等都曾经部分扮演过货币的角色。然而等到国家由上而下创造了需求，就不可能再用这种方式来应付了。

北宋中期以后，朝廷最重要的关注之一，是大量开采铜矿，并同时严格管控铜矿，就为了要铸造铜钱。到了北宋后期，平均每年生产的铜钱是中国历史上数量最多的。钱不断生产，国家的税收改成以钱计算，才能运作。然而铜钱产量多到一定程度，也就出现了一项吊诡，道理上有足够的钱才能让国家有效征税，增加收入，那为什么不干脆国家财用不够时直接多铸钱呢?

多铸钱，不管是什么理由，就扩大了货币发行量，也扩大了货币运用的范围。再者，通货的形式也统一了，过去的其他丝、绢、帛等，都没有人拿来当作通货使用了。于是又产生了对于铜钱更大的需求。

所以我们看到宋朝的特殊现象，国家努力开矿、铸钱，以空前的速度增加铜钱的数量，然而铜钱却还是一直供不应求。那是因为整个经济体系越来越依赖铜钱，创造出更多的铜钱交易，于是铜钱的价值不断上升，带来了新的困扰。

例如在四川，因为铜钱不足，就出现了当地的特色铁钱。铸铁钱比铸铜钱容易，但质量很难控管，而且地域性的钱币不被国家承认，遇到要纳税时，铁钱还是必须换成铜钱。然而铁钱的质量没有保障，有很多劣币，要如何确定和铜钱间的交易价格？

于是在困扰中而有了历史上的飞跃式突破，那就是因应铜钱不足，特别在四川发行了代券。那是国家发行的凭证，依据这凭证，可以到四川以外铜钱没那么匮乏的地区去兑换铜钱。但一旦发行了，可以用来兑换五百贯铜钱的凭证，就等于五百贯的价值，大家就可以用这张凭证来交易了。这也就是纸钞的起源。

中国之所以最早运用纸钞，两项条件缺一不可。第一是国内产生了一个活络运作的货币系统，对于货币有高度的需求；第二是有统一的货币，却在特定的区域货币严重不足。借由纸钞来弥补货币不足的情况，也就意味着进一步增加货币发行量。

纸钞补充了供应不足的铜钱，使得整个经济系统可以持续朝货币化进展，不过当时并没有成熟的货币经济学理论可以指导国家货币发行的方式，如果纸钞发行稍没节制，就会出现恶性通货膨胀的问题。事实上到了南宋，为了军费需求，朝廷一度大量印制纸钞，就造成了百物飞涨难以控制的麻烦状况。

幸好整体来说，中国近世经济中纸钞始终都只是扮演补充性的角色，因为在江南，除了国家统一的铜钱之外，很快出现另一种通货，那就是白银。

白银有着和铜不太一样的特性。铜的价值来自铸造铜器的实用性，因而会有铜钱和铜器争夺原料的情况；银基本上没有太多实用性，却因为其色泽的美学价值，以及其沉重的分量和不会毁坏不会变质的稳定性，而为人们喜爱保藏。

白银为什么最早先在江南作为货币流通？那是因为其运用范围更广，是东亚海运环境中，不同社会不同文明的人们共同认可的交易中介。在跨文化跨社会的交易中，能被共识接受的贵重金属，大致只有金和银，而金比银要来得更稀有，价值更高，但数量上不方便运用在交易上。

白银因为有东亚海运贸易保障其价值，逐渐就在江南地区形成了“二元货币”或“双层货币”制度。上层价值比较高的是白银，下层是铜钱。所以便宜货物的交易是用铜钱，比较昂贵或数量较大的，就使用白银。白银的出现与运用，使得近世经济不至于因为铜矿枯竭而萎缩，可以维持一定程度的货币供给成长，让经济更活络，也让更多地方更多货物都进入了货币交易范围。换另一种方式看，货币渗透入越来越大的区域、越来越多的生产消费活动中。

03

南北分工产生的运输和交易需求

汉末大乱促成了对于南方的积极开发。先是东吴，然后有东晋和南朝，以建康为中心，进一步扩大对长江下游的开发。这个过程中，南北差异越来越严重。北方本来就雨量不足，加上过度垦殖带来的土壤枯竭与流失问题，再加上反复的战乱，北方的农业生产不进反退。南方雨量充足，到这个时候水土保持比北方好，地形又使得北方骑兵无用武之地，相对战乱破坏也少得多。随着北方人民移入南方，又提供了越来越多的劳动力，创造出南方的农业繁荣景象。

南方的生产力越来越高，财富累积越来越快，然而从唐朝以来，政治和军事的中心又一直在北方。经济中心在南方，政治军事中心却在北方，要维持这种二元中心架构，就必须有效地将南方的生产成果往北方输送。北方握有政治决策权，却无法在经济上自给自足，在经济上依赖南方，于是就使得南北之间的交通与贸易需求越来越大。北方的政治决策者一定要保证南北之间的运输交通畅通无阻，那是他们的命脉所系。

东吴开发长江下游，同时间的蜀开发四川，到了六朝，开发的区域再从长江下游往上溯，对于湖南湖北地区进行农业重整，之后也就等于是将整个长江流域的生产范围都统合起来，发挥了更高度的南方经济的综效。到了宋朝，进一步得到开发的，是广东和福建，尤其是福建地区，先有福州再有泉州，先后成为海运的主要港口，也就能明了这时开发的主要动力来自海运。当时的海运是沿岸航行，往南到中南半岛，最远大概到马六甲，往北则以高丽为贸易的主要中心。这方面交通运输的开发进步，部分弥补了因为被西夏阻绝而不能再被有效运用的西向丝路管道，也使得南方更进一步繁荣，将北方经济越甩越远。

隋文帝开始了第一波南北运输的主要建设，从唐朝一直贯串到宋朝，朝廷施政的一项重点都是要确保南北运输不会中断。“发运使”或“转运使”，原本只是官僚体系中的一个小角色，负责某一段的运输管理之责，可是到了宋朝，这变成了一个重要的官职，相应地，设有“发运使”“转运使”的地方，既是运输上的交通要点，往往也就发展成热闹繁华的经济城镇。

这种南北分工的情况，并没有因为宋朝丢掉了北方，定都于临安，偏安江南而改变。只是换了一个形式，换成南方固定、持续地向北方进贡。甚至可以这样说，宋金的南北对峙，是由更根本的经济因素决定的。

南宋愿意同意和金人的和约，不断进贡来保有和平，最关键的理由就是他们控有生产的南方，因而他们负担得起。那北方的金人呢？绍兴年间他们一度南下，之后退回北方，就再也没有南征的军事行动。因为他们明了在南方打仗不是那么容易的一件事。

进贡的形式对南宋来说很羞辱，但进贡却远远不止形式上的意义。那是维系南方在生产上支撑北方经济的做法。军事上北强南弱，南方经济生产不断向北方运输，不然北方的经济系统是无法自给自足的。依靠南方源源的进贡，来提供北方所需的资源。

换句话说，南宋其实是以每一年的“宋援”支撑住了金朝。正因为有这层隐性的依赖关系，所以要到蒙古人崛起南下，这种情况才改变。这段时间中，南宋和金都无力改变现状，南宋缺乏军事力量北伐，甚至没有把握可以阻挡金人南下劫掠，但金人也没有条件可以南征占领长江以南的地区。南宋提供经济资源，金朝得以维持，包括维持威吓南宋的兵力，而南宋这边也不愿冒金兵再度南下的风险，改变对金朝的经济援助。

04

运输系统发达，北方人吃到南方米

从经济的角度看，偏安南方，比起南北混合，其实还更繁荣更富庶。出现了更普遍的商品经济，也就是为自己消费使用而生产的比率一直降低，越来越多东西生产了是为了拿到市场去销售的，因预期可以交换为货币而生产的。

传统农业生产分布下，有了“北人食面，南人食米”的习惯，然而到了北宋之后，北方人吃米饭的情况显然越来越普遍。不只是有钱有地位的人吃米，就连社会底层的人都吃米，出现对他们所吃的米的特别名称，叫“贡租米”。顾名思义，这是以缴交给政府或地主的形式从南方运到北方来的米，质量比较差。

北方连下层人民都吃米，而稻米是南方生产的。这清楚地表现了南方稻米生产已经高度商品化了，有特别为了出口到北方而种植的“早稻”，也就是生产时间比较短，因而质量比较差的米。这种米在南方没有销路，却因为生产成本较低而可以“出口”到北方去。

南方种稻也有一定程度的专业化，有不同的生产投资选择。除了原本种植用于自家消费之外，还可以选择种高质量的“晚稻”，多花时间卖高点儿价钱，或是选择“早稻”，售价低但成本相对也低。

另外北方下层人民都能吃米，还需要运输成本下降的条件配合。因为原本国家的政治中心在北方，南方经济繁荣后，会以国家力量将运输系统，尤其是货物流通的水运系统建设好，维持好。

国家将江、河、湖加上运河系统连通整治好了，民间也可以利用。不计开凿、疏浚、建造堤防堤岸等的成本，那水运成本就很低很低了。朝廷原先用官船来进行漕运，但既然无法阻止民船行这些水道，民间航运快速发展，到“熙宁变法”之后，从费用上考虑，朝廷就干脆停了官船的经营，转而以代雇民船的方式进行。于是更进一步刺激民间航运扩张、升级。到达一定规模后，航运的成本还能再下降，更有效率。

这就形成了循环效果。航运成本下降，从南方运到北方的货物就越多。货物越多就刺激发明载重量越大的平底船，寻找并确定最安全的航道，减少航运损失风险，于是就让更多东西可商品化卖到北方去。长此以往，就将货币一步步深入农村，不管是生产者或消费者都需要货币，在地域与社会阶层分布上，货币高度普及，这是近世经济的重要特征。

05

从墟市、鬼市到城镇的交易网络

连带产生的变化是城乡分布与城乡关系。中古时期，例如唐朝，典型的城乡关系是一座有墙围起来的城在中间，这是政治与军事防卫的中心。住在城里的主要是政府人员以及各种工匠，还有商人。每一个工种有自己的街坊，明确分布，里坊有门，天黑之后要关闭，天亮才打开。做生意的只能在同样市区划开来的“市”里进行买卖。这个中心最重要的是统治和控管。

城外有郭，也就是外城，同样是防卫功能的。城与郭之间有农地进行种植蔬菜等小规模的农作，郭外就是农村了。

到了近世之后，随着货币经济的发达，农村也被货币化了，产生交易的需求。于是在广大的农村地带开始出现小型的市集。在江南这种市集称为“虚”或“墟”。一种说法是三天、十天一次的市集，煞是热闹，市集结束了，对比下觉得那个地方格外空虚，因而得名。

还有另一种名称叫“鬼市”或“黑市”，听起来很可怕，主要是南方天气热，有很长一段季节，日照太充足，不适合户外活动，尤其是要走相当一段距离来赶集。所以就选择天气比较凉的清晨，大约在黎明前一两个小时开始，等天大亮气温升高时就散了。那种时刻，四周还黑乌乌的，看过去模糊的人影憧憧，所以称“黑市”或“鬼市”。

“墟”或“鬼市”这种名称反映了乡间市集刚出现时，给人们留下的印象。突然一堆人聚集在那里热闹非凡，之后一下子又突然消失无踪，如梦似幻，很难相信是真实的，带有强烈的超现实之感。

这种市集不会是固定的。还有一种“亥市”的名称，这是缩写，全名应该叫“寅巳申亥市”。当时算日子用天干地支，地支一共十二个，第三、第六、第九、第十二加起来就是“寅巳申亥”。所以“亥市”指的是每逢“寅巳申亥”日就出现的市集，也就是三日一市。

“亥市”在岭南，又得了新的名称，“亥”字加上了“疒”，变成“痎”，这是从热带疟疾经验而来的比拟，疟疾患者的症状又称“打摆子”，时冷时热，一天冷一天热，而这种“痎市”正是隔天出现，所以一天冷清一天热闹，刚好和患病“打摆子”一样。

农村到处都出现这种小型市集，而且日期固定下来，频率越来越密集，再进一步，围绕着市集地点出现了新的居住形式，就叫作

"镇"。"镇"本来是军事用语，指的是军队居停或驻扎的地方，为了满足他们生活需要，就产生了相关的行业与服务，最重要的是会有酒肆和女人。

固定且频繁的市集吸引了来做生意的人，有的要买有的要卖，距离稍远就无法当天来回，产生了临时居停的需要，也有了餐饮上的相关需要，不断发展，很容易就出现了类似原先军事"镇"的活动现象，于是就套袭了这个名字。

市集扩展成为"镇"，附近买卖的人又很容易和好几个"镇"都有关系，于是"镇"与"镇"又形成了新兴网络，一种以商业功能为主，市场与市场联结的网络。最后这样的网络再和本来就存在的政治中心"城"连接上，"城"很自然成为这个网络的交通与行政中心，一种新的"城镇"系统就形成了。

06

为什么说唐与宋所说的“城”截然不同？

虽然同样叫作“城”，甚至同样的一座城，其地理意义与社会功能，在中古唐朝和近世宋朝，却截然不同了。

货币无所不在，交易无所不在，就连农村都有活络的市集，很明显地，“城”中原有的设计逐渐不适用了。中古的“里坊制”着眼于对工匠与商人的管制，限定他们居住，以“暮鼓晨钟”规定里门何时开放，何时关闭，这种种作法到了宋代就纷纷取消了，到后来里坊的墙也拆了，本来城中特别区画出来的“市”也消失了。“市制崩坏”并不是市场败坏萎缩，而是整座城变成了到处都是“市”，到处都有“市”，不再能将买卖活动限制在小小的区域内。听起来或许有点儿怪，但事实是这时完成了中国“城”的“城市化”——“城”从政治中心转型为政治商业中心，发挥了“市”的功能。

从前的“城”的荣枯，取决于政治。县治所在一定有“城”，一旦县府搬迁到别的地方，原来的这座县城就会快速没落，甚至成为废墟。然而到宋朝之后，情况不一样了。“城”取得了双重意义，既是政治的，也是商业的，单只是失去了政治功能不必然使得一座城委顿、衰落；而且城的商业地位比政治地位更难动摇，因为那是作为附近市集中心而运作的，是一整个区域交易结构网络的金字塔顶点。

城市的另一番变化发生在居民的性质上。过去的“城”是消费性的，近世的“城市”则多增加了繁荣的交易活动，更多外面的货物要运进城里。方便的交易又吸引了百工进入城市，直接在城市里生产并交易。于是过去政治中心或防卫上的决定性随而大幅下降。相对地，一座城市的荣枯，越来越取决于其经济性质。

07

富人向城市集中

中古经济的最大特色表现在庄园制上，也就是大地主制。当时财富最主要的形式是土地，拥有多少土地就等于拥有多少财富。然而进入近世，朝廷的政策是严格阻止大庄园发展，不允许地方上有依靠庄园而形成的世族再崛起。近世的中国农业生产基本上是小农制的。

北方因为生产力下降，一旦庄园制打破了，根本上缺乏重建的生产条件，但南方就不一样了。高生产力的情况下，很容易创造出足以累积的剩余财富，可是朝廷又从政策上阻止出现大地主，于是有钱人就转而将剩余财富用到城市里，购买城市房舍，参与城市活动。

宋代与土地兼并有关的规范，是依“实定法”原则来管辖，也就是说并没有明确的、数字化的规定，而是以文字，甚至基本精神给予地方官员认定空间。不是规定一定不能超过多大面积，不是规定一家顶多能收购多少土地，而是从精神上反对兼并。地方官认为你所取得的两块土地间隔太近，有“并”的嫌疑，就可以阻止买卖进行。地方官员认定你取得土地的方式不完全正当，有侵夺的嫌疑，也可以禁止你继续拥有这块土地。也就是制定了反兼并的原则，然后广泛授权官员依照现实状况做出评断来。

另外由科举控制所有人才，产生的近世朝廷官僚系统越来越严密，什么样的官在什么样的地方该做什么事，甚至该遇到谁，彼此该有什么样的关系，都有一定的惯例，产生了非法律形式而是由惯例而来的约束与制衡。这套关系网络中严格地监视土地兼并行为，有效地阻止官员本身扩大地产，也有效地防范官员和地主联合，坐任地主扩张土地。

土地当然还是很重要的一种财产形式，不过到了近世，就不再是“有土斯有财”，土地不是唯一的财产形式；除了土地之外，保有财产，甚至炫耀财产都有了许多其他形式。而且土地财产的拥有形式也相应多元化了，出现了宗族集体拥有制，大面积土地不是掌握在个别家庭手中，而是由宗族集体拥有、集体支配，于是非但不会像之前的朝代一样，出现土地集中造成严重不公平状况，反而可以像范仲淹开发“义田”形式，发挥宗族内部财富再分配的效果，缓和贫富差距。

农田土地制度有了很大的变化。

08

全国性市场：谋天下之财，获天下之利

再加上前面提过科举环境造成“士”“商”交流的情况，商人地位不断上升，而商人的主要活动区域在城市，后来他们的主要居住区域也纷纷换到城市了。《三朝北盟会编》中说：“富人必定居四通八达之都，以谋天下之财，获天下之利。”这个时代的“富人”理所当然的选择不是住在庄园里坐享地主之利，而是有钱还要更有钱，那就必须住到城市里，借商业活动增长财富。

从汉代就开始有土地兼并问题，到了巅峰状况，出现了大庄园和大佛寺，但相对地，近世的兼并倾向受到了限制，一部分的原因来自意识、观念的改变。富人没有必要住在山林里，拥有财富也不再是为了建构庞大的园囿优游其间，有了财富就该“谋天下之财、获天下之利”，所以也就该住到可以联系天下财利的地方，那是城市，而不会是庄园。

别小看如此简单的两句话，“谋天下之财、获天下之利”，在以前这是只有皇帝能说的话，但现在成了商人的目标，因为有了全国性——以“天下”为范围——的市场存在。这是以前不存在的，透过若干中心就能联系上全国性的市场，也就能碰触到“天下之财”及“天下之利”。

真的能在商业上四通八达的中心，在宋代越来越多。最大的，也是所有这些中心的原型，是帝都汴梁。许多赚了钱的人，在政策限制下，无法继续兼并更多土地，就将财富移到城市来，成了城里的地主。农村的地主受到庞大租税的压力，相对在城里就轻多了。国家租税的设计与执行，基本上都是针对农村土地的，对于城市土地没有那么严密的规划。城市土地越来越值钱，于是在近世经济中，出现了越来越重要的租金因素。

城市里有客栈、饭馆、当铺，尤其是有了越来越大的仓储需求，那就必须取得土地及房舍的使用，拥有土地、房舍的富人，就对使用者收取租金。北宋中叶以后，朝廷上有很多这方面的讨论，试图找出方法来对付这种新兴现象。城市地租所得该如何征税？另外，有没有“合理地租”？国家既需要，也应该规范“合理地租”吗？这是讨论的主题。

经过讨论，逐步形成对于房东收入与行为的管理。例如有一条规定，要求房东整修房子时，必须是要动到梁程度的大工程，才可以涨房租，否则不得涨房租。很显然，当时出现过很多房东以整修房屋为理由涨房租引发的纠纷，必须由朝廷来制定明确的标准供双方遵守。

09

到开封相国寺和绍兴开元寺的市集开开眼

市场范围扩大，拿到市场上买卖的商品种类，也随而大幅增加。传统上市场上会有农产品，如粟、麦、丝、麻、布等。另外有鸡有鸭有鹅有鱼有竹有木，有烧火用的柴。还有各种水果，如梅、杏、青李等。另外盐以及各种腌制的食物，都进入了城市的市场。然而宋代城市市场的买卖，可就不是这种规模了。

北宋都城中最有名的中心之一是相国寺。寺庙有名，其外面的市场更有名。近世之后，中国的寺庙往往具备了附近人民相会社交的功能，从而衍生出交易市场的功能。

我们今天白话中文里用到“社会”这个词，其意义对应于英文里的 society，是源自日本人用这两个汉字翻译西方名词 society 而来的。而日本人之所以选用这两个字，还是和古代中文的用法有关。古代中文“社”指的是祭拜地祇的所在，那是很古老的信仰习惯。“社祭”很频繁，成了小范围居住区域中居民最常见面相会的场合，因而“社”字也就取得了人与人互动的连带意义。从“社”而扩展到佛寺、道观，宗教作为社群活动理由，宗教建筑作为社群活动地点，就成了理所当然的普遍现象了。

宋代汴京相国寺每个月“朔望三八”有大型市集。“朔望三八”指的应该是每月初一、十五，加上初三、十三、二十三和初八、十八、二十八，加起来有八天。不过另有记录说是一月五回，也有可能是从这八天中选择其中五天进行。

相国寺市集时，大山门口卖的是飞禽猫狗，进了山门是个广场，搭了许多棚子，主要卖日用杂物，包括席子、屏风、盥洗用品，也有鞍、弓、剑等。这里还会有人担着水果或腊肉、脯肉来卖。接着进入佛殿，有“王道人”秘制的饼，然后还有笔和墨。越往里面，文人气就越重，而且要有“品牌”的才进得来，这边是“赵文秀之笔”，那边是“潘古谷之墨”。

到此你明白了，原本听到相国寺的市集，我们想象的是在庙口摆摊做生意，事实却不是，买卖的主要场地在庙殿里。廊庑里有寺院尼姑所制的绣花绫罗、珠翠头面，一些女红产品。到了佛殿后面，那就像是小型、原型的北京琉璃厂，有书籍、字画、古玩，另外加上一些官职所需的专业用品。那是官场上退职了或升官了的人，将自己原本品级、身份的相关配备拿出来卖。所以换另一个方向看，一个人调职或升官了，也必定要走一趟相国寺市集，可以在那里备齐新职务所需的各种行头。

近世的笔记小说中有很多关于官场的详细描述，一部分就牵涉到如何制备从官服到官舍所需与品级相称的装饰物，那是朝廷政治中非常重要的一环，因此提供相关买卖的相国寺，也就成了官员升降浮沉及政治人物相遇互动的另一个关键地方。

到了靠近后门的地方，在后墙边一字排开，是替人看相算命的。有手相、面相、各式占卜，有时还有风水师也来摆摊，极其热闹。

汴京相国寺之外，有绍兴府开元寺。绍兴是越州特产的集散地，而越州又是当时中国对东亚贸易的新兴区域。开元寺每个月中有一个市集，最重要的是正月十四日，元宵节前的这场，这场市集对当时南宋的人来说，简直是一生必定要去参与见识一次的朝圣般目的地。

市集里摆满了珍奇物品，有玉、帛、珍珠、犀角、明香、珍药、漆器、藤器、书画、古董等等，有越州自身的特产，也有从海外运送进来的舶来品。

开元寺这种市集特别称为“大市”，意谓着不是以周围居民为买卖的对象，而是吸引了更广大范围的人，专程远道来参加。有越州特产加舶来品，在这里进行大规模的、远距离的交易。

另外一种“大市”是四川专门进行药材交易的“药市”。四川是药材主产地，各地商人都会选择适当时候专程到“药市”集中采购，虽然路远，却能省下很多事，也省下了付给中间商的费用。江南另有一种在清明节前后的“大市”，那是“蚕市”，吸引的是所有的养蚕户，在这里可以买到养蚕所需的工具，还能够吸收到和养蚕相关的各种最新信息。

10

南宋城市人口比例可观

日本学者斯波义信，曾经选择了几个不同区域的地方志，经过仔细比对，发现这些县里平均大约五分之一的人口居住在城市里。清楚显现出这段时间中国社会的高度都市化发展，也更进一步佐证了商业化与货币化的程度，没有这两方面一定程度的变化，不会有那么多城市，城市也养活不了那么多人。

更多人住在城市里，改变了城市的空间大小。过去的城市主要空间很小，基本上就是内城围起来的部分，外城是防卫性功能的，内外城间不会有什么活动。到了近世时期，这样的城市空间不够用了，一些地方就开始将外城拆除，内城以外的空间也有人居住，也有商业活动了。城市的实质范围不断扩大。

于是不在城里的空间，围着城的地区，逐渐也被纳入城市街道规划中，汴京就曾经在城外设立了八个坊，这本来应该是城内的空间管理单位，后来整合为四个坊。有些地方称为坊，有些地方称为乡，那都是因为城内容纳不了满出来蔓延到城外的特殊居住与商业空间。

将这些扩大的城市组织纳入计算，那么宋代江南城市人口占总人口至少五分之一，应该是不夸张的合理估量。近世之后，新的货币交易形成了新的经济骨干，创造了新兴城市生活，以及依附于城市才能有的不同生活形式与态度，和中古的状况拉出了越来越大的差距。

第五讲

宋代古文运动

01

《东京梦华录》记载的汴京繁荣景象

对于宋代城市的状况，有一份很有价值的史料——孟元老的《东京梦华录》。书中《序言》写道：

> 仆从先人，宦游南北，崇宁癸未到京师……正当辇毂之下，太平日久，人物繁阜，垂髫之童，但习鼓舞，班白之老，不识干戈。

孟元老是两宋之际的人，因为父亲做官，所以在徽宗年间到了汴京。这座皇帝所在的城市，很久没有战乱了，人和物都极为繁盛，小孩子学习音乐、舞蹈，不需要接受军事训练，年纪大、头发白了的人，一辈子都没拿过武器。

时节相次，各有观赏。灯宵月夕，雪际花时，乞巧登高，教池游苑。举目则青楼画阁、绣户珠帘。雕车竞驻于天街，宝马争驰于御路，金翠耀目，罗绮飘香。新声巧笑于柳陌花衢，按管调弦于茶坊酒肆。

城市里的生活有紧密的节奏，接连有不同季节的不同节日，也就有不同的观赏游玩的重点。元宵看灯，中秋赏月，冬天看雪，春天看花。还有乞巧节和重阳节的登高，以及到大池塘、大花园里游玩的特殊乐趣。

在城市里抬头看到的，都是漂亮的楼房，有着各种装饰，窗户上挂着缀珠的帘幕，路上华丽的车争相停靠，雄壮的马匹纵情奔驰，更迷人的是可以见到女性巧妙打扮、穿戴讲究的身影，还能在特定的区域里听到她们的笑声与表演，茶坊酒楼不只有茶有酒，更有音乐相伴。

八荒争凑，万国咸通。集四海之珍奇，皆归市易；会寰区之异味，悉在庖厨。花光满路，何限春游；箫鼓喧空，几家夜宴。伎巧则惊人耳目，侈奢则长人精神。

城市四通八达，所以能聚拢来自各方的珍奇物品，而且都是交易的对象，有钱就能买到。城市里的饮食也大幅丰富变化，有来自各地的不同美味可供选择。城市环境也摆脱了平常的自然限制，不再是必定要春天出游才能看到花，街上就有很多花可供玩赏。任何一个夜晚，都有很多人家在设宴款客，传出响亮的箫声、鼓声。精巧的现象使人的感官敏锐，奢华的景象使人的精神提振。

02

因科举评分标准，四六骈文仍是文章主流

读这样的文字当然可以让我们感受、想象汴京的繁华，不过除了文字内容之外，值得注意的还有文字的形式。孟元老的这段序文，基本上还是用“四六对偶”的形式写成的，而且讲究其中的音律。“雕车竞驻于天街，宝马争驰于御路”，像这样的句子，其实是无法改写为白话文的。“雕车”对“宝马”，“竞驻”对“争驰”，“天街”对“御路”，都是严格对仗。而且为什么描述雕车强调的是在街上抢停车位呢？为什么是“竞驻”而不是“竞行”？关键在于“竞驻”两字都是仄声，才能在声音上对两个平声的“争驰”，也才能在意义上产生一静一动的对比。

这是一个例子，让大家明了宋代文人文章中，“四六体”仍然是写作的主流。也就是经历了唐朝波澜壮阔的古文运动，针对六

朝的骈丽文风大加批判，也做出了复古章法的重要示范，“四六体”却并没有消失。

为什么“四六体”还在，到了宋代仍有那么大的势力？其中一项原因是科举考试，考试要评分，要有评分的标准，要以文章来考试，就必定会鼓励考生写有格律，可以展现功夫而不是展现思想的文章。

我女儿在念中学时，作业写不完时我帮她写过作文，结果在评分的六个等级中得到了第三等。也就是他们班上同学大概百分之八十的人都写得比我好。不过我代笔的成绩还不算太糟，我有一个朋友是诗人，她有一天很惊讶也很沮丧地发现，各级学校入学考试都明白规定考试作文不能写诗！

为什么不能写诗？因为现代诗没有格律，没有形式规范，在阅读上会产生的歧异性太高了，老师不会改，没办法评分。一旦要考试，那就不能是自由发挥的，一定要有“客观”的规范，规定什么样的文章比较难写，所以可以得到比较高的分数。

有一年台湾高中入学考试的作品题目是“这一次我自己做决定”，题目公布之后引来一片叫好称赞之声，认为这样的题目可以鼓励学生独立思考。我却无法不感觉到这中间有一份反讽，这题目就没有要让学生自己做决定啊！规定了要求他们写“我自己做决定”的作文。

更反讽的是后来出现了争议，针对有些学生将这个题目理解为自己来决定作文题目，就选了自己想写的写。这样的卷子如何评分，最终的决定是把这种卷子视为“文不对题”，学生没有正确理解题目的意思，也就当然不能给高分。

也就是摆明了，不不不，这次写作文你可绝对不能自己做决定。作文要你写的是回想或想象某种情境下，你必须自己做决定，那是什么情境，你又如何做了什么决定，这才是正确的作文方式。

后来还公布了阅卷老师认为写得最好，拿了最高分的范文。那篇文章里写的是父母要离婚，问他要跟爸爸还是要跟妈妈，他很挣扎，觉得舍不得爸爸，也舍不得妈妈，最后他想通了，“这一次我自己做决定”，那就是他两个都要。

好吧，这是好作文，完全符合出题老师的意思，所以可以得到好成绩。但这是好文章吗？或者说我们应该鼓励用这种方式写文章吗？那是一个破碎家庭的情境，或者说家庭破碎过程的痛苦，但变成了作文，符合作文题目，文章中既没有对于家庭之所以破碎的认识与了解，也没有对于自身痛苦的挖掘，因为写作者必须依从题目的要求，把这项明明不可能由他自己做决定的重大事件，硬是朝“这一次我自己做决定”拉扯，成就了作文，却失去了真挚。

03

宋初用于社交酬答的“西昆体”盛行

为什么到了宋代，又有卷土重来的第二次古文运动，甚至比唐朝的更浩大广泛？一部分的理由也就来自对于应付形式、讲究规矩，却必然失去真挚性质的作文的不满与反抗。

四六骈文并没有因唐代古文运动而消失，甚至没有因此丧失其主流文体地位，不只继续写在应用文中，还继续主宰考试评分标准，北宋初年更占据了文学创作的中心地位。

这个时期，“西昆体”大流行。“西昆体”名称是由一个团体衍生出来的。当时有一位大才子杨亿，据说他写文章和别人大不相同，人家通常要在书房中安静构思，他却喜欢在吵闹的环境中写，而且是越吵闹越好。所以每当他要写文章时就宴客，找来很多人吃饭喝酒，他一面应酬和客人说话，一面准备了小纸条，想到几句就写下来，写成了一段就交给仆人，让他们在旁边抄，如此完成他的作品。

这当然是很怪很值得传诵的习惯啊！他的才子之名就建立在可以一心多用的能力上，而且越是分心，跟人家聊得热烈开心，他写得越快越多，有时候宴会中他神思暴走，舌灿莲花之余，传到仆人那里的纸条内容还多到让仆人都来不及抄。

才名在外受到注意，杨亿因此得了代皇帝拟稿的差事，据说他最怕也最讨厌的，是看到自己拟的稿子呈给皇帝后，皇帝改过的定稿。有一次他就在还给他的稿子上，故意将皇帝改的字涂黑，涂成一个脚印的样子。然后对友人说："你看，我的稿子被踩了一脚！"

这样一位自负的才子编过一本书，叫《西昆酬唱集》，也就是以他为中心的一群朋友的集体诗集，而他们自觉地集体模仿学习的榜样，是唐朝的李商隐。李商隐写的诗有什么样的特色？首先，他的诗多是感慨之词，少有表达快乐感受的。另外他的感慨中也少有豁达，充满郁结情绪，却没有从自然（如王维）或从超越境界（如李白）或从历史（如杜甫）上得来的开阔途径。

还有，李商隐的诗爱用典故，尤其爱用僻典，也就是那种不是一眼就看得出来历，不是在每个读书人都具备的文化教养范围内的典故。而他特殊的一种本事也就是能够在诗中放进僻典，却让即使解不出典故来历的人，都能得到一种情绪上的感染，至于知道典故的人，又能因而读出更多的隐喻，而有了特殊的成就感。

锦瑟无端五十弦，一弦一柱思华年。庄生晓梦迷蝴蝶，望帝春心托杜鹃。沧海月明珠有泪，蓝田日暖玉生烟。此情可待成追忆？只是当时已惘然。

“五十弦”的五十之数是单纯描述乐器的结构呢，还是另有和“思华年”有关的典故呢？“沧海明珠”“蓝田玉暖”有什么出处？不见得每个人都能知道，然而阅读过程中却都能感受到文字间浓稠的惆怅遗憾之情。

“西昆体”之所以模仿李商隐，一方面是着眼于“和平之言难工，感慨之词易好”，另一方面更是借着用僻典可以来炫耀学问。他们用这种有一定模式而且适合炫耀的风格来进行“酬唱”。也就是这些诗是在群体中写的，具备来往酬答的社交功能，你写一首我回应一首，你用这个韵我就和你的韵来写。集体酬答，大家都用类似的风格写，于是蔚为现象。

“西昆体”太流行了，杨亿为首的这群人表现得太嚣张了，于是到了仁宗朝，有人看不惯了，就发出了不平、批判之声。这个时间，正好是北宋从朝代建立，到开始摸索建立自我政治与文化认同的关键时刻。

04

先天下之忧而忧，后天下之乐而乐

首先发难的，是石介，写了一篇标题为《怪说》的文章，明白地对杨亿开炮。文章里说：

昔杨翰林欲以文章为宗于天下，忧天下未尽信己之道，于是盲天下人目，聋天下人耳，使天下人目盲，不见有周公、孔子、孟轲、扬雄、文中子、韩吏部之道；使天下人耳聋，不闻有周公、孔子、孟轲、扬雄、文中子、韩吏部之道。俟周公、孔子、孟轲、扬雄、文中子、韩吏部之道灭，乃发其盲，开其聋，使天下唯见己之道，唯闻己之道，莫知其他。

指责杨亿为了要让人家以为他的文章最了不起，要大家都接受他文章中所说的，所以就刻意隐藏在他之前大文章家、大道理家的名声，包括周公、孔子、孟子到韩愈，于是使得这些人所讲的道理都消失，被遗忘了，没有可以比较的，天下之人只听得到杨亿的意见。

这是石介在《怪说》中特别要指出的怪现象，也就是一种为了抬高自我而刻意掩盖先人的阴谋。他接着不再称“杨翰林”而指名道姓了：

今杨亿穷妍极态，缀风月，弄花草，淫巧侈丽，浮华纂组，刓锼圣人之经，破碎圣人之言，离析圣人之意，蠹伤圣人之道。使天下不为《书》之典、谟、禹贡、洪范，《诗》之雅、颂，《春秋》之经，《易》之繇、爻、十翼，而为杨亿之穷妍极态，缀风月，弄花草，淫巧侈丽，浮华纂组。其为怪大矣！

为什么如此强烈攻击杨亿？看看这一段列出来的主要理由，也就是杨亿的文章风格，用当时的形容是“雕章丽句”，在字句上穷尽雕琢附丽之能事。但是石介却将指控无限上纲，首先是认定这样写文章破坏了圣人留下来的经书，乱用圣人的字句与文义，更进一步还讲成了大阴谋论，认为杨亿故意让时人远离圣人典籍。

杨亿何德何能，竟然能操控时人，让他们不接触、不阅读周公以来的这些重要道理？石介的逻辑应该倒过来才比较有道理——因为这个时代大家都不重视圣人之言，不在乎圣人道理，也不读这些文章了，所以才使得杨亿用这些雕虫小技，竟然能赢得大名，得到这么多读者青睐。

石介逻辑不通的地方，正反映了他的愤慨程度，受不了时代的轻佻风气，受不了圣人道理被视为无物，所以将气发泄在流行、大受欢迎的杨亿身上。这不是石介个人的愤慨，是当时正在兴起的文人新自觉集体现象。

杨亿的文人身份与行为，带有高度唐末五代的性质。文人生活与文人气质中，很大一部分是游戏、表演的。他们的文章本领很大一部分是用在社交酬答上的。文人之所以被看重，文人的自我身份认同，相当程度上放在将写文章当作一门特殊的技术，不是一般人能掌握的。

然而到了真宗朝，朝廷“重文轻武”政策长期扎根执行后，改变了文人的定义。此时范仲淹说出的“先天下之忧而忧，后天下之乐而乐”之所以是那么重要的一句名言，因为那是文人新自觉最早的明确宣言。

杨亿出生于公元九七四年，石介则是公元一〇〇五年，不过相差三十一年，一个世代，然而就在这段时间里，新的精神昂扬兴起了，让新世代的石介如此无法忍受前一代的文人明星杨亿。

“先天下之忧而忧，后天下之乐而乐”不只是一份责任感，内在还有一份自豪，认定文人、士人具备了和君王共天下的资格，所以要有新的准备，新的承担。石介为什么用那么夸张的语言攻击杨亿，给他安那么大的罪名？因为他期待以新的文人身份，要和他心目中严重错误的旧文人意识划清界限。

新世代的士人要和君王共天下，眼前最大的阻碍之一，就是像杨亿这种旧文人，从来不懂周公、孔子以降的公共事务道理，只知道沉浸在自己的文字游戏里，让人家以为文人就是那样，这种人没有准备承担天下事，当然应该被淘汰，而且淘汰得越快越好，越彻底越好。

05

柳开、石介等论古文：浮华的文辞不足以明道

比石介更早些，有志于复兴儒学的人，后来成为理学重要开创者，他们已经在检讨“文章”的性质与作用。柳开说：

> 文章为道之筌也，筌可妄作乎？筌之不良，获斯失矣。女恶容之厚于德，不恶德之厚于容也。文恶辞之华于理，不恶理之华于辞也。

文章是工具，为了要乘载道理，就像“筌”这种工具是为了要捕鱼的。柳开用了庄子“得鱼忘筌”的典故，却给予了完全不同方向的衍伸。庄子强调的，是语言为工具，意义才是目的，所以能够得到意义，就不要拘泥执着于语言上。柳开却说为了要能捕

鱼，难道能不重视“筌”的质量吗？要能达成所追求的目的，不得不讲究手段。

如果“筌”没编好，不好用或有洞，那不就抓不到鱼，没有收获了？所以还是有好坏上下的标准，就像一个女人应该讨厌自己内在的德行比不上、撑不起外表的美貌，而不会讨厌内在德行的深厚、美好超过外表的长相。那么文章也是，表面的辞藻比内容华丽令人厌恶，倒过来内容丰富超过文辞就不会。

另外穆修说：

夫学乎古者，所以为道；学乎今者，所以为名。道者仁义之谓也，名者爵禄之谓也。然则行道者有以兼乎名，守名者无以兼乎道。

石介批评杨亿的论点中，很重要的一项是“不学古”，对于周公、孔子的知识非但不承传，还要予以掩蔽，来彰显自己的文章与道理。穆修解释了“学古”和“学今”的根本差异在目的，是要追求真理，还是要追求名声；是要体会仁义，还是贪图爵禄。然而这些求名求爵禄的人没有搞懂，求道不见得就得不到名声，可是求名却一定不能得道。为什么那样傻，放弃可以两者兼得的正确方向呢？

而很明显的，“古”在这里被抬出来，不只和“今”对照，而且代表根本、正确的态度与方向，那么人应该做的也就很明白了，抛弃“今”的错误，以“复古”来修正。而且是从还原文章的

“古”做起，文章不应该是社交利禄工具，文章有其崇高的地位与尊严，那是来自文章可以捕捉真理、成就真理的功能。

柳开另有一篇文章，标题是《应责》，也就是回应别人对他的指责：

子责我以好古文，子之言何谓为古文？古文者，非在辞涩言苦，使人难读诵之，在于古其理，高其意，随言短长，应变作制，同古人之行事，是谓古文也。子不能味吾书，取吾意，今而视之，今而诵之，不以古道观吾心，不以古道观吾志，吾文无过矣。吾若从世之文也，安可垂教于民哉？亦自愧于心矣。欲行古人之道反类今人之文，譬乎游于海者，乘之以骥，可乎哉？苟不可，则吾从于古文。

柳开应对的就是有人指责他提倡古文。他先解释到底什么是“古文”，并不是看起来很艰涩难读的叫作“古文”，“古文”重要的是其内在精神，道理是旧的，意念是高尚的，效法这种道理、意念，将这种道理、意念用各种方式表达出来，才是“古文”。

他接着跟对方说：你不了解这种道理、意念，用当下现实的价值观来看我的文章，以至于无法看得懂我的意思，这怎么会是我的问题、我的错呢？我写文章的用意是“垂教于民”，要将这些美好、重要的真理传递给其他人，如果我也写今天流行的那种文章，只有华辞美句，却没有从古流传下来的普遍真理，要如何能达成我的目的？而且写那种文章又怎么对得起自己！

要表达、实践古人的道理，却去模仿今人的文章，那就很像要出海却选择骑马，可以吗？如果出海不能骑马，那我当然也没办法写今人的文章，我当然继续坚持提倡古文、写古文。

以当时流行的标准看，古文是“辞涩言苦”，意思是没有漂亮的声音，没有流畅的对偶，而且讲的都是些大道理，读起来没有趣味。柳开强调不是故意要将文章写成这样，文章是工具，是为了有效传达道理与信念，所以选择了这样的风格，当下现实那种讲究音律与对偶的文章，无法传达严肃的道理与信念，所以必须写古文。

柳开、孙复、穆修到石介，他们在宋朝再度提出“古文”的号召。“古文”是“明道”的手段，文章不是拿来描写风花雪月，也不是为了抒发个人感受，是为了弘扬道理。而且所说的道理要能“致用”，不是空论。“古文”基本上是“散体”，提倡“古文”也就同时“尊散体”，也就是不用四六骈体，对于诗也没有那么看重。

“古文”牵涉到古人，但不是所有的古人都值得推崇，得到共识被抬举出来的重要古人，就是韩愈，因而有“尊韩”的态度。石介说：

孔子为圣人之至……吏部为贤人而卓。不知更几千万亿年复有孔子，不知更几千百数年复有吏部。孔子之《易》《春秋》，圣人以来未有也；吏部《原道》《原人》《原毁》《行难》《对禹问》《佛骨表》《诤臣论》，自诸子以来未有也。呜呼，至矣。

明确地将韩愈与孔子相提并论，孔子以后最了不起的就是韩愈了。而肯定韩愈最主要的理由，也就是他写了《原道》《原人》《原毁》《谏迎佛骨表》几篇讲道理的经典文章，将文章的“文统”和道理的“道统”结合在一起。

06

“唐宋八大家”为何是这样的名单？

传统上所称的“唐宋八大家”如果分开来看，唐朝和宋朝的分配很不平均。宋朝占了六位，而且光是苏家父子，苏洵、苏轼、苏辙，就有三个名额，比整个唐朝分到的两个名额还多！

还有，宋朝的六位“大家”中，最年长的欧阳修出生于公元一〇〇七年，最年轻的苏辙出生于一〇三九年，几乎全都集中在同一代，而且他们彼此都认识。很明显的，从时代上看这“八大家”其实并不具备涵盖唐宋两朝的代表性，两朝前后长达六百多年，然而选出来的“八大家”他们的生平活动高度集中在中唐和北宋前期。

“唐宋八大家”反映的，其实是北宋前期“古文运动”的热潮，应和北宋“古文运动”的价值观论述所需，是那一代之间的现象，而不是后世贯通完整衡量唐宋两朝文学表现产生的评价。

韩愈、柳宗元被选中、被抬高，是为了对抗像杨亿那样的讲究唐末五代文风的文人，而且明显地是以韩愈为主，柳宗元是附带的。

柳开、穆修等人主张复古，揭示了“明道”“致用”“尊散体”等原则，然而一方面当时“理学”才刚开端，在“明道”上的思考成就有限，更麻烦的是，这几个人他们自己并没有能力写好古文。回头看一下前面引用的石介《怪说》就知道了，那实在称不上是什么好文章。而柳开必须响应的责难也包括了：明明可以写也应该写漂亮的时文，干吗去写那不好看的古文呢？

他们无法灵活运用古文笔法，也尚未有足可以独立的新思想，所以必须抬出韩愈来，以他的文章，及其文章中呈现的观念，作为复古及对抗现实风气的典范。他们提出了复兴古文精神的号召，却不足以让古文在他们手中形成现象，遑论运动。

必须等到欧阳修出现，他是“唐宋八大家”真正的枢纽人物。欧阳修具备全面的文才，能写四六骈文，能写游戏文章，也能写诗写词，由他来推崇古文，分量和意义就大为不同了。面对欧阳修的文学成就，没有人能轻视他在古文方面下的功夫。

此外，对于文章，欧阳修提供了比柳开、石介他们更深刻的说法。在《答吴充秀才书》中，他说：

夫学者未始不为道，而至者鲜焉。非道之于人远也，学者有所溺焉尔。盖文之为言，难工而可喜，易悦而自足。世之学者往往溺之，一有工焉，则曰："吾学足矣。"甚者至弃百事不关于心，曰："吾文士也，职于文而已。"

他提出了一个重要的观念——"溺"，来解释为什么文人会被时文风格所吸引。柳开、石介他们的出发点是和写时文的人划清界限，视自己为掌握真理的少数人，愤慨地睥睨、批判另一边的多数人。欧阳修却是先画了一个大群，将所有的"学者"都包纳进来。大家刚开始的时候，都有一份追求真理的初心，问题在于很难坚持。而使很多人放弃初心的主要力量就是"溺"，沉溺、耽溺，过于自我满足。

文人当然必须写文章，文章不容易写得好，一旦掌握了写好文章的诀窍，自然就高兴且自满。这就是陷溺的来源。会写了，就自我感觉良好，甚至眼里没有其他值得注意的事物了，专心只写文章，认为既然自己是文人，职责专业就是写文章，于是就忽略、遗忘了原本求道之心。

耽溺使得人将文章看得太重要，产生了"异化"的效果，原本的手段转成目的了，所以应该要用来表达"道"的文章反而变为"道"的阻碍。

07

欧阳修：文章没有长远的价值，道理才是永恒

欧阳修又说：

予读班固《艺文志》，唐《四库书目》，见其所列，自三代、秦、汉以来，著书之士多者至百余篇，少者犹三四十篇，其人不可胜数，而散亡磨灭，百不一二存焉。予窃悲其人，文章丽矣，言语工矣，无异草木荣华之飘风，鸟兽好音之过耳也。方其用心与力之劳，亦何异众人之汲汲营营？而忽焉以死者，虽有迟有速，而卒与三者同归于泯灭。夫言之不可恃也盖如此。今之学者，莫不慕古圣贤之不朽，而勤一世以尽心于文字间者，皆可悲也！

查看《汉书·艺文志》和唐朝所编的《四库书目》，依照时代，

发现从夏商周到秦汉，早期的那些多则写了一百多篇，少也还有三四十篇的作者，多得不得了，然而他们所写的文章却绝大部分都消失不传了，只剩百分之一二得以留下来。想想能不感慨吗？这些人写的文章一定也是辞藻华丽、字句工整，却落得像是草木凋零不存，鸟兽声响过后即逝。这些作者当时写文章，一定也和所有的作者一样，劳心劳力，可是等到他们死了，再怎么辛苦创作的文字也就随而泯灭了。我们还能觉得语言文字值得依恃吗？“立言”有那么容易吗？如此看来，现在的学者，一方面希慕古代圣贤有不朽的功业与盛名，却花一辈子的精神在写文章上，太可悲了吧！

真正不朽的不是文章，而是文章所承载的道理，是实践道理的圣贤。不要追求文章表面字句的美好，那是假的，是留不下来的，应该追求的是构成文章内容的那些道理，只有碰触到这永恒的道理才可能随这道理而永久留下来。

欧阳修又有夫子自道，显现自己的成长：

予为儿童时……得唐《昌黎先生文集》六卷……读之，见其言深厚而雄博，然予犹少，未能悉究其义，徒见其浩然无涯，若可爱。是时天下学者杨、刘之作，号为时文，能者取科第，擅名声，以夸荣当世，未尝有道韩文者。予亦方举进士，以礼部诗赋为事。年十有七试于州，为有司所黜。因取所藏韩氏之文复阅之，则喟然叹曰：“学者当至于是而止尔！”……后七年，举进士及第，官于洛阳。而尹师鲁之徒皆在，遂相与作为古文。因出所藏《昌黎集》而补缀之，求人家所有旧本而校定之。其后天下学者亦渐趋于古，而韩文遂行于世，至于今盖三十余年矣。

很小的时候就接触到韩愈的文章，还无法理解文义，却立刻感受到言词的风格，深厚、博大、宽广，觉得喜爱。但那时候流行的是杨亿他们那种文体，也就是“时文”，大家认为写时文很好啊，既能应付考试，又能换得名声，因而没有人注意、谈论韩愈。受社会风气影响，欧阳修自己也是勠力于准备考试，专攻诗赋，17岁去应考，没有考上，这时回头又读了韩愈的文章，而有不同的体会，明白了这比时文了不起得多了！又在考试上耗费了7年时间，终于考中了进士，到洛阳认识了尹师鲁这些人，大家一起写“古文”，找出自己收藏的《韩昌黎集》作为底本，参考别人家有的旧本补充校正。从那时开始，文章风气有了转变，时文不再独步，有了对古文的认知，30年来，韩愈的文章流传越来越广。

欧阳修积极主动地推广韩愈文章，作用很大，他自己才气很高，又有领袖魅力，并能组织群体，是“一世文宗”。他很愿意帮人家看文章，给意见，如果遇到他欣赏的，也不吝将后辈年轻人视为弟子，予以协助、提拔。其中一种提拔的方式是对于他看过并认可的文章，就汇集为“文林”，文章被欧阳修选入“文林”自然意义非凡，而他选“文林”的标准，当然不会是“时文”式的，于是就更能推广“古文”的观念与“古文”的精神了。

在这过程中，写古文越来越有出路，越来越多人愿意写古文，也就围绕着古文集结了越来越多的文人。“唐宋八大家”其实就是从这时候的文人圈中，以欧阳修而形成的典范。

以欧阳修为中心的古文运动

曾巩是欧阳修的学生，王安石则是曾巩年少时就认识的朋友。两人都到汴京后，王安石还没成名前，曾巩将王安石的文章带给欧阳修看，才让欧阳修注意到王安石。

曾巩和王安石虽是少时好友，但两人个性、立场却大不相同。神宗皇帝一度抱怨“我朝无史”，传统上总是要由下一个朝代来替前朝修史，然而从皇帝的角度看，“我朝”没有理由要灭亡，也就不会有下一个朝代，那岂不就永远没有“我朝历史”了？所以就要求先修“五朝国史”，意思是将在他之前五个皇帝——太祖、太宗、真宗、仁宗、英宗的历史写出来。负责编修的是曾巩。

曾巩先完成了太祖朝的总序，交给皇帝看。文章开头说太祖辉煌开拓，功业盛大，有人将太祖和汉武帝相比，其实汉武远远比不了太祖，毕竟汉武不是开国君主。如果一定要比，应该和汉高祖比才对，然后再罗列出汉高祖刘邦比不上宋太祖赵匡胤的十点，洋洋洒洒的大文章。

不过没想到呈上去之后，曾巩却失去了编修的工作，原来是皇帝心急，看他光是一篇序文就那么长，那五朝历史得花多少时间才看得完啊！

神宗急性子，王安石也是急性子。不只急，王安石还主观、独断，他在经学上下了很大工夫，因而自信满满做了许多不符合传统的评断。他特别重视《诗》《书》和《周礼》，却将一般认定出自孔子之手的《春秋》评为“断烂朝报”，也就是一堆零零碎碎的官方文件剪贴，没有什么了不起的价值。

“三苏”名列“唐宋八大家”也和欧阳修、曾巩有关系。放回到当时的历史情境，“三苏”有名气的一个关键是一门父子三人都能写文章，另外一个关键在于他们是眉山人，那是一个很偏僻的地方。那么偏僻的地方能出文人，已经很稀奇了，更稀奇的是还一口气同一家就出了三个。“三苏”到汴京就受到重视，被当作是奇迹怪谈流传，但后来是靠着和欧阳修联系上，等于是靠欧阳修的背书肯定，才确立了他们是有真本事的。

仁宗嘉祐二年（一〇五七年），欧阳修负责科考，读到了一份精彩的卷子，他判断一定是曾巩写的，只有曾巩能写得那么好，既然大家都知道曾巩是他的学生，为了避嫌就故意将那份应该得第一名的卷子压低名次，没想到打开“糊名”后，赫然发现卷子原来不是曾巩的，而是大老远从四川眉山来的苏轼写的。

故事传了出去，苏轼虽然没有名列第一，却取得了比得第一名更高更响亮的名声，连带着也提高了其父亲和弟弟的文章地位。

欧阳修的一位好友梅尧臣，也很欣赏苏轼，很认真地读他的文章，见到了苏轼，就特别提起苏轼写的《刑赏忠厚之至论》，又特别问文中用了皋陶的典故，典出何处。他的意思应该是称赞苏轼书读得真多，用到了梅尧臣自己不知道、没读过的典故。不料苏轼给他的回答竟然是："意中当有耳。"——哦，那不是出自哪一本书，是我自己认为应该有这么回事——也就是没有来历，是苏轼自己靠想象掰出来的！

我们为什么会知道这件事？因为它被记录在一本叫《扪虱新话》的笔记里，作者是南宋高宗绍兴年间的陈善。而"笔记"也是宋代文人文化中的新鲜文体，主要的内容就是文人的八卦闲话，因为是八卦闲话，所以通常很有趣，却不能尽信其内容，不能都视之为事实。

仁宗朝以欧阳修为中心形成了"古文运动"。在欧阳修之前，是孙复、柳开、穆修等人，然后就是欧阳修这一代，往下有他的学生曾巩和苏轼等人，再往下则是苏轼的学生辈，最有名的是"苏门四学士"——黄庭坚、秦观、张耒、晁补之，有时加上陈师道、李廌，合称"苏门六君子"。

"古文运动"的热潮也差不多就是这样四代人，七十年左右的时间。"古文运动"在这之后没落了，倒不是因为"时文"或骈文的有力反扑，而是自身内部发展所致。

09

程颐：沉溺文章会玩物丧志

“古文”被清楚定义为传达思想的工具，和“时文”最大的差别就在其内容是讲理的，而且是讲可以致用的道理，所以不屑在表面字句上装饰琢磨。不过这项定义到了欧阳修之后，其实有了相当大程度的修正，苏轼在《与谢民师推官书》中说：

孔子曰：“言之不文，行而不远。”又曰：“词达而已矣。”夫言止于达意，即疑若不文，是大不然。求物之妙，如系风捕影，能使是物了然于心者，盖千万人而不一遇也，而况能使了然于口与手者乎？

又在《南行前集序》云：

夫昔之为文者，非能为之为工，乃不能不为之为工也。山川之有云雾，草木之有华实，充满勃郁，而见于外，夫虽欲无有，其可得耶？

如果言词只是为了要达意，那就不需要，甚至不应该写得很漂亮？不是的。有那么多奥妙的现象与道理，如何可能大家一看一听就都知道？“达意”可不是一件容易的事，不是要刻意追求将文章写得很美，而是如果要有效“达意”，文章也就非有一定的复杂程度不可，也就会有一定的美感。不好、不美的文章，也无法“达意”。就像山川上会有云雾缭绕，草木会开花结果，自然展现出美，难道要故意取消这种美吗？能够取消得了吗？

不是要努力让自己的文章写得美，而是如果要披露彰显值得被描写刻画的道理与现象，就算想努力让自己的文章粗糙不美都做不到啊！那就是文章“达意”内涵的性质，不是外造化妆出来的。苏轼主张：能够清楚表达的文章，必然同时是漂亮美好的文章，两者合而为一，这也就是“古文运动”背后的强烈美学信念。

但在那个时代，有另外一些人不这么想，或者说他们更看重将道理讲清楚的功能需求，而不那么在乎美学上的考虑。

例如说理学家程颐，从来不看“美文”。有人拿晏殊的诗给他看，希望能感动他，改变他的态度。程颐读到了这两句诗：“梦魂惯得无拘检，又踏杨花过谢桥。”人在梦中得到了现实里没有的自由，可以去到过去记忆中的情境里，这样两句诗不难理解，也确实写得很有情趣。然而程颐的反应呢？他摇头连呼：“鬼话！

鬼话！”

程颐对晏殊没有好感，就连杜甫他也觉得不以为然。他明白地表示不了解作诗要干吗。读到杜甫的诗：“穿花蛱蝶深深见，点水蜻蜓款款飞。”他的感受是：讲这些要做什么？

所以他评论韩愈的意见是：“退之晚来为文所得处甚多，学本是修德，有德然后有言，退之却倒学了。”韩愈晚年对于文章有很多体会，他不以为然。人的学问本来是为了要自我修养，在德行上有了收获才写文章，韩愈不在德行道理上用功，却去讲究文章，那就在本末次序上颠倒了。

欧阳修说文人因为“溺”于文章，所以遗忘了求道的初衷；程颐则说“天下有三溺”：一是溺于文章，二是溺于训诂，三是溺于异端。有意思的是他排出的顺序，错误的思想“异端”反而在最后面，文章排名第一，因为沉溺于文章的现象最普遍。

古文派相信文章是修道后的产物，也是阐扬道理的工具，而程颐则推到极端，认为文章是害人无法专心求道的根本缺点。学生问“作文害道否？”，程颐直接回答：“害也。凡为文不专意则不工，若专意则志局于此，又安能与天地同其大也？《书》曰：‘玩物丧志。’为文亦玩物也。”当然有害。不专心就没办法将文章写好，专心写文章你的志意就被文章局限了，那又如何能通达天地道理，有那样开阔的格局呢？从求道的目标上看，写文章也会导致“玩物丧志”。

10

朱熹：欧阳修怎么能与文王、孔子一样看待？

到了南宋，理学的核心人物是朱熹，而他之所以能有那么大的影响力，一部分原因在于他精力旺盛，而且具备了多方兴趣。在《朱子语录》中留下了他对于各种学问、书籍、人物与事件的评论意见。在这方面他要比程颐开阔得多，但他还是继承并坚守了程颐对文章的看法，一再批评文章和义理间的紧张冲突。

朱熹批评欧阳修：

由后之说，则文王、孔子之文，吾又不知其与韩、欧之文，果若是其班乎否也？呜呼，学之不讲久矣，习俗之谬，其可胜言也哉！

去古久远，有人看不到、看不懂文王及孔子的文章，就觉得韩愈、欧阳修的文章应该也就和文王及孔子差不多了。这证明了时代学问的堕落，习俗的荒谬，真不知该怎么说才好！

他举了一个例子显示欧阳修不够格和文王及孔子并列，那就是欧阳修晚年所写的《六一居士传》。欧阳修给自己取了“六一居士”的号，来自六个“一”：书一千卷，集古录一千卷，琴一张，酒一壶，棋一局，还有，老人一个。

这是欧阳修的人生趣味，也是他的幽默，但朱熹完全无法欣赏，他看到的，都是“玩物丧志”，说明了欧阳修将时间都花在这上面，怎可能有圣人的修养层次，又怎可能写出和圣人同等的文章？

从程颐到朱熹这些理学家，他们认为文章写得漂亮，就表示对于道的修养与追求不够认真。韩愈原本最重要的身份，是将道统和文统结合，既是道的继承者、思考者，又是文章家。但在理学家这里，道统和文统又分开了，他们刻意排斥文章，寻找并创造了一种直接、不讲究、不修饰的风格，那就是“语录体”。

“道统”是中国历史中很重要的“建构”（historical construction），随着不同时代有不同的面貌。韩愈以他的文章明确地建立了一个“道统”的系谱，并且借由他的文章的感染力，有效传扬了这个系谱，抬高这个系谱的权威。“道统”的核心是从“王官学”到“儒家”所推崇的代表人物——尧、舜、禹、汤、文、武、周公、孔子、孟子，然而从孟子以下就有分歧了。

例如荀子算或不算在这“道统”中，有不同答案。北宋时期一度特别抬举贾谊，将他列入“道统”中，那是以贾谊为有良心的策士的代表，反映了当时士人自认与君王共天下的责任，看重能够提出治国方案的人。南宋时，有一度郑玄被纳入“道统”中，将他视为经学的正统代表。道统有其基本固定的部分，也有其会依时代流行而浮动的部分。

韩愈一度被视为是“道统”的殿军（第四名，即排在文王、孔子、贾谊之后），有赖他才维系了“道统”的命脉，而他在“道统”上的地位，和他的文章成就是分不开的。理学后来不重视文章，甚至产生了“反文章”的价值观念，连带地也动摇了韩愈在“道统”上原本享有的崇高地位。

要了解朱熹思想与主张，必须读《朱子语类》而不是《朱子文集》。《朱子语类》就是将朱熹的“语录”分门别类编撰而成的。“语录”不是朱熹写的，是抄录他讲话留下来的，不经修饰琢磨，单纯是传递意念和道理的功能，没有文章字词上的任何美学追求，也就表示没有一丝一毫的精神、力量浪费在让文章漂亮、好听，如此才符合“一心向道”的高标准。

主张承继道统的理学家不再以文章著名，他们的思想主要以“语录”来表达。而且即使他们写文章，只要是谈道讲理的，文章风格都越来越像“语录”，也就是从口语抄录下来的，和直接用文字写的，彼此越来越接近。

在欧阳修身上建立起的文人文化，是“道艺合一”，道的追求、表现和艺术形式关系密切。欧阳修的“六一”最后一项是“一个老人”，意味着有书有古玩兴趣，有琴有酒有棋，那么人就不怕老了，因为可以老得优雅，也老得丰富。

然而理学之所以又被以讥讽与反对的口气称为“道学”，就在于将“道”无限上纲，以至于把其他东西都排除在外了，包括“艺”，包括“情”，也包括从“艺”和“情”而来的人生趣味。他们相信求道的人没有余裕去修养“艺”，将原本在文人文化中极为核心的“艺”推到边缘去。只有“道艺合一”，相信“道艺合一”，才有可能发展出日本文化中的那种花道、茶道等等。北宋文人文化有这样的精神，然而“道学”进一步发展，就掩盖、阻止了这份精神在艺术上的落实。

11

道统与文统分离，“语录体”兴起

“道艺分离”，或道统和文统的分离，造成了古文的没落，相应有了“语录体”的兴起。南宋以降，古文的地位下降，相对地，白话文的地位提升了。从这里而有了近世社会中“白话文”的发展。过去文人运用文字，一定要写出和日常说话语言不同的句法，“语录体”和口语粘得那么紧，没有文字难度的写法，是入不了文人之眼的。经由“语录”承载道学讨论，使得文人逐渐习惯这样的白话写法，有效开拓了白话的空间。

另外又配合城市的发展，文人文化中的几个主要形式有了商业化的倾向，在城市中出现了专业市场。“道艺合一”价值瓦解了，促成原本专属文人文化的几种“艺”转为可交易买卖的专业，和市场与市井接上了。这是近世俗民文化长足发展的一大动力，部分就源自文人自我认知理解上的转折改变。

第六讲

重读宋诗

01

为何相对唐诗，宋诗看上去是被后人忽视的？

中国是个历史意识极其发达的文明，随时都在整理过往的历史，并且形成固定的说法与解释。好处是人们和历史亲近，感受到和前人之间的密切联系，然而却也有坏处，那就是固定的说法与解释常常取代了真实的历史资料，甚至取消了部分的历史资料。

一个例子是中国文学史很早就形成了以主流文类来贯串的固定说法。汉赋、唐诗、宋词、元曲，顶多加上六朝骈文和明清小说。上一讲提到了这种说法产生的盲点——让我们误以为到了唐宋时期，骈文就消失了，或至少是不重要了。但如果以为骈文消失或不重要，就无法理解“古文运动”因何而生了。

另外一个盲点，说惯了唐诗、宋词，总是注意唐诗、宋词，必然就相对忽略了唐词、宋诗，甚至不知道有唐词、宋诗的存在。

文人词的起源在唐朝，尤其是到了五代有长足发展，才会有重要的词集《花间集》，集中所收的作品，已经涵盖了大部分的词牌以及词的主题与惯常表现手法。习于唐诗、宋词说法，讲词都从宋代讲起，那就失去了对词从民间唱词被文人化关键变化的认识，也不容易注意到词与音乐之间保存暧昧关系的特性。

唐诗、宋词的说法让我们先入为主相信，宋代韵文的最高成就在词，就算偶尔意识到宋代文人也还写诗，有宋诗的存在，也很容易就将之视为唐诗的末流、遗绪，也就是唐诗失去了活力之后的产物，认为宋诗套袭唐诗无甚可观。

然而史料历历在眼前，不允许我们如此轻易地将宋诗摆到一旁。吊诡地，宋诗之所以不受重视，正是今天我们不该轻忽宋诗的原因。听起来很怪很别扭？让我换个说法：宋诗不受重视，非但不是因为套袭唐诗，反而正因为创作这些诗的人有意识地、刻意地要写出和唐人不一样的诗。

也就是说宋人制定出一套关于写诗的概念与标准，怎样的诗才是好，而这套标准有很多地方是针对唐诗而来的，必须离开唐诗的窠臼，才能算是带有创新性，能够符合新时代价值的好诗。

而最熟悉这套标准，也因而最讨厌这套标准的，是接在宋代之后的明代文人。明朝文坛影响力最大的，有“前七子”“后七子”，而不管是前或后的这些标杆人士，都主张“文必秦汉，诗必盛唐”。“文必秦汉”不是他们发明的，是承袭“古文运动”的理念而来的，但“诗必盛唐”呢？那其实就是对到明代已经成为写诗固定规范的宋诗标准的反动。

他们不满于宋诗的标准成为流行，一方面既然流行就变成流俗，另一方面又拘束了他们的表达自由，想要摆脱这套流行标准，在历史意识高度发达的社会中，很自然地就采取了“以复古为革新”的策略，所以借由肯定“盛唐”来否定宋诗。

从一个角度看，明代文人的口号极为成功，建立了“诗必盛唐”的普遍信念，认定盛唐诗就是最好的，和盛唐诗相比，连中唐、晚唐都无足观矣，更何况宋代！但换另一个角度看，明代文人“复古”虽成功，“革新”却没有什么成就，他们所写出的诗并没有产生足可独立的新风格、新精神，只是平白地将宋诗打倒了，以至于使得后人无从越过他们的评价，比较客观真切地欣赏宋诗。

02

严羽《沧浪诗话》中“诗必盛唐”的观念

明朝文人拉盛唐来打宋诗的态度，有其先锋，那是南宋严羽所写的《沧浪诗话》。严羽说：

大学诗以识为主，入门须正，立志须高；以汉、魏、晋、盛唐为师，不作开元、天宝以下人物。若自退屈，即有下劣诗魔入其肺腑之间。

学写诗最重要的是建立观念意识，开始不能走歪了，而且要确定高标准。什么样的标准呢？以唐朝开元、天宝年间为界线，以下的就不能学。如果在这方面稍有妥协，就会有劣等的诗魔进到身体深处，赶都赶不走。

工夫须从上做下，不可从下做上。先须熟读《楚辞》，朝夕讽咏，以为之本，及读《古诗十九首》、乐府四篇、李陵苏武汉魏五言，皆须熟读，即以李杜二集枕藉观之，如今人之治经，然后博取盛唐名家，酝酿胸中，久之自然悟入……今既唱其体曰唐诗矣，则学者谓唐诗诚止于是耳，得非诗道之重不幸邪！

要保卫不让诗魔侵入，不仅要读熟汉魏五言诗，还要拿李白、杜甫的诗集当枕头，连睡觉时都不离开。用研究经书的态度来接近李白、杜甫，然后加上盛唐时期其他名家的诗熟读在心中。“今人”，也就是北宋以来写诗的人，专门学晚唐诗，以至于讲起唐诗就只知道晚唐作品，这可真是诗艺诗道上加倍的不幸啊！

《沧浪诗话》书中最常被引用的是这段：

诗者，吟咏情性也，盛唐诸人，惟在兴趣；羚羊挂角，无迹可求。故其妙处，透彻玲珑，不可凑泊。如空中之音，相中之色，水中之月，镜中之象，言有尽而意无穷。

盛唐诗好在哪里？在于“兴趣”，“兴”指的是“赋、比、兴”里的那个“兴”。“赋”是描述，“比”是譬喻，“兴”比较接近自由联想，由一项似乎不相关的现象或事物引出真正要讲的意思。“兴”是没有规律、无法规范的，因而带有一种独特的趣味，称之为“兴趣”。

追求“兴趣”的唐诗不可捉摸，其意思似有似无、模糊暧昧，绝对不是可以套用炮制的，具备超越字面的多重意义，最符合诗表达“情性”（而非知识或道理）的根本性质。

虽然没有明说，不过严羽文字的隐意就是批评“今人”所写的诗是“有迹可求”的，有一种固定的写法，宋诗是讲究方法，从方法里造作出来的。

对于盛唐诗，严羽还有这样的意见：

> 大抵禅道惟在妙悟，诗道亦在妙悟。且孟襄阳学力下韩退之远甚，而其诗独出退之之上者，一味妙悟故也。惟悟乃为当行，乃为本色。然悟有浅深，有分限，有透彻之悟，有但得一知半解之悟。

他将诗的表现和禅宗等同，不在理解而在直觉的“悟”。要比学问，韩愈当然远超过孟郊，可是孟郊的诗写得比韩愈好。学问和诗有不一样的目标，也就有不一样的方法，孟郊掌握了诗人的“当行本色”，那就是追求、表现“妙悟”。诗的高下好坏，和“悟”密切联结，“悟”有深有浅，有部分片段的，有全体透彻的，还有那种一知半解的。

关键在于要“入神”，在这上面和学问形成了最大的对比。学问要努力要经营，可是如果在诗上显现了努力、经营的痕迹，那可就不“神”了，也就不会是上等的好诗。而相对于盛唐诗，宋诗的特性不幸地是“有迹”。

03

古文运动的副产品——江西诗派

《沧浪诗话》分成“诗辨”“诗体”“诗法”“诗评”“诗证”五部分，而“诗辨”放在最前面。在《答吴景先书》中，严羽很得意地说：

仆之《诗辨》乃断千百年公案，诚惊世绝俗之谈，至当归一之论。其间说江西诗病，真取心肝刽子手。

他自认提出了惊世骇俗的看法，这些看法又是不可摇撼的真理。但如果是至当的真理，为什么别人都没听过而会大感惊讶？解释这其中似乎存在的矛盾，答案就在“江西诗派”。“诗辨”是特别针对“江西诗派”而写的，痛批针砭“江西诗派”的错误与弊病，要像刽子手般取“江西诗派”的性命。“江西诗派”势力庞大，正是使一般人无法接触真理的主要障碍。

“江西诗派”奉黄庭坚为宗师，成立者是黄庭坚的追随者吕本中，他整理了一个“江西诗社宗派图”，将二十五个人纳入这个系谱中。他很谦虚地将自己排除在外，表示自己还没有资格入图，而图中地位最高，占据源头的，就是黄庭坚。

在宋诗的发展上，黄庭坚的确扮演了核心的角色。前面提过的引发“古文运动”批判反弹的“西昆体”文人，主要写的是诗。然而他们那种用套路写诗的方式，只讲究表面字句却忽略思想内容的风格，和北宋新的文人自觉强烈抵触，所以需要从“古文”中去寻找能够乘载、表达这种新价值观的形式。

要推翻“西昆体”的权威地位，因而往前找出了韩愈，抬出韩愈的道统观与“文以载道”的信念，来批判只有“文”没有“道”的“西昆体”。不过“西昆体”主要的作品是诗，于是由此而产生相关在诗上的改革呼声，同样以韩愈为榜样，提出对于如何写诗以及为什么写诗的新主张。

和欧阳修极为亲近的梅尧臣写过一首诗：

退之昔负天下才，扫掩众说犹除埃。张籍卢仝斗新怪，最称东野为奇瑰。当时辞人固不少，漫费纸扎磨松煤。欧阳今与韩相似，海水浩浩山嵬嵬。石君、苏君比卢、籍，以我待郊嗟困摧。公之此心实扶助，更后有力谁论哉！

先是确立韩愈的历史地位，以其天下最高的才能，像扫尘土般将邪说打倒了；然后描述他身边跟随着有张籍、卢仝撑起韩愈的阵营，另外还有孟郊，是他们之中的带有独创性格的奇葩。接着一转，将欧阳修比作韩愈，拥有领导大才，是当下的改革带队者，在他旁边的有石延年和苏舜钦，就像韩愈有张籍和卢仝相呼应一般。如果这样比拟下来，那么梅尧臣自己可就得当孟郊了，这样的身份期待让他很困扰，感叹自己做不到、承担不起。

这诗当然是朋友间的游戏之作，但清楚反映出当时要连带着“古文运动”，要同时进行诗的改革的立场。另外，因为以韩愈为宗的关系，他们所设定的诗风榜样，是“中唐”，可以说是要自觉地将中唐诗风在宋代复兴。

04

宋诗的双面性格：学唐诗，打破唐诗

欧阳修晚年写了《六一诗话》明白地解说了韩愈的诗好在哪里：

退之笔力，无施不可，其资谈笑，助谐谑，叙人情，状物态，一寓于诗。

韩愈的功力显现在到处都能运用，可以谈笑，可以幽默，可以表达人情，也可以描述客观事物，都能够写进诗中。也就是诗有广阔的天地，不像“西昆体”那么狭窄而造作，只在音律与文字上细腻追求。

依照“西昆体”的美学，诗有一种诗的腔调，写诗就必须模仿那种腔调，适合这种腔调的内容可以入诗，不适合的就应该排除在诗的领域之外。欧阳修则认为诗不可能只如此，最明确的证据就在韩愈所写的诗，那么多样，那么开阔!

苏舜钦和梅尧臣比欧阳修早去世，欧阳修写了一首《感二子》追怀两人，开头第一句是“黄河一千年一清”，哇，这是诗句吗?七个字是以2－3－2的方式分配的，而且声音平仄的变化也很不自然，第三和第六个音是下沉的声音，而且还是相同重复的。

然后第二句恢复到比较正常的“岐山鸣凤不再鸣”，可是又让第三字和第七字声音重复。接着第三句是“自从苏梅二子死”，是以文入诗，采用了简白的散文式文句，然后才连到第四句：“天地寂寞收雷声”。

这是欧阳修刻意的姿态。打破了原来诗的规律，表现出这两位朋友最让他感念的，就是一起在诗上的这种突破性探索。《感二子》：

黄河一千年一清，岐山鸣凤不再鸣。自从苏梅二子死，天地寂寞收雷声。百虫坏户不启蛰，万木逢春不发萌。岂无百鸟解言语，喧啾终日无人听。二子精思极搜抉，天地鬼神无遁情。及其放笔骋豪俊，笔下万物生光荣。古人谓此觑天巧，命短疑为天公憎。……

一方面用上了很浅白的句法，甚至刻意打破诗句的惯例，将散文句子放进去，但另一方面又用了非常夸张的形容，虽然是祭悼、怀念的诗，读到后来我们都不确定欧阳修是认真的还是开玩笑的，这两个朋友的诗文有重要到这种程度？从中产生了一份暧昧的幽默感，好像他还在跟两位亲近的朋友隔着阴阳两界开玩笑。

这样的风格确实和韩愈有关。韩愈除了在提倡古文与主张“文以载道”上很有成就，他还有另一个身份——锐意求新求变的诗人。在写诗上，他经常不惜将诗写得失格、破格，来凸显自己不与时人弹同调。他的诗被视为古怪、别扭，不过那不是他的目的，重点是他要找出方法写和一般唐朝人写过、正在写的诗，明确不同的作品。

因而宋代文人找到了韩愈为榜样，以他的“古代性”来对抗晚唐、五代与现实文风，产生了一份吊诡，在诗的领域，韩愈非但不“古”，而且他还是唐朝整体风格的叛逆者。

如此而有了宋诗的双面性格，原本要摆脱晚唐五代与“西昆体”拘束，所以上模唐朝，学中唐以前的人写诗。然而以韩愈为模仿的焦点，他又是破坏唐诗规矩的诗人，以至于宋诗也就跃动着打破唐诗规矩的活泼精神。当欧阳修、梅尧臣、苏舜钦他们学韩愈时，他们学到的，与其说是韩愈写诗的方式与风格，更重要的毋宁是韩愈打破唐诗规矩的做法。

05

黄庭坚在诗中树立的新姿态

到了黄庭坚和王安石，就有了明确的主张，有意识地去写唐朝人不会写、不能写的诗。而从欧阳修到黄庭坚，中间又有一位怪才大才的苏轼。苏轼写得最好的诗，多为古体诗，在这方面很像另一位大才李白，他们都需要较大的空间挥洒铺陈，不喜欢受到近体诗的局限，不喜欢在框框里寻求突破，习惯于大开大阖。

苏轼和李白另一项相似之处，在于都喜欢写“有我”之诗，也就是有着发达的自我，用诗来发抒恣意的主观。例如《游金山寺》诗，开头第一句就说“我家江水初发源”，好大的口气！虽然我们明白他要说的是自家住在四川，是长江的发源地，但句子听起来却像要把长江都包揽为他家的，而且他是故意制造出这种错觉，来传递极度恢宏开阔的自我主观。第二句接着说：“宦游直送江入海”，好像他做官的旅迹就是为了要将长江江水从发源地送入到大海似的。

先如此彰显自己和长江的关系，然后才说“闻道潮头一丈高，天寒尚有沙痕在”，真正进入对长江和金山寺的描述。

苏轼并没有自觉为什么如此写诗，他是先有诗，然后直接在诗中表现了一种不同的态度。要到黄庭坚，才明确地提出新的写诗的价值观，也提出了看待唐诗的新立场。

黄庭坚擅长写“拗体”的诗。“拗体”分两种，一种是“拗律”，另一种是“拗句”。“拗律”是破坏了原有的平仄安排，在声音上破格；“拗句”则是调整改变了原有的安排，句子是不合律的，但会利用同时改变相应的句子“救”回来，产生新的平衡关系。

“拗体”就是刻意挑衅唐人留下来的规则，在声音和文法上进行破格试验。谈到黄庭坚的诗时，总是会提到他的“求奇”精神。他标榜不论是意念或意象、声音安排或典故运用，都要找到前人没有的表现。诗的格律是唐人最大的成就，然而早在中唐时，韩愈就看出了诗律的问题，为之感到不满。有那么多的诗按照这套格律写成，每一首诗几乎都成了这套格律的示范，读多了、浸淫在其中久了，格律不再是限制，也不再是挑战，不必多想，只要依循长期培养起来的语感去吟去写，就八九不离十能写出符合规律的作品。

黄庭坚认为写诗的第一要件，就是不要写看起来听起来很自然很理所当然的诗，那种不需设计不需烧脑思考的诗。和唐诗相比，甚至和后来明代、清代所写的诗相比，宋诗有一项差别，那就是标题中有“口占”二字的少了很多，近乎绝迹。“口占”指的是随口吟诵出来，然后再抄录的，和坐在桌前拿着纸笔一句一句想好写下来不一样。如果用音乐比拟的话，那就像是即兴演奏，而且也像即兴演奏一样，那可不是随便爱怎么弹怎么弹，爱怎么吹怎么吹，必须要对于和弦和旋律的变化分合极为熟悉，能够快速正确直觉反应才能即兴演奏。

“口占”表示对于诗的规律不只是熟透，而且内化到不必思考了。所以没有纸笔，不能检查声调音韵对偶都没关系，从口中直接讲出来的自然就符合所有这些规则。

为什么“口占”消失了？因为宋代文人不再重视这种自然流露的、即兴的诗。这种诗必定合规律，但他们要的是大部分符合规律，却又在一些地方刻意巧妙破坏规律的诗。这方面的典范是陈师道，他去登高览胜，想到了一句诗，就要回家将自己关起来，认真思考他的诗。他一上了专用的“吟榻”，仆人就赶紧离开，小孩不准啼哭，连会有声音可能让他分神的猫啊狗啊鸡啊等通通赶得远远的。他苦吟得诗之后，将诗句写出来，贴在墙上，不断读不断修改。

他每天写诗，生活中没有什么比写诗更重要的事，因此写出的诗很多，但他的标准很高，最后只留了几百首。写诗为什么会变得那么难？不是为了要遵守格律，刚好相反，因为这时人人都能轻松掌握诗律了，所以难在如何“出律”，而且是有道理地“出律”，可以和其他一般的诗、正常的诗不一样，也就是黄庭坚说的作诗“虽只字半句不轻出”。

06

宋诗特质之一：唐突唐人，破格精神

朱弁的《风月堂诗话》中描述黄庭坚是“独用昆体工夫而造老杜浑成之地，禅家所谓更高一着”。认为在雕琢字句的讲究上，其实黄庭坚和“西昆体”很接近，但写出来的却不是华丽轻浮的作品，也不造作，有杜甫的分量与气派，以类似的手法但成就高了一个等次。

前面解释过，“西昆体”的典范榜样是李商隐，而让黄庭坚一方面和李商隐相接，却又能有杜甫的气派的，是韩愈。李商隐承袭了韩愈那种别扭的风格，可是偏离了韩愈在内容与关怀上继承杜甫的方向，而“西昆体”甚至比李商隐更狭窄，没有了李商隐那种真切的悲剧气氛，也没有胆量去做出什么突破性的试验来，最终顶多只在典故与文法上有所“破”，相较之下，黄庭坚既大胆又执着，文法可以破，声韵可以破，对偶可以破，典故可以破，诗的形式用途也可以破。

黄庭坚的诗句："闭门觅句陈无已，对客挥毫秦少游"，前句讲的就是陈师道，后句讲的是秦观。两人之间，论才气，那当然是秦观高得多，能够不须太多思考就在客人面前立即将诗写出来，不过这种行径太像杨亿了，到了黄庭坚的诗学领域中，那就只是和陈师道的苦吟形成强烈对比而已，没有必然比较高的地位，甚至还因为写得那么轻松容易，这样的诗也就被视为不可能有精巧的破格安排，不会让人眼睛一亮，所以价值不高。

黄庭坚还不只刻意突破唐诗，有时甚至故意"唐突唐人"，意思是去改唐人写的诗。他发明了"脱胎"和"换骨"的写诗方式。李白的诗句："人烟寒橘柚，秋色老梧桐"，黄庭坚改了两个字，成为"人家围橘柚，秋色老梧桐"就成了自己的诗句。两者的差异在于李白两句都在形容秋天的萧索感受，因为秋意所以连"人烟"看起来都带有寒意，梧桐好像也在秋光中变老了。黄庭坚改成上下两句对比，看到人家围着吃橘子柚子，如此丰足的意象映衬着窗外落了叶的梧桐格外苍老。

又例如白居易的诗"百年夜分半，一岁春无多"，黄庭坚改成七字的对子："百年中去夜分半，一岁无多春再来"。白居易是单纯感慨时光苦短：人活着顶多不过就百年，但其中不能干什么的黑夜却占了一半；一年的时间里，最好的春天只有那么一小段。经黄庭坚一改，又成了对比，时间很短促没错，然而正因为时间过得那么快，一年一下子就过去了，也就等到春再来了。

这样的改法充分反映了唐诗和宋诗的差异，或说宋诗自觉与唐诗不一样的地方。相较于唐诗，宋诗更多曲折，也更喜欢创造意义上的暧昧性质。唐诗有比较明确的方向，在诗中表达某种情绪，宋诗却故意模糊方向，像这边走三步就要改往相反方向走两步，没那么容易掌握诗中的意念与情绪。

蘅塘退士《唐诗三百首·序》中的名言："熟读唐诗三百首，不会作诗也会吟"，这话的真实性建立在唐诗的格律上。的确，这些诗基本上都依循同样的一套格律写成的，所以如果读得够多够熟，自然会内化这些格律，不必另外特别学习，都能直觉明白声音平仄对错，以及语法的正确与否。

然而宋诗不是这样，宋诗首先就不是有着自然顺口音乐性的作品。宋诗没有要让读者自然地读下去，其写法是要让人追究推敲的。读者必须先彻底掌握了诗的文法、对仗、声韵与典故的用法，才能看出其中破格的地方，也才能体会其巧妙之处。宋诗不完全符合格律，吊诡地，因此更需要假定读者对于格律的娴熟修养。

这很像不懂音乐上大小调道理的人，可以欣赏巴赫、莫扎特的曲子，但遇到贝多芬的作品时就会卡住了。贝多芬《第九号交响曲》是鼎鼎有名的"合唱交响曲"，其中第四乐章，在人声歌唱出现之前，那是什么音乐啊？东一句西一句，好像这里试试那里试试，很不确定也很不安定，怎么听都听不出音乐在什么调性上，随时游移转换，不知道要去哪里。在以彷徨调性吊足人胃口之后，突然男低音冲出来，一下子解决了所有的困惑，给人带来有如雨过天晴的感觉……

不懂调性的人，无从惊叹贝多芬的杰出安排，无从理解这样破格的乐曲有多难写，有多难得。

宋诗的破格精神垫高了欣赏的门槛，将诗从唐朝的“全民运动”，高度普及的情况，改变为文人之间带有高度精英性质的创作活动。这明显符合了宋代文人在文化上的高度自觉与自尊态度。

07

宋诗特质之二：唐诗中少见的悬疑性

宋诗的另外一项特质，是具备唐诗中少见的悬疑性。读者无法从第一句就能预期下一句会出现什么，阅读过程中会一直被好奇吊着，并经常得到意外惊讶的感受，成为读诗的一大乐趣来源。

黄庭坚的《寄黄几复》：

我居北海君南海，寄雁传书谢不能。桃李春风一杯酒，江湖夜雨十年灯。持家但有四立壁，治病不蕲三折肱。想得读书头已白，隔溪猿哭瘴溪藤。

这是一首七言律诗，很简单写给朋友的酬答之作。开头第一句描述两人一南一北的隔离状态，接着突然动用了拟人法来形容远道，要拜托飞雁帮忙带信去，雁都摇头拒绝啊！然后颔联两句又用了特殊的文法形式，都是名词并列，没有一个动词。彻底省简，却高度传神，前句用“桃李”“春风”“一杯酒”表现过去两人相交的情状，温暖、美好；后句则用“江湖”“夜雨”“十年灯”对比分离的景况与时间，带着纷乱与无奈的心情。

再下来两句颈联延续无奈心情，形容自己的近况，家徒四壁，长期生病，病到都快自己可以当医生了，也带自嘲地表示穷得没钱看医生了。最后两句是大落差，前面一句很直白，十年人都变老了，想要读书或求功名已经来不及了，突然后面一句变成写景，表面上看完全不搭，极为突兀，但句中所形容带有凄厉意味的自然之景，在并列联想中就成了自己生命的悲凉象征写照。

南宋范成大的《四时田园杂兴》：

社下烧钱鼓似雷，日斜扶得醉翁回。青枝满地花狼藉，知是儿孙斗草来。

形式上更简单的七言绝句。描述的是土地公庙的热闹，祭拜之后烧纸钱并且打起响亮的鼓声来，大家一起聚会吃饭喝酒，喝到黄昏时分，老先生都喝蒙了。第三句形容一回到家，看到有枝有花散了满地，一个有点儿惊人的非常景象，怎么了？祭拜吃饭喝酒间，家里出了什么事？这就是悬疑，等待最后一句来解开悬疑，哦，原来是儿孙有儿孙的热闹，他们在斗草游戏呢！

唐诗有固定的结构顺序，通常都是依照由近而远的原则安排的，这也就是为什么唐诗读来通常有开阔之感的奥秘所在。宋诗不再沿用这样的顺序，转而让不同画面或感受交错出现，其间没有必然的空间或时间关系，也没有必然的因果关系，用这种方式创造出和唐诗不一样的突兀、悬宕效果。这比较像是跳跃的镜头，有时甚至接近现代电影的蒙太奇拼贴手法，让读者自己去联想建构诗句与诗句间的联结。

正因为唐诗的画面镜头是有顺序的，宋诗的特色就转而要打破对这种顺序的习惯期待。宋诗不是唐诗的流亚，不是唐诗没落后的产物，而是带有挑战唐诗、反对唐诗的精神而形成的新风格。

08

宋诗运用广泛，规模庞大

明代的万季野，另外一位反对宋诗的文人，曾说："宋人诗集甚多，不耐读而又不能不读，实为苦事。"这话中有玄机。宋诗为什么"不耐读"？因为万季野先入为主认定了唐诗为典范、为标准，拿唐诗来衡量宋诗，当然不喜欢。不过显然这份不耐烦有特别的性质，因为不是因此就不读宋诗，竟然觉得"不能不读"，所以抱怨读得多么痛苦！讨厌、不耐烦，那不读不就好了吗？为什么还要勉强自己读得那么痛苦？"不能不读"的理由在于他明白宋诗在搞花样，要用和唐诗不同的方式写诗，所以必须看看宋人到底在诗中放了哪些花样，又能够变出什么花样来。

宋代文人作诗的态度，比唐人严格。唐诗有很多游戏酬答之作，遵循格律依样画葫芦，不需太费脑筋就能写。对宋人来说，写诗却是他的功课，是证明自己文人身份的一项必备能力。

而且宋代文人将诗运用得更广，除了原本酬答场合之外，几乎只要是人间的、和语言表达有关的、适合用有规律的字句与声音表达的，就都可以入诗。诗的范围和文的范围重叠越来越多，能写文章来表现的，差不多也就能换到诗上来。

诗不只是抒情感怀的，诗可以说理，说正常的儒家、理学之理，也可以说逻辑跳跃的禅理。严羽《沧浪诗话》特别强调诗的重点在“兴趣”，正是有鉴于宋代文人太爱用诗讲道理了。有哲理诗，也有政治诗和社会诗，任何道理都可以以诗的隐喻形式来记录与传达。杨万里诗：

万山不许一溪奔，拦得溪声日夜喧。到得前头山脚尽，堂堂溪水出前村。

字面上只是自然景象的刻画，却在宋诗的说理精神笼罩下，理所当然被视为压抑与反抗过程的隐喻，带有浓厚的政治社会意涵。

诗有那么多运用场合，再加上宋代文人的结社习惯，使得诗的产量增多。“江西诗派”的二十五位立派诗人，又称为“法嗣”，那是从宗教组织里借用过来的词语，他们互相掩护、互相应和、互相交换传留作品，使得诗越写越多。

万季野说“宋人诗集甚多”，这是写实之语，光是杨万里一个人一辈子就写了两万首诗，到现在留下来的还有四千多首，这种规模也是一项特色。

09

南宋诗史“四大家”与“江西诗派”无法切割

“江西诗派”在北宋成立、壮大，其影响贯通到南渡之后。南宋诗史上有“四大家”的说法——陆游、杨万里、范成大，另外加上尤袤或萧德藻。尤袤曾说：

近世人士喜宗江西，温润有如范致能者乎？痛快有如杨廷秀者乎？高古如萧东夫，俊逸如陆务观，是皆自出机轴，亶有可观者，又奚以江西为？

第一句话就显示了南宋写诗的人还是以“江西诗派”为主流，所以他才需要表现自己不以为然的态度。他举例：那些继承“江西诗派”主流的诗人，有谁能写得出像范成大那么温润的作品？又有谁能写得出像杨万里那么痛快的作品？还有萧德藻的高古风格、陆游的俊逸性质，那都是个人独创发展出来的，没有跟别人成群结队，不是一味模仿他人，岂不才更好，干吗大家都去挤搭“江西诗派”的列车？

这话标举个人独特风格，说得真好，只是一刀切开这四个人和“江西诗派”却切得太干净了点儿。陆游有一首《九月一日夜读诗稿有感走笔作歌》说：

我昔学诗未有得，残余未免从人乞。力孱气馁心自知，妄取虚名有惭色。四十从戎驻南郑，酣宴军中夜连日。打球筑场一千步，阅马列厩三万匹。华灯纵博声满楼，宝钗艳舞光照席。琵琶弦急冰雹乱，羯鼓手匀风雨疾。诗家三昧忽见前，屈贾在眼元历历。天机云锦用在我，剪裁妙处非刀尺。世间才杰固不乏，秋毫未合天地隔。放翁老死何足论，《广陵散》绝还堪惜。

很精彩地回顾追溯自己写诗的历程。四十岁之前学写诗并没有真正的心得，写来写去其实都像是乞丐般捡人家的剩饭残羹，虽然已经有了诗人之名，但自己很心虚，自知内在是空的、没有力道的，想起来就会脸红，觉得惭愧。

然后从军驻扎在南郑，过着荒唐的军旅生活，每天日夜游宴玩乐，在酒楼里喧闹，旁边还有歌舞伎相陪。音乐响起，琵琶发出如同冰雹乱降的声音，胡鼓打出了暴风雨袭来的感觉，突然间，顿悟了诗的秘诀，仿佛在眼前看到了屈原和贾谊。瞬间体会到真正的诗应该是自己从天然材料中去剪裁出来，而不是靠别人给的刀和尺，也就是不应该模仿、依循别人的方式。世间有那么多有能力的人，但每个人的一点点不同在诗上就会成为天差地别。那么晚才找到自己的风格，个人生命老死变得不重要了，重要的是如果就这样死了，这样的风格会和《广陵散》一般成为绝唱，那就太可惜了！

诗中写出了一个不容忽视的事实，那就是在四十岁“诗家三昧忽见前”的顿悟瞬间出现前，陆游已经写了很多诗了，而那些他形容“残余未免从人乞”的作品，都是跟随“江西诗派”的。

再看杨万里。前面提到他一生写了两万首诗，有一部分今天不存的，是因为他自己毁弃了。照他自己的说法，到高宗绍兴壬午年，公元一一六二年，也就是他三十五岁时，他将累积所做的一千多首“皆焚之”，理由是：“大概江西体也。”可见他在青壮年时写的，也是依从“江西诗派”的风格，到近中年时才激烈地态度转折寻求不一样的写法。

清人的《四库提要》中说范成大是“盖追溯苏、黄遗法，而约以婉峭，自为一家”。

“婉峭”是他的独特之处，但要追溯来历，他毕竟还是从苏东坡、黄庭坚那里传承过来的，仍然逃不掉“江西诗派”的影响。

其实这被尤袤特别标举出来的“四大家”，他们的文学根基都还站立在“江西诗派”上，但他们有足够的才学与努力，得以从“江西体”中另外脱化出一家之言来。

10

宋诗的能量来源与尽头

到严羽写《沧浪诗话》时，“江西诗派”盛况不再，转成应该被扬弃的错误示范了。不过从时代的脉动上看，我们不能只注意“江西体”被批判、被扬弃，还需肯定“江西体”能够贯穿两宋的巨大生命力。主要是“江西体”求新、求变、求拗的精神，提供了宋诗的能量，也维持了诗这个文体的创造性质。于是“江西诗派”没落后，出现的并不是如严羽期待的，回归盛唐风格开拓出下一个诗的创造潮流，毋宁是见证诗的终结，往下诗就陷入因循反复的状态中，不再有大诗人，不再有不同的主要形式与内容的突破了。

诗并没有被唐人写完写尽，唐人是将自己创立的唐诗规律发挥到极端，然而宋诗接着在刻意突破唐诗体制与格律的用心中兴起，进行了许多试验。等到连标榜突破性的“江西体”都变成僵化摹写对象，而必须被打倒时，诗的可能性也就差不多穷尽了。个别诗人可以靠才力在此之后写出好诗，然而作为一个集体文化现象，传统诗不可能再有新的路径、新的活力了。

南宋“四大家”中没有姜夔，他的诗其实也写得很好，也有特殊的风格。不过一般将他视为词家，在词的创作上成就更高，盖过了他的诗名。姜夔的诗其中一项突破成就，在于将词的句法与情感表现习惯，运用在诗中，可以说是“以词入诗”的写法。从独特性上看，我认为姜夔诗的成就，高过杨万里和范成大，但他的情况正显示了到这个时候，词的创造性远超过诗了，要从词那里借来灵光照耀衰颓的诗。

第七讲

重读宋词

01

为什么黄庭坚写出了差别巨大的两首词？

先来读一首词：

把我身心，为伊烦恼，算天便知。恨一回相见，百方做计，未能偎倚，早觅东西。镜里拈花，水中捉月，觑着无由得近伊。添憔悴，镇花销翠减，玉瘦香肌。奴儿。又有行期。你去即无妨我共谁。向眼前常见，心犹未足，怎生禁得，真个分离。地角天涯，我随君去。掘井为盟无改移。君须是，做些儿相度，莫待临时。

这是很简单、很直白的相思之词，用一种既撒娇又耍赖的口气讲，厌恶别离，希望将情人留住，到最后表现出山盟海誓的坚定情意。

猜猜看，这首词的作者是谁呢？是黄庭坚。

如果读完了上一讲并且读进去留下了印象，你的反应该是："是黄庭坚？怎么可能是黄庭坚？！"黄庭坚是宋诗的核心人物，相信并主张诗不能随便写，不能有一个句子不是想好并找好了可以挑战格律、创造破格拗救方式然后才写的。他怎么会写如此随便且平平无奇的词？

再读另一首词：

瑶草一何碧，春入武陵溪。溪上桃花无数，花上有黄鹂。我欲穿花寻路，直入白云深处，浩气展虹霓。只恐花深里，红露湿人衣。坐玉石，倚玉枕，拂金徽。谪仙何处，无人伴我白螺杯。我为灵芝仙草，不为朱唇丹脸，长啸亦何为。醉舞下山去，明月逐人归。

这是一首写春天的词，描述了春天的桃花和黄鹂鸟之后，转到主观的愿望与感受，然后用了李白谪仙的典故，表示自己宁可学李白求仙，不重女色，最后带些潇洒意味地趁着酒意在月光下踉跄回家。

这首词又是谁写的？也是黄庭坚。和前面那一首放在一起对读，应该每个人心中都会浮现疑问吧？这真的可能是同一个人写的？为什么同一个人会写出差别那么大的两首词呢？

02

从词的起源谈起

要回答这问题，首先又要回到“文类”的概念。在中国传统文学中，“文类”的规范性很强，导致阅读时必须有一番警戒，除非有特别证据供我们掌握，否则不要轻易将任何作品当作是作者个人个性、心情或经验的抒发描写。

当黄庭坚的词里出现“把我身心，为伊烦恼，算天便知”，并不表示他自己被这样的相思所苦；当他的词里出现“醉舞下山去，明月逐人归”，也并不表示那个喝醉了在夜里下山回家的人，是现实里的黄庭坚。

我们习惯用近现代的观点，先入为主地认定作品就是作者自我经验与感想的抒发，但传统文学作品却常常不是这样写成的。黄庭坚之所以写出那样思念情郎的词，当然不是因为他有一个情郎，甚至也不是他化身变身女性，试图去想象、去体会有情郎以及要和情郎分别的滋味，而是词这个文类有这种固定的主题，还有如何表现这种主题的固定手法，黄庭坚不过就是依样画葫芦写了一首像模像样的词，如此而已。

词有很强烈的文类个性，这是和词的起源有关。上一讲曾经提醒：不能想当然耳总是“唐诗”“宋词”，也该要意识到有“唐词”“宋诗”的存在。去看“唐词”也就是溯源地理解词，就会明白“词”这个名称，原本指的是“歌词”。

韵文对应于散文，讲究文字的音乐性，所有的韵文都含带有一定的音乐性，不过由字句所构成的音乐性，毕竟和“歌”的音乐有着本质的差异。显然，歌的音乐比文字的音乐更明显也更强烈。

中国韵文的形式，往往最早是和乐的，也就是本来有歌的根底，然而因为文化中对于文字的高度重视，将文字的地位看得比音乐高，于是一旦有文人介入去写任何的歌词，很快地文字就和音乐分离了，文字取得了独立性，本来是配合音乐的声调就转而变成了文字自身的抑扬顿挫、平仄错落，构成了另一种的音乐性。

古乐府诗本来是可以唱的，配合特定的音声旋律。《古诗十九首》中有这一首：

生年不满百，常怀千岁忧。昼短苦夜长，何不秉烛游！为乐当及时，何能待来兹？愚者爱惜费，但为后世嗤。仙人王子乔，难可与等期。

有意思的是在《乐府诗集》中另有这一首民歌《西门行》：

出西门，步念之。今日不作乐，当待何时？一解夫为乐，为乐当及时。何能坐愁怫郁，当复待来兹。二解饮醇酒，炙肥牛，请呼心所欢，可用解忧愁。三解人生不满百，常怀千岁忧。昼短苦夜长，何不秉烛游？四解自非仙人王子乔，计会寿命难与期！自非仙人王子乔，计会寿命难与期。五解人寿非金石，年命安可期？贪财爱惜费，但为后世嗤。六解

对照看就明白了，两首诗有很多重复的内容，部分的句子完全一模一样，两首诗的主要意思也是相同的。差别在哪里？在于后面一首比前面一首啰唆，“自非仙人王子乔，计会寿命难与期”这两句竟然重复了两次。是抄错了吗？

不是，因为在《乐府诗集》里有很多类似的重复诗句，我们知道来自歌唱时候的反复，在《乐府诗集》中照原样保留下来，不过到了《古诗十九首》就被有意识地精简修改过了，而修改之后，从不整齐的歌的形式变成了整齐的五言诗，其地位与影响也随而升高。

03

音乐的发展需要“倚声新词”

诗在唐朝发展到极致，原来的古诗让位给格律更加严谨的近体诗，也就意味着诗与音乐和歌越来越远。而在同一段时间中，唐代社会上出现及流行的音乐却越来越发达，也越来越复杂，因为增添了“胡夷里巷之曲”，也就是外国的音乐元素。外国的乐器以及相应扩展的乐曲，先是在城市中流行起来，逐渐一路传进乡间，高度普及了音乐。

从六朝到唐代，音乐的丰富程度不可同日而语。从乐器的制造、使用，到乐理以及音乐的创作手法，乃至对于音乐的思考，唐朝都因为有西域音乐的刺激，而得到高度的进步。人的耳朵会追求并适应美好的声音，听惯了复杂多变化的音乐，就很难回头对比较“单调”的声音感到满足、适应。看看我们一直到今天如何使用“单调”这个形容词就明白了，习惯有“复调”“多调”的音乐之后，听到只运用一个调，都在同一个调上的音乐，就油然生出了“单调”的厌倦之感了。

于是在唐代出现了彼此相反的发展：音乐变得越来越复杂多变，也就越来越自由，但诗却越变越限制，越来越不自由。其结果就是诗无法入乐，格律固定的诗无法使用自由多变的音乐，也就是如果要配合音乐唱歌的话，就必须在诗之外去寻找去创造同样自由多变化的歌词。

要让诗配合词，最原始的方式是拉长其中的某一些字，或者加上一些没有意思的声音，咿、啊、嗯什么的。不过这种做法破坏了原来的诗句结构，会让人听不懂听不出来诗句的内容，句子散掉了，听半天不知道歌词到底在讲什么，就失去了乘载、传达意义的功能。

所以就将这些多增加出来的音，变成“衬字”，虽然不是原本诗句中有的字，但加上去之后一方面可以配合复杂变化的曲调，另一方面又可以帮助我们听懂原来的诗句内容。

唐玄宗热爱音乐，而他也写诗，乐工就将他写的一首《好时光》谱成了歌曲。唐玄宗写的，是很简单也很通俗、整齐的五言诗：

宝髻宜宫样，脸嫩体红香。眉黛不须画，天教入鬓长。莫倚倾国貌，嫁取有情郎，彼此当年少，莫负好时光。

不过等到要入乐歌唱时，歌词变成了：

宝髻偏宜宫样，莲脸嫩体犹香。眉黛不须张敞画，天教入鬓长。莫倚倾城貌，嫁取个有情郎。彼此当年少，莫负好时光。

中间加了几个字——“偏”“莲”“张敞”“个”，句子意思完全没改动，然而句法却从原本固定的五言，转成了有六言、三言、七言的错落变化，也就可以因应运用比较婉转多变化的音乐了。而且听起来可以更清清楚楚明白句子的意思。“偏”“莲”“张敞”“个”这几个字，就是“衬字”。

加这些“衬字”的，通常不是写诗的人，而是那些将诗拿来入乐的乐工，他们才知道需要在哪里加“衬字”，如何加才能既配合音乐，又让诗的意思衬托表现出来。不过有时也因为是乐工加的，而出了问题。

像是流传的故事中有诗人在酒楼上听见歌女唱自己的诗，本来很高兴，但听着听着却越来越不对劲，因为他写的诗标题是“舞春风”，可里面竟然出现了“黄叶落”！他不会在明白写春天的诗中莫名其妙出现明明属于秋天的描述，那是乐工或歌女为了演唱合乐方便随意加上去的。

如何解决这种问题？那就必须要有“原创歌词”，在那个时代叫“倚声新词”，也就是在已经知道要配合什么音乐的情况下，依照音乐旋律而填写的歌词，这也就是我们今天所称的“词”。

04

词是男性为女性代言

"倚声新词"不是用写好的诗去套用、去加"衬字"改造的，是先确知音乐才写的，音乐在前，文字在后。必须知道"唐词"，因为"词"是在唐代音乐发展中产生的，因应音乐需求才会有的。

"倚声新词"改变了原来的歌词与音乐关系。诗是以文字形式独立创作的，然后再被转成歌词来演唱。现在却是乐工先写好了固定的音乐，旋律、乐句、段落、节奏都有了，而且通常这样的音乐被证明很有吸引力，是当时受欢迎的曲调，大家都爱听，在这个基底上配合填写上歌词，让这样的音乐可以不断传唱，曲调是一样的，配上不同的词就变成了不同的、新的歌。

所以"倚声新词"的核心、基础是"词牌"。从唐代一直到北宋中期，一首"词"是没有自身独立标题的，《酹江月》《蝶恋花》

《满江红》等等，都不是词的标题，而是“词牌”的名称，告诉人家这首歌词是按照哪一首乐曲写的，要配合哪一首乐曲来唱。

“词牌”的音乐规定有的句子长，有的句子短，音乐中有连音，有断奏，限制很严，所以不叫“写词”而叫“填词”，也就是必须完全依照既有的长短变化，还有音高起伏所规定的平仄声，将一句一句词填上去。

诗和词还有一项根本的差异，诗是诗人以自己的身份、自己的立场写的，有时也会自己来吟诵，然而词却绝对不是给写词的人来唱的，词是要配合音乐由专门唱歌的人拿去演唱。而且最常见的唱歌的人，是职业歌女，所以“倚声新词”就还要考虑到这一点，写适合由歌女演唱、可以唱得动人心弦的内容。

那么很明显也很有趣的，即使是男性来填词，都必须转用女性的口气，传达女性的心情，不然词从歌女口中唱出来就不对劲了，应该说，如果不是以女性身份、女性立场写成的词，大概就没有歌女会愿意唱，也就无法流传了。

唱歌的是女人，而会特别喜欢听女人唱歌的，多半是男人。因而最受欢迎的歌唱方式当然是女人含情脉脉对着男人唱出思念、爱慕的话语，听得男人神魂颠倒了。借由音乐的中介、掩饰，这种歌能够突破既有的社会行为规范与一般的主被动安排，表现出女性对于男性的情意与欲望。

这个领域中最突出的是“闺怨”主题。“闺怨”顾名思义，是发生在闺房的私密空间中，甚至是发生在女子自己的心里的，但因为有歌，歌女就能够将这样的私密情绪公开表达出来，在公开与隐藏的吊诡关系中产生了最大的诱惑吸引力。

“倚声新词”这个文类有着高度的暧昧性——由歌女来唱来演出私密的思念，但那些歌词却往往出于男人之手，也就是男人投射想象女人会如何思念男人、需求男人。这个传统源远流长，从“五言诗”一直到近代的鸳鸯蝴蝶派小说，而尤其以“词”为其高峰。

放在这个传统背景下，我们才能体会前有李清照，后有张爱玲的突破重要性。她们两人都是以女人的身份写女人的情感，将本来由男人代理、代言的状况逆转过来。从一个角度看，女人的心情由女人来写，不是天经地义吗？然而换另一个角度看，她们却都是离经叛道的特例，打破了原本在“词”和鸳鸯蝴蝶派小说领域中，由男人垄断女性声音的情况。

05

“词”的发展受社会环境和歌唱场合的限制

因为是来自音乐、歌唱，所以“词”的发展就明确地受到唱歌场合的影响。在有歌宴的环境，尤其是有男人娶妾召妓风气的时代或地方，最有利于“词”的开拓。相对地，在没有这种风气，缺乏繁华城市、淫荡风气、享受条件时，也就没有太大的“词”可以发挥的空间。

“倚声新词”在唐代因音乐而出现，接着到了五代，而得到了进一步发挥的机会。唐末到五代社会动荡，社会伦常及约束持续被毁坏，有权力有资源的武人更没有遵守伦常及约束的动机。后唐庄宗李存勖喜欢音乐，能够自己写词，但他不是唐玄宗，他不是去培养梨园来唱歌跳舞演戏，他是要带部队到处打仗的。《五代史·本纪》中就说他“其后凡用军，前后队伍皆以所撰词授之，使揭声而歌之，谓之‘御制’”。有点儿荒唐啊，皇帝写了歌，叫前前后后部队都要唱，而且是大声唱。可见音乐流传之一斑。

不过五代时“词”的流行主要不在中原，而是在战争破坏没有那么严重的西蜀和南唐。西蜀和南唐地处偏僻，而且都有懂得如何逃避现实的国君，外面打得一塌糊涂，他们也能尽量关起门来过好日子。

战乱打得一塌糊涂引发的效果，是社会纲纪废驰，尤其在生死难测的环境下，人们失去了继续维持伦常、压抑欲望的动机，从而使得五代出现了许多越轨夸张的行径。例如南唐留下了一幅美术史上的名作《韩熙载夜宴图》，那是一组五张的连环图画，其来历极为奇特。《韩熙载夜宴图》是顾闳中受南唐皇帝之命画的，而皇帝的动机是因为知道大臣韩熙载家常常请客，宴会人人趋之若鹜，有许多关于宴会盛况的传言，皇帝很是好奇，却碍于皇帝身份不能亲自赴宴，于是就要顾闳中当间谍，去窥伺韩熙载如何请客，如何狂欢，一五一十用绘画向皇帝报告。

韩熙载是降臣，投降南唐后一度被重用，但后来却疏远朝廷，纵情声色。所以皇帝的用意除了好奇之外，或许也有要确定韩熙载是否别有阴谋的成分。韩熙载的夜宴展现出来，最大的特色在“男女杂猱”，用了犬字边的“猱”来形容，那就不只是男女杂坐饮酒吃饭了，而是召来了许多歌妓，近乎性派对的情况，歌妓卖艺也卖身，在音乐和酒食间宾主尽欢。

《韩熙载夜宴图》所显现的，不是韩熙载家特别荒淫，而是反映了当时南唐皇室、官家的风格。

南宋陆游的笔记《避暑漫抄》抄了这么一段故事：

李煜在国，微行娼家，遇一僧张席，煜遂为不速之客。僧酒令、讴吟、吹弹莫不高，了见煜明俊酝藉，气合相爱重。煜乘醉，大书右壁曰："浅斟低唱，偎红倚翠。大师鸳鸯寺主传持风流教法。"久之，僧拥妓入屏帷，煜徐步而出。僧、妓竟不知煜为谁也。

说南唐皇帝偷偷去造访娼家，遇到有一个和尚包场，皇帝不想走，就还是闯了进去。虽然是个和尚，但这家伙对于玩的把戏几乎样样精通，能喝酒能行酒令能吟诗唱歌，也能吹弹乐器。和尚看皇帝长得好看又有气质，两个人初次见面却相处得很好。喝醉了，皇帝就在墙壁上写字调侃和尚，称他为"浅斟低唱偎红倚翠大师"，说他主持的是"鸳鸯寺"，而他所信持传播的则是"风流教法"。后来，和尚揽着妓女到屏风帷幕私密空间里去了，皇帝才离开。到他离开，和尚和妓女都不知道他的身份。

陆游还告诉我们，这故事是从徐铉那里传出来的，表示有所依据，而且可信，因为徐铉是跟李煜从南唐投降宋朝的。

这个拜访娼家的荒唐皇帝就是南唐李后主，也就是在文学史上最早留下了"词"的经典作品的大作家。而他之所以能有文学上的突破成就，正因为从这样的荒淫环境中熟悉了当时的歌与"词"，而在失去皇帝地位，沦为宋朝降臣后，有感于生活上的巨大差异，在彻底失去尊严的情况下，将原本用于饮酒寻欢场合的

“词”，转而拿来写悲愤心情，写出了完全不一样的“词”，改变了“词”的轻浮、游乐性质，有了乘载深刻内容的可能。

06

词至南唐后主，眼界始大，感慨遂深

西蜀则有《花间词》。这本最早的词集里，不只收录五代的作品，也收了唐代的词，不过重要的编辑原则是依照词人的身份，收的都是西蜀地区作者的作品。

胡适在《白话文学史》中主张，应该将《花间词》视为集体创作，也就是其中单个的作者都不重要，重要的是他们共同创造出的这个文学现象。《花间词》里的作品没有单独标题，都只标示了词牌；再者《花间词》里的作品到底是谁写的几乎没有差别，他们都是按照这几个词牌既有的规格，将适合的字句填进去，不只是声音和字数安排，就连要描述和要表达的，也都不需要变化。

到了北宋，《花间词》几乎成了教科书，其作用不再是提供读者对于“词”的欣赏领会，而是让想要学写“词”的人，可以翻开书，找一个词牌，按照其中任何一首作品，配合其规律来找字词填进去就好了。

相较之下，南唐至少出现了三位重要的词家，其中两位是帝王——南唐中主李璟和后主李煜，另一位是在他们两人朝中先后当官的冯延巳。

从唐词到《花间词》，歌女唱出来的，一概是千娇百媚，一概是痛苦思念，冯延巳写出了比较不一样的词。他的《采桑子》：

马嘶人语春风岸，芳草绵绵。杨柳桥边，落日高楼酒旆悬。旧愁新恨知多少，目断遥天，独立花前，更听笙歌满画船。

维持了曲调，保留了“旧仇新恨”的感怀，但这首词是性别中立的，不是一眼看来就是出自女性的声音。这词可以给歌女唱，却也可以表达男性的情感，不像其他词男性作者隐藏在假造的女性身份后面，有和作者比较紧密的关系。

冯延巳的词对欧阳修有很大的影响，是从唐词到宋词的重要转折连接，这是他的文学史地位，不过，地位比他更高的，是李后主。李后主的作品明显分为前、后期，风格、内容、意义都很不一样。前期他是南唐的君主，定都在金陵，坐拥江南财富，因而国虽小却绝不穷。宋朝成立之后，有一段时间也不急着攻打南唐，只要南唐愿意付钱，可以帮助宋朝支应立国所需。不打南唐还有另一个理由，那就是后主全无政治野心，没有要扩张领土，也不会和宋朝为敌。

李后主前期的代表作是这首《菩萨蛮》：

花明月暗笼轻雾，今宵好向郎边去。刬袜步香阶，手提金缕鞋。画堂南畔见，一向偎人颤。奴为出来难，教君恣意怜。

这是明显从女性角度写的幽会偷情经历，其实是依随原本词的惯例写的，从文学上说，顶多就是熟练并大胆，游走在色情描述的边缘，引发联想，并没有太特殊的成就。但因为被附会上了李后主的“大小周后”故事，当作是描写妹妹去照顾姊姊病情时和皇帝姊夫的不伦私情，因而吸引了许多注意。

李后主的文学突破，出现在后期，也就是国灭了，投降宋朝，被宋太祖赵匡胤带有羞辱恶意地封为“违命侯”时。从一国之君到成为降臣，这已经是很大的打击，人生的重大挫折了。针对这段经验，李后主写了《渡中江望石城泣下》：

江南江北旧家乡，三十年来梦一场。吴苑宫闱今冷落，广陵台殿已荒凉。云笼远岫愁千片，雨打归舟泪万行。兄弟四人三百口，不堪闲坐细思量。

那是如何不堪的行旅行列啊！原本帝王家的四兄弟，连同三百个家人，一起被送往北方，回头看现在变成故都、旧宫殿的地方，沉痛万分。值得注意的是，这不是词，而是七言律诗。在那个时候，要写这样的深痛题材，李后主还是很自然地选择了诗而不是词，因为词不是雄浑深刻，可以反映男性心境的形式。国仇家恨和“词”是搭不上，也不相干的。

李后主是最早将不是歌女私情的内容，装入“词”的形式的词人。像是：

林花谢了春红，太匆匆。常恨朝来寒雨晚来风。胭脂泪，留人醉，几时重。自是人生长恨水长东。

这是精彩的暧昧过度，和冯延巳的作品有异曲同工之妙，一方面承袭了女性思念郎君的哀怨口气，却淡化了性别，另一方面又加入了比较真诚的个人情怀。下一步，将个人情怀再放大，更强化词中的个人性：

人生愁恨何能免，销魂独我情何限。故国梦重归，觉来双泪垂。高楼谁与上？长记秋晴望。往事已成空，还如一梦中。

说“故国梦重归”，那就不会是歌女的经验了，于是“销魂”之恨就紧紧和写词的这个“我”绑在一起。虽然开头第一句说“人生愁恨何能免”，所有的人都免不了在人生中感到惆怅，但最终显现出来的，是作者个人既独特且孤独，无法让别人分忧（“高楼谁与上”）的痛苦，从梦中醒来发现自己梦回故国，之后望着现实的晴空，意识到故国的一切都是回不去的往事，又多么希望自己能回到那样的梦境里。

07

宋词对《花间词》与南唐词风的承袭与修正

王国维在《人间词话》中特别标举李后主，说："词至后主，眼界始大，感慨遂深。"意思是在李后主之前，"词"是一种很狭窄很有限的文类，写来写去只有那么丁点儿内容，李后主有效地开拓了"词"的领域，以他的作品改造了"词"写感情的方式，不只能写不同经验所刺激出的感情，而且能写不同层次的感情。

西蜀和南唐投降，这是"词"在宋代发展的一项刺激因素。尤其到了真宗、仁宗时代，国家安定了，城市快速成长，商业繁荣，使得居住在城市里的人有了越来越复杂丰富的生活。

《花间词》和李后主的作品，是"宋词"的基础，然而在宋代文人文化的条件下，"词"还需经过另一番改造，才能站稳脚步。宋朝从五代的废墟中兴起，对于任何源自五代，五代中所流行的事物，有着普遍质疑、保留的态度。还有对应五代武人乱象，宋朝新兴了讲究严格道德约束的“道学”。

“词”能在北宋发展，一部分有赖于连续出现了几位爱好音乐的皇帝，从真宗、仁宗到神宗、徽宗都是。“道学”对象征五代遗风的“词”从伦理道德上约束音乐的流传，词牌曲调的传唱，相当程度上抵消这一约束带来的反感。到后来，正因为“道学”在文人间越来越流行，其气焰越来越高，其态度也越来越绝对，反而使得部分文人需要情欲的发泄出口。

皇家支持，文人需要，所以就先将“词”中比较香艳、干犯伦常的部分修整掉，留下相对比较柔美、浪漫的部分。像是这样的作品：

庭院深深深几许？杨柳堆烟，帘幕无重数。玉勒雕鞍游冶处，楼高不见章台路。雨横风狂三月暮。门掩黄昏，无计留春住。泪眼问花花不语，乱红飞过秋千去。

这是谁写的词呢？作者是欧阳修，不只是欧阳修，还有晏殊、晏几道等人，他们依随着南唐风格写词，很快掌握了词牌的规定，也就很容易写出这样的《蝶恋花》。

也是在《人间词话》里，王国维评断欧阳修的词之所以写得好，因为都是学冯延巳的。也就是说很多今天被视为欧阳修代表作，而留传下来被推崇的词，其实不是真正的宋词，毋宁是因为后来的人不读唐词，对五代词不熟悉，所以将欧阳修承袭自冯延巳的写法，当作是欧阳修的文学成就了。

欧阳修的词收集在《琴趣外篇》中，书名就表示了这是依托音乐而来的作品，是音乐的副产品。长期以来，不少人怀疑过《琴趣外篇》不是欧阳修写的，是有人伪造假托的。最夸张的说法认为这是欧阳修的政敌、仇家为了毁谤他而造的。主要理由是从文风上看来和欧阳修的其他作品很不一样，更重要的是，这些作品里充满了“浮艳之词”，看起来作者像是个轻薄无行的人，和欧阳修太不一样了！

其实，那都是从南唐词模仿、延续下来的，范仲淹写过这样的词，欧阳修也写过这样的词。

08

柳永：创造慢词，有了叙事写景的功能

顺随南唐词风格的高峰，是晏几道，然后才分两条路，出现了真正的宋词。一条路线是由张先和柳永开发出来的，他们的特色是创造了“慢词”，其中最有名的词牌就叫“声声慢”。张先和柳永都是音乐人出身，不是文人，他们具备了“自制新曲”的本事，可以不必套用既有的词牌，自己作曲，然后再自己作词，同时也将自己做好的曲调给别人填词。

他们新写的曲调，和之前从西蜀或南唐传来的有着根本差异。原先的词牌大抵是“小令”，长度不长，句子数量不多，也就没有什么结构上的安排或设计，最普遍的是形式上重复的前后两段体。新的音乐中出现了“长调”，篇幅变长了，同时也变“慢”了。

当时号称“有井水处即有柳永”，这话形容的其实不是到处都有人在读柳永的词，而是到处都有人在唱柳永的歌，柳永是当时最受欢迎的流行音乐创作者。柳永的歌那么受欢迎，一部分理由在于他大量运用俗字俚语在歌词里。也就是他和张先援引了另外一种资源进入“词”中，那就是民间的歌唱，包括歌词与曲调。

西蜀和南唐的词，主要来自青楼歌妓，主要用于宴会娱乐，所以后来刺激了参与宴游的文人帮忙填写新词。但在此之外，每个时代、每个社会都有传唱于一般民间，从民间生活多元情境中而产生的歌，与歌女无关，也与文人无关。作为音乐创作者，张先、柳永汲取了这部分的滋养，转化放入他们的歌中，注入了新的精神与新的活力。

在敦煌保留下来的文献中，有这样的词，看起来不会和青楼有关，显然是来自民间接近民歌性质的：

作客在江西，寂寞自家知。尘土满面上，终日被人欺。朝朝立在市门西，风吹泪点双垂。遥望家乡长短，此是贫不归。

没有太多修饰地抒发了人在异乡的悲哀，是唱给离乡背井的人听的歌。这样的歌在社会底层一直都有吧，不过到了北宋中叶，由于城市的发展，不同的人聚集在此，产生了较为活泼热闹的社会流动现象，让张先、柳永这样的人得以接触并吸收了民歌的养分，放入新创的“词”中。

新兴的“慢词”比小令长且复杂。柳永的一首《鹤冲天》：

黄金榜上，偶失龙头望。明代暂遗贤，如何向？未遂风云便，争不恣狂荡？何须论得丧。才子词人，自是白衣卿相。烟花巷陌，依约丹青屏障。幸有意中人，堪寻访。且恁偎红倚翠，风流事，平生畅。青春都一饷。忍把浮名，换了浅斟低唱！

这等于是他的自叙，描述参加科考失利，没有了金榜题名的希望，该怎么办呢？随便啦，干脆就放荡游乐，别论得失了吧！幸好还有情场可以混迹，将自己藏身在写词、画画的活动中，有情人相伴，得享风流，如此度过青春时节，放弃功名，换来酒与歌。

他是追求功名不顺遂，转而变成了一个专业的音乐人。“慢词”将音乐的规模放大，同时也将速度放慢，于是音乐上的表现力增加了，相对地歌词也有了更大的空间，使之能够离开旧窠臼，转而写作者感怀，或细腻描述景物或故事。

“慢词”提高了“词”的叙事功能。柳永创作过一个新的词牌“望海潮”，用这个词牌写了这样一首词：

东南形胜，江吴都会，钱塘自古繁华。烟柳画桥，风帘翠幕，参差十万人家。云树绕堤沙。怒涛卷霜雪，天堑无涯。市列珠玑，户盈罗绮，竞豪奢。重湖叠巘清嘉。有三秋桂子，十里荷花。羌管弄晴，菱歌泛夜，嬉嬉钓叟莲娃。千骑拥高牙。乘醉听箫鼓，吟赏烟霞。异日图将好景，归去凤池夸。

哇，这是对于钱塘这座城市的精巧铺陈描述啊！从历史，到人口、自然景观、商业繁荣的民风、城内的季节植物、娱乐热闹状况，尽皆入词了。据说这首词传到了北方，金主完颜亮深受感动，大为向往，终于忍不住发兵南下，要来看看这美好的南方。

传说不必然为真，但充分显现了这种词，从形式到内容有多么新鲜，让当时的人留下了多么强烈的印象。

09

苏轼：对词进行革命，打破音乐的限制

给“词”带来重大变化的是另外一位大家苏轼。李清照曾经说：“至晏元献、欧阳永叔、苏子瞻学际天人，作为小歌词，诗庄词媚，直如酌蠡水于大海，然皆句读不葺之诗尔，又往往不协音律。”先是夸赞苏轼等人有大才有大学问，竟然来写“词”这种小把戏，这中间的规模气量大小，简直就像是用瓢瓜去舀出来的水和大海之间的差异啊！不过重点在结语，用这种大才，拿写庄重扩张性格的诗的方式来写小巧妩媚的词，结果是写了一堆换成长长短短句子不整齐的诗罢了！

其实也就是说：苏轼等人根本不会写词！他写的不是真正的词，而是变形的诗。为什么不是真正的词？首先，苏轼的词“不协音律”，他不管人家原先词牌的音乐长什么样子，只管词牌上的字句数字和平仄，所以写了很多没有办法唱，唱起来很怪很别扭的词。

最怪最别扭的，是将旋律音声柔美委婉的词牌，填上了或雄伟或豁达的词；还有将音乐小巧可爱的词牌，填上庄重的或说理的词，如此就不成歌了，没办法唱。这也就指出苏轼的词之所以不是真正的词，是因为苏轼打破了既有写词的惯例，在语法和语气上都不一样。

陆游曾经为苏轼辩护，说："世言东坡不能歌，故所作乐府词多不协。晁以道云：'绍圣初，与东坡别于汴上，东坡酒酣，自歌《古阳关》。'则公非不能歌，但豪放不喜裁剪以就声律耳。"

一惯的说法都是苏轼不会唱歌，没有音乐天分，所以他写的词很多都不合音律。但不对啊，有晁以道留下的资料，他在送别苏轼时，听到苏轼酒后唱的歌，苏轼是能唱的。为什么特别辩护苏轼能唱歌呢？为了是强调：之所以苏轼的词"不协音律"是"不为也"非"不能也"，出于他不愿意拿内容去配合音律的创作原则。

无论理由是什么，苏轼的词不能唱是事实。也就是说他的"词"不再是歌词，独立于词牌的音乐律则之外，摆明了没有打算要让人家拿去唱。他写出了只为在文字上表现，只存在于纸上的一种新形态作品。

苏轼词的独特性还表现在他喜欢在词牌之外另加标题。这和他不那么重视音乐，也就不觉得词牌那么重要有关。他最有名的词《水调歌头》，就有一小段附记作为标题："丙辰中秋，欢饮达旦，大醉。作此篇，兼怀子由。"这很明显是将诗的标记方式挪用到词上来了。

还有另外一首同样有名，以“大江东去，浪淘尽、千古风流人物。故垒西边，人道是、三国周郎赤壁。”开头的词，词牌是“念奴娇”，词牌名满是浓浓的青楼味，和苏轼写的内容多么不搭调啊！苏轼给这首词另拟一个标题：“赤壁怀古”。

苏轼开始写从来就没打算给人家唱的词，李清照是对的，这样的词的精神与意趣都是从诗那里来的。还有，苏轼的确带着游戏的态度，看中的是在字句安排上词比诗自由。为什么每一句都要写同样多的字？那么整齐多拘束，可以有长有短很好啊！如此“以诗意作词”，那也就不再是“填词”了，而成了另一种很不一样的创作活动。

苏轼将诗的题材和关怀带进词里，于是，许多原本也没那么爱唱歌，对音乐没那么有兴趣的文人，就发现自己也可以写词了。借此，苏轼打出一条新路来，因为有苏轼走在前面，他清楚示范了打破文类音乐限制之后，如此取得的自由能如何运用。

10

周邦彦：承袭柳永，音乐路线发展到极致

这一讲最前面引用黄庭坚的第二首词，之所以那样写，因为他模仿苏轼，连词牌都用了“水调歌头”。在词的创作上，黄庭坚没有自己的主张，随波逐流，可以写很传统的歌女之词，可以写夹杂民歌般俗语的词，也可以写那种不顾虑音乐性的词。

也就是他一方面可以像柳永，另一方面又可以像苏轼。柳永是一派，苏轼是另一派，他们构成了北宋词的主流。

柳永、张先这一派发展得很好，连续出现了几位重要的作者。苏轼那一派相对比较困难，因为要抒发个人经验与感受，那么先决条件是写词的人必须是个精彩的人，如果没有独特的经验或感受，如何能撑得起高度个人性的作品？苏轼当然是个精彩的人，但能找得到几个像他那么精彩的人？！

柳永、张先他们却是改革了旧规律，创造了新规律，供后来的人学习，当作基础。这条路上，在他们之后有周邦彦。周邦彦是一个流传很广的笔记故事的主角，说他有一次在汴京名妓李师师那里，却遇见了徽宗皇帝也来找李师师，情急之下，周邦彦只好躲到床底，于是偷听到了皇帝和李师师的私语。他在偷听来的内容中得到了灵感，竟然也就舍不得不用，写成了词，谱了新曲，还让李师师唱给皇帝听。皇帝一听立即领会发生了什么事，愤而命令周邦彦出京。

有一天，皇帝又去找李师师，李师师不在，等了好久她才回来，而且一看，脸上的妆明显哭花了。皇帝一问，李师师诚实回答，是去送周邦彦出京了。皇帝又气馁，又无奈，又心疼，就问："那家伙最近还有什么作品？"李师师就将周邦彦的新作唱给皇帝听。皇帝听完了说："唉，去把他找回来吧！"

周邦彦是音乐大才，又得到皇帝的支持，在皇宫中掌管音乐，他承袭了柳永、张先的风格，慢词写得极其精到，又将这种风格予以高度文人化，去其俚俗的部分，在文字上写得更雅致。

他不只创作新的词牌，对于中国近世音乐在观念上的开发也有很大的贡献。例如说《凄凉三犯》中的"犯"，这种乐曲形式就是在他手中建立了固定的运用。他又做过一首曲子称为"六丑"，指的是音乐前后转调六次。《六丑》要搭配的词，也会很不一样，看一下周邦彦的《六丑·蔷薇谢后作》：

正单衣试酒，怅客里光阴虚掷。愿春暂留，春归如过翼，一

去无迹。为问花何在？夜来风雨，葬楚宫倾国。钗钿堕处遗香泽。乱点桃蹊，轻翻柳陌。多情最谁追惜？但蜂媒蝶使，时叩窗槅。

光是看字句长短变化，再按照字词划分念出来，马上能感觉内在的多转折音乐特性。而这还只是第一段，后面第二段的音乐又和第一段不完全一样，并不重复。

东园岑寂，渐蒙笼暗碧。静绕珍丛底，成叹息。长条故惹行客。似牵衣待话，别情无极。残英小，强簪巾帻；终不似、一朵钗头颤袅，向人欹侧。漂流处，莫趁潮汐。恐断红尚有相思字，何由见得。

词意中就传递了黄昏时节的宁静，静中听见所有似有似无的声音，于是感觉都像叹息。配合这种静悄悄却又带有伤春与伤别的情境，周邦彦选择用的字句，即使今天用普通话念都还是可以感受到舌头的快速动作，绝对不是宽和开放的发音。

这一路，在北宋到了周邦彦，登上了巅峰。

11

词的文字性远超音乐性

在北宋和南宋之间，出现了另一个大词家李清照。除了前面提过她独特、带有暧昧性的女性身份之外，李清照还发挥了关键的过渡作用。词发展到周邦彦，如此文明，如此华丽，而且又回到了音乐的轨道上，配上了更精致更丰富的音乐。然而北宋末年的亡国感，刺激了词进一步变化。词到这个时候已经大幅扩张其表达性，足可以承载国仇家恨的流离与痛苦了。相对地，宋诗被求新求奇的精神笼罩着，反而不再那么方便于真诚呈现这种切身时代性。

于是从李清照过渡到南宋的新风格，也就是让苏轼的那一路有了突破的机会。相较于诗，也相较于北宋的词，南宋的词比较自然，也比较热情，比较豪迈。豪迈中不会有余裕去顾虑音乐细节与字句巧妙安排，这时候由岳飞、张元干、张孝祥等人写的词，都不是要让人唱的，更不是要让歌女唱的。

苏轼开发出的这一路，在南宋到达巅峰，极致之处站着辛弃疾。王国维在《人间词话》中极度推崇他的《贺新郎》：

甚矣吾衰矣。怅平生、交游零落，只今余几！白发空垂三千丈，一笑人间万事。问何物、能令公喜？我见青山多妩媚，料青山见我应如是。情与貌，略相似。一尊搔首东窗里。想渊明《停云》诗就，此时风味。江左沉酣求名者，岂识浊醪妙理。回首叫、云飞风起。不恨古人吾不见，恨古人不见吾狂耳。知我者，二三子。

这首词太特别了！开头和结尾竟然都是用《论语》中孔子的话，中间还穿插了好些别人既有的句子，然而所有的引用，在这首词里都变化了意思。苏轼用写诗的方式写词，辛弃疾却是将写文、写诗、任何形式文章中会用到的内容，通通放入词中，不只是没有任何顾忌，看起来彻底突破了规范，而且很多地方看起来像是随手拈来未经多思考，和周邦彦的琢磨细致风格形成极端对比。然而神奇地，以如此多元元素所组成的词，在辛弃疾笔下非但不显杂乱、松散，而且每一首都有自身内在的结构，前后呼应，左右互证，中间还会有像“我见青山多妩媚，料青山见我应如是”这种令人难忘的亮点。

刘大杰在《中国文学发展史》中对辛弃疾的评断应该是公

允的：

在他笔下，无论吊古伤时，说哲理，谈政治，写山水，到爱情，发牢骚，他无所不写。嘻笑怒骂，皆成文章……他不仅以诗为词，并以文为词，形式扩大了，语句解放了，无论什么思想，什么情感，什么事件，都可以在词中自由表现出来……他能作豪壮语，能作愤激语，能作情语，能作幽默语，有的很放纵，有的很细密，有的很闲澹，有的很热情，无论长词小令，他都能得到成功。

辛弃疾和苏轼一样，都将词带离开音乐，不受音乐束缚而得到了文句、语气和内容上的解放。

后世苏轼、辛弃疾得到的重视与评价，高于柳永、张先、周邦彦那一路。主要因为要欣赏后者，需要有音乐上的基本素养与理解，要欣赏前者，只要有文字、语言的敏感度就够了。别人要考虑音乐效果，苏轼、辛弃疾这两位大才却只需专注在文字的运用上，可以横冲直撞，可以淋漓尽致，自己写得过瘾，一般文人读者更是读得过瘾。

苏、辛风格更适合宋代的文人文化环境——文字的重要性远超过音乐。宋真宗、宋仁宗亲近音乐，却不会像唐玄宗那样去养梨园，编制大型歌舞，而是写词、听歌，或是像徽宗再多一些弹琴的活动。这就是文人文化所产生的作用。

宋词的最后殿军是姜夔，在辛弃疾如此大开大阖扩充词的领域，词变得几乎无所不能无所不包之后，姜夔试图收拾词的局面，重新制定词的规则，既要有包纳性，也要维持一致性。

姜夔从音乐上，从创作上，也从评论上去进行这番事业。他的作品很多，加上他有意识地整理、吸收两宋词作的精华，等他完遂雄心，整合词的规则与意义，词这个文类也就很难再有什么可供创意发挥的空间了。姜夔制定的词律严谨、完备、合理，然而这种近乎完美的形式架构就像如来佛的手掌，让后来的人怎么样都翻不出去，弄不出新名堂了。

词的活力到此也就消散了。

第八讲

辽、西夏与金

01

从汉末“五胡乱华”开始的民族关系模式

古代中国对外关系上，有个特殊的方位模式。这个模式第一次出现是在从汉末乱局演变为“五胡乱华”的时代。从北方进入中原的民族，通常不会停留很久，他们造成了极大的破坏之后，由于生活方式的根本差异，终究会退回北方去。而在他们后面进来的，代替他们占领这些被破坏后的区域的，往往是来自东北方的其他民族。

为什么是东北？因为这个区域不是单纯的草原，是草原与森林的混合环境，使得在此居住的民族，例如早期的鲜卑、后来的女真，比较容易发展出混合型生产，有渔猎、有畜牧，甚至会有初阶的农业。因此在草原民族劫掠后，中原本身尚未恢复元气与秩序时，就会诱引东北的民族进入中原。

魏晋时期最早从东北方进来的，是鲜卑慕容氏，他们先建立起混合生产，然后一方面保有草原与森林混合环境中培养出的战斗力，一方面逐渐适应农耕，进行部落组织上的改造。不过在态度上，慕容氏较为保守，没有选择快速南下，没有强烈动机要快速扩张领土。

在慕容氏后面，有更冲动、更积极的鲜卑拓跋氏，他们挟着高度机动性与战斗力，越过了慕容氏所在的地方，然后继续往南前进，占领了中国的北方。

类似的情况，在唐代后期，又发生了一次。这次从东北方先进入中原，因而和唐朝长期对峙角力的，是突厥。而在突厥后面崛起的，是契丹。

契丹最早出现在中国历史上，是在公元六九六年，唐朝武则天时，有契丹人李尽忠进犯营州（今辽宁朝阳）。这件事之所以特别被记录下来，因为此时唐朝同时在和突厥打仗，加刷了战事紧张的状况。李尽忠之乱后来被平定了，但方式很特别，是唐朝一方面和突厥打仗，另一方面又和突厥联合消灭了李尽忠的势力。这显示了突厥也意识到契丹对他们形成的威胁，所以即便和唐朝关系紧张，双方都还能为了对付这个共同敌人而联手合作。

在这之后很长一段时间里突厥压制、统治了契丹，到了公元七三〇年，契丹正式从突厥分立出来。但契丹独立没多久，唐朝就又出兵征服了契丹，将契丹纳为中国的藩属，并且布下了重要的防线避免契丹进犯。

安禄山的身份称为“营下杂胡”，“营”指的就是营州，他率领的军队主要就是在防守契丹的。因而安禄山将军队调往南方，就给了契丹大好机会得以扩展势力。

02

耶律阿保机攻河东、代北掳汉人

这时候，契丹的部落组织仍然依循旧有的“八部制”，也就是由八个氏族平等联盟。在扩张的过程中，除原来的“旧八部”之外，另有了“新八部”。“新八部”在契丹语中称为“遥辇”。“遥辇”之中有一部是“迭剌部”，是八部中最大的一部，“迭剌部”中又有耶律一族，是其中最强大的一支。

“八部”组织，不管是旧八部或新八部，都是联盟共治。“遥辇”形成了一项惯例，就是共主三年一任，三年要换人。但如果我们从耶律一族的中文数据重构其系谱，却又看到他们之中出过的几个契丹共主，在位的时期远超过三年。这表面上的矛盾，经过更严密的检验，才发现问题出在汉人的误解，将一个氏族执政的时间，误解为一个人。共主三年换人的制度的确存在，而且严格遵行，不过并未规定共主必须换成其他部落的领袖。所以汉人看到一个契丹名字，以为是一个人，实际上那是一个姓，是这一家的兄弟亲戚共同的称号。所以如果在这名字下记录了有长达十八年的统治，那可能是五六个兄弟轮换着当共主。

但到了“安史之乱”后，契丹出现了重大变化。“迭刺部”势力越来越壮大，到后来几乎独占了“遥辇”。八部联盟中有五部实质上消失了，只剩下两部和独大的“迭刺部”并存。

“迭刺部”快速壮大，依靠的是他们掌握冶铁鼓铸的技术，有效地生产良质铁器，尤其是以铁打造兵器。经济生产上和军事上都获得大幅进步。到了耶律撒刺的时代，耶律这族新增了纺织制造，又有了新的突破。显然，这段时期里，契丹持续朝混合经济生产倾斜，农业所占的成分越来越高。无论是游牧或畜牧生活，都不可能强调发展纺织，他们的衣着需求是从兽皮满足的。

从耶律撒刺到他的儿子耶律阿保机，又有了更大幅度的变化。耶律阿保机雄才大略，在公元九〇二年带领大批族人攻打河东、代北。史书记载，光是一次劫掠，就掳走了九万五千人，还有超过十万口牲畜。增加大批牲口对契丹社会没有太大影响，就是一笔大财富，然而同时掳去那么多汉人，产生的效果可就不一样了。

次年，九〇三年，耶律阿保机又带族人往东攻打女真；再一年，九〇四年，攻打位于额尔古纳河上游地带的室韦，也就是蒙古的前身。一连串军事行动的胜利，使得耶律阿保机领导的部族越发强大，他明确地成为八部共主。而这时候他掳走众多汉人的效应就出现了，他不再满足于以原有契丹共主形式来统治，转而采用了汉人式的概念称帝。这是他汉化的重要第一步。

然而作为契丹族的领袖，照道理他应该在三年之后让出共主位子，换给别人来当。到了公元九一一年，他的共主任期明确超过三年了，就有兄弟亲族表现了不满，进而公开反抗他。到九一三年，又有耶律家内部出现的抗议声音。依照传统惯例，大家可以接受“迭剌部”继续领导，甚至也可以承认耶律家的特殊地位，但共主位子不可以一直由耶律阿保机一个人长期把持。三年到了，应该轮到你的兄弟或你的亲族人选来接替这个位子。

拖到了公元九一五年，耶律阿保机不得不让位，不过他提出了他的条件。八部联盟共主位子他让出来，但他要占有他自己打下来的汉地，以及他掳来的汉人，另外圈画出来，不属于原来的八部，由他自己掌管。

其他的契丹部族对这样的安排没有反对，他们八成也没有那么高的意愿要管理汉人，于是耶律阿保机建立起自己的势力范围。

03

耶律德光南北分政

在其势力范围内，耶律阿保机和刘仁恭形成了紧张关系。刘仁恭名义上是幽州节度使，但实质上是具有高度自主性的藩镇，是一份割据的势力。几年间，刘仁恭和耶律阿保机展开了抢人、抢地的争夺，抢地方面耶律阿保机的收获不大，但成功地吸引了幽州和旁边涿州的人民去投靠他。他控制了更多的汉人，同时也控制了汉人所带来的农业技术。

耶律阿保机选择了徽山与滦河之间，作为他的新据点。这显然是经过高人指点的，这块区域最重要的是拥有一片盐池，可以产盐。下一件大事史称“牛酒会盐池”，就发生在这片盐池。

耶律阿保机对其他八部族长们表示：我拥有盐池，因为这样，大家都方便有盐吃，你们都没想过盐怎么来的吗？你们忘了盐池是有主人的吗？吃盐时难道不应向主人表达一下谢意吗？

大家听了觉得有理，于是就各自带着牲口，带着酒，来到盐池和耶律阿保机相会。到了酒酣耳热之际，耶律阿保机预先埋伏的武士突然冲出，将与会的八部领袖屠杀殆尽。至此，八部联盟被彻底破坏了，耶律阿保机又重新成为契丹的统治者，这是发生在公元九一六年的事。

到了九一八年，仍然还有来自耶律族内部的挑战，提出的理由还是三年共主惯例，要求耶律阿保机下台换人。他虽然以激烈的手段瓦解了八部联盟，却无法彻底改变契丹内部的传统统治运作观念。

九一一年、九一三年、九一八年这几次政治危机，都起自耶律族内部对耶律阿保机的不满。他对这些反对势力进行了镇压，却很宽大地保持了不杀自己族内兄弟的原则。

因为他还需要族内兄弟替他培养一支新的卫队，取代过去的八部联合形式，重建契丹武力的核心。契丹的社会组织原本相当扁平，大部分的人都拥有平等地位，没有世袭的贵族，耶律阿保机便以兄弟族人卫队为核心，外围以其他部落平等形成的队伍，进而打造出强大的兵力。

耶律阿保机去世后，由次子耶律德光继位。耶律德光进一步打造了契丹朝廷，建立了辽的二元政治结构。新形成的辽朝，有一南一北两个枢密院。“北面”负责统治契丹人，“南面”则负责统治汉人。至此，这就不再是一个契丹人的政治体了，转为包纳契丹人和汉人的辽朝。

北枢密院“以国人之法治之”，也就是遵循传统部落规矩，用契丹人管理契丹人，南枢密院则以汉人的方式来统治汉人，是两个不同的政府。以这种方式，一方面保有契丹部族的军事与行动力量，另一方面分隔处理汉人。在态度上，契丹和之前的鲜卑慕容氏很像，都是稳扎稳打，体认两种社会的高度差异性质，逐步进行转化。

在南北分政的情况下，汉人相对拥有颇大的权力。皇帝依照契丹习惯，必须“四季捺钵”，也就是不同季节到不同地方去。从汉人的角度看，这种习惯很奇怪，每年一月，皇帝就离开南院朝廷所在地，轮流在四个地方居住。皇帝不是随时都在，南枢密院在处理汉人事务时，就有很大的自主决定空间。牵涉到管理汉人，包括要晋用什么样的人，反正皇帝很少在，不必问皇帝，由南枢密院处理即可。

唯一例外的是军事，涉及军事人力的调动，那么南枢密院就没有任何权力。另外汉人的主要官员每年五月和十月，要到北廷和南廷晋见皇帝，那是他们和皇帝最为近距离接触的场合。

在二元体制下，汉人取得相当自主性，得以吸引了越来越多的汉人愿意依附过来。

04

辽军出兵南下，不为土地为什么？

辽朝以这种方式逐步壮大，却绝不冒进，量力而为。从辽朝的角度看，中原的五代，最主要的变化出现在从后唐到后晋之间。石敬瑭割让了燕云十六州给辽，取得了契丹人的协助，而得以击灭了后唐，建立了后晋。燕云十六州的土地当然很重要，但除此之外，对辽朝几乎同等重要的，是石敬瑭的身份，他是个沙陀突厥，也就是契丹人长期以来既竞争又常常争取合作的对象。

所以首先，石敬瑭不是汉人，他对于燕云十六州会有和汉人不同的看法；其次，作为沙陀突厥人，他和契丹人的关系也和汉人不一样。即使取得了燕云十六州，辽朝并没有一下子就强大到威胁中原，更没有一下子就涌生出南下跃马中原的雄心。他们后来和后晋从合作转为冲突，发生了军事战斗，契丹部队先是在泰州惨败，后来才卷土重来，灭掉后晋。辽朝很明白，他们和中原的势力在伯仲之间，因而维持着原本的保守心态，并没有要轻举妄动。

五代结束后，宋朝成立，宋太宗对燕云十六州极度在意，趁辽景宗去世之际，大举挥军北征。宋太宗认为辽朝此时圣宗年幼，由母后萧太后主政，应该政局不稳，宋朝有机可乘。然而这个算盘打得不太精明，萧太后并不是在辽景宗去世，从皇后变太后时才介入政事的。辽景宗体弱多病，很长时间无法临朝，实质上就已经由当时的萧皇后代理皇帝权力。

萧太后的父亲，汉名叫萧思温，在景宗去世时接掌北枢密院，统筹管理所有的契丹人。在此之前，一贯都是由耶律家的人出任北枢密使，这个关键大权却在此时落入了国舅萧思温手中。不久之后，萧思温"为贼所害"，很可能是耶律家反扑，暗杀了萧思温，一场腥风血雨的内斗似乎即将展开。此时，萧太后发挥了高明的政治手腕，不只将北枢密使的职位交还给耶律家，还破例让耶律休哥担任原本保留给汉人的南枢密使，换掉了原先的汉人郭袭。

就在此时，宋太宗率大军攻辽，在南方阻挡他的，不是汉人，而是出身契丹皇室的耶律休哥，在耶律休哥领军抵挡的情况下，宋太宗两次大举进攻，结果都讨不到便宜，只得怏然而归。

辽朝度过了这场危机。到公元九九八年，辽圣宗形式上亲政后，轮到宋朝换皇帝了，于是一〇〇四年萧太后陪同辽圣宗亲领大军倾巢而出南下，这就是后来签订了"澶渊盟约"的背景。

从辽朝的政局看，到这个时候，萧太后实质掌理辽的国政，已经超过三十年了。为什么会在这时候爆发出巨大野心，大军压境要抢占中原的领土？事实上，萧太后出兵主要不是为了攻打宋朝，而是为了纾解辽朝自身遇到的危机，来自朝廷财政困难的危机。

辽朝长期维持两个政府、两套系统，开销甚大，尤其是北方的系统。史料显示，辽朝北枢密使控制的领域中，几乎随时保持着四分之一到三分之一男性成年人口的庞大军力。如此高比例的人口脱离经济生产，仰赖国家资源来维持军事组织。

以朝廷之力维持那么大规模的常备部队做什么？这可不是为了要对付南方，要往北方看才能获得解释。辽朝刚成立时，征服了位于辽东半岛和东北交界处的渤海国，因此而接触了渤海国西南方的高丽，他们始终无法像征服渤海国那样征服高丽。另外辽朝的北界上，还有更让他们头痛的女真部落。

宋太宗北征时，女真曾经趁机从北方攻袭辽朝。到了公元一〇一〇年，又有高丽的叛反事件。这都证明了辽朝对北方不能掉以轻心，需要严密防范。为了卫戍北境，辽朝付出了极高的代价。为了北方边防，辽朝设立了两座纯粹军事用的防城，另外还有七十个戍守处派有驻军，随时需要有两万两千人布防在边界上。而这个地区的契丹男性人口，不同时期有增减变化，大概是十二万到二十六万人的规模。

前线的两万两千人是优先征调契丹部族中较富有的人家，自己准备盔甲、粮食前去戍边。然而男丁被调走无法生产，还要支应戍边开销，本来富裕的人家也很快就变穷了，不得不由朝廷供给他们衣食资源。这在国家财政上形成了极大的压力，而且与时俱增。

宋真宗即位，为什么辽朝大军南下，不是为了土地，而是为了钱。从中国历史的传统角度看去，总觉得战争都是为了抢夺土地，真宗听说靠三十万银钱布匹可以让辽朝退兵，大感庆幸，然而事实上，辽朝出兵本来就不是为领土而来，三十万的岁贡，正符合他们的所需。

05

辽的衰败与女真崛起

签订了“澶渊盟约”，几年后又重新约定，提高岁贡的数目，让辽朝得以安定，辽朝实质上是依靠宋人的贡输来解决财政困难。在这个过程中，辽朝的个性彻底改变了，南下的契丹人逐渐习惯农业环境，转型为地主贵族，圈出土地来，借由土地上的生产维持富贵生活。虽然还是维持着二元体制，不过从公元十一世纪之后，明显地北院越来越不重要，南院地位相对越来越高，同时君王及贵族的利益都越发地和如何处理汉人与对宋关系绑在一起。

重南轻北的倾斜状况，使得北方军事优势进一步弱化，高丽、女真的进迫也就越来越严重。

到了公元十二世纪，关键年份一一一二年，辽天祚帝到长春州嫩江岸要举行“头鱼宴”，那是春天破冰之后，由皇帝象征性地第一次去钓鱼，旁边仪式性地聚集群臣、贵族，大家为皇帝的渔获表示恭喜，然后举办欢宴。

来到长春州参加“头鱼宴”的包括了女真人完颜阿骨打。在与辽朝互动中，女真逐渐划分为两部，称为“熟女真”与“生女真”。“熟女真”是一部分被辽朝攻伐占领区域中居住的女真人，加上另一部分辽朝借由提供较好的生活条件而得以吸引依附过来的女真人。在此之外的，则是“生女真”。

完颜阿骨打的哥哥完颜乌雅束这时是“生女真”的领袖，所以完颜阿骨打以此身份参与了“头鱼宴”。据说在仪式中，天祚帝指定要完颜阿骨打唱歌跳舞，完颜阿骨打声称自己不会，坚决不肯从命，因而有了冲突，让完颜阿骨打怀恨在心。

即使真有此事，那也不过是导火线，反映的是女真族自认与辽朝的关系，不是明白的上下臣属，不认为契丹人可以理所当然地支配他们。

第二年，公元一一一三年，完颜乌雅束病逝，完颜阿骨打接续哥哥成为“生女真”的领袖。“生女真”此时没有文字，也没有正式的政府，部落组织依循的是集体领导制，最大的权力中心是叫作“勃极烈”的元老会议或部族大会。在“勃极烈”会议中，完颜阿骨打正式号召“生女真”对抗契丹，得到了授权。接下来的几年中，完颜阿骨打带领女真部队连战皆胜，逼得辽朝军队不断败退。

此时发生的，是经过了一个世纪，辽已经不再是原先那样一个契丹族的王朝了，其军事力量大幅衰退了。女真过去从未完全臣服于辽，经常有大小冲突，互有胜负，但到这时候，情况彻底改变了，完颜阿骨打的部队在短短两年内，就打入辽的东京，北枢密使的军队几乎是不战而降。

公元一一一五年，离“头鱼宴”不过三年时间，完颜阿骨打就建国称帝。建国称帝的做法，也是模仿汉人的，而且过程中明确地有汉人在旁建议、规划，也就是说“生女真”进入辽朝国境后接触了汉人，受到这些汉人的影响，开始接受、学习汉人的政治统治观念与习惯。

相较于契丹，女真的作战方式极为粗犷、草莽，保留了极大的组织弹性，呈现了过去同族内讧状况的延伸。他们的打法是输了的一方就加入赢的一方，扩大编制，再一起进行下一波的掠夺征战。他们并未区分契丹人或汉人，战败的都被一并裹胁纳入，同样可以在新的组织中保有地位。

契丹为什么败得那么快？一部分原因在于对北方的契丹人而言，相较于效忠那个只照顾南方的朝廷，他们会觉得和女真人打交道，加入女真人的新行列中，似乎并没有差到哪里去。在辽朝治下的汉人更是没有理由不和女真人合作。许多人选择投入女真阵营，才让局势变化得那么快。

察觉女真对辽朝突然产生的巨大破坏与威胁，历史上最不适合当皇帝的宋徽宗及其身边的大臣们，误判这会是对付辽朝的大好机会，去联络了女真人一起对付辽。然而辽虽然在北方受制于女真，他们南方的军事力量却仍然在宋朝之上，于是多重因素作用下，女真不只在北方崛起，更进一步迅速南下。

06

女真在灭辽和北宋后如何建立统治?

在女真人自己都没有预料到的情况下，只花了十年时间，就灭亡了辽，又马不停蹄地进入中原，也灭亡了北宋。这速度实在太惊人了!

正式与辽朝决裂时，女真甚至没有自己的文字，也没有固定的政府组织，对于统治中原，没有任何准备。我们一般说“辽金元史”，将这三个民族相提并论，可是它们出现崛起在历史舞台的方式，其实大不相同。

女真和契丹之间，复制前面慕容氏和拓跋氏的关系模式。慕容氏花了很长时间建构新的混合经济作为基础，仔细安排和汉人的关系，维持了二元的分治系统。契丹也是如此。在超过一百年的时间中，他们在内蒙华北一带站稳脚跟，并没有发动进一步的南侵战争。然而在他们后面的女真人，突然兴起，凭借着强大的武力和高度机动的临时组织，一下子席卷了北方。

女真人建立的金朝表面上看起来好像是继承了辽朝，然而实际条件相去甚远。辽朝统治区域内，契丹人和汉人的人口比例大约是一比三，汉人是契丹人的三倍。但到了金朝统治时，女真人口与汉人的比例，降到了只有一比十。行动如此快速匆忙，本身具备的政治准备如此原始，加上居于绝对少数，金朝要建立有效的统治，就只有一种方式，那就是一方面完全套用辽朝的体制，另一方面以高压手段震慑被统治的契丹人和汉人。

金朝和辽朝一样，保持了二元体制，有北枢密院和南枢密院，由北枢密院统治女真人和契丹人，南枢密院依旧统治汉人。但这样的双重政府设有大量的官职，就需要更多的女真人离开原有的居住地，进入中原来填满。

但女真人近乎举族大迁徙，后来就留下了两项严重的历史后遗症。第一项是使得女真的发源地，原先的故土快速没落衰败。几百年后，自称“后金”的满洲人入关时，就紧紧抓住这个历史教训，建立了绝对不能忽略的祖宗家法。他们有着清楚的历史意识，将自己视为金朝的继承者，因而绝对不能重蹈先祖的覆辙。清朝不变的政策是将故土当作保留区，一定要留住足够多的族人继续在家乡，而且控制汉人迁徙垦荒。

女真人大举南下，原先的根据地几乎掏空，才让本来被契丹和女真压制的室韦、蒙古趁势兴起，后来金朝反而亡于蒙古。而且女真人都南迁，还造成了二元政治体制变质。

二元体制的原则是北人和南人分别统治，然而辽朝后期就逐渐维持不住这原则了。契丹人宁可到南方来，改依汉人的方式生活，他们的身份是契丹人，南枢密院管不了他们，他们又远离北方，从部落组织中游离出来，于是北枢密院也管不了他们。两头落空的情况下，这些人就成了独断独行的贵族。

这种情况在金朝更严重了，因为连二元结构都不是他们自己设计的，不是依照他们的需要制定的。这时统治阶层的人口比例又那么低，于是一切就都乱了。

进入中原之前，女真人没有完整的政治组织，他们也就没有关键的“中央／地方”权力分配观念。从部落集体领导，短时间跳到庞大地域的帝国式统治，有太多的关卡与挑战。

07

金汉化太深带来哪些问题？

完颜阿骨打在公元一一一三年正式叛辽，二十多年后，熙宗完颜亶即位时（一一三五年）就正式废除了“勃极烈”部落大会。这也就意味着要依循汉人的方式建立皇帝制度。必须迅速改采汉人模式，因为有统合各方兵权势力的迫切需要，征伐范围广阔，不可能再用大家集体面对面的方式来决策。

以汉人的模式统治，就必须用汉人来协助，很快地，金朝朝廷中就围满了汉人策士。这些人从既有的习惯思考，一定会主张抬高皇帝的地位，和其他人尽量拉开权位上的距离。他们不能想象、不能接受女真部落里的其他领袖可以对皇帝大呼小叫，更不能想象、不能接受统兵的人不听皇帝的调遣和命令。他们认知的皇帝，从秦始皇、汉高祖开始，就是高度中央集权，而且倾向于集权领导的。在他们的建议、影响下，金朝就援用了皇帝观念，建立中央集权。

公元一一四九年，下一位皇帝完颜亮即位，在历史上他没有正式的谥号，只称为“海陵王”，因为虽然他在位 12 年，但他是被杀害的，而且在他后面即位的完颜雍还取消了他的皇帝地位，不承认金朝有过这么一位皇帝。

完颜亮为什么会激起像完颜雍这种人如此激烈的反感？最主要是他虽然血统是金人，他的想法和做法却都太像汉人了。他要以唐朝、宋朝为模范，重建金朝政体。最激烈的姿态，是将和汉人政权最不一样的南北二部制都废除了。他想象自己要做的，不是辽朝那种混合统治的皇帝，而是取法乎过去坐在汴京皇位上的那个人。

才不过四十年左右，女真人从大兴安岭一带，这时不只放弃了故土基地，而且眼光转移到汴京了，这南北差距何其遥远！和拓跋氏的北魏孝文帝很像，完颜亮也要彻底汉化及南迁，不顾任何反对声音，开始在原先宋朝的都城汴京大兴土木。对他来说，女真和金已经没有实质意义，他要当的就是中国皇帝，于是他又开始布局准备攻打南宋，要将汉人地理意识中的帝国予以统一。

完颜亮带兵南下时，后方发生叛变，领导政变的，是“东京留守”完颜雍，也就是后来的金世宗。完颜雍杀了完颜亮即帝位，他的价值观念与完颜亮大不相同，即位后发动了一场大逆转的改革。

他强调使用女真语，大量拔擢女真人，排斥汉人，并且要求保留、恢复女真的传统习俗。这样的政策汉人当然不支持，但真正麻烦的是，女真人也不怎么领情。读过托尔斯泰《战争与和平》的人应该留有深刻印象，拿破仑战争前的俄罗斯贵族说话是夹杂俄语及法语的，说法语被视为比较优雅，比较有教养，有些贵族甚至都忘了如何说俄语。女真人之间当时也有这样的价值观冲突，许多人，尤其地位越高的，越是将汉化当作高人一等的表征。他们拥护汉语汉服，衷心地看不起女真服饰和女真语言，觉得那很土，很可笑。皇帝要将改革变化往回推，他们很难认同，结果是给金朝带来更大的混乱。

08

富弼与西夏十余次战役竟无一次获胜

北方长期处于复杂、敏感的局面中。辽、金外来政权原本比汉人懂得如何对待草原民族。农业民族对游牧民族有先天的劣势，基本上只能筑城阻挡或用武力驱逐。汉武帝倾当时大汉帝国累积的财力，以压倒性兵力远征匈奴，得到胜利也就只能将匈奴赶到大漠以北去。一时赶走，如果游牧民族又再“南下牧马”，仍然只能再发兵驱离。

草原民族不是这样彼此对待的。冲突之后，武力强大获得胜利的一方，会将战败的一方收纳进来，壮大自己的族群队伍。类似的生活方式让胜负部落在经过一段时间后，有机会融合成为共存共荣的新团体。农业民族和草原民族则有清楚、难以跨越的生活界线，尤其农业民族对草原民族常怀畏惧与猜疑，视之为潜在劫夺生产收获的敌人，不容易建立互信，更不容易密切互利合作。

突厥没落后的这段时期，对草原民族来说，是一段黑暗时期。有三个受农业民族影响，却又依然保留游牧运动性与强悍武力的民族在此盘踞。最西边的是花刺子模（Kara-Khitan），他们的名字后面显示了 Khitan，也就是契丹。他们一部分是突厥人，却又不完全是游牧的突厥人，而和契丹有密切关系。那是在辽朝被派去统治突厥的契丹人，后来和部分的突厥人结合在一起所形成的部落。

再往东一点儿，是西夏。宋朝一度流行“西夏剑”，带头经常炫耀地佩带“西夏剑”的是北宋最后一位皇帝钦宗，而在此之前，边防将领就以得到皇帝赏赐“西夏剑”为最高荣誉。另外宋朝引以为傲的“神臂弓”，《梦溪笔谈》记载是党项羌人李定贡献。《宋史》记载：“弓之身三尺有二寸，弦长二尺有五寸，箭木羽长数寸，射三百四十余步。”

“党项马”也很有名，唐朝就经常有边防军队以铁甲弓矢去和党项人换马的记录。宋朝时，党项马更是西夏和周边其他民族贸易的名贵商品。一般称西夏人为“党项羌人”，以目前研究了解，他们主要是以西藏系的党项族为中心，吸收了各种羌族和吐谷浑、回纥人口，是个多民族的群体。很明显的，他们具备杰出的武力，虽然即使全盛时期总人口不过三百万左右，却发挥了和人口数量不成比例的军事威胁。

北宋一度负责对西夏军事防御工作的富弼，在边境七年，经历了大小十余次战役，没有一次能真的获胜，一度因为官军士气低落，高度畏怯西夏，而伤透了脑筋。另外一位担任过对西夏军事统帅的范雍，在他写的诗里有这么两句：“拘俘询虏事，肉尽一无声”，记录的显然是以最残酷的肉刑审讯西夏俘虏，竟然无法让俘虏开口，让范雍大为惊讶。

西夏之名，来自北魏时期赫连勃勃所建立的“夏州”，党项人在此聚居，自称是北魏拓跋氏的后裔，因而以拓跋为姓。到了公元九世纪，本来就在这里建了独立政权的党项拓跋氏接受了唐朝的册封为定难军节度使，并赐姓李，发兵参与讨伐黄巢，转型为唐朝的一支藩镇势力。

五代时期，西夏最大的敌人，是由沙陀人所建立的“北汉”，所以在宋太宗寻求统一，出兵攻打北汉时，西夏出兵相助，一度又被赐姓赵，不过后来恢复了李姓。宋太宗的统一野心也包括了西夏所在的地方，几经冲突、妥协，公元九八二年，当时的西夏领袖李继捧决定献地归顺宋朝，然而部分的族人却在李继迁的领导下，转往河西发展，并且和契丹结盟，对抗宋朝。

09

为什么西夏没有独立的历史记录？

元朝建立之后，统治中国的蒙古政权，依循中国传统，以官方力量编撰了前朝的历史，不过他们没有承袭中国的正统观，而是平等对待辽、金、宋三朝，编了《辽史》《金史》和《宋史》，但相对地只有在这三部历史中包括了《夏国传》《二国外记》（《二国外记》将西夏和高丽放在一起），并没有给予西夏独立的历史记录。

蒙古帝国另有一部以蒙文写成的“历史集”，那也是由国家编撰的正史，但在那本书里也只有在“蒙古、其他诸部族”这一讲中提到了党项，篇幅也很少。西夏在公元一二二六年遭受成吉思汗亲率大军猛攻，一二二七年灭亡，之后蒙古人又不重视保留西夏的历史资料，以至于要还原西夏历史有着相当的困难，基本上必须高度依赖汉人的中文史料，里面很明显有许多是经过了汉人从自身文化本位改写的，到底有多少符合西夏部族经历的真相，只能抱持小心、保留立场。

一九七二年六月，兰州军区在贺兰山挖掘工程地基时，意外挖出了十几件古代陶制品，以及一些形状规则的方砖。更令人惊奇的是，方砖上刻着文字，每一个字乍看似乎都认识，近看却每一个字都很陌生。接获通知的宁夏博物馆立即组织了考古人员进行抢救挖掘，最终挖出了一个古老的墓室。墓室中有精美的工笔壁画，有工艺品和更多刻有文字的方砖。经过研究测定，这是西夏王国的遗迹，方砖上刻的就是西夏文字。

进一步考古挖掘让这座西夏王陵完整出土，陵区南北长十公里，东西宽约五公里，陵区内共有九座帝王陵，加上约两百五十个王公贵族的陪葬墓。陵区中的帝陵是按时代先后从南到北排列，旁边环绕着诸多陪葬墓。每座帝陵都包括了十几座各式建筑，坐北朝南，总面积都超过十万平方米。

其中三号陵“泰陵”是其中占地面积最大，又保存得最完好的一座。考古学家认为这座陵墓的主人是李元昊，也就是西夏王国正式建国的第一位皇帝。公元一〇〇四年，李继迁去世，他的儿子李德明继承父业，次年就遇到了契丹大举南下侵宋事件，得益于宋真宗求和不求战的态度，到公元一〇〇六年，宋朝也和这个新兴的党项王国达成了和平协议。李德明转而向西用兵，将原本在吐蕃势力范围内的凉州夺了过来，又打败了据有甘州的回鹘王国，有效地扼住了交通必经的大绿洲。

公元一〇三二年，李德明去世，二十九岁的李元昊继位。李元昊并不是真正的开创者，而是继承了祖父李继迁和父亲李德明打下的基础，在相对更优越的条件支持下，他放弃了李德明主政时的和亲路线，终止对宋朝的臣属地位，通过外交手腕，娶了辽朝的公主，准备与宋朝开战。

李元昊建都兴安府，并且创制了西夏文字。政府体制上模仿辽朝的二元原则，将汉人和非汉人分开治理。二元体制最大的差异在于兵制，党项族的男子从十五岁到六十岁都编入军队中，以实质上全族皆兵的方式练成了一支精良的部队。

公元一〇三八年，李元昊称帝独立，自称国号为“大夏”，但因“夏”有“华夏”之意，所以不为宋朝接受，转称其为“西夏”。

西夏崛起使宋朝产生了很大的压力，宋朝长时间派驻至少五十万军队在西北边界，宋仁宗调派了韩琦、范仲淹等能臣到前线负责防卫事务，构筑了大量的防卫要塞，并且和位于西夏后方的青唐王国联络，试图夹击李元昊。

鹬蚌相争，渔人得利。宋朝和西夏僵持对立，让辽朝得以趁机要求宋朝归还被宋太宗打下占领的瓦桥关、益津关以南的十个县，又得到了岁贡增额。西夏一直讨不到什么便宜，最终和宋朝和议。和议中，宋朝得到了西夏愿意居于臣下地位，西夏则得到了丰厚的“岁赐”——每年白银七万二千两，绢十五万三千匹。

10

蒙古崛起的机遇

比西夏更东边些，先是契丹称霸，后来有了取代契丹的女真。契丹在崛起过程中曾以武力征服室韦，女真在崛起过程中也以武力征服了室韦。这些游牧民族一直被压制着，到什么时候他们的处境才得到了改善的机会？

到女真过度快速的成功带来了激烈的变化。女真的成功让这些草原民族得以喘一口气，因为女真人几乎举族南迁去经营中原，于是从辽东一路延续到新疆东界，这一大块地区中出现了缺口，给了蒙古人在这里兴起壮大的机会。

第 九 讲

草原风云

01

传统史学以人写史的问题所在

中国传统史学和现代史学间最大的差异在于对待人物的方式。人物一直是传统史学的核心焦点与主要内容，“正史”中必定有“纪”有“传”，而且占了大部分的篇幅，这两种形式都是在写人物，以人物来统整事件。

这样的史学观念最大的好处是在历史中保留了许多个性，并且以人的个性来解释历史事件的变化发展，人，尤其是具备特殊性格、特殊能力或特殊身份地位的人，是推动历史的主要因素。

不过这样的史学观念也会过度强调个人行为的决定重要性，而忽略了在个人之外的其他因素。个人在特定的历史时空中究竟能做什么、不能做什么，往往不是他自己可以决定的，周遭其他环境因素，例如经济生产、财富形式、社会组织、风俗习惯，甚至流行的思想与信仰，必然对他的个人行为有所制约，也和他的个人决定产生复杂互动。

历史有超越于人物之上的复杂结构，形成复杂的因果关系。专注从个人行为角度来记录历史、解释历史，很容易忽略了集体，乃至于将集体现象扭曲为个人创造。最明显的是中国文字的发明，事实上必然是漫长时期中集体创造、形成的，然而传统史学却斩钉截铁地将之解释为仓颉一个人的作为。

过度看重个人会造成时间尺度的盲点。传统说法上将多少东西堆到黄帝一个人身上，勉强加上他的妻子嫘祖，他们创造了文明的所有项目。一个人的寿命顶多百年，以个人作为文明的始创者，这种历史让人失去对于文明变化的大尺度时间感，无法如实意识到例如光是养蚕抽丝这件事，需要在人类社会生活中经过多少“试错”的过程才能成熟固定下来。中国传统史学无法想象“试错”的漫长过程，缺乏长尺度时间概念，就扭曲了历史事实，将养蚕技术归于嫘祖一个人身上。方便是很方便，却严重误导了人们对于历史的认识。

还有传统周公“制礼作乐”的说法，孔子“删定六经”的说法，也是如此。凸显了周公与孔子的高超能力与地位，但付出的代价却是抹杀了封建制度及王官学主要典籍在长时间中形成的过程，一直误导了中国人对于最重要的封建制度与六经的看法。

对于这种远古历史，最好还是接受现代史学的主张，实事求是回推集体、长远、结构性的因素，了解许多人物只是被方便拿来当作神话解答而已。这些神话的主要作用是简化原本复杂难以还原的过程，也因此如果我们理所当然接受了这些人物神话，也就失去了认真去追索历史真相的动力。

02

现代史学对个人过度怀疑的偏见

不过从相反角度看，我们也应该提防现代史学的偏见。源于对传统观念的批判与补充，现代史学强调结构、强调集体、强调大尺度时间，因而对个人的作为与成就，抱持着高度怀疑的态度，有时会过度贬抑个人在历史上的影响。

有很长一段时间，谈蒙古史几乎就等同于谈成吉思汗。蒙古最大的英雄，甚至唯一值得认识的英雄，就是成吉思汗；蒙古所有的丰功伟绩与帝国成就，都可以溯源到成吉思汗。现代史学兴起后，有一段时间彻底逆转了这个态度，不接受不相信成吉思汗那么了不起，专注于考索其背后的长远因素，认为成吉思汗不过是比较突出的草原强权模式之一罢了。

仔细比对各种史料，尽可能客观地看待，我们必须承认：成吉思汗的个人功绩与成就，超过了现代史学所能解释，所能贴切予以衡量的。将眼光放得更大，我们对于草原部落与文化了解得越多，非但不会看到、找到许多和成吉思汗类似的模式和例证，反而越觉得成吉思汗特别，近乎怪异，完全不是原本草原结构与组织下的产物。

整理各方材料，我们可以归纳中国北方的草原政权形成的领袖，大致有三种模式。第一种是继承型的，从父亲或叔叔或舅舅那里继承了权力，然后予以扩大，借此提升为重要的领袖。也就是说，他的权力基础主要还是来自亲族的权力接替。

第二种通常发生在部落动荡时期，和附近其他部族或和农业民族发生了重大冲突时，在军事动员与冲突作战的过程中，原有的部落政治组织被破坏了，无法从既定的继承规则中产生领袖，那么会出现一种因应非常环境、愿意出面收拾残破部落组织的人。例如汉武帝时大举发兵北征，逼得匈奴分裂、逃散，一部分的人保留原有的部落迁居到大漠以北去，在南方则出现了“南单于”，那就是一种新创领袖的模式。

第三种是因应部落扩张，多个部落结成了联盟，由联盟选拔出领袖，或由联盟订立规矩轮替产生领袖。获得了扩大的联盟实力，这样的领袖必定握有更大的权力，也就比较有机会进一步巩固并扩大自己的政治成就。

这三种模式，领袖都还是从部落组织中产生的，不管部落多原始或多残破，部落组织是它的基础。而铁木真，后来的成吉思汗，他的崛起，却是靠着打破部落组织而成为领袖，这使得他非比寻常。他靠建立一套新的制度取代部落组织，他因此取得成功与胜利。

03

在草原混战中出生的铁木真

对于铁木真的生平，还有很多细节无法确知，包括他出生在哪一年。比较清楚的是他称汗那一年，也就是他正式成为蒙古共主，是在公元一二〇六年。不过这一年成吉思汗到底几岁，无法明确知道。成吉思汗应该是公元一一六七年左右出生的，他来自一个边缘的部落，而且身处一个极度混乱的时代。

前一讲解释了花剌子模、西夏和女真这三个“中介王朝”给草原部落带来了极大的压力。在草原上如果出现了“中介王朝”感到威胁的势力，他们会立即毫不留情地介入攻击、打压。他们所使用的手段有时是优势的武力，更多时候是对各部落威胁利诱加挑拨离间，制造出许多争端冲突来。“中介王朝”要动武时会很残酷也很彻底，直接摧毁牛羊牲口，将部落的人并吞进来。

在“中介王朝”上百年的破坏下，到铁木真出生时，草原陷入了失序混乱。也就是连最基本的较稳定联盟组织都付诸阙如。那不只是一个弱肉强食的世界，而且有着随时变动的部落分合状况。每一个部落都活在不安中，弱一点儿的会被抢夺，被并吞，强一点儿的也好不了多少，周围其他部落会以你为共同敌人，形成暂时联盟，发动袭击。如果你的部落更强大些，大到不怕其他部落联合对付你，那么很有可能在一旁虎视眈眈监看的“中介王朝”就要来收拾你了。

这是一个没有基本规范，也就没有基本信任的环境。在铁木真成长的时期，草原上甚至都还没有明确的蒙古部族。在这个区域混居了不同的草原民族，很难弄清楚他们彼此的血缘关系，比较明显突出的毋宁是他们之间复杂、不间断地互相攻伐的关系，谁抢了谁，谁跟谁有仇。

一个名字可能指涉两个不同部落，一个部落可能拥有不止一个名字。稍微比较明确的，只有蒙古是个很松散的称号，包括了很多分部，包括克烈部、乞颜部、乃蛮部等。其次，蒙古的称号主要用于对照“塔塔尔”，蒙古必然指不是“塔塔尔”，甚至是和“塔塔尔”对立的部族。

“塔塔尔”在声音上接近鞑靼，这时候和蒙古是对立的，但后来鞑靼却变成了蒙古的别称，以至于很难追究明白这两个名词间的关系，更难弄清楚这两个群体各自的组成，和彼此间的关系。

只知道这个时候蒙古和“塔塔尔”是彼此对立，无法和平共处的两群人。《蒙古秘史》中记载，铁木真的父亲也速该替铁木真找了亲家，去拜访亲家，却在回程时不幸遇到了塔塔尔人。塔塔尔人认出了他们是仇人，先不动声色，在夜宴时毒死了也速该，这一年铁木真九岁。

也速该一死，他的亲族很快就离散了，这说明当时的部落组织极其松散。除了亲族外，另有“安答”，勉强译作结拜兄弟，不过实际性质上可能更接近结盟关系，此外就是一般的奴隶了。

其中亲族当然是最重要的。没有了亲族的协助、护持，铁木真只有妈妈带着他，后来就被泰亦赤俘虏了，还在他身上套了一个大木枷，防止他逃走。幸而得到父亲的旧部，以及他两个儿子（这两人后来和铁木真结为“安答”）的救助，得以摆脱被监禁奴隶的状态。这时候铁木真十四岁。

04

忽里台推举共主，铁木真始称“成吉思汗”

重获自由后，铁木真开始在身边联结了一些“安答”，建立了初始的武力基础。接着他选择去投靠克烈部的王汗。王汗这个封号，是从金朝那里得来的，因为金朝曾经要求克烈部协助出兵去打塔塔尔人。作为“中介王朝”，金朝察觉塔塔尔势力成长太多太快，就发动蒙古克烈部去攻击塔塔尔人，再赐给克烈部的领袖王汗的尊称。

王汗和铁木真的父亲也速该有交情，曾经结为“安答”，所以接纳了铁木真。在王汗那里，他遇到了札木合，两人结为“安答”，双双都是克烈部的大将。克烈部长期受旁边的乃蛮部威胁侵扰，终于决定诉诸武力，进行了决战。依照《蒙古秘史》的记载，札木合偷偷建议王汗，乃蛮部如此强悍很难打，与其和铁木真一起进攻，不如先按兵不动，甚至撤退，保住实力，看看铁木真如何打乃蛮部再做定夺。

然而一接战，完全出乎王汗和札木合的预料，当乃蛮部的斥候发现王汗他们的部队正在撤退，他们根本没有理会铁木真，而是全军追击撤退的部队。王汗的部队被围困住了，后来还是靠铁木真之力才得以解围。

打完这场仗，乃蛮部更强大了，相对地克烈部陷入严重危机中。但因为乃蛮部的统治方式过于残暴，导致有些原本投降乃蛮的部落转而投靠克烈部。克烈部与乃蛮部之间有了牵涉众多部落的合纵连横关系。

下一场关键战役，则是铁木真和札木合翻脸成仇，在班朱尼河（事实上很可能是一座湖而不是河）畔，饱受挫折的铁木真手下只剩四千两百人的部队，却逮住机会，靠斥候冒死侦查，确定了札木合率领的部队正连夜狂欢，发动了奇袭攻击，一举打败且并吞了札木合的部队。军力持续成长到一定程度，铁木真更进一步挑战乃蛮部，也取得了决定性的胜利。

因而有了一二〇六年的草原“忽里台”。“忽里台”是一场部落领袖大会，在其间铁木真被推举为共主，得到了“成吉思汗”的尊衔。关于“成吉思汗”的意思，《蒙古秘史》中有两种说法，一是蒙古语中对于坚强、坚韧意志的形容；另一则是在“忽里台”会议间所听到的鸟叫声，被视为特殊的吉祥征兆。

成吉思汗崛起过程中最特别的现象就是他养成了越来越不信任亲族的心态。他遭遇过三次严重危机，每一次都是传统结构安排上应该最值得信任的人背叛陷害了他。第一次是父亲去世时，第二次是他带着部队去和王汗结合时，第三次是他不得不和“安答”札木合反目成仇。

三次负面经验让他留下深刻印象，所以他不信任亲族，连带地也不认为既有的部落组织是值得信任、值得依赖的。

05

军队建设：不信任亲族，不分享权力

到一二〇六年，成吉思汗控有的军队，也大致就是所有的部落成年男性人口，大约有九万两千人，分成八十个左右的千户，由八十个左右的千户长带领。这里凸显的第一重历史意义，是他采用从匈奴一路留传下来的十进制组织法，有十户长、百户长、千户长，后来又增加了万户长。

从蒙文数据中可以查到二十多位千户长的资历，其中和成吉思汗有亲族关系，所占比例不到三分之一。更明显的是后来新设的万户长，也就是军事指挥地位最高的人，他所选择的没有任何一人具备亲族身份。

他的弟弟们可以受封为王，但不会得到军权。成吉思汗所建构的军事组织是不分权的，整个军队只认一个真正的指挥官，就是成吉思汗本人。从性质上看，这支军队不管在规模上如何扩充，一直都是私人军队。

如何维持军队中对他个人的效忠？其中关键安排，是成吉思汗的亲卫队。亲卫队最早分“日卫队”和“夜卫队”，前者八十人，后者七十人，两班轮流。后来人数不断增加，第一波增加到八百人和七百人，十倍。然后越成长越快。

什么样的人可以加入亲卫队？要看出身背景，如果没有对的出身，那就要靠对的推荐。第一个来源是干部——十户长、百户长、千户长、万户长的儿子们。再来，一个千户长如果要让长子加入，就要同时带一个弟弟和十位可以信任的朋友。这十个朋友也就等于是由他连带保证的。百户长是长子带一个弟弟和五位朋友，十户长则是长子带弟弟和三位朋友。

如此军队扩张多增加了干部，成吉思汗的亲卫队也就跟着依比例成长。更大的作用是每个干部就都有儿子在成吉思汗身边当了人质，而且还不止一个儿子，是两个，再加和他或他儿子有关系的好几个青年。亲卫队里的人不只保障了干部的忠诚，而且他们的利益与视野不同了，和最高领袖更紧密地联结在一起，也有了对整体部落、军队更强烈的认同。

可以想见，如果军队中的十户长、百户长、千户长想要脱离成吉思汗，他们的亲卫队儿子们会是最反对的人。他们不只是人质，而且在成吉思汗身边他们可以有所表现，取得权力与地位，并由他们牵制住部队里实质统兵的人。

因而军队越来越庞大，却一直保留着成吉思汗个人领导的性质。这是过去草原上不曾出现过的一种领袖形式——个人独大，完全不分权，和原本习惯的集体领导、部落结盟关系形成了最强烈的对比。也就是他非但不依赖既有组织，而且将之彻底破坏后从相反方向再造。

他所建立的是一支强大的军队，独立于原来的部落组织之外，这支军队服膺他的个人意志，他不主动分享权力，还小心翼翼提防有人侵犯、分走了他的独断军事权力。

06

成吉思汗发动战争的两个原则

成吉思汗建立了一套近乎绝对中央集权的制度，这不是一套行政组织，而是很有效率的作战机器。打仗带来机会，带来掠夺的丰富资源，也就带来了组织可以不断扩张的动能。这个机制处理的，大部分都是临时、突发状况，不像行政组织要安排每天重复的日常运作，也就必然牵涉复杂的人际权力安排。相对地，作战机器中每个人的遭遇随时可以变化，不可能也不需要建立固定的人事位子与固定的升迁途径，机制运作有效与否，更加依赖、取决于最高的单一领导人。

能建立并运作这套系统，当然牵涉到成吉思汗特有的性格与能力。他对于什么时候动用武力、如何动用，有着清楚的原则与程序。庞大部队中上上下下都明白有两种状况会出兵、要出兵。第一种是依循自然的原则，偌大的部族必须存活，而劫掠是补充生产资源的合理，甚至必然手段。因此如果这支蒙古大军面临吃不饱的情况，他们就要出动了。

这种情况下出动，行动方向通常看季节，如果是秋季农业收成的时候，理所当然向南抢夺农业聚落。但如果是其他季节农业聚落不见得有足够存粮，那他也会将大军朝向其他草原民族或进犯“中介王朝”。

这个原则建立起来，尤其是固定下来之后，不只成吉思汗自己的军队明了，周遭和这支新兴蒙古势力打过交道的人也很快就都被迫明了了。蒙古人的战斗越有效率，就越容易形成循环，变得越成功。那么强大有效的武力，让周遭的人随时担惊受怕提防着，而既然他们都知道蒙古人什么状况下会出动，出动了会带来多恐怖的灾难，他们也就当然会提前设法使得蒙古人必须出动的条件消失。

成吉思汗创造了一股强大的威吓力量，到后来甚至不需要真的出动去劫掠，可能成为他军队劫掠对象的，就宁可用部分生产所得来换取和平。得到这些主动送上门来，像保护费般的资源，成吉思汗就能用来培养更大规模的武力，同时也就有更多的部落，愿意遵循他的方式，加入进来成为他的组织的一部分。

成吉思汗必然出兵的第二项原则，是如果有人背叛他或失信于他。原本答应他的没有做到，还是存在基本同意默契的或保存在既有习俗中的，如果有人片面改变了，那么成吉思汗就绝对不会吝惜动用武力表达他的不快与愤怒。

依照这两个原则，在他一生中持续不断带领这有效的战争机器南征北伐，每一次战斗都由他自己直接参与对着战士发号施令，动态过程中也就不会有中间层级的其他单位分掉他的权力。几十年中，这个战争机器越来越大，却仍然保持原始的草原个性，也就是一直在动，一直在变化，也就一直没有固定下来成为官僚体系。

蒙古人来了打了然后就走，不定着，不占领土地，不像契丹或女真那样转型为“中介王朝”。他一生中发动攻打西夏六次，这一方面是因为蒙古的实力尚未足以压倒性地击败西夏，另一方面正是因为蒙古大军没有要占领土地，得到了西夏提供的物资，他们就愿意退兵。

对成吉思汗来说，最难缠的对手是女真。女真离开草原时间未久，还保存了足够的对于草原机动战斗的认识，在快速汉化过程中固然衰弱了原本的武力，却同时得到农业资源的挹注。带着这样的条件，女真得以和新兴的蒙古势力周旋，展开长时间的拉锯，不过基本的趋势毕竟是此消彼长，女真不得不坐视周遭各部落的情况对自己越来越不利。

蒙古制伏了西夏，又制伏了契丹人的西辽，也收拾了西北方的游牧旧族回纥，又在东方收拾了高丽，这些地方陆续都成为蒙古的属国。蒙古并没有实质统治这些地方，只是这些地方每隔一段固定时间就必须对蒙古有所供奉，而且不能拒绝蒙古有时提出的额外要求。如果不从，蒙古大军就可能快速压境。

依照此时蒙古的统治模式，他们所要求于金朝的其实也就是这样的关系。然而女真人却不愿意让自己落入这种关系，而是费了很大力气加强北方防务，另外更让蒙古人困惑难以处理的，是女真人用上了他们从汉人那里学来的方式来对付危急情境。

例如女真人会在危急情况下同意蒙古人退兵的条件，却在蒙古人退走之后，赶紧加强防务，增加自己谈判的筹码。在蒙古人的认知中，金人提供让蒙古退兵的，应该是岁贡式的承诺，然而金人在加强防务之后，却对于往后的岁贡承诺不认账了。于是蒙古必须再度出动大军实质进攻，才能让金人再度屈服，再度拿出换取和平的赔偿贡奉。

金人如此反反复复，是蒙古的最大困扰，同时也制造了北方的巨大灾难。

07

蒙古是如何一步步进入北方的?

蒙古的战争机器之所以如此有效，是因为一发动起来就会制造出惊人的破坏。草原民族不依赖也不珍惜任何固定的东西，毁坏任何固定的东西他们不会手软。带着这么大的破坏力，当然走到哪里人家都害怕，愿意付出较高的代价避免引来蒙古武力进犯，毕竟大家都看到了他们所经路径上制造的残破废墟景况。

女真人却选择和蒙古人拉锯周旋，事实上蒙古人是被女真人的这种态度一步一步牵引进中国北方，而且越入越深的。

公元一二一一年，蒙古军队第一次在进入农业地带遂行劫掠之后，没有立即退离，而是围绕着金朝的中都附近，停留了很长一段时间，追击金兵。两年之后，蒙古军队再度南下，包围了中都，却因为缺乏攻城经验与能力，没有能打下中都，转而向东肆虐山东，再往西到陕西地区，最后才从山西北归。

在这过程中，金朝的经济、社会都蒙受了极大的损失，不得不和蒙古人谈和。蒙古人终于离开了，金朝就有了迁都之议，中都的地理位置对他们来说太接近蒙古势力，也就太危险了。

不过要迁到哪里才好呢？有一派，强硬派，主张应该迁回辽东，回到自己的起源地，从那里重新培养武力来对付蒙古人，不再让蒙古人如此予取予求。然而金朝朝廷的多数意见，却倾向于往南迁，避开蒙古人，增加其中的缓冲距离。最好的选择是迁到原先北宋的都城汴京。

金朝大举迁都，对成吉思汗来说意谓着再度打破承诺，要逃避原先撤军和谈中的条件。他无法忍受这样的背信行为，于是公元一二一四年，蒙古大军再度南下，再度包围了中都，从这年的秋天围城到第二年的初夏，终于攻破了中都。

打下金朝的中都，是蒙古王朝真正的起点。在此之前，蒙古虽大，仍然是一个草原部落，靠着武力恐吓、勒索周遭区域，得以建立并维持一个规模超过原本草原经济能够支撑的庞大战争机器。但进入中京之后，成吉思汗做了一连串和过去不同的决定，在历史上意义深远。

首先，和过去不一样，蒙古军队没有完全撤军，命令木华黎带领一部分蒙古部队留在中都，也就是要在这里开始建立管理、统治的机制了。木华黎带领的军队只有大约一万三千人，给予他的任务，还包括了要去整合其他部族的军队，来控制中国北方。

这是蒙古人从前没有做过，现在却不得不做的转型。这可不是件容易的事。草原生活里没有文官系统，没有严格的上下层级，没有固定的权力分配。再者，他们怀抱着对金人的仇视，为了惩罚金人出尔反尔而出兵，又历经了他们所不擅长的漫长围城才打下中京，这样的背景使得他们没有考虑要直接承袭套用金朝的政府体制。

不像女真人打下辽朝之后，一并接收辽的王朝体制，没有费心去创建自己的一套办法；蒙古人打下中京，却仍然维持对金朝的强烈敌意，和汴京之间的战斗也还没有结束。攻入中都是公元一二一五年，然而蒙古人还需要更多时间，才能学会如何从一股恐怖战斗势力变成一个征服王朝。这个转型过程不是出于成吉思汗的主观野心企图，毋宁是在和女真人敌对的情况下，一步一步发展而来的。

如果没有女真占领中原，建立了“中介王朝”，蒙古人是不是还会南下征服、占领整个中国，是一个很有意思也很值得思考的历史议题，可以帮助我们更深入了解辽、金“中介王朝”的性质与意义。

08

蒙古出征西亚、中亚的多个后遗症

将木华黎留在中原之后，成吉思汗离开了，一直到他去世，他没有再进入中原，他真正的兴趣，仍然在驰骋草原的活动。他之所以能维持那么大的权力，正因为他带领的军队从来没有停下来。他不是在静止的行政结构中行使权力，而是始终保持着军事战斗临场指挥的性格。

他带着军队往中亚发展。这时候的中亚没有任何一个政治体拥有足够的资源和武装可以抵挡成吉思汗。蒙古军队不是训练出来打仗的，他们是直接在战斗中形成，就生活在战斗中，战斗就是他们的生活。这支军队的运动力与破坏力，远超过中亚地区这些社会所曾见识的。

蒙古人在中亚制造了更大的破坏，更长远的伤害。中国毕竟还有固定的社会组织，以发展了超过千年的生产组织为其基础，战乱破坏制造了表层的残破废墟，但底层的经济与社会组织仍然保存着既有的模式习惯，和平休息几十年，总还是可以长养恢复。然而中亚的聚落条件薄弱得多，一个小型城市很可能都要花三百年时间才逐渐成型，一旦被蒙古铁蹄横扫蹂躏，很可能就彻底消失，再也无法复原了。

蒙古人兴起后，中亚相对没落了，几百年都无法回到原有的繁荣程度。中国历史上前前后后多次和西域密切交流，西域的邻居在许多方面领先中国，可以输入来影响中国、丰富中国社会与中国文化。例如西域的音乐、西域的农业，更重要的是受到印度影响的西域在思想、信仰领域的长足发展。

然而从十三世纪之后，西域对中国的影响快速消退，相当程度上就是蒙古兴起带来的一项后遗症。西域几乎被蒙古铲平了，迟迟无法恢复其文明。西域没落，连带造成的情况，是使得近世中国失去了一股重要的外来刺激。中国的“天朝中心”思想，从中古到近世，有相当的转变与扩大，也就是这种情势下的结果。

当唐太宗成为“天可汗”，自认长安是天下中心时，他很明白中心之外环绕着许多其他国家。然而到了近世，“天朝中心”却转变为一种目中无人的自大，看不到别人，不承认别人的存在。是这样的转变后的“天朝中心”态度使得清朝在和西方势力接触时如此无法适应，带来了许多失败、痛苦与屈辱。

从那样的“天朝中心”变成这样的“天朝中心”，其中关键的历史因素就在于西域的消失，至少是西域对中国不再能扮演重要他者的角色。唐朝住在长安的人，一定知道龟兹，知道康居，知道这些外国人的来历，还有他们所带来的异质文化。但到了清朝，人们只知道新疆，也就是最近被收复的领土。

近世中国的封闭、自大是建立在蒙古人大征伐大破坏的历史事件上的。西域几百年来好不容易在相对贫弱的自然条件上培养起来的文明，那一个个极其珍贵的绿洲聚落，一下子都被摧毁了，完全不可能复原了。这段时间里，中国和西域间的关系发生了绝大的变化，这是过去经常被忽略了的事实。

除了中亚之外，西亚也在蒙古帝国形成中遭受巨大的破坏，不过一来西亚的环境条件比较好，文明的发展又比中亚来得悠久，在两河流域或波斯帝国的基础上，拥有比较容易恢复的条件；二来在中国人的传统意识中，葱岭以西到印度的这块空间，一直都有互动经验，尤其在佛教传入过程中，因应取经的热潮，其分量更显重要。然而再往西，就不在一般意识范围内了，不在和中国人的沟通界线中，因而西亚的变化并未产生可见的影响，和中亚的情况很不一样。

09

元朝与宋明清有哪些不一样？

蒙古大军往西走，建立起了一个庞大的帝国，不过这是一个复杂多样的帝国。历史地图上很容易画出蒙古帝国的四大汗国范围，却无法显示一些基本的事实：蒙古以有效的战争攻伐崛起，没有那么容易转型为占领帝国，他们不可能以单纯占领统治的方式涵盖如此庞大的地域。这个帝国中只有一小部分是具体占领下来的，也就是原来的草原地带，由蒙古军队有效控制，其他绝大部分地区，主要是笼罩在两支随时待命的远征军威吓之下，逼着当地的人民和原有的君主乖乖听话。

蒙古军队的强大，战争进攻的有效与残暴，快速声名远播，使得这些地方的人闻蒙古色变，被动或主动臣服，就划归入蒙古帝国的范围内了。有些地方以进贡的方式臣属于蒙古，有些地方则是提供不同性质的服务。例如蒙古最早成功征服的花剌子模，是作为主要商业通道加入蒙古帝国的，帝国所需要的物资，由花剌子模的商人负责提供，那是一种生产性、商业性的臣服模式，而花剌子模商人所到的地方，后来也就很快被纳入蒙古帝国范围，有效增加了帝国的地域面积。

另外有其他民族提供农业生产或矿产，在蒙古军事压迫下进入帝国中，让蒙古人能在那么短的时间内开创出人类历史上前所未见的庞大帝国。太庞大的帝国不会有统一的行政体系，也不可能以严格上下隶属的科层组织为原则来建构。帝国的政治形式不是垂直分布臣属关系，而是倾向于水平散落分配的模式。光是主要的中心就有四个，每个中心和其周围的人民、部落、王国因地制宜地建立起各种不同的关系。

帝国里唯一的共同点，是面对蒙古武力攻击时的无力与无奈，从而产生对于蒙古军队的恐惧。这样的帝国不同区域有不同状况，而且随着时间不断在变动，很难有一个明确的描述。但从历史事实上看，绝非一直维持同样疆域，有着固定政府与固定统治方式的政治体。

蒙古帝国不是中华帝国。元朝是蒙古帝国和中华帝国碰撞的产物，兼具两者的特点。和元朝相比，汉朝很稳定，唐朝很稳定，宋朝、明朝的帝国形式与帝国统治也很稳定。必须特别如此提醒，因为从朝代史的角度将宋元明清放在一起，很容易产生误解：忽略了元朝和宋朝、明朝很不一样，要谈这段历史，不能仅从中华帝国的角度来看，还要从蒙古帝国的脉络中来理解。

10

为什么说成吉思汗是真正的英雄创造时代?

从结果上看，我们不得不承认铁木真个人的作用及其重要性。即使是以草原的标准衡量，他都具备了高超的冒险精神与冒险能力。他的兴起和成功绝大部分与部落传统、既有因素无关，是他自己开创出来的。

他最突出的人格特质，应该是对于权力的高度敏感吧。他拒绝套用传统方式取得权力和运用权力，在建构组织的过程中，始终强调个人效忠。这种个人效忠形式，在草原生活中是很少见的。比较常见，也是草原生活一般比较需要的，是对于组织的效忠，以便在相对恶劣的生产条件下彼此合作。就算效忠部落领袖，那也主要是针对他所占据的地位及角色而来的。

成吉思汗显然具备了奇特的神魅（charisma，即奇特的领袖魅力)。神魅很难解释，神魅更难控制。依靠神魅建造起来的组织，不可能固定为模式，也无法将这样的权力复制到下任的领袖身上。

要衡量个人在历史上的作用，其中一种方式便是看待他如何处理既有的传统，是继承还是反叛。继承传统予以利用转化，相形下，当然比反叛传统却能建立新的系统来得容易多了。也因而依循前者途径创造出的功业成就，受环境影响的程度，必然高于后者的模式。后者的个人分量与地位，也因而显然高于前者。

以此为准绳，我们必须给予成吉思汗在历史上独特的个人英雄地位，他是真正英雄创造时代，而非时代创造英雄的例证。

第 十 讲

宋元之际

01

蒙元史史料记录的问题是如何形成的?

谈蒙古或元朝的历史，会遭遇史料记录的困难问题。最麻烦的，是蒙古文字很晚才形成，成吉思汗崛起前，蒙古没有统一的文字。在征伐乃蛮之后，乃蛮部的俘虏中有通回鹘文字的人，才借用回鹘文字来拼写蒙古语。但毕竟两种语言的发音有许多不同，蒙古语中的破唇音远多过回鹘语的，遇到破唇音时，回鹘字母无法区分出其中的多样变化。所以到了忽必烈在位时，另外找了八思巴，依照蒙古语重新改造“蒙古新字”。后来这套文字成为正统，就将“新”字拿掉。

不过当时之所以称“蒙古新字”，是为了和本来用的回鹘文字区别。八思巴重新创造了一套独立的新字，在一二六九年奉忽必烈命令颁行。成吉思汗去世于一二二七年，换句话说，有正统蒙古文字时，离成吉思汗去世都超过四十年了，离一二三四年金朝灭亡也有三十多年了，那么离铁木真在草原崛起的时间就更久远了。

这段时间是蒙古历史的关键期，在这段时间里，成吉思汗经历了许多重大战役，其去世后王位继承和权力分配所产生的种种纷争，这些都发生在蒙古文字出现前，有些就算先用回鹘文记录下来，也必须经过转译为蒙古文的程序。

回鹘文字无法提供记录蒙古语时所需的辨别，加上才刚采用不久，很多用法没有固定下来，就造成了名称与字义上的混淆。一个人的名字可能有两种写法，一个地方也可能有不同写法，在传抄翻译为蒙古文时，往往就已经弄不清楚到底是一个人还是两个人，是一个地方还是两个，甚至更多个地方。

更麻烦的是关于蒙古的汉文史料，大部分是在明代整理的。传统史学中早有共识，所有“正史”中编得最糟、质量最差的就是《元史》。明代编写《元史》时，已经不具备充分的条件了。蒙古人在中国始终保存着自己的文字，但又没有要求朝廷里的汉人必须学习蒙文。他们对于自己的文字文化有一定的保护、顾虑，更不会积极鼓励汉人精通蒙文，了解蒙古历史，等到蒙古人离开中原回到大漠，汉人之中没有多少有本事、有资格可以整理蒙古文献的人。

明朝以驱逐蒙古人作为朱家当皇帝进行统治的合法性基础，在对待前朝的态度上，也就更加粗暴、草率。

02

成吉思汗是草原最恐怖的力量

到民国时期，柯劭忞编写《新元史》，做了一些很简单很基本却又很辛苦的工作。例如将《元史》中出现的所有名字做一番严格的考据整理，去除掉一个人却分成两篇传的，去除这个人的故事被嫁接到另一个人的传里的。光是弄清楚每个名字每个人，将名字和人确实对应上，就已经是很费力的大工程了！

柯劭忞的《新元史》另外有一项重大贡献，是对于西北的地理进行了仔细的考究，这部分既是建立在现代新地理学发展的基础上，同时也打开了西北地理学的新领域，创造出许多让后人可以接续研究的新课题。

然而《新元史》仍然无法摆脱《元史》中，由明朝汉人基于种族立场对蒙古人的心态与事迹进行的篡乱、编造。例如说《元史》

里记录了“长春道人”丘处机千里跋涉远赴大漠去见成吉思汗的故事，依照这段记录，丘处机建议成吉思汗要爱人民，不要嗜杀滥杀，这个故事变成了蒙古政权形成的关键。这符合汉人要汉化成吉思汗个性与事迹的价值倾向，却很难在历史上找到充分的佐证，也和当时蒙古部族的状况有很大的出入。

另外更严重的是《元史》中记载成吉思汗临终时，交代了要联合宋人来进攻金朝。这样的策略表面上看起来有其合理性，然而如果将之视为史实，那就意味着成吉思汗生前最后几年，已经决定要占领农业地带。参酌对照其他史料，这样的结论令人不安。关于成吉思汗及其相关事迹的蒙文史料，都指向他一生最特殊之处，就在保持了强烈的草原性格与草原本位立场。成吉思汗能从比较边缘的身份崛起，正因为他缺乏既有的部落基础，后来他更索性主观地抛弃了部落基础。

在战争中，成吉思汗极为突出的做法，就是不轻易撤退。平常游牧民族控有高度运动能力，在作战策略上，当然和拖着两条腿，还要背扛武器，要安排复杂后勤配备的农业民族不一样。游牧民族有着可以打也可以不打的优势，可以自主选择何时进攻何时退却的优势。有机可乘他们就进攻，攻势滞塞或受挫他们就退却。

不只是对农业民族，在草原上对其他游牧民族也是如此，能打就打，看情势不适合打下去就机动离开。然而在记录中，我们可以找到成吉思汗诱敌假装撤退的记录，却很少有他真的主动收兵退却的记录。

如何解释这奇特的现象？第一当然和他的个性有关，高度进取且冲动，愿意冒险。第二则是和他没有部落组织为后盾有关。如果有部落基础，可以退回去，整顿后再来。但成吉思汗一生活在持续的焦虑中，战斗失败了，很可能在身边的这些人、这些群体就会星散，转而去投靠别人。他不肯退，他不能退，从而建立起一支前所未见、闻所未闻的不撤退军队，一个最有效的战争机器。

草原上本来有一种行动法则，能够建立较大联盟的一方，确定比对手大得多，将自己的联盟势力摆开来，对手就自动撤退了，省下了真刀真枪的战斗。然而当对手是成吉思汗时，这条法则就失效了，他所带领的军队逐渐成了草原上最恐怖的力量，一旦遇上了就必然有一番激烈血战，不管你联结创造了多大的势力，成吉思汗还是不撤退，还是要在战场上挑战你。

03

成吉思汗如何围城和攻城？

大约从一二一五年左右开始，成吉思汗必须认真处理对农业民族战争中最棘手的课题——围城与攻城。中国农业民族向来看重防御，尤其以筑城的方式来对付游牧民族，历代不断地修筑长城。不过跨过长城的难度，还远远赶不上面对有人居住的城墙。

游牧民族将农业地区视为劫掠的目标，选择秋收季节借优势运动力南下，此时农业民族的基本做法就是逃入城内，放弃城外，而游牧民族相应的作法也是横扫城外之后离去。游牧民族不会轻易试图进城，农业民族也不会轻易试图出战。

在成吉思汗之前，很少有还在游牧阶段的部族会进行围城、攻城。辽和金都是已经转型为中介形式的军事政权，又有汉人的协助、建议，才发动占领征服。成吉思汗开始带领蒙古军队攻城，主要还是来自他的焦虑和不安全感，不能忍受留着完整的城没有攻打下来，这会让他觉得芒刺在背。

开始攻城同时意味着掳走汉人，让汉人加入这个越来越大的新兴集团中。而我们看到这时候蒙古人对于要掳走什么样的汉人，显然是有选择的。首先，他们不要读书人，这时候他们还不懂得读书人有什么用。其次，他们也不要农夫。对他们来说有价值的人，一种是工匠，另一种是商人。对草原民族来说，贸易本来就是生活中的一部分，他们不会歧视商人，而更重要的是工匠。

蒙古人之所以在短时间内快速增长了围城、攻城的能力，主要就是因为这些汉人工匠的协助。他们到了蒙古部落中，一改原先在汉人社会中的低下地位，备受礼遇，其技能得到高度尊重，他们当然有理由积极提供服务。

一来抱持不撤退的态度，二来学会了如何围城、攻城，使得成吉思汗得以在草原上纵横往来。当他需要补给时，他很容易能够下到农业区域中，进行更有效、收获更大的攻击劫掠。他们围城、攻城，然后在城破了之后，进入屠城。会有丘处机劝说成吉思汗别滥杀的故事，应该就是针对这时期的残暴屠城而来的，只是我们不能轻信真的是“长春道人”去到那么远的和林提出这样的建议。

成吉思汗在世时一直不曾领会：被他在屠城中大量杀戮的人是农业民族真正的财富来源。看起来他从来没有理解农业是怎么回事，停留在进入农业区域抢夺资源的简单动机，不曾认真去思考这些被抢夺的资源是如何生产出来的。对他来说，除了商人、工匠以外，其他的人是无用、没有价值的，土地也是除了作为放牧牲口之外，没有什么用处。

这些草原民族根深蒂固的观念，至少到成吉思汗去世时，并没有明显的改变。一直要到耶律楚材才终于找到方法向窝阔台解释了农业的道理，说服了窝阔台改采不同的策略——让这些人活着种田，让土地维持农业生产，可以换来更大的利益。

04

人口锐减说明了什么?

在金朝历史上可以看到人口统计数字。这些数字不是今天的人口普查，而是通过税赋数据估算而来的，显现的不是确切有多少人口，而是朝廷可以有效掌握多少纳税的人。一一九五年，金朝控制下的人口是五千万左右；到四十年后，蒙古政权第一次进行这个区域的人口调查，得到的数字锐减为八百五十万。

两个数字间的巨大差距，说明了原先金朝在统治上建立户籍，进行征税的这套制度，到了一二三五年基本上瓦解消失了。其中一部分原因是这个政府缺乏有效进行统计的能力，这也并不令人意外，蒙古人的部落习惯，从来就不是中央集权的。从成吉思汗崛起一直到元朝灭亡，蒙古人在中国的统治形态，从来都没有达到过去传统王朝的程度，甚至也远远比不上辽朝。

传统中央统治依赖官僚系统，依赖层级组织和文书记录，包括由户口数据所支撑的税赋制度，这些在元朝都退化、不发达。但这不表示就没有统治，就无法统治，而是换了一种带有草原风格，而且建立在不断扩张的帝国动态上的不同统治形态。

辽和金的部落传统中，所有的男性长大了之后，应该要靠自己的力量去寻找、开创自己的地盘。在这方面，蒙古很不一样。在中国及东亚，最常见的继承制度，是长子继承制。长子继承制最大的好处是，父亲这一代所积累的，不会分散，集中交给长子一人。另外一种常见的继承制度，是诸子平分，好处是每个儿子都能得到一定的保障。

蒙古人的制度，却是幼子继承制，父亲的财富与权力，全部交给最小的儿子。乍看下很稀奇，不过在草原环境中，这种制度自有其合理之处，也很可能是在现实情况下自然形成的。

部落里的男子成年之后，不会一直留在家中，会带着部分的牲口出去寻找新的放牧之地，建立自己的地盘。先长大的就先走，到父亲年老时，留在身边的于是就只剩下最小的儿子。长子十五岁时，父亲可能三十岁，如果有需要，还有十年时间可以协助、庇荫他；可是到了幼子成年时，父亲或许已经四十五岁了，离生命结束没剩几年可以来帮忙幼子顺利自立了。因而将财产留给幼子，有着弥补的作用，仍然有助于在诸子间平衡照顾。

草原环境中，外面的空间、土地，比父亲能给予、能提供继承的，要来得大。没有必要一定继承父业，在亲族间看来，继承父业也就不是什么光荣、值得羡慕的事。当然也就不太会引发嫉妒和抢夺。然而这种情况在成吉思汗身上改变了，既有的习惯受到了严格挑战。

以前的蒙古人不注重财产，也没有累积什么了不起的、会让人眼红的财产，部落中的分配相对平均。可是成吉思汗建构起如此庞大有效的战争机器，一开出去就能收进来惊人的资源，有时候甚至不用真的发动，光是这机器的存在就带来巨大利益。

这时候由谁来继承就变成了大问题。蒙古部落没有固定的方式解决这问题，传统的幼子继承只是一种方便、自然的习惯，缺乏足够的约束力。于是很多时候，传统被打破了，转而以实力较量高下来争夺继承权。

05

元朝没有中央集权的观念与制度

蒙古人在中国建立统治的时代，草原部落的文化一直发挥着影响力。一项长远的影响就在王位继承上。从原本的“汗”到后来模仿中国的皇帝名号，向来都没有固定的继承办法，不断引发争执。成古思汗建立了蒙古的强大战争机器，几乎所向披靡，可以快速行动、快速征服，几乎没有什么外在的抗力能够减缓，更不用说阻挡他们的进袭。唯一最主要延迟蒙古扩张征服的因素，是他们内部的王位继承纷争。

从一个角度看，蒙古远征扩张，速度惊人，在人类历史上只有亚历山大大帝的军队堪可比拟。他们从一二三一年出发向西，到一二四一年，十年间就覆盖了庞大的钦察汗国，打到了俄罗斯。不过换另一个角度，当我们看蒙古内部政治安排时，却会赫然发现，这还并不是蒙古军队真正的全速，而是被拖慢了之后的结果。

这十年间经历了两次因为继承纷争导致的中断，也就是说，如果不是内部有这样的问题，蒙古军队可以前进得更快，可能也会到达得更远。以他们自身的军事行动标准衡量，这样的领土攻占速度还算是慢的。

扣掉王位继承造成的耽搁时间，蒙古帝国的扩张或许还可以缩短两三年。进展如此快速，如同之前的亚历山大大帝，必定是沿途以压倒性武力带来巨大破坏，形成文明的浩劫。伊利汗国的成立，是建立在原先波斯帝国的基础上，有着悠久历史的区域被强行碾压过去，破坏来得越快，所需的复原、复兴时间也就越长。

草原部落遗留的影响，另外使得过去王朝必然具备的中央统治形态与能力，不能套用到蒙古人的政治上。

今天中国的行政制度中很重要的一环是“省”——广东省、湖南省、湖北省、江苏省等等。“省”是“行省”的简称，而“行省”又是“行中书省”的简称。“行中书省”这个制度是在元朝建立起来的，就是一个设在地方的“中书省”。

中国过去的王朝是一层一层严密控制，集中在中央朝廷，而朝廷的最核心，是中书省和枢密院。这两个机构直属于皇帝，所以是权力中枢。然而这套统治逻辑在元朝被改变了。元朝除了近畿地区之外，将其他部分的领土都分隔开来，每一个单位都设立一个“中书省”，也就是地方自己有权力中枢，不再都由中央发动。

“行中书省”的地位与权力，都高于过去的“州”。和“行中书省”配套的，还有“行枢密院”，也就是不只是文官体系由地方自行管控，就连军事方面，地方也有自己的指挥中心。“行中书省”加“行枢密院”也就是一个具体而微的中央朝廷，有可以自行动员、运用军队的权力。

在统治上，蒙古人和汉人的概念很不一样。他们不重视中央的有效统治，而将朝廷视为地方文武系统的链接。这样的概念下，他们不太可能会有良好的户政制度，甚至也很难会有高效率、可信赖的税收体系。

回头看前面提到的数字：人口从五千万降到只剩八百五十万，这就必然牵涉到中央统治的瓦解。中央统治瓦解，那怎么还有统治呢？靠的是一套中国历史上没有见过的地方分权与联结的做法。

元朝存在的大部分时间里，蒙古帝国都在扩张中，统治的安排基本上是建立在扩张的事实上的。因为一直在扩张，领土不断增加，在如此固定的预期下，加上草原部落寻找、开拓领土的习惯，蒙古人很自然地倾向于往外夺取新的资源与权力，而不是回头争取既有的、原有的资源与权力。

中国有过地方分权的政府，例如中唐以下藩镇割据的局面就是了。然而那都是来自中央收拾不了，控制不住地方，因而不得不接受、承认地方的半自主权力状态。然而元朝的情况却大不相同，是根本没有中央集权的观念与规范，朝廷主动将权力下放到地方去。

06

“长子西征”与南下攻汴梁

一二二七年成吉思汗去世，应该是在实力原则主导下，由第三个儿子窝阔台继承。而窝阔台如何保有他的地位与权力？靠继续积极扩张。

到了一二三五年，有了史称“长子西征”的重大事件。那是由成吉思汗的长子术赤的次子拔都任统帅，诸王子贵由（窝阔台长子）、蒙哥（拖雷长子）等从征。这项行动完全符合原本的草原习惯，这些排行较前、比较早成年的人，应该要向外去寻找自己的空间，将他们留在原来的部落里，反而是约束、限制。所以窝阔台让大家往外走，鼓励去建立自己的地盘。

这场西征历时长达十年，到一二三七年，其间蒙古军队一路横扫，攻伐并占领了俄罗斯，打入莫斯科之后，再往南到了中国史书中所称的“勃烈儿”与“马札儿”，也就是今天的波兰和匈牙利。数年西征的结果诞生了钦察汗国，有时另外意译为金帐汗国。

这个汗国实质上是压在原有的俄罗斯之上的，借由庞大武力的威吓，强迫俄罗斯扮演为蒙古人征税的角色。钦察汗国前后存在了约300年，是蒙古人建立的汗国中，时间最久的一个，到后来其他伊利汗国、窝阔台汗国、察哈台汗国都消失，一度只剩钦察汗国还在。能维持那么久，主要是因为蒙古人在这里以武力接收了一套现成的政治体制，最主要的是相对有效的征税系统。

钦察汗国最长寿的事实，从反面凸显了蒙古人不善于统治，不管走到哪里都无法自主设计、建构起有效的行政体制，必须接收、依赖这个地方原有的系统，因此其统治能否维持，蒙古人无法自主决定，很大一部分要看接收的当地系统的良莠程度。

发动“长子西征”的同时，窝阔台也带领了他的势力南下，攻伐华北。兵分三路，窝阔台自己居中，率领中军，从山西往河南，目标是郑州。东边由成吉思汗的幼弟铁木哥领军，袭击山东。最特别也最重要的是西军，由托雷领军，路线是从宝鸡、潼关沿着汉中平原南下。

这样的布局依循的是草原的战法——打仗必定要有一支侧翼部队，绕从敌人没有防备的方向突然出现。如果无法建立侧翼攻击，战争就很难打。托雷带领的西军，就是那支预备形成奇袭效果的侧翼部队。

果然托雷的部队遇到最少抵抗，进展最顺利。尽管绕了远路，还是实时和其他两支军队在汴梁会合，进行围城。第一次围城虽然没有将汴梁打下来，不过在世界史上，这场战役有特殊的地位。因为就是在这场战役中，留下了火药最早运用于战争的纪录。

今天讲到中国光荣、骄傲的“四大发明”，一定要提到这场战役。不过这里面有些复杂、暧昧之处。战争其实是发生在女真人和蒙古人之间，并不是汉人主导的。不过当然战役发生在中国的土地上，一定有很多汉人工匠参与其中。

这是一场蒙古人和女真人之间的殊死战斗，是金朝的王朝保卫战。所以在战役中动用了新发明的飞火枪，以及名气更大的震天雷。飞火枪和震天雷的发明过程现在很难明确还原了，不过从史料中可以肯定，金方运用了火药，而且借由火药的效果挽救了金朝，让蒙古人无功而返。

这个时候的蒙古军队，已经培养了极为熟练的围城、攻城技术，如果不是战斗中突然出现他们没有料到的武器，产生了杀伤和震撼的效果，汴梁恐怕难逃城池陷落的浩劫。不过蒙古人虽然暂时退去了，金朝存留的日子毕竟无法长期苟延。

蒙古人一退，金朝最后一任皇帝哀宗就开始逃。先逃到归德，再到商丘，然后是蔡州，然而显然他逃避、迁都的速度赶不上蒙古军队的强大运动力。公元一二三四年，蒙古大军包围蔡州，这时金朝的防卫布置不如在汴京时，于是城破，金朝灭亡了。

07

窝阔台为何覆灭金朝却不要土地？

金朝灭亡前两年，蒙古人变得特别重视南宋，主要是金哀宗去联络南宋，以唇亡齿寒的道理希望说服南宋协助对抗蒙古，蒙古人因而意识到南宋的存在及其作用，也来争取和南宋合作。

于是在此时出现有名的历史事件重演、复制。当年女真人联络北宋合作攻辽朝，结果女真人势如破竹连战连胜，约好从南方进攻的宋朝军队却被辽朝打得落花流水，以至于女真人在比较中确切看破了宋朝的军事实力，在打下辽朝之后没多久，很自然就将军事进攻的矛头指向宋朝了。

这次南宋也是选择了和蒙古人联合攻打金朝，在蔡州之役中派了孟拱带兵前往助阵，军事上也许没有发挥太大的作用，不过毕竟提供了大量的后勤补给，蒙古人不能不认账。依照原先的协议，金朝灭亡后，宋朝可以据有“河南之地”。

这个协议反证了前面提到《元史》记载成吉思汗遗志要联宋攻金不合理。如果成吉思汗去世时，蒙古人已经放弃了草原本位，准备要南下灭亡金朝占领华北，那么这项协议就说不通了。攻灭了金朝之后，却将“河南之地”都交给宋朝？那岂不明白表示蒙古人要退回草原去？

要能合理解释这项协议，以及后续引发的争执变化，我们只能假定一直到驱兵南下攻打金朝，窝阔台统治的蒙古势力仍然笼罩在草原思维中。仇视金朝，主要是针对这个“中介王朝”长期给草原民族带来的严重伤害，所以要覆灭金朝却不会要继承金朝的领土，没有要接续金朝的“中介王朝”地位。

所以让宋朝从南方协助攻金，然后将蒙古人不想占领的地区转交给宋朝，是合理的安排。然而从协议签订到协议要实现的这段时间内，蒙古人的态度与想法，却经历了关键的重大变化。

促成关键变化的关键人物，应该是耶律楚材，窝阔台身边最重要的谋臣，一个归顺的契丹人，而且是来自辽朝王室，是耶律阿保机的后裔，不过已经高度汉化，身上没有任何草原游牧文化踪迹了。

耶律楚材成功地让窝阔台及其蒙古政权理解了农业的价值。攻灭金朝后，蒙古贵族的自然反应，是向窝阔台要求分地，要扩大自己的牧地。从扩大牧地的角度看，住在地上的人就只会妨碍牛羊生养，是负面的麻烦因素，最好是通通赶走，不然就通通杀掉。

耶律楚材问窝阔台，拿一块土地去养牛养羊，能增加多少财富。得到了答案，他就对窝阔台承诺，如果让这些人活着，继续过他们的农业生活，保证一年内缴交出好几倍的数字出来。他所承诺的，是不可思议的数字，震撼了窝阔台和其他蒙古贵族。他们不敢相信土地上能够产生这种规模的财富，对照下，用武力去抢来的，如此稀少，规模小得可怜。

用这种方式终于让蒙古人明了了，改用生产劳动力的眼光看待被他们征服的人。这是重要的集体启示经验，促成了在窝阔台时期，开始改变对于农业、农业人口与农业生活的认知。于是也就很快改变了窝阔台的态度，不只不应该带领族人回到草原，还要占领农业地区，甚至要经营农业地区。

08

从窝阔台开始建立的驿站系统

窝阔台的自我评价中，特别提到四大功绩。第一是征伐、攻灭了敌对的诸部落，这是他草原勇士身份的基础。第二是建立了驿站系统。这的确是了不起的成就。从窝阔台开始，蒙古帝国鼎盛时期在领土中分布了数不清的驿站，一直到今天，我们仍然无法重建、还原其复杂全貌。但可以确定的是这套系统无远弗届，在主要道路上，大约每隔三十到五十千米，就有一个驿站。驿站中有专门养马的人，还有随时待命的专业骑士。

遇有紧急事故，就从最近的驿站找骑士骑着快马出发。骑士使者身上除了带着紧急讯息之外，还有声音可以传得很远的铃铛。铃铛声警告路上其他人必须赶紧让开，如果挡了路发生冲撞，那是可以判死刑的重罪。另外，铃铛声音也是给下一个驿站的预报，两三千米外就听到快马接近，可以进行接替的准备。前面这匹马到达驿站，骑士使者就能立刻跳上驿站准备好的马，不停歇地继续赶路。若是骑士也需要休息，那就交接所携带的讯息，让这个驿站的骑士取而代之，迅速出发。用这种几乎可以完全不停歇的方式，最快一天可以跑两百千米。

这个高效系统除了驿站之外，还有支脉，称为“急递铺”，那是进到人口稠密地区，尤其是城市地带，马跑不快，甚至不适合走马，那怎么办？就转而交到“急递铺”去，改用人来跑。“急递铺”是次等的驿站，作用和驿站一样，只是将马的腿力作用，换成人腿。这个系统中，长一点儿的距离用马来跑，到了不同环境中，可以改由人来递交到确切的地点。

这是从窝阔台开始的，经过时间累积建设变得越来越完善，有效发挥了将面积惊人的蒙古帝国牵系在一起的作用。中国式的王朝高度依赖官僚体制，虽然从秦始皇开始，就也有驰道一类的帝国交通网，不过在统治上的时间感，和蒙古人很不一样。中国的统治有繁复的官僚结构，更有制式的公文流程，以及上下分权的决策模式，要能维系中央统治，需要的是一层一层的命令与回报。有明确的官僚规定告诉系统中的每一个人该从哪里接收公文，再送到哪里去。这样的运作是急不来的。

蒙古帝国的统治，却是以快速流动的讯息为基础，并提供保障的。虽然地方分权，然而每个地方发生了什么事，都会以最快速度传递到中央，中央可以在事态发展扩大之前，就派出同样具备快速运动力，可以快速打击的部队。有效的作战机器快速反应、快速出发、快速到达，因而得以不需要依赖复杂的上下科层组织、庞大而缓慢的官僚体系来进行统治。

驿站最大的作用是实质缩短了距离，允许帝国以更大的尺度运转，确实是惊人的设计、规划、执行成就。

09

十进制组织与军队动员

和驿站相配合的，是军队的动员。从成吉思汗建军以来，蒙古一直保有草原民族重要的十进制组织传统。十户、百户、千户到万户，十进制有着基本的合理性，使得蒙古军队在动员上更迅速更有效，可以不受地方的限制。

中国农业系统中的兵制，一直没有建立起这样的系统，运用这样的效率。动员军队时要考虑的，是要派哪支军队，但蒙古人却是考虑要派多少军队，而且很容易有数字管理的办法。例如：长子西征要带多少军队？如果决定全军的五分之一，那很容易立即在组织上完成，看是要以千户为单位，还是以百户为单位，要他们派出中间百分之二十的兵员参加西征。清清楚楚，而且因为平均分配动员，一来可以让兵和将分离，不会产生领兵的人实质控有军权的问题；二来也不会影响任何一个地方原有的防务，让敌人有机可乘。

中原的王朝，从文官到军事系统，一直都无法建立起类似的数学模式系统。这也就是史家黄仁宇强调点出的中国政治与中国社会的根本缺点——数字上无法管理，在和蒙古的接触、抗衡过程中，对比蒙古十进制组织所能带来的高度弹性，这项缺点格外明显。

窝阔台自评的第三项重要功绩，是在许多地方成功挖掘水井，增加了蒙古人放牧的土地，也增加了放牧的生产效率。这是从草原价值延续而来的看法。但这项成就和他列出的第四项，形成了对比。

第四项是“派驻镇戍”，也就是改变了过去的蒙古征服方式，让军队去占领农业地区。用更明白的语言说，他的功劳在于不只灭亡了金朝，而且还占领了华北平原。

从中国传统历史的观点看，窝阔台是元朝实质的创建者，在他担任大汗时灭亡了金朝，进入中原的土地上建立了新的王朝。然而从窝阔台自身的观念看，建立王朝这件事不重要，或说不在他的自我认知中，他所意识、所自豪的，是新建了一套不一样的军事占领型态。“派驻镇戍”是原先草原军事动员中没有的一种新型态。

他自我肯定的，是发明了一套新的讯息传递系统——驿站，又创建了一套新的军事组织办法。要能“派驻镇戍”，无法单靠原有的蒙古部落武力。在蒙古军之下，新设立了“探马赤军”、“汉军”，后来灭宋之后又添加了“南军”。蒙古军标榜纯粹的蒙古血统，和探马赤军都是主要由骑兵组成。探马赤军中有契丹人，有女真人，还有少数的汉人。后面两种“汉军”和“南军”则大部分是步兵。

窝阔台开始创立了镇戍制度，也就是将军队区分为两种，一种是机动部队，另一种是卫戍部队，如此打破了原本只有机动部队的草原惯例。

10

忽必烈建立元朝

一二三五年，前一年退回草原的蒙古军队再度南下，这次的目标却是要将宋人从华北平原赶走，占领原本金朝的领土。关于这项行动，耶律楚材提供了主要的想法，让蒙古人重新布局。

这回军事行动最值得注意的，是由忽必烈带兵进入大理。和之前攻金朝一模一样的战略，创造另一边侧翼势力，对南宋形成包围。在战略思考上完全合理，但实际执行却困难重重。那么复杂的地形使得马匹几乎毫无用武之地，运输、行动必须大幅依赖水上船只。再深入些，那就连水路也难以通行了，必须克服高低崎岖的山地环境。

再怎么骁勇善战的蒙古人，也无法在短时间内改造出能在这种地形中有效运用的战法，于是为了打开这个侧翼，反而拖延了蒙古军队的进展，替南宋意外地争取到额外的二三十年时间。

这二三十年中，南宋并没有什么重要的政治、军事作为，蒙古人是被自己的西面侧翼拖慢了，而在这段时间中越来越熟悉农业环境，也越来越明了农业与游牧的差异。于是等到大军真正进入南宋疆域时，蒙古人已经转化为一个了解农业价值、懂得尊重农业的民族，清楚反映在攻打南宋的方式，和打金朝时，大不相同。

窝阔台在一二四一年去世，长子贵由接了大汗位子，但不久，贵由也去世了。未预期的快速继承变化，使得蒙古大乱。拔都联合了托雷的儿子蒙哥，将属于察合台和窝阔台世系的势力驱逐出去，然后由蒙哥接任大汗。

新任大汗必定要有扩张行动，由蒙哥亲自带领军队，沿着经营已久的侧翼路线，进入益州，另外由忽必烈领军在东边进攻鄂州，两支军队约好到南宋首都临安会师。

然而过程中在四川合州钓鱼城的战役时，蒙哥死于军中，突然又没有大汗了。蒙哥最小的弟弟阿里不哥，立即在北方草原和林召开大会，要即位为大汗。拜完整驿站系统之赐，人在湖北境内的忽必烈得知讯息，匆忙和南宋派来的代表贾似道签订和约，南宋承诺对蒙古称臣，并致送岁贡，他就同意退兵。他需要争取时间率军队北上，到和林收拾阿里不哥的势力。

又是一段骚乱，忽必烈在一二六〇年成功夺得大汗之位，蒙古历史随而进入新的阶段。忽必烈模仿中原王朝方式，用《易经》中“大哉乾元”的典故，建立了元朝，同时建立了第一个年号

“中统”。

此时距成吉思汗在草原崛起，已经有将近六十年的时间了。蒙古人花了比契丹更久，当然也比女真人更久的时间，才建立依照农业民族习惯而来的王朝名称。

11

忽必烈的军事统治和通商贸易

忽必烈是蒙古政权转型的关键人物。除了依照中原王朝模式建立元朝之外，他将政治中心先从和林迁到开平，在今天的内蒙古，离原先的和林不太远。更进一步将开平改名为上京，同时将真正的政治中心移离上京，搬到燕京，也就是今天的北京附近。严格来说，我们甚至不能说他“迁都”，因为在忽必烈之前，蒙古并没有国都的观念与建制。

忽必烈明确地将政治势力一步步南迁，于是和周围汉人间的关系也越来越密切，也就对如何处理南宋有了越来越清楚的想法。然而在这个过程中，忽必烈所领导的蒙古，还是没有能逃躲过草原民族汉化中必然要上演的戏码——起源根据地出现了变乱。

在和林，成吉思汗的玄孙海都，结合乃颜的势力，发动了多次对忽必烈的反抗。史料上记录了海都四次挑战忽必烈的统治地位，其中两次是他误以为忽必烈已死，不过每次他一有行动，忽必烈就率领军队出现了。这正是建成驿站系统，配合军事动员所能发挥的有效镇压作用。处理完了海都和乃颜的问题后，忽必烈才有余裕具体对付南宋。

这段时期的历史，和南宋本身的发展关系不大。贾似道握有多大权力，他如何在朝廷翻云覆雨，说老实话，对于未来所发生的事，没有太大的实质影响。决定南宋最终在什么时间、以什么方式覆灭的，是蒙古人间所发生的事。此时的南宋在军事力量上不可能抵挡蒙古，而且在战略地形上也失去了任何保障。蒙古人已经进入益州，一个名叫刘秉的汉人向忽必烈建议，应该进攻襄樊，也就是隔长江相望的襄阳和樊城双子城。襄樊之役打完，南宋失去了仅存的最后防守据点，后面虽有如文天祥等可歌可泣的忠臣故事，也无法延迟南宋灭亡的进程，更遑论阻止了。

历史上不幸的事实是，南宋此时失去了自主性，沦为新兴草原大故事中的一个角色。从成吉思汗建造战争机器，到窝阔台手中形成了驿站系统，转型出现镇戍制度，蒙古人学会了如何调和军事与农业生产，这整个过程中，南宋什么也做不了，只能作壁上观，战栗地感受到可怕的悲剧一步步逼近。

过去匈奴在草原迁徙移动，基本上是为了寻找更好的生存空间，从一块空间换到另一块空间放牧。这样的变化，和农业民族之间没有太大的关系，各有各的历史。蒙古不一样，他们的移动是纯粹军事动员征伐形式的，不只在很短时间内横扫过广大的地域，而且将所经过、所征服之处，强迫联系起来。

十三世纪蒙古西征，在时代上又刚好遭逢出于完全不同理由，从欧洲出发，针对伊斯兰教的“十字军东征”，彼此撞击之后，开创了新的商业贸易路线与活动。不只元朝，包括明朝，都包纳在这个新兴的欧亚贸易发展中，刺激产生了前所未见的繁荣。

如何避免孤独终老

The surprising science that will help you find love

How To Not Die Alone

[美] 洛根·尤里 著 李小霞 译

中信出版集团 | 北京

图书在版编目（CIP）数据

如何避免孤独终老 /（美）洛根・尤里著；李小霞
译. -- 北京：中信出版社，2021.6（2024.10重印）
书名原文：HOW TO NOT DIE ALONE
ISBN 978-7-5217-3060-9

Ⅰ.①如… Ⅱ.①洛… ②李… Ⅲ.①恋爱心理学
Ⅳ.① C913.1

中国版本图书馆 CIP 数据核字 (2021) 第 085016 号

如何避免孤独终老

著　　者：[美] 洛根・尤里
译　　者：李小霞
出版发行：中信出版集团股份有限公司
（北京市朝阳区东三环北路27号嘉铭中心　邮编　100020）
承 印 者：北京通州皇家印刷厂

开　　本：880mm×1230mm　1/32　　印　　张：13　　字　　数：250千字
版　　次：2021年6月第1版　　印　　次：2024年10月第5次印刷
京权图字：01-2021-1880
书　　号：ISBN 978-7-5217-3060-9
定　　价：58.00元

目录

第二部分
开始行动

第三部分
明确关系

篇首语

说到学术研究，这里有个坏消息：到目前为止，大多数婚恋研究针对的都是顺性别的异性恋情侣。不过万幸的是，科研人员研究了性少数群体[①]之后发现，他们在亲密关系上遇到的问题和异性恋遇到的问题大同小异，所以，性少数群体同样能从现有的研究中获益。

在写这本书的过程中，我采访了不同性取向和性身份的人。我也会向大家分享性少数群体的爱情故事和恋爱体验。本书讲到的所有故事都是真实的，不过，书中有几个人物的经历是由几个人的故

---

① 性少数群体（LGBTQ+）分别指代：L（Lesbian），女同性恋；G（Gay），男同性恋；B（Bisexual），双性恋；T（Transgender），跨性别者；Q（Queer）酷儿，包括了所有在性倾向方面与主流文化和占统治地位的社会性别规范或性规范不符的人；“+”号在这里表示“等等”。——译者注

事组合而成的。我在书中适当修改了名字和身份特征，并且重新加工了采访对话。

本书脱稿后，我接受了一家手机应用软件“Hinge”公司的工作邀约，担任婚恋关系科学总监。这个职位让我有机会帮助数百万人学习如何更有效地谈恋爱。本书中所有的研究和观点均出自我本人。

引言

你可能认为，没必要买一本讨论爱情的书。爱情是顺其自然、浑然天成、纯净质朴的东西。当你坠入爱河，并没有想过要这么做。这完全是自然而然的化学反应，而不是一个深思熟虑的决定。

然而，你却拿起了这本书，这是因为你想找到真爱，而到目前为止你还没找到。让我告诉你一个事实：爱情可能是一种浑然天成的本能，但谈恋爱不是。我们并非天生就知道如何选择合适的伴侣。

如果我们天生就知道如何谈恋爱，我就没必要干这份工作了：我现在是一位婚恋匹配指导师。我在哈佛大学学习心理学，并花费数年时间研究人类的行为和亲密关系。这些工作让我领悟到什么是“目标明确的爱情”。这是我独创的理念，旨在帮助人们建立健康的亲密关系。目标明确的爱情要求你把自己的感情生活看成一系列选择的结果，而不是一系列偶然的结果。这本书讨论的就是如何洞悉本质，如何有的放矢。具体而言就是：了解自己的坏习惯，调整约会技巧，为建立亲密关系开展有效的对话。

美好的亲密关系是营造出来的，而不是碰运气碰来的。一段持久的亲密关系不会凭空出现，它是一系列正确决定的结果，包括何时找对象，和谁约会，如何摆脱错误的人，何时和正确的人确立关系，以及在这个过程中要应对的一切。如果能做出正确的决定，就能推动自己一路走下去，谱写出伟大的爱情故事；如果决策失误，就会偏离轨道，一遍遍地犯同样的错误。

剧透警告：我们都是非理性的动物

但是，我们经常弄不明白自己为什么要做出某些决定。这些决定导致错误，这些错误又妨碍了我们找到爱情。行为科学可以帮助我们解开这个谜题。

行为科学是研究我们如何做出决定的科学。它提供了一种方法，让我们重新审视自己的内心，看看我们为什么会做出某种选择。剧透警告：我们都是非理性的动物。所以，我们经常会做出不符合自身最大利益的决定。

这样的情况发生在生活中的方方面面：我们嘴上说要为退休存钱，一转身却刷爆了信用卡去装修公寓；我们嘴上说要锻炼身体，一转身却把跑步机当成了晾衣架。无论我们多么频繁、多么认真地设定目标，过后总会走回自己的老路。

幸运的是，我们的非理性并非没有规律。我们的大脑遵循可预见的方式把我们引入歧途。行为科学家正是利用这一点帮助人们改变自己的行为，让他们变得更快乐、更健康、更富有。

有一段时间，我把我这些行为科学的知识应用到了谷歌上。我和行为科学大师丹·艾瑞里合作，在谷歌公司成立了一个研究小组，取名“怪诞行为实验室”。这个名字也是向丹的《怪诞行为学》（*Predictably Irrational*）一书致敬。我很喜欢和丹以及怪诞行为实验室的同事们一起工作，一起研究人类的行为，一起开展实验，但我心里还有其他的关注点。那时的我，20岁出头，单身，一直在一个人生最基本、最常见的问题中苦苦挣扎：我们如何才能找到长久的爱情？

一直以来，我都热衷于研究婚恋、亲密关系和性。上大学时，我研究哈佛大学学生看色情片的习惯，并写了一篇论文，题为《色情片的狂野之旅》（*Porn to Be Wild*，暗示哈佛大学学生看的色情片很多）。在运作怪诞行为实验室之前的几年，我在谷歌公司管理谷歌广告账户。这是我的第一份工作，客户都是经营色情和情趣玩具的公司，包括

BangBros，Playboy和Good Vibrations。大家给我们那个小组起了一个非正式的名字："色情豆荚"（the Porn Pod）。

我对亲密关系的好奇可以一直追溯到童年。我曾有个幸福、充满爱意的家庭，但父母在我17岁那年突然离婚了。突然间，我对"从此以后过上了幸福生活"这句话的幻想破灭了，不再把长久、幸福的婚姻看成理所当然。

那时，我还是单身。手机上的交友软件刚刚问世，我在那上面花了很多时间。我发现周围的人和我一样，也在苦苦寻觅。我们从第一代的iPod（"装在口袋里的一千首歌"），发展到如今无处不在的智能手机（装在口袋里的一千个"Tinder"[①]提供的约会机会）。我们可以在网上从成千上万的单身人士中挑选意中人，而不必和住在同一街区的张三或者李四结婚。

因为关注这些事情，我启动了一个附属项目，叫作"在谷歌畅谈：现代浪漫"。这是一个系列访谈节目，探讨现代婚恋和亲密关系的各种挑战。我围绕网络约会、数字时代的交流、一夫一妻制、同理心、幸福婚姻的秘诀这些主题采访了世界著名的专家。短短几个小时，成千上万的谷歌用户加入了"现代浪漫"项目的电子邮件列表，希望

① Tinder是一款智能手机的约会应用软件。——译者注

收到这些访谈的最新动态。这些访谈一传到网上，就有数百万的观众在“油管”上观看。显然，并不只有我和我的朋友们在痛苦中纠结。

一天晚上，一个陌生人走过来对我说：“我看了你那期一夫多妻制的访谈。我从来没想过，感情还可以这样发展。这改变了我的整个世界。”在那一刻，我突然意识到自己的工作产生的影响，我终于找到了自己的使命。

但我不想成为另一个指导爱情的灵性导师，他们无法提供任何科学上的建议。我想的是：*如果利用我在谷歌公司打造出来的行为科学工具，帮助人们在婚恋关系中做出更好的决定，会是什么情形呢？*

从此以后和非理性打上了交道

在科技行业从业近10年后，我辞去了工作，开始帮助人们寻找爱情，帮他们维持长久的亲密关系。我相信，捆住我们手脚的正是我们出于本能的错误决定。寻爱的旅程好似拼图，行为科学正是那缺失的一块，它可以帮助人们改变行为，改变固有的行为模式，找到长久的爱情。

选择伴侣已经成为一项令人望而生畏的任务。人们被各种文化包袱、糟糕的建议，以及来自社会、家庭的压力压得喘不过气来。但直到现在，还没有人在寻找爱情这件事情上，运用行为科学为人们提供帮助。这也许是因为，我们认为爱情是一种不能用科学分析的神奇现象；或者是害怕受到这种批评——谁希望在爱河中沐浴时还条理分明呢？但事实并非如此。我并不是要把你变成一台高度理性的超级计算机，分析所有可能的匹配方案，然后找出自己的灵魂伴侣。我要做的是帮助你克服盲点，找到爱情。

改变行为分为两个步骤。第一步，我们要发现隐藏在你行为背后的驱动力。正是这些错误的判断，导致代价高昂的后果。例如，总觉得还有更合适的人选而拒绝确定关系（第四章）；找的是毕业舞会上的舞伴而不是终身伴侣（第七章）；或者在一段糟糕的感情无法挽回之后，仍然苦苦维持（第十四章）。

但是，意识到不等于做得到（虽然知道不该和“渣男”或者“白日梦女孩”约会，但不等于不会被这些人吸引），你必须实实在在地做点什么。这就是行为科学的第二部分。那些经实践检验的技巧会帮助你从了解信息过渡到采取行动。第二步要做的就是设计一套新的系统帮助你改变行为、实现目标。本书的每一章都包括以证据为基础的事实框架以及练习题，协助你一步一步做出重要的婚恋决定。

如何使用这本书

在这本书中，你会发现自己并不孤单，你并不是唯一与这些疑惑做斗争的人。你，以及你的问题和顾虑，都是完全正常的。

在亲密关系中没有一成不变的东西。但是，你可以借鉴那些揭示了我们大脑（以及心灵）优缺点的研究，采取更有策略的方式做出决定。在人际关系学（如何维持一段长久的关系）和行为科学（如何按照自己的意愿采取行动）的共同作用下，你可以获得足够的信息，追求“目标明确的爱情”。

我会告诉你一套方法，这套方法会让你获得平静。

它对我的客户非常有效。我知道，它也能帮到你。

第一部分：做好准备

我们一开始会进行一番探讨，弄清楚为什么现在谈恋爱比以往任何时候都更难了。接着你会做一个小测验，找出你的婚恋盲点——这都是你的癖好和倾向，它们在生活中拖了你的后腿，而你很可能从未意识到。然后，我会向你解释，这些癖好和倾向如何影响了你的感情生活，你又该如何克服它们。接下来，我们将讨论依恋理论，它是如何影响你爱什么人以及如何去爱的。我会清楚地告诉你，寻找长期伴侣时要找什么，这很可能和你想的不一样。

第二部分：开始行动

在这个部分，我们会深入研究各种交友软件。我会帮助你识别、躲过现代婚恋中常见的陷阱。我们会帮助你更好地使用线上工具，更好地在现实生活中和人见面，让约会的过程不再像一场找工作时的面试。你会掌握一套更高效的系统，决定是否继续和对方见面。

第三部分：明确关系

在这个部分，我们将讨论如何处理婚恋关系中的主要决策点，包括如何明确关系、如何决定是否同居。我会一步步地教你：如何决定要不要分手，如何分手，以及如何走出心碎。如果一切顺利，你可能会问自己："我们是不是该结婚了？"这部分的最后一章将帮助你回答这个问题。最后，我们还会介绍一些技巧，教你每天投入一些精力，筹划一种伴随个人成长而变化的关系，让你们长期的亲密关系走向成功。

勇于尝试不同的做法

你之所以读这本书，是因为你想找到真爱。也许你和许多人约会过，但他们都未能激发出你最好的一面，只是让你感到越发失望和孤独；或者，你从未与任何人约会过。学校、工作、家庭，以及生活中的各种复杂变故为你设置了重重障碍。但在内心深处，你知道，你很想找到“生命中的那个人”。

我正是来帮助你迈出这一步的。我希望你把自己当成我的婚恋指导客户。我对你的要求就是：勇于尝试、反复练习（这真的很有用）。同时，请给我一个机会帮助你改变思维模式。你这辈子一直都在按自己的方式做事，为什么不试试别的法子呢？一段持久而充满爱意的亲密关系正在前面等待着你。

第一部分

做好准备

第一章

为什么现在谈恋爱比以前更难了

如何理解现代婚恋的挑战

每一代人都有每一代人要面对的挑战：战争、经济衰退，甚至衣服上的垫肩，都是挑战。谈恋爱也是如此。每个时代的人都会为他们的感情生活哀叹，但如今的单身人士可能哀叹更深：现在谈恋爱的确比以往任何时候更难了。下次你妈妈再不依不饶，逼着你尽快找个人安顿下来的时候，就告诉她这是我说的。

在这本书中，我将提出一些建议，解决一些人生中最为艰难的婚恋决定。但在我提出具体的建议之前，我想先做个铺垫，解释一下妨碍现代感情生活的诸多原因。如果寻找真爱之旅让你感到不堪重负，看看下面的分析，就明白为什么了。

我们的身份是由自己决定的

我们祖先的生活是由宗教、社区以及社会阶层决定的。那时，对一个人的期望是明确的，个人很少有发言权。比如，根据你的出生地以及家庭类型，你就知道自己会成为一名纺织品商人，住在布加勒斯特，吃犹太洁食，去犹太教堂；或者你会成为一个农民，住在郊区，吃自家地里圈养的牲畜、播种的庄稼。等到谈婚论嫁的时候，起决定作用的往往是嫁妆（或聘礼）——谁能提供最好的土地，或者谁能提供最大的骆驼商队。

如今，所有这些决定都是我们自己做出的。现代生活就是一条我们必须自己规划的道路。我们的前辈用不着权衡住在哪里、以什么为生，但我们要做出这些决定。这赋予了我们极大的自由来塑造自己的身份——是住在纳什维尔还是亚特兰大，是当气象学家还是当数学家。但这种自由是有代价的，那就是不确定性。夜深人静，当我们的脸被智能手机的蓝光照射时，我们不禁扪心自问：*我是谁？我这辈子在做些什么？*在所有这些自由以及无数种选择的背后，是害怕搞砸一切的恐惧；一旦搞砸，就会失去一生追求的幸福。如果我们自己说了算，能责怪的就只有自己了。我们可能会失败，到那时，就是我们自己的错了。

在所有这些等着我们做出决定的重大问题当中，最难抉择的一个就是：*我该找谁做我的伴侣？*换作以前，这是我们的父母和所在的社区决定的事；如今，要由我们自己做决定。

我们的选择太多了

在婚恋文化方面，我们正在经历翻天覆地的变化。在某些地区，谈恋爱这件事是19世纪90年代才出现的。网上交友服务开始于1994年的Kiss.com网站，一年后又出现了Match.com；而我们在智能手机上寻找爱情的历史还不到10年。如果你感觉我们好像置身于一场巨大的文化实验当中，那是因为我们确实置身其中。

我们找对象的范围不再局限于工作中、教堂里或者社区中认识的单身人士。现在，我们可以在短时间内浏览数百位潜在的婚恋对象。但这些看似无限的选择也有不好的一面。包括斯沃斯莫尔学院名誉教授巴里·施瓦茨在内的许多心理学家已经指出，尽管人们渴望选择，但太多的选择反而会减少我们的幸福感，会对自己的决定更没信心。他们称这种现象为**“选择的悖论”**。

人们左右为难。就像排在你前面买酸奶的那个讨厌鬼，不知道选哪种口味一样（“我能都再尝一遍吗？”），我们颠来倒去地分析，把自己弄得身心俱疲。在选择人生伴侣时，我们尤其如此。

我们渴望确定性

你为了购物，最近在网上研究过哪款产品？哪款电动牙刷更好？为兄弟的新公寓购置无线蓝牙音箱，哪款更好？我们生活的社会充斥着大量信息，上网研究为此提供了虚假的安慰。你可能觉得只要用谷歌搜一搜就能做出完美的决定。无论是选择最正宗的墨西哥卷饼店还是性能最好的吸尘器，网上都有无数的排名和评论等着我们查询。就好像我们可以研究所有的选项，然后做出正确的选择似的。

我们被这种确定的感觉迷惑了，进而渴望在感情生活中也同样拥有它。然而，一旦涉及亲密关系时，这种确定性就不存在了。对于“我应该和谁在一起？”“我应该做出多大的让步？”“他们会改变吗？”这样的问题，并没有“正确答案”。在谷歌上再怎么搜索，也无法确定詹姆斯和吉莉安是不是一对好伴侣。在亲密关系上做出任何重大决定之前，我们都无法完全确定，但幸运的是，我们用不着完全确定也能得到幸福。美好的亲密关系是营造出来的，不是碰运气碰来的。但我们的思想往往转不过弯来，总认为只要梳理数百个选项，就会更有把握知道做出的选择是不是“正确的选择”。

社交媒体造成了攀比和绝望

从前，人们共同生活在一起，街坊四邻交往密切，大家都能亲眼见证其他夫妻间的恩爱、争吵以及和解，根本就没什么隐私可言。如今，我们观察其他人的亲密关系主要通过具有舞台效果的、精心策划的、经过照片墙（Instagram）筛选过的社交媒体的推送，比如，远足途中兴奋地宣布订婚，比如，在某人的度假照片美图上，胸前绑着打盹的婴儿。这让我们觉得，似乎只有自己深陷感情生活的旋涡，正心力交瘁地苦苦挣扎（仿佛一束惨淡的灯光罩在头顶）。当一个人的感情生活陷入困境（或者根本没有感情生活）的时候，往往会觉得其他人的感情生活很完美，这更加重了痛苦。我发现，如果男性的社交圈子较小，能够与之分享恐惧的人很少时，这种情况尤其严重。

他们甚至不太可能向朋友们倾诉自己的问题，也不太可能知道其实每个人都或多或少地经历过感情上的挫折。

在亲密关系中，我们缺少榜样

我们都希望找到最好的伴侣，建立最好的亲密关系。然而，我们中的很多人并没有亲眼见识过几段成功的婚姻，尤其在年轻的时候更是如此。

20世纪70年代和80年代初，美国的离婚率达到顶峰。虽然自此以后离婚率开始下降，但用伴侣治疗师埃丝特·佩雷尔的话来说，我们中的大多数人都是“离异和破碎家庭的后代”。美国大约有50%的婚姻以离婚或分居告终，大约有4%的已婚人士表示，婚姻关系让他们感到痛苦。综合来看，大多数已婚人士要么选择结束婚姻，要么选择忍受痛苦。

这实在是个问题。一项又一项的研究证明了榜样的力量。不管是4分钟跑1英里[①]，还是在10分钟内吃掉73个热狗，当你看到别人做得到时，你就更容易相信这件事是能够做到的。比如，在女性专利持有者较多的地区长大的女孩，更有可能成为发明家。事实上，她们更有可能效仿住在同一街区的女发明家前辈，申请同一类别的专利。

---

① 1英里≈1.6千米。——编者注

在亲密关系上也是如此。我们都想建立持久的、令人满意的亲密关系，但当你缺乏学习的榜样时，就比较难做到。我的许多客户都承认，他们之所以害怕，是因为不知道在稳固的亲密关系中，每天的生活是什么样的，关系稳定的伴侣之间是如何解决冲突的，快乐的夫妻是如何一起做决定的，如何成功地与一个人共度余生。究其原因，是因为他们在自己的父母那里没有看到过这些行为。

即使我们希望建立美好的亲密关系，也可能会遇到困难。因为我们当中有很多人从未见过任何成功的婚姻。

在亲密关系中，要考虑的问题越来越多

我们今天在亲密关系中要面对的问题，有很多是我们游牧民族的祖先从来没有考虑过的。比如，我是正经谈恋爱还是随便玩玩？我是现在就分手还是再相处一段时间看看？我们要么不知道自己是不是爱上了新伴侣，要么因为首次约会毫无进展而感到身心俱疲；我们和死党、密友一起为此翻来覆去地伤脑筋。

现在，有了可靠的避孕措施，有了进步的生育科学，人们有了更多的选择，比如，我要孩子吗？如果要的话，什么时候要？（远古时代的人不太可能因为这类问题睡不着觉。）

除了科学的进步，各种婚恋模式和长期亲密关系的模式也越来越多。我们考虑的问题包括，我们要遵守一夫一妻制吗？

以及，我们如何定义一夫一妻制？

在某种程度上，这些问题令人兴奋。谁不想拥有自由掌控自己命运的感觉呢？但换个角度看，所有这些选择、这些机会不再让我们感到自由，反而让我们感到不知所措。

为了做出“正确的”选择，我们饱受压力

雪上加霜的是，我们被各种喋喋不休的信息包围，逼着我们做出正确的选择。所有人都这样，包括公众人物——比如，脸书的首席运营官谢丽尔·桑德伯格（她曾经说过“我真的认为，女性人生中最重要的决定是她是否要一个生活伴侣，还有那个伴侣是谁”）——也包括我们的父母（“不要重蹈我的覆辙！”）。所有人都在强调，千万别搞砸这件事。

似乎我们的一生幸福与否都取决于这个重大决定：和谁结婚。这一点对于女性来讲尤其如此。如果她们想在某个年龄之前要孩子，在选择配偶时还面临着更多的时间压力。

但是，还是有希望的

我们可以掌控自己的感情生活。这需要我们更好地了解自己：什么激励着我们，什么使我们困惑，什么阻碍了我们。这就是行为科学的作用，也是这本书的作用。

总结

1. 现在谈恋爱比以往任何时候都更难。你可以告诉你妈妈这是我说的。
2. 原因如下：
   - 和我们的祖先不一样，祖先的身份由他们所居住的社区决定，而我们的身份是由自己决定的。
   - 如今动动手指，就有成千上万种选择，这反而造成我们犹豫不决。
   - 当我们无法通过研究找到正确答案时，一旦面临重大决定，我们就会感到不安。
   - 社交媒体让我们相信，其他人的感情生活都比我们的更健康、更幸福。
   - 我们当中很少有人见过美满婚姻的样子。
   - 如今，婚恋关系和长期亲密关系的模式实在太多了。
   - 为了做出“正确的”选择——正确答案的确存在——我们被各种信息狂轰滥炸，饱受压力。
3. 但是，还是有希望的。利用行为科学为我们提供的洞察力，我们完全可以掌控自己的感情生活。

第二章

三种婚恋倾向

如何发现你的婚恋盲点

你是否曾经举目四顾，扪心自问：为什么除了我，每个人都找到了真爱？我喜欢我的工作，喜欢我的朋友，也喜欢我自己，可为什么我生活中的这个部分依旧没有走上正轨？

我几乎从所有的客户那里都听到过这类说法。我发现，他们中的许多人都有**婚恋盲点**，即某些阻碍他们找到真爱的行为模式，但他们自己却发现不了。

我把最常见的婚恋盲点分门别类成**三种婚恋倾向**。每一种倾向都在与不切实际的期望做斗争，这些都是对自己、对伴侣以及对亲密关系不切实际的期望。

下面这个测试将揭示你的婚恋倾向。它将帮助你认清是什么拖了你的后腿，这样你就可以改正坏的习惯，培养新的习惯。在建立亲密关系的每个阶段，你的婚恋倾向都会影响你的行为，所以，了解它们至关重要，这是你寻找爱情的第一步。

三种婚恋倾向的测试

测试说明

认真阅读下面的每一项描述，判断它在多大程度上和你的情况相符。圈出你的回答对应的数字：

1. 很不像我

2. 有些像我

3. 和我一样

问题	回答	
1	1 2 3	如果没有一见钟情的感觉，我就不会和这个人第二次约会了。
2	1 2 3	我约会的时候会问自己，这个人符合我的要求吗?
3	1 2 3	当我自己取得进步以后（比如，减肥了，或者感觉经济更稳定了），我就准备好去约会了。
4	1 2 3	我希望和我的伴侣有过一段“甜蜜邂逅”的浪漫故事。
5	1 2 3	我在购买比较重要的东西之前，通常会先看别人的评论。
6	1 2 3	我现在没有时间约会。
7	1 2 3	我相信我的意中人正在等着我，只是我还没有遇到那个他（她）。
8	1 2 3	我在做决定的时候，通常会反复权衡所有可能的选项。
9	1 2 3	我的朋友们告诉我，我需要多出去走走。
10	1 2 3	我发现手机上的交友软件不够浪漫，我希望以一种更自然的方式遇见意中人。
11	1 2 3	我从来不降低标准，对这一点我很自豪。
12	1 2 3	我很少约会。
13	1 2 3	我不相信日久生情。要么就一见钟情，要么就完全无感。

续表

问题	回答	
14	1 2 3	当我遇到正确的人时我就会知道，因为我有 100% 的把握。
15	1 2 3	如果我想吸引最优秀的人，我首先要成为最优秀的人。
16	1 2 3	爱情是一种直觉。感觉来了的时候，你就会知道。
17	1 2 3	我的朋友们觉得我太挑剔了。
18	1 2 3	我现在以事业为主，约会的事以后再说。

计分表

浪漫主义倾向：从第1题开始，每隔两道题，把得分相加（把第1、4、7、10、13、16题的分数相加）________

完美主义倾向：从第2题开始，每隔两道题，把得分相加（把第2、5、8、11、14、17题的分数相加）________

自我怀疑倾向：从第3题开始，每隔两道题，把得分相加（把第3、6、9、12、15、18题的分数相加）________

你在哪种倾向中得分最高？它就是你的婚恋倾向。

浪漫主义倾向

你要找的是灵魂伴侣，就像童话故事里说的那样——从此以后过上了幸福的生活。你钟爱的是爱情。你认为自己现在之所以单身，是因为还没有遇到对的人。你的座右铭是：该发生的注定会发生。

完美主义倾向

你喜欢做研究，不肯放过任何选项，恨不得把每块石头都翻过来查个清楚，直到你确信找到了正确答案。你做决定的时候总是很谨慎，在做决定之前，你都要100%的确定。你的座右铭是：为什么要降低标准呢？

自我怀疑倾向

你认为自己还没有为恋爱做好准备，因为你还没有成为理想中的自己。你对自己要求很高。在开始一项新计划之前，你总是希望自己完全准备好了，对恋爱也是如此。你的座右铭是：等到我成了他人眼中的理想对象时再说。

尽管这三种倾向看起来非常不同，但**浪漫主义倾向、完美主义倾向**以及**自我怀疑倾向**三者都有一个核心的共同点：不切实际的期望。

浪漫主义倾向对亲密关系抱有不切实际的期望。

完美主义倾向对伴侣抱有不切实际的期望。

自我怀疑倾向对自己抱有不切实际的期望。

如果你在不止一种倾向上得分最高，那么请你重新阅读这些描述，再选择最能体现你真实情况的倾向。如果你还是左右为难，可以把这三个选项发给你最信任的朋友。在验证这个测试准确性的过程中，我发现测试者的朋友们往往比测试者本人更能准确地发现他们的婚恋倾向。记住，这些都是你的盲点。朋友经常能看到我们自己看不到的行为模式。

我的倾向是（圈出一个来）：

浪漫主义倾向　　完美主义倾向　　自我怀疑倾向

在接下来的几章里，我会围绕这三种倾向做进一步的阐述，包括每种倾向的人群会遇到的挑战，以及如何克服它们。我建议接下来的这三章你都要认真阅读，因为这些内容对每个人都有帮助，而且还会帮助你理解和你有不同倾向的婚恋对象。

总结

1. 很多人忍受着婚恋盲点造成的痛苦。婚恋盲点是某些阻碍他们找到真爱的行为模式，但他们自己却发现不了。
2. 我把最常见的婚恋盲点分门别类成三种婚恋倾向。每一种倾向都在与不切实际的期望做斗争。
   - 浪漫主义倾向对亲密关系抱有不切实际的期望。他们希望找到灵魂伴侣，从此以后过上幸福的生活——这是彻头彻尾的童话。
   - 完美主义倾向对伴侣抱有不切实际的期望。他们喜欢对所有的选项反复研究，希望在有绝对的把握后，做出正确的决定。
   - 自我怀疑倾向对自己抱有不切实际的期望。他们觉得自己还没有准备好谈恋爱。
3. 认清你的婚恋倾向可以帮助你发现是什么在拖你的后腿，以及如何克服这些婚恋盲点。

第三章

迪士尼骗了我们

如何克服浪漫主义倾向

第一次谈话才进行了20分钟，玛雅已经泪流满面。

“我知道他就在那里，”玛雅说，“他只是还没有找到我。”

他是谁？他是她的灵魂伴侣，她的木石前盟，她的真命天子。玛雅不停地谈论这个男人，说他可以实现她所有的梦想。她相信这个完美的男人就在不远处等着她。

当我问她目前如何找对象的时候，她解释说：“我只想和他不期而遇。对我来讲，手机上那些交友软件太不浪漫了。为什么不听从命运的安排呢？”

玛雅留着一头飘逸的长发，她每天早晨上班前都要花上一个小时吹干头发。她讲述事情的时候，描绘的每处细节都稍显戏剧化。她会吃惊地扬起乌黑的眉毛，或者咧嘴而笑，露出一口闪亮的牙齿（她是一名自己开牙科诊所的牙医，难怪）。她的父母是伊朗移民，她形容父母35年的婚姻“非常幸福”。她想拥有他们那样的感情。

她谈过几个男朋友——一个是在上大学的时候，毕业后又谈了两个——但都没有成功。她总是很快和他们分手。“真爱来临时，我会知道的。”她说着扬了扬眉毛。她是一遍又一遍看着迪士尼动画片长大的，比如，《小美人鱼》，她念念不忘的是“王子和公主从此以后过上了幸福的生活”这句话。

玛雅就是典型的浪漫主义者。浪漫主义者相信，爱情会来敲门，他们之所以单身，是因为还没有遇到真命天子。浪漫主义者可能在理智上并不会相信童话故事，但他们总希望自己的生活和童话故事一样。他们相信有一天，那个梦中情人会走进他们的生活，他们要做的就是等待那一刻。而白马王子或灰姑娘一旦出现，爱情自然唾手可得。那当然啦！那一刻到来时，四周肯定还回荡着席琳·迪翁的那曲《我心永恒》呢！

童话故事的问题

谁会在乎你是一位不可救药的浪漫主义者呢？我在乎，而且，你也应该在乎。

在行为科学中，我们都知道，**思维模式很重要**。我们的态度和期望为我们的经历构造出背景环境，这种背景环境反过来也影响我们解读信息和做出决定。

说到亲密关系，心理学家云妮·弗兰尼克发现，人有两种思维模式：一种是**灵魂伴侣式**的思维模式，相信只要找到正确的人，就能建立起令人满意的亲密关系；另一种是**事在人为式**的思维模式，相信感情的成功源于自身努力。

很显然，浪漫主义者属于灵魂伴侣式的思维模式。这种思维模式影响了他们在亲密关系中每个阶段的行为。首先，它会影响这些人找对象的方式。当我问玛雅，她觉得自己为什么单身时，她说："我只是还没有遇到爱情而已。"在玛雅看来，爱情会过来找你，就像闪电击中你一样。所以为什么要出去寻找呢？浪漫主义者等待爱情，而不是努力营造爱情。（我曾经与一位女士共事，她每次坐飞机的时候都会精心打扮，以防她"未来的丈夫"与她同乘一架飞机。但上飞机后，她又拒绝接近任何人，生怕让人觉得她找得太刻意了。）

其次，这种思维模式会影响你和谁出去约会的意愿。相信灵魂伴侣的人往往对他们的另一半长什么样有非常具体的想象。我们见面时，玛雅飞快地说出一连串她未来丈夫的体貌特征："浅色的头发，浅色的眼睛。身材很好。肌肉发达但又不是太发达。有品位高雅的文身。头发不长不短。漂亮的脸庞，又有点粗犷，看起来像个坏男孩。身高约1.78米。手形很好看，但指甲不能太短。"

浪漫主义者相信，他们知道自己未来的伴侣长什么样子，所以遇到形象不符的人，就不会给他们任何机会。他们最终会错过很多潜在的婚恋对象。

当他们开始与自己认定的灵魂伴侣约会时，他们极高的期望会推动这段感情向前发展。但是，当两个人遇到不可避免的障碍——比如，一场特别激烈的争吵，浪漫主义者就会放弃这段关系，而不是努力克服障碍。

玛雅的浪漫主义倾向可以解释她在以前的感情中为什么总

是很纠结。“在我谈过的所有恋爱中，我最后都会想，等一下，为什么恋爱会这么难？”她说，“爱情应该是水到渠成、毫不费力的，对不对？所以，他不可能是我的真命天子。”

相比之下，那些抱着事在人为心态的人相信，营造亲密关系需要努力，爱情是主动采取的行动，而不是被动等待的结果。具有事在人为心态的人在亲密关系中往往表现得更好。因为他们在遇到挫折时，会更加努力，让这段感情重回正轨，而不是就此放弃。

如果你是一位浪漫主义者，想找到一段持久的亲密关系，那么，是时候从童话故事中走出来，带着事在人为的心态开始新的篇章了。

童话式的期望

并非只有浪漫主义者认为，每段婚姻背后都应该有一段轰轰烈烈的爱情故事。我们当中的很多人都这么想。

但事情并非总是如此。

纵观历史，其实在大部分情况下，为爱情而结婚的想法看起来都相当愚蠢。婚姻主要关乎经济和利益。你和某人结婚，是因为他们父亲的土地和你父亲的土地相邻；或者因为你很穷，有人给了你们家十几头牛换来和你结婚。

作为婚姻历史学家，斯蒂芬妮·孔茨解释说：“直到18世纪晚期，全世界大多数人都认为，婚姻作为一种制度，无论从经济还是政治上看都太重要了，不能完全由两个当事人自由决定，尤其是当他们的决定基于某些非理性的以及短暂的东西——比如爱情——的时候更是如此。”

我们从古代诗歌中知道，人类一直都了解爱情的滋味。4000年前，苏美尔人的《舒辛情歌》(*Love Song for Shu-Sin*)被认为是世界上最古老的爱情诗歌。诗中说：“我的狮子，让我来抚慰你。我的抚摩何其珍贵，胜过甘露。”我知道你在想什么，不过你想错了，这并不是碧昂丝的歌词！但在人类的历史上，大多数时候，爱情根本不是婚姻中要考虑的事情。你可能会在婚姻之外体验到爱情。也许你会和邻居有段风流韵事，或者和当地的铁匠爱得死去活来。

阿兰·德波顿研究人们对爱情的看法是如何随着时间发生变化的。他是一位哲学家，创办了一所“人生学校”，提供一套速成课程，教你如何规划一个有意义的人生。他还写了两部关于爱情的小说，影响深远。一部是《爱情笔记》(*On Love*)，一部是《爱的历程》(*The Course of Love*)。

在我们谈话时，他向我解释了我们的祖先是如何看待爱情的：“他们把爱情看成是一段心荡神迷的时光，类似一种疾病，或是一种狂喜的时刻。爱情是一种特殊的体验……就像一次宗教探访体验。有些人一辈子只会遇到一次。人们通常认为，你不必为此采取什么特别行动。你沐浴在爱河中，在它的带领下度过青年时代一个热情似火的夏天，但你肯定不会为此而结婚。”

直到1750年左右，为爱情而结婚这个想法才得到普遍认可。这一切可以回溯到浪漫主义时代。浪漫主义是一场始于欧洲的意识形态运动，哲人们用诗情画意装点爱情，最终获得了全世界的认可。浪漫主义将爱情从“一种疾病”提升到一种新模式，我们可以通过持久的亲密关系获得。在工业革命的推动下，主流社会接受了这一模式。随着机械化程度的提高以及财富的分配更加广泛，婚姻终于可以更多地考虑个人需要而不是基本的生活需求了。

几个世纪以后，浪漫主义仍然统治着我们的爱情观念。看看下面这些浪漫主义理念吧，有多少是你认可的？

- 爱情是一种直觉。感觉来的时候，你自然会知道。
- 遇到自己的灵魂伴侣时，我们会立刻被对方吸引。我们只会被对方吸引，对方亦然。
- 我们的灵魂伴侣天生就理解我们，还没开口就知道我们要什么。
- 在我们的婚姻中，从头到尾都会充满热烈的爱情。
- 我们真正需要的就是灵魂伴侣。他们可以在我们的生活中扮演各种角色，是最好的朋友，是旅行伙伴，也是热情的爱人。
- 和谐的性生活是美好婚姻的标志。糟糕的或者不频繁的性生活（或者更糟，婚内出轨）意味着这段关系注定要失败。

- 谈钱就俗了，爱情不是柴米油盐。

你对这些理念产生的共鸣越多，那你被浪漫主义理念洗脑得就越严重。（如果上面的每一条你都信，我很愿意把水晶鞋和南瓜马车借给你。）

当人们期待一段浪漫的感情像这样展开时，他们就会像玛雅一样，期待灵魂伴侣。他们会浪费大好年华，只为等待那个真命天子。任何人，只要不能满足他们对爱情不切实际的期望，都会被拒之门外。

如何反击浪漫主义理念

电影和电视节目一直延续着浪漫主义的甜蜜理想［记住：生活可不是《恋恋笔记本》[①]］。这些关于一往情深和爱情天长地久的信息不仅是错误的，而且是有害的。多说一句，在雨中接吻其实很冷，而且比看上去更不舒服。以下是浪漫主义的主要罪证：

① 《恋恋笔记本》是导演尼克·卡萨维茨在2004年执导的一部爱情片。——译者注

浪漫主义白日梦1：迪士尼动画的白马王子

从迪士尼延续下来的灵魂伴侣信念：

我的意中人就在那里等着我，他（她）就是我心中的那个样子。

迪士尼告诉我们，总有一天，我们会被自己的白马王子或公主迷得神魂颠倒。这种浪漫主义倾向困扰的不只是异性恋女性；我还见过各种不同性别、不同性取向的浪漫主义者，他们都在等待这样一个完美的人。我的“他”是一名建筑师，也是教育儿童的心灵导师；我的“她”是个模特，还有博士学位。他们心目中的这个人拥有他们欣赏的所有品质，而且不带任何他们不喜的弱点和瑕疵。

在迪士尼动画片中，两个人会在完全不了解对方的情况下坠入爱河。在《小美人鱼》中，埃里克王子对小美人鱼爱丽儿的全部了解就是：她是一位迷人的红发女子，在他的船翻了以后，凭借着上半身的力量将他安全地拉上了岸。难道他就因为这个爱上她？在《灰姑娘》中，女主角因为王子会跳舞，因为他把自己丢的东西还回来而爱上他。如果你问我的想法，我觉得这有点肤浅。

事在人为思维模式转变法：

即使是白马王子，早上起床时嘴里也不好闻。

人无完人，你也一样。还不明白我在说什么吗？想想上次你让某些人特别失望的时候吧。（如果你在思考自身缺点时有困难，不妨试试给你的兄弟姐妹们打个电话寻找灵感。我相信他们会很乐意提醒你的。）

是时候放弃“追求完美”这种信念了。

就像玛雅那样，你可能在脑海中已经勾勒出未来妻子或丈夫的形象了。这个形象可能来自街对面的男孩或者你最喜欢的电影明星，来自你早年对他们的迷恋。是时候清醒过来了：上天安排给你的这个人可能和你想的并不一样。也许这个人比你期望的更矮或更高、更胖或更瘦、皮肤更深或更浅、毛发更浓密或皮肤更光滑。对一个人外貌的狭隘限定，妨碍了你看到面前的多种可能性。如果你并不完美，凭什么要求别人完美？停止你的双重标准吧：你不是电影明星。（如果你刚好是电影明星，那太棒了！谢谢你捧场读我的书！）

浪漫主义白日梦2：迪士尼所谓的“从此以后过上了幸福的生活”

从迪士尼延续下来的灵魂伴侣信念：

爱情中最难的部分是找到正确的人。此后一切都会水到渠成。

迪士尼电影中描绘了结婚前一对情侣可能经历的所有事

情——求爱、冲突、挡在他们路上的邪恶女巫。而一旦他们击败了敌人，终于可以在一起了，这对情侣面临的挑战就结束了。他们从此以后过上了幸福的生活。是这样吗？

大错特错。这种信念，我称之为**“从此以后过上了幸福的生活”谬误**。这种错误观念认为，在爱情中，最难的部分是找到正确的人。

事在人为思维模式转变法：

任何一段感情都不会从头到尾一帆风顺。即使是最健康、最美满的婚姻也需要努力经营。

找到正确的人可能很难，但真正的挑战往往在后面。真正难的是你每天为了培养和维持这段美好感情而付出的努力；真正难的是在结婚30年、有了两个孩子、蜜月期过去了很久以后，在一天的劳累过后，想到要见到你的伴侣时仍感到心情激荡；真正难的是在面对生活中所有家务、财务、情感以及精神上的挑战时，你仍记得当初为什么会爱上这个人。

浪漫主义白日梦3：浪漫喜剧中的甜蜜邂逅

从浪漫喜剧中延续下来的灵魂伴侣信念：

别担心，爱情会找上门来，而且很可能会是甜蜜邂逅，值得你向朋友们娓娓道来。

对那些够年龄自己买电影票进电影院的人来讲，对那些觉得笨手笨脚的英国男士颇有魅力的人来讲[科林·费尔斯[①]就像抱子甘蓝，需要岁月的积淀才懂得欣赏]，浪漫喜剧就是他们的迪士尼童话。我们都知道浪漫喜剧并不是真实的生活，然而，它们仍然悄悄地潜进我们的集体潜意识，尤其是谈到甜蜜邂逅的时候更是如此。在浪漫喜剧中，甜蜜邂逅往往是男女主角的初次相遇，通常发生在这两个角色的日常生活中——比如，逛农贸市场的时候。让你觉得这种事也会发生在自己身上。身边那位英俊的陌生人伸手去拿那颗完美的西红柿，而你刚好同时伸出了手。哎呀！你们四目相对。他向你解释，他需要这颗西红柿做他祖母教给他的意式烤面包（说话时要恰到好处地带些意大利口音）。你慷慨地让他拿走这颗西红柿。然后他问是否可以请你喝一杯卡布奇诺咖啡表示感谢。你说可以。11个月之后，你们俩大吵了一架。接着一幕浪漫大戏上演：他追着你一直来到肯尼迪机场的候机楼，全然不顾身边站满了美国运输安全管理局（TSA）的工作人员，恳求你不要登上那架飞往首尔的航班，不要接受那里的一家广告公司为你提供的新职位。

浪漫喜剧宣扬的理念就是：爱情会来找你，而不是你去找爱情。一见钟情确有其事。你要做的就是过你的日子（同时在农贸市场里闲逛，买大量的西红柿），有一天，你未来的丈夫

① 英国男演员、编剧、制作人。因主演《傲慢与偏见》《国王的演讲》《莎翁情史》《王牌特工》等影片被誉为教科书般的“英伦绅士”。——译者注

（妻子）会奇迹般地出现。虽然我承认，在现实生活中——在聚会、活动，甚至抗议游行中——确实会碰到让你怦然心动的人，但这个想法的问题是，它让人们在感情生活中过于消极、被动。

事在人为思维模式转变法：

爱情需要努力——从寻找爱情到保持它的活力，都需要努力。在农贸市场守株待兔是不行的，你需要努力去寻找心仪的人（别担心，我会在第二部分告诉你如何做到）。一段感情的魅力并不在于一次偶然的、戏剧化的邂逅；它的魅力在于两个陌生人走到一起，从此创造出一段新的生活。至于他们在哪里相遇、如何相遇，并不重要。

浪漫主义白日梦4：社交媒体

从社交媒体中延续下来的灵魂伴侣信念：

维持亲密关系不需要任何努力，它就是性感的爱情盛宴（舞台高光快给上）。

迪士尼电影和浪漫喜剧至少还承认自己是虚构的。而社交媒体往往依靠谎言把自己伪装成真实生活，它从很多方面来讲，更是误导浪漫主义倾向的危险罪魁。在社交媒体上，那些经过精挑细选的照片为我们展示完美的感情生活——从夕阳下浪漫的海滩漫步到两个人在精心烹制的家庭晚宴前接吻。比较之下，我们自己的感情生活相形见绌。我们不断比较，然后陷入绝望。

事在人为思维模式转变法：

重要的事情说三遍：不要相信你在照片墙上看到的东西。这些照片传递的信息都是被裁剪、虚化并且歪曲过的。说到亲密关系，你在社交媒体上看到的照片只是那段关系经过严格筛选后留下来的信息。就像人们不会把自己哭鼻子或者挖鼻孔的照片传到网上一样，也没有人会把自己和女朋友吵架或者深夜思考是不是和她分手的照片传上去。社交媒体告诉我们，其他人都在经历着幸福的、轻松的、充满激情的、十全十美的亲密关系，这直接导致我们对自己的感情生活抱有过高的期望。

你要知道，亲密关系从来都不会一帆风顺。如果你正在努力经营自己的感情生活，这是一个好兆头，而不是坏兆头！婚姻生活的很多时间都花在了日常琐事上，这些不能发在社交媒体上：换尿布、洗衣服、刷碗。而爱情就发生在这些时刻，而不是其他时刻。爱情可不仅仅是日落时一张经过修饰的照片，爱情意味着更多的东西。

从童话式的浪漫主义到现实中的爱情

我向玛雅解释了迪士尼、浪漫喜剧以及社交媒体如何引起了她的浪漫主义倾向。如果她想找到爱情，就需要改变自己对亲密关系的期望。

她双臂交叉在胸前，面露不满。“你听懂我说的话了吗？”她皱着眉头问我，“听起来你是在劝我放弃自己的梦想。我对爱情有这样的憧憬，而你却说它不存在。你让我要么降低标准，要么放弃。为什么其他人会拥有那种惊天地、泣鬼神的爱情，而我却没有？我为什么不够格？”

我当然听懂她的话了。“玛雅，不，不是这样的，”我说，“我希望你敞开心扉，接受一份与你想象中完全不同的爱情。我不是要你降低标准，那好像是说白马王子是第一名，而我要求你和第二名约会似的。我不是这个意思，因为白马王子并不存在。”

作为读者，你也一样：是时候忘掉白马王子，开始寻找真人做你的伴侣了。我们就管这个真人叫拉里吧。

因为最终和玛雅在一起的人就叫拉里。她刚好顶替另一位休假的牙医坐班，结果遇到了他。在我们共同的努力下，她放弃了那些灵魂伴侣的信念，不再让它阻碍她寻找爱情。她现在的同居男友和她想象中的完全不一样。他是一个离异的父亲，带着两个小孩。

“他很邋遢，身上穿的毛衣还有洞，”她说，“他也不为我开门。”她笑了，惊讶地发现自己不再介意那些肤浅的品质了，“但他逗我发笑。他很善良，在他身边我感觉很自在。他让我觉得自己既聪明又风趣。我知道这听起来很俗气，但说实话，我比以往任何时候都快乐。”

他们也争吵：争吵在哪里过感恩节，争吵是不是真的要去参加玛雅讨厌的那位朋友的婚礼，争吵他该花多少钱给他的宠物狗买顶级食材。但是，如今的玛雅相信，这些争吵意味着一切顺利，而不是相反。

“我们充满热情！我们关注生活，我们开诚布公。我们不是同一个人，所以我们当然会吵架。我终于懂得，所有的亲密关系都需要付出努力。我选择为这段关系付出我的努力。”

总结

1. 思维模式很重要！能不能将你的思维模式从灵魂伴侣式转变为事在人为式，决定了你能不能找到终身伴侣。
   - 具有灵魂伴侣信念的人会拒绝潜在的婚恋对象，因为这些人不符合他们心目中关于爱情的想象和感觉。他们认为爱情会来找他们；他们认为爱情不需要付出努力。如果不是这样，那一定是没找对人。
   - 具有事在人为思维模式的人知道，建立一段亲密关系是一个过程，需要付出努力。
2. 我们对于命运以及童话的信念——在某种程度上是由迪士尼电影、浪漫喜剧和社交媒体造成的——为我们寻找和维持亲密关系带来了不切实际的幻想。记住，人无完人，你也一样。即使是白马王子，早上起床时嘴里也不好闻。
3. “从此以后过上了幸福的生活”是一种谬误，这种观点认为爱情中最难的是找到正确的人。事实上，这只是开始。维持爱情同样需要努力。如果你指望感情生活一帆风顺，那么当你遇到不可避免的困难时，只会措手不及。
4. 是时候去拥抱（并且寻找）真正的爱情、真正的挫折以及真正的一切了！

第四章

不要让追求完美
妨碍你成功

如何克服完美主义倾向

史蒂文告诉我，他已经不记得自己什么时候仅凭直觉就知道该做什么了。在做出每个重要（或不重要）的决定前，他都要进行大量的研究。每隔几个月，只是为了继续干他现在的工作，他都会找一家其它的公司面试（他说："这是为了让我有更多的选择余地"）。父亲节的时候，为了给父亲买一瓶苏格兰威士忌，他花了两个小时仔细阅读网上的评论。他把每一次决定都看成需要仔细权衡、分析的问题，为此烦恼不已。在他手机上的"笔记"应用程序里，记录的都是他罗列的各种优缺点对照表。如果研究几个小时就能做出完美的选择，为什么要做一个差强人意的决定呢？

虽然他的行为偶尔会惹恼朋友以及招聘人员，但没有人真正因为他的优柔寡断而痛苦，除了他自己，还有他的女朋友加比。

加比爱史蒂文，史蒂文也爱加比。他们恋爱了四年，在一起生活了三年。可史蒂文经常想：会不会还有其他人呢？他知道加比好的一面。她是一名护士，从当地的动物收容所领养流浪猫。她忠诚、热情、体贴、有魅力、善良而且聪明。然而，这还不够。他希望加比更善于交际一些，他希望开晚餐派对时，能进行一些深入的对话，聊一些抽象的概念。

加比觉得他们应该结婚成家了。但和往常一样，史蒂文并不那么确定。

加比等了一年，史蒂文还是下不了决心，她受够了。她厌倦了参加朋友们的婚礼，他们都是在她和史蒂文交往之后才开始谈恋爱的。一天深夜，她流着泪对史蒂文说："我不能再等了，咱们要么订婚，要么分手。"

接下来的几个月里，史蒂文不知道该怎么办。他很希望自己也想订婚，但他从来没有真正准备好求婚。他和朋友们反复争论或者在长距离游泳时思考这个问题。但他还是没有想明白，自己真正想要什么。

他总是忍不住问自己，*要是和其他人在一起，我的幸福指数是否能提升5%?*

完美主义者和知足常乐者

史蒂文就是**完美主义者**。完美主义者念念不忘的就是做出最佳选择。美国经济学家、政治学家兼认知心理学家司马贺在1956年的一篇论文中首次描述了这种人格特征。根据司马贺的说法，完美主义者在做出选择前，他们会强迫自己考察每一种可能的选项。然而，当他们面临大量选项时，这种强迫行为就变得令人却步，最终无法实现了。

与此相反的是**知足常乐者**。这些人有自己的标准，但他们并不会过度关注外面还有什么更好的选项。他们知道自己的标准，他们也会不停寻觅，直到找到“足够好”的选择。这并不是说他们会降低标准；他们只是收集一些证据，以便判断这是不是个令人满意的选项，然后欣然做出决定。

想象一下，你坐在时长两个小时的航班上。飞机起飞了，你开始浏览有什么可看的电影。你会A：遇到第一部喜欢的电影就看，不到5分钟，你就已经斜靠在座位上，看上《心灵捕手》（*Good Will Hunting*）了；还是B：花上25分钟浏览每一部新上映的电影，包括喜剧、戏剧、纪录片、外国电影，以及所有的电视节目，然后做出绝对正确的最佳选择？

如果你选A，你大概是个知足常乐者；如果你选B，你肯定是个完美主义者。（你的性格可能在这两个极端之间，或者你在生活中的某些方面是完美主义者，而在另一些方面是知足常乐者。）

完美主义者沉迷在他们的决策过程之中，他们相信通过细致的分析，他们的生活最终会变得更好。但这不是真的。知足常乐者不仅能够做出明智的决定，而且往往因此变得更快乐。这是因为——这句话值得再强调一遍——知足常乐并不是降低标准。知足常乐者可能标准很高，只有在达到标准后才会停手。不同的是，一旦停手，他们就不再关心还有什么可能的选项了。而完美主义者可能会找到符合他们标准的选项，但他们觉得还有必要把所有可能的选项都考察一遍。

当涉及亲密关系时，像史蒂文这样的完美主义者错误地认为，只要考察的人数足够多，他们就能找到完美的人，并对自己的选择有绝对的信心。但是，完美的人（以及绝对的确定性）并不存在。这就是为什么完美主义会引起痛苦，在做决策时犹豫不决，错失机会。换句话说，做一个知足常乐的人比较好。

完美主义者为什么要这样做

完美主义者总是受焦虑困扰，不仅因为**害怕错过**，而且因为**害怕选错**；而后者不容易引起人们的重视。他们认为尽最大可能考察不同的选项会帮助他们摆脱焦虑，做出完美的选择。但是，害怕选错的念头会产生巨大的压力，任何不完美的决定看上去都是失败。

我在旅行时就会碰到这样的事。即使一趟旅行几乎完美，但如果我犯了一个错误——比如，订的酒店离市中心太远——我还是会忍不住觉得搞砸了。我会想，*要是再多做一些研究就好了*。我必须努力克服这种感觉，不让它毁了我的旅行。

没有什么比选择长期伴侣这件事更能加剧完美主义倾向了。完美主义者害怕犯错。*如果我离婚了，不得不独自抚养孩子该怎么办？如果我因为和妻子无话可说而害怕下班回家该怎*

么办？如果我觉得日子无聊有外遇了该怎么办？

在人类历史的大部分时间里，我们的家庭、社区或者宗教领袖都会告诉人们该做什么（而且直到今天，在许多社会里仍然如此）——该穿什么、该吃什么、该干什么、该相信什么，没错，还有该和谁结婚。如今的社会越来越世俗化，越来越崇尚个人主义，在这种文化背景下，每个人的身份都是由自己决定的。我吃肉吗？我在安息日工作吗？我让我的孩子受洗吗？我在犹太教堂结婚吗？我认为自己是男人还是女人，或者两者都不是？

我们的生活，曾经是一部由文化、宗教和家庭写好的剧本，现在却是一张白纸。这赋予我们自由，可以更充分地表达自我。但我们也承受着压力，不想把事情搞砸了。当我们独自书写自己的故事，而那个故事又写得太差劲儿的时候，我们能怪的就只有自己、没有别人了。难怪我们会陷入过度分析导致的瘫痪状态中。

当一切悬而未决，又等我们拿主意的时候，我们特别渴望确定性。史蒂文告诉我：“在我跨入婚姻殿堂之前，我要有百分之百的把握才行。”

然而，这恰恰是问题所在。史蒂文相信，通过罗列对比优缺点，就可以找到正确答案。比如，购买最理想的吸尘器（戴森V11手持吸尘器，有160个五星评价）；或者筹划完美的一天（早上5点起来冲浪，到颇受欢迎的无名小摊上喝一杯怡人的咖啡，来一次铁人三项冲刺，分别和两个朋友会面，在海滩上冥想，在家里做顿饭，再下盘棋）。不过，这种设想的前提是，在和谁结婚这个问题上存在正确答案。然而，并没有。

完美主义者的问题

完美主义者能得到最好的结果吗？

我们可以从客观结果和主观体验两方面来思考这个问题。换句话说，就是你做出的选择品质好不好，以及你对这个选择的感觉好不好。

假设你是一位完美主义者，不想早上花钱买咖啡喝了，于是你花了几个小时的时间研究家用意式咖啡机。你会上亚马逊网站阅读各种评价，又到“Wirecutter”评测网站上比较产品。最后，你选择了“Wirecutter”网站给出的首选：简洁的铂富半自动咖啡机 。到货以后，你发现它并不像你想象的那样适合你的厨房。你不知道是不是应该买个更小一点的。正如有篇点评警告的那样，它并不能捕捉到咖啡豆的精华。你一边煮咖啡一边后悔当初没有选择其他的咖啡机。

与此同时，你那位知足常乐的朋友也在市场上购买意式咖啡机。她去了商场，直奔雀巢奈斯派索咖啡机专卖店，告诉店员她想要什么，然后选了一台价格合理的咖啡机。在聊天的时候，她告诉你她每天制作拿铁咖啡时有多高兴，从选择颜色鲜艳的咖啡豆到热气腾腾的牛奶，她都喜欢。

在这个例子中，你选择了最好的意式咖啡机。在几个网站上，把你的咖啡机和她的对比一番，你的选择无疑是赢家。但谁对自己的选择更满意呢？

即使在客观上，知足常乐者的选择更差（我的意思是，拜托，你朋友的雀巢咖啡机在“Wirecutter”网站上甚至都没有上榜），但他们看上去对自己的选择更满意。而完美主义者在事后总会不断地批评自己。他们忍受着双重痛苦：首先是做出决定前的痛苦，然后是每次做完决定后担心决策错误的痛苦。

《选择的悖论》（*The Paradox of Choice*）一书的作者巴里·施瓦茨以及其他心理学家解释说，完美主义者和知足常乐者的区别并不在于他们做出决定的好坏，而在于这些决定带给他们的感觉：“完美主义者做出正确决定后感觉糟糕，知足常乐者做出正确决定后感觉满意。”

你的目标是什么呢？是买到全世界最好的咖啡机，还是幸福快乐？如果你追求的是幸福快乐，那么真正重要的是主观体验而不是客观结果。虽然咖啡的品质很重要，但我们对咖啡的感觉更重要。

知足常乐者的智慧

完美主义者在做出决定前恨不得把每块石头都翻过来彻底

检查。对于婚恋而言，这是一项特别艰难的挑战。你不可能和所在城市每个符合条件的单身人士约会，更不用说全世界了。如果你希望结婚或者承诺建立一段长期的亲密关系，终究只能根据手头的信息做出决定。

如果你是一位完美主义者，这个想法可能会让你紧张：如果对自己的选择不满意怎么办？这里有个好消息：我们有一个令人难以置信的工具在为我们服务，帮助我们获得快乐——它就是我们的大脑！一旦我们做出某种决定，我们的大脑就会帮助我们合理化这个决定，告诉我们为什么这个决定是正确的。

合理化是我们的一种能力，用来说服自己做过的事情是正确、合理的。假设你买了一件很贵的大衣，30天内可以退货。你把它拿回家，权衡这件衣服的优缺点。即使你最终留下了这件大衣，你也忘不了它的缺点。但当你在特价清仓、概不退换的时候买了一件大衣，你立刻就会喜欢它。反正不能退货，何必操心它哪里不好呢？这就是合理化的力量。拥抱它吧！

在婚恋关系上也是如此。当你在心里认定了某个人，你的大脑会竭尽全力说服你相信这是一个好的决定。知足常乐者天生就知道这点并从中受益。

现在，也许你会想：*我不想做出一个"差强人意"的选择，不想凑合，我拒绝降低标准*。这是对"知足常乐者"的一个普遍误解。记住，知足常乐者的标准可以很高。他们可能会花上一段时间四处寻找，直到找到一个符合他们期望的选择。

不同的是，一旦他们找到了符合标准的选择，他们就满意了，就不会再去考虑外面还有什么其他的选项了。

这就是为什么我希望你成为一个知足常乐者，最正确的选择是选择快乐。

秘书问题

关于决策，有一种令人困扰的**秘书问题**。通过研究这个问题，你可以学会像一个知足常乐者那样谈恋爱。假设你正在招聘一名秘书，而且让我们假设招聘的是男秘书，因为我知道你脑子里想的是招聘女秘书。有100名候选人，你必须逐一面试。每次面试后，你都要决定是录用他还是继续找。如果你拒绝了他，他就不会再回来了，你不能之后改变主意再录用他。

你应该如何最大化把握住你的机会，选出最佳人选呢？你不希望在面试过程中过早做出决定，因为那可能会错过排在后面的优秀人选；但你也不想拖得太长迟迟不做决定，因为如果最后几个候选人都不够优秀该怎么办？这个问题在数学上有一个正确答案。你应该先面试前面37%的候选人，然后停一下，从这些人里评出最优秀的那个人。现在你有了一个重要的参考人选。在评估了前面37%的人之后，你应该做好准备，在后面的面试中，录用第一个比这个参考人选更优秀的人。

这种逻辑也适用于找对象。在秘书问题上，你知道有100

个可能的候选人，但在找对象的过程中，你不知道有多少可能的婚恋对象。即使你知道，你也不可能把他们都见一遍。寿命、物质条件和地理因素，这些都是阻碍。

与其考虑你能约会的总人数，不如考虑你能主动寻找伴侣的时间长度，在这段时间里应用37%的规则。在《算法之美》（*Algorithms to Live By*）一书中，作者布莱恩·克里斯汀和汤姆·格里菲思谈到了想结婚的单身男士："假设他找对象的年龄是从18岁到40岁，按照37%的规则，他在26.1岁以后，就要从三思观望转为采取行动了。"

这就是说，在他26.1岁之前，他应该从他前8.1年的约会历史中，找出一个参考人选——也就是迄今为止他约会过的最好的对象。然后，当他碰到下一个比这个参考人选更让他喜欢的人的时候，他就应该结婚。

我向道格解释了秘书问题。道格是一名软件工程师，最近把自己的公司卖给了一家大型科技公司。道格有过几段感情，时间在3到6个月不等。他总会发现和他约会的女人们缺少些什么。这一个听得懂他的笑话，但本人却一点也不风趣；那一个工作太过卖力；下一个工作又不够努力。

当我开始解释参考人选的理念时，他点点头打断了我。"我明白了，我明白了，"他说，"我今年31岁了，我约会过的人里面，可能就有能成为我最佳伴侣的那个人。"他开窍了。

接着，我布置了一个家庭作业。"把过去一年里和你约会过的所有女士列在一张表格里。写下她们的名字，你是如何遇到她们的，和她们在一起时的感觉怎么样，你们有什么共同的价值观。你也可以加上其他的细节，但我可不想看到一长串的缺点或者她们的性感指数排名。”

“我马上做。”

我们下一次见面时，道格拿出他的笔记本电脑，向我展示他的作业。“布瑞尔，”在表格加载完成时他说，“她就是我要找的人。”

“你要找的人？你的意思是说你的真命天女？”我问道。（我知道，我暂时放下了对这个词的厌恶。）

“不是我要娶的人，而是我的参考人选。她聪明、风趣，和她在一起很有意思，她有志向，而且长得很漂亮。哦，我为什么会和她分手呢？算了，现在说这个已经太迟了。布瑞尔就是我的参考人选。我下一次碰到和布瑞尔一样让我喜欢，甚至更喜欢的女人，我就和她结婚。”

现在，轮到你了。你要确定自己找对象的时间长度，从你开始谈恋爱的时候算起，到你想进入一段长期的亲密关系为止，一共多少年。这个数的37%是多少？再加上你开始约会时的年龄，就是你的参考点。如果你已经30多岁了，你可能已经过了这个时间点了。完成我给道格布置的家庭作业，确定你的参考人选是谁。

别担心。我并不是在告诉你，要和下一个约会对象结婚；

也不是在暗示你，如果你已经过了37%的参考点，一切就已经太晚了。我只是在说，你可能已经有了足够的数据找到一个合理的、各方面信息都充分的参考人选了。**你不需要做更多的研究了**。下一次碰到和你的参考人选一样让你喜欢或者更喜欢的人时，就把关系确定下来。

这让我又想起了史蒂文，他还在不停地问自己：**要是和其他人在一起，我的幸福指数是否能提升5%？**加比给史蒂文下了最后通牒后，过了几个月她再次问他。他承认自己并没有打算买结婚戒指。

性别之间的不平等以及亲密关系时间线

我是一个女权主义者，我相信男女是平等的，也应该平等。然而，这并不意味着我们是一样的。我们因生殖系统的生理差异而分为两类（我知道这些分类中并不包括所有的人，跨性别者在寻找伴侣时面临着特殊的挑战）。

女性在30岁以后，生育能力开始下降；而男人在快70岁甚至更大岁数的时候仍能生育后代。[罗伯特·德尼罗最小的孩子出生时已经68岁。不过，对那些相信自己时间多得是的男性，我建议他们不妨想象一下自己70岁的时候，用那只患有骨关节炎的老手哆哆嗦嗦刷手机找对象的情形。]

致我亲爱的女性读者：如果你想要孩子，并且希望自己带孩子，那么在考虑自己的恋爱窗口期时要把这件事考虑在内。这很重要。尽管你不需要伴侣也能生孩子，但这可能会影响你找对象的年龄。

虽然价格不菲，但你也可以考虑冷冻卵子。当然，这并不能保证你以后有孩子，但可以为你争取一些时间。我一过31岁，就去做了冷冻卵子，把由我伴侣的精子受精的卵子冷冻保存了起来。因为我们还没有准备好要孩子，所以想把这件事先暂时搁置起来。算是两手准备吧！

说起来就是不公平，和同龄的男性相比，作为女性，你更有可能先达到37%的参考点。我由衷地希望不是这样。但我也希望，你要认清形势并做好准备，而不是在以后的生活中被弄个措手不及，懊悔当初没有做另一种选择。

她告诉他一切都结束了，接着她装箱打包搬家，社交媒体上也换了新头像。

史蒂文独自一人坐在被搬空了一半的公寓里。没有沙发，没有电视，没有梳妆台，只有一张床、几把椅子和他煞费苦心研究后置办的超轻型露营装备。

当时，我觉得再也不会收到史蒂文的信息了。根据我和他们这类人打交道的经验，我估计他还会结识新女友——那些让他感到兴奋的女性，然后，当他觉得对这些人没有100%的把握后，还会再次分手。

大约一年后，他打电话给我。

“我遇到了一个人，”他告诉我，“一个我想和她共度余生的人。”

我既惊讶又兴奋：“跟我说说。”

“有个周末我们一起出去玩。我们骑自行车、做饭、做爱。我觉得这就是我要娶的人。”

听到他兴奋的声音，我也很高兴。但我不得不问：“那你脑子里原来那些声音还在吗？还想知道幸福指数是否还能提升5%吗？”

他笑了：“你瞧，这并不容易，但我一直在努力。我很感激和她在一起的日子。我不再想要是和其他人在一起会怎么样。我现在只知道，我可以和这个人一起经营我们的生活，一段美好的生活。”

史蒂文已经学会了满足，学会了接纳不确定的感觉，学会了基于不那么彻底的研究做出决定。通过努力，他改变了自己人生的标点符号：从一个完美主义者焦虑的问号变成了一个知足常乐者自信的句号。

起初，我以为史蒂文的故事会成为一种警示：不要让追求完美妨碍你取得成功。但现在我可以把它作为一篇成功的故事分享给大家。完美主义者，送给自己一份快乐的礼物吧，送给自己一份知足常乐的礼物吧！

总结

1. 完美主义者念念不忘的就是做出最佳选择。在做出选择之前，他们希望探索每一种可能的选项。即使做出了决定，他们也会不断怀疑自己是不是错过了什么。知足常乐者知道自己想要什么，一旦达到要求后就会停止寻找。他们并没有降低标准，他们只是在做出决定后就不再关心外面还有什么了。
2. 研究表明，知足常乐者通常更快乐。因为最终，你是否感到满意来自你的感觉，而不是决策本身。
3. 如今的婚恋文化造成我们很多人都是完美主义者。没有人足够优秀，我们总想知道和其他人在一起会不会更幸福。在亲密关系中的完美主义倾向会导致精神痛苦，决策过程的拖延会导致高昂的代价，以及失去机会。
4. 完美主义者认为，该和谁在一起是有正确答案的。但其实并没有。从文中的秘书问题可知，我们的恋爱经验很可能已经足够选出一个好伴侣了。这一认知可以帮助我们在做出决定后，不再操心外面还有什么更好的选项。合理化思维模式的力量也能帮助我们欣然接受自己的决定。

第五章

不再等待，开始约会

如何克服自我怀疑倾向

我在旧金山市中心一处隐蔽的露台上见到了我的新客户谢伊，那里距离他的办公室有几个街区。他35岁，身高约1.83米；他后来告诉我，在旧金山的犹太人婚恋市场中，他的身高占了不小优势。

和谢伊刚见面时，我对他知之甚少。他看上去自信而迷人。当他去排队为我们点咖啡的时候，我坐在桌旁，试图猜测他为什么要联系我寻求帮助。他是否在决定和谁约会时遇到了麻烦？还是需要有人帮助自己结束一段糟糕的感情？还是在经历了一场痛苦的分手后，想要重新开始？

他走回来，把拿铁咖啡递给我。“好吧，我想还是从头说起吧，”他说，“我从未有过女朋友。高中时候可能有过一个，但从那以后就没有了。”

得知他谈恋爱的经验如此之少，我大为惊讶：“你认为这是为什么呢？”

“我总觉得自己还没有准备好。”他说，“一开始，我想先找个稳定的工作；后来我找了一份很棒的工作，但我又想先存够了钱再来养活妻子；钱存得差不多了，我又开始了心理治疗，我想先完善自我。最近，我换了工作。我现在觉得，在工作没有重新稳定下来之前，我还是没有准备好谈恋爱。”

他解释说，他最后还是希望结婚、成立家庭，但他认为自己还没有准备好。他来找我只是因为他的父母逼着他来寻求帮助。

听他讲述的时候，你可能也会一直点头，赞同他说的话，觉得很有道理，这对他有好处。等他准备好了，就会去谈恋爱了。

但当我追问了更多的细节后，我发现谢伊早已经准备好了。他在一家大公司做了10年的律师，经济状况稳定。他有自知之明而且成熟稳重；他有业余爱好（他弹吉他——据他说弹得很差）；他有朋友，与家人关系密切。

我遇到过很多像谢伊这样的客户。他们看起来在婚恋市场上很抢手，但他们在谈恋爱方面并不主动。我称这类人为**自我怀疑者**。他们来找我是因为他们觉得自己应该谈恋爱了，但他们在采取行动上遇到了困难。当我问他们为什么不去约会时，他们会说出一堆借口：

“等我减了10磅[①]体重，我就去约会。”

“等我升职了，我就去约会。”

“等我读完研究生，我就去约会。”

“等我把个人交友档案上的照片换了以后，我就去约会。”

① 1磅≈0.45千克。——编者注

“等工作上的事情告一段落，我就去约会。”

……

我们都希望在某些方面取得进步，但这些愿望可能会变成借口。我完全理解——谈恋爱没那么简单，甚至有些可怕。自我苛求者被恐惧束住了手脚：害怕被拒绝，害怕失败，害怕自己不够好。难怪他们不肯谈恋爱。一件事情，如果你不做就不会错，难道不是吗？

但是，那些想等到自己百分百准备好再去做事的人，没有意识到自己失去了很多机会。

为什么等待是错误的

你永远不可能等百分百准备好再去做事，包括谈恋爱这件事。

你想等到自己完美了再去谈恋爱，这我完全理解——如果过早地遇到了意中人，而对方因为你不够好而拒绝了你怎么办？

对于自我怀疑者来讲，在他们心目中有这样一幅画面：某天醒来，发现自己准备好了。但这幅画面是虚幻的，因为生活并不是这样的。所有人都会在某些时候感到尴尬、难堪；大部分人在高压下都会觉得紧张；很多人都有自己不愿示人的难言之隐。然而，同样是这些人，他们都出去约会、亲吻，会坠入爱河、分手，会再次坠入爱河，然后结婚。最终，你还是要出去找对象，开始约会，你还是会不完美。其他人也一样——即使是最后和你共度一生的那个人，也一样不完美。

顺便再说一点，即使你真的达到了心目中的完美状态——比如，获得了升职或者减掉10磅体重——然后开始一段感情，你难道不担心他们对你的爱是有条件的吗？如果你丢了工作，陷入困境，迷上了切达干酪，一下子胖了25磅，他们会因此离开你吗？

当你一味等着完全准备好再出去约会时，你失去的比你想象得更多。经济学家经常提到决策的机会成本——也就是你做出这个而非那个选择时所付出的代价。假设你面临两个相斥的选项，选项A和选项B。如果你选择了B，你的机会成本就是放弃A时所失去的东西；反之亦然。一个简单的例子可以帮我们说明这个概念。

想象一下，你的选项A是读研究生，选项B是继续现在的工作。两年读研的学费加上生活费总计20万美元。如果我问你，读研究生要花多少钱，你会怎么回答？你会说："是20万美元。"对不对？

不对，你忽略了机会成本。如果你去读研，你就不能继续全职工作了。所以，读研的总成本要包括你放弃了现在工作的工资。所以，读研的真正成本是20万美元的学费和各类开销，再加上你如果不上学而工作两年能挣到的钱，也就是20万美元加上你当前工作的两倍年薪。

再举一个例子。你正在权衡是去酒吧参加朋友萨曼莎的生日派对，还是去同事大卫家参加他的乔迁派对。当你考虑参加萨曼莎派对的代价时，不仅要考虑到达那里花费的时间，你可能在酒吧里花的钱，或者第二天宿醉的糟糕感觉，还要加上机会成本，也就是不参加大卫派对而错过进一步了解他和你的同事们的机会。

再说说谈恋爱。自我怀疑者会等到他们更有信心、更有钱，或是其他方面更好之后再去约会，但他们却忽略了不去约会的机会成本。

失去了学习的机会

第一个机会成本是失去了学习的机会。如果你没有和不同的人约会过，你就不知道自己喜欢什么人（以及不喜欢什么人）。很多约会所起的作用就是迭代——让你随着时间不断学习，不断改变和调整，特别是当你对自己喜欢或者看重的品质出现认识上的偏差时（在第八章会详细讨论这个问题）更是如此。你觉得自己想这样，然后去尝试，结果发现自己并不想这样；吃一堑，长一智，于是你进步了。也许你爱上了一个神秘的人：孤傲、放荡的太阳马戏团演员，他曾经搭顺风车横穿马达加斯加岛，自己缝裤子。然而，约会了几个月以后，你意识到，虽然神秘感一开始很吸引人，但你心仪的伴侣是温暖和饱含深情的人（而且裤子干净整洁）。如果你不出去约会，你就不会一步步发现你究竟想和什么样的人建立长期的亲密关系。

以我的客户晶为例，她31岁才有第一次约会。从小到大，她家里经常搬家，所以她从未有一群从小玩到大的朋友，更不用说闺密了。大学期间，她很用功，也很害羞。她交了一些新朋友，但大学里约会的固定套路对她来说完全是陌生的。“我都不知道怎么跟别人眉目传情，”她坦白道，“我从来没学过。”

大学毕业后，她进了一家广告公司做实习生。她努力工作晋升到了首席文案一职。她把自己变成了自己喜欢的人——精致、诙谐、热情——但她仍然没有出去约会。她迟迟不愿意尝试，因为她感到自己远远落后了。

她现在意识到，因为经验太少，所以在寻找合适伴侣方面很困难：“我错过了尝试的机会。我不知道自己喜欢什么，不喜欢什么。而现在，如果没有这方面的信息，找对象会很难。”

约会需要反复练习

自我怀疑者不去约会，也失去了提高约会技巧的机会。我常常感到惊讶：我的客户中有很多人认为，他们天生就应该知道如何约会。约会一点都不简单！和其他事情一样，掌握它同样需要时间。

我告诉我的客户，他们需要反复练习。一次约会就是一次练习。在健身房里，多次练习能让你变得更强壮；在谈恋爱上，多次约会能让你变得更老练。

当你坐在家里想着自己还没有准备好出去约会时，和你差不多的人已经在进行首次约会了。他们正在提高讲故事的能力，训练倾听的技巧，练习如何法式接吻。他们正在打磨自己的约会本领，在反复练习。

晶告诉我，她仍然觉得自己像个新手："当我本该为人生大事做好准备的时候，我却在犯新手的错误。"事实上，每个人在开始时都会犯一些新手的错误。无论你什么时候开始约会，你都会犯这些错误，所以你最好现在就开始犯。

约会有点像脱口秀（尽管受到陌生人起哄的机会可能少一些）。它们都是面向观众的艺术。脱口秀演员总是说，在家里想出的笑话只能叫文案，只有在一群观众面前说出来，才能叫段子。脱口秀演员知道，没有人能在第一次拿起话筒时就博得满堂彩，他们需要在实践中学习。这就是为什么初出茅庐的脱口秀演员要竭尽全力争取上台表演的机会。在网飞的喜剧节目《小眼镜蛇》（*Baby Cobra*）大红大紫之前，黄阿丽每天晚上都赶好多场，在小俱乐部里一遍一遍地打磨她的段子。

约会也是一样。你需要练习如何提出一些有趣的问题，如何用令人信服的方式表达自己，如何把握时机过渡到初吻；这些都是你要练习的。如果你只是一个人坐在那里“做准备”，你是学不到这些技巧的。提高约会技巧的唯一方法，就是真正去约会。

不再犹豫，开始约会

行为科学警告我们，当我们打算做某件事却没有采取行动真正去做的时候，会出现可怕的意图–行为鸿沟。你的意图是开始约会，但你可能陷入了想要去约会和真正去约会的鸿沟中难以自拔。为了帮你迈出这一步，这里有一些技巧，它们来自行为科学工具包。对于晶来讲，它们很管用。在经历了几次笨拙的首次约会，和几次不那么尴尬的第二次、第三次、第四次约会后，她已经和第一位男朋友确定了关系。

第一步：设定截止期限

设定截止期限是激励人们采取行动最有效的方法之一。较近的截止期限尤其有效。想象一下，你收到一封银行的电子邮件，要求你修改密码，他们没说截止期限，你做这件事的可能性有多大？你可能想过要修改密码，但看起来你可以在任何时候做这件事，所以你很可能在真要行动之前已经把它忘了。你会落入意图–行为鸿沟之中。

现在再想象一下，你的银行给你发来邮件：“在今天之内修改你的密码。”在这种情况下，你有一个期限很短、时间明确的截止期限。为了避免错过，你很可能会立即修改密码，或者在当天晚些时候专门留出时间来修改密码。不管怎样，在截止期限较近的情况下，你更有可能采取行动。

科研人员研究过适宜的截止期限产生的影响——也就是期限较短，但仍然可行的截止期限会产生的效果。行为科学家苏珊娜·舒和阿耶莱特·格尼兹对人们兑换面包店礼品券的频率进行了研究。当礼品券的有效期是两个月的时候，只有不到10%的人过来把它兑换成糕点。（时间还早着呢！）但当礼品券的有效期只有三周时，突然间，超过30%的人兑换了礼品券。在第一种情况下，人们觉得这件事可以以后再做，所以推迟了行动。随着截止期限缩短，人们意识到他们可能会错过机会，所以会更快采取行动。

自我怀疑者们，是时候设定一个出去约会的截止期限了。我建议这个截止期限设定在从现在起三周后。这段时间足够你完成准备工作（就是我在下面列出的约会前的准备工作），但又不会太长以至你失去了动力。

第二步：做好准备

一旦设定了截止期限，你就要开始完成约会前的准备工作：下载交友应用软件；准备几套可靠的约会服装；可以考虑去上一门沟通课，学习如何认真倾听，如何与他人融洽相处。

当你下次和朋友一起吃饭的时候，注意一下你是更多地关注自己（我的感受是什么？）还是在认真倾听，对别人讲的东西好奇（这个人要说的是什么？）。

如果你已经有一段时间没有去约会了，你需要去拍一些漂亮的照片。我有个客户很害怕网上交友。她总是说："我没有好照片放在我的个人档案里。"我说服她花了点钱，拍了几张漂亮的大头照。她拿到照片后，终于觉得可以开始了。她下载了交友软件，她的照片立刻得到了积极的评价，第二周就出去约会了。你当然不需要在专业摄影上挥霍。挑选漂亮的光线，请好友用一部好手机为你拍上几张靓照，就足够了——哦，别忘了，一定要打开人像摄影模式！

作为准备工作的一部分，你可能需要开始心理治疗或者找个心理教练。是什么让你畏首畏尾？你难以启齿的恐惧是什么？过去发生过什么事阻碍了你前进？但是，接受心理治疗并不是不去约会的借口。这不是一件立竿见影的事情，不要指望在几周内就能焕然一新，变得更完美，然后就"完全准备好"去约会了。你要在投入心理治疗的同时去约会。

第三步：告诉其他人

如果公开宣布自己的目标，你就更有可能专注于这些目标。由社会心理学家凯文·麦克考尔领导的一支研究小组，用一个有趣的实验验证了这一点。他们把学生分成两组，这些学生马上会迎来一次特别困难的考试。他们要求其中一组学生告诉同组的人他们的目标分数是多少；另一组学生则彼此保密。他们发现，告诉别人自己目标的人对目标更上心，会花更多的时间学习，准备考试。他们达到目标并取得目标分数的可能性比另一个小组高出20%。

告诉两三个你最亲近的朋友或家人，你要开始约会了。告诉他们你的截止期限。一旦你公开宣布了这件事，你就会有更多的动力去行动，因为你的声誉现在面临考验（额外的好处是：当你告诉周围的人你要找对象了，他们就会给你介绍对象。在第九章中，你会读到如何请别人给自己介绍对象的实用技巧）。

第四步：投入到你的新身份中去

我们每个人都有不同的身份：女儿、朋友、碧昂斯的粉丝、跑步爱好者等。在任何特定的时刻，我们倾向的身份不同，行为也会不同。斯坦福大学和哈佛大学的一组研究人员发现，实际上，人们可以通过强化某种身份来改变行为。他们在选举周对登记的选民进行了调查，问其中一组人："对于你来讲，去投票有多重要？"对于另外一组在人口结构上完全相同的群体，他们的提问方式略有不同："作为选民，即将开始的选举对你而言有多重要？"之后，他们分析了投票记录，看谁真的去投票了。他们发现，在问题中被强调选民身份的那些人来投票的比例，比那些在问题中只强调投票行为的人高了11%。

虽然这两组人可能都打算来投票，但那些被提醒过，想到自己是选民的人更有可能按照自己的计划去投票。他们认为自己是选民，而不仅仅是投票的人。当身份得到了强调，他们就更有可能去投票。

你可以利用这个杠杆来激励自己开始约会。强调你是约会对象，而不仅仅是去约会的人。站在镜子前大声说："我正在寻找爱情，我是约会对象。"这听起来是不是荒唐可笑，尤其是在你还没有开始约会之前？当然了！但无论如何你都应该这样做。

我曾经有个客户叫雅各布。第一次打电话的时候，他说自己非常胖。他告诉我："我妈妈胖，我爸爸胖，我们都胖。"

他在一家非营利机构中工作，是学习和发展团队中的一员。他负责欢迎新员工加入公司，并给他们进行上班第一周的入职培训。"我天天都会遇到新人，在社交方面完全不是问题。我只是讨厌约会，因为我对自己的身材感到自卑。我该怎么办？"

雅各布说，他以前尝试过减肥，但后来照样反弹，回到了和减肥前一样的状态——对自己的体重和单身状态不满。每周谈话，我都试着帮助雅各布把自己看成一个约会对象，而不是一个期望减肥成功然后开始约会的人。他对着镜子做练习。他讨厌那样，但还是照做了。

有一天，也许是受到最近一期《粉雄救兵》[1]上马拉松比赛的启发，我们没有像往常一样谈话，而是去购物了。是时候向他的身体展示一些爱意了。

他走出更衣室，说："哇，我差不多算是好看了。"

我笑了。在一位时髦的销售助理小哥的帮助下，我们了解到他以前买的衣服都大了两个码。他买了一些漂亮的新牛仔裤、夹克和衬衫。

在接下来的几个月里，我们找到了提高他自尊心的方法，就是让他把注意力集中在他最好的品质上——比如，他美丽的眼睛，还有略带恶趣味的幽默感——而不是等待一个可能永远不会出现的新身材。

随着时间推移，他越来越把自己看成是约会对象了。他继续对着镜子练习，开始不那么讨厌自己了。他下载了一款交友软件，试图每周至少约会一次。一个周末，他和一位从丹佛来旧金山出差的大学老友再度重逢。他们俩一起出去散步时，他给她讲了自己的约会历险记。她则第一次把他看成了潜在的婚恋对象。

她第二次来旧金山的时候，他们俩约会了，然后是另一次

① 《粉雄救兵》是美国一档真人秀节目，每一集都会由节目主持人"神奇五人组"（Fab 5）为一般是异性恋的男子在服装、室内设计等方面进行改造，并给予他们一些打扮、生活方式与烹饪方面的建议。——译者注

约会。他去丹佛看望她，然后她又来旧金山。一年很快过去了：他刚到丹佛定居，和她住在了一起。我们最后一次谈话时，他志得意满。他终于拥有了以前从未奢望过的东西：一段幸福、健康的亲密关系。

他没有减肥，而是抛掉了这个自我设限的身份。他把自己看成一个积极的约会对象，而不是一个以后会谈恋爱的人。这里的诀窍在于改变对自己的看法。

一旦你把自己看成约会对象，整个世界也会这样看你。

第五步：从点滴做起

心理学家埃德温·洛克和加里·莱瑟姆发现，设定明确的目标不仅让你更有可能实现目标，还能带来更大的动力、信心和自我效能。

一般来说，我建议客户们每周至少约会一次。你应该主动在日程表上为约会留出时间。我有一个客户设定了一个目标，每周三下班后去约会。时间长了，一周总是被分成两半，反而给她带来了一些期待感。另外，如果约会顺利的话，她可以在那个周末再和对方见面。

第六步：对自己保持同情

听着，我知道约会很难。你迈出这一步，也许是人生的第一次。这当然会吓坏你，你也可能会受到伤害，或者伤害到别人。

当约会没有像你期望的那样发展时，试试换一种口气，用对好朋友说话时的那种口气对自己说话。想象那位好友给你打电话时说：“这有什么意思呢？这么干根本行不通。我其实就是不够好。”

听了这话，你会如何回应？你肯定不会落井下石，对吧？你可能会试着鼓励他：“别泄气嘛！只是一次约会而已。你能迈出这一步，就相当不简单呀。即便这次约会不怎么样，但我打赌你肯定学到了一些东西。”

学会做自己的拉拉队队长，学会用同情的口气对自己说话。

这一点对谢伊来讲很关键。谢伊就是本章开头的那位自我怀疑者。通过我们的共同努力，以及每周一次的治疗，他学会了接受自己现在的样子，而不是专注于未来想成为的样子。他目前单身，正在和人约会。（如果你认识某个人，青睐个子高、为人体贴的业余吉他手，请告诉我！）

现在轮到你了。就从今天开始行动吧——如果不是现在，还要等到什么时候呢？

exercises

练习

完成下面的准备工作

- □ 我从这个日期开始，正式约会：____________
- □ 我至少下载了一个交友软件。
- □ 我至少有五张照片可以用在我的个人档案里。
- □ 我有两套约会时穿的衣服。
- □ 我已经告诉至少两个朋友我要开始约会了。
- □ 我已经站在镜子前说："我正在寻找爱情，我是一个约会对象。"（或者至少要说"我认为自己是个约会对象！"）
- □ 我承诺每周至少约会一次。
- □ 我正在练习用同情的口气对自己说话——就像我对小朋友或者好朋友说话时那样。
- □ 如果遇到障碍，失去动力，我承诺会再试一次，而不是放任自己回到自我怀疑的老路上。

停止和你的前任联系

最后还有一件事：我已经发现，在我的客户中，很多带有自我怀疑倾向的人之所以挣扎，不愿意认真地投入约会，是因为他们还记挂着前任。不过，这些建议同样适用于所有希望恋爱的人士：停止和你的前任联系。

我们可以把跟前任保持联系（保持暧昧或者可能暧昧）看成是给自己留后路。你希望有回头的余地，可以改变对这段感情的看法。这种本能，就像本书中探讨的许多其他问题一样，是错误的。和前任藕断丝连只会让我们更难——而不是更容易——往前走。

科学研究证实了这一点。作为实验的一部分，哈佛大学的心理学家丹尼尔·吉尔伯特和简·艾伯特为学生们举办了几次为期两天的摄影学习班。学生们在校园周围拍照，并在指导教师的帮助下把照片冲洗出来。在学习班结束时，指导教师告诉学生们，他们可以从自己洗好的照片中选一张参加伦敦举办的特别艺术展。其中一组学生被告知，他们必须在当天选好一张照片并寄出去，选好后就不能改主意；另一组学生被告知，先选出一张照片，但过几天会有人打电话来，看看他们是否想改变自己的选择。

当指导教师问第二组学生是否想更换照片时，很少有人愿意。但当研究人员调查全体学生后发现，相比那些可以更换照片的学生，那些不能更换照片的学生对自己的照片更满意。为什么第二组学生没那么满意？而且在他们中的大多数最后仍坚持最初选择的情况下没那么满意呢？

虽然出于本能我们喜欢可以更改的决定，不喜欢无法更改的决定，但从长远来看，这种灵活性却让我们感到不快乐。我们经常想改变决定——把新买的手机退回去，把航班改到另一天，用“可能参加”这样的字眼回复邀请。但事实证明，就像那些可以更换照片的学生一样，我们对那些可以更改的决定没那么上心，而全身心的投入对获得幸福感至关重要。

正如我们之前讨论过的那样，一旦决定了某件事，你的大脑就会开始神奇的合理化过程，说服你相信自己做出了正确的选择。你会回溯性地把更多的正面特征归因到你选择的事物上，把更多的负面特征归因到你没有选择的事物上。那些必须一锤定音的学生立刻开始了合理化过程，喜欢上他们选择的照片；那些有机会改变决定的学生会花上一周的时间翻来覆去，反复权衡。这让他们产生了一种不确定的感觉。所以，即使坚持最初的选择，他们也不会信心十足。当你的大脑接受了一些事情而你又继续前进时，你就不会为你的决定烦恼了。

换句话说，我们希望自己的决定可以改变，但从长远来看，不可改变的决定会让我们更快乐。和前任藕断丝连，为旧情重燃埋下伏笔，让你分手的决定变成了一个可以改变的决定。你要把它变成一个不可改变的决定，你要翻过这一页，继续往前走。

那么，你昨天又和你的前任私聊了吗？如果你还在暗恋他，默默想着是不是能重归于好，试试以下**七个简单的步骤，把他像烫手的山芋一样扔掉。**

1. 深呼吸。

2. 拿起电话。

3. 删掉他的电话号码。

4. 拉黑他。在所有地方拉黑，包括社交媒体、电子邮件以及你的床上。如果他的母亲或姐姐也是你的好友，就一起拉黑。（这听上去有些不近人情，但这是一种自我保护，防止你以后看到他母亲贴出一张他和新女友在槲寄生树下一吻定情的照片。）

5. 把他的电话号码全删掉。我知道你还在其他地方存着它，我会等着你都删掉。

6. 把你的手机摔烂。（开个玩笑，不过在你刚分手的时候，的确要限制自己看手机的时间）

7. 哦，还有，别忘了支付软件“Venmo”。看到你的前任通过“Venmo”给某个新欢转钱——什么？天啊！还加上了一个色色的暧昧表情?! **他可从来没给我发过这个表情！**这对你的情绪健康没有任何好处。

也许这有点危言耸听——偶尔查看前任的照片墙或者脸书会有多大害处？但是心理学家塔拉·马歇尔和阿什利·梅森为此提供了更多的证据。在一份研究报告中，马歇尔写道：“通过脸书关注前任可能会阻碍治愈和恢复的过程。”梅森发现，与前任交谈对你的心理健康有害。而且，看在上帝的份上，千万不要和前任上床！梅森还发现，“与前任发生性关系”是作茧自缚。换句话说，和前任太过暧昧（或者和前任上床）只会延缓摆脱他们的过程。

所以，帮自己一个忙，别给自己留后路。不要和你的前任联系！让你的决定从可以改变的决定变成不可改变的决定。

总结

1. 自我怀疑者迟迟不肯去谈恋爱，是因为他们觉得自己还没有100%准备好，他们希望展示出自己最好的一面。但是，对任何事情，任何人都不会100%准备好。或早或晚，你总需要开始行动。
2. “完美的自己”是个谎言。其他人也一样——即使是最后和你共度一生的那个人，也一样不完美。
3. 自我怀疑者迟迟不出去约会，其实是错过了磨炼约会技巧的机会，也错过了发现自己喜欢什么类型的人的机会。
4. 下面是你克服自我怀疑、犹豫不决倾向的方法：
   - 为自己设定截止期限；
   - 为新的恋爱生活做好准备；
   - 告诉其他人你的计划；
   - 投入“约会对象”的新身份中去；
   - 从小目标做起；
   - 用同情的口气对自己说话；
   - 斩断和前任的所有联系！

第六章

了解你的依恋类型

如何管理你的依恋类型

我是在芭蕾健身课上遇到薇薇安的。她总是第一个到，甚至在上课前就充满热情地做着提臀和微蹲这些动作。我也喜欢早一点来健身房，主要是为了缓和焦虑的情绪，生怕自己找不到好位置。我们每周都能见到对方。很明显，当我们的老师迟到时，我们俩都努力装出并不生气的样子。

有一天早晨，我们开始聊天，结果发现我们有很多共同之处。我们在东海岸有几个共同的好友。我们在同一年搬到了旧金山，还喜欢附近同一家咖啡馆。我们开始在下课后一起去那里喝咖啡。

在咖啡馆里，她向我坦白道："所有我喜欢的男人都不喜欢我，但是所有喜欢我的男人，我都觉得他们很乏味。"在我们排队等着点咖啡的时候，她扫视了一圈，低声问我："我该怎么办？我该将就吗？"

薇薇安不认为自己是一个能够降低标准的人。她在一家大公司的公关部门工作，负责所谓的"危机公关"。那一年以及之前的几年，危机没完没了；她随时都要保持战斗状态，应付各种法律诉讼或者网上的负面舆论。她每周健身五次，严格保持吃素食的习惯，而且刚刚获得了航海执照。这个女人掌控着一切，只有感情生活除外。

薇薇安知道我是一位婚恋匹配指导师。我们以前闲谈时，她提过几句自己的感情生活，但这次是她第一次真正敞开心扉。

“好吧，让我们从这个问题上后退一步，你以前的恋爱经历是怎么样的？”我问道。

“令人失望，”她说，“我和一个人谈了两年，我甚至都不知道我们是不是在谈恋爱。他肯定认为不是。在纽约的时候，他和我住同一栋公寓楼；只要他愿意，我们就会在一起。然后就是现在这一位，是我刚搬过来的时候，在工作中认识的。他传达的信息含混不清，最后不了了之。最近，我一直在用交友软件，我似乎已经约会过100万次了，但只要有人说喜欢我，我立刻就会失去兴趣。你说，我到底是怎么了？我是受到诅咒了吗？我会孤独终老吗？”

我笑了：“不，你没问题。你又漂亮又有趣，还知道怎么开船。我只是觉得你可能找错了人。”我试着靠着垫子保持不动，但感觉自己慢慢进入了心理辅导模式。我想帮助她。

“找错了人？我没说过非要找个高富帅呀。”

“我不是这个意思，”我打断她说，“你听说过依恋理论吗？”

依恋理论基础概论

在我对客户解释的人际关系科学理论中，影响最大的就是依恋理论。这是一个常用的分析框架，可以解释我们为什么会被某些类型的人吸引，我们过去的感情关系为什么没有成功，以及我们为什么会被某些坏习惯困扰。

这类书籍建议你全面地读一读，比如，阿米尔·莱文和雷切尔·海勒合著的《读懂恋人心》(*Attached*)，以及苏·约翰逊所著的《依恋与亲密关系》(*Hold Me Tight*)。不过，依恋理论的确对我的朋友、客户以及我自己的生活都产生了巨大的影响，所以我想在这本书中也介绍一下它的内容。我的一些客户在感情生活中挣扎了很多年。他们学习了这套理论的框架，利用它彻底改变了自己的行为方式。这并不容易，但很有效果。我认识不少人，把他们成功的婚姻归功于依恋理论告诉他们的事。(显然，我非常“依恋”依恋理论。)

点好饮料后，我和薇薇安坐在咖啡馆尽头一个满是垫子的角落里。我开始解释什么是依恋理论以及它为什么那么重要。

这一切都要追溯到英国发展心理学家约翰·鲍比的研究。他相信，孩子对母亲有一种固有的依恋。后来，美国心理学家玛丽·爱因斯沃斯进行了一项如今非常有名的实验：“陌生情境测验”，旨在研究儿童的不同依恋类型。她把母亲和婴儿（12～18个月大）请到她的实验室，在一系列不同的情景中观察他们。

首先，母亲和婴儿进入一间都是玩具的房间。因为母亲是安全堡垒（指如果需要，就能提供帮助的人），所以婴儿在房间里面玩耍和探索感到很安全。然后，实验助理指示母亲离开房间，并观察婴儿在母亲离开房间以及几分钟后回来时的反应。这个实验考察了婴儿在暂时失去安全堡垒的情况下，是否相信自己的需求会得到满足。

一些婴儿在母亲离开后，马上就表现出悲痛的样子。当母亲回来时，这些孩子会暂时得到安慰，停止哭泣，但随后会愤怒地推开母亲，再次开始哭泣。爱因斯沃斯称这些是**“焦虑型依恋”**的婴儿。

还有一些婴儿在母亲离开时开始哭泣，但母亲一回来就停止了，很快又开始玩玩具了。这些是**“安全型依恋”**的婴儿。

第三种婴儿对母亲离开房间没有反应，母亲回来时，他们也没有表示。他们假装没有受到这种情形的困扰。但是研究人员从这些婴儿的心率和血压水平的提高中可以看出，他们和那些哭泣的婴儿一样不安。这些是**“回避型依恋”**的婴儿。

爱因斯沃斯和她的团队得出结论，对于依恋和关注，我们每个人都有同样的需求，但我们会根据照顾自己的人的不同，发展出不同的应对策略。

过了一些年，研究人员发现，同样的理论也适用于成年人——我们被什么样的人吸引，我们和他们的关系如何，我们为什么在很多人际关系上成功或者失败，也和我们的依恋类型有关。但是，先不要因为你的感情生活不如意就责怪你妈妈，因为在决定成年人的依恋类型时，我们和父母的关系只是众多因素之一。

“那我是哪种类型？”薇薇安问。

“这个嘛，”我说，“那些焦虑型依恋的婴儿在母亲离开房间的时候哭泣，在母亲回来时继续哭。婴儿担心自己的需求得不到满足，因此要发泄愤怒和沮丧；成年人害怕被抛弃，希望一直和他们的伴侣保持联系。”

“这就是我。”

我看着薇薇安，笑了。因为我上周没来上课的时候，她连珠炮似的给我发了7条短信。

焦虑型依恋的人，他们的大脑中充满“激活策略”，迫使他们忙不迭地重新恢复亲密感。例如，他们可能会一刻不停地想着自己的伴侣，或者，会一直想着伴侣的优点而看轻了自己的优点。这种扭曲导致了恐慌。如果没有立即得到伴侣的回复，他们就担心自己是不是被抛弃了。只有当他们一刻不停地与伴侣联系时，才能摆脱焦虑。这也导致他们会一头扎进某一段感情中，并在这段感情逝去后，依然不肯放手。因为他们害怕孤独，担心这是他们唯一得到爱情的机会。

我说：“我不是在指责什么，焦虑型依恋的人通常会有“‘抗议行为’。”

焦虑型依恋的人的行为通常是为了吸引伴侣的注意。他们可能会过于频繁地打电话或者发短信；或者以离开为威胁，意图引起对方妒忌；或者通过挂断电话、不接电话来引起对方关注。

那些回避型依恋的婴儿，即使感到同样的不安，但在母亲回到房间时表现得漠不关心。他们觉得不能依赖照顾他们的人，因为这些人只能满足他们的部分需求。他们长大后会变成回避型依恋的成年人：他们装作不想和别人发生联系，尽可能减少被拒绝后的痛苦。他们不相信可以依靠别人来满足他们在感情上的需求，所以他们总是避免与任何人走得太近。当关系越来越亲密时，他们就试图离开。这些离开的尝试叫作“去激活策略”。如果你听到有人说，“我还没有准备好和你明确关系”，或者“我只是需要一些空间”，或者“我的工作太忙了，所以我现在还不想深入”，那么你就是遇到了回避型依恋的行为了。

这种依恋类型的人往往会仔细琢磨伴侣不如人意的地方，并以此为借口离开，重获自由。他们幻想着如果单身了或者和另外的人在一起会更快乐。

当我描述回避型依恋时，薇薇安点了点头，说：“这听起来跟我以前约会过的每一个人都一样。”

“别对自己太苛刻了。”我对她说。这种恋爱模式其实非常普遍，被称为“焦虑-回避循环”。焦虑型依恋的人预料到他们的伴侣试图离开，所以反过来追得更紧。这是薇薇安与住同一栋公寓楼的前男友之间发生的事。

“就是这样，”薇薇安说，“我以前总想知道：**他会给我回电**

话吗？我这个周末能见他吗？”被拒绝的可能性造成了焦虑，薇薇安对这种意乱情迷的滋味感到迷惑不解。当对方真的开始疏远时，她的感觉就更强烈了。

与此同时，回避型依恋的男人可能正在经历着完全不同的事情。这种依恋类型的人害怕失去独立。所以，当薇薇安开始拉近和他的距离时，很可能会强化他对亲密关系的扭曲看法，反而让他想逃得更远。

“如果你用这种方式思考，”我说，“焦虑-回避循环可以解释你碰到的事情。回避型依恋的人非常善于拒绝、疏远别人；直到对方特别执着的时候，他们就会结束这段关系。”

“如果我不执着，那就不是我了。”薇薇安说。

服务员终于端来了我们的饮料。薇薇安向窗外望去，注视着咖啡馆外的长椅上坐在一起的一对夫妇。“那最后一类婴儿呢？当他们的母亲回来时会停止哭泣的婴儿呢？”她问道。

“那些叫作安全型依恋的婴儿，他们相信自己的母亲会满足他们的需求。安全依恋型的人是理想的伴侣。他们稳重可靠、值得信赖。他们会避免戏剧化的激烈场面，如果避免不了，在戏剧化场面到来时，也会设法缓和它。他们随和、宽容、善于沟通。他们表里如一，为亲密关系创造出健康的边界。他们很享受亲密关系。与回避型和焦虑型的人相比，和安全型依恋的人在一起更容易获得美满的亲密关系。”

“我压根儿没有和这样的人约会过，”薇薇安答道，“安全型依恋的人有多少呢？难道只占总人口的1%？”

事实上，有50%的人是安全型依恋，20%的人是焦虑型依恋，25%的人是回避型依恋，而后两类人往往纠结在一起，陷入焦虑–回避循环。这看起来似乎是个好消息。问题是，虽然安全型依恋的人占总人口的50%，但在单身人口中所占的比例要小得多，因为安全型依恋的人往往很快就被抢光了。他们善于建立健康的亲密关系，所以他们很快就会留在这段关系里。因此，在婚姻市场上见得更多的都是焦虑型以及回避型的恋爱者。

听我解释完这一切，薇薇安叹了口气，说：“我放弃了。”说完，她一口气喝干了最后一点奶昔。

尽管嘴上这么说，但她没有这么做。

exercises

练习

确定你的依恋类型

如果你对自己的依恋类型感到好奇，试试回答以下的问题：

1. 对于亲密关系和亲昵行为，你感到自在吗？你在多大程度上会避免亲密关系？

2. 伴侣对你的爱意和兴趣让你感到焦虑吗？你

是否经常担心你们之间的感情关系？

如果你渴望亲密关系，但你对这段感情的未来，对伴侣对你的兴趣程度缺乏安全感，那你可能就是焦虑型依恋的人。当你们的关系太过亲密的时候，如果你感到不舒服，认为自己更重视自由而不是亲密关系，你可能就是回避型依恋的人。如果你对彼此亲密感到自在，对一个人独处也感到自在，而且并不怎么担心你们的感情，那你就是安全型依恋的人。

你可以在我的网站loganury.com上做在线测试，确认你的依恋类型。

寻找安全型伴侣

尽管薇薇安说要放弃，但在我们谈话后的几个月里，她还是在努力尝试改变约会方式，她开始寻找安全型依恋的人。这需要时间。她和新结识的人出去约会，然后抱怨他们乏味。当我深入询问时，我发现这通常意味着这个人对她很好。比如，她告诉一位已经和她约会过两次的男士，她下个周末要去西雅图出差，对方给她发来一张清单，上面是推荐的餐馆。她向我讲述完这件事，说："这就是我再也不想见他的原因。"

"等等，你说什么？"我说。

“他显然太喜欢我了，真够可悲的。”

我尽最大努力帮助她换个角度看问题。这个人喜欢她，只是想帮她的忙。这是一种安全型行为，不是什么可悲的行为。我们开始一起努力，帮她打破焦虑–回避循环。

如果你的故事与薇薇安的类似，并且相信自己同样是焦虑型依恋的人，那这也是你的家庭作业。当然，我并不是说每个你觉得乏味的人其实都是安全型依恋的人。他们可能真的很乏味。但现在是时候停下脚步了，别再玩追逐游戏了。这就是我对薇薇安提出的挑战：试着和安全型的伴侣约会——那些说给你发短信就会给你发短信的人；那些让你知道他们在想什么的人；那些不跟你玩游戏，避免戏剧性场面或者在戏剧性场面发生后，会尝试降低它影响的人。

对于回避型依恋的读者也是一样，你们也要找到一个安全型依恋的伴侣。

学会自我调节

与此同时，你可以努力让自己变成安全型依恋的人。人这一生的依恋类型相对固定，不过，大约有1/4的人可以在四年多的时间里改变他们的依恋类型。这需要努力，但你的确可以改变自己的依恋类型。

薇薇安决心做出改变，这对她来说意味着去学习如何**自我**

调节——管理破坏性的冲动和情绪。她训练自己在没有立即收到回复时不要惊慌。遇到这种时候，她要么出去散步，要么给朋友打电话来缓解自己的焦虑（这两种方式都比给前一天在办公室的电梯里遇到的男人发14条短信更健康）。

对于那些回避型依恋的人，当你感觉自己想要疏远时，注意你的感受。学会向对方要求空间，和对方加强联系，而不是消失在自己的空间里。或者，当你发现自己正盯着伴侣的缺点不放，想借此分手时，尝试一种不同的方法：训练自己去寻找对方积极的品质。牢记一点：人无完人，如果你离开了，你遇到的下一个人也会是不完美的。

主动去改变自身固有的依恋类型这件事很有挑战性。我们之所以成为现在的样子，有很多是潜意识里的原因造成的，挖掘过去可能会带来意想不到的结果。我们和母亲的关系对我们的依恋类型有什么影响？如果我们现在找到了更健康的依恋类型，是否意味着我们背叛或者抛弃了她？你可能不得不面对一件事，就是你没有从你最需要的人那里得到你需要的东西。许多人发现和心理治疗师讨论这些问题很有帮助。

每次芭蕾健身课结束后，我都和薇薇安继续讨论她的感情生活。很快，当男人们开始对她感兴趣时，她不再说他们“乏味”了。她骄傲地给我发短信，告诉我她拒绝了一个追求者，因为他明显是回避型依恋的人。你猜怎么着？大约六个月后，她遇到了一个英俊的小伙子，他刚从休斯敦搬到旧金山。他们初次约会后，一个周五的晚上，他打电话给她说："我真的很喜欢你，我想明天再见到你。"她不再觉得他"可悲"了。第二天，她接受他的邀请，和他一起外出吃了早餐。早餐变成了散步，散步又变成了和她的朋友们在一家啤酒厂见面。啤酒厂见面又变成了喝醉了坐出租车回到他家。两年后，他们仍然在一起。

总结

1. 依恋理论是理解亲密关系的一个常用框架。它可以解释为什么你会被某些人吸引，为什么过去的亲密关系没有成功，为什么你会陷入某种糟糕的习惯模式中。
2. 如果你渴望亲密关系，但你对这段感情的未来、对伴侣对你的感兴趣程度缺乏安全感，那你可能就是焦虑型依恋的人。如果你对亲密关系感到不舒服，更看重独立而不是彼此的关系，你可能是回避型依恋的人。如果你对彼此亲密感到自在，对一个人独处也感到自在，而且清楚独处和亲密的界限，那你可能是安全型依恋的人。
3. 安全型依恋的人占总人口的50%，但在婚恋市场上比例不高，因为他们较容易建立一段亲密关系并维持下去。焦虑型依恋和回避型依恋的人经常和对方约会，更加强化了他们的负面倾向。
4. 如果你是焦虑型依恋或者回避型依恋的人，你可以通过寻找一个安全型的伴侣，学习自我调节——管理破坏性的冲动和情绪——来帮助自己掌握维持亲密关系的技巧。

第七章

寻找终身伴侣而不是舞伴

如何关注终身伴侣的关键品质

布莱恩长得就像基努·里维斯[①]的弟弟，而且比他还有魅力。

我们是在内华达沙漠上的“火人节”上相遇的。这个活动是一年一度的艺术和迷幻庆典。第一天晚上，他穿着白色亚麻布衣服，脖子上挂着防尘护目镜，低声问我：“我可以吻你吗？”我点点头，调整了一下我的米色毛皮帽子。这顶帽子配上一件带斑点的连体衣，刚好是我的雪豹造型。我们在保罗·奥肯福德的音乐中亲吻。火人节上成千上万的舞者在我们周围载歌载舞。当音乐停止，人群欢呼起来，我们吻得更加热烈了。

后来，一位穿着巫师袍的陌生人递给我们一张宝丽来拍立得照片，上面是我们拥吻的画面。“你们看起来正在热恋。”确实，我们正在热恋。在这片好似月球表面一般超凡脱俗的沙漠里，我沉浸在对他的浪漫爱意之中。

我和布莱恩都在谷歌公司工作。回到旧金山后，我对他仍然一往情深。一天下午，我们坐在谷歌总部的长椅上，交流彼此的“减压”经历——也就是从喧闹的火人节重回真实生活后的体验。此时的布莱恩已经把亚麻布衣服换成了牛仔裤和T恤衫。

---

① 美国演员，在中国比较知名的作品有《黑客帝国》。——编者注

我们在一个小茶炉间里喝了些啤酒，然后跳上谷歌公司开回旧金山的班车。我笑着坐到他旁边的座位上。我们共用一个耳机，左耳塞在他的耳朵里，右耳塞在我的耳朵里，他开始播放铁与酒乐队（Iron & Wine）的《荡秋千的人》（*The Trapeze Swinger*）。我闭上眼睛，回忆起我们在沙漠中跳舞时狂喜的那一刻。我想，*这就是爱情*。

布莱恩热情、随性、诙谐，但不可靠。我永远不知道他是否会回短信，或者答应过来以后会不会真的过来。他知道我有多喜欢他。他可能今天兴致盎然，明天就冷若冰霜。我从来没问过自己这样的问题：*他是个善良、体贴的人吗？我可以信任他的判断吗？他会记得带我们的孩子去看牙医吗？*（如果可以拿他自己看牙医的记录做参考的话——不，他不会记得的。）

现在回想起来，我不明白像我这样一个想找到终身伴侣、想建立一段长久亲密关系的人，为什么会拼命追他？为什么我总会爱上像布莱恩这样的人？我的选择并没有帮我建立起我想要的亲密关系。我出去约会并不是为了建立长期的亲密关系，而是为了短暂的快乐。

是找舞伴还是找终身伴侣

不仅是婚恋方面，在很多方面，当我们要做的决定对自己的未来有好处时，很多人都会陷入纠结。当我们拖着家务不干的时候（尽管我们知道，最终还是要干），当我们不去锻炼的时候（尽管我们知道这对长期健康很重要），当我们乱花钱的时候（尽管我们知道应该把钱存起来），我们都在犯同样的错误。在这些时刻，我们受到**当下偏见**的蒙蔽，做出错误的判断，过分看重此时此刻的价值，而忽视了未来的价值。

很多人谈恋爱的时候，都不考虑这段感情是不是能长久发展。我在追布莱恩的时候肯定没有考虑过。我把这种恋爱叫作追求**舞伴**。毕业舞会上最理想的舞伴是什么样子的？这个人在照片上看起来很棒，让你整个晚上都充满了欢乐，让你在朋友们面前特别有面子。很多人高中毕业已经十多年了，但在评估潜在的婚恋对象时，仍然沿用同样的标准。你真的想嫁给毕业舞会上那个舞伴吗？你的伴侣会不会帮你照顾年迈的父母？会不会参加孩子的家长会？会不会在你拉肚子的时候照顾你，帮你恢复健康？这些你就不考虑吗？

当你第一次遇到某个人的时候，你可能不会问自己这些问题。答案与你是否想和这个人亲吻或者再次和他约会并没有多大关系。（谁会在第一次约会时就想到拉肚子的事呢?!）但当你寻找的是一个长期伴侣，你就要想，这个人在人生的顺境以及逆境中，是否都能陪在你的身边。你需要一个可以信赖的人；一个可以一起做出决定的人；一个**终身伴侣**。

我很幸运，遇到了才华横溢的伴侣治疗师埃丝特·佩雷尔做我的心理导师。她曾为我解释了恋爱和生活的区别。能和你约会的人很多，但能和你一起过日子的人却不多。她说，当你考虑和谁结婚的时候，不要问自己：**和这个人谈恋爱是什么感觉？**相反，要问自己：**我能和这个人共度一生吗？**这是最根本的区别。

很多人在青春期的时候迷恋上舞伴类型的人，这很有道理！当你还是青葱少年的时候，你想的是和谁接吻，而不是和谁一起建立家庭，成为好父母。

但你已经不再是15岁的少年了。如果你真要建立一段长期的亲密关系，要找一个可以共度一生的伴侣，你就不要再找舞伴了。你要找的是一个终身伴侣。

什么时候应该放弃寻找舞伴

你应该在什么时候完成这个转变？每个人的答案都不一样。但在我和行为经济学家丹·艾瑞里的谈话中，我们提出了一个实用的经验法则——对于那些想要孩子的人来讲：你应该在希望要孩子的前6～8年，开始有意识地转变自己评估潜在婚恋对象的方式。这不是一个科学上的精确数字，它只是一个思考框架，来确定什么时候做出改变。

我估计，你们中的很多人就像我的客户一样，已经到了转变期。我不是故意让你们觉得已经时不我待了，我只是想鼓励你们认真起来，开始和那些可能成为终身伴侣的人约会。

你要对自己诚实，明确想找的是舞伴还是终身伴侣。一个客户有一次告诉我，她和一个独居男人约会了几次。当她在他的公寓上厕所的时候，她看到水槽里满是胡子茬儿，垃圾桶的垃圾满得都盖不上盖，而且厕所里还没有卫生纸。这位女士是一位成功的、才华横溢的专业人士，今年34岁。她告诉我她想生“很多孩子”。我并不是说一个卫生间脏兮兮的男人就不能成为一个好丈夫和好父亲，但如果她已经34岁、想要生一堆孩子的话，她真的需要清醒起来了。谁更有可能准备好建立家庭——是一个卫生间干净的男人，还是一个仍然像住在宿舍里的男人？我建议她跟这个舞伴分手，集中精力寻找终身伴侣。

要完成这个转变，你必须学会认清当下偏见，并且有意识地摆脱它。

我们没有认清什么是重要的

作为婚恋匹配指导师，我除了进行心理指导，还负责牵线搭桥，为我的客户们安排约会。我之所以干这项工作，是因为我发现我的很多朋友、客户们一直困在交友软件上。作为媒人，我和很多人见面沟通过，知道他们在找对象时的要求是什么。为数众多的人在我的网站上填写了相亲表格，加入了我的“候选人名单”。通过这种方式，我收集了足够多的信息，知道对于终身伴侣，人们认为最重要的是什么。我们可以把这些结果和学术上的客观研究成果比较一下，再想一想，一段长久的、成功的亲密关系到底需要什么。

我们要感谢约翰·戈特曼对亲密关系的大量科学见解。他花了40多年时间研究亲密关系。多年来，他和他的同事罗伯特·利文森邀请一对对夫妻来到他们的观察研究实验室——媒体称为“爱情实验室”，讨论他们之间的感情并记录下来。他让那些夫妻分享他们相遇的故事，回忆他们最近一次的争吵，他甚至邀请他们到他安装了摄像头的公寓度周末，观察他们在日常生活中的互动。

在这些夫妻参加研究后的几年里，戈特曼继续跟进，观察他们之间的关系。他把他们分成两组：“过得好的”——那些婚姻仍然幸福的夫妻；还有“过得差的”——那些已经分手或者还没分手，但在一起凑合过的夫妻。他研究了这两类夫妻的原始记录，分析是什么行为模式将这两类人分开。

在戈特曼的研究成果以及其他人际关系科学家的研究工作中，我们可以清楚地认识到，哪些品质造就了长久的、成功的亲密关系。换句话说，这项研究告诉我们，一个好的终身伴侣是什么样子的。然而，在我那些牵线搭桥的客户当中，这些品质都不是他们要找的。相反，他们关注的是短期的吸引力——也就是一个好舞伴具有的品质。

哪些品质并不像我们想象的那样重要

对于一段长期的亲密关系，我们不仅低估了某些重要的品质，而且还高估了某些不重要的品质。在某种程度上，我们可以把它归咎于一种认知错误，即“聚焦错觉”——在预测结果时，比如，预测我们未来的幸福时，高估了某些品质的重要性。

行为经济学家丹尼尔·卡尼曼和大卫·施卡德研究了这一现象。他们问美国中西部的密歇根州和俄亥俄州的大学生认为谁更快乐——是和自己一样的中西部学生还是加利福尼亚州的学生。同时，他们也向南加州的学生问了同样的问题。

两组学生都预测加州的学生更快乐。然而，研究人员发现，加州的学生和中西部的学生在对生活的总体满意度上，几乎相同。

也就是说，这两组学生都高估了气候温暖对生活满意度的影响。其中的原因在于，这两个地方的气候差异“很容易观察到，而且很容易分辨”。他们忽略了其他影响幸福的因素，而这些因素是这两组学生都要面对的：学习成绩、社会地位、家庭问题、金钱、职业前景等。无论气候如何，学生们都要考虑这些东西。然而，当要求他们比较这两个地方的生活，学生们把重点放在了气候上，并认为它造成的影响比实际的影响更大。

卡尼曼对这一研究成果做出了完美的解释："生活中没有什么比你思考时想着的东西更重要的了。"也就是说，仅仅想着某件事就会加强这件事的重要性。

在选择潜在的伴侣时，我们会受到"聚焦错觉"的影响，做出错误的判断。在我的客户中，经常有人列出一些择偶要求，比如，"我要找一个喜欢跳舞的人"。在那一刻，他们想的是自己喜欢跳舞这件事。接着，由于聚焦错觉，仅仅想到这件事，就让他们高估了这件事的重要性。事实上，即使他们在萨尔萨舞之夜跳得汗流浃背，他们一个月跳舞的时间也不会超过几个小时。但是人们往往痴迷于这些无关紧要的要求，忽略了那些更重要的品质。这些品质（稍后会一一介绍）才与长期、幸福的亲密关系息息相关。

同样的道理也适用于外貌、金钱等。这些东西确实会造成差别，但重要程度比我们想象的要小得多。

1. 金钱

不要误会我，我没有说金钱不重要。生活在贫困线以下的夫妇要为家庭生活的基本需求奋斗，他们的婚姻也会因此受到影响。得克萨斯理工大学的心理学家对前来治疗的已婚夫妇进行了研究，发现比起中等收入的夫妇，低收入的夫妇对婚姻关系更不满意。事实上，低收入的夫妇不快乐的感觉类似于离婚夫妇在离婚前一个月的感觉。

贫贱夫妻百事哀，这已经不是什么秘密了。这是夫妻离婚的主要原因之一。如果你有足够多的钱，你就不会经常面临艰难的财务选择带来的压力，比如，是让家里的老大去矫正牙齿还是给老三请数学家教？而且，哈佛商学院的研究发现，那些可以雇得起人完成耗时工作的夫妻——比如请人来做饭和打扫——对婚姻关系的满意程度更高，因为他们可以有更多的、高质量的时间在一起。

但这并不是说，为了婚姻幸福，你应该追求能追求得到的最有钱的伴侣。虽然很难确定一个确切的阈值——超过这个阈值，再多的金钱就无法给你带来更多的快乐了——但行为经济学家丹尼尔·卡尼曼和安格斯·迪顿的著名研究发现，一旦年薪超过7.5万美元，“情感福祉”，（经济学家对幸福感的称呼）就不会再增加了。

事实上，另一项研究表明，你从金钱中能够获得多少快乐，首先取决于你周围的人有多少钱。换句话说，真正重要的不是你房子的大小本身，而是相比于邻居，你房子的大小。

这是因为我们会适应周围的环境。我们经常忘记**适应性**——也就是习惯周围环境的过程。无论某件东西多么美妙，新奇的感觉最终都会消失，我们也就不再关注它了。而一旦我们不再关注它，它就不会像我们关注它的时候那样，给我们带来同样程度的快乐或者痛苦。这一点解释了1978年由心理学家菲利普·布里克曼领导的一项研究成果。在这项研究中，他和他的团队调查了彩票中奖者在中奖一年后的情况。事实证明，从长期来看，彩票中奖者并不像你想象中的那么快乐，他们的快乐程度和没中过彩票的人一样。而且，实际上，比起没中过彩票的人，他们甚至更难享受生活中的小乐趣。彩票中奖者适应了他们的环境。从他们对生活的整体满意度上讲，财富的影响比预期的要小得多。

找对象时的重要提示：

在我们做决定的时候，我们关注的往往是它立刻带来的快乐或者痛苦。但是记住：我们总是追求新的刺激！我们经常解释不了为什么有些感觉会随着时间发生变化。金钱很重要，但只是在一定程度上重要。你在未来的亲密关系中考虑它没错，但不要把财富放在所有的要求之上。

2. 长相

在生活中的许多方面，长相都起着重要的作用，这已经不是什么秘密了。外表出众的人往往薪水更高，在政治竞争中可以击败长相平凡的对手。在很多关于吸引力的研究中，研究人员注意到，人们往往认为长相好的人更有说服力、更值得信赖、更外向、社交能力更强、更有权力、性能力更强、更健康、更聪明、更讨人喜欢。

说到婚恋，人们同样看重长相，这有历史上的和进化上的原因。以前，生活就是一场为了生存不断进行的战斗。如果你长得好看——比如，皮肤光洁或者头发浓密——就证明你身体健康，生命力强。对于交配选择来讲，这非常重要。因为这不仅意味着这个人可以把这些理想的特质遗传给你的孩子，而且还说明他们更有可能活得足够长，有能力抚养这些孩子。难怪我们的大脑训练我们去追求长得好看的人。

在当今世界，由于现代医学的奇迹和工业化的食品生产，我们不再为同样的问题困扰了。我们的后代存活下来的机会很大。所以，在选择伴侣时优先考虑生育能力，也就是把基因传递给后代的能力，已经没有什么意义了。即使孩子的爸爸在十几岁的时候长过粉刺，孩子也不会受到影响。

另外，千万不要忽略性欲会随时间不可避免地消退这一事实（记住，我们在这里追求的是成功的长期亲密关系）。心理学家泰·田代对婚姻满意度的变化进行了长达14年的研究，并将分析结果写在了他的著作《永远幸福的科学》（*The Science of Happily Ever After*）一书中。他发现，过了7年以后，对伴侣“性欲”的下降速度是“喜爱”（以忠诚和亲密为特征）下降速度的两倍。

生物人类学家海伦·费舍尔解释了为什么会发生这种情况。我们的性欲一开始是非常强烈的，然后开始消退。当我们坠入爱河时，我们会对另一个人上瘾，就好像他们是毒品一样。费舍尔发现，可卡因和爱情在大脑中激活的是同一个区域。

性欲消退也是一种进化策略。我们对伴侣“上瘾”，促使我们陪伴在伴侣身边足够长的时间，生儿育女并一起把孩子抚养到4岁左右。孩子在这个年龄已经可以在一定程度上独立生存了（至少在古代的热带稀树大草原上是这样）。一旦我们的工作完成，性欲就会消退，我们的大脑就会还我们自由，可以和新的伴侣重新生育新的孩子。这增加了我们至少有一个孩子可以活到成年并携带我们DNA的机会。

如果你现在衡量亲密关系的标准，还是天天做爱时的标准，那么当性欲慢慢消退，你还能准确地预测出你们的关系会是什么样吗？

如果你追求的是美好的性爱，那些长得好看的人也无法保证在床上同样出色。也许有的技巧长得好看的人永远不会，因为他们不需要会。在电视剧《我为喜剧狂》（*30 Rock*）中有一集叫"泡泡"，把这个观念演绎到了极致。乔·哈姆扮演的角色因为自己英俊的外表被隔离在"泡泡"里。他以前是一个职业网球手，但不会发球；曾做过医生但不知道海姆里克急救法。蒂娜·菲扮演的角色抱怨道："他和我一样，床上功夫糟透了。"她的老板温文尔雅，对这种现象有第一手经验。"这就是长得太漂亮的坏处，"他告诉她，"当你在泡泡里的时候，没有人告诉你真相。"所以，是的，不要以为长得好看就是个好情人。

最后，记住我们刚刚提到的适应性。即使你嫁给了长得最好的人，最终，你也会习惯他们的长相。最初的快乐会逐渐消失。我们的性驱动力很大一部分与新奇感有关。所以，不管你的伴侣有多性感，你对他（她）的性趣都会随着时间推移而减弱。原因很简单，就是对方对你来讲已经不新鲜了。借用网上的一句妙语："对于每一个性感的人，总会有人已经厌倦了和他们做爱。"

你的迷恋会消退！你的性欲会消退！所以真正重要的是这个人吸引你，而不是这个人长得最好看。

找对象时的重要提示：

外表的吸引力会蒙蔽你的眼睛，让你看不清长期相处时你们是不是合得来。把注意力放在你是否被这个人吸引上，而不是周围人对这个人长相的评价上。不要把性欲看得比关键的长期因素更重要。

3. 和你相似的性格

我的客户们经常发牢骚，说他们要找一个性格与自己相似的伴侣。比如："我很外向，而他太内向了，这样不行。"或者："我很敏感，而他似乎对任何事情都无动于衷。我们肯定合不来。"

我发现在年龄大一点的客户中，这种想法尤其普遍。在我们年龄不大的时候，建立亲密关系的过程有点像创业公司——两个人聚在一起创造出一些东西来。年轻的我们灵活性更强，仍然在琢磨自己想要什么。随着年龄的增长，我们再考虑建立长期的亲密关系时，想到的是最终要结婚，这个过程更像是公司合并：两个完整的实体走到一起。年龄越大，生活方式越固定，我们也越渴望对方能够轻松融入我们的生活。所以我们会假设，双方越相似，合并就越容易。

但这种假设是错误的。科学研究告诉我们，相似的性格并不意味着长期的亲密关系就会成功。在我对西北大学教授、婚姻专家伊莱·芬克尔的采访中，他说："对一段亲密关系的满意程度和幸福程度，与伴侣之间性格的相似程度没有相关性。"换句话说，我们错误地排除了那些与我们不一样的人，缩小了我们选择伴侣的范围。

问题是：你真的想和自己谈恋爱吗？我知道我不想！

我的一个客户是那种聚会上的中心人物。他是位个性鲜明的活动推广人。他现在的约会对象是一个冷静、体贴的人，大多数时候晚上十点以前就上床睡觉了。他想，*如果找一个和我更像的人，我的生活会不会更幸福？*

我让他坐下来，告诉他，一个房间里有两个他这样的人都嫌多，更别提是一段感情了！他们会为了谁是焦点而打起来。"你知道《极速前进》(*The Amazing Race*)这个真人秀节目吗？"我问他。这个节目跟踪一对情侣、一对朋友或家庭成员到陌生的地方完成指定的任务。"有那么一对，就是因为两个人太像了，总是吵架，"我说，"他们总是在同样的事情上束手无策。最成功的组合是互补的一对。他们没有相同的特质。但当他们错过了航班，其中一个人会找到另一条路线并且缓解对方的恐慌。这就是他们获胜的原因。在你的终身伴侣身上，你需要找到同样的东西。”

在过去的一年里，他努力欣赏伴侣和自己的不同之处，而不是希望她更像自己。他们最近决定要一个孩子。

找对象时的重要提示：

找一个能与你互补的人，而不是和你性格一样的人。

基因的力量！

很多人说他们想找和自己性格相似的人。然而，当密歇根州立大学的研究人员威廉·乔比克和理查德·卢卡斯研究了超过2500对平均在一起生活了20年的已婚夫妇后发现，性格相似的夫妇对于他们的婚姻关系并不比其他夫妇更满意。

说到基因，我们可能已经进化到开始喜欢那些在基因上与我们不同的人了。有一种理论认为，我们会被与自己基因不同的人发出的气味吸引。因为如果我们与他们繁殖后代，我们就会传下去两套完全不同的基因，从而使我们的后代更强壮，更有可能活下去。

瑞士生物研究员克劳斯·魏德金在他著名的T恤研究中考察了这一说法。他收集了男女学生的

DNA样本。为了捕捉他们的气味，他让男学生连续两个晚上穿同样的棉质T恤，并且避免做爱等产生气味的活动。然后，他让女学生闻六件T恤——三件来自基因相似的男性，三件来自基因不同的男性——然后根据气味强度、带来的愉悦程度和性感程度对每件T恤打分。他发现，女性更喜欢与自己基因差异更大的男性的气味。（与这种现象巧合的是，当女性口服避孕药以后，情况正好颠倒了过来。这会造成一些尴尬。当一对夫妻结婚后，女性停止避孕措施，突然间，吸引她的变成另外一种人了。）

4. 共同的爱好

有一次，我和一位闺密开车旅行，我们路上谈论她和她丈夫都喜欢打网球，我们一路聊这个话题到了加油站。她下了车，一边加油一边看手机。当她回到车里，把手机举在我面前说："看，我的公婆可爱吗？"屏幕上是一对60多岁的夫妻面目模糊、摄影技术拙劣的自拍照。

她一边发动汽车一边说："我的公婆真让人吃惊，他们结婚这么久，什么共同爱好都没有。"

"共同爱好没有人们想象的那么重要。"我回答说，"你可能低估了他们真正共同拥有的东西。"那时她已经听我谈过丈特曼了。在公路旅行中，我总爱在第一次停车加油前就提到戈特曼一家.

我之前提到的约翰·戈特曼，他的妻子叫朱莉·戈特曼，是一位著名的临床心理学家。约翰成年累月地把自己关在实验室里，破译情侣间的微表情。毫不奇怪，他认为自己是个“不可救药的宅男”。他开玩笑地说，他这样的人能想出野餐时的1000种死法。朱莉和他一样，在帮助已婚夫妻方面很有热情。但朱莉的乐趣和爱好恰恰都在野外。她上大学时是个水平很高的滑雪爱好者。她的梦想是50岁生日的时候去珠峰大本营远足。想象一下吧：约翰，一个害怕野餐的人，拿着冰锥开路，和朱莉一起走向珠穆朗玛峰。

当然，约翰和朱莉在结婚前就知道他们之间的差别了。然而，由于自身工作的关系，他们都明白，在一段成功的长期亲密关系中，夫妻之间并不需要有共同爱好。而且，他们已经幸福地生活了30多年了。

关键在于：兴趣不同没有问题，只要你花在爱好上的时间没有妨碍你对这段感情的投入就可以了。如果你喜欢葡萄酒，而你的伴侣一点也不关心这些事，那没问题；你没有必要和一个品酒师结婚。真正重要的是，当你喝葡萄酒，或者去纳帕谷品尝一款珍贵的赤霞珠新酒的时候，你的伴侣不会想方设法地让你内疚，或者说“你为什么总是要喝酒呢”这类话。一段美好的亲密关系要为双方的不同爱好留出空间。

找对象时的重要提示：

没有必要去找和你有共同爱好的人。喜欢不同的活动没有问题。你们只要给彼此留出足够的空间和自由，各自探索各自的爱好就可以了。

其他同道中人

管理不同爱好的一个技巧就是“其他同道中人”。这个术语是人际关系学家伊莱·芬克尔发明的。现代夫妻通常认为，他们的所有需求都能从他们的恋人那里得到满足。他们希望这个人可以戴各种帽子，身兼数职——也就是说，这个人要无所不能。而在我们结婚前，这些职能是由我们的社交网络完成的。

期望我们的伴侣能够满足我们所有的需要，这给二人的亲密关系带来了很大压力。其他同道中人有助于缓解这些压力。这样想：如果你试图让一个人扮演各种角色，戴所有的帽子，那么不仅这些帽子会倒下来，也许这个人本身也会倒下来。相反，你可以把棒球帽戴在你的表妹头上，她喜欢运动，当你想聊棒球打点的时候就可以给她打电话；你可以把牛仔帽戴在你喜欢乡村音乐的朋友头上，下次你想找个同伴谱一支两步舞曲的时候，就去找他。

社会心理学家伊莱恩·郑、温迪·加德纳和杰森·安德森的研究支持了这一观点。他们发现，如果你有多个可以满足你情感需求的人而不是只有一两个，会提升你的整体幸福感。例如，当你生气的时候，你可以和室友交谈；当你伤心的时候，你可以告诉你的姐妹。

当你处于亲密关系中的时候，你可以采用这个方法把其他同道中人带进你的生活。想一想，你曾经要求你的伴侣扮演了哪些他不喜欢的角色：比如，当他们想要和朋友小聚时，你却非拉着他一起去逛街；或者你希望伴侣能够带你去参观博物馆以及美术馆，而他一点都不想去。记住，他和你的兴趣不同，不代表他就是糟糕的伴侣！对于你的伴侣不适合的角色，你可以找朋友或者家庭成员来代替。从长远看，这会让你更快乐，因为你的需求得到了满足；这也会让你的伴侣更快乐，因为他可以专注在自己更感兴趣、更擅长的角色中。

哪些品质比我们想象的更重要

当我和客户们在一起的时候，我很少听到他们说，他们最关注的就是要找到一个情绪稳定的人，或者擅长做出艰难决定的人。有时他们会提到善良，但那通常都是在告诉我他们对最高或最低身高的要求之后才说的。然而，人际关系科学家们发现，对于长期的亲密关系能否成功，上面这些品质都至关重要，而且，比那些表面特征或者共同兴趣更重要。

并不是说人们不知道这些品质重要，而是说，在决定和谁约会时，他们往往低估了这些品质的重要性。（原因之一是这些品质很难量化，可能只有在和一个人相处了一段时间以后才能看出来。这也解释了为什么一些交友软件会把重点放在那些更容易量化的、在你看来更不重要的品质上。这方面的内容我们会在下一章详细介绍。）如果你想找一个终身伴侣，你要找的应该是具有下面这些品质的人：

1. 情绪稳定、心地善良

在《永远幸福的科学》一书中，心理学家泰·田代围绕现有的研究成果进行了深入的挖掘，对于选择伴侣时哪些品质最重要给出了自己的答案。他发现，情绪稳定和心地善良是两个最重要的品质，但都被低估了。他将情绪稳定定义为能够自我调节，不受愤怒或者冲动的控制。一对夫妻如果情绪稳定，那么他们的婚姻也会稳定、美满。

在2017年的TED演讲中，田代指出："善良的人是最好的伴侣。他们为人慷慨，善解人意，愿意成为你的后盾。"心地善良和情绪稳定的人会关心和理解他们的伴侣。约翰·戈特曼和朱莉·戈特曼的研究表明，这是长期亲密关系成功的关键。

找对象时的重要提示：

了解一个人是不是心地善良，你可以看他们在遇到用不着巴结的人时，是如何对待他们的。他们对服务员好吗？他们会在地铁上让座吗？他们对新入职的同事有耐心吗？他们对自己的朋友和父母有同情心吗？

了解一个人的情绪是不是稳定，其中一个方法就是看他们是如何应对压力的。他们是极度焦虑还是保持冷静？情绪稳定的伴侣是能从他们的回应方式上看出来的。他们花时间深思熟虑做出回应，而不是冲动地做出即时反应。当我向客户们解释这个概念时，我引用了集中营幸存者、著名精神病学家维克多·弗兰克尔的话。他说："在刺激和回应之间有一个空间。在那个空间中，我们有力量选择自己的回应。而我们的回应展现了我们的成熟度。"情绪稳定的人会充分利用这个空间。

2. 忠诚

你有过只能共富贵不能共患难的朋友吗？你人生得意的时候对你热情如火，但在你落魄了需要帮助的时候，却把你的电话号码拉黑？在某些情况下，交几个不能共患难的朋友没有问题，但找终身伴侣，就不能是这样的人了。你需要一个无论人生起或伏都能陪在你身边的人。忠诚是很重要的品质。

我经常想起我的姐姐在她婚礼上读过的一段话。（我也经常想起，她是如何多次拒绝了我主持婚礼的要求。）这段话摘自罗宾·舍恩萨勒的一篇文章。她是一位癌症治疗医生，文章题目是《他会帮你拎包吗？》(*Will He Hold Your Purse?*)

舍恩萨勒解释说，她见过成千上万对经历人生危机的夫妻，这让她知道在亲密关系中什么才最重要："干我这一行的，有幸经常见证这些经历人生危机的夫妻。但不好的一面就是，当我看到我的那些单身女性朋友在交友平台上发布的征友广告时，我总忍不住替她们担心。她们喜欢这样写：'他一定要喜欢在日落时分的海滩上散步；一定要喜欢猫'或者喜欢'法国美食、皮划艇和旅行'，或者有一项常年爱好：'寻找会钓鱼的伙伴；一定要擅长用鱼饵'。看着这些广告，我真想大声告诉他们：'找到一个会钓鱼的朋友可能在短期内是一件特别好的事，但你真正要找的是住进癌症诊所时能帮你拎包的人。'"

我姐姐找到了一个很好的男人。只要她需要，他就会帮她拎包。换句话说，她嫁的人会在她处于人生低谷时，出现在她面前，照顾她。你要寻找的是忠诚。你要寻找的是那些不管你获得了行业大奖还是住进癌症病房，都陪在你身边的人。

找对象时的重要提示：

判断一个人是否忠诚的一个简单方法就是看他们的朋友。这些朋友是否来自他们人生的各个阶段？经过这么多年，留在他身边的老朋友还剩多少？当她大学里的闺密难过沮丧的时候，她会抛弃她吗？还是直到现在，她们仍然每个月相约去看一场电影？他过去的朋友依赖他的陪伴和支持吗？当然，这条规则也有例外，有些人经常搬家，或者住在他们无法融入的地方。但一般来说，有老朋友意味着忠诚。

3. 成长型心态

斯坦福大学的心理学家卡罗尔·德韦克花了几十年的时间研究她所谓的“固化型”和“成长型”心态。拥有成长型心态的人相信，他们可以提高自己的智力和技能。他们喜欢学习，把挑战看成激励，把失败看作一个信号，证明他们需要拓展自己的能力。他们百折不挠，并且乐于承担风险。而心态固化的人则正好相反：他们认为天赋和智力是与生俱来的，冒险只会让自己更有机会出丑。

你需要和有成长型心态的人在一起。问题总会出现，当它们出现的时候，你需要一个能够应付这一切的伴侣，而不是一个束手无策的人。一个拥有成长型心态的人更有可能认真努力，改善你们的关系，而不是认为事情无可挽回就此放弃。

找对象时的重要提示：

观察一个人在不同情况下的处理问题的方式，判断他是否具有成长型心态。

成长型心态和固化型心态的不同表现		
情形	固化型心态	成长型心态
如何应对挑战	避免挑战	迎接挑战
如何应对挫折	放弃	坚持
如何看待学习新技巧	一个让自己出丑的机会	一个成长的机会
如何对待别人的成就	感觉受到威胁	感觉受到激励
用什么口气对他们自己说话	发自内心地大声谴责	用自我同情的语气说话

4. 能够把你最好的一面激发出来

说到底，一段亲密关系并不意味着你们分开以后各自是谁，而是意味着当你们走到一起时会发生什么：这个人能激发出你的什么潜能？他的善良令你更放松了，让你觉得更受关注了，还是他的焦虑引起了你的焦虑？你必须明白他在你身上激发出的品质，因为这才是将来和他在一起时的你。

我的一个客户遇到了一位看上去很完美的人。他拥有她想要的一切，尤其是超群的智力以及在事业上的成功。不幸的是，每次他们在一起的时候，在他面前，她总觉得自己一无是处。他会问她为什么选择一个明显高于她烹饪水平的菜谱；或者，他会取笑她在墙上挂毕加索作品的招贴画。每次约会完，她满脑子都是他对她决定的质疑——以及对她本人的质疑。起初，她认为他的批评会使她变得更好。她试图说服我，他只是想“让她不断提高”。但通过我们的交流，她意识到那个人其实非常缺乏安全感，而他的不安全感引发了她自己的不安全感。他真实的样子并不重要。但当他们两个人在一起时，他让她感觉自己糟透了。她拒绝选择自我怀疑的人生，最后和他结束了恋爱关系。

我的一位朋友说，他的女朋友让他觉得自己很有能力。她征求他的意见——并欣然接受。她对他的信赖使他觉得自己很重要，很有能力。他喜欢自己被她激发出来的这些潜能。

找对象时的重要提示：

当你和这个人在一起的时候，或者刚分开的时候，注意你的感觉。你觉得精力充沛吗？还是觉得泄气？无聊？受到了挑战？快乐？充满渴望？觉得自己很聪明？很愚蠢？选择那个能激发出你最好一面的人。

和一群朋友出去，听听别人的看法也会有所帮助。不要问“你觉得他怎么样？”而是要问“你觉得我和他在一起的时候，我怎么样”。

5. 懂得合理争吵

争吵并不好玩，但也不见得就意味着灾难。如果你在亲密关系中缺乏榜样，没有学会如何争吵，如何和好，别着急，你可以学会的。

任何争吵——从鸡毛蒜皮的小事到针锋相对的大事——都是一个处理二人亲密关系的机会，不要让怨气积在心里。我有一个朋友，为自己从没有和女朋友吵过架而自豪。她装修好了他们的房子，但他发现没有他的个人空间。房子里完全没有体现出他的兴趣爱好，展现他的个人物品。他想提出来，但他觉得在健康的亲密关系中，不争吵是一个标志，所以他没说。随着时间的推移，他心中的怨气越积越深。在他们共享的空间中缺乏自己的位置越来越像一个比喻，象征着在他们的亲密关系中，也没有他的位置。他停止了对这段感情的投入，把更多的时间花在了工作上，工作时他好歹有自己的办公室。等到他终于提出这个问题时，已经太晚了。他们之间产生了太多的隔阂和怨恨，于是他们决定结束这段5年的感情。

合理争吵的第一步就是要明白，在亲密关系中有两种问题：可以解决的问题和永远无法解决的问题。约翰·戈特曼发现，亲密关系中有69%的问题是无法解决的。

这些常见的无解问题包括：一方喜欢出去玩而另一方喜欢宅在家里，或者一方喜欢整洁而另一方很邋遢。这些可能还包括对工作、家庭、事业、金钱和性生活频率的不同看法。

想象一下，你是一个每件事都要迟到5分钟（好吧，10分钟）的人，而你的另一半从小在家里听到的教诲就是“早到就是准时，准时就是迟到，而迟到意味着你不用来了”，那你们不可避免地会为守时问题而争吵。你可能会找到方法来应对这种差异，比如，一个人去机场，但你不太可能解决这种差异。我们的目标不是通过说服改变彼此，甚至也不是达成共识——

而是要找到一种富有成效的方法来接受这种差异。

已故的伴侣治疗师丹·维尔在他的书《蜜月之后》(*After the Honeymoon*)中解释道:"一旦选择了终身伴侣,你也不可避免地选择了一系列对你而言无法解决的问题。"你的目标不是去找一个不会和你争吵的人,而是去找一个懂得合理争吵的人,去找一个不必担心因为争吵就会结束你们亲密关系的伴侣。

合理争吵的第二个要素是能够从分歧中恢复过来。约翰·戈特曼说过"尝试修复"——通过理性表达或者采取行动,防止争吵升级。懂得合理争吵的情侣可以通过开个玩笑,在某一点上让步,或者告诉你的伴侣你有多欣赏他来缓和激烈的争吵。

找对象时的重要提示:

记住,无论选谁做你的伴侣,你们之间都不可避免地会产生分歧。要注意你是如何争吵的:你能把你的观点讲清楚吗?你觉得对方在听吗?你的伴侣是否在尝试修复,避免矛盾升级?我们的目标是合理争吵,而不是完全避免争吵。

6. 和你一起做出艰难决定的能力

在某些时候,你和你的伴侣会面临艰难的选择。如果你们中的一个人在另一座城市得到了一份令人难以置信的绝佳工作机会,你们会怎么做?如果你们需要抚养一个残疾的孩子,你们会怎么做?如果你年迈的父母需要全天候照顾,你们该如何处理?你需要一个能和你一起做出艰难决定的人。

我的一个客户，和恋爱对象刚约会了一个月，她就失去了工作。她一边哀叹失去了理想的工作，一边还要找新的工作。如果不能很快找到好工作，她就得决定是留在旧金山还是搬回东部。虽然这很有挑战性，但我的客户说，帮助她做出这些艰难决定的经历表明，他们俩在一个具有挑战性的环境下，可以很好地合作。这次经历当然一点都不好玩，但这件事证明了他们合得来，而且加深了他们之间的感情。

找对象时的重要提示：

要想知道和某人一起做决定是什么样子，最好的方法就是和他们一起做决定——真正的决定（注意：不是吃中国菜还是泰国菜的那种决定）。对你们的亲密关系进行压力测试很重要。我并不是建议你人为地制造危机（比如，发个假短信：“救命！我奶奶被绑架了！”）但我建议在你们共同经历的挑战中要刻意留神一下。比如，当你尝试做一顿复杂的饭菜或者出国旅行时会发生什么？或者当你们一起开车，你的车在路中间抛锚了会发生什么？如果你们在同一个周末分别被邀请参加不同的婚礼，你们会怎么做？当你在两个同样好的（或者同样坏的）选择中做出决定时，你们会有什么样的反应？

丹·艾瑞里提出了一种方法，叫“独木舟测试”。你们坐在一条独木舟上——是的，一条真正的独木舟——你们能找到共同的节奏吗？你们是其中一个乐于领导，另一个乐于服从，还是你们都想一直做领导？最重要的是，当事情出了差错，你会在多大程度上责怪你的伴侣？当你们作为一个团队在真正波涛汹涌的水面上航行时，你要注意观察你们俩的表现。

把舞伴留在舞会上

正如我们已经看到的那样，一段长期的亲密关系能否成功，有些品质并没有我们想象中的那样重要。这些品质往往是一些表面的东西，是我们第一次见到某个人的时候，轻易就能看出来的东西。而那些更重要的东西只有在建立亲密关系以后，或者至少约会过几次以后才会显露出来。所以，你必须有意识地改变自己评估婚恋对象的方式，专注在真正重要的品质上。

做出这种转变是困难的。我非常理解，因为我也经历过。

多年以前，在火人节之后又过了大约四个月的一个周六晚上，我给布莱恩发短信，问他那天晚上有什么安排。

他回短信说："我要去混搭音乐俱乐部里玩。"他指的是当地的一种舞会，调音师们打扮成机器人或者海盗，在舞台上跳流行的变装皇后舞。我想和他一起去，但他没答应。

我的策略是：在他去舞会之前，我请他吃晚饭。我想，如果我能让他记起我们在沙漠中跳舞的时候有多么快活，他会请我一起去的。

晚饭后，我好说歹说，和他的朋友们一起坐了坐，等着去舞会。喝了几杯以后，我坚持陪他们一起去了混搭音乐俱乐部。

他的朋友们走进俱乐部，我们两个人站在外面。我冻坏了。我穿着一件皮短裙，上身是一件塞在裙子里的丝质背心（我这么穿是希望他能请我一起去跳舞，并没有考虑到旧金山出了名的寒冷夏夜）。我不停地摇晃着身子，重心从一只脚移动到另一只脚。

他把手放在我裸露的肩膀上，看着我的眼睛说："请你不要跟着我进去。我想和我的朋友们一起找点乐子，见几个姑娘。你现在得回家了。"

我哭着恳求他，但30分钟后，他走进俱乐部去见他的朋友们了。

我哪里做错了？我以前读过的所有约会建议都没有提到我生命中的这一刻：独自一人站在街头，站在一个差劲的俱乐部门外，眼线膏和鼻涕顺着脸颊往下淌，苦苦思念一个向你发出暧昧信息、又让你觉得自己很傻的人。

这不是我第一次追求像布莱恩这样的人。我知道我找错人了，但我不知道该怎么办。一周后，我绝望地发现自己还在这条道上往前走。我找到了纳蒂亚，一位新时代的婚恋指导师（我那时还没有从事婚恋指导这项工作）。

纳蒂亚和我盘腿坐在她的办公室兼客厅兼禅定室兼能量接引室的地毯上。她帮助我认识到，我喜欢布莱恩是因为和他在一起很开心、很刺激，但他真的不是我要找的丈夫，而且我也不喜欢他引起我的焦虑。她带着俄罗斯口音严肃地说：“你的家庭作业就是想一想，你希望在两人的亲密关系中感受到什么。”

在我们下一次见面时，我告诉她我的答案：“我希望在亲密关系中，他能让我感到自己聪明、风趣、受人欣赏，并感到安全。”

纳蒂亚赞许地点了点头。

那次见面结束后，在步行回家的漫长道路上，我手里拿着作业，心情沮丧。尽管我很感激纳蒂亚的帮助，但我还是惦记着布莱恩。即使在那一刻，我还是想知道他在哪里，在想什么（或者在想什么人）。

我看了看手机，想给他发条短信。就在那一刻，一个日程邀请弹了出来，是一个叫斯科特的同事发来的。

我们在8年前就认识，那时我们在大学里和几个共同的朋友一起吃过午饭。前一年夏天，我们在谷歌的班车上再次相遇，他又重新做了自我介绍。那以后不久，我又邀请他共进午餐，那次是哈佛校友的同事聚会。在餐桌上，我宣布我想学习统计学R编程语言。他说他刚刚放弃了攻读数学博士，主动提出来可以指导我。

我们开始在工作中每周碰面。他是一个天生的老师——善良、耐心、幽默。“根据你用R语言生成的可视化结果，你能说出黄石公园的老忠实喷泉喷发时间的分布情况吗？”在一次辅导中，他这样问我。

“是双峰分布吗？”

“回答正确！”他欢呼起来，和我击掌庆祝。

不幸的是，他说他不喜欢异国旅行和火人节的人群，我们刚刚萌芽的好感就此夭折了。我把他从名单上划掉了。

但那是以前的事了。在回家的路上，我意识到斯科特身上有很多品质，正是我告诉纳蒂亚我想寻找的品质。在我们的相处中，他让我感到自己很聪明、有趣、受人欣赏，感到安全。

当我用新的视角重新评估斯科特的时候，我意识到最初那些表面品质是一种干扰。我喜欢自己在他身边的感觉，即使他一想到要在沙漠里彻夜狂欢就会发抖。在那以后的几年里，我发现纳蒂亚的建议不仅非常英明，而且有大量的科学研究作为支持。

在那个周六，也许是命中注定，我走过多洛雷斯公园，俯视着旧金山的天际线，答应和他一起吃午餐。

午餐以后我们每周见面，后来发展到每天见面。我们各自通过交友软件和陌生人进行糟糕的网上约会，然后打电话安慰彼此。他和他的朋友们在我家附近录制系列搞笑视频，放在油管上。在他们拍摄视频的前后，我们会见上几分钟。

有一天，我们又在一起共进午餐。道别时，他从树上摘了一朵白色的鲜花，把它插在我的头发上。

他说："感觉我们就像俳句里的人物。"

我告诉他我那个星期五有空，他就约我了。（所以，严格地说，是我约他的。）

斯科特和布莱恩一点也不像。斯科特清楚地表明他喜欢我。见到他，和他在一起，我感到很兴奋。我的脑海里再也没有一个声音一直在问：*他喜欢我吗*？因为我知道他喜欢。他会给我发短信说："今天和你在一起我真开心""我喜欢你的聪明脑瓜""我真想立刻再和你谈情说爱"。

在我们第一次正式约会的两周以后，我给他发了一条咄咄逼人的短信，说我对他说的一些话感到恼火。我从过去的恋爱经验中知道，这会让我们大吵一架。我坐在沙发上，愤怒地用手戳着手机，心跳加速，眼睛一眨不眨，用一连串简短、尖刻的短信愤怒地表达着我的失望。我知道接下来会发生什么：我们会这样来来回回争吵，直到我心烦意乱，回到原来抗议行为的老路上，很可能不接他的电话，不看他的短信。（让我们看看焦虑型依恋的人是什么风格吧！）

但我们没有走上这条路。相反，斯科特回短信说："让我们当面谈谈这件事。"这是我第一次和安全感这么强的人约会。这是一种全新的体验。我们讨论问题而不是不问青红皂白，大吵一架。（他的母亲是心理治疗师，这一点真的有帮助。）

从那次在谷歌公司请斯科特吃午饭起到现在，已经过去了

6年。

现在，我们已经一起去过两次火人节（他最终接受它了），在泰国进行了五天的水肺潜水，住在同一套公寓。我们家里已经养死一株罗勒和三株多肉植物了。

我们很幸福。我们经常说，R语言就是我们的爱情语言。

总结

1. 人际关系科学可以让我们懂得，长期亲密关系中什么才是重要的。对于寻找终身伴侣而言：那些值得信赖、可靠的人，可以和你长期相伴。不要找舞伴：他们只是短期内有趣，但最终会让你失望的人。
2. 长相和金钱等表面因素对长期亲密关系的影响并没有人们想象的那么大。因为性欲会消退，人们早晚会厌倦。相同的爱好和相似的性格也是如此。
3. 一个好的终身伴侣是忠诚的、善良的、情绪稳定的人；是一个可以和你一起成长，一起做出艰难决定的人；是一个会合理争吵的人。
4. 说到底，一段感情关注的是两个人走到一起后会发生什么。要关注这个人能够激发出你什么潜质。因为当你和对方在一起的时候，就会成为这样的人。

第二部分

开始行动

第八章

你其实并不知道自己想要什么

如何避免网上交友的陷阱

我曾经在交友软件 Tinder 上否决过斯科特。

我在前面提到过我是怎么遇到他的——先是在大学认识，几年后在谷歌的班车上再次碰面。但我没提到的是，在他开始辅导我的 R 语言之前，我在 Tinder 上见过他。我看了一眼他的照片，然后否决了他。

那是2014年，我下班后坐班车回家，堵在旧金山晚高峰的车流中。突然，Tinder 推送过来一张照片，照片上的男士看起来有点面熟。系统显示我们有很多共同的朋友，所以我知道我们一定是校友。照片上的他反戴着棒球帽，上身穿着背心，毫无笑容，迎着烈日眯起眼睛。他看起来就像个小混混，不是我的菜。我的手指向左一划，否决了他。

为什么我在网上看到他的时候会否决他？这个如今让我如此快乐的人，我当初为什么会对他做出那样错误的判断？

我以为自己知道想要的是什么，知道什么能让我在一段长期的亲密关系中得到快乐；而且我自信可以通过几张照片准确地判断一个人。

显然我在这两方面都错了。

我不是唯一易犯这种错误的人。我的很多客户自带光环—— 完美的个性、完美的朋友、完美的爱好，一切都完美——就是一直单身。为什么？因为他们约会的方法不对。这不是他们的错，也不是你们的错，这通常是交友软件的错。

斯坦福大学社会学教授迈克尔 ·J. 罗森菲尔德的研究表明，如今，“网上结识”是情侣之间最常见的结识方式，其次是“在酒吧或餐厅结识”，然后是“通过朋友介绍结识”。（不太常见的回答诸如：“在牛仔竞技大会上……当时我正向身边的陌生人抱怨自己有多讨厌那些该死的交友软件……以及红龙虾连锁餐馆……于是我们就认识了。”）

在过去的20年里，网络交友呈现爆炸式的增长：罗森菲尔德发现，1995年只有2%的情侣是在网上结识的，而现在有39%的情侣通过这种方式结识。随着越来越多的情侣通过网络结识，通过朋友、家人、工作或者社区——比如，学校和教堂——等社会关系结识的人越来越少。

就像我们在所有的社交媒体看到的那样，虽然交友软件撮合了许多美满的婚姻，但它们在用户中也加深了一些持久的、有害的认知偏见。因为有太多的人以这种方式交友——即使从来不用交友软件的人也经常会和使用这些软件的人约会——交友软件的开发者对我们的感情生活产生了微妙但令人吃惊的影响。我们在他们设计的环境中为自己的约会、谈恋爱做出决定。再引申一步：他们深深地影响了我们的选择。

传统经济学假设人们的偏好是始终如一的、静态的，但是行为科学家知道这是不对的。事实上，我们**所处的环境对我们的偏好影响很大**。无论是真实的环境还是虚拟的环境，都会影响我们做出的决定。我们的选择在很大程度上取决于选项的展示方式。我们可能认为我们的偏好是不变的，但它们改变起来很容易。

有一个例子可以说明这种情况如何影响我们选择食物。几年前，谷歌公司发现员工吃了太多的巧克力豆。为了帮助员工做出更健康的饮食决定，一个由行为科学家组成的内部团队改变了零食的展示环境。他们不再把五颜六色的巧克力豆装在大透明桶里诱惑零食爱好者。他们把这些糖果放到标签文字清晰但不透明的容器中，这样糖果就没那么诱人了。而比较健康的零食，比如，无花果干和开心果，则放在旁边的透明玻璃罐里。

这些员工都是聪明绝顶的科技工作者，他们从一开始就知道健康的零食在哪里。但是，仅仅是改变了零食摆放的环境，仅纽约办公室一个地方，七周之内，员工就少吃了310万卡路里的巧克力豆。据《华盛顿邮报》报道："这意味着该公司2000名员工每人少吃了9包便携装巧克力豆。"在谷歌办公室里，员工们的偏好并没有改变，但那些不透明的容器使一切都变了样。环境对员工的选择产生了巨大的影响。

说到现代交友，我们的决策环境就是交友软件。交友软件展示匹配对象的方式以及这些匹配对象在我们屏幕上出现的顺序，都会影响我们的选择。这就是为什么我的客户告诉我，有可能在一个交友软件上否决了这个人，过了几周，在另一个交友软件上却接受了这个人。这些微小的环境差异，对我们的决策产生了很大影响。

需要澄清的是，我并不抵触交友软件。交友软件已经撮合成功了数以百万计的幸福情侣，如果没有这些软件，他们本不可能相识。特别是针对那些所谓自身条件处于不利形势的单身人士，交友软件更有意义，比如，性少数群体、住在人口稀少地区的人，以及50岁以上的单身人士。而且，并非所有的交友软件都一样。我喜欢那些帮助人们摆脱软件，开始真正约会的交友软件。

[在写完这本书以后，我在Hinge担任婚恋关系研究总监。我接受这份工作不仅因为Hinge正像他们的口号说的那样（“为了删除而设计”），异乎寻常地重视并让它的用户摆脱交友软件、开始真正地约会，还因为我在这里的工作任务正好就是我希望通过这本书达到的目的：帮助数百万世界各地的人们学习如何更有效地谈恋爱。]

但不幸的是，某些交友软件提供信息的方式可能会让我们把注意力用错了地方。

其实，这些问题完全可以避免。我将教会你如何让这些交友软件为你服务，这样你就既能利用网络交友的好处，又能避免可能的陷阱。

我们找错了人

我正在写一封电子邮件，乔纳森敲响了我的门。这是我们第一次见面，他迟到了15分钟。我原以为他不会来了。

“对不起，对不起！”他说着向我伸出大手，“我被工作缠住了。”

乔纳森身材高大、健壮，魅力十足。当他面露微笑或读出字母“C”，比如“CEO”——他现在的职位——的时候，脸上会浮现出酒窝。他来自美国中西部，在旧金山住了大约5年；大部分时间里单身，有几段看上去很有希望的感情经历，但都以失败告终。在交友软件上寻觅了几年之后，他来找我寻求帮助。

在最初的几次交流中，我了解到乔纳森对自己的要求有多高，他在生活中的其他领域里有多么成功：他是大学学生会主席、多个重要国际奖项的得主、罗氏奖学金获得者等等。他事业心很强，又很体贴，为人风趣（总而言之，他就是你父母口中的“别人家的孩子”）。

他说：“我一直在用这些交友软件，我约会过无数次。我知道我想要什么，我只是还没有找到。我要找一位商界高管人士。你能帮上我吗？”

“是的，我可以帮上你，”我答道，“但不是以你想要的方式。”

乔纳森不需要别人给他介绍商业主管。他需要的是彻底调整自己的约会心态。他首先要做的，就是弄清楚交友软件是如何影响他的。

问题 1：我们的大脑关注的是那些可量化、容易比较的东西。交友软件展示的是一些表面品质，让我们以为这些品质很重要。

正如我们在前一章讨论过的那样，几十年来，人际关系科学已经揭示出长期亲密关系成功的关键：一个人的情绪是否稳定，是否善良、忠诚，以及跟这个人在一起的时候，我们的感觉如何。

然而，在目前的交友软件中，你完全无法用这类品质进行搜索。这些软件怎么可能办得到呢？能准确量化一个人的个性特征已经很难了，更不用说评估这些特征会在你身上引起什么反应了。于是，交友软件提供的都是能够可靠获取和分类的信息：身高、年龄、学历、工作，以及一个人在挑选好照片方面的能力——让他们看起来又帅气又友善，既性感又风趣。

这就产生了问题。正如管理顾问喜欢说的那样："衡量你的方式决定了你是谁。"在《哈佛商业评论》关于这个主题的一个专栏里，行为经济学家丹·艾瑞里写道："人们会根据衡量他的指标调整他的行为。不管你衡量什么，都会促使人们在这个衡量指标上优化他的得分。你衡量什么，你就会得到什么。就是这样。”艾瑞里解释说，如果你建立了一套衡量飞行里程的旅客奖励系统，并且告诉顾客这个数字很重要，那么顾客就会做出反应。他们开始从遥远的机场预订荒谬的航班，只是为了最大化增加他们的里程。换句话说，我们很容易偏听偏信——给我们一个衡量标准，我们就认为它重要。尽管人们经常觉得那些表面品质重要，但交友软件上不断衡量、展示、强调这些品质，使我们觉得这些品质变得尤为重要。

芝加哥大学教授奚恺元提到了一个与此相关的概念，叫作**可评估性**：某个特性越容易比较，它看上去就越重要。

想象一下这个场景（为了进行这个思想实验，想象你对男人感兴趣）。在街上，我走到你面前说：“你可以跟这两个单身男士中的一个约会。一个身高1.75米，一个身高1.8米，但个子矮的那个赚的钱更多。你想和谁约会？”

最有可能的是，你会慢慢走开，不明白为什么一个陌生人会问你这么奇怪的问题。但如果你决定留下来，我会接着问你另一个问题：“一个矮个子男人每年要多挣多少钱，才能让你觉得他和高个子男人一样有吸引力？”

到这个时候，你可能会尴尬地笑笑，告诉我不可能得出这样一个数字。但多亏了丹·艾瑞里的研究，我们知道事实并非如此。他发现，事实上，一个人的身高、收入和在交友软件上取得的成功之间存在可以量化的相关性，而且这个相关性还不小。艾瑞里采用一家流行的交友网站上的数据发现，要想和比自己高2厘米的男人一样有魅力，矮个子男人必须每年多挣4万美元。

是的，4万美元。

可评估性让我们得以理解为何如此。在现实生活中，你可能会遇到1.75米和1.8米的男人，而且几乎不会注意到他们的身高差异（而且你肯定也不知道他们的收入——除非他们主动告诉你，不过这有点粗俗无礼）。但正如我们刚刚了解到的那样：某个品质越容易比较，它看上去就越重要。在交友软件上，很容易比较身高。长期以来，女性一直青睐高个子的男性，而数字世界加剧了这种偏好。由于网上交友档案中的身高对比很明显，矮个子男士的劣势比他们在现实世界中的更大。

你可能会问自己，女性的收入对她的吸引力有多大影响呢？事实证明，没有影响。在交友网站上，单身男性不像单身女性那样看重对方的收入。相反，在评价吸引力的时候，男性最关注的是身体质量指数（Body Mass Index，即BMI）。他们更喜欢身体质量指数为18.5的女性（体重略低于标准值），而不在乎她的收入或教育水平。再说一次，这并不是说在寻找终身伴侣时，男性的确把身材苗条放在第一位，而是说，他们被局限在几个可比较的品质上（总之，太令人郁闷了）。

这就是我在Tinder上否决了斯科特的原因，我是根据交友软件提供的表面品质来选择潜在伴侣的。我心目中有一个意中人的形象，他只是不符合这个形象而已。如果我在交友软件上搜索的时候，你问我想要找个什么样的，你觉得我会说我想找个“1.75米，红头发，吃素食的工程师[①]”吗？不，估计我不会这么说。我很容易就会把身高的最低标准设定在1.8米以上，从而根本见不到斯科特。然而，在和一大堆人约会过以后，我发现他才是那个让我最快乐的男人（事实证明，他根本不像照片中那种街头混混的样子）。

总而言之，交友软件强调的可量化和可比较的品质可能会把我们引入歧途。这些软件可能会诱导我们过分重视这些表面品质，而忽略了人际关系科学告诉我们的那些最重要的品质。

问题2：我们以为自己知道想要的是什么，但我们错了。我们用交友软件过滤了最好的婚恋对象。

我的客户来找我的时候，经常带着一份长长的清单，上面列着他们理想中的伴侣应该具有的品质。但奇怪的是，大多数人并没有和那么多的人约会过，相对来讲经验不足，尤其是要判断在长期的亲密关系中和对方是不是合得来时更是如此。然而，我们认为自己是专家，知道什么能使自己幸福。

---

① 这是斯科特的特征。——译者注

重点来了！请在这句话下面画条线：我们大多数人并不知道什么样的长期伴侣能够满足我们的需要。

是的，我们以为自己知道想要的是什么；是的，我们能列出很长的清单，但我们最终爱上的人可能不具有这些品质。我们的人生伴侣可能与我们的期望完全不同。别忘了，我当时寻觅的对象并不是一个吃素食的工程师。

对于什么样的人能带来长久的幸福这件事，人们一直在犯错误；这并不是科技带来的新问题。但在现实生活中，你会接触到各种各样的潜在婚恋对象：或高或矮、或胖或瘦，也许聪明、有趣、内向，也许信教，也许是个无神论者，等等等等。如果你在现实生活中找对象——比如，在读书俱乐部里、陶艺课上、朋友的生日派对上——你会遇到一些不符合你的所谓"标准"的人。你可能和他们中的某个人先谈着试试，然后确定关系。你可能会惊喜地发现，你原本想要找一个比你高的或者从小就信教的人，其实并非如此。

但交友软件永远不会给你机会证明自己错了，因为你可以把不符合你"标准"的人直接过滤。我曾经采访过那些在线下认识自己丈夫或者妻子的人。我问他们："如果你在网上看到你现在的伴侣，你会接受还是拒绝？"许多人告诉我，他们根本不会见到自己未来的伴侣，因为他们在交友软件的设置中直接就把这些人过滤了。一位男士告诉我："我的年龄上限是比自己大一岁，而她比我大5岁。"另一个告诉我："我在交友软件上的设置是只找基督徒，结果他却是佛教徒。”

许多网上服务在注册时都有一个兴趣调查。比如，网飞公司会问你喜欢什么类型的电影。交友软件会问你喜欢“什么类型的人”：你愿意约会的人年龄最小是多少？最大是多少？你愿意约会的人身高最高是多少？最低是多少？你介意这个人抽烟、喝酒吗？

从实用角度来看，交友软件通过兴趣调查来限制潜在婚恋对象的数目是有道理的。交友软件不能让我们在无穷多的人里面找对象；它们必须缩小范围。但大多数人在回答这些问题时都没当回事。你知道，在做兴趣调查时，用户都急于看到潜在的婚恋对象。他们回答这些问题就像在超市里填写“自助三明治”的菜单一样，很多时候都是灵光一现的念头。但这和选烟熏火鸡、第戎芥末酱和特辣切达奶酪不一样，我们为自己的交友档案匆忙挑选的食材可能让我们快乐，也可能让我们不快乐。

这些决定会对我们的交友体验产生巨大的影响。我们设置的条件过滤掉了一些潜在的、非常好的婚恋对象。就像你饿了想吃午餐时匆忙填写的三明治菜单一样，你在“只要火鸡肉”的选项上打了个勾；然后却发现，从此以后，你每次去吃三明治，得到的都是只有火鸡肉的三明治。

当然，我们可以注册之后再在交友软件里修改自己的偏好，但大多数人不会这样做。这就是所谓的“现状偏见”——我们倾向于保持现状，不折腾。正因为如此，订阅服务模式的商业行为往往都能赚钱。如果你在健身房注册了一个会员，每个月自动续会员，比起每个月都要决定是否续会员，你打电话取消会员的可能性要小得多。

人们在注册交友软件时，也会发生同样的事情。一旦人们设定了交友偏好，他们就不太可能再去修改了。交友软件向我们展示的是符合我们最初标准的人——也就是我们认为自己想要找的人。如果你认为自己讨厌和比自己高的女人约会，交友软件就只提供比你矮的女人供你选择，那么你就永远没机会证明自己错了。

问题3：交友软件催生了“购物式恋爱”——寻找潜在的伴侣，就像寻找潜在的商品一样。

许多人在购物之前都要货比三家。比如，如果你想买一台照相机，你可能要在所有的品质上进行比较：像素、图像质量、机身重量、电池寿命、价格等等。交友软件给人一种幻觉，以为在寻找潜在的伴侣时，也能像寻找潜在的商品那样比较购物。

研究人员曾经把从陌生人或一般朋友到情侣的过程称为“渐进式恋爱”；现在，他们把这种新现象称为“购物式恋爱”——寻找未来伴侣的过程就像挑一双新鞋一样。但是，把恋爱当成购物会给我们带来麻烦。

包括迈克尔·诺顿和丹·艾瑞里在内的一些行为经济学家

在一份研究报告中解释道，消费者购买的商品中，很多是“搜索型商品”：比如，照相机、洗衣液和大屏幕电视等，你可以根据它们的客观属性进行比较。和这些商品不同，还有一些商品是“体验型商品”；这些商品要“根据它们引起的感受，而不是它们完成的功能来判断。例如，电影、香水、小狗和餐厅的饭菜，这些商品是由主观的、审美的、整体的、情感的属性来决定的，与引起的感觉息息相关。尤其重要的是，人们必须在现场亲自感受，不能假手他人”。我们都看过那种影评很差却让我们捧腹大笑的电影；或者喝过一些好评如潮但我们却不喜欢的葡萄酒。我们在亲自体验这些商品时，可能感到惊喜也可能感到失望。

这篇研究报告指出，人就是“体验型商品”。我们不像照相机，我们更像葡萄酒（如果你跟我一样，你也会是一瓶酒体醇厚，有点干，会随着年份增长而变得越发出色的葡萄酒）。光是比较我们的部分特征，并不能理解我们的整体。然而，交友软件已经把活生生的、会呼吸的、三维立体的人变成了二维的搜索型商品。它传递给我们错误的观念，以为可以把人分成不同的部分，通过比较这些部分找到最合适的人。

交友软件除了给我们一份简历式的品质特征，再无其他。只有花时间和某个人在一起，你才能欣赏这个人拥有的“体验型商品”的特征。

问题4：交友软件让我们在和谁约会上更加举棋不定。

下载了Tinder后的第一个晚上，我刷了6个小时。是的，这比一口气看完第一季《伦敦生活》（*Fleabag*）花的时间还长。我浏览了数百，也可能是数千份交友信息档案。看起来，交友软件不仅让我们搞不清楚什么是重要的，而且让我们在选择和谁约会这件事上变得更加艰难。我们的大脑还没学会从这么多选项中选择伴侣。

还记得心理学家巴里·施瓦茨发现的选择悖论吗？我们以为更多的选项会让我们更快乐，但事实往往并非如此。过多的选项让我们更不快乐，部分原因就是选择太多了。在这么多的选项中比较，让我们不堪重负。我们可能会放弃，干脆不做任何决定。

哥伦比亚大学教授希娜·艾扬格和斯坦福大学教授马克·莱珀在一项著名的研究中证实了这一点。他们在一家美食超市的桌子上摆了免费又美味的果酱样品。比起提供6种果酱样品，当他们提供24种果酱样品的时候，人们更愿意聚拢过来。然而，尝了24种果酱样品的顾客购买果酱的意愿却比那些只尝了6种果酱样品的顾客低。研究人员推测，当你有6种选择时，你完全可能弄得清自己最喜欢的是哪种果酱，从而做出决定；但是24种选择实在是太多了，所以人们干脆不做任何决定。

在超市里，这可能意味着离开时没有购买果酱；在交友软件里，这意味着没有找到恋人。选择一个潜在的伴侣比在24个选项中选择一种果酱要困难得多：选项不止24个，而是成千上万个，而且你很可能要和你选的这个人过一辈子。我们找对象的时候，有可能被这么多选项弄得不知所措，所以干脆就不找了。即使我们去找，我们也会觉得不可能真正知道该和谁去约会。

问题还不仅仅是选项太多难以抉择。施瓦茨告诉我们，即使我们能够克服选项太多造成的困扰并且做出选择，这么多的选项也会让我们对自己的选择不满意（这一点我们在第四章讨论过，如果你是完美主义者，这种感觉会更强烈）。

我们会忍不住想：*如果我选择了别人会怎么样？那样会更好吗？我会更快乐吗？*这一连串的想法会让我们走上通往悔恨的黑暗之路。而且，这种效果还会叠加。你做出的选择越多，就越有可能为自己的选择后悔。甚至会引起抑郁。

在这种情况下，少即是多——或者至少不满意的感觉会少点。

我的客户里有各种类型的恋爱人士。我知道，并不是每个人在恋爱时都经历过选择的悖论。这取决于各种因素，包括种族、年龄、性别、性取向和地点等，它们都会影响你在婚恋对象上的选择范围（我的很多客户都希望自己的选择范围更大）。但如果可选的人太多，或者你陷入这场游戏，想看看自己能碰上多少人，你可能已经领教过选择悖论的威力了。记住，交友软件的目的是去进行真正的约会，而不是把整个晚上都花在刷手机、选对象上。

问题5：当我们看到一个人的简单描述时，我们会用讨人喜欢的细节填补空白。我们会对这个人产生不切实际的幻想，最终让自己失望。

在我钟爱的电影中，有一部叫《独领风骚》(*Clueless*)，新来的女孩塔伊问学校里最受欢迎的女孩雪儿，她如何看待她们的同学安布尔。雪儿说："她就像莫奈的画，远看很好，近看一团糟。"

我把这种判断上的错误称为"莫奈效应"。当我们对某人只有粗略的认识时，为了能得出一个好结果，我们的大脑会用正面的东西填补所有的空白。那个人比他实际的样子看上去更有魅力。直到他们变成活生生的人站在我们面前时，我们才能看出他们的缺点。

我们可以在商界看到这一点。当公司要寻找新的首席执行官时，他们可以提拔内部的候选人，也可以从外部聘请候选人。对这些决定的研究发现，决定从外部招聘人选的公司对候选人的期望极高。当你评估外部候选人的时候，你只知道他们的大致细节。他们会告诉你他们有多成功；而对内部候选人，你知道得很清楚，你知道他们的成功和失败。莫奈效应可以解释为什么比起内部提拔的首席执行官，外面找来的首席执行官挣得又多，业绩又差。

婚恋也是如此。浏览交友软件上的个人档案就相当于从很远的地方看一个人，你所得到的只是一些精心挑选的照片和基本信息。当你和他们约会的时候，也许他们说话的声音让你觉得刺耳，或者他们的餐桌礼仪很差，又或者你们俩的聊天总是陷入尴尬。这些缺点很正常，因为它们本来就不是大问题，而且每个人多多少少都有这类缺点；但他们让你大失所望。你心目中那个完美的人不见了。于是你还是忍不住打开了Tinder，又开始刷手机找人了。你否决了刚才约会的那个人，开始幻想屏幕上的下一位。因为莫奈效应，他看起来依旧完美。可一旦亲眼见到了这个人，你就会意识到对方还是有缺点，然后又是一次同样的循环。这产生了一种“这山望着那山高”的感觉：你总觉得下一个人会比你现在相处的这个好。你把自己送进了一个永远确认不了关系的无尽循环之中。

更聪明地找对象

交友软件上所有这些问题都对你不利，让你找不到合适的人约会。你的注意力集中在那些其实并不像你想象的那么重要的品质上，你这些比较的方法并不能看出他们是不是适合你。不过，还有一些办法，能让你更聪明地使用这些交友软件找对象。

改变你的过滤条件

你在交友软件上看到的人反映了你在注册时的设置。回想一下那个时候：你刚刚下载了交友软件，心里充满了希望，鸟儿在鸣唱，春心在荡漾。当发现要设置诸如身高和年龄偏好时，你很可能匆匆应付了过去，因为你知道有几百个潜在的婚恋对象正在等着你。

而且，基于前面讲的所有原因，你在找对象这件事上可能已经弄错了。虽然你可能觉得自己知道想要的是什么，但你恐怕搞错了。因此，对于该让交友软件向你展示什么样的婚恋对象，我希望你抱着更开放的心态。拿出你的手机，改变你的设置。是的，在所有交友软件上都这样做；是的，现在就做。对于你过滤的那些人，那些你曾经认为岁数太小或者太大的人，你可以更灵活一些吗？你真的不会和一个虽然超出你既定的身高范围，却非常优秀的人约会吗？

你还要考虑那些无法用数字量化的要求，比如，“必须有研究生学位”或者“必须是天主教徒”。这些“是”或者“否”，可能代表了更深层次的价值偏好——对知识的渴求和对传统的重视——而这些用交友软件很难捕捉到。

现在就做。我是认真的，我可以等着（我正好想吃一个夹了烟熏火鸡、第戎芥末酱和特辣切达奶酪的三明治，反正也要15分钟才能吃完）。

改变你的选择方式

你已经更新了你的交友设置，现在是时候改变你的选择过程了。

请质疑你的假设。有一次，我看到我的客户正在用一个交友软件。我们看到了一个人，看起来很可爱，履历也很有趣。但她否决了他。我问她为什么，她说：“他是一名咨询师，而咨询师都很乏味。”什么?!是说所有的咨询师？他们都乏味吗？她认为根据某个人生活中的某一件事，就能知道她需要知道的一切了。你的工作不代表你是什么样的人，从事同样工作的人可能完全不同。

还有另一个例子：我曾经有个客户喜欢旅行，她也想找一个经常旅行的人。我帮助她认清了，对她来讲，冒险和好奇心才是最重要的内在品质，而不是他去过多少国家。

过了几个月，她遇到了一个可爱的小伙子，他以前从未出过国，因为他没钱去旅行。然而，他却有我们说的这些品质，这一点在他的创业过程中体现得很明显。她帮他拿到了第一本护照。现在，他们经常一起旅行。如果她按照最初的打算，只留下那些护照上盖满出入境章的人，她是绝不会遇到他的。

仅仅因为你知道对方曾经去过哪里或者如今在哪里，并不意味着你就知道他们将来要去哪里。

寻找理由接受别人

人们很容易把交友软件当作发现别人缺点或者找出拒绝

理由的练习。相反，你要试着少做评判。我见过有人在看到“老师”的时候就否决对方（“哦，他赚不到足够的钱养活我”）或者看到“瑜伽教练”的时候就否决对方（“我不想和崇拜水晶、总想激活我能量中心的人约会”）。你并不了解这些人。你看到的只是他们很小的一个侧面——几张照片、一些基本信息。如果某个人也许还可以，那么先接受下来，看看会发生什么。当你评估一个潜在的婚恋对象时，要先看他们有什么地方吸引你，而不是有什么地方让你失去兴趣。

通过交友软件来破译对方的特征，与其说是一门科学，不如说是一门艺术。不要以为你看到一个人的回答，就能看清背后的意思。不要假设你完全明白别人的意思，因为他们在回答这些模糊不清的问题时，和你一样纠结。为什么不和他们见面，当面探讨这些话题呢?

并不一定只和你认为合适的人出去约会。只有这样，你才会发现自己真正喜欢什么，而不是假设你已经知道自己喜欢什么了。

我认识的一位女士在脸书上发表了一篇慷慨激昂的帖子，抨击如今的网上交友有多么“可悲和误入歧途”。作为证据，她上传了一张照片，是她最近约会过的一个人的交友档案。在回答“我最大的非理性恐惧”这个问题时，对方写道：“和一个名字很难组合出婚礼标签的人结婚。”她觉得这个回答实在太轻率了——我引述她在脸书上的话——她认为这代表了“千禧一代婚恋观的垮台”。（如果你对婚礼标签不熟悉，我在这里解释一下：这是指新婚夫妇把他们的名字组合成一个双关语，印在婚礼的照片上。）

我和很多人在评论这篇帖子的时候都不同意她的观点。起初，我一直忍着，不想冲动地发表意见，但后来我觉得必须得说两句。我评论道：“个人拙见，欢迎辩论：对某人在交友软件上的某个问题的回答做出这么苛刻的评判，实在不好。我亲眼看见过很多人创建自己交友档案的过程，他们只是想尽快做完，好马上浏览那些潜在的婚恋对象。也许这个回答对你来说有点轻率，但我却觉得它挺有意思，看得出来还带有搞笑的语气。从这个回答可以看出，这个人参加了太多的婚礼，以至于会讽刺婚礼标签。所以，他可能是个忠诚的人，有一大群朋友。而且，如果他的很多朋友都结婚了，也许他也准备安定下来。他的回答也表明他喜欢双关语，并希望娶一个名字能和他组成双关语婚礼标签的人。”

她回复道，她也喜欢双关语，而且愿意重新考虑对那个人的最初看法。她还说，希望能收回评论，重新接受他。

听着，我说的不是你应该对什么人都接受；我说的是，你应该保持开放的心态，知道有些人比他在档案里表现出来的有趣得多。

不要同时和太多的人约会

看到这里，你可能会想，等等，**这不是和你刚才给我的建议相反吗？**不相反。我希望你放宽自己的过滤标准，认识不同类型的人，并和其中一些人出去约会。但是——请注意，这个“但是”很重要——我不希望你同时和很多人约会，这只会进一步恶化莫奈效应。

最容易做的事就是不断刷手机，不断定下约会日期。如果你感觉对这些交友软件上瘾，这并不是你的错。真的，并不是你的错。许多人都认为，Tinder就是故意设计成这样的。记者南希·乔·赛尔斯在为自己的纪录片《数字时代的恋爱游戏》（*Swiped: Hooking Up in the Digital Age*）进行调研时发现，Tinder的部分灵感来自心理学实验——尤其是著名的行为学家B.F.斯金纳对鸽子进行的条件反射实验，让它们以为自己随便啄一下就会得到食物。“这就是刷手机背后的机制，”赛尔斯在卡拉·斯威舍的《编码与解码》（*Recode Decode*）播客上说：“你只要不停地刷，就可能刷出合适的对象，也可能刷不出。然后你就会一直玩下去，越玩越上瘾。”难怪我第一个晚上在Tinder上花了6个小时（而且曾经达到一周内进行了8.5次首次约会。我到现在还闹不清那半次约会到底是什么意思）。

不要像玩手机游戏那样使用交友软件。如果你调整好自己的节奏，同一时间只和有限的人约会，你会做出更好的决定。

试着去真正了解他们。如果说扩大过滤范围意味着更丰富的菜肴，那么同时考察约会的对象比较少就意味着尽情品尝每一道菜。

我的一个客户同一时间约会的人数不超过3个。她发现这是她的幸运数字。她可以给每个人一个机会发展这段关系，同时也可以比较她对每个人的感觉。如果你太过火了，一次和太多的人聊天，或者不断在日程上填满首次约会，你最终的结果可能就像那个从桌子上尝了24种果酱的人一样。你试吃了太多的果酱，却不知道该买哪一个。结果呢？只能孤独地走回家，而且还会因为吃了太多的糖和烤面包片而肚子疼。

如何让交友软件为你服务

到目前为止，我们谈论的是你应该如何评价他人的交友档案。与此同时，别人也在评价你的档案。如果你正在努力寻找爱情，这里有一些建议。它们都是有事实基础的，可以帮你找到更合适的人，约会也会更顺利。

挑选几张好照片

这还用问，照片当然重要了。在大多数交友软件中，它们占据了最显眼的位置。人们通常凭一张照片就做出选择，只有觉得照片还不错，才会向下滚动查看更多的信息。

“Hinge”的研究人员分析了哪种类型的照片能得到用户最积极的回应，并在2017年的一篇博客中分享了研究成果。为了进行这项分析，他们随机挑选了1000名用户的档案照片，根据照片特点（例如，是抓拍的还是摆拍的，是露齿微笑的还是不露齿微笑的）给他们打上标签，并评估他们的表现。根据研究发现，我在这里列出一些实用建议：

- 不要让别人猜测你的长相或者现在是不是单身。照片开了滤镜或者合影中的人看上去像你的恋人，这样的照片获得点赞比没有这些情况的少了90%。还有更糟的，照片上有很多人，看不出来哪个是你。我把这种照片叫“威利在哪里？”[①]。建议你最多选择一张和其他人在一起的照片，并且清楚地标明你的位置。
- 对女性来讲，只要有独自一人站着、看向别处或者露齿微笑的照片，她们获得的点赞就会增加70%左右。
- 同样地，对于男性来讲，如果有独自一人站着、不露齿微笑以及直视镜头的照片，获得点赞的机会也会增加。
- 抓拍的照片比摆拍的照片效果好得多。虽然上传的80%的照片是摆拍的，但抓拍的照片获得点赞的机会要高出15%。
- 人们不喜欢看自拍照，尤其是在卫生间的自拍照，这会让你获得点赞的机会减少90%（小贴士：和新结识的婚恋对

① 《威利在哪里？》是一套由英国插画家创作的儿童书籍，让小读者在一张张人山人海的图片中找出一个特定的人物——威利。——译者注

象见面时，尽量不要把自己和卫生间联系在一起）。要让大家知道，你有一个可以为你拍照的朋友。

- 黑白照片秒杀一切。尽管它们只占上传照片的3%，但它们获赞的可能性增加了106%。考虑一下，下次拍张黑白照片。

在帮助我的客户建立个人档案时，我发现大多数人挑选个人最佳照片的品位都很差。为此，我开发了一个流程提供帮助。我要求我的客户给我发10到20张待选的照片。在征得他们同意后，我把这些照片放在网络相册里，发给我在全国各地的联系人——这些人不太可能见过我的客户。他们对照片进行排序，指出哪些照片他们喜欢，哪些应该删掉，哪些应该用作重要的首页照片。对于哪张照片效果最好，他们通常有共识；这几乎从来都不是我客户的首选。我得到反馈后，会根据结果重新整理客户的照片。

exercises

练习

选择更好的照片

挑选10到20张你自己的照片（最好同时包括你的正脸照、全身照、活动照——比如，做饭或者徒步），把它们发给几个朋友。询问他们应该选择哪些照片，删掉哪些照片，以及将哪张照片用在首页上。或者自己在交友软件上做实验：更换不同的照片，看看哪些照片得到的匹配人数最多。

仔细斟酌，写好你的个人简介

要准确地描述自己。我曾经指导过一位女士，名叫艾比。她说自己想找的是喜欢户外活动的男士，结果她招来的都是“粗犷的伐木工”：留着大胡子、穿着格子衬衫的时髦都市男。她的照片里有一张徒步的照片，她在个人档案里说她喜爱大自然。然而事实是，她讨厌花时间在大自然里。“艾比，”我对她说，“你的身份标签明明就是‘我不喜欢露营’。档案中的那个人不是你，而是你想成为的人。你想成为那种人，这样才配得上你以为你应该嫁的那种人。”通过我们的共同努力，我们精心写了一份简介，更真实地反映出她的个性。我们在里面放上她最近去柏林旅行时拍的一些艺术照，写了她对现场爵士乐和高价威士忌的热情。一个好的个人简介应该反映你这个人，而不是你想成为的那个人。坦率地描述自己，可以避免日后的矛盾。比如艾比，不得不告诉她的“伐木工”男友，她不想和他一起参加为期5天的滑雪训练营。

要写得具体，别人才有兴趣和你交谈。写个人简介的目的是为了让他人有兴趣和你交谈，而不是让人觉得你聪明过了头。要确保别人看了你的个人简介以后，会跟进并且和你联系。让我们看看Hinge的提示：“我正在找一个能和我一起出席婚礼的人。”如果你写成“一个还没结婚的人”，这当然很有趣，但并不能打开别人和你交流的大门。相反，如果你写“知道辣妹组合首张单曲《我就要》的所有歌词”，那么你们就可以围绕20世纪90年代的音乐，或者唱卡拉OK的时候谁来唱猛辣妹的部分展开一场谈话。如果你写“能在舞蹈比赛中战胜我的人”，这就是个很好的话题，你们很快就能互相交流招牌动作了。引起对话的最佳方式就是写具体，包括写一些体现你与众不同、特立独行的地方。如果你写“我喜欢音乐”，这并未让我对你有任何了解。喜欢音乐是挺好的，但谁不喜欢音乐呢？同样，你写自己喜欢旅行、喜欢美食、喜欢大笑，也没什么效果。这就好像在说你喜欢汤姆·汉克斯似的。是啊，那是美国明星，谁不知道啊？不要告诉我你喜欢做饭，要告诉我你的拿手菜是什么，告诉我你是怎么做越南米粉的。你写得越具体，你潜在的婚恋对象就越有机会通过评论你与众不同的爱好和你建立联系。

要关注自己喜欢什么，而不是不喜欢什么。我很惊讶，竟然有那么多人在如此有限的简介空间中写满了他们不喜欢什么。我很理解这种冲动，但这么做发出的都是负面信息。你要吸引的是和你气质相同的人。所以，要利用这个空间吸引那些和你有共同爱好的人，而不是和你一样喜欢抱怨的人。专注在能给你带来快乐的事情上，而不是你讨厌或者试图避免的事情上。（顺便说一句，你注意到没有，那些老说“讨厌哭天抹泪”的人往往更喜欢哭天抹泪。）

构思好你的开场白

别再用“嘿”“最近怎么样”这种话来做你的开场白了，也不要开口就问别人周末过得怎么样。这太无聊了！好的开场白（同样）应该是具体的。

开场白的目的是让对话进行下去，这样你就可以约某人见面了。你应该认真阅读对方的个人资料，巧妙地评论一些事情，一些不是每个人都会注意到的细节，再加上一点幽默。例如，如果一位男士在照片里总是看向别处，你可以说：“我发现你照相时最喜欢神秘地凝视远方。我真想知道画面外有什么！”或者，如果某人在简介中提到喜欢《办公室》（*The Office*）这部情景喜剧，那你可以引用迈克尔·斯科特那句你最喜欢的台词给他留言。（你也可以剽窃我最喜欢的那句：“一是交友，二是做生意，三是做爱。排名不分先后。”）这能让对方看出来，你在开场白上下了功夫。

还有，看在上帝的分儿上，当你觉得某个人合适的时候，就发个信息！如果你不打算跟进，为什么要不停地刷手机呢？

保持联系

你有自己的生活，不能整天盯着屏幕。但即使你今天特别忙，也要试着留出15分钟时间回复信息；也许是在上下班的路上，或者在工作中偶有闲暇的时候。你要保持这种热度。

转入正题

尽快转入实际的约会。使用交友软件的目的是人和人之间开始面对面地交流，而不是为了结交笔友。我已经一次又一次地看到过在约会前网聊太多造成的负面后果。当人们在约会前不停地发信息时，他们最终会在脑海里想象出对方的样子（莫奈效应）。当他们相遇时，会不可避免地发现对方和想象中的不一样。即使对方本来是个很好的婚恋对象，也会让人感到失望。网上聊得来并不一定意味着你们会来电，你难道不想早点弄清楚吗？

从网上发信息到约对方出来，可以用这样的对话自然过渡："我真的很喜欢跟你聊天。想在周日下午出来散散步、继续聊吗？"

你要让见面变得更容易。一种约人出来的方法是提出约会的具体日期和时间。"如果你在现实生活中也像在网上聊天中一样迷人，那我们之间可能很有机会哦。周四一起喝一杯怎么样？晚上7点？"你可能要来回几次才能找到你们双方都合适的时间；不过这样一来，你会下意识地缩小自己的可选范围。当你花了太长的时间计划约会，就会扼杀你的激情和动力。

有时就会发生这种情况。这并不一定是因为缺乏兴趣；通常只是因为忙。在一堆来来回回的聊天过后，怎样才能最有效地过渡到面对面的约会呢？我建议你以一种友好又略带开玩笑的语气直接提出来："我真是好喜欢和你网上辩论，也好想看看我们面对面时是不是也处得来。咱们这周找个地方喝一杯怎么样？”

或者下次对方开始告诉你一些有趣的事情时你可以说：“等一下，我可真想亲耳听到你说这些！这周什么时候有空？见个面怎么样？告诉我接下来的故事。”

更好的约会方式

听着，我知道这很难。你可能觉得全宇宙都在和你作对，专门设计好了要迷惑你，阻止你找到真爱。但还是有希望的。如果你想从交友软件中得到片刻的休息，下一章将介绍如何在现实生活中结识婚恋对象。是的，现实生活。即使你已经放弃，觉得无望了，但在现实生活中结识婚恋对象仍然是可能的。在接下来的章节里，我将帮助你找到方法，让约会再次变得有趣起来。好好想象一下吧。

总结

1. 在谈到找对象这个问题时，我们总以为自己知道想要的是什么，但我们常常是错的。对于长久的幸福需要什么，我们的直觉常常是错的。
2. 交友软件会让我们把注意力集中在错误的事情上。我们会更看重可量化的品质。交友软件只能衡量表面品质，这只会让我们对恋爱对象的要求越发浅薄。
3. 交友软件提供的选项太多，让我们在选择上更加举棋不定。它们催生了一种“购物式恋爱”——就像购买潜在的商品一样，评价和比较婚恋对象。
4. 我们可以学会更聪明地使用交友软件：放宽过滤条件见到更多的人；在选择时不要过分评判对方；一次不要约会太多的人；尽快转入线下约会。

第九章

在现实生活中结识伴侣

如何不依赖交友软件找到爱情

“我受够了！”艾丽西娅边说边扔下背包，踢掉鞋子，甚至没来得及关上我办公室的门就叫了起来，“我受够了交友软件！”

我的客户艾丽西娅是一名28岁的护理学院学生，在交友软件上刷了好几年，找对象的事情仍然没有着落。上千次接受匹配的婚恋对象，只换来很少的几次约会，而且几乎没有第二次见面。

艾丽西娅是黑人。到目前为止，我从没有提过客户的种族，但我在这里必须说一说，因为种族歧视在网络交友中无处不在，这使得原本就很有挑战的事对黑人女性而言更是难上加难。“OkCupid”是克里斯蒂安·鲁德尔与他人合作创建的交友网站，他分析了“OkCupid”用户的行为，在公司的博客和他的《无人旁观时我们是谁：大数据下的人类真实面目》（*Dataclysm*）一书中进行了说明。他在报告中说，比起其他种族的女性，黑人女性收到别人主动发起的首次聊天次数少25%。当黑人女性主动联系男性时，她们得到的回应比其他种族的女性少25%。亚裔男性受到的待遇也类似。鲁德尔还发现，白人、黑人和拉丁裔女性在评价不同种族男性的吸引力时，对亚裔男性的评价要比对其他种族男性的评价低30%。

艾丽西娅在沙发上坐了下来。“这些交友软件对我没用，我想要和人面对面地认识。难道只有我觉得这种事永远不会再发生了吗？”她问。

这是我经常从客户、同事和朋友那里听到的抱怨。和我父母同龄的人会分享在教堂舞会、在电影院排队或者在公园午休时相遇的故事。但这些故事如今听起来都像是古代的传说。

“不，不是只有你这么想。”我说，“我曾经问过一个客户，他是否愿意在公共场合和某个陌生人攀谈。他说，‘冒着被人拒绝或者被指责轻浮的风险吗？我才不干呢。’然后他指着手机告诉我，‘这是我现在认识人的地方。’”

“至少不是我一个人这么想。”

“肯定不是，”我说，“交友软件并不可靠。我们会想办法让你面对面地结识更好的人。”

无论你是想摆脱这些交友软件，还是只想扩大搜索范围，这里有我最喜欢的四个策略，帮助你在现实生活中与人相识。

1. 参加活动。

艾丽西娅告诉我，她经常在网上看到各种活动的广告，或者从朋友那里听说各种活动，但她不知道去参加哪一个（哈哈，又来了，选择的悖论！）。工作占用了她大量的空闲时间，所以，大费周章地盛装出席一个很可能颗粒无收的活动让人备感疲惫——而且有风险。因此，我们就会陷入过度分析带来的崩溃状态中。“为什么要去参加一个可能很无聊的活动呢？我还不如辛苦一天后松开胸罩，换上瑜伽服去健身呢！”她说。

我知道，如果参加活动，艾丽西娅会有机会认识婚恋对象。我的工作就是帮她挑选合适的活动。我拿出笔记本，给她画了一张我设计的**活动决策矩阵**（见图1）。它可以帮助工作繁忙的人有策略地挑选最好的活动。每当你听说有一个新活动时，你就用这两个维度的问题把活动画在矩阵上：

1. 我在这个活动中与他人互动的机会有多大？

2. 我在这个活动中玩得开心的机会有多大？

在现实生活中与他人结识的策略

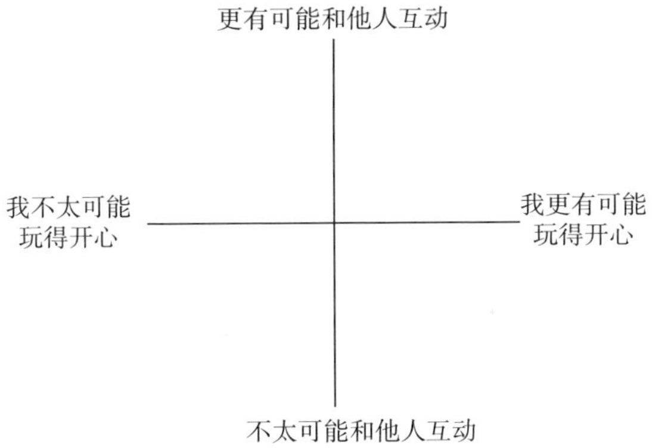

图1　活动决策矩阵

纵轴表示在活动中，人与人互动的可能性有多大。换句话说，参加活动的人会有足够的机会互相认识并聊天吗？如果你听说这个活动是不出声的活动，比如看戏，你就把它画在纵轴的最底下；如果你听说这个活动中很可能要和别人对话——甚至是深入的对话，你就把它画在纵轴的最上面。

横轴表示在活动中，你有没有可能会玩得很开心。你有信心自己会喜欢的活动画在横轴的右边；你知道自己肯定会讨厌的活动画在横轴的左边。这一点很重要，因为你喜欢的活动会让你充满活力，会激发出你最好的一面。你会更快乐、更放松、更自在。那是发生美好邂逅的最佳时机。此外，如果你参加了一个你会乐在其中的活动，即便最后没有遇到任何潜在的婚恋对象，你也不太可能认为这个活动是在浪费时间。不管怎么说，你还是做了件自己喜欢的事，不是吗？

艾丽西娅和我坐下来打开一个很流行的活动发布网站。我们一边浏览近期的活动，一边把它们画在活动决策矩阵上。

举重培训课？艾丽西娅更喜欢跑步，所以她认为自己不会喜欢这种活动。而且，并肩站在一起喘粗气也不是引发交流的好方法。我们把它放在了矩阵的左下象限——她既不喜欢，与他人互动的可能性也低。

骑自行车远足？这可能有很多互动的机会，但艾丽西娅没有自行车，所以放在左上象限——她大概不会喜欢，但互动机会很多。

看电影《爱在午夜降临前》(*Before Midnight*)？那可是理查德·林克莱特的经典之作。但和一群人一起看电影并不意味着你会认识什么人；只有屏幕上的人在说话。这个活动放在右下象限——她可能很喜欢，但互动的机会很少。

终于，我们发现了一个讨论塔-内西·科茨的读书俱乐部。科茨是一位获奖记者，专门报道文化、政治和社会问题。叮叮叮！艾丽西娅刚好是他作品的超级粉丝。而读书俱乐部就是为了方便大家互动的。如果遇到喜欢的人，她很容易就能把小组谈话延伸到一对一的聊天。把它放到矩阵的右上象限。终于找到了一个好活动！

但仅凭活动决策矩阵是不够的，艾丽西娅需要真正去参加放在右上象限的活动。这就是我的行为科学工具包起作用的地方。

心理学教授盖尔·马修斯的研究表明，**公开承诺自己的目标**能激励人们更有可能完成自己的目标。所以我问艾丽西娅："你觉得每个月能参加两个右上象限的活动吗？"尽管工作很忙，但她还是答应会坚持到底的。(见图2)

我给艾丽西娅定了一个截止期限。截止期限可以帮助人们采取行动，避免拖延的本性发作："到本周末，你能给我发短信，告诉我你选择的两个活动吗？"

在现实生活中与他人结识的策略

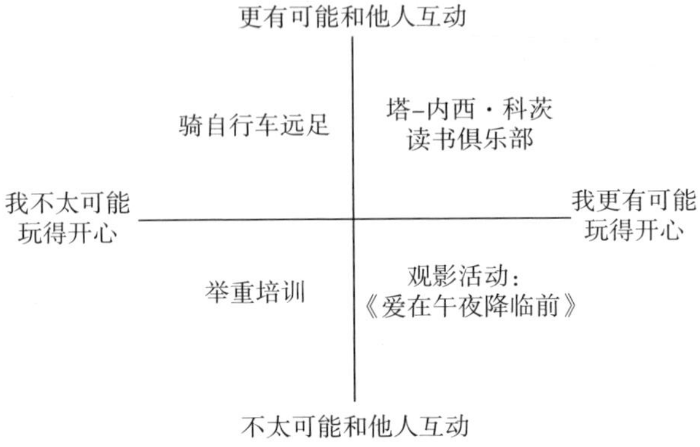

图2 艾丽西娅的活动决策矩阵

艾丽西娅马上开始使用她的矩阵。不到一个月，她就从一年几次约会发展到一个晚上和6名潜在的婚恋对象见面。她是在哪里遇到他们的？在塔-内西·科茨读书俱乐部。

建立你自己的矩阵：如果你的工作很忙，又想在现实生活中结识婚恋对象，却不知道应该参加什么活动，那就行动起来，在活动决策矩阵上标出你的活动吧。如果有一个活动落在了右上象限，就去参加！随着你参加的活动越来越多，你将学会如何快速识别出最适合你的活动：那就是你会乐在其中，并且可能产生高质量互动的活动。

如何发现有趣的活动

随时留意脸书上你所在地区的活动。关注你感兴趣的组织在脸书上的主页，或者订阅他们的邮件列表。可以在Meetup.com网站上寻找未来的、符合你兴趣的聚会。其中许多都是免费的。你认识那些经常参加炫酷活动的朋友吗？让他们下次也带你一起去，或者打听一下，他们是在哪里发现这些活动的。查看当地大学举办的讲座。上网搜索关键字“艺术开放日”或者“电影节”，再加上你所在城市的名字。此外，很多博物馆、读书会、艺术沙龙都有自己的网站！将你发现的活动添加到你的活动决策矩阵中。日程很繁忙的时候，就专注右上象限的活动。

我的一个客户是在一次人权抗议活动中遇到他的女朋友的。另一位以“业余球员”的身份加入了由陌生人组成的排球队，签约了一个赛季，只是为了结识新朋友。她后来和副攻手约会，现在他们每周一起打两次排球。我的一个朋友在一个播客听众见面会上认识了她的丈夫，他们俩都喜欢听这个播客。

我的朋友简和乔伊是在滑雪的时候认识的。乔伊三次获得全国滑雪比赛冠军，而简在当地一家酒吧参加了一个滑雪之夜活动。现在他们结婚了，有了个可爱的宝宝。

我喜欢听人们在做志愿者时相遇的故事。这是一个很好的结识他人的方法；你可以发现善良的人。你现在已经知道，在找人生伴侣的时候，善良是被严重低估，却极其重要的品质。

exercises

练习

建立你自己的活动决策矩阵

在现实生活中与他人结识的策略

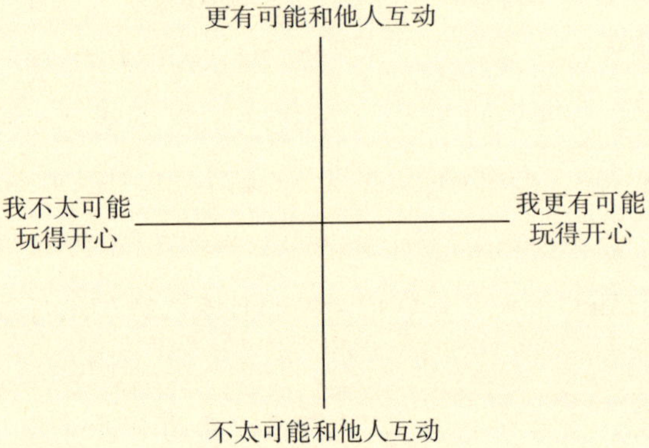

图3　活动决策矩阵

exercises

练习

参加活动

只需要承诺，在接下来的30天里参加一项活动。

这个月，我将参加以下活动：______________________

____

如何充分利用这些活动

光出席活动是不够的。要发展感情，就必须去认识人。

在理想情况下，你应该一个人参加活动。这样会让你显得更容易接近。因为接近一个单独的人比加入一群人的谈话更容易。你可能会产生那种熟悉的渴望去玩手机，但我劝你一定要把它留在你的裤兜里。

如果你觉得自己实在做不到独自前往，那就找一个合适的人做伴：这个人要独立、关心他人、积极向上，并且愿意为你的成功付出努力。可以邀请那些让你感到舒服的人，那些知道你想结交新朋友的人。不要找那种你一和别人聊天，他（她）就会不爽的人。

你妈妈的那句老话很有道理："留下第一印象的机会只有一次。"穿一些让你感到自信的衣服。别忘了眉目传情。与你周围的人进行眼神交流，微笑，然后把目光缓缓转移到别处。

从点滴做起，要求自己在每次活动中都至少认识一个新朋友。主动做自我介绍。对周围的人讲述自己周边发生的事情。你可以评论一幅画、一支乐队、他们的耳环或者鞋子，说什么都行！重点是练习结识新人，即使你对他们不感兴趣也没问题。这样，当你遇到喜欢的人时，你就会感到自信。（让那些练习发挥作用吧！）与此同时，结交新朋友会扩大你的社交圈，这也会增加你遇到新婚恋对象的机会。

"但我怎么知道和我聊天的那个人是不是单身呢？"我的客户总是这样问我。你当然不知道！我的朋友卢卡斯用一种直截了当的方式问女性是否在和别人约会：“你在谈恋爱吗？”如果那位女士停顿一下，然后说“没有”，他就会知道，对方可能偶尔和别人出去约会，但也愿意和他交往。

或者，你也可以继续保持不经意的样子，说一些这样的话：“嘿，和你聊（此处插入你们正在讨论的事情）真有意思；怎么联系你最好？”然后对方会给你他愿意提供的联系方式，比如电话号码、照片墙用户名或者电子邮件地址。人们通常会有一种预感，知道你为什么索要联系方式；如果他们已经有了恋人，他们会想办法提及这一点的（如果他们有主了，或者对你不感兴趣，可能会拒绝给你任何联系方式）。

女士们，万事开头难。大多数男士在女士接近他们的时候都会很兴奋。如果看到你大胆又自信，他们反而失去了兴趣，那他们无论如何都不适合你。

先生们，我知道你们担心被人看成是轻浮的人。但在活动中与陌生人交谈本身并不奇怪。轻浮是指那些言行惹人讨厌的人。他们会偶尔做出性暗示或者说些性别歧视的话，或者当对方表示不感兴趣的时候——比如，不停地东张西望，或者只是敷衍应付——还继续说个没完没了。如果你想避免给人留下轻浮的印象，可以让对方主导谈话，引出更多的内容。

如果主动攀谈让你紧张得不行，试试这个技巧，它每次都管用。无论你是去拿杯酒，还是去上厕所……去排队，排什么队都可以。排队的人自然会感到无聊，哪怕是稍微分散一些注意力——比如和你聊天——也是让人高兴的。最近我在候机楼里等着登上从亚特兰大飞往旧金山的飞机时，试过这个方法。告诉你吧，我那个关于E组登机的笑话真是百发百中、屡试不爽。

2. 经朋友和家人介绍。

根据斯坦福大学的研究，目前最常见的交友方式中，除了网上交友和酒吧/餐馆交友之外，排在第三位的交友方式就是通过朋友介绍。

我的很多客户都希望有人给他们介绍对象，但他们告诉我，很少有人这样做。

为了找出原因，我询问了一些人，有单身的也有不是单身的，问他们为什么不多给朋友们介绍对象，他们回答的原因很多。一些人说，他们要么根本就没想过这个问题，要么认为如果朋友需要帮助，他们会主动提出来。有的人说，他们尊重朋友的隐私，不想干涉。还有一些人担心，如果他们介绍的对象朋友不满意，那位朋友会觉得受到了侮辱。

但天无绝人之路！尽管有这么多顾虑，但每个和我交谈的人都说，他们乐意帮忙。你要利用朋友们的这种本能。你的朋友是很好的资源，他们都很了解你，也认识你不认识的人。

这里有一些方法可以让更多的人给你介绍对象：

- 开口让别人给你介绍对象。我知道这看上去很简单，但很多人并没有向朋友们求助。开诚布公，告诉朋友："我准备好找对象、谈恋爱了。你能给我介绍一些你认识的单身人士吗？"

- 告诉他们你在找什么。你要找的是人生伴侣，而不是毕业舞会上的舞伴。例如："我要找一个聪明、有艺术气质、关心社会公正的人"或者"我要找的是善良、体贴、热爱美食的人。对方身材不错，但并不过分痴迷于健身"。你的朋友们可能马上会想到某个人，或者在结识新朋友时替你留意。
- 给你的朋友发几张照片。选择好看（但要真实）的照片，这样他们可以发给你潜在的婚恋对象。
- 接受朋友安排的见面。一定要上心。如果有人肯大费周章为你安排约会，一定要接受安排！他们是你的朋友，而不是一个试图浪费你时间的人，你又有什么可损失的呢？一个晚上？一点钱？只要去就好了。我的朋友斯蒂芬告诉她的朋友们："如果你们认为我会喜欢这个人，我至少会和他们约会一次。"因为有这种承诺，我更有可能为她牵线搭桥。而我的另一些朋友就不这样，我给他们介绍对象，他们反而放人家鸽子。我曾经有个朋友央求我帮她安排一次约会，我给她发了一位男士的照片，告诉她对方的情况，也对那位男士介绍了她的情况。双方都同意见面了。但当那位男士给她发信息的时候，她从来没有回复过。她让这位男士遭受了不必要的拒绝。我发誓再也不给她介绍对象了。
- 给你的朋友反馈。如果约会进展顺利，给你的朋友发一条感谢信息。如果送一束鲜花就更好了！如果不是很合适，要谢谢他们介绍，并且告诉他们你认为哪里合适，哪里不合适（注意措辞，以防对方是他们的密友）。你的反馈让他们对你的需求有了进一步了解；同时也激励他们继续给你介绍对象，因为反馈是令人鼓舞的；此外，还要给他们一个机会告诉你，你是不是太挑剔了。他们也许会听取你的理由，并建议你再给这个人一次机会。听他们的。

- 提供奖励！这听起来可能很荒谬，但很有效。一位前同事告诉我，如果别人给她介绍的对象是她想嫁的男人，她愿意给这个人一笔钱。当我听说她打算给的这笔钱是几千美元的时候，真是大吃一惊。首先，这说明她完全知道人生伴侣的价值。其次，虽然我很喜欢这位同事（她风趣、热情、温暖、体贴），但如果不是因为奖励，我可能不会专门花时间去考虑为她介绍对象。突然间，当我遇到合适的男士时，我立刻就在心里估量他们俩是否合适。我的另一位朋友，她的父亲承诺，如果谁为他的女儿安排了5次约会（和5个不同的人或和同一个人约会5次），他就会在坚果谷物网站（Nuts.com）上为这个人下一份慷慨的订单。去年，我收到了三大包坚果。几个月前，斯科特把她介绍给了他的一个朋友，我们认为她会嫁给对方。我们已经等不及吃上终身供应的优质坚果了。

把爱传出去：如何为别人介绍对象

1.查一遍你的手机联系人或者脸书好友，回忆一下他们是不是单身。以前和你一起工作的那个优秀女孩怎么样？她态度积极，喜欢尝试新鲜事物。她最近不是刚和男朋友分手了吗？

2. 一旦你想到某两个人合适，联系那个你觉得更挑剔或者你更了解的人。“嘿！我发现我有个朋友可能挺适合你的。这是他的照片。这个人真的很体贴，很聪明，也很风趣。你愿意让我介绍你们认识吗？”有几件事需要注意：不要提供太多的信息，以免对方不知所措；也不应该说得太少，以免引起莫奈效应。只要让你的朋友感兴趣就可以了。

3. 如果你认为的那个更挑剔的人表示愿意，你可以用类似的话术联系另外一个人，看看对方是否感兴趣。

4. 如果第二个人拒绝了，要告诉第一个人，口气委婉些。你可以这样说：“原来他现在不想出来约会，我想他是刚谈了一个对象。”保持同情心，人生不易，不要揭穿。

5. 如果双方都同意，把他们拉进一个群，或者群发电子邮件。说话尽量简洁。我会试着说一些风趣或者思路清奇的话。有时我甚至会建议他们如何约会。比我发过这样的信息：“亚当、莫莉，等你们俩琢磨出10种滑滑梯的新玩法以后再来找我。”“克雷格、塔拉。塔拉、克雷格。希望你们俩早日见面。强烈推荐你们俩去金门公园散步，在那里你们至少能撸到5条狗狗。”他们不需要一字不差地照做，我的目标就是让他们取得联系。

6.给他们空间。不要事无巨细地安排，让他们自己出去约会。鼓励他们不在群里聊天，而是私聊。一旦他们约会了，你可以问问他们的感觉如何，以便更好地了解他们在找什么样的人。但同样要留神，说多说少是他们的自由。

7.举办派对！我的朋友乔治娜成功撮合了几段长期的亲密关系，同时还管理着几十个朋友群。她每月举办一次聚会，吃一顿早午餐，名为“超开心早午餐”。她把相亲变成了一场朋友聚会，减轻了做一个完美媒人的压力。无论是浪漫的还是柏拉图式的，人们都希望结识新朋友。她不需要弄清楚谁会喜欢谁；只要把她的好朋友们同时放在同一个地方，然后让他们自己选择就好了。

3.考虑你已经认识的人。

有时候你想找的人就近在眼前。他可能是你的朋友、朋友的朋友，或者你所在的跑步俱乐部里的成员。你要做的就是用不同的视角去看待这个人。这就是发生在我身上的事！我和斯科特开始约会的时候，我们在脸书上已经是8年好友，做真正的朋友也有一年了。我能以全新的眼光看待他，要归功于一位婚恋指导师的点拨。（是的，我就是一个例子，证明这套方法真的管用。）

人们总是告诉我，他们是如何爱上了一个已经认识了好几个月的同事，或者一个和他们一起玩了很多年的朋友。我的一个客户，在我这里辅导了几个月，最终和一个他认识了多年的女士确定了关系。当时，他向她寻求帮助，准备一场求职面试。20分钟的见面延长成4个小时的谈话，从他们最喜欢的运动队谈到他父亲最近去世。他发现这么多年来，这个被他视为普通朋友的女士对他来说可能意味着更多。

翻阅你的朋友圈，看看有没有和你有很多“friendistry”的单身人士。这是个我刚造的词，意思是“friend chemistry”——朋友间的化学反应。有没有这样一个人，你喜欢和对方待在一起，信任他（她），或者对他（她）有一丝好感?·好了，告诉我吧，你突然想到了谁?

在开始狂轰滥炸对方的手机之前，你要知道这么做的风险很高。你肯定不希望让别人感到不舒服，或者对朋友圈的动态产生负面影响。和朋友发展恋情的想法可能会让你非常焦虑，这种焦虑感就是在告诉你要小心行事。

如果你打算沿着这条路走下去，就要尊重对方的边界。我不是在鼓励你和你的朋友喝得酩酊大醉然后借着酒劲说点什么；这样做怎么样？比如，拿杯啤酒，说点平常说不出口的话：“你有没有想过我们能够从朋友关系更进一步？”或者“我有个疯狂的想法，要是我们俩做了夫妻会怎么样？”如果对方也有此意，会顺着你的话头说下去，告诉你想知道的事情；或者，他没那个意思。但不管怎么说，你的想法都值得说出来。如果对方没那意思，最坏的情况会是什么？就当是个玩笑，一笑了之。

4. 出门在外时，勇于做自我介绍。

想象一下，你一个人上下班。上了通勤地铁后，你有两个选择：是坐在静音车厢里，还是坐在鼓励人们交谈的车厢里？你总会选择静音车厢，对吧？谁愿意和陌生人谈论他们收养的11只猫或者去过哪些国家呢？

行为科学家尼古拉斯·埃普利和朱莉安娜·施罗德在他们的论文《错误地寻求独处》（*Mistakenly Seeking Solitude*）中发现了同样的偏好。他们访问一些通勤上下班的人，询问他们在地铁上是愿意与陌生人互动，还是愿意独自坐着不跟任何人说话。大多数人选择了不跟别人说话。

然后，他们进行了一项实验，看看这些通勤上下班的人实际上更喜欢哪种做法。他们在芝加哥的公交车上随机指定这些人，要么和旁边的人交谈，要么“保持沉默，像往常上下班一样一语不发”。他们发现，那些与陌生人交谈的人在公交车上获得的积极体验最多，而那些独自坐着想事情的人获得的积极体验最少。他们在芝加哥的公交车上也做了同样的实验。

我们避免与陌生人交谈的本能是错误的。我们只是以为自己想要独处。我们低估了社会联系带来的快乐。

睁开眼睛四下看看，和陌生人打个招呼！但这不是让你在公共场合无限制地骚扰陌生人。你要先进行试探。当你和某人攀谈时，可以对周围的事情发表一句评论，或者问个问题，观察对方是否愿意聊天。如果他们不接话茬，就不要继续纠缠了。（别被人家喷了防狼喷剂！这传出去对我的名声可不好。）但是，当你对同行的旅客微笑，或者和挤在同一场音乐会里的人交谈时，接下来发生的事也许会让你感到惊喜。这个世界充满了潜在的婚恋对象，充满了知道谁是你潜在婚恋对象的人。

斯科特的父母就是在纽约地铁上相遇的。那位未来的妈妈手里拿着一本心理学博士课程的书。他未来的父亲认出了书名，说："哦，你在读发展心理学？"就是这样一句话，开启了一段35年的美满婚姻，而且还将继续美满下去。

当我听到他们"邂逅"的故事时，心里最初的想法是：*如今可不会发生这种事了——他们肯定都会戴着耳机的*。所以要记住，当你环游世界的时候，把电子产品收起来。再没有什么比一对巨大的耳罩式耳机表达得更明白了：别跟我说话！

我的一个客户在机场休息室里结识了他的女朋友。他们俩都因为工作需要经常出差。当时他们俩的随身行李都是那种少见的耐用型行李箱。很快，他们就开始在美国各地的机场里见面约会了。

利用交友软件仍然可以结识大量的人。你甚至可能真的喜欢上其中一些人！但不要低估了在真实生活中与人面对面结识的乐趣。

艾丽西娅和塔–内西·科茨读书俱乐部的一个人约会了几个月，然后分手了。从分手中恢复后，她继续使用活动决策矩阵去结识更多的潜在婚恋对象。她目前的约会对象是她在大学十年同学聚会上认识的。她说，幸好她把这个聚会标在矩阵的右上象限，不然她就会错过这个人。

总结

1. 虽然交友软件是人们现在最常用的交友方式，但你仍然可以制定策略，在现实生活中结识别人。
2. 参加活动。根据你喜欢这个活动的程度、你在活动中与他人互动的可能性，使用活动决策矩阵找出你最应该参加的活动。
3. 让你的朋友和家人为你介绍对象。告诉他们你喜欢什么样的人，让介绍的流程更加顺畅；要答应出去约会，并给介绍人反馈（以及感谢）。你甚至可以提供奖励。
4. 考虑你已经认识的人。你要找的人可能近在眼前，你所要做的就是改变你的思维框架。
5. 出门在外时，勇于做自我介绍。摘下耳机，增加和周围世界互动的机会。如果你在某个活动上不知道该说什么，那就去排队吧，然后评论排队这件事。排队的人都喜欢谈论排队的事。

第十章

你是去约会，不是去找工作

如何更好地约会

在指导乔纳森的头两个月里，他取得了很大的进步。他开始答应和不同类型的人约会。换作以前，这些人他都会否决的。

一天下午，他打电话告诉我他最近一次约会的情况：“她很棒。热情、有才华，我们的价值观也相同。她喜欢读书，而且热爱工作。”乔纳森停顿了一下，“但跟我并不合适。”

“什么？”我困惑不已。

“我就是没有一见钟情的感觉。”

“哦，那太糟糕了。”我决定不对一见钟情这种危险的神话发表长篇大论（我将在下一章里干这件事），“你们在一起都做了些什么？”

“我工作太忙，总是出差，还要开无数个会，所以上班前，我们在我办公楼下的咖啡馆见了一面。”

“什么时间？”

“早上7点。”

“谈了多长时间？”

“大约20分钟。”

“我明白了。那你当时的感觉如何？”

“老实说，我压力很大。我早上8点和一个重要的投资人约好了见面，所以心里很焦虑。”

“你在早上通常觉得神清气爽吗？”

“不，我讨厌早晨。我是个夜猫子，上班前要喝了咖啡才能振作起来。”

“嗯。”我深吸了一口气。我希望乔纳森能从我的角度看问题：“所以，你不喜欢早晨，你只有喝了咖啡才能清醒；你还被工作上一个重要的会议弄得心烦意乱。但你仍然决定在早上7点和她见面约会，喝20分钟的咖啡？”

“是的，而且没有感觉。”

乔纳森在努力，他真的在努力！他很忙，但只要时间和地点上有可能，他还是在努力约会。然而，除了挤出时间外，约会还意味着其他事情。

约会的环境很重要

还记得谷歌员工减少巧克力豆消耗的故事吗？当糖果从玻璃罐移到不透明的容器以后，员工吃得就少了。

这个例子证明了行为科学研究得出的一条最重要的经验：我们做决定时的环境很重要。

早上7点的约会结束后，乔纳森在离开时认为他们之间没有擦出火花，没有继续发展的可能。他见的这个人，不是他的梦中情人。不过，这种情况有没有可能只是在错误的环境下见面造成的呢？

当我们约会时，影响我们的不仅是约会地点。约会的环境，还包括我们见面的时间、我们做的事情，以及我们约会时的心态。当乔纳森刚找我咨询的时候，他把约会当成了日程表上的一个待办事项，是在去健身房和取回干洗衣服之间挤出时间完成的一项任务。他带着一种疲惫的、性冷淡的心态去约会，然后惊讶地发现自己对对方一点感觉都没有。他并不是唯一一个这么做的人。我的很多客户急于找到爱情，但又忙于其他必须做的事情，他们的约会中没有眉来眼去和打情骂俏，只剩下枯燥的见面了。他们的约会是我所谓的“评估式约会”（要是起个简称的话，不如叫作“评估会”）。

评估式约会不仅让人兴味索然，而且在寻找终身伴侣方面的效率很低。在这一章中，我将教会你如何将约会心态从评估式转变为体验式。从一上来就评估简历，历数这个人的特点，然后问：*这个人配得上我吗？我们之间有足够多的共同点吗？*转变为跳出自己的思维桎梏，融入这一刻，问自己：*我和这个人在一起的感觉如何？*把心思放在约会时心中逐渐涌起的感觉上。带着好奇心去约会，让自己感受惊喜。

我还会详细解释，如何创造良好的约会环境，无论是实际的环境还是心理上的环境，帮助你尽最大的努力找到真爱。

是去约会还是去找工作

想象自己处于这样一种情境：你忐忑不安地走进房间，担心评估你的人会怎么看你。你穿得很漂亮，但有点不自在。你希望自己不要出汗。（该死，你肯定在出汗，膝盖窝和腋窝里都已经汗津津的了。）

你走到桌子旁，把包放在地板上，同对方握手，然后挪进对面的座位坐下。

你想喝点什么吗？

你嘟囔着答了一句，点了一杯冰茶，不加糖。（这是个测试吗？一杯冰茶会反映出我的什么特质？）

冰茶端来了。

面试开始了。

你在哪里上的学？

你的专业是什么？为什么学这个专业？

你冒过的最大风险是什么？

你的五年计划是什么？

然后评估你的人又请你问她一些问题。

不到45分钟，评估过程结束了。

你站起身来，和对方握手，脸上堆出友好的笑容。**期待很快再次和你交谈！**然后转身离开。

那么，请告诉我：这是一次约会还是一次求职面试？想象这一切不是发生在会议室里，而是发生在酒吧里呢？环境可能改变，但氛围基本上是一样的。我相信你一定经历过这种枯燥乏味的约会。我总是从朋友和客户那里听到类似的说法："约会越来越没劲了，感觉就像在工作。"是的，在某种程度上，约会就是工作。完成一次有效的约会需要付出时间和努力，很多时候结果不尽如人意，被人拒绝或者再次陷入失望的滋味都糟透了。如果约会不是找到长期伴侣的唯一途径，我们中的很多人早就放弃了。但是，仅仅因为要像对待工作一样对待约会，并不意味着你的表现就必须和工作时一模一样。这不是商务会面或者求职面试，你的行为举止不应该和工作时一模一样。

这样的约会消除了出现任何性冲动的可能。更糟糕的是，像求职面试一样的约会让我们进入了一种"媒体播报"的模式。这是行为科学家克里斯汀·伯曼描述过的一种行为模式。当我们像机器人一样，重复预先录制好的回应时，就会进入这种模式。我们开始讲述一个可能已经讲过五六遍的故事——就像在其他约会上一样——接着飞快地复述我们的简历。在这些时候，我们只是在播放信息，而不是在与另一个人沟通。

埃丝特·佩雷尔这样描述现代约会中这种死气沉沉的状态："人们坐在那里，检查自己的脉搏，看看是不是有了某种生理反应——有了来电的感觉。气氛僵到了冰点，两个人却在彼此评估，希望某个时刻突然擦出火花。你不会是疯了吧？"如果你在约会过程中只是干坐在那里，试图评估对方以及自己的反应，那你就没有融入这一刻。你的约会对象不可能感受到真实的你；而且，你投入得不够，也无法体验这一刻，更不用说享受了。

首次约会并不是要决定你是不是要和这个人结婚，而是要看这个人是否能引起你的好奇心，他们身上有什么东西让你觉得愿意花更多的时间和对方在一起。

十个步骤设计出更好的约会

你可以设计出更好的约会——一个不像求职面试的约会。你需要改变心态，选择目的性更强的活动。以下是一些方法，可以让约会再次变得有趣：

1. 用约会前的例行活动帮助自己改变心态。

你的心态不仅影响你约会时的心情，还能决定结果。英国赫特福德大学的研究人员理查德·怀斯曼希望弄清心态对我们的体验有多大影响。他招募了一些人，有人认为自己特别幸运，有人认为自己特别倒霉。怀斯曼把这些人召集在一起，请他们参加一个实验。他给每人发了一份报纸，让他们数一数里面有多少张照片。

这些自认为是“幸运儿”的人只花了几秒钟就数出了照片的数量；而那些自认为是“倒霉蛋”的人花了大约两分钟才数

出来。幸运儿怎么数得这么快呢？在报纸的第二版上，占了一半的版面、用大号字体写着一条“秘密”信息：“别数了。这份报纸里有43张照片。”那些幸运儿看到了这条信息，写下了正确答案，完成了任务；而那些“倒霉蛋”则忙着一丝不苟地数照片，根本没有看到这条提示。

怀斯曼并没有就此止步。他在报纸中间又加了另一条信息，写着：“别数了。告诉实验人员你看到了这条信息，就能得到250英镑。”可悲的是，大多数“倒霉蛋”也错过了这条信息。

为什么“幸运儿”能发现第一条信息，而“倒霉蛋”却错过了两条信息呢？这一切都与这两类人与世界互动的方式有关。认为自己幸运的人期待有好事情发生。他们对机会保持开放的态度，机会一旦出现，他们就会发现。当浏览报纸的时候，他们并不只是盲目地寻找照片，所以他们能在第二版上看到提示。

那些认为自己总倒霉的人紧张不安——因为他们认为会发生最坏的事情——而他们的焦虑妨碍了他们注意到意外的机会。一个幸运的机会放在他们眼前，但他们却因为消极的心态视而不见。他们的心态变成了自我实现的预言。

我发现“倒霉的约会者”也有类似的行为。在经历多年的约会之后，他们筋疲力尽，每次约会都带着这种负能量，错过了很多好机会。亨利·福特曾经说过：“无论你觉得自己行还是不行，你都是对的。”对于这句话，我的版本是：无论你坚信约会顺利还是不顺利，你都是对的。如果你在约会前念叨的就是："很明显，这压根儿行不通，过去上百次约会都是这样。"你就是在自暴自弃。你被消极的心态蒙上了眼睛！你采用的是那些"倒霉蛋式"的思维模式，会错过生活中的提示；而在婚恋这件事上，你会错过潜在的人生伴侣。

幸运的是，我们的心态是可以改变的。怀斯曼创建了一个项目，叫作"幸运学校"，教那些总觉得自己倒霉的人像"幸运儿"一样思考。他专注在四件事上：听从他们的直觉；期待好运气；发现机会；有坏事发生时，快速恢复。他留的家庭作业范围很广，包括记日记、记录幸运的事情、在头脑中想象好运发生，以及口头宣布自己的决心："我愿意投入时间和精力改变我的运气。"一个月后，在幸运学校的"毕业生"里，有80%的人感到自己更快乐，对他们的生活更满意，最重要的是，感到自己更幸运了。

我希望你在自己的"幸运学校"里反思，学习，改变心态，期待美好的约会。为了帮助自己做到这一点，你需要设计一套约会前的例行活动。这是你每次约会前都要做的事，帮助你获得正确的心态。

以下是我的客户在约会前会做的例行活动：

- "我总是提前计划。我会关掉工作提醒，尽量在开始约会前留出至少30分钟的时间。我通常会给我最亲密的朋友打电话，那位朋友总让我感到自信和讨人喜欢。"

- “我喜欢在约会前听喜剧。我最喜欢的播客叫作《绝妙笑话》(*Good One*)。每一集里，喜剧演员们会分享一个他们一直以来最喜欢的笑话，然后和主持人一起交流分析。它能让我开怀大笑，让我的心情好起来。”
- “我会去做运动，做开合跳。做运动能让身体释放内啡肽，让我的心情好起来。”
- “我下班的时候总感觉自己没一点女人味。约会前洗个澡会产生神奇的效果。我会泡个泡泡浴，气味芬芳。我发现气味是强大的春药。然后我用乳液涂满全身。它帮助我关掉大脑中属于工作的那部分，打开属于我自己的那部分！”

exercises

练习

用约会前的例行活动帮助自己改变心态

列出两个你以后在约会前要做的例行活动：

1. ______________________________

2. ______________________________

在约会前尝试不同的例行活动，直到找出适合你的。

2. 仔细选择约会的时间和地点。

时间和地点很重要。你什么时候感觉最放松，最喜欢自己？把你的约会安排在这些时间段里。拜托，不要在早上7点约会。

不要在光线明亮的咖啡馆里约会。如果你心里想的是：*即使这次约会搞砸了，我起码还能摄入点咖啡因*。不要这么想。不要把约会看成商务会面，选择更有情趣的地方，比如，烛光酒吧。

最好坐在约会对象的旁边而不是对面。你是否曾经在长途驾驶中对某人敞开心扉？有没有发现，当你和朋友肩并肩走路而不是四目相对时，谈话的感觉更轻松？这是因为，人们不注视别人的眼睛时更容易交谈。日本京都大学的心理学家梶村昇吾和野村理朗在2016年的一项研究中探索了这一现象。当受试者盯着屏幕上一双看向他们（而不是看向别处）的眼睛时，他们很难完成简单的文字匹配游戏。梶村昇吾和野村理朗将这种困难归因到生物学上：眼神交流和语言处理依赖的是相同的神经回路。你可以利用这一点更好地约会。为什么不提议一起去散步呢？这样做，约会看起来不像求职面试，你的大脑也不用超负荷工作，还能增进你们之间的联系。

3. 寻找有创意的活动。

找到一个有意思的活动，你和约会对象可以一起参与。丹•

艾瑞里和哈佛商学院的一组研究人员进行了一项实验，他们让两个人在一个设计得像艺术画廊的网络环境中进行虚拟约会，希望这种环境能引起他们交谈；事实也的确如此。参与者们会聊起这些艺术品，从而发现共同的爱好。艺术作为“第三者”，是两个人都可以评论的东西。“第三者”可以减轻压力，让尴尬的沉默变得不那么尴尬。

如果你对文艺复兴时期圣母玛利亚的画作或者现代蜘蛛雕塑不感兴趣，别担心。我们在这里谈的不是艺术。“第三者”可以是书籍、游戏，甚至是其他人。我建议你这样约会，你可以从中观察到你的约会对象是如何与他人互动的。这样的约会可以帮助你很好地了解那些非常重要，但难以量化的品质，比如善良。这类约会也许意味着要和一小群人一起上课，学习调制鸡尾酒。你的婚恋对象对教练很粗鲁吗？还是在收集原料时很耐心？有没有帮助那位迟到的女士？你还可以提议一起玩拼图游戏，或者去一家必须自己动手烤肉的韩国烧烤店，要求你们必须一起合作。作为一个团队，你们的表现如何？你甚至可以考虑去吃一些棘手的食物，比如，那种要蘸酱油的饺子。当酱油从下巴上滴下来的时候，谁还能端着架子呢？在任意一个这样的场景中，你收集到的信息都比早上7点在咖啡馆里一对一的交谈多得多。

你可以在我的网站（loganury.com）上找到一份完整的约会创意清单。

以下是我和我的客户想出来的一些约会好创意：

- 去逛农贸市场，然后做一顿早午餐。
- 去滑旱冰。
- 举办一场两个人的吃辣椒酱比赛。
- 在油管上看你小时候最喜欢的音乐电视，跟着节目学跳舞。
- 唱卡拉OK。
- 看一部老电影，然后边散步边讨论。
- 上一堂烹饪课。
- 骑自行车去野餐。
- 试着跳摇摆舞。
- 去当地天文台观星。
- 租辆滑板车，探索这座城市。（记得戴头盔！）
- 去打电玩游戏。（记得带硬币！）
- 带上水彩画笔去公园，画同一棵树。（或者画对方！）

我的一个朋友有个“一天都说是”的创意，我把这个点子偷出来分享给你，你也许会非常喜欢。她是这么解释这个点子的：“在一次约会中，我们轮流提议下一步做什么，一方提议，另一方必须说是（除非违法或者违背他们的价值观）。我们在布鲁克林高地的渡口见面，我们一致同意坐渡轮，然后一个人必须提议在哪里下船，而另一个人必须同意。我们就这样轮流提出下一步要干什么，那真是一次美妙的约会。最后，我们一起去了一个新的社区，一连在好几个波兰餐馆里吃饭，每次只吃一道菜。我们聊得很深入。”

好吧，承认吧，看过这个列表后，你是不是在想：“哦，是啊，这些想法的确不错，但对我来说都太离谱了。谁有时间干这个？”我能理解，这些约会比喝一杯饮料或咖啡的普通约会更耗时、更费精力。但你的目标不是让事情尽可能地舒服，你的目标是去寻找一个适合你的人建立亲密关系。这样的约会可以帮助你达到目标。找个机会，提出建议，做其中的一项活动。你不需要投入一整天的时间玩捉迷藏，只要选择一些有创意的事来做就可以了！最糟糕的情况是对方拒绝你的提议，并坚持更传统的约会。那样也挺好。但更有可能的是，你的约会对象也厌倦了那种求职面试式的约会，并希望有机会尝试新的东西。

exercises

练习

寻找有创意的活动

现在就花点时间想一想有趣的约会活动吧。不要害怕显得滑稽古怪。

1. ______________________________
2. ______________________________
3. ______________________________
4. ______________________________
5. ______________________________

4. 让对方看到你的努力。

哈佛商学院的教授瑞安·布尔和迈克尔·诺顿研究发现，当人们看到一件事情背后付出的所有努力时，会更重视这件事。

想象一下，你在网上搜索航班。你认为结果出来得越快越好，对吧？也可能不对。诺顿做了一个实验，他让受试者在一个假的旅行搜索软件上搜索航班。这些受试者被分配到不同的实验小组里。一部分受试者在操作时，软件会很快把结果反馈给他们；而另一些受试者操作时，这个软件要等一段时间才把结果反馈给他们，而且搜索的进度条会随着时间的推移增加，并显示它搜索了一家、一家、又一家航空公司。令人惊讶的是，在第二种情况下，人们觉得这个系统更好。虽然它产生结果的速度更慢，但是他们感觉这个系统正在努力地为他们的利益工作。他们看重的是努力而不是速度。

这就是为什么达美乐比萨的外卖程序会显示比萨“开始制作”“进入烤箱”以及“第二次检查确保质量”这些进度信息。我们都知道比萨外卖是怎么回事。但当你看到背后的努力时，你就会更加珍视它。

我们可以把同样的经验用在约会上。你应该像那个旅游软件的第二种搜索方法那样，让你的约会对象知道你付出过什么努力，才让你们获得了这种特殊的体验。这不是自吹自擂或者夸大其词；让你的约会对象看到你的努力，这样他们才会更珍视你的付出。

主动提出策划约会，或者为约会挑一个靠近对方家或者工作地点的地方。这是一个很好的方法，能让对方看到你的努力。我发现，我有些客户住在纽约或者洛杉矶这样的大城市，经常为了在靠近哪一方的地点见面来来回回讨论好多次。你可以让对方找个对他们来说方便的地方，以此表现你的付出。给他们发这样的信息："嘿，你住在哪个地区？我可以在那附近为咱们的见面做些策划。"

在约会的过程中，可以提到你做出某些决定时是怎么想的。比如说："我之所以选择这个秘鲁风情的地方，是因为你在交友档案中说自己梦想去马丘比丘旅行。"对方会珍视你的这些付出，而你的体贴周到会给人更多好感。

5. 玩耍。

回想一下你经历过的最好的约会。也许你们在龙舌兰酒吧里相遇，吃着精心烹制的墨西哥卷饼，一口一口呷着辛辣的玛格丽特鸡尾酒，在彼此耳边轻轻诉说情话，直到感觉整个酒吧里只有你们两个——而且，最终，真的是这样了。或者，你们深夜外出散步，倾诉你和同事间的紧张关系，你内心的恐惧。然后他吻去你的泪水，接着是热烈的爱抚，把你压在大门上。是不是像这样？

是什么让你觉得这是最好的约会？恐怕并不是因为你的约

会对象在你的十大择偶标准中满足了八项，而是因为你们获得了乐趣！然而，我们在约会中很少获得乐趣。

真是受够了那些机器人式的“媒体播报”，让我们把约会的重点放在玩耍上吧。

当你听到“玩耍”这个词的时候，会想到什么？小孩子在操场上追跑打闹？也许你认为约会是一件严肃的事情——我说的可是找终身伴侣，我可没时间在操场上玩耍。

但是“玩耍”并不只是小孩子在休息时的玩闹。而且，玩耍和玩游戏也不是一回事。事实上，它们恰恰相反。游戏包括欺骗和误导。这是在浪费时间，因为你的恋人总有一天会看穿你的把戏，然后怎么办？与之相反，玩耍指的是心无旁骛地表现出自己最真实的一面——只不过是用一种稍微轻松些的方式。

纽约大学心理学教授凯瑟琳·塔米斯–莱蒙达在《纽约时报》上发表了一篇文章，题为“认真对待玩耍时间”，其中是这样解释这个问题的：“玩耍并不是某种特定的活动，而是一种学习的方式，一种全身心投入、获得乐趣、好奇地发现世界的方式。”玩耍是由人的本能驱动的——意思是说，玩耍本身就是目的，而不是为了实现其他目的的手段。

假设你们在公园里约会。你们可以四处看看，通过编造周围人的背景情况来即兴玩耍。你们可以用这些即兴设定的背景展开分析，猜测哪些伴侣会天长地久，哪些会最终分手——以及为什么分手。你们也可以四处跑跑，试试看15分钟内会碰到多少条狗。

我知道，一开始这么做可能会觉得有些勉强。与其装作你平常就是这样，不如试着自我解嘲："嘿，这听起来可能有点奇怪，但如果我们试着……"即使对方拒绝这样做，你也会因为这种创造力而赢得好感。

开心点，别那么一本正经的，讲个笑话。幽默是营造玩耍氛围的有效工具。当我们开怀大笑的时候，我们的大脑会调制一杯快乐的荷尔蒙鸡尾酒，改变我们的心理状态。开怀大笑会释放出催产素——和母乳喂养时释放出的荷尔蒙一样——让人产生亲密感，更信任他人（如果我们想要的是催产素，那么在首次约会时开怀大笑是比哺乳更合适的社交方式）。开怀大笑的人，体内的压力荷尔蒙皮质醇的水平会下降，人会更放松；还能产生多巴胺，激活我们大脑的愉悦中枢。它强化了我们的行为，让我们还想获取更多。对于首次约会来讲，这些都是好事：关系更亲密，压力更小，而且第二次约会的可能性更大。

6. 跳过寒暄，直奔主题。

通过提问，我们会加深彼此的联系。在回答问题的时候，人们会透露出自己的生活细节，这对建立亲密关系至关重要。此外，心理学家凯伦·黄的研究表明，喜欢提问会增加别人对你的好感。

你提出的问题是什么，这很重要。谁在乎这个人上过哪所大学呢？记住，这是约会，不是求职面试。尽管我们有很多理由想深入了解对方，但在约会时，我们中很多人都在一些表面问题上打转转。

在《纽约时报》的现代爱情专栏里，曼迪·莱恩·卡特隆有一篇畅销文章：《想要爱上某人，你要这么做》。卡特隆在文章中强调了那些直指人心、引发思考的问题是多么有力。在一次约会中，卡特隆和她的约会对象一起回答了36个问题，问题的难度和私密程度不断上升。一开始是："如果你能选择和世界上的任何一个人共进晚餐，你会选择谁？"到后来是："如果你今晚死去，而且没有任何机会和任何人说话，你最后悔没有告诉某个人的是哪件事？"

这些问题并不是卡特隆在赴约的路上随便想到、匆匆写在提词卡上的问题（注意哦：约会时可千万别带着提词卡）。这些问题是心理学家亚瑟·阿伦和他的同事们设计出来用于一项实验的。在这项实验中，他们随机将陌生人配对，互相询问这一套36个问题。他们测试的是"具有持续性、不断深入性、双向性以及自我人格剖析特点的问题"所产生的力量。阿伦和他的团队——以及后来的卡特隆（顺便说一句，她仍然和那次约会中的男士在一起，那是一次决定性的约会）——发现，这些独特的问题可以帮助潜在的伴侣更加亲密，并且改善他们脆弱的联系。

如果你不想问这类问题，试试我最喜欢的方法：跳过寒暄，在约会时“in media res”。这是一句拉丁语，意思是“直奔主题”。这也是一个文学术语，用来描述故事一开始就处于某个动作或行为中而不是开头。当你约会时，一看到对方，不要不尴不尬地问什么“你今天过得怎么样”或者“你住在哪里”，而是直奔主题：“你永远猜不到我来这里的路上发生了什么事！”或者“我刚和我妹妹通完电话，她告诉我她和房东为了垃圾箱的事吵了一架。”跳过与对方见面时的寒暄，直接进入朋友式的（或者情人式的！）交谈，说不定一下子就自来熟了。当然，这种谈话可以反过来，最后再过渡到寒暄。你最终会说到你这一天是怎么过的，你住在哪里，等等，但至少你们已经进行过真正的谈话了。

另一个很好的方法是征求建议。你可以就你生活中发生的真实事件询问对方的意见。“我妹妹过几个星期就要结婚了，我不知道要不要在婚礼上致辞或是说个段子。你在婚礼上讲过话吗？”或者：“我老板整个周末都在给我发邮件，我不知道如何让他划清工作日和休息日的界限。换你会怎么做？”

记住，提问不是全部，你还需要认真倾听回答。你可以观察这个人是如何思考的。你对他的建议有共鸣吗？他愿意分享自己的经验吗？当你做出回应时，他在听你说话吗？

7. 要对别人感兴趣，而不是只顾着让自己有趣。

我曾经有个客户叫安德莉亚。她很有魅力，一头红色的长发，总是笑意灿烂，露出一口雪白的牙齿。她会在周末进行即兴表演，还经常吐槽自己首次约会失败的事，让我很抓狂。

“洛根，我在努力，”她说着，双手交叉在胸前，“我只是觉得对这些人都没感觉。”

“你有没有练习约会前的例行活动？”

“在练。”她说着，翻了翻眼睛。

“你在策划有创意的约会吗？”

“你知道的，我上星期刚和那个男的一起去上了美术课。”

“你总在东拉西扯说些没用的吗？”

“我讨厌东拉西扯，我讨厌和人寒暄。”

我很想知道到底出了什么问题，所以我请安德莉亚和我的一个男性朋友出去见了次面，收集更多的信息。他回来后马上给我打了电话。

“怎么样？”我问。

“呃，她说起话来我都插不上嘴，而且她约会的大部分时间都在自言自语地说一些工作上的八卦。哦，还有，她坚持为我点餐。”

几天后，安德莉亚又来了。我把那位朋友说的话告诉了她。

“我真是无地自容。”她说完沉默了好一会儿，然后咧嘴笑了。我感到挺吃惊的——就好像负面反馈让她挺开心似的。

事实的确如此。“等等，所以问题真的在我！”她说，“应该改变的是我。”

和安德莉亚一样，很多人认为他们需要在首次约会时好好表现。他们希望给别人留下好印象，让别人觉得他们有趣。但是成功的约会是与另一个人建立联系，而不是炫耀自己。就像美国作家马娅·安杰卢说的那样：“人们会忘记你说的话，忘记你做的事，但不会忘记你带给他们的感动。”与其自己变得有趣，不如让对方感到有趣。

这意味着你要学会做一个好的听众。这可不仅仅是听别人说话那么简单。我们大多数人听别人说话只是为了形成自己的回答。这样做，焦点还是回到了自己身上。倾听的目的是理解，而不仅仅是等着轮到你发言。

学会给出支持性回应而不是转移性回应，这样你可以成为一个更健谈的人。社会学家查尔斯·德伯认为，转移性回应是你将谈话焦点又转移回自己身上的回应。而支持性回应与之相反，它鼓励说话人继续讲下去。例如，如果你的约会对象说：“过几个星期我要和家人去密歇根湖。”转移性回应会说：“哦，我几年前有个夏天也去过那儿。”表面上，你回应了约会对象说的话，但你已经把谈话焦点转移回了自己身上。而支持性回应听上去应该诸如：“你以前去过那里吗？”或者“你们家为什么挑那个地方？”支持性回应表明，你对他们的故事感兴趣，想听到更多。这些回应会让你的约会对象感到受人欣赏，并增强你们之间的联系。

exercises

练习

如何给出支持性回应

想象你出去约会，你的约会对象说了下面这些话。写一个转移性回应和一个支持性回应，识别它们的差别：

你的约会对象说：“我的同事刚养了一只金德利犬。”

转移性回应：____________________

支持性回应：____________________

你的约会对象说：“我真的很喜欢看肯·伯恩斯的纪录片，尤其是关于越南战争的。”

转移性回应：____________________

支持性回应：____________________

你的约会对象说：“我在考虑回学校继续读书。”

转移性回应：____________________

支持性回应：____________________

8. 限制手机的使用。

请务必、务必注意：把手机放在视线之外。麻省理工学院的教授雪莉·特克尔研究发现，当你和别人说话时，如果手机放在桌子上，会造成两个负面影响：第一，会降低谈话的质量。人们很自然地会谈论一些肤浅的话题，因为他们担心电话随时会打断他们。第二，它削弱了两人之间形成的同理心联系。

尽管所有证据都表明手机会妨碍我们建立联系，但89%的人承认，在他们的上一次社交活动中拿出过手机。不要这样做！

试试这个方法。在约会开始的时候，问问对方：如果两个人都承诺把手机放在视线之外怎么样？你既展示了对约会的重视，又增加了约会顺利进行的可能。（你甚至可以提起雪莉·特克尔的研究，因为没有什么比提起某一项科学研究更能吸引对方的注意了，效果堪比宣布“我的床上功夫很好”。）

9. 画一个完满的句号。

我认识一位艺术家，他很自豪，说自己约会时总能有个快乐的结尾。（不，不是你想的那种快乐！别胡思乱想了，把心思放到书上来！）例如，晚上约会快结束的时候，他会问一个神秘的问题：“你去过旧金山的秘密滑道吗？”如果他的约会对象感到好奇，他就会带她去这个浪漫、低调、神秘的地方。他明白在一段体验中，结尾部分很重要。

在一个著名的实验中，包括丹尼尔·卡尼曼在内的行为经济学家比较了病人接受结肠镜检查时的体验（别担心，这些人都是需要做这项检查的人，而不仅仅是心理实验的志愿者）。一些病人忍受了30分钟的强烈不适，而另一些病人在忍受了30分钟的强烈不适之后，又多忍受了5分钟的轻微不适。结果恐怕和我们的直觉正相反：人们更喜欢后一种体验，即使整个过程持续的时间更长。这是一种**峰终定律**造成的现象：当人们评估一种体验时，他们在很大程度上是根据他们在感受最强烈的时刻以及最后时刻的感受来判断的。他们的记忆并不是每分钟体验的平均值。

所以你会在餐后点甜点。所以，在你们分手之前，恭维对方很有意义。你要利用峰终定律来为你服务。

10. 约会后问自己8个问题，帮助自己转换到体验式的心态。

乔纳森和我们很多人一样，对他未来的伴侣有一长串的要求。约会结束后，他看到的只是这个人与他理想中完美对象的差距。这种“考察他是否符合所有要求”的心态，是评估式约会的又一个例子。列个清单提出要求，本身并不是坏事，但在大多数人的清单上，关注的都是错误的事情——比如，关注某个人的表面品质。我为乔纳森设计了一个不同的清单，可以帮助他从评估式心态转变为体验式心态。通过这个清单，他可以了解自己对这次约会的感觉，而不是潜在的婚恋对象是否满足了某些特定要求。这样做，会鼓励他全身心地投入，专注在真正重要的事情上。

我要求乔纳森在每次约会后，在回家的路上回答这些问题：

约会后的8个问题：

1. 她激发出我的哪一面？

2. 约会时我的身体感觉如何？僵硬？放松？还是介于两者之间？

3. 告别后，我觉得比约会前更有精力了，还是更没精力了？

4. 对方有什么让我好奇的地方吗？

5. 对方让我开怀大笑了吗？

6. 对方在听我说话吗？

7. 在对方面前，我觉得自己有魅力吗？

8. 我感觉被吸引了？无聊了？还是介于两者之间？

乔纳森知道约会后他必须回答这些问题，所以开始更多地注意自己在约会期间的感受。他开始同意和那些个人档案看上去平凡无奇但让他感到乐观、放松，感到自己很有魅力的人进行第二次约会。他能够更快地拒绝那些看上去很好却让他感到冷漠的人。他让自己在约会中体验自己的感觉，而不是去“面试”一个未来的妻子。

exercises
练习

回答约会后的8个问题

把这8个问题列出来、拍在手机上，承诺每次约会结束时都看看，帮助你感受这个人给你的感觉。

总结

1. 类似求职面试中交叉质询的评估式约会让我们越来越难以忍受。扔掉你的择偶标准清单，转向体验式心态。专注当下，注意你和对方在一起时的感觉。
2. 心态很重要：无论你相信这次约会是进展顺利还是不顺利，你都是对的。你可以在约会前做例行活动，让自己获得良好的精神状态。
3. 只要稍微策划一下，你就能设计出更好的约会。一定要仔细选择约会的时间和地点；体现玩耍和娱乐的精神；选择更有创意的活动；避免寒暄；远离手机；完美收尾。做一个好的倾听者，提供支持性回应，鼓励你的约会对象把一个故事详细讲完。不要给出转移性回应，将谈话引回到你自己身上。
4. 与其用某些特定的标准来评估你的约会对象，不如回答约会后的8个问题，来体验约会给你带来的感觉。

第十一章

去他的一见钟情

如何放弃一见钟情的幻想

当你去约会的时候，心心念念的可能是那种触电的感觉。突然间，一道性感的闪电把你击中。你全身僵硬，心房在战栗。四目相对，你的目光再也无法挪开。对方的手碰到你时，一股暖流涌遍全身。房间里的所有人都隐没在背景中。你兴奋莫名，感到生命在跃动。

你知道我在说什么：一见钟情的感觉。

一见钟情非常美妙，这我能理解。但我想告诉你，去他的一见钟情。这个观念是我一辈子的敌人：我发现在婚恋中，一见钟情是我们最普遍、最危险的观念之一。痴迷在这个观念中，我们会忽视婚恋对象的真正潜力，错过合适的伴侣。在这一章里，我会戳破一些关于一见钟情的神话。最后，我希望你也能喊出来："去他的一见钟情。"

神话 1：当你遇到正确的人，你会有一种触电的感觉。

真相：一段感情在开始阶段，往往没有那种一见钟情、神魂颠倒的感觉。鸾凤和鸣、如胶似漆的关系是逐渐建立起来的。

第一眼就爱上对方的情况非常少有。心理学家阿亚娜·马拉奇·皮内丝调查了400多人，询问他们是如何与恋人坠入情网的，只有11%的人声称自己是“一见钟情”。

你有没有注意过：人们愿意和他们熟悉的人约会？有没有注意到那些大学一年级学生，如果住对门宿舍或者选修同一门课，经常会成为情侣。这是因为我们对某样东西看得越多，就越喜欢。心理学家称这种现象为“**多看效应**”。看得越多越熟悉。我们会被熟悉的事物和人吸引（而且在他们周围会感到安全）。

我的一个朋友以前在一家意大利餐馆当服务员。她刚去的时候，一个厨师约她出去。她对他没感觉，所以拒绝了。他尊重她的选择，两人在工作中成了朋友。她晚班结束的时候，他会开车送她回家。有时饭馆打烊后，他们会待到很晚，和同事们喝酒。在他提出那次约会的6个月后，一天夜里，在分别前，她在车里吻了他。他既惊讶又激动。在那周晚些时候，他们正式约会了。现在，他们结婚了，还有了两个小孩。

“一开始我没有感觉，”她告诉我，“但后来我越来越喜欢他了。形成这些感觉需要一段时间，但我现在无法想象没有他的生活。”

我经常听到这样的故事。已婚夫妇喜欢告诉我他们的首次约会（或者是首次和第二次约会！）是多么不堪回首。这里传达出的意思很明确：感情是可以培养出来的。有时候它是一团小火苗，在风中摇曳。如果在它还没来得及获得足够的氧气时就把它吹灭了，那你就永远无法在持久的爱情火焰中获得温暖。

几年前，心理学家保罗·伊斯特威克和露西·亨特研究了这一现象。在学期开始，刚成立班级时，他们让男同学为同班的女同学打分，按她们的吸引力排名。反过来，女同学也给男同学打分。伊斯特威克和亨特分析这些打分后发现，这些学生对吸引力的看法或多或少是一致的。这种基于第一印象的初始排名被称为“**配偶价值**”。

三个月后，在学期结束时，研究人员再次要求学生对他们的同学打分。现在学生们互相认识了，分数的差异化就大得多了。这些新的分数反映了所谓的“**独特价值**”，也就是在你和某人相处了一段时间后对他们的看法。

伊斯特威克和亨特是这样解释分数的变化的：当我们第一次遇见某人时，我们是根据对方的配偶价值——他们的整体吸引力和言谈举止——来评估他们的。当我们深入了解，并与对方有了共同的经历后，我们会发现他们的独特价值，也就是他们的内在潜质。在学校那个研究中，学生们第一次互相评价时，他们的打分基本上反映了配偶价值；总体而言是指他们的同学有多性感——大多数人心目中最性感的人都是同一个人。但是到了学期结束的时候，他们会根据独特价值评价别人，这取决于他们对这个人的了解。在很多情况下，可能是由于多看效应，学生们比第一天来上课的时候更喜欢这些同学了。配偶价值的重要性会随着时间的推移而消失，真正重要的是，在你了解一个人以后，你对他的感觉。

这种现象也发生在课堂之外。当我们第一次见到某个人的时候，会形成第一印象；这个印象主要是基于对方的外表。但随着我们对一个人了解得越来越多，我们对他的印象也随之加深，就会逐渐用不同的眼光看待他了。

同样的道理也适用于性爱。和谐的性爱通常不会奇迹般地发生。培养出一种节奏，了解对方的身体和喜好（还有你自己的）都是需要时间的。

神话2：一见钟情总是好事。

真相：并非如此。有些人就是擅长让别人一眼爱上。也许他们魅力四射，也许他们是情场老手。有时候，一见钟情只能证明一个人有多迷人（或者有多自恋），并不能证明你们之间有了什么共同的联系。我就从火人节的布莱恩那里吃了大亏，得到了教训。他让我（还有其他很多人）一眼就爱上了，我也曾那么绝望地想把最初的激情转化为一段亲密关系。

当你的约会对象只是想玩弄你或者表达的意思暧昧不清时，你可能也会有一见钟情的感觉。人们经常把焦虑和来电混为一谈（我说的就是你，焦虑型依恋的朋友们）！就像我在健身课上的朋友薇薇安那样，是时候学会正确识别那种感觉了。然后，你要开始寻找另一种依恋类型的伴侣——安全型依恋的人。他们不会让你疑神疑鬼，不会让你怀疑他们的感情。如果一个值得信赖的人没有让你怦然心动，那也并不说明你们之间没有爱情。它可能仍然是爱情，只不过不是焦虑型的爱情。

神话3：只要是一见钟情，你们的感情就能维持下去。

真相：即使你们真的一见钟情，并建立了一段长久的亲密关系，也不足以保证你们的关系能维持下去。我曾经和一些夫妻聊过，他们早该分手了，但看在当初一见钟情的份上，又维持了很多年。许多离婚的夫妻都曾经一见钟情。

我有一个朋友大学毕业后去韩国教英语。三个星期后，他开始想家了。他想念家人；在这里没有朋友；学生几乎都没有报他的课。

然后，有一天，他走进一家当地的酒吧。酒吧快要打烊了；他注意到一个高个子金发女人坐在角落里，也是独自一人。他看着她喝干了最后几口红酒，合上书站起来要走。她看起来有点像他大学时的一个朋友，一个他非常想念的人。

虽然平时很害羞，但看到一张几乎熟悉的面孔，他鼓起了勇气，走到对方跟前说："嗨！我叫内森。你住在附近吗？"

那位女士没想到会听到英语，吓了一跳。愣了一会儿，她答："嗯，是的，我住在附近。"她伸出手做自我介绍："我叫爱娃。"

内森笑了。她很漂亮，而且说英语。他立刻感到了爱情的火焰。"想再找个酒吧给我讲讲你正在看的书吗？"他问道。

他们在韩国约会了一年，然后一起搬到了圣路易斯。第二年他们结婚了。

但他们的关系摇摇欲坠。“现在回想起来，所有的警告信号早就出现了，”内森告诉我，“我们的个性南辕北辙。即便在第一次见面的时候也是如此：她在看书，而我只是想去买醉。”

当某些矛盾出现时——比如他想要孩子，而她不想；或者她想回韩国，而他准备在圣路易斯安定下来——他们就回避，改说别的。“我估计，正是因为当初的一见钟情，我们才忽略了彼此的不同。”

结婚不到一年，他们再也不能对婚姻的不满视而不见了。

“我真觉得，我们的婚姻就是由那个一见钟情的故事推动的。”他说，“如果我们没有在国外相遇，没有幻想那种一见钟情的故事，我真不知道我们会不会结婚。我们这辈子都在努力不辜负那个梦幻般的相逢。”

不要因为好像找到了“正确的”人，就沿着错误的道路一直走下去。

让你的爱情火焰缓慢燃烧

一见钟情本身并不是坏事。它可能是一个很好的信号，证明你喜欢某个人。很多美好的感情都开始于一见钟情，但很多糟糕的感情也一样。关键是要记住，没有它并不意味着会失败，有了它也并不能保证会成功。我的一位客户是数学家，他曾经对我说："对于长久、幸福的亲密关系来说，一见钟情既不是必要条件，也不是充分条件。"

不要再用是不是一见钟情来衡量首次约会是不是成功了。停止寻找那种兴奋的感觉，专注在重要的事情上，比如，忠诚、善良，以及对方给你感觉（如果你忘了，请回去看第七章）。

放弃一见钟情，让爱情的火焰**缓慢燃烧**——有些人可能在首次见面时并不特别吸引人，但会成为很好的长期伴侣。慢慢烧，别着急。尽管温度上来得慢，但值得等待。在下一章里，我将告诉你如何确定和哪些人的感情值得慢慢培养，为什么应该给这个人机会，以及什么时候打电话。

总结

1. 去他的一见钟情！在一段感情的开始阶段，往往不会马上产生化学反应，上来就爱得死去活来。感情需要时间培养。
2. 环境很重要。你对某个人没有感觉，可能仅仅因为你们相遇时的环境不对。
3. 一见钟情并不总是好事。你以为是爱情，但很可能是焦虑，因为对方没有明确说出他对你的感觉。有时候，一见钟情只能证明一个人有多迷人（或者有多自恋），却不能证明你们之间有了什么共同的联系。
4. 即便是一见钟情，你们的感情也未见得能持久。即使你们因此建立了一段长期的亲密关系，维持这种关系单靠一见钟情也远远不够；它不代表你们注定要在一起。
5. 放弃一见钟情的幻想，让你们的爱情火焰缓慢燃烧——有人可能不是特别有魅力，但会成为很好的长期伴侣。

第十二章

开始第二次约会

如何决定要不要和对方再次见面

一段时间过去了，我的客户乔纳森逐渐改变了做法。他以前去约会感觉是在面试，现在不了。他放弃了咖啡馆，改去他家附近的一个鸡尾酒酒吧，那里的调酒师很棒，灯光也讨人喜欢。那个地方有点吵，正好让他有机会在约会对象的耳边低语。而且，他也不再幻想一见钟情了。

很快，早上7点咖啡馆的约会成了我们开玩笑的话题。乔纳森已经知道如何进行首次约会了，但他又开始纠结要不要和对方再次见面。

“老实说，”有一次在谈话中他告诉我，“我遇到了很多好女人。但约会以后，我发现自己老是在琢磨她们的缺点：无聊的工作、庸俗的幽默感、穿着随意。”

乔纳森总爱盯着负面的东西，但这不是他的错。我们的大脑就是进化来干这个的。

幸运的是，我们可以用一些办法克服这些冲动，这样我们就不会因为愚蠢而错过合适的伴侣了。我们可以训练自己寻找积极的一面，遵循婚恋中的金科玉律：**不想被他人这么评判，就不要这么评判他人。**

负面偏见

作为人类学家，海伦·费舍尔写过几本关于人际关系的畅销书。我采访她时，她解释说，我们的大脑已经发展出一种“**负面偏见**”，我们在本能上会反复思考哪里出现了问题。

如果你曾经收到过经理或者同事们对你的反馈意见，你记得更清楚的是哪类反馈？是赞扬还是批评？这就是负面偏见的作用。费舍尔说，我们的大脑已经进化到对负面体验过目不忘的地步，这样我们就能在未来避免它们。这种神经回路帮助我们感知和避免危险。如果你以前差点被剑齿虎吃掉，那么记住这种动物长什么样子、生活在哪里是很有帮助的。如今，我们身边的肉食性捕食者已经不多了，但我们的大脑保留了这一习性的现代版本：“如果你有5个前女友，其中一个恨你，”费舍尔说，“记住那个恨你的人是谁，对你很有帮助。”

这种思维方式对我们的祖先很有用，对现代人也有些价值；但它同时也给我们带来了麻烦——特别是在婚恋方面。这意味着在一次约会之后，我们更有可能对一个人的负面品质念念不忘（所以你总会记得上一次约会时那个口中散发着葱油饼味道的女孩，而不是那个对你的衣着赞不绝口的女孩）。

基本归因错误

除了负面偏见，我们还在无意中成为认知偏见的牺牲品。这种认知偏见造成我们对人的品质判断很不准确。其中一个偏见就是“**基本归因错误**”，也就是说，我们会认为，对方的行为往往反映出这个人的本质特征，而不是因为环境使然。当一个人犯了错误，我们往往把这个错误归因于这个人的本质特征：这个人本质上就是坏的。我们不会寻找外部原因来解释这个人的行为。

例如，如果有人约会迟到，我们会认为他们很自私，而不会假设他们遇到了交通堵塞。或者，当他们说要回短信却没有回的时候，他们一定是不拿别人当回事，而不是因为这周工作太忙。你我都知道，这样不分青红皂白就把人一棍子打死是不公平的。但在这些时候，我们的大脑会本能地做出这些判断。

寻找积极的一面

在负面偏见和基本归因错误的作用下，乔纳森的第一反应是拒绝和这些人第二次约会，这毫不奇怪。但如果他想找到一个长期伴侣，他就必须学会如何克服这些本能的冲动，寻找对方积极的一面。如果做不到这一点，他就会误判很多优秀的潜在伴侣。如果他不能和对方再次约会，他怎么能实现走进婚姻殿堂的目标呢？

看到生活中积极的一面是一种可以培养出来的技能。这就像肌肉训练一样，需要练习。心理学家肖恩·阿克尔通过研究感恩日记后发现，每天晚上写下三件新的、让你心存感激的事情，持续三周就会开始改变你的大脑感知世界的方式。通过这种练习，你会注意到以前忽视的事情，比如，赶在公共汽车开走时上了车是件多么美妙的事，或者和同事一起开怀大笑的滋味是多么美好。

在你约会时也可以做同样的事情。有意识地训练自己看到积极的一面。当和同一个人交谈时，看看别人可能会忽略的地方。正如哲学家兼作家阿兰·德波顿告诉我的那样：与其关注别人的缺点，不如运用你的“想象力”去“寻找他们的优点和可取之处”。

我曾经指导过一个客户，名叫格兰特。他非常消极，每句话都以“是啊，但是……”开头。他整天双臂交叉放在胸前，随时准备挑战哪怕是好消息。不出意料，他约会以后给我发的信息就像迷你版的《刁蛮女孩》(*Mean Girls*)毒蛇评语：“个子矬，不爱笑，工作烂，说话用词不正确。”

再次见面时，我让他坐下：“格兰特，你并不是个只有坏毛病和坏习惯的人，对吧？你并不是只有缺点没有优点。你是一个完整的人，有好品质也有坏毛病，你希望别人看到的和评价的是你的整体，而不仅仅是你需要改进的地方。如果不想被他人这么评判，就不要这么评判他人。”

每次约会后，我不许他对任何人列举约会对象的缺点，自己对自己说也不行。相反，他必须给我发信息告诉我关于约会对象的五个好的方面。就像阿兰·德波顿说的那样，他必须“运用自己的想象力”，透过表面，看到本质。

一开始，格兰特觉得这个练习很难。他告诉我的都是诸如“没有迟到”“没有用词不当”之类的评价。过了一段时间，他做得越来越好。以下是他发给我的一份清单：

1. 她很善良。我喜欢她对待餐厅服务员的方式；

2. 她很体贴。她问我工作中的一个重要会议的事情；

3. 她很重视家庭。她听到我介绍我奶奶的事情时，似乎很感兴趣；

4. 她非常聪明；

5. 接吻高手!!

尽管格兰特还没有找到终身伴侣，但和以前相比，他与约会对象再次约会的机会增加了很多。他学会了运用自己的想象力，而且更进一步，学会花时间去探索、理解和欣赏潜在的伴侣。

exercises

练习

寻找他人的优点

无论你是在交友软件上写评价，还是你们正面对面坐在餐厅里，你都要寻找对方的优点。你很容易发现别人的缺点——我们的大脑已经进化到保证能完成这个任务了。但是你要逼迫自己寻找积极的一面。在下次约会后，给朋友发短信，告诉他喜欢约会对象哪五个方面。好吧，好吧，如果我能帮上忙的话，你甚至可以给我发邮件（5goodthings@loganury.com）。

这样做会帮助你发现积极的一面。但是，如果你的约会对象犯了错，而你发现自己陷入基本归因错误之中怎么办？你可以为他们的行为想出另一个更富同情心的解释，以此来克服这种冲动。

情景：第一次约会就迟到了。

基本归因模式：他这人很自私。

同情模式：尽管他为了这次约会提前一个小时就出了家门，但火车还是晚点了。

情景：在最初发给他约会信息的时候，他回复得很慢。

基本归因模式：他这人很无礼。

同情模式：他这周工作太忙，但还是挤出时间来约会。

情景：她在吃晚饭的时候讲了一个糟糕的笑话。

基本归因模式：她这人的幽默感太俗气，我们合不来。

同情模式：她很紧张，试图逗我发笑。

下一次当你发现自己处于这些情景之中的时候，试着切换到同情模式，这样你就不会错误地拒绝一个潜在的合适的婚恋对象了。

利用默认选项的力量

我现在说的所有这些改变心态的方法都很困难。我们出于本能，会关注对方的负面品质，然后不再和这个人约会。但有一种方法可以让整件事情变得容易许多：利用默认选项的力量。

无数行为科学的实验证明，不需要任何行动的默认选项或者预设选项，会影响我们的行为方式。想象一下，你为一家汉堡店设计菜单，你需要决定默认套餐里都包含什么东西，也就是你的顾客随着汉堡自动得到的东西。是薯条吗？人们也可以换成沙拉；或者是沙拉，人们也可以换成薯条？只要你做出决定，它就成了默认选项；而大多数人都不会把默认的薯条换成沙拉，或者把默认的沙拉换成薯条。

看图4，你可以看到默认选项的威力：

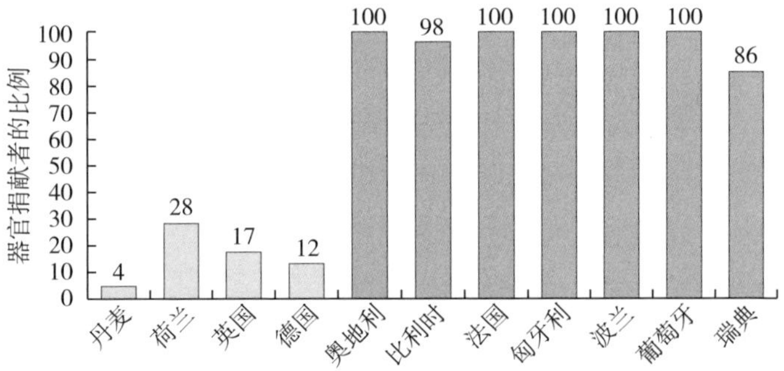

图4　欧洲各国器官捐献率

如图4所示，在欧洲，有的国家几乎每个人都签字同意捐献自己的器官；而另一些国家几乎没有人登记成为捐献者。虽然我们可以把这种差别归因为宗教观点或者文化传统，但事实并非如此。相似的国家（比如，丹麦和瑞典）器官捐献率就非常不同。

为什么会出现这种情况？这不是由于宗教或者文化的原因，而是由于默认选项。人们往往遵循默认选项行事，尤其是在面对一些艰难的、情绪化的决定时更是如此，譬如死后该如何处理自己的遗体，就是这样一种决定。在一些国家，比如，

图4中用浅颜色显示的前四个国家，在调查表格上写着："如果你愿意捐献遗体，请打钩。"很少有人打钩，因此很少有人登记成为捐献者。在另一些国家，这些表格上写着："如果你不愿意捐献遗体，请打钩。"同样也很少有人打钩，因此大多数人就自动成为捐献者了。因此，图表中这些国家的器官捐献率就非常高。在这两种情况下，大多数人都坚持默认选项，没有打钩。这个由交管局的设计表格者造成的小小差别，却对器官捐献这样的重大问题产生了如此巨大的影响。

你可以在各种地方利用默认选项的力量。例如，我的一个朋友想减肥。他给自己设定了一个默认选项：不吃面包。只要有人给他面包，他就拒绝。他做这个决定时不需要费脑子，他按照默认选项做就是了。

现在想象一下这对你的约会意味着什么。你可以设计一个默认选项来帮助自己做出更好的决定。为什么不设置一个"你会进行第二次约会"的默认选项呢？这样做不仅能帮助你摆脱大脑关注负面事物的本能，还能推动你找出那种需要缓慢培养的爱情火焰，而不是一下子就能看出来的一见钟情。

当然，也会有例外。这里的假设是，你会和某人再次约会，除非发生了什么出格的事阻止你这样做（比如，这个人迟到了两个小时，身上带着臭鱼烂虾的味道，还吸毒）。

我的客户艾玛来找我之前几乎没有约会过。我们仔细修改了她的交友档案，改进了她和别人打招呼的方式，以及她的倾听技巧等。我们设定了一个目标，每周至少约会一次。作为一位追求卓越、以指标为导向的运营经理，她从鲜有约会很快就变成了一周多次约会。

一个月后，我意识到我很少两次听到相同的名字。“艾玛，你有没有和某个人第二次约会过？”再次交谈时，我这样问她。

她想了一会儿，说：“不，没有，都是首次约会。不过你瞧，我已经约会过很多次了！”

“非常好，”我说，“但不要忘记我们的最终目标——帮你找到一个人生伴侣。我希望你试着和别人约会第二次、第三次。”

她同意了，把第二次约会从例外选项变成默认选项。一周后，她给我发了一条信息：“我已经和昨天约会过的两个男士约好了第二次约会！”

这看上去也许有些流于表面，但这个简单的改变——关注第二次约会而不是首次约会——给她的恋爱方式带来了意义深刻的变化。又过了一个月，她和一个刚刚从痛苦的分手中恢复过来的男士进行了第二次、第三次……第十次约会，这个人和她非常谈得来。“他害怕受到伤害，但我们一直保持着联系。渐渐地，我们的感情越来越深，最后变得非常亲密。”他们现在仍然在约会，并考虑一起搬到奥斯汀去。

乔纳森最终依靠“默认的第二次约会”遇到了他现在的伴侣。乔纳森说，在找我咨询之前，他本来不会选择和这位女士约会，因为对方的身高低于乔纳森的最低身高标准。或者，即便约会了，乔纳森也不会再去第二次约会，因为他们的首次约会感觉只是“还不错”。幸运的是，他给了对方第二次机会。

“我们在一起很开心。她特别善于倾听和沟通。我们之间产生了不可思议的化学反应。她对我的需求超级上心。过去，我以为我想要的是那种气场强大的女性，但事实证明，那种人并不适合我。放弃那些错误的择偶清单，这成了决定性的改变——这使我更专注于我们在一起时的共同体验。”

你并不需要冒什么风险。首次约会的时候，你并不是在决定要不要选对方为人生伴侣，你只是在做决定，要不要和这个人再见面。仅此而已。与其一开始就因为各种认知偏见造成的第一印象就拒绝潜在的婚恋对象，不如推进一步，和对方进行第二次或者第三次约会，然后再判断他们合适不合适。

exercises

练习 把第二次约会设置为默认选项

“本人________在此承诺，我会进行更多的第二次约会。”

签名：________

日期：________

可以容忍的小毛病

把第二次约会设置成默认选项，会给你更多机会和对方再次接触。那么，我的下一条建议就是：不要把生活中可以容忍的小毛病当成不能容忍、必须分手的理由。不能容忍、必须分手的理由是你们两个人的根本差异。有它在，你们潜在的亲密关系注定会失败。例如，如果你和你的约会对象信仰不同的宗教，而且你们都要求自己的孩子只能信仰自己的宗教，那这就是必须分手的理由。只要不是这类重大问题，其他都不过是有它更好、没有也正常的偏好。

几年前，我出席了一个餐厅的欢乐下午茶活动。一位35岁左右的女士找到我，说想和我谈谈她的恋爱生活。她的名字叫玛丽亚。

“我真的不挑人，和任何人约会都可以，”她说，“只要他不邋遢就行。”

在我们的谈话中，我发现玛丽亚之所以这么多年一直单身，其中一个原因就是，她的确把所有的男士分成两类：邋遢的和不邋遢的。

确实，邋遢很烦人。但同样烦人的还有：说话时嘴里塞满了东西，或者喜欢打断别人的谈话，或者把衣服扔得满地都是，直到看不见地板（这些我都干过）。但是从来没有科学研究表明，不邋遢就能带来长期的、成功的亲密关系。

你要把那些对长期亲密关系真正重要的东西放在第一位。不要让自己因为一些小事偏离轨道。你可能在拿这些小事作为防御机制——一种既能表现出愿意找对象的样子，又能保持单身，避免（不管出于什么原因）进入一段亲密关系的手段。

这就是发生在玛丽亚身上的事。她的错误在于把生活中**可以容忍的小毛病**当成不能容忍、必须分手的理由。让我们为这些名词明确下个定义：

无法忍受的小毛病：一件很小的事，在一些人眼里看来特别讨厌，比其他人的厌恶程度更甚。

可以容忍的小毛病：看上去像是无法忍受、必须分手的理由，但实际上只是一种生活中的小毛病。

不能容忍、必须分手的理由：不再和某人约会的真正理由。

想想你不能容忍、必须分手的理由都是什么。如果一个人有这些问题，你能想象与对方维持一段长期的亲密关系吗？如果可以，那就不是一个必须分手的理由。例如，假设你是位女性，而你不能容忍的、必须分手的理由是："他的身高低于1.8米。"现在，想象你遇到了一个风流倜傥、英俊潇洒的男士，他又善良，又善于倾听别人谈话，还有一群能逗你开怀大笑的朋友——但当他站起来的时候，你发现他只有1.75米。你还想继续和他约会吗？我几乎可以肯定你还想。所以，身高并不是不能容忍、必须分手的理由。

但假设你确定自己不想要孩子，而你们的首次约会进展顺利，在快结束的时候对方滔滔不绝地谈起她的侄女和侄子，谈到自己迫不及待地想要孩子。那么不管她多漂亮，不管你有多喜欢和她在一起，你们两个人对未来的计划都有着根本的不同。这就是一个必须分手的理由。

其他必须分手的理由还包括：一方认可一夫一妻制，而另一方不认可；你们中的一个人对亲密关系中的性别角色有很守旧的看法，而另一个人认为有不同的平衡方式；你吸烟却又不愿意戒烟，而另一个人有严重的哮喘。

逼着自己列两份清单：对你来说，什么是**不能容忍、必须分手的理由**？什么仅仅是你的偏好或者“有它更好”的东西？这个练习对乔纳森真的很有帮助。他从中了解到，他对身高的要求并没有他想象中那么重要，包括要求对方是企业高管也是如此。但是他知道他永远不会和没有幽默感的人约会。

exercises

练习

明确不能容忍、必须分手的真正理由

使用我们的新定义，写下对你来说真正重要的东西。

必须分手的理由：

1.____________________________

2.____________________________

3.____________________________

可以容忍的小毛病：（我不会把它们和必须分手的理由混淆）

1. ________________________________
2. ________________________________
3. ________________________________

“有它更好”的偏好：（我不会把它们和必须分手的理由混淆）

1. ________________________________
2. ________________________________
3. ________________________________

我还得约会几次才能下结论

如果你同意把第二次约会作为你的默认选项，那么下一个问题就是：我应该和这个人约会几次？我应该把第三次约会设置成默认选项吗？

我没法告诉你需要两次还是三次约会就能判断一个人是不是一个好的长期伴侣。并没有科学数据表明这个数字是几。看看你们一起出去约会时你的心理感受吧：和这个人在一起的时候你觉得开心吗？对方让你感到快乐吗？你喜欢和对方在一起时自己的样子吗？你想亲吻对方吗？你对对方的兴趣是在增长、减弱，还是在艰难地向前跋涉？如果你的约会对象对你或者其他人不礼貌或者不尊重，就不要再见这个人了；同样地，如果你的约会对象让你感到不舒服、焦虑或者悲伤，也不要再见这个人了。

诚实地审视一下自己。你年龄多大？你已经约会多长时间了？你已经抱怨没有人让你一见钟情多长时间了？也许是时候换个方式，给某些人一些机会了。回顾一下我在第四章中说过的秘书问题，你很可能已经遇到过可以成为很好的长期伴侣的人了。

听着，我并不是让你马上出去找个人结婚。在第二次约会和结婚之间，你还有足够的时间考虑你们俩的亲密关系。我可没让你把结婚设置成默认选项！相反，你要把注意力放在眼前的事情上：你愿意再见到这个人吗？如果愿意，就让对方知道！

如何拒绝对方：千万不要玩消失！

你不可避免地会遇到这样一个时刻，你决定不再和某人继续交往了。你该怎么做？悄无声息地玩消失？不！当然不能这样做！这本书讲的就是如何目标明确地做出婚恋中的决定，其中就包括如何结束一段交往。

这是我对“玩消失”的定义：在交流中一方等待另一方的回应，却没有等到。比如，如果两个人约会，之后都没有给对方发信息，我把这叫作“双方退出”，而不是“玩消失”。但如果他们出去约会了，一个人给另一个人发信息说：“嘿，和你在一起很有意思。我们能再见面吗？”而另一个人一直没有回应。这就叫“玩消失”。

人们为什么会“玩消失”？我采访了很多人，问他们为什么总是不告而别。我经常听到的回答是：

“我不回信息是因为我不知道该如何解释我不想再见到对方的理由。”

“拒绝别人让我很不舒服，所以我就直接消失了。”

“我觉得直接拒绝一个人比消失不见更伤人。”

人们经常不告而别，因为他们认为自己是在避免尴尬局面，在保护对方的感情。

但事实真的不是这样。“玩消失”是恶劣的做法，而且很伤人，这会让对方处于进退两难的境地。除了一些显而易见的理由说明你不该不告而别以外，还有一个原因：玩消失会让玩消失的人自己感觉难受，还不如直接坦率地表达自己的感受。

我们可以用两种认知偏见解释这种情况：第一，我们不擅长情感预测。换句话说，我们不擅长预测某种情形在未来会带给我们的感觉。比如，我们把某个人晾在那里，自己不告而别，我们不知道此情此景在未来会带给我们什么感觉。其次，我们对自己的看法取决于自己的行为，并且会随时间改变。按照心理学家达里尔·贝姆关于“自我知觉理论”的看法，我们无法知道自己的内心思想和感觉，只能通过自己的行为来了解自己是什么人。正因为如此，有研究表明，志愿行为是提高我们幸福感最可靠的一种方式。志愿者的幸福和自尊程度总比非志愿者高。这是因为当志愿者完成志愿活动时，他们看着自己的所作所为，会想：*我在花时间帮助别人。我一定是个非常慷慨的人！*

人们“玩消失”是为了避免尴尬。然而，根据自我知觉理论，人们不告而别后，会看着自己的行为想：*我做了一件不好的事。我大概是个浑蛋。*这让他们的自我感觉更糟了。

我做了一个小实验，可以证明“玩消失”让人感觉更糟，而不是更好。我通过脸书和红迪网（Reddit）招募参与者。他们都是自称会“玩消失”的人，自称每个月都至少突然消失一次。在一项调查中，我问他们，在A：对某人玩消失或者B：直接给某人发一条信息说自己不感兴趣后，他们预计自己会感到多快乐？从1到5打分（从特别不快乐到非常快乐）。

不出所料，大多数“玩消失”的人都预计，他们在“玩消失”以后，会感觉“不好不坏”或者“快乐”；而在发送拒绝信息以后，会感觉“特别不快乐”或者“很不快乐”。

我要求其中的一半人在他们下次“玩消失”的时候，按照同样的1到5的顺序给他们的快乐程度打分；我要求另一半人不要“玩消失”。如果他们遇到了他们不想再见面的人，我让他们在约会后把这条信息发出去：“嘿，（此处插入姓名），和你一起谈论（此处插入谈话的话题）很开心。我不认为我们会成为浪漫的一对，但我很高兴认识你。”我让这些人将他们发送的内容以及收到的回复（如果有的话）截图发给我。

你认为会发生什么？大多数没有发送信息而选择“玩消失”的人表示，他们感觉自己的行为不好不坏，或者不怎么快乐。在跟踪采访中，他们说自己有负罪感。而当对方在首次约会后询问他们是否还想继续约会时，他们甚至都不想碰自己的手机。

那些直接发信息表示不感兴趣的人，有近2/3的人获得了对方的正面回应，剩下的就是根本没有回应。只有一个例外，对方回信要求提供更多的说明，说明哪儿出了问题，结果两个人吵了起来。

当人们“玩消失”的时候，他们认为自己走了一条轻松的道路，但他们错了。如果我们选择的是善良、坦率、礼貌的方式，我们往往会得到正面的回应。对方很可能回复并说这样的话："谢谢你告诉我这些。祝你好运。"听到那个声音了吗？那是你松了一口气的声音。我们感觉更好了，因为对方刚刚肯定了我们是好人。

希望我已经说服你为什么不应该玩消失，不该不告而别。但有时候很难组织出合适的词汇，表达出"多谢，告辞"这个意思。找到方法，让自己能够更轻松地完成这项任务。打开你手机上的笔记应用，把我上面告诉你的这段分手答复文字存成模板。当你意识到自己对某人不感兴趣的时候，一定要马上把这段信息发出去。

拒绝他人时应该做/不该做的事

应该做的事：

应该有礼貌。

应该措辞明确。你可以使用一些组合，比如，"我觉得我们做不了恋人"或者"我觉得我们不合适"。

应该简短而亲切。你要写的是礼貌的告知，而不是关于现代婚恋危险性的宣言。（那是我的工作，不是你的！）

不该做的事：

如果你不想和对方做朋友，就别说还想和对方做朋友，有人可能会误解。如果你不实话实说，造成的伤害只会更大。

不应该评论对方，或者告诉对方应该怎么做。对方并没请你这么做，这不是你指手画脚的地方。

如果对方想了解更多的细节，你不必长篇大论地说明。把事情说清楚就好了，你并不欠对方一场冗长的对话。

让我们从现在开始学会拒绝。我们承诺，坦诚地表达自己的感受，不再“玩消失”，因为它只会伤害你自己。

总结

1. 负面偏见是我们的本能，我们会反复思考哪里出了问题。通过寻找约会对象的最佳品质，你可以克服这种倾向。记住婚恋中的金科玉律：如果不想被他人这么评判，就不要这么评判他人。
2. 我们常犯基本归因错误——我们总是认为，别人的行为反映了他们的品质，而不是受环境影响使然。例如，如果对方约会迟到，我们会认为对方自私。可以通过为对方的行为想出一个更富有同情心的理由来避免这种错误。也许对方刚要出发的时候，他们的老板突然来到他们的办公桌前，有急事要商量。
3. 我们评判一个人品质的本事，并没有自己想象的那么好。我们往往需要时间才能培养感情、彼此吸引。因此，我们应该建立一个默认选项：进行第二次约会。
4. 区分哪些是你可以容忍的小毛病，哪些是你不能容忍、必须分手的理由。不要因为一些没头没脑的小事而拒绝一些人，从长远看，这些小事并不重要。
5. 千万不要“玩消失”！

第三部分

明确关系

第十三章

主动决策，不要顺其自然

如何有意识地让亲密关系更上一层楼

你是否曾经在电影院里一个人吃光一桶爆米花，直到手指碰到爆米花桶底才意识到自己吃了多少？如果你像我一样，也许就这么干过。但是，如果爆米花装在独立的小包装里，你还会一口气吃掉这么多吗？大概不会。这是因为，当你接触到包装的底部（无论包装大小）就会产生一个**“决策点”**：打断我们的无意识行为，让我们有机会做出有意识的选择。在这种情况下，你就会想：“我还想接着吃爆米花吗？”

行为科学家阿马尔·契玛和迪利普·索曼在一项精巧（我猜也很美味）的实验中，展示了决策点的力量。他们给每位受试者发了一包20块装的饼干，这些人可以一边吃饼干，一边完成一系列任务。饼干的包装有三种不同的形式：所有20块饼干都放在一起，叠成一摞；每几块用白色蜡纸分隔；每块饼干用彩色蜡纸分别隔开。

这些人完成什么任务并不重要，研究人员真正关心的是饼干的包装是否影响受试者吃饼干的数量和速度。他们发现，用彩色蜡纸分隔的饼干，受试者吃得最少，吃的时间也最长。这是因为彩色蜡纸建立的决策点更明显，把人们的大脑从无意识的思考（在这个例子里，则是吃零食的动作）转移到了有意识的决策。叠成一摞的饼干没有提供任何决策点；白色蜡纸的决策点很容易忽视；但彩色蜡纸把人们从盲目地吃零食的动作中唤醒，迫使他们思考："我应该继续吃这些饼干吗？"

不光是吃饼干或者爆米花，生活的方方面面都有决策点，尤其在亲密关系中，处处是决策点。很多决策点让我们备感压力，夜不能寐。但我认为这是好事——让我们有机会停下来，喘口气，思考我们正在做的事。我们可以盘点自己的生活，为下一步行动制定策略。这样，我们就有可能做出更好、更周到的决定。

但是，和分隔饼干的彩色蜡纸不一样，亲密关系中的决策点从来都没有那么明显。它们很容易错过，尤其是当我们被生活的浪潮裹挟着往前走的时候更是如此。

心理学家指出，情侣们进入亲密关系的下一个阶段有两种方式：**主动决策**或者顺其自然。主动决策意味着有意识地推动彼此的关系向前发展，比如，成为彼此专一的恋人或者生孩子；顺其自然则意味着不去想太多，任由感情发展到下一个阶段。这二者的区别很重要。弗吉尼亚大学的研究人员在对美国婚姻状况所做的年度报告——《美国婚姻状况报告》中指出，主动决策推动感情发展的夫妻，其婚姻质量高于那些听任感情发展的夫妻。此外，路易斯维尔大学和丹佛大学的研究人员发现，那些在亲密关系中不愿干预、顺其自然的人，往往对伴侣不够专一，发生婚外情的可能性也更大。这些研究表明，不主动决策，听任感情自然发展，可能会让一段亲密关系处于危险之中。尽管在亲密关系中有很多关键的决策点，但在这一章中，我将帮助你集中解决其中的两个：明确关系和同居。

明确关系

还记得我的客户晶吗？她是位自我怀疑者，到31岁才第一次约会。在几段短暂的恋情之后，她开始和一个叫詹姆斯的男士约会。她很喜欢他的朋友们，他们都很善良、热情、幽默。但最让她开心的是，认识詹姆斯不久，对方就把她介绍给了他的家人。不久之后，在一个喧闹的周日晚餐上，她见到了他的家人——他的父母、姐妹和外甥。她觉得他们对她很好，觉得自己终于找到了苦苦寻觅的爱情。

“就在我们相识整整四个月的时候，我们一起外出度周末。”晶在我们谈话时告诉我。他负责开车，她负责导航。“当时我的手机没电了，我问他能不能用他的手机导航。”詹姆斯犹豫了，“他说要把手机放在他身边，以防他的经理发短信。”

晶隐约感觉到有些地方不对劲。她抓起他的手机，即使没有解锁，她也能看到交友软件弹出的通知：**为你找到了匹配对象！**当她往下滚动翻页的时候，看着一个个与他匹配的女孩的名字和他们之间互发的信息，她的心跳加速了。

“这是怎么回事？”她问。

“对不起，”他说，“但我们从来没约定过，以后就不再找其他人了。”

那是他们的最后一次约会。

晶告诉我，这段经历让她感到十分羞耻。在她看来，见过了詹姆斯的家人和朋友，两个人也好了那么久了，这就意味着他们处于一种排他性的亲密关系中。她已经删掉了交友软件，告诉妈妈她有男朋友了。但詹姆斯却不这么看，他认为：在没有明确关系之前，他们之间并不是排他性的。就是说，两个人在一起只要没有说清楚，就不能断定这是明确关系还是相处看看。“我觉得自己真可悲。”晶感叹道。

晶并不是唯一碰到这种问题的人。而且，她受到彼此期望值不同的困扰，也不仅仅是因为她的恋爱经验相对不足。我经常看到人们对于他们的感情走到了哪一步有不同的看法。他们不愿意和对方把话挑明，或者觉得那样太尴尬，或者害怕毁了这一切。

但是，明确关系是必要的决策点。这是讨论你们的关系到了哪一步，下一步怎么发展的机会。如果对方不把你当回事，不把你当成潜在的伴侣，你难道不希望早点知道吗？为了获得信息，做出正确的决定，你必须和对方明确关系。从性卫生的角度讲，这也很重要。如果你们其中一个人正在和别人维持着性关系，另一个人应该知道。

明确关系没有完美的时间点。当你觉得自己准备好了，不想再和其他人约会了，并且愿意把对方看作自己的男朋友或者女朋友的时候，你就可以提出这个话题了。对每个人来说，时间点都不一样。如果你认为自己容易行事冲动，就和几个朋友一起商量一下时间安排（焦虑型依恋的人通常急于明确关系。重温第六章回忆一下）。

一定要面对面地谈这个问题。提前想想你该如何引出话题。讨论艰难话题的一个技巧就是，一开始就告诉对方你谈这个话题时有多尴尬。这会提醒对方你其实很脆弱，从而使对方在回应时更能考虑你的感受。试试这样的开场白："我觉得提起这个有点尴尬，但是……"或者"这种事总是很难开口，但是……"

当然，你也可以直来直去地问："我们算男女朋友了吗？"如果你觉得这样太突兀，还有一个巧妙的说法，就说你不知道在别人面前该如何介绍对方。比如，"我的朋友问我，我们是什么关系。我应该怎么跟他们说？"或者"今晚见到同事时我该怎么介绍你呢？"

让对方明确地知道，你想知道什么：你们算不算男女朋友？你们在性关系上彼此是唯一的吗？你可以完成现代婚恋的终极仪式：卸载你的交友软件了吗？

你可能得不到你希望的回答。记住，这只是一次谈话，不是一次谈判。要尊重对方的意见，要倾听。了解他们的感受，而不是说服他们给你想要的结果。

即使没有得到希望的回答，至少你获得了额外的信息。在这些场景中，信息越多越好。现在，你可以决定自己的去留。

这就是发生在晶身上的事情。在和詹姆斯分手的几个月后，她又认识了卡尔，是她朋友的朋友。她不想重演发生在詹姆斯身上的事情，所以在和卡尔见面后的几周，她提出要明确关系。

卡尔说他正在努力从前任的阴影中走出来，觉得自己不能马上做出承诺。他很想继续与晶交往，但还没有准备好明确关系或者不再和别人交往。晶认为这可以接受：她觉得，尽管和卡尔没有正式明确关系，但继续和他约会很舒服。

“其实，我觉得这样很好，”她向我解释说，“我意识到，我并不需要他立刻做出承诺。重要的是他跟我说清楚了。”

记住：无论你们当时是否明确了关系，你们处理这个问题的方式对你们未来的感情都会产生影响。如果你想要进入一段亲密关系，发现对方也这么想，你会感到幸福和宽慰。但如果你没有得到你想要的回答怎么办？即使你对他们的回答感到失望，也一定要感谢他们的回答。

带着同情心和好奇心倾听他们是怎么说的。让你的伴侣知道，他们尽可以告诉你他们的心里话，即使那些话不是你想听到的也没关系。

exercises

练习

为明确关系做好准备

坐下来，拿出笔记本，回答以下问题，它们可以帮助你为这次谈话做好准备：

1. 你想怎样引出这次谈话？

2. 你谈话的目的是什么？

3. 如果对方回避这个话题，或者还没有准备好和你明确关系，你该如何回应？

查看附录中的“关键谈话要点”，获取更多的信息，为这次谈话做好准备。

同居

在亲密关系中，最重要的一项决定就是结婚（差不多就是交换婚戒、单膝跪地和在照片墙发布照片之类的事）。但对于许多现代情侣来说，比结婚更早的决定是同居。

自1960年以来，美国人口增长了80%，而婚前同居的情侣数量激增了1500%（从1960年的45万对左右增加到今天的750万对）；如今，有50%到60%的情侣在婚前就同居了。

但在很多人眼里，这个决策点并没有受到应有的尊重。他们只是觉得同居是检验他们亲密关系的理想方式。皮尤研究中心随机挑选了一批具有代表性的美国成年人进行调查，在18至29岁的受访者中，2/3的人认为婚前同居的情侣更有可能获得成功的婚姻。然而，对于婚前同居的研究却讲述了另一个不同的故事：在已婚夫妇中，婚前同居的人往往对婚姻不满意，而且，比起婚前没有同居的夫妇更容易离婚。这种关联被称为“**同居效应**”。

研究人员对同居效应进行调查，他们起初认为选择婚前同居的只是特定类型的情侣，这些情侣对婚姻的要求比较宽松，因此对离婚的态度也更开放。然而，如今越来越多的人选择婚前同居，很难说只有特定类型的情侣才会这样做。

研究人员有了一个新的理论。他们现在把问题归咎于同居本身。

假设有两对情侣：伊桑和詹米，亚当和艾米丽。伊桑和詹米搬到一起住是因为詹米租的房子到期了。亚当和艾米丽讨论过是不是搬到一起住，但他们觉得还没有准备好。

过了一段时间，这两对情侣的感情都恶化了。亚当和艾米丽结束了这段关系，但伊桑和詹米没有。因为他们一起养了一条狗，一棵橡胶树，还一起买了一张二手地毯。把共同的东西分开，寻找新的住处，制定日程表轮流喂狗，这些过程既费钱又麻烦。所以最终他们还是结婚了，几年后又离婚了。伊桑和詹米的故事告诉了我们什么？第一，同居可能会促使你们结婚（然后离婚）。而如果双方没有住在一起，这些就不会发生。第二，永远不要买二手地毯。

同居让你更难诚实地面对这份感情的质量，因为分手的成本比同居前高了很多。我们再一次遇到了“现状偏好”，也就是喜欢让事物保持原状的偏好。当和同居对象分手时，改变的不仅是婚恋状况，还有自己的居住状况和日常生活。这让你更难克服现状偏好。相比以前有各自空间的时候，如果你们同居了，但感情发展得不太好，你们会更有可能留在这段感情里。

既然同居让你们更有可能结婚，那就把这一刻当作婚恋关系中的里程碑和决策点来对待吧。主动决定同居的情侣中有42%的人最终婚姻幸福；相比之下，顺其自然进入同居生活的情侣中只有28%的人婚姻幸福（如果这些数字看起来较低，那是因为对大多数夫妻来说，长期婚姻的满意度就这么低。但也有办法扭转这种趋势，我将在最后一章中告诉你更多这方面的内容）。

生活中的实际问题——比如，想要省钱——是很好的理由，可以引出同居的话题。不过，要确保你们讨论的内容不只是后勤问题，比如，如何分摊房租，谁负责装修等等。为保留谁的沙发或者住在哪个社区而发生争执，并不能算是在一起规划你们的未来。你应该有意识地利用这一刻，确认你们两个人对感情的现状和未来的发展认识一致。**主动决策，不要顺其自然。**

有时候，搬到一起住对一方意味着一件事，对另一方则意味着完全不同的另一件事。但如果没有这种交谈，一对情侣可能发现不了其中的分歧。直到签了租房合同，一切为时已晚。

当普里亚和凯瑟琳谈论同居时，结果并不像他们期望的那样。“我们在交往一年后，第一次谈论这件事，”普里亚告诉我，“凯瑟琳在我的办公室附近发现了这个好地方，想让我们租下来。她觉得自己已经准备好了。”

“我们彼此深爱着对方。这个地方太完美了，而且我们也都不年轻了。”凯瑟琳补充道。

在那次谈话中，他们发现彼此的认识并不一致。对凯瑟琳来说，同居是他们的亲密关系中合乎逻辑的下一步，但并不意味着他们肯定要结婚。但对普里亚来说，同居就意味着他们以后会结婚。

“我的看法是，如果我搬来和你一起住，我就打算和你结婚。”普里亚说，“也许我们最终没能结成婚，但这么做就是在打算结婚。”普里亚担心，一旦他和凯瑟琳搬到一起，他们可能会因为惯性而待在一起。普里亚把同居的决策点看作和结婚的决策点密切相关。“我对凯瑟琳说，‘我尊重你的出发点，我只是需要一点时间，我觉得时机还不够成熟’。”

对于一些情侣来说，决定不搬到一起住可能意味着亲密关系的结束。但普里亚和凯瑟琳并不这样看，他们继续约会。几个月后，他们又谈了一次。“这一次情况完全不同，我们都觉得时机成熟了，可以说，‘是的，这是迈向婚姻的第一步’。”普里亚说。

他们同居了，第二年就订婚了。他们的婚礼是一场盛大的家族盛事，到场的有老朋友、堂兄妹和吵吵嚷嚷的叔叔阿姨们。

“我们现在所有的决定都是这样做的。”普里亚告诉我，“如果目标不一致，着急往前跑又有什么意义呢？”

除了讨论同居对你们意味着什么之外，我建议你们谈谈面对同居这一重大改变，自己有什么恐惧或犹豫。你们的谈话可以为你们揭示更多的问题，而不仅仅是手头这点事。我曾经有一位客户叫劳拉，她打算和男友同居。她的男友热情、有爱心，使她——一个天生的焦虑型依恋的人——感到满足和平静。这是她六年来第一段长期的亲密关系，但她担心他们过快同居会毁了这段关系。她告诉我，她想成为“这段关系中的掌舵人”。她喜欢掌控一切。但她担心住在一起会加剧这种倾向，把她变成一个唠唠叨叨的黄脸婆。她在自己父母的关系中看到过这种情况，并相信这就是她父亲离开母亲的原因。

“我的男朋友在家办公，而我是一名公司律师，”劳拉说，“他是一个非常能干的人，但并不总能说到做到，至少不会在我希望的时间内做到。我知道这听起来很可怕，但我就是担心自己最后会不停地给他发短信，提醒他去遛狗和去超市买东西。”

我指导她如何和她男朋友谈这件事。我给了她一些建议，告诉她如何（巧妙地）引出话题，（平等地）分配他们应该承担的家务，并且（经常）讨论，调整他们的同居生活。

尽管有些别扭，但劳拉还是照做了；她还冒着风险，万一听到一个她不想听到的答案呢？一天晚上吃汉堡时，劳拉告诉他，当她不得不提醒对方完成他那份家务时，她的感觉是怎样的。她说，她担心自己变成一个总是絮叨的人。他听得很认真，然后坦白了自己恐惧：他害怕她会记恨他，因为他只付了一小部分房租。他们聊到很晚才睡，都说出了自己的真实想法。

那个周末，他们坐在一起，制定了一个管理家务的系统。他们会共享一份日程表，添加提醒和分配家务。这样一来，她就可以在日历上加一个提醒，而不必觉得自己是在唠叨他。她还承诺永远不会拿房租的问题说事。他们俩如今和平地生活在一起。劳拉告诉我，他现在经常出去遛狗。

exercises

练习

在签租房合同之前，你们的认识一致了吗？

在两个人搬到一起住之前，留出一个周末的时间来回答以下问题：

1. 我们为什么要同居？

2. 同居对我们来说意味着什么？

3. 我们认为这段关系未来会如何发展？

4. 我们会考虑结婚吗？如果是的话，我们打算什么时候结婚？

5. 我们对同居生活的担心和恐惧有什么？

从这里出发，我们向何处去

当你遇到明确关系、同居这些决策点，或者亲密关系中的其他里程碑时，你可能想知道是不是应该继续这段恋情。你可能会在半夜醒来，扪心自问：*这个人就是我生命中的那个人吗？*如果你对这个问题感到困扰，接下来的几章会教你如何找到答案。它们会帮助你决定是否应该结束这段感情；教给你如何富于同情心地和对方谈论分手；并帮助你克服心碎的痛苦。

如果决定*不*分手，你可能会发现自己正面临着另一个严肃的、可能改变人生的问题：*我们应该结婚吗？*在第十七章，我将带领你完成一系列特定的练习，引导你做出明智的选择，并详细解释为什么在戴上婚戒之前，你一定要先完成这些作业。

总结

1. 决策点是你决定某件事是继续做还是选择另一条道路的时刻。在这个时刻，你的大脑从无意识的思考转变为仔细考虑后的决策。亲密关系中充满了决策点。它们为我们提供机会，让我们停下来、喘口气，好好反思一下。
2. 心理学家描述了情侣们进入亲密关系下一个阶段的两种方式：主动决策或顺其自然。主动决策意味着对亲密关系的变化做出目标明确的选择。顺其自然的人，对亲密关系下一步怎么走不做过多思考。主动决策的情侣之间的亲密关系更健康。
3. 当你开始和某人约会时，不要假设你们已经处于亲密关系中。你需要明确关系，以确保你们对感情的现状以及未来的发展看法一致。
4. 同居更容易让人们因为惯性而走向婚姻，所以要认真对待这个决策点，和对方谈谈这对于你们的未来意味着什么，这非常重要。

第十四章

既不能患得患失，
也不能说走就走

如何决定是否分手

周五晚上11点，我的电话响了，是一个我不认识的号码。我当时正在刷牙，准备睡觉。“喂？”我迟疑地问道，满嘴是绿薄荷牙膏的泡沫。

电话那头的人突然哭了起来。

我把牙膏沫吐进水槽里，“你是哪位？出了什么事？”

对方抽泣了几声，擤了擤鼻子，答道：“我是雪莉。我们都认识汉娜，她给了我你的电话号码，是关于我男朋友的事。”

我紧攥着牙刷的手放松了下来。这种事我擅长。“出了什么事？”我又问了一遍。我能猜出谈话会怎么发展。他刚和她分手，而她需要一些安慰。

她深吸了一口气，镇定下来，说：“他打算向我求婚！”

求婚。这和我预料的完全不一样。“这为什么是坏事呢？”

“我觉得我必须和他分手。”

我经常接到这样的电话——当然，一般不是在晚上11点，通常也不是这样哭天抹泪的——各种年龄、性别的人都有。作为一名婚恋指导师，我的工作不仅是帮助人们建立婚恋关系，也包括帮助他们离开不合适的人。

在亲密关系中，每一步都需要主动决策，从和谁出去约会，到什么时候同居，再到是否结婚，都是如此。在某一个时刻，你可能发现自己就像雪莉那样，在考虑一个非常关键的决定——是继续在一起还是分手。

我真希望给你做个测试或者给你一张流程图，就能神奇地揭示出你该怎么做。但我做不到。这里没有简单的答案，而且每个人的情况都不同。我无法得知这其中的所有因素：你认为自己的感觉是什么，你真正的感觉是什么，可能有什么其他因素造成你不满意——或者并不是不满意。然而，我确实知道，这里有一些认知上的问题使你在做决定时越发困难。理解这一点，会帮助你做出下一步的决策。

向我咨询如何分手的人通常有两类。有些人感情已经破裂，但仍然不肯离开，我称这类人是**患得患失的人**；另一类人不给感情发展的机会，过早地离开，我称这类人是**说走就走的人**。当然，你可能处于“糟糕分手行为谱系”的中间位置（这虽然不是正式的度量衡，不过，把它称为科学评价标准也当之无愧）。根据我们的婚恋对象不同、具体的生活情境不同以及很多其他的因素，我们可能一会儿倾向谱系的这一边，一会儿倾向另一边。

说走就走

在讲述雪莉的事情之前，我想先向你介绍迈克。迈克今年36岁，住在新墨西哥州的阿尔伯克基。他第一次联系我的时候，对我解释说，他和女朋友交往了大约三个月。她让他很快乐。她在他最困难的时候打来了电话。在他遭遇解雇后，她帮助他想清楚下一步该做什么。“她的心地非常好，”他说，“可能是我见过的最善良的人了。”

不幸的是，在过去的几个星期里，他又走上了熟悉的老路：他想和她分手。

“我总是会这样。”他解释说，“我经常遇到一些很棒的人，可三个月后，我就开始无法容忍对方的缺点，然后——砰！结束了。”

“你现在的女朋友有什么地方让你不满意？”我问。

“我知道这听起来有点矫情，但她的发音让我难受。她说话有波士顿的口音。”

虽然没听说过，但无疑这又是一个可以容忍的小毛病。“谢谢你告诉我你的纠结，”我说，确认了一下自己的发音，“你的长期目标是什么？”

“我想结婚生子。”

照这样下去，每三个月就结束一切，迈克似乎不太可能实现家庭幸福的目标。但我看得出来，他在努力。他承认，他通常一开始就把一只脚伸到了门外。他总是不等给婚恋对象一个公平的机会，就扭头走掉（这无疑影响了他对这段关系的投入）。他很早放弃这段感情，因为他总觉得外面还有更好的人。听起来很耳熟吧？没错，因为迈克绝对就是个“完美主义者”。

迷恋和爱恋的区别

说走就走的人中，有些人的动力来自他们的完美主义倾向。他们动辄分手，是因为相信自己还能找到更好的。

另一些人说走就走，是因为他们的浪漫主义倾向。他们希望一段亲密关系总能像刚开始那样，带给他们兴奋、痴迷的感觉——让人心跳加速、手心冒汗、头晕目眩。他们过早地结束一段亲密关系，是因为他们在认知上犯了一个错误——**过分关注转变。**

正如行为经济学家丹尼尔·卡尼曼和阿莫斯·特沃斯基解释的那样，当我们预测某件事情在未来的感觉时，我们往往专注于事情最初带给我们的冲击感。例如，你可能认为彩票中奖者一辈子都会非常快乐，但事实证明不是这样的：我在本书前面提到过，中奖一年后，彩票中奖者和没中过奖的人快乐（或者不快乐）的程度是一样的。

当我们预测彩票中奖者的感觉时，我们关注的是最初的转变——从平常人变成了中奖者。这是个巨大的变化。但在现实中，一旦你有钱了，你最终会适应新的环境，或早或晚，金钱对你的吸引力就没那么大了。你又回到了发生这次重大转变之前的感觉（这种现象也会发生在处于困境的情况下：研究表明，瘫痪在床对人们长期幸福的影响要比你想象的小）。

说走就走的人在婚恋上犯了同样的错误。由于过分关注转变，他们混淆了迷恋和爱恋的区别。他们希望在一段亲密关系中，从头到尾都是刚爱上一个人时的那种迷恋的感觉。但是人们会适应。当两个人开始谈恋爱后，这种爱恋的感觉没有最初的迷恋那么强烈。顺便一提，这似乎是件好事！如果我们每个人都像经典的卡通人物臭美公子一样[①]——动不动就被爱情击中，满口跑着蹩脚的法语——我们怎么可能做成事呢？

说走就走的人相信，迷恋的感觉永远不会消退。当他们的感觉从迷恋过渡到爱恋以后，他们就认为这段感情陷入了灾难。他们一次又一次地感到恐慌，然后离开，追逐新恋情带来的迷恋感觉。

说走就走的问题

这种行为带来的问题，影响的不仅仅是被甩的那个人。说走就走的人还低估了离开的机会成本，他们永远没机会学习如何成为一个好的长期伴侣。

假如你和别人有过100次首次约会，你可能培养出了顶级的首次约会技巧。你总能找到完美、舒适的酒吧；总能完美地讲述自己在尼泊尔背包旅行时迷路的故事。但是，从第5次约会到第7次约会之间会发生什么？到第25次约会时会发生什

① 臭美公子是《乐一通》系列中的卡通角色，一只法国的臭鼬，喜欢香水以及浪漫的故事，贵族派头十足，而且非常痴情。——译者注

么？第55次呢？你不会知道，因为你根本没经历过。如果你每次都和别人约会3个月然后分手，你永远得不到实践的机会。你不知道如何真正了解一个人，看不到恋人的脸被生日蜡烛照亮，或者因为父母抱病而垂泪的模样；在这方面，你永远缺乏经验。对于亲密关系的感觉如何随时间变化，你会一直抱着错误的期望。你不会知道第一天的感觉和第1000天的感觉有何不一样。

说走就走的人如何做出改变

那天在电话里，我让迈克闭上眼睛。

“想象你正站在一个岔路口，”我说，“在你面前有两条路。现在想象你正踏上第一条路。你和你现在的女朋友分手，找到另一个，再和她分手，如此循环。这条路上充满了首次约会和初吻。你一直走下去，年龄越来越大。你们会在拉斯维加斯的深夜里约会，在高档餐厅里约会，但是你没有妻子，没有孩子。”

“另一条路对你来说就不一样了。你对你的女朋友做出了承诺，你要尽你所能呵护这段关系。当你往前走的时候，你会看到你们两家人聚在一起共进节日晚宴。再往远看，你会看到为各种事情争吵，看到和好后的床笫之欢，然后是婚礼，蜜月旅行，然后有了宝宝，为她擦去黏在额头上的饭粒；你累得昏了过去，然后又有了第二个宝宝，你再次为她擦去黏在额头上的饭粒；然后你们一起看着孩子大学毕业，如此循环。”

迈克做完练习时，一语不发。

“你在想什么？”我问。

“我需要思考一下。”

两个星期过去了。我们下一次谈话时，迈克率先开了口：“上一次，我觉得你让我明白了，我正处在十字路口：一边是好爸爸迈克，一边是伤心人迈克。伤心人迈克不停地和女人约会、分手，再进入同样的循环。他从来没有学会如何留在一段亲密关系中，也从来没有机会有自己的孩子。当我闭上眼睛，我看见他孤身一人，住在一栋单身公寓里，拉开一张折叠沙发床垫当床入睡。”

“那么，你想怎么做呢？”

“我准备走另外一条路。”

迈克决定给他的恋情一次机会。在接下来的一年里，我们共同努力，他改变了自己的行为方式，对他的女朋友做出了承诺。我们开发出一些技巧，帮他提醒自己女朋友的长处。每个周日早上，他都会给我发信息，写出上一周他在女友身上发现的值得欣赏的五件事。（别忘了！我也正在等你的邮件，要列出你的约会对象值得欣赏的五个地方：5goodthings@loganury.com。）

如果你希望的是一段长久的亲密关系，你最终必须对某人做出承诺，并尝试一直走下去。当迈克偶尔又动了心思，想找别人，我会安慰他，告诉他这很正常。他选择了通往好爸爸迈克的这条路，就不会再去做伤心人了。

患得患失的人

当说走就走的人不知道如何留在一段亲密关系中的时候，患得患失的人却在挣扎，不知道如何离开。晚上 11 点抽泣着打来电话的雪莉，就是典型的患得患失的人。

“我今年 26 岁，”雪莉说，她和她的男朋友马特奥已经在一起十年了，“我们俩都来自俄亥俄州的一个小镇，16 岁就开始约会了。”

雪莉觉得这段关系已经不适合她了：“我们都非常关心对方，但我现在不愿意和他分享每天的生活细节了。我们之间都没什么话可说。在他身边，我显得特别不耐烦、特别讨厌。”

“你有这种感觉多久了？”我问。

“大约三年了，而且越来越糟，”她说，“我知道人们在一段长期的感情中，会经历起起落落。但现在已经过去几年了，这似乎是一个需要解决的重大变化。”

她苦苦地扪心自问：“我应该听从内心的声音跟他分手吗？我会不会错失了一段好姻缘？我甚至盼着发生一些戏剧性的事，比如，我被调到另一个国家工作了，而他不能跟着我走，这样我们就不得不重新考虑我们的关系了。”

我知道这时候应该进行**衣柜测试**了。

这是我在研究分手时开发出来的一个技巧。在我提出的所有探索性的问题中，这似乎是最有帮助的一种方法。

下面我会问你这个问题，但你首先要保证，如果你正在考虑分手，你要花一点时间，尽可能诚实（并且迅速）地回答这个问题。我们在这里关心的是你的第一反应。

exercises

练习

进行衣柜测试

如果你的伴侣是你衣柜里的一件衣服，你认为对方是哪件衣服？

____

____

这个问题足够抽象、荒谬，它可以让人们说出自己的真实感受。有些人说他们的伴侣是一件暖和的外套或者一件舒适的毛衣。对我来说，这说明他们发现自己的伴侣非常支持他们。一位女士说她的男朋友是她的黑色小礼服，她穿上既性感又自信；一名男子说，他的女朋友就像他在音乐节上最喜欢穿的一条花哨裤子，那是她送给他的礼物。是那种他很喜欢，但绝对不会给自己买的东西。

另一些人的回答反映出他们对自己的亲密关系感到多么沮丧。一位男士说他的女朋友是一件羊毛衫，可以保暖，但穿久了会浑身发痒。

我问了雪莉这个问题。

“马特奥就像那种破旧的T恤衫，你喜欢穿，但绝不会穿着它参加重要会议。”她说，“当你穿上它的时候，你会觉得：‘啊，是啊，在家就这么穿嘛。’但与此同时，你会说：‘我可不会穿着它去任何地方。’”

好家伙！一件破旧的T恤衫？我从来没听过这么有画面感的回答。对我来讲，这说明她已经不再适合这段感情了。它已经不再是她引以为荣或者愿意投入的感情了。对于她——或者马特奥——来说，这段感情已经不合适了。

是时候脱下那件T恤衫，结束这段感情了。

患得患失的人为什么不肯离开

有一些认知上的偏见可以解释为什么患得患失的人会在一段亲密关系中停留太长的时间。

想象一下这种情况：你花22美元买了一张业余剧团的即兴表演票。你坐下来，不出十分钟，你就知道这个演出不合你的口味。即兴表演真的很业余，你要是早知道这么蹩脚，肯定会敷衍几句客套话拒绝。

这时候，你可能会劝自己：*我应该看完，毕竟花了22美元呢*。这种情况下，你会一直坐着看完演出，花90分钟做你不喜欢的事情。或者你可以离开；你可以选择散散步或者见一个住在剧院附近的朋友。

在这两种情况下，你都花了22美元买票。钱已经花了；但如果你离开，至少你的时间没有浪费。行为经济学家阿莫斯·特沃斯基经常看电影，如果电影的前五分钟他不喜欢，他就会起身离开。“他们已经拿走了我的钱，”他解释道，“我难道还要再搭上我的时间吗？”

所谓**沉没成本谬误**，是一种执念般的感觉：一旦对某件事投入了成本，就要坚持到底。这可以解释为什么大多数人都会强迫自己坐着看完一场糟糕的即兴表演。特沃斯基理解这一点，所以会主动避免。

同样，这也可以解释为什么有人会强迫自己维持一段糟糕的亲密关系。患得患失的人舍不得沉没成本，所以不肯摆脱这段亲密关系。有一次，一位男士给我打电话说：“我和我的女朋友在一起三年了。最初的六个月很不错，但过去的两年半都很糟糕。”当我问他为什么如此不满意，却还要和她在一起的时候，他回答说：“我在她身上投入了这么多时间，现在退出就太傻了。”

我对他解释了沉没成本谬误，但是换了一种他会喜欢的方式讲述："你们恋爱的前六个月就像《真探》(*True Detective*)的第一季，好看极了。但第二季和第三季表现平平。你是留下来等着看第四季怎么样，还是开始追新剧？"不管怎样，他已经和她好了三年了。他需要做出决定：他是想和她继续再好三年，还是准备追个新剧？

同时，患得患失的人也受到**损失厌恶**的影响。行为经济学家阿莫斯·特沃斯基和丹尼尔·卡尼曼在一篇独创性的论文中描述了这一现象。文中解释说："人们往往把损失看得比收益更重要。"

假设你走进一家商店，想买一部价值500美元的新手机。售货员递给你一张购物券，可以抵扣100美元。你会很开心，对吧？现在想象另一个不同的场景，你走进商店，售货员说他们之前有个抵扣100美元的促销活动，但前一天刚结束。你会为你的损失而痛苦。

在第一种情况下，你得到了100美元，因为手机现在的价格是400美元，而不是500美元。在第二种情况下，你损失了100美元，因为你知道你刚刚错过了促销。两种情况都是100美元，所以你可能以为你体验到的快乐和痛苦程度是相同的。但事实并非如此。注意，人们把损失看得比收益更重要。由于损失厌恶，我们失去100美元时心里经历的痛苦是获得100美元时心里经历的快乐的两倍。换句话说，要感受到和损失100美元同样的情感强度，你必须获得200美元。

我们已经学会了让自己的行为适应这种认知偏差：我们会尽可能地避免损失。对我们的衣服而言，这意味着我们宁可留着那些旧T恤——而这类衣服，如果我们今天在商店里碰到，绝对不会买。在婚恋中，这意味着我们不肯离开一段糟糕的感情。我们对于失去伴侣的恐惧，胜过我们对于新的约会对象能为我们带来什么潜在收益的兴趣。

患得患失的问题

分手是一个重大决定，会带来重大后果，所以你更愿意拖着，不做决定。但你没有意识到的是，继续维持这段关系，**你其实已经做出了决定**。

分手不是高速公路的出口匝道，它是一个丁字路口。向左，分手；向右，待在一起。无论你往哪个方向走，其实都是在做决定。

就像说走就走的人一样，患得患失的人也低估了机会成本。但患得患失的人失去的是寻找新恋情的机会。用我刚才丁字路口的比喻来说，你在丁字路口等的时间越长，到达目的地的时间就越长。（而且你还在浪费汽油——这可太不应该了。气候变化是真实存在的，伙计！）

此外，还有更糟糕的：你不是一个人在车里。你的伴侣和你在一起。如果你计划结束这段关系，那你每多等一天，就是在多浪费对方一天的时间。如果你和一个想要孩子的女人约会，就应该特别注意。你低估的是她和你在一起时，她的机会成本。你越晚和她分手，那她寻找新伴侣建立家庭的时间就越少。最好的办法就是给她一个明确的答案，这样她就可以继续去找别人了。

我应该离开还是留下

我希望，你现在已经知道自己更像说走就走的人还是患得患失的人了。但当涉及自己的婚恋关系时，你可能还是会举棋不定，不知道下一步应该怎么办。下面是一组问题，可以帮助你决定是结束这段感情还是修复这段感情。挤出一些时间，泡杯茶，拿出笔记本，坐下来回答这些问题。

1. 做一个衣柜测试：如果你的伴侣是你衣柜里的一件衣服，你认为他（她）是哪件衣服？

如何解读你的回答：用这个回答来理解你是如何看待你的伴侣以及你们这段亲密关系的。正如我前面提到的那样，这个问题很抽象，可以揭示你们亲密关系中的一些潜在真相。要想解释你的回答，你需要先分析一下自己的心理。一般来说，如果你回答的是一件外套，比如，能让你保暖的毛衣或者夹克，或者你最喜欢的衬衫、裤子或者鞋，这对你们的关系来说都是好兆头；如果你回答的是破旧的、让你发痒的或者不舒服的衣服，或者你不想在公共场合被人看到的衣服，比如，一个破烂的丁字裤，那你们的关系就令人担忧了。

2. 在你伴侣的生活中是否发生了一些事情，让他们的变化情有可原——比如，刚换了工作或者父母生病——能够解释为什么他们的表现不尽如你意？等到事情过去了，他们有可能恢复正常吗？

如何解读你的回答：我们假设有某种外部情况——比如，在工作上有一个棘手的任务——导致你的伴侣心烦意乱，对你们的感情越来越不专注，越来越不耐心，越来越不投入。是的，在观察他们如何应对压力方面，这种情况很有用，但这并不意味着你要用他们此时的表现解读他们的品质，或者解读他们在这段时间以后的表现。他们的表现可能是暂时的。要记住在这些事发生之前他们的样子。你能再忍耐一段时间吗？看看问题解决后，他们是否会恢复正常。

3. 你是否曾经尝试过修复你们之间的感情问题，并给对方反馈？

如何解读你的回答：想象一下，如果没有人告诉你干得不好，却突然把你解雇了，那可太气人了，对不对？所以很多公司都有例行的绩效考核，定期检查工作，给员工改进的机会。虽然分手不像解雇，不事先警告就分手，对方也不能起诉你，但我不建议你这么做。不管发生了什么，都要给对方一个机会解决问题。与其逃避，不如面对挑战。和你的伴侣谈谈，解释你在这段亲密关系中希望看到的变化。（下一章有更多的内容，教你如何进行这种艰难的对话。）

4. 你对长期关系的期望是什么？这些期望实际吗？

如何解读你的回答：首先，要明白人无完人，包括你自己，所以不要对一点性格上的缺陷那么挑剔！这些都是可以容忍的小毛病，而不是必须分手的大问题。不要像《宋飞正传》（*Seinfeld*）中的杰瑞那样，一辈子单身就是因为他总为些鸡毛蒜皮的小事和女人分手——她的手像男人；总让他减肥；她喜欢的卡其裤广告他刚好特别讨厌。

如果你是一个浪漫主义者（如果你需要复习的话，回顾一下第三章），检查一下你的这些期望。浪漫主义者往往认为，从此以后就可以过上幸福的生活。但当问题不可避免地出现时，他们就会困扰。他们认为，如果*这个人真的是我的灵魂伴侣，恋爱就不会这么难*。但是所有的亲密关系都有高潮和低谷，如果你知道低谷就要来了，最好做好准备。

当最初的迷恋消退后，你可能会陷入低谷。在亲密关系的头几年，我们就像喝了爱情的迷魂汤一样。而再往下走，彼此的亲情更多，激情更少。你们说得更多的是“我去超市，要帮你带点什么”，而不是“让我们在厨房地板上做爱吧”，这种改变会让人失望；有些人试图和别人开始一段新的恋情，重温那种迷恋和激情。然而，如果你的目标是与一个忠诚的伴侣建立一段长期的亲密关系，你就要明白，这种转变或迟或早，必然会发生。你可以继续追求新的激情，但最终，激情过后都会变成这样。

5. 最后，你要花些时间审视一下你在这段亲密关系中的作为。你是这段感情中的一半。在这段感情中，你表现出来的是最好的自己吗？你尽自己所能让这段感情顺利发展了吗？你能成为一个更加宽宏大量、更加投入的伴侣吗？

如何解读你的回答：不要只盯着对方的缺点不放，也要看看你自己的。如果你可以再做一些事来维护这段感情，比如，对对方更友善一些，那么在结束这段感情之前，先试着这样做。如果你发现，你把最好的自己留给了别人（工作、朋友和家人），而把残缺的自己留给了你的伴侣，那么看看如果你把这段感情放在第一位，会是什么感觉。参看第十八章关于如何建立一段长期亲密关系的建议。

征求信得过的朋友或者家人的意见

如果你还在纠结是否应该继续留在这段感情中，也许是时候给朋友打个电话了。你可能需要直截了当地要求他们对你实话实说。社交礼仪要求我们对别人的事不要说三道四。所以，即使我们注意到了危险信号，你要是不问，大多数人是不会说的。但是，朋友和家人可以看到我们看不到的事情。我们在亲密关系的头两三年里，被爱情冲昏了头脑，这使得我们对自己的亲密关系没有什么判断力。

我的一个朋友在婚礼的前几周取消了她的婚礼。直到那时，一些人开始承认，他们对她的未婚夫早有怀疑。但别人没问，他们也就不想多嘴。

不要让这种事情发生在自己身上。问问你信任的朋友或者家人，他们对你们的这段亲密关系到底怎么看。一定要问对人。这个人一定要很了解你和你的伴侣，一心一意为了你们好，而且善于帮你通过思考做出决定。不要问那些可能把自己的问题投射到你身上的人（注意：特别是受骗后不再信任别人的人）；不要问那些出于八卦心理关心你单不单身人（比如，想和你们进行四人约会，或者想让你作为他的僚机）；也不要问那些因为爱你而无法提供客观公正反馈的人！

告诉他们你很抱歉让他们处于这样一个尴尬的境地，但你的确需要一个坦率的意见。我认识的一个叫梅瑞狄斯的女人，她和她的铁杆闺密有一份约定，如果她们俩当中任何一方认为另一方约会的对象不合适，她们都会说出来，不管进行这种对话有多难。

遵守你的承诺，即使你决定不听从朋友或者家人的话，也不要对他们的意见耿耿于怀。不要因为某个人应你的要求说了实话而惩罚他！如果他们拒绝和你谈这些，也不要强迫他们。

最终的决定权还是看你自己。和你最信任的朋友讨论这个问题以后，你从中了解到了什么？他们证实了你的担心吗？他们劝你坚持到底吗？留意你对这些建议的反应。通常来讲，它们和接受建议本身一样有用。当他们说出自己的想法时，你有什么感觉？松了一口气，还是惊慌失措？利用这种体验调整自己的感觉，然后想清楚，下一步该怎么做。

下一步该怎么做？

如果你是一个说走就走的人，已经给了这段感情一个机会但没有好转：那就离开吧。也许这个人就不是你要找的人，离开挺好。

但要记住，你还是那个喜欢说走就走的人。所以下一次，你处在一段亲密关系之中时，如果你又产生了那种熟悉的冲动，想要离开，我希望你回去再看看上面的问题，确保你有正确的理由离开。

如果你没有给这段感情一个真正的机会（比如，没有尽过全力投入这段感情），那么，不管你是说走就走的人还是患得患失的人：都不要离开；要看看当你更耐心、更投入以后会发生什么。亲密关系有时会经历高潮和低谷。你们的亲密关系持续的时间越长，越有可能出现一段时间——也许长达数年——双方都有些不满意。重要的是认识到，低谷并不意味着要分手。

西北大学教授伊莱·芬克尔在他的书《非成即败的婚姻》

（*The All-or-Nothing Marriage*）中建议，情侣们应该学会在关系低谷时**重新调整**自己的期望。关系处于低谷的原因有很多，可能因为年幼的孩子、年迈的父母或者工作压力太大。虽然一些婚姻专家可能告诉你，当你们的亲密关系出现问题时，你需要投入更多的时间和精力来呵护它，但这往往是不现实的。当你精疲力竭的时候，哪儿还有多余的精力？而在你忙着解决生活中其他问题的时候，反而会（暂时）对你们之间的感情放低要求。

首先要关注自身的情况。当我们精力充沛的时候，我们才更有能力去爱别人。我们对自己越自信、越安心，就越容易付出，越愿意与他人分享。首先付出努力，让自己快乐起来，而不是期待从别人那里获得快乐，你的亲密关系才更容易处理。

虽然伴侣治疗这个想法听起来可能有些可怕，但即使你们没有结婚，也可以考虑一下。有一种误解认为，如果一段感情需要治疗，那它就已经病入膏肓了。不是这样的！给你们的感情一个机会吧。根据人际关系学家约翰·戈特曼的研究，美国每年有近100万对夫妻离婚，但只有不到10%的夫妻向专业人士咨询过。在过去几十年里，人们对伴侣治疗做了很多研究，它的效果已经得到了验证。如果那些离婚的夫妻都得到了专业人士的帮助，谁知道能够挽救多少婚姻呢？

我之所以有信心给你提供这些建议，是因为我深有感触：我就曾选择留在一段感情中，没有分手。

几年前，我和斯科特坐在纽约一家高级餐厅里。一个服务员出现在我们的桌子旁，递上一篮子刚从烤箱里拿出来的面包。我切下一块人造黄油抹到面包上，又在上面撒了些海盐。

“你最近在忙什么工作？”我问斯科特。

当时，我们已经谈了三年恋爱，在旧金山已经同居了一年。我临时搬到纽约参加为期四个月的TED实习项目。实习结束时，他给了我一个惊喜，请我吃晚餐庆祝。他这么郑重其事，我很感激，因为我们当时的关系并不好。

从那年1月份开始，我的生活中出现了几个重大变化，我们的关系也随之出了点状况，起起伏伏。在大公司的环境里工作了近十年后，我决定辞职去干我梦想的事情。我以前拿的是高科技公司的工资，现在却一分钱没有；我以前和几千名同事一起在办公室里工作，现在却搬到另一个城市一个人工作。

我们进行了几次漫长、艰难的谈话。我认为我对一些方面（社区、朋友、旅行）的重视没有得到满足，我要求他在生活中的这些方面投入更多的精力。我们甚至去找了一个蹩脚的伴侣治疗师，他引用自己在脸书上胡编乱造的帖子，建议我们一起做极限运动，重新建立共同点。讽刺的是，我们俩因为都讨厌这家伙而建立了共同点。

在那些艰难的谈话中，斯科特有一次提到，当他谈到工作时，我似乎从来没听进去过。“你认为我做的事很无聊，”他说，“但这些事并不无聊。我们正在努力改进乳腺癌的扫描设备，帮助女性，拯救她们的生命。”

他是对的。我从来没有真正理解过他的工作。虽然我也在科技行业工作，但我并不是技术人员；我连单反相机都用不好。当人们问我斯科特在谷歌的人工智能部门做什么时，我通常会用“机器学习”“计算机视觉”和“医学成像”这几个词的各种组合来回答，直到对方极富同情心地点点头，转谈别的话题。

终于，四个月的两地分居生活结束了。斯科特坐飞机横穿美国来听我的TED演讲。我讲的是亲密关系。讽刺的是，当我自己的亲密关系摇摇欲坠的时候，我却试图帮助别人营造持久的爱情。

他带我去那家高级餐厅庆祝。在那一刻，我终于决定要了解他到底是靠什么谋生的。

他向我讲解了他工作的一些背景情况——他在做什么以及他的工作具有推动放射学应用更进一步的潜力。我坐在那里，听他解释他在乳房X光检查团队中错综复杂的工作，我为他感到骄傲。我不明白我以前为什么从来没想过问他工作上的事。

在那顿晚餐之前，我花了很多时间独自和朋友们在一起，讨论我们是否应该分手。这本书前面讲过的所有练习和苦恼我都经历过。

但那天晚上，当我真正反思自己的行为时，我意识到在改善我们的关系方面，我要求他改变的太多，而自己却不愿意付出努力。

我没有努力去集中注意力，提出问题，倾听他的回答。在那顿晚餐之前，我想起那句老话："人们往往忽略最亲近的人"，这让我深感愧疚。我忙着帮助他人处理亲密关系，却忽略了自己的亲密关系。

晚餐时，我充满热情地与斯科特就他的工作进行交流。我敞开心扉，他也欣然走入。自我们谈恋爱以来，那晚的谈话是最棒的一次。

在我看来，那次晚餐是我们感情的转折点。那一刻我意识到，我一直把他的存在当成理所当然的事，而把自己的工作、电子邮件和对客户的婚恋指导排在他前面。

虽然经历挫折，但我们的感情越来越好了。我更加努力，更加关注斯科特。而且斯科特也答应，要多结识我的朋友，多关注我们的社区，对旅行更加积极主动。我们一起把二人的亲密关系放在生活中更重要的位置上。我们呵护它，修复它，而不是放弃它。

如果你是一个患得患失的人，已经给了这段感情一个机会但没有好转：那就离开吧。对你们两个人来说，分手都很痛苦，但是，是时候向前看了。

为什么要在一段毫无希望的感情上多花几周、几个月甚至几年的时间呢？我相信会有令你满意的伴侣在等着你，但你必须先结束这段亲密关系，然后才能开始另一段。

最终，雪莉下定了决心。给我打了那通电话的几个月后，我问她是否可以在旧金山见面。

我们决定一起去吃墨西哥素食。我很早就到了餐厅，很兴奋终于能见到她本人了。不一会儿，一位身穿明黄色风雨衣的金发女人向我走来。我伸出手，她却一把拉住我，给我了一个大大的拥抱。“谢谢你。”她轻声说。

后来，当我们开始吃土豆片和沙拉的时候，她向我讲述了她的感情故事。“那次和你通电话后的第二天，我就忍不住一直在想自己为什么说马特奥是一件破旧的T恤衫，”她说，“我知道我必须和他分手。”几周后，她做到了。“摆脱这种关系的感觉就像脱掉一件厚重的大衣——或者是一件破旧的T恤衫——它一直压得我喘不过气来。”

我点了点头。听到她做出了决定并坚持下去，我很自豪。

几个月后，雪莉在纽约遇到了另一个人。他和马特奥完全相反。野心勃勃，十分世故，而且不断质疑她。他很快搬到旧金山和她住在一起。临近年底时，她给我发了一封邮件，告诉我最新情况：“我和一个我崇拜的人在一起，我们的关系美好而健康。你帮我获得了实现梦想的勇气。”

留下还是离开，结束还是修补这段感情，是一个艰难的决定。但是，如果你深信必须分手，那么在分手的时候就一定要考虑对方的感受，这很重要。在下一章，我将告诉你一些技巧，教你如何善始善终，好聚好散。

总结

1. 当人们在决定是结束一段感情还是修补它的时候，他们通常分为两类：说走就走的人和患得患失的人。
2. 说走就走的人放手得太快，没有给这段感情一个发展的机会。他们混淆了迷恋和爱恋的区别，以为在亲密关系中，从头到尾都是最初那种迷恋的感觉。他们低估了离开的机会成本，不知道如何建立良好的亲密关系。
3. 患得患失的人困在一段感情里的时间太长了。患得患失的人受到了认知偏差的影响，比如，沉没成本谬误（因为已经在某件事上投入了很多资源，所以继续投入）和损失厌恶（我们往往会避免损失，因为损失会让我们特别痛苦）。患得患失的人放弃了寻找更满意的伴侣的机会。
4. 在决定是离开还是留下的时候，考虑一下你以前的倾向性，然后看看你是否已经给了这段感情一个公平的机会。从你信得过的人那里获取建议，帮助你做出决定。对自己做衣柜测试：如果我的伴侣是我衣柜里的一件衣服，他是哪件？

第十五章

制订一个分手计划

如何提出分手

当我开始做婚恋指导，帮助人们寻找爱情并建立长久的亲密关系时，我从未想过我的工作中还会包括“分手咨询”。我知道，指导别人制订分手计划听起来很别扭，但我已经把它看作我工作中十分重要的一部分。为了找到人们心目中理想的亲密关系，他们可能需要先摆脱一段不尽如人意或者痛苦不堪的亲密关系。我会帮助他们做到这一点。

通常，即使已经决定分手，实际做起来也非常困难。人们害怕进行艰难的谈话，害怕伤害对方，害怕一个人独处。他们的目标是分手，但他们会花上几个月甚至几年的时间畏缩、迟疑。科研人员投入了大量时间研究如何帮助人们实现目标。鉴于分手这件事看上去就让人头疼，在这件事上采用这些科研成果再合适不过。

当人们无法实现自己的目标时，他们通常是因为没有计划。经济学家安娜玛丽亚·卢萨尔迪和她的团队在一家公司进行研究，看看如何能让更多的员工参与并坚持一项由雇主赞助的储蓄项目。他们帮助新雇员制订计划；计划中建议新雇员留出专门的时间注册储蓄项目，列出注册时的具体步骤，并告诉他们每一步大概要花多长时间，而且提出建议，供他们在遇到困难时参考。在帮助他们制订计划后，新雇员的注册率提高了12个百分点，达到21%。

这一章的内容就是帮你制订分手计划。我会告诉你每一步该做什么，并解释它们背后的理论。注意：这个分手计划是为那些正处在亲密关系当中，但没有结婚，也没有孩子的人制订的。结婚或有孩子的夫妻，分手时要复杂得多，比如要处理离婚协议或者监护权协议等。这个计划并没有考虑所有这些复杂的问题。另外，如果你们只约会过几次，那么下面这些步骤就太烦琐了。给对方发一条简短的信息表示感谢，并告诉对方你不想继续相处，或者借由其他人转告就够了（请参照第十二章关于“不要玩消失”里面的内容，了解你该说些什么）。

第一步：记下你分手的原因。

人们做某件事的动机并非一成不变。斯坦福大学教授、行为科学家B. J. 福格提出过“动机波动”的概念：我们的动机会有起伏。我们在动机最强的时候，能够做到平时办不到、非常困难的事情。关键就是要在这个时候采取行动。例如，如果你所在的城镇面临飓风的袭击，大家很恐慌，你就更有动机为家里装上抵挡飓风的百叶窗。

如果你觉得自己已经准备好要和某人分手，这时的你可能动机最强。它会帮助你迈出第一步，真正和对方分开，但之后你的动机可能会消退，那时你就会怀疑自己是不是犯了一个巨大的错误。因此，我希望你在动机最强的时候记住自己的感觉，这样当动机消退时，你就可以坚定自己的信念了。

给自己写封信，告诉自己为什么要分手。几周以后，当你欲火中烧或者寂寞难耐（或者在极端情况下，既欲火中烧又寂寞难耐）的时候，或者出差时想要找个人照料你的宠物兔子的时候，你会清楚地记得当初为什么要做出这个艰难的决定。

这是我的一位客户写给自己的信：

深夜里，当我躺在他身边时，我觉得自己在骗自己。他对我不好。我把他看作真命天子，他却认为我可有可无。他让我失望，他也不在乎我的朋友们。他吸引我，我们在一起很开心，但这还不够。我不能再装作满不在乎了——我排在他的工作、健身、游泳和跑步之后，我排在第五位。我希望我们都为这段感情付出。我会想他的，我会想念我们在一起的美妙时光，但我选择分手是因为我真的相信，我值得拥有比他现在给我的更多的东西。

现在轮到你了。

exercises

练习

记下你分手的原因

在笔记本上给自己写封信，解释自己为什么会下定决心这样做。

第二步：制订计划。

心理学教授盖尔·马修斯的研究表明，写下目标、制订行动计划、每周向一位朋友更新进展情况，这样做的人比不这样做的人实现目标的可能性高出33%。

你已经写下了你要分手的原因，可能很痛苦，可能很可怕，然而，是时候撕下创可贴了。一旦决定去做，就不要拖延。在这本书里，我已经谈过截止期限的力量，特别是离此刻比较近的截止期限更有力量。这条建议同样适用于分手。给自己设定一个截止期限，这样你就能真正完成目标。我建议客户把截止期限定在两周内。这样，你有足够的时间准备，你的动机也没有消退，而且时间也不够你退缩。

exercises
练习

设定一个明确的截止期限

我承诺，在下列日期前进行分手谈话：______

____

一旦设定了截止期限，就要制订一个更具体的计划，定下分手谈话的时间和地点。圣母大学的戴维·W.尼克森和从事社会科学研究的非营利组织“Ideas42”的托德·罗杰斯共同研究，揭示出制订计划、为行动明确时间和地点的作用很大。他们找到单一选民家庭中的选民，询问他们的投票计划。比如，“你周二打算什么时候去投票？”“你周二去投票的时候，打算从哪个地方过来？”以及“在去投票之前，你预计自己会做什么？”结果表明，在单一选民家庭中，被人问过这些问题的人比没有被过这些问题的人参加投票的可能性高出9%。仅仅提示他们制订计划，就有了很大的不同！

制订一个具体计划不仅让你更有可能完成分手谈话，而且也是一个方法，确保你在这么艰难的时刻，尽可能向对方表达同情。

选择一个安静的地方，最好是你家里或者对方家里。不要在公共场合谈分手。我把这看成一种计策，防止对方大吵大闹。你知道吗？也许对方真的会这样！你有权利和他分手，他也有权利对这种行为做出强烈的反应。

选择合适的时间。你即将引爆对方生活中的一枚炸弹。你知道快炸了，但对方并不知道。不要在对方准备参加重大考试、演讲或者工作面试的前一天和他谈分手。我的一个客户计划在周六晚上6点和女朋友分手，而他们之前已经计划好晚上7点去参加她侄女的独唱会。这么做不公平。要明白，提出分手这一行为很可能会毁了这个夜晚、毁了他们的周末，甚至造成更多的恶果。所以，请仔细选择时间。

另一位客户意识到他的女朋友在下周一有一个重要的演讲，所以他决定那个周末不跟对方谈分手。在下一个周五晚上，对方做完演讲之后，他们进行了分手谈话。这给了女友一个完整的周末从心碎中恢复过来（可以先翻到下一章，看一下从分手中恢复过来——这可以帮你记住，对方——也就是即将成为你前任的人——都有什么需要）。

可以合理地拖延。如果对方工作压力特别大，重要会议一个接一个，你也不能一拖就是几个月。但也不要太自私，完全不顾对方感受。

exercises

练习

仔细考虑，明确具体的时间进行分手谈话

我打算在____________进行分手谈话，因为____。

（例如，我打算在下周他的重要演讲结束之后，那个周五的晚上和他进行分手谈话，因为这样他就有整个周末的时间来恢复。）

一旦你决定了在某个具体时间、具体地点进行分手谈话，就要制订一个计划，确定自己要说些什么。你的开场白是什么？我建议你要强调，和对方分手是你深思熟虑后的结果，你想结束这段感情。要抱着同情的态度说这番话，但不要拐弯

抹角。

你可以这样说：“我真的很在乎你，我不想伤害你，但我认为我们应该分手。我们都知道我们感情出了问题，已经有一段时间了。我们都做过努力，试图改善。但现在，我认为我们无法做出有效的改变。我希望我们都能找到属于自己的爱情并且获得幸福，但我不认为我们这段感情能给彼此带来幸福。”

另一个开场白的例子诸如：“我需要跟你谈谈。我爱你，我也喜欢我们在一起的很多时光，但我并不开心，而且我知道你也不开心。这很难说出口，因为我不想伤害你。我很感激我们在一起的时光，但经过再三考虑，我觉得我们应该分手。”

很明显，对方会受到伤害。这是不可避免的。所以，尽你所能让对方感觉好一点。但如果他们说：“我哪里不好了？”不要回答。原因是：他们只是不适合你，他们本身并没有什么不好的，即使有，你也没有资格说。在这件事上，你是个带有很大偏见的信息来源——你只是在说服自己甩掉这个人。你可以告诉对方你不想在一起的原因——比如，你们在一起时，双方都很焦虑，总是争吵，或者总要求对方在亲密关系中的某个方面做出改进，但对方拒绝这样做。你不是评价对方“好”或者“坏”的最高权威。如果他们问你，自己做错了什么，你不用回答。这是分手，不是反馈交流。正如我在前一章提到的那样，你有责任在决定分手之前提出任何问题并尝试解决它们。

这有助于保护对方在恢复期免受不必要的伤害。要知道，不管你说了什么，都会在分手后成为对方关注的焦点。我们会陷入“**叙事谬误**”，也就是说，我们的大脑会编造一个因果故事来解释我们目睹和经历的事件，即使这个故事是错误的也会如此。任何分手都可能是诸多因素和情绪综合下来的结果，但当你在分手谈话时给出一个具体的理由时，对方就会被这个理由困扰。不要在对方心中播下无用的种子。

我有一个客户，她的男朋友和她分手是因为“不喜欢她身上的味道”。确实，信息素是真实存在的。科学家们已经发现，人们通常更喜欢与自己基因最不同的人的信息素，这在进化上有利，因为它为后代提供了最多样化的遗传免疫系统和更大的生存机会。但当这位女士听到对自己身体味道的批评时，她想到的并不是自己的后代——他们毕竟才约会了6个月。相反，她对自己的体味难闻怕得要死！她换了除臭剂，还有润肤露。她做了子宫颈抹片检查，甚至做了肠道菌群测试！我试着告诉她，她身上的味道不难闻。但一旦她种下了心结，知道对方和她分手是因为她的体味，她就无法摆脱这个念头，一直把这一点看作是他们分手的唯一原因。

如果你发现自己被逼到墙角，非得说点什么不可，那就说你尊重他，你认为这段感情不会有结果，所以你不想浪费他的时间。

你会有一种冲动，很想留下来，给对方安慰。或者你觉得有责任回答对方的每一个问题。然而，没完没了地讨论细节，讨论在这段感情中究竟哪里出了问题是没用的。你肯定不想在这次谈话中说出什么伤人的话吧？因此，我希望你在第一次谈话时设一个时间限制。一个小时，或者90分钟，然后就不谈了。听着，我并没有建议你告诉即将成为前任的那一位："我们就谈一个小时，就是这样。"我也没有让你用秒表给自己计时。但是，不要一说起来就没完没了。可以告诉对方，如果需要的话，你们可以第二天再谈。如果你们已经相处了很长时间，或者有一些复杂的事务性问题需要解决，这些对话可能会持续几天。

为了帮助你尽可能清晰、富有同情心地表达心意，请使用我提供的"关键谈话要点"，计划好你的谈话。在下面的练习中，你会看到我的客户是如何在分手谈话前使用这个方法的。本书的附录中也提供了空白文档。这个文档对于准备各种类型的棘手对话都有帮助，不仅仅是分手谈话。

exercises

练习

关键谈话要点

1. 你这次谈话的目的是什么？（换句话说，你希望谈话成功是什么样子的？）

我们都可以表达自己的感受，她能感受到我在倾听她说的话，而且很明显，我们分手了。

2. 这次谈话中，你要传达的核心信息是什么？

我仔细考虑过了，我真的很在乎你这个人，但我觉得这段感情不适合我。

3. 你想用什么语气说话？你想避免什么语气？

冷静、富有同情心、关心对方的语气。我不想让自己听起来拒人千里之外或者冷酷无情。

4. 你想用什么开场白？

“我相信你不会感到意外，因为在过去的几个月里，我们都知道我们俩相处得不开心。我仔细想过了，虽然我很在乎你，但我觉得这段感情不适合我，我觉得我们应该分手。”

5. 你需要说清楚哪些内容？

- “感谢你在我换工作的时候对我的支持，感谢你对我的家人这么好，感谢你让我长了这么多的见识。”
- “我觉得对这段感情没有信心，这种感觉已经有一段时间了。对此，我深刻反省了很多次。我认为，这段感情并不适合我。”
- “我们最近吵了很多架，我不喜欢我们俩在一起时我表现出来的样子。”
- “我们已经做过努力挽救这段感情，但我相信结束它对我们双方都是最好的选择。”

6. 你担心对方会有哪些反应？

她会问我她到底做错了什么，或者她会对我说些狠话。

7. 如果发生了这种情况，你打算怎么做？

- 如果她问我她做错了什么："这与你做错了什么、你这个人怎么样没有关系，这和我们在一起时的感觉有关。我不觉得这段感情让我展现出了自己最好的一面。你什么也没做错，我不希望你责怪自己。"
- 如果她对我说些狠话："我知道你很生气，我伤害了你，所以你现在想伤害我。你完全有理由生气，但我不希望这件事情让我们两个人更痛苦。请不要攻击我。"

8. 你想怎么结束这次谈话？

我会重申我的一些观点，感谢她和我在一起的时间，并主动给她兄弟发短信，让他在我离开时来接她。不要做爱！

你也可以请朋友来帮你练习怎么说这些话（我总是和客户角色扮演，练习分手谈话；尽管他们觉得"拒绝"我很尴尬，但练习的确很有用）。这给了你一个打磨言辞的机会，也有助于确保你尽可能抱有善意和同情心。练习不一定能让事情完美，但这些准备工作可以帮助你在困难的时刻选择正确的词语。

第三步：和朋友一起建立一个外部问责体系。

你心里已经有了一个具体的截止期限，而且你现在已经知道自己要说什么，知道要在什么时候、什么地点说这些话了。接下来，你要怎么确保自己完成这件事？你可以建立一个外部问责体系，让你更有机会完成这件事。依靠这个技巧，你可以请其他人协助，保证自己完成设定的目标。

畅销书作家格雷琴·鲁宾说，问责制之所以有效，是因为我们很多人都是“愿意施惠的人”。我们愿意满足别人的愿望，却很难坚持自己的愿望。这一点可以解释为什么你可能经常实现不了自己的目标（比如，多锻炼），但不会错过别人委派的任务（比如，去学校接朋友的孩子）。你可以找一位朋友，把这个目标当成是你对他们的承诺，而不仅仅是对你自己的承诺。

找一个值得信赖的朋友（不喜欢你现在伴侣的人可能特别热衷于帮助你分手）。承诺在分手谈话结束后联系他们。如果你想把你的义务提升到一个新高度，那就加入一些激励机制。行为科学家喜欢用正面激励或者负面激励来改变人们的行为。例如，我的一位客户给他强烈反对的一位总统候选人写了一张1万美元的支票。他请自己的朋友监督，如果他没有在截止期限前和他的女朋友谈分手，他的朋友就把这张支票寄出去。

那天晚些时候他就和她分手了。

exercises

练习

设计你的问责体系

我对＿＿＿＿＿＿＿做出承诺，负有义务。

如果我错过了截止期限，我承诺：＿＿＿＿＿＿

＿＿＿＿＿＿＿＿＿＿＿＿＿＿＿＿＿＿＿＿＿＿

＿＿＿＿＿＿＿＿＿＿＿＿＿＿＿＿＿＿＿＿＿。

（比如，我对赛斯做出承诺，负有义务。如果我错过了截止期限，我承诺：对外公布我近期搜索过的三部色情片。）

第四步：你是去谈话的，不是去做爱的！

我们已经到了最困难的部分：真正分手。记住你准备和计划的所有内容；不要忘了，第一天的谈话要简短，如果有必要的话，可以下一次再谈。

在整个谈话过程中，留意自己和对方的情绪，不要**一发不可收拾**。这是一种身体和精神状态，当你的皮质醇——压力荷尔蒙——水平上升，你的身体会进入“战斗或逃跑”模式。这种机制对我们的祖先很有用，可以令其免于命丧虎口的厄运，但这绝对不是进行关键对话的正确心理状态。感情的闸门一旦打开，人们就无法真正倾听和接收新的信息。如果你们俩任何一方觉得自己快要崩溃了，花20分钟的时间休息一下，冷静下来。记住你一开始的目的，回到谈话中来。友善但要坚定。你的目标是在谈话结束时，清楚地表明你们已经分手了。

分手后，千万、千万、千万不要做爱！也许你认为我不需要说这些。但请相信我，我听过太多分手的事了，知道并非如此。这样做付出的代价太大，不值得。它会带来很多困惑的感觉。如果你已经有一段时间没做爱了，而分手带来的强烈情绪驱使你上床，这种困惑会尤其强烈。此外，和某人做爱会让你更难坚定分手的决心，最终可能会收回自己说的话。这只会让分手的过程更加复杂。

为了避免犯这样的错误，你可以签订一份**尤利西斯契约**，也可称之为预先承诺机制。在荷马史诗《奥德赛》中，尤利西斯船长知道他的船员将受到海妖塞壬迷人歌声的诱惑。他听说那些迷人的歌声会让水手们改变航向，撞向岸边。他对抗的办法不是依靠自己的意志力，而是制订了一个计划。他指示船员们把他绑在船桅上，这样他就不能改变航向了。他让他的水手们把蜡塞进耳朵里，这样他们就听不到歌声了。他通过预先制订计划来保护自己免受诱惑。

行为科学家们也设计出了一种方法，叫作“尤利西斯契约”，帮助人们避免诱惑。经济学家纳瓦·阿什拉夫和她的团队在菲律宾一家当地银行测试了这种方法。银行的一些客户可以自愿选择一个存款计划，在某个日期或达到某个储蓄目标之前，不能从储蓄账户里取款。这些日期和目标是他们自己设定的。对其他客户没有这个存款计划，他们可以随时取钱。12个月后，那些预先承诺过存款计划的人，银行余额要比没有承诺过的人高出81%。

分手谈话之后，你很容易受到诱惑。类似海妖塞壬的歌声会招你上床，和前任再做一次。所以，你签署一个尤利西斯契约，在分手谈话结束后立即执行它，并建立一个问责体系来保证你遵守这个契约。我的一个客户担心他会和即将成为前任的女友上床。为了确保自己不会这样做，他答应在谈话结束后马上去机场接一个朋友。这件事他绝对不能错过；他的确做到了。

第五步：为自己制订一个分手后的短期计划。

即使你抵住了诱惑，没有和前任上床，刚刚分手后的你可能会在感情上经历一些非常强烈的波动。你可能松了一口气，但是很伤心。不管怎么说，制订一个分手后的计划是很有帮助的，它可以防止你做出后悔不及的决定。

提前想好分手后你要做什么，包括你要去哪里。不要制订任何会给你带来压力的计划。也许可以去朋友家，点你最喜欢的食物，然后从头再看一遍《黑道家族》。理想情况下，这样的朋友要么会分散你的注意力，要么会帮你平复心情。我不建议分手的头几个晚上你独自一人度过。感到孤独和不安会让你更有可能重新滑回那段感情中。

注意：如果你和这位前任住在一起，这个分手后的计划就尤为重要。问问你的朋友，是否可以在他们那里至少住上几天。

exercises

练习 制订一个分手后头几天的计划

分手后，我会直接去：________________________
________________________________。

在刚开始的几天，我会做下面这些事：

____
________________________________。

（例如，分手后，我会直接去：我姐姐家。分手后的头几天里，我会做下面这些事：看英剧《办公室风云》，参加养生瑜伽锻炼，做很多奶昔喝个够。）

第六步：和你的前任签订分手协议。

在第一次分手谈话后，你的前任可能想要再谈。可以再谈，但要记住从第一步到第三步的步骤。

为自己制订一个计划很重要，但和前任一起制订一个计划同样重要。研究表明，如果一个人主动选择做某件事，那么他们会更有参与感，对结果也更投入。社会科学家迪莉娅·乔菲和兰迪·加纳邀请大学生志愿者们帮助附近学校开展艾滋病教育项目，从而证明了这种效应的存在。他们告诉一半学生，如果他们想成为志愿者，他们就要填写一张表格，说明他们的愿望；同时他们告诉另一半学生，如果他们愿意做志愿者的话，什么都不用填，而如果他们不想做志愿者，则需要填写一张表格。两组学生报名当志愿者的比例大致相同。但研究人员发现，真正来做志愿者的比例很不一样。在被动情况下，也就是那些不用填表格的学生中，只有17%的人真正来做志愿者。而在必须填写表格的主动情况下，49%的人履行了自己的承诺：数量几乎是另一组学生的三倍。当你主动同意做某件事的时候，你会觉得决定权在自己手里，你把它看作自己的选择。而在被动的情况下，你不会这样想。所以，和你的前任一起制订一个计划，会让你们俩都感觉好一点，不那么痛苦。我已经帮你起草了一份分手协议。

呃——她刚才说的是“协议”吗？

是的，我是这么说的。我知道这听起来有点不切实际，但几年前，我被乔菲和加纳的研究深深地打动了，体会到了积极承诺的力量。我起草这份协议是为了帮助朋友们应付棘手的分手。从那以后，世界各地有几千对情侣通过网络在线浏览了我的协议文本，我也收到了几十封电子邮件反馈，告诉我这个协议如何帮助他们顺利分手（正如我在本章开头提到的那样，如果你们结婚了，或者有孩子，分手会更加复杂。这种分手协议是专为未结婚、没有孩子的亲密关系设计的)。

你可以用这种方式提出这个建议:“我知道这听起来挺荒谬,但我想如果我们想就下一步的目标达成一致,这可能会有所帮助。你愿意和我一起看看这个吗?”

你们不需要在每一点上都达成一致,而且很可能不会。但一起讨论协议是个很好的方式,可以让棘手的对话进行下去,你们可以一起找出推动双方前进的方法。你可以在我的网站loganury.com上找到一份空白的分手协议。

第七步:改变习惯,避免再次陷入这段感情。

两个人分手后,你的生活可能会留下很多空洞。我们要把这些空洞重新填满。你手机上的背景图是你们俩牵着他的狗在公园里的照片吗?换成一张你和你的铁杆好友的合影——照片很迷人,是去年新年拍的,你当时晒得皮肤黝黑,十分开心。你的前任总和你一起看你最喜欢的电视节目吗?找个朋友和你一起坐在沙发上,或者通过电话和你一起讨论电视节目;你的前任总和你一起跑步,一起吃点心?看看你妈妈是不是能和你一起慢跑……然后一块儿去一家卖猪肉烧卖的餐馆。

也许在现代婚恋中,分手造成的最大挑战就是:你在工作中遇到激动人心的事情时,或者需要发泄对家庭的不满时,无法给你的前任发信息。《习惯的力量》(*The Power of Habit*)一书的作者查尔斯·杜希格的研究表明,要想打破习惯,一个强有力的策略就是用新的活动取代它。

为了帮助我的客户改掉习惯，不再碰到什么事都给前任发信息，避免旧情复燃，我让他们列出一些特别想给前任发信息的具体时刻，然后再一一列出这些信息可以发给除前任之外的哪些人。我称之为“信息支持”。

填写你自己的信息支持表。我列出了一些参考情况，你可以随意加上自己的。

我分手后的信息支持表	
情况说明	我会给谁发信息
想和别人分享工作上的好消息	
想和别人分享工作上的坏消息	
想计划一个周末之夜活动	
想做个周末活动计划	
想谈谈政治	
想和别人分享一个有趣的故事	
想和别人一起看“最爱的电视节目”（你和前任以前总在一起看的电视节目）	

第八步：不要在分手时做一个黏黏糊糊的老好人。

分手的后果，即便一切全在你的意料之中，对你而言也不是件容易的事。有时候，你可能会产生怀疑、恐惧或不确定的感觉。即使分手是你主动提出的，也不意味着你就没有痛苦。在下一章里，我会进一步讲述如何走出心碎的阴影；但这里有一些建议是特别为提出分手的一方准备的。

在分手后的一段时间内，你可能会经历情绪上的过山车，从极度放松到极度后悔，不停地跌宕。“我为什么要这么做？”“我会孤独终老吗？”如果发生这种情况，回到你在分手过程开始时创建的外部问责体系。重新审视你写给自己的关于为什么要分手的信；让帮助你进行角色扮演、练习分手对话的朋友提醒你为什么要这样做。

你可能会感到内疚，因为你伤害了你在乎的人。即使发生了这种情况，也要控制住自己的冲动，不要过多地打听前任的情况，尤其是在分手后的最初几周里更要注意。当我和作家兼哲学家阿兰·德波顿谈话时，他给出了同样的建议：“分手后做老好人同样是一件糟糕的事。我们经常听人说，一个人在分手时冷酷无情有多么糟糕，但却很少听人说，一个人在分手时黏黏糊糊同样糟糕。这样的人总在你周围阴魂不散，到你生日那天还会给你打电话。”

不要在分手后当老好人。你这么做并不是真的为对方好。很多情况下，你的行为更多是为了自己，而不是在帮助对方。“要有勇气承担起责任，直面自己对他人生活造成的伤害，而不是幻想一切能马上好转。”德波顿说，“可能会有一段时间，他们会把你视为魔鬼。由他们去吧。我看到很多人总想做老好人，即使你的这些‘好’对另一个人是‘不好’的时候依然如此。”

不要仅仅为了让自己感觉好而做老好人。给对方空间，让他们向前看吧。

总结

1. 当你下定决心和某人分手时，是时候制订一个计划了。仔细考虑好你在谈话时要说什么，什么时候、在什么地方说。既要友善，又要坚定。
2. 建立并利用外部问责体系，适当加入激励机制，确保自己执行分手计划。
3. 邀请对方共同制订分手计划。将对方的需求纳入考虑。千万不要在分手后还发生关系。
4. 为自己制订一个分手后的计划，包括分手后要去哪里、要做什么，以及想给前任发短信时该采取什么措施。
5. 分手后，要给对方空间。不要试图当个老好人。你只顾着让自己感觉好受，就会让对方更加难以向前看。

第十六章

把分手看成是收获
而不是损失

如何克服分手后的心碎

假设你是一名医生，你有一位肺癌患者，必须让他选择治疗方案：是做手术还是放疗？如果做手术，病人长期的生存机会更大，但短期风险也更高——他可能会死在手术台上。

你做了研究，发现手术的短期存活率是90%，放疗的短期存活率是100%。你会怎么选？反过来看，如果你发现手术的短期死亡率是10%，而放疗的短期死亡率是0%，你会怎么选？

在一项如今很出名的研究中，医疗科研人员芭芭拉·麦克尼尔要求医生们在一模一样的假想情况下做出选择。她让一组医生根据存活率做出选择，让另一组医生根据死亡率做出选择。

你可能会很吃惊，根据这两组呈现方式不同、内涵完全相同的信息，医生们做出了截然不同的选择。当她从存活率的角度描述时，84%的医生选择了手术；但当她从死亡率的角度描述时，只有一半的医生选择了手术。

为什么会这样？医生们的选择，反映了描述事物的**框架**。所谓框架效应，是指我们往往根据事物的呈现方式做出不同的选择，例如，外科医生在评估手术风险的时候，还有分手后心碎的人在评估如何向前看的时候。

我坚信，要想走出分手的阴影，关键是要找对描述事物的框架。事实上，你可以通过改变这个框架来加速你的恢复过程。例如，你可以重新拾起过去喜欢，但因为对方反感而放弃的所有爱好——这点在后面会有更详细的介绍。这里的关键是，与其把分手看作毁灭性的损失，不如把它看作一种收获，一种从长远来看会改善你生活的力量。

所以，别再没完没了、自怨自艾沉浸在《BJ单身日记》中了。戴上玫瑰色的眼镜，用乐观的心态看待这一切，把这个令人悲伤的派对变成欢乐的节日。在这一章中，我会告诉你四种看待分手的不同框架，帮助你认识到克服心碎的过程关键在于看问题的角度。

你的大脑和身体发生了什么

在我们讲述这些框架之前，我想先谈一下分手时你的大脑和身体都会发生什么。克劳迪娅·布伦博和R.克里斯·弗雷利等人际关系学家认为，分手（或者他们所谓的“人际关系破裂”）通常是“人一生中最痛苦的经历之一”。

正如我已经提到过的，人类学家海伦·费舍尔研究过热恋时大脑的状态。她最喜欢的一种研究方法是使用功能性磁共振成像（fMRI）来扫描、探测我们的大脑。她会在亲密关系的不同阶段对人们进行大脑扫描：刚坠入爱河的情侣、数十年后仍然深爱着彼此的夫妻，以及正在经历分手的人。

费舍尔和她的团队发现，当我们看到爱人的照片时，大脑中一个叫作伏隔核的区域就会被激活。而吸毒的人想到吸毒时，大脑的这一部分也会被激活。在分手时，受到影响的同样是大脑的这一区域。所以，在分手和戒毒期间，我们的大脑会经历同样的事情。难怪我们总想靠着前任获得高潮。还是面对现实吧：爱情让你上了瘾。

分手会严重破坏我们的身体、我们的感觉和我们的行为。再加上一抹孤独、一茶匙痛苦，就能调出一杯致命的分手鸡尾酒。费舍尔认为，分手会让我们的皮质醇（压力荷尔蒙）水平上升，从而抑制我们的免疫系统，削弱身体的应对机能。人们可能会受到失眠、侵入性思想、抑郁、愤怒以及抑制性焦虑的困扰。令人惊讶的是，人们在这种状态下，智商测试的分数也会降低；在完成需要推理或者逻辑演算的复杂任务时，表现得更差。研究还发现，分手后的人吸毒和犯罪的比率更高。即使是提出分手的人（研究人员称这些人为“始作俑者”）也是如此。

我指导过很多客户处理分手问题。分手之所以这么痛苦，其中一个原因是我们的大脑对损失非常敏感。分手是巨大的损失。你和伴侣曾经一起构想的未来就此终结。让你悲伤的不光有不堪回首的过往、面目全非的现在，还有再无可能的未来。难怪，由于“损失厌恶”，我们总是尽量避免分手。

但也有好消息：心理学家伊莱·芬克尔和保罗·伊斯特威克发现，“分手并不像人们想象的那样糟糕”。一对情侣，无论他们在婚恋中多么幸福，分手时的痛苦也很少像他们想象的那么强烈。

蒙莫斯大学心理学系前系主任加里·莱万多夫斯基教授表示，我们的恢复能力比自己以为的更好。他针对这样的人群开展研究：他们的长期亲密关系至少已经持续了几年，在过去的几个月里经历了分手，而且尚未找到新伴侣。你可能觉得他们会是分手后最悲伤的人。出于本能，我们会认为他们中的大多数人会把分手看作一次可怕的经历。然而，当莱万多夫斯基和他的同事们与这些人交谈时，他们发现只有三分之一的人认为分手是消极的。大约25%的人认为它不好不坏，41%的人认为它是积极的。

所以，请允许我说一句老生常谈：一切都会过去的。你现在的感觉是暂时的。你奇怪的身体反应（再见了，我的免疫系统和睡眠）会结束，痛苦会消失，你终将走出这个可怕的阶段。

新框架1：关注分手的积极方面。

当你光靠意志无法摆脱痛苦时，你可以为自己编一个不那么痛苦的故事。记住，你的大脑就是你的朋友，它特别擅长帮助你合理化一些事情，帮助你熬过难关。是时候让你的大脑有点事干了！你可以告诉大脑自己渴望的东西：为什么这次分手其实很好。这样做，你可以更快地恢复过来。

莱万多夫斯基做了一个实验，他要求参与者写下分手的积极方面（为什么分手对你来说是好事）或消极方面（为什么分手对你来说是坏事），或者一些无关紧要、与分手无关的内容。这些人连续三天每天花15～30分钟完成这项任务。写下分手积极方面的人表示，与研究开始时相比，他们感觉更快乐、更睿智、更感恩、更自信、更舒适、更有力量、更有活力、更乐观、更放松、更满意。

当我的客户经历分手时，我也会让他们完成同样的任务。我的客户晶在31岁时第一次约会，在分手后给我发了一份清单。

分手带给我的好处：

1. 我前任的家在蒙大拿，我现在不用操心必须搬到他家附近要考虑的问题了；

2. 不用再为谁洗碗而争吵了；

3. 有更多的时间和我的朋友们相聚了，我的前任不把他们当回事；

4. 因为不住在前任的公寓了，所以上下班的路程更短了；

5. 不用再穿着沾有狗毛的衣服上班了；

6. 不用在劳动节的周末去参加花费不菲的婚礼了；

7. 可以花更多的时间在音乐上；

8. 我的前任讨厌我弟弟，我不必再为和弟弟在一起找借口了；

9. 不必假装喜欢看《美国白马王子》了；

10. 有机会找到一段幸福、健康的亲密关系。

exercises

练习

写下分手的好处

把你的焦虑写成一首宣言，就像你少年时写的那些情绪激昂的乐曲一样。

去一家咖啡馆，或者坐在公园的长椅上。拿出一个空白笔记本（但不要看《恋恋笔记本》）。在手机上设好30分钟倒计时。不要看手机，一气呵成，写下分手所有的积极方面。如果你觉得写不出来，难以下笔，试着从列清单开始。

我和对方分手的十条好处：

1. ________________

2. ________________

3. ________________

4. ________________

5. ________________

6. ________________

7. ________________

8. ________________

9. ________________

10. ________________

新框架2：关注这段亲密关系中消极的方面。

好吧，好吧，也许你还没有准备好“把坏事变成好事”，但还有另一条路可走。在一项和前面的介绍类似的研究中，临床心理学家桑德拉·兰斯拉格和米歇尔·桑切斯要求正在经历分手的试验参与者从以下三件事中选择一件去做：思考已经结束的这段感情中不好的地方；读一些资料，了解分手后经历强烈的感情冲击是正常的事；或者做一些完全不相干的事情——比如，吃饭。他们发现，与另外两组人相比，那些一门心思寻找上段感情中消极方面的人，最终对前任的留恋程度最低。

exercises
练习

写出已经分手的那段感情中消极的方面

为了寻找光明，先要凝视黑暗。把你们亲密关系中的消极方面记录下来。那一次她在你的朋友面前让你出丑；或者，他把你撂在半路上，你束手无策，找不到去机场的车，令你十分沮丧。可写的东西很多，比如，那次晚餐，你曾向他倾诉你的压力，但他漠不关心，令你十分失落；她有一次喝得酩酊大醉，吐了出来，说她的前任比你风趣。哇，我一想起这些就觉得心塞，这些都是你的经历。

连续三个晚上花30分钟写下这段亲密关系中的消极方面。对方做过哪些让你讨厌的事，你们之间的关系有哪些不和谐的地方，或者为了这段关系你不得不放弃自己的哪些东西。

新框架3：重新发现自己。

芬克尔和他的同事们对分手进行了进一步研究，他们发现分手会导致一些身份危机，因为我们的身份和这段亲密关系联系太多了。也许你还念念不忘自己是活力二人组中的一员，是他人眼中的完美爱人。这种想法完全可以理解，然而，它是一种盯着损失不放的想法。相反，我们要把注意力放在分手后的收获上——你恢复单身了，又能成为什么样的人呢？

研究人际关系的科研人员发现，这一框架特别有效。在一项实验中，莱万多夫斯基将经历分手的人分成两组。他让一组人在外面，花两周的时间做一些他们平常就喜欢做的日常活动——比如，去看电影、去健身房或者去看朋友；而另一组人，让他们去“重新发现自己”喜欢的活动——那些他们因为前任不喜欢而放弃的活动——比如，去上动感单车课或者去爵士乐酒吧。

莱万多夫斯基发现，两种措施都能起作用。日常活动能防止人们困在家里，狂刷前任的照片，或者大吃甜品（这是我的首选宽心解药）。而那些参与了“重新发现自己”活动的人效果更好。这些参与者重新找回了自己的一部分身份，这些身份在他们上一段的亲密关系中失去了。莱万多夫斯基解释说，“对这些人来说，这就像新一天的黎明”。他们感到更快乐了，没那么孤独了，也更能接受自我了。

exercises

练习

重新发现自己

回忆一下：哪些活动是你因为前任不感兴趣而放弃的？她是不是讨厌海滩，你一提现场音乐会她就皱眉？现在你可以自己去做这些事了，作为你重新发现自己的一种活动。

着手去做这些事吧！找出久不使用的拳击手套，买些新的水彩，给你前任讨厌的那位大学旧友打电话。找回曾经的自己，探索自己可能成为的样子。如果你愿意进行一些精神上的对话，我向你推荐朱莉娅·卡梅伦的《创意，是一笔灵魂交易》（*The Artist’s Way*），即使你认为自己不是艺术家、不会创意也没问题。书中充满了让你重新认识自己（和你内在的创新精神）的灵感和想法。

列出三个你这个月要进行的重新发现自己的活动：

1.______________________________

2.______________________________

3.______________________________

继续寻觅

有时候，人们会朝我挤挤眼睛说：“这么说，是真的喽？忘记某个人的最好方法就是爱上其他人？”首先，不要对我挤眼睛；其次，这种事因人而异。

并不是每个人在结束一段感情后都需要几个月的时间来恢复，尤其是当你主动提出分手的时候更是如此。哥伦比亚大学教授、社会学家黛安·沃恩在她的书《分手》（*Uncoupling*）中对情侣分手进行了广泛的研究。她发现，我们对一段亲密关系的负面感觉是有特定的时间线的。提出分手的人可能在亲密关系尚存的时候就已经对这段感情产生了负面情绪，可能已经持续一年或者更长时间了。所以，真的分手后，他们不需要那么多的时间恢复。如果你在分手后没有你想象中那么难过，不要诧异。你并不是没心没肺的浑蛋。你只是在没分手的时候就已经悲伤过了，现在你已经准备好向前看了。

如果你是被甩了的那个人，那你的时间线很可能在亲密关系结束后才开始，所以显而易见，你需要更多的时间来恢复。

那什么时候能够重获爱情呢？心理学家克劳迪娅·布伦博和R.克里斯·弗雷利发现，那些“迅速开始一段新恋情的人，和那些等待较长时间才重新获得新恋情的人相比，情况不一定更差。事实上，在一些方面，他们似乎过得更好”。作者解释说，那些拖得更久才开始新恋情的人往往会经历自尊心的下降，而那些很快就开始一段新恋情的人往往不会受到自信心的打击。从一段亲密关系转移到另一段亲密关系中，意味着他们独处的时间更少，对自我价值的怀疑也更少。

你怎么知道自己是不是准备好了重新开始一段新恋情了？要想弄清楚这一点，唯一的方法就是真正去约会。如果你约会后，回到家就哭了，那你可能还需要一点时间恢复。但如果你发现自己很开心，哪怕只是一点点，这就是一个信号，表明你可以一步一步地往前走了。

新框架4：把分手看成吸取过往教训，在未来做出更好选择的机会。

听起来确实有点挑战，但你要试着把分手看成一个学习的机会。心理学家泰·田代和帕特里夏·弗雷泽发现，人们往往没有充分利用分手后个人成长的潜力。很多人换汤不换药，从一段感情换到另一段感情，没有反思从前任那里都学到了什么，也没有反思这些经验教训对下一步选择伴侣有何影响。不要犯这种错误。

当你在选择伴侣时因为同样的原因而屡次失败，渐渐陷入一种固定模式的时候，这一点尤其重要。我有几个客户就是这样，总是一而再、再而三地和同一类型的人约会。

举个例子，我有个客户总和比自己小的男士谈恋爱，他们都是善良、风趣、有魅力的年轻男人，谈到最后往往不肯给她承诺。她找的是毕业舞会上的舞伴，而不是终身伴侣。她最后一次分手是在新冠肺炎流行期间，这让她有时间停下来反思自己的习惯。通过我们每周的远程对话，她认识到了自己的模式，渐渐地得出结论，她的行为妨碍了她找到爱情。尽管这些年来她遇到了很多潜在的合适伴侣，但她总是故意搞砸，转头追求那些在情感上还没有准备好的年轻人；这导致她难以进入一段真正的感情，并受到可能的伤害。她决心做出改变，改掉这个习惯。她对约会对象的关注点开始发生变化，发现对方身上有“舞伴”的特点时，会提醒自己格外留意。她开始和与她同龄或者比她大的男士出去约会，并和一些符合条件的追求者进行视频聊天，然后和她最喜欢的男士出去散步。在经历了几次社交距离的强制分离后，他们决定试试一起居家隔离：和一个她几乎不了解的人同居，完全超出了她的舒适区。但这个世界已经天翻地覆，她也决定尝试一些新的东西。如今，他们仍然愉快地同居在一起，并计划驾车旅行去看望彼此的家人。

exercises

练习

思考在未来的亲密关系中，你会做出哪些改变

继续往前走的关键是弄清楚你在上一段亲密关系中做了什么选择，以及你在下一段亲密关系中将会做出什么改变。记在日记上或者找一位朋友谈话，花点时间来回答下面的问题：

1. 在上一段感情中你的地位是什么？（例如，你是主导者，拉着对方和你一起往前走，还是油瓶一般被拖着走的？是指导者还是被指导者？是轻松做出承诺，还是费了很大的劲儿才决定的？）

2. 在下一段感情中，你想扮演什么角色？

3. 认真反思后，你认为一段长期的亲密关系中，什么对你而言是最重要的？

4. 你是否在这一次的关系中没有考虑到某些事？你希望在下一段关系中，首先从对方身上寻找什么特质？

重新构建这些框架的关键是要认识到：塞翁失马，焉知非福。心理学家认为，人们是通过“创造意义”这个过程来理解生活中发生的事、人际关系或者他们自己的。大屠杀幸存者、奥地利神经学家、精神病学家维克多·弗兰克在他里程碑式的著作《活出生命的意义》（*Man's Search for Meaning*）一书中解释说，“创造意义”让我们从痛苦走向成长：“从某种程度上说，在找到意义的那一刻，痛苦就不再是痛苦了。”

试着不把分手看成失败，而是看成一个机会，促使你在未来做出更好的决定。让你的思想升级一下，从“时间会治愈一切创伤”到“意义会治愈一切创伤”。

exercises

练习

探索更深层次的意义

花点时间回答下面的问题：

1. 你从这段感情中学到了什么？
2. 你从分手中学到了什么？
3. 在这段感情之前的你和现在的你有什么不同？
4. 这段经历会给你的生活带来什么改变？

与其让自己被打碎，不如主动打碎自己的枷锁。也许你最终会成为一个更强大、更美丽的人。在 TEDx 演讲中，加里·莱万多夫斯基解释了“金缮修复”的概念。这是一种日本的艺术形式，用金银等贵金属将破碎的陶器重新锔起来，修复后的陶器往往比损坏前更漂亮。

莱万多夫斯基鼓励我们把心碎的过程看作艺术的打破：“这也是一种哲学，它把伤害和修复看作一种机会——你要利用它，而不是放过它，不是吗？这正是在你的亲密关系中可能发生的事情。确实，你们的感情可能会在你心里留下一些裂痕，但这些裂痕，这些不完美的地方，正是力量和美丽的源泉，因为分手并不会必然把你击碎，你比你想象中的更坚强。”

你可能无法选择在你们的亲密关系中会发生什么，但你可以（在某种程度上）选择你的感觉——以及你接下来要做些什么。

总结

1. 我们会根据描述事物的框架评价事物——我们往往根据事物的呈现方式对事物有不同的评价。你可以用新框架描述分手的经历，把它从一次损失变成一次成长和学习的机会，从而加速分手后的恢复过程。
2. 分手会严重破坏你的身心健康。但我们比自己想象的更容易恢复。分手时的感觉只是暂时的。
3. 记笔记很有帮助。写下分手后的积极方面和这段亲密关系中的消极方面，帮助自己继续往前走。
4. 分手经常会破坏自己的身份认同。你可以进行一些“重新发现自己”的活动——也就是你以前喜欢，但在亲密关系中放弃的那些活动——来重新获得身份认同。
5. 你要反思从中吸取的经验教训，以及将来要做出的改变，从这次经历中成长起来。从“时间会治愈一切创伤”升级为“意义会治愈一切创伤”。

第十七章

喜结连理之前要做的事

如何决定是否结婚

“请在周三之前填完这三份表格。”我说。

不，我并不是在和客户说话。

我递给斯科特几张纸，上面都是一些关于他的生活、家庭以及我们之间关系的问题。这些问题刨根问底，他连声抱怨，但我不怪他。

这就是做我的男朋友要面对的生活。我们已经约会了四年，所以他习惯了做我的“小白鼠”：在向客户提出婚恋建议之前，我会先拿他试水。

这次的家庭作业比较特殊，是特别设计来帮助我们讨论结婚问题的。这件事我们已经考虑一段时间了。我们已经经历过亲密关系的好几个主要决策点：**我们是男女朋友了吗？我们要不要搬到一起住？我们应该分手吗？**但现在我们面临着一系列新问题，而且令人望而生畏：**我们希望共度一生吗？那样的生活会是什么样子呢？**我爱他，但我也足够了解人际关系科学，知道我们面临的挑战。我知道很多婚姻都不能长久。

到目前为止，这似乎是我们人生面临的最重大的决定。事实证明，我们在这件事情上小心谨慎是正确的。婚姻很重要，而且在很多方面比你意识到的更重要。在《婚姻的真相》（*The*

Case for Marriage）一书中，记者玛吉·加拉格尔以及社会学家琳达·J. 韦特发现，婚姻美满对人生的幸福、自己的身心健康、寿命、财富以及子女的幸福都有着巨大的影响。

我觉得我和斯科特需要一个婚前训练营，就自己建了一个。我给它起的名字是：是时候了——我们的过去、现在和未来。（注：备选的名字是：是时候了——快把婚戒戴上。）这个训练营的目的是帮助你思考你从哪里来，如今在哪里，要到哪里去。幸运的是，斯科特愿意参加。这个过程对我们很有帮助，所以我把它分享给了我的客户和朋友们。现在，我也分享给你。

你可能在想，*我才不结婚呢，这是一个愚蠢的社会制度。我才不需要政府来告诉我如何生活*。你这么想没问题。但我假设，既然你正在读这本书，你多半是希望找到一个长期伴侣。在这一章里，我将其定义为“婚姻”，但如果你不打算结婚，你可以用“长期的、彼此承诺的亲密关系”这个短语替代（你也可以把对方的头像作为文身图案刺在自己手上，以取代传统的婚戒），从这个角度出发读这一章，也没问题。

我们彼此相爱，这还不够吗？

还记得吗？爱情是毒品。作家萧伯纳在他的戏剧《结婚》（*Getting Married*）中是这样表达这个含义的：“当两个人受到最猛烈、最疯狂、最虚幻、最短暂的激情控制时，他们肯定会信誓旦旦，认为自己会一直处于这种兴奋、反常和精疲力竭的状态中，直到死亡将他们分开。”在一段亲密关系的最初几年里，当我们的大脑受到这种药物的影响时，我们几乎不可能理性地评估我们的亲密关系。

结婚前谈恋爱的时间比较长的情侣们白头偕老的机会更大，部分原因是当他们结婚时，蜜月期的兴奋劲儿已经过了。当他们说“我愿意”的时候，他们心更明、眼更亮。那些在订婚前等了一到两年的夫妻比那些等了不到一年的夫妻离婚的可能性要低20%。订婚前至少等了三年的夫妻离婚的可能性比等了不到一年的夫妻低了39%。

离婚的可能性低，并不仅仅是因为和对方在一起的时间更长；也可能是因为你们的年纪稍大了一些，对婚姻也更重视。包括社会学家菲利普·科恩在内的科研人员，将20世纪80年代以来离婚率的下降部分归因于结婚越来越晚。也许你应该遵循我那位性格古怪的南希阿姨对她的孩子们立下的规定：“30岁以前不许结婚！”

即使等了几年，你仍然有可能被爱情蒙蔽，看不到真正要关注的地方。我采访了一些离婚律师（向斯科特解释这个爱好让我有点尴尬），其中几位律师说，情侣们在考虑结婚时往往会犯同样重大的错误。他们彼此深爱着对方，所以认为对方在生活中和他们想要的东西一样，因此，他们不会留出时间专门讨论一些重大决定——比如，住在哪里，或者是否想要孩子。

《直到信仰把我们分开：跨信仰婚姻如何改变着美国》（*'Til Faith Do Us Part: How Interfaith Marriage Is Transforming America*）一书的作者、记者内奥米·舍费尔·莱利发现："值得注意的是，在我调查的跨信仰的夫妻中，只有不到一半的人说他们在结婚前讨论过准备以何种信仰来教育孩子。"当夫妻之间发现他们在基本价值观上格格不入时，他们已经结婚了。然后，离婚律师登场。

乐观地假设你和你的伴侣想要的东西一样，这也是情有可原的。我们受到"错误共识效应"的迷惑，以为大多数人都认同我们的价值观、信仰和行为。例如，一个关心环境的人，尝试限制自己食用肉类、使用化石燃料和塑料袋。如果一个地方公投要求选民们对塑料袋禁令做出裁决，这个人可能认为这项禁令会轻易通过，因为她假设其他人也戴着同样的绿色环保眼镜看世界。在亲密关系中，我们想当然地认为我们的伴侣和我们看世界的方式一样——因此想要的东西也一样，不管是要几个孩子、住在哪里，还是如何花钱、如何省钱，想法都一样。爱情这碗迷魂汤加上错误共识效应，导致许多情侣在没有进行关键的婚前谈话的情况下就匆匆步入婚姻殿堂。所以说，仅仅彼此相爱完全不够。是时候用批判性的眼光思考一下是否应该和对方结婚了。

第一部分：关于我的一切

exercises

练习

回答下面的所有问题，了解关于我的一切

在把自己想象成二人世界的一分子之前，考虑一下你个人的愿望和需求。安排一个独处的时间。我建议找一个周末的早上，一个人拿着笔记本去咖啡店，然后回答下面这些问题。

1. 我的伴侣更像舞伴还是终身伴侣？换句话说，这个人会长期陪在我身边吗？还是说，只是在和我玩玩而已？

2. 衣柜测试：如果我的伴侣是我衣柜里的一件衣服，对方是哪件衣服？

3. 我可以和这个人一起成长吗？

4. 我佩服这个人吗？

5. 在这个人身边时，我展现出了自己的哪一面？

6. 我有好消息的时候，想告诉这个人吗？

7. 当我上了一天的班，疲惫不堪地回家后，我想和对方谈谈我的工作吗？

8. 我重视我的伴侣提出的建议吗？

9. 我期待和这个人一起经营我们的未来吗？我

能想象我们一起实现关键的人生目标吗，比如，买房子或者组建家庭？

10. 这个人能和我一起做出艰难的决定吗？在我想象中最坏的情况下，比如，失去工作或者失去孩子，在我思考比如“我们应该搬家吗”或者“我们在照顾其他孩子的同时，怎样才能控制自己的悲伤情绪”的时候，我希望这个人在我身边吗？

11. 我们沟通顺畅吗？我们的争吵有建设性吗？

认真看一遍你的回答。与其把它当作自己的回答，不如假装把这看成是在阅读亲密好友关于她的亲密关系的回答。这样做的目的是尽可能地对自己实话实说。和自己保持一点距离——想象自己正在帮助朋友，这么做会为你提供一些新的视角。

如果这是你最好的朋友，你非常关心她，希望她幸福如意，你会给她什么建议？你赞成这桩婚事吗？你有什么顾虑？在他们结婚之前，还有哪些悬而未决的问题？

带着你回顾这些答案时的感觉坐下来。这是你决定踩油门还是踩刹车的时刻。只有当你认为，这就是**现阶段最适合你的**亲密关系时，你才可以进入第二部分。如果你不确定，你可以重新回顾第十四章，看看是该结束这段感情还是该努力修补它。而且，如果你觉得还没有准备好结婚，这并不意味着灾难。在你为下一个阶段做好准备之前，你需要做的可能只是花更多的时间投入这段感情上。完全没必要匆忙做出这样重大的决定。还记得吗，至少等待三年的夫妻离婚的可能性比那些在一年之内订婚的夫妻低39%。

第二部分：关于我们的一切

如果第一部分进展顺利，你决定继续往前走，那么是时候和你的伴侣谈谈了。这些都是艰难的谈话。在一个月里留出三个晚上谈完，千万不要把它们塞在一个晚上！

在这些谈话中，你要始终保持好奇心。努力发掘伴侣真正想要什么，并了解这些与你想要的是否一致。记住，你这是在努力克服错误共识效应。

exercises

练习

回答下面的所有问题，了解关于我们的一切

为每次谈话留出一个晚上的时间。我建议你们可以先一起做一件事，让你们感觉彼此心意相连。心理治疗师埃丝特·佩雷尔指出，当我们钦佩对方的个人才能时，我们会被他们深深地吸引。你们可

以彼此教对方一项新技能，来增进这种吸引力。如果你们其中一个人厨艺精湛，为什么不教另一个人做一道新菜呢？

你也应该为这次谈话营造浪漫的氛围。我是说，你们可是在谈婚论嫁呀——还有什么比这更浪漫的呢？布置一个温馨的环境，盛装打扮（注意：不要穿十年前你在某人的成人礼上买的那条难看的红色运动裤——你的未婚夫最不喜欢它，但你就是不肯扔掉），拿出你珍藏的那瓶好酒，播放山姆·库克的歌曲，依偎在一起回答这些问题。

谈话1：过去

你觉得过去哪三个时刻最能表现出你的性格特征？

你认为你的童年对你现在有什么影响？

你父母吵架吗？你对亲密关系中的争吵有什么恐惧？

你从原来的家庭里想继承下来什么传统？

在你成长的过程中，你的家人是如何谈论（或者不谈论）性的？

金钱在你的家庭中代表了什么？

你的家庭给你带来了什么负担？你想把哪些负担留在过去？

谈话2：现在

如果发生了什么事情，你愿意告诉我吗？

我们目前的沟通方式，你有什么地方想改进吗？

你觉得在这段感情中你感觉自在吗？为什么自在（或者为什么不自在）？

你想对我们的亲密关系做出什么改变？

你认为我们处理矛盾的能力如何？

在我们经常一起做的事情中，你最喜欢的是哪一件？

你希望我们一起多做一些什么事情？

你觉得我了解你的朋友和家人吗？在你的生活中有什么人（家人、朋友、同事）是你希望我进一步了解的？

你希望多久做一次爱？怎么才能让我们的性生活更和谐？我能做些什么来改善它？有什么是你一直想尝试却难以启齿的？

你经常想到钱吗？

让我们开诚布公地谈谈我们的财务状况。你还有上学时的贷款要还吗？有信用卡的债务吗？你认为我的债务是你的债务吗？

你买汽车最多会花多少钱？沙发呢？买一双鞋呢？

谈话3：未来

你以后想住在哪里？

你想要孩子吗？如果想要，要几个？什么时候要？如果我们自己怀不上，我们还会考虑什么其他选择吗？收养？试管婴儿？

对于分担责任照顾孩子和完成家务，你的期望是什么？

你多久要回家看望你的家人？

你希望宗教在我们的生活中扮演什么角色？

你想讨论婚前协议吗？这样做你会产生什么恐惧？

你对将来我们在家庭开支上共同分担有什么期望？

你希望一直有工作吗？如果我们其中一人想不干了怎么办？

如果我想花一大笔钱买东西，你希望在多大额度时我该给你打电话？（比如，在事先不和你打招呼的情况下，我最多可以花多少钱？）

你长期的财务目标是什么？

对未来你最期待的是什么？

你未来的梦想是什么？我如何帮助你实现它？

你可能会担心这些谈话太别扭或者太强人所难。斯科特和我也有这种感觉。但我们在回答这些问题的过程中，一起分享了童年时代尘封已久的往事。比如，有一次，我上中学的时候，因为妒忌我的邻居在情人节收到了她父母送给她的十盘闪闪发光的MAC眼影而崩溃。要知道，对于一个六年级的学生来讲，那简直相当于一块劳力士手表!（什么样的父母会在情人节给孩子送礼物呢？）斯科特告诉我一个令我捧腹大笑的故事。他妈妈拒绝给他买一条价格不菲的JNCO牛仔裤——那是20世纪90年代末中学生眼中的巅峰时尚（在网上看到这些丑毙了的牛仔裤照片后，我认为他妈妈的决定正确无比）。

在其中一次谈话中，我们发现斯科特只想要一个孩子，而我想要两个。他是家里的独生子，但我还有一个姐姐。显然，我们都想重温我们成长时的那种环境。我们的谈话突然变得针锋相对起来，因为我们都在表达各自童年时代的优点。斯科特表示，在一个人口过剩的星球上，生一个孩子就足够了；而我认为，对于一个孩子来讲，有兄弟姐妹相当于为他自动加上一万小时的情商训练课。尽管我们在这一点上意见不一致，但我很高兴我们认识到了这个不一致。我们认为这不是导致必须分手的大问题，因为尽管我们的偏好不同，但我们都愿意妥协。我们计划先要一个孩子，然后看看此后的感受如何。

这些谈话使我相信，这段关系不仅现阶段适合我，继续向前发展也同样适合我。我欣赏斯科特的自律，他每天坚持锻炼，烹饪健康的素食，不惜熬夜寻找他开发的软件中的漏洞。我喜欢我们无所顾忌地闲聊，喜欢那些只有我们两个人知道的笑话。我相信我们是一个团队。我们知道如何妥协，如何轮流按自己的方式向前走。当我问自己衣柜测试的问题时，我把他想象成我最喜欢的红格子连衣裤——它让我感到安全、温暖和有依靠，就像我一直在他的怀里一样。

大约在我们完成这些谈话的六个月后，斯科特请我去看我们的朋友大卫的魔术表演。大卫是一个天赋异禀的通灵魔术师，他能占卜出某个人童年宠物的名字，还能知道一个完全陌生的人要去哪儿度假。他每周三晚上都有一场固定演出，就在一家叫“钢琴搏击”的酒吧后面的剧院里。

那天晚上，当大卫演完魔术后，观众起立鼓掌。掌声过后，大卫说：“我还有一个魔术。”在这个魔术开始时，他让观众们在空白的扑克牌上写下自己的名字和一个单词。大卫让一个志愿者选出一张扑克牌。我听到他叫我的名字，然后我走上舞台。

接着，大卫让我随机抽出一张牌。神奇的是，我抽出的那张牌上面写着斯科特的名字。斯科特走下楼梯，来到舞台上，坐在我旁边。

我们坐在那里，灯光耀眼，我们看不见台下的50名观众。大卫拿起一名志愿者的手机，打开计算器，开始让观众提供数字并相乘。最终的结果出来了：452015。大卫问这个数字对我们有什么意义。我没看出来。

然后他在数字之间画了两个斜杠，把这个数字变成4/5/2015。他问：“这是你的生日吗？还是斯科特的生日？”都不是——那是我们开始约会的日子。

然后大卫拿起那副写着名字和单词的扑克牌，让我把它们分成五堆。他让斯科特把上面的扑克牌逐一翻过来，并让我在一块大黑板上写下上面的字。

“你……”斯科特拿起第一张扑克牌念出来，我写在黑板上。

“愿意……做……我的……”

我用双手蒙住脸，等待最后一张牌。

“妻子吗？”

斯科特从他的椅子上站了起来，从口袋里掏出一枚戒指。他单膝跪下。我点了点头，抓起戒指攥在手中，和他拥抱在一起。人群一阵欢呼，大卫迅速带我们离开了剧院。我们走进酒吧，有30个朋友正在等着我们。他们一对一对地站着，双臂伸过头顶，搭成了一条“爱情通道”。

虽然这次求婚对我而言是一个巨大的惊喜，但我们结婚这件事却不是意外，我们做了家庭作业。我们进行了艰难的谈话。我们选择主动决策，而不是随遇而安。

总结

1. 爱情是一碗让我们沉迷其中的迷魂汤。
2. 我们经常认为，别人看待事物的方式与我们相同，这就是错误共识效应。在亲密关系早期，当爱情和错误共识效应结合在一起时，情侣们在决定是否结婚之前往往不会讨论一些事关未来的重大问题。他们认为彼此想要的东西是一样的，却从来没有确认过这一点，这可能会导致不幸的结局。
3. 在决定结婚之前，你可以通过一系列的自我反思以及和对方的一系列互动，克服错误共识效应。我称这些活动为“是时候了：我们的过去、现在和未来”。你们应该深入谈话，说说过去（你从哪里来）、现在（你们如今在哪里）以及未来（你们要往哪里去）。特别要留出时间讨论金钱、性、宗教和孩子等话题。

第十八章

目标明确的爱情

如何建立长久的亲密关系

还记得“从此以后过上了幸福的生活”谬误吗？这种错误观念认为，在亲密关系中，最难的一步就是找到合适的伴侣。但这其实只是你爱情生活的开端。如何让这段亲密关系长久地持续下去，同样很难。这一章就是要帮助你做到这一点。

我不想遮遮掩掩。图5和图6展示的就是许多夫妻在长期亲密关系中的样子：

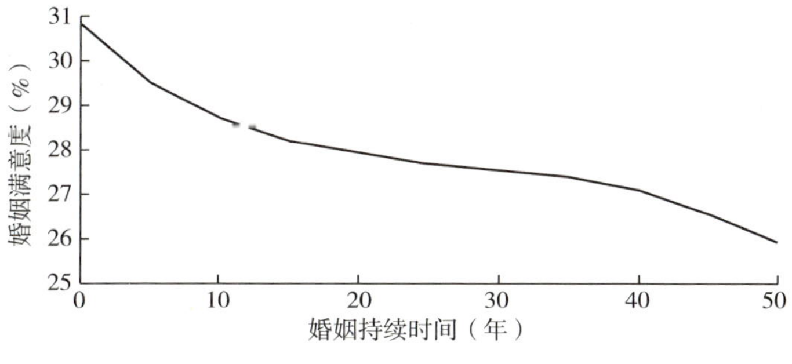

图5 婚姻满意度变化曲线

图5显示的是随着时间增长，婚姻满意度平均值的变化。事实证明，结婚时间越长，你就越不快乐。从此以后过上了幸福生活——才怪。

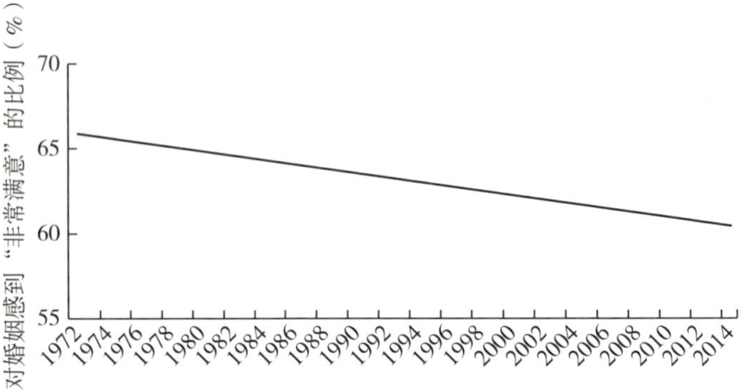

图6　幸福婚姻下降趋势图

图6也很重要，它显示了从1972年到2014年，认为自己婚姻“非常幸福”的夫妻的比例。

正如你看到的那样，在过去40年里，对长期亲密关系满意的人越来越少。

但总是有希望的，没有人命中注定婚姻不幸。美满的亲密关系是营造出来的，不是碰运气碰来的。你可以通过自己的努力建立长久的亲密关系，把握机会，实现梦想。

营造一种与当事人共同成长的亲密关系

当人们问我，让一段感情历久弥新的关键是什么，我经常引用达尔文在自然选择上的发现来回答：“生存下来的不是最强壮的物种，也不是最聪明的物种，而是对变化适应最快的物种。”即使你们现在的感情很好，如果你不适应变化，你们的感情仍然可能失败。你的生活或者你伴侣的生活，都可能出现意料之外的变化。营造一种可以适应变化的亲密关系，这是它可以历久弥新的关键。

也许你认为，自己在未来不会有太大的改变，你已经成了那个长期以来你要成为的人。

exercises

练习

回答这两个问题

1. 你觉得在过去的十年里你改变了多少？

____

____

2. 你觉得在接下来的十年里你会改变多少？

____

____

哈佛大学心理学家丹尼尔·吉尔伯特和他的团队向一群参与实验的受试者提出了同样的问题。他们让一些人预测自己在未来十年里会发生多大的变化，而让另一些人回答他们在过去的十年里发生了多大变化。大多数人认为，他们在过去的十年里有了很大的变化，但并不认为在下一个十年里会有很大变化。他们错了。吉尔伯特把这种现象称为“历史终结的幻觉”。

吉尔伯特指出，我们对身体上的衰老往往心里有数——我们的头发会变白，我们的身体会变化——但我们每个人都认为，“总的来说，我的核心人格、我的身份、我的价值观、我的个性、我最深层次的偏好，从现在起就不会变了”。而事实上，我们从来没有停止过成长和改变。

正如我们每个人在一生中都会不断变化，我们的亲密关系也同样如此。有时，一方会陷入困境，另一方出面维持家庭运转；有时你们彼此深深相爱，有时你们彼此无法忍受；有时你发现沟通很容易，但有时又觉得彼此隔着一堵墙。

由于亲密关系这种不断变化的性质，我们应该把它视作有生命、能呼吸的东西来对待。然而，更常见的是，我们把与伴侣的亲密关系当成烤面包机，从盒子里拿出来，插上电源，希望它和原来一样好用。其实，烤面包机在你刚买的那天是最好用的，随着时间流逝，它越来越不好用。没有人认为烤面包机会适应变化或者自我改进。那婚姻呢？我们在婚礼当天向法律机构或者教会做出承诺，并且希望这份感情一成不变——直到死亡将我们分开。

好吧，那台烤面包机现在怎么样了？如果你看看离婚率和分居率就知道，50%的人已经把烤面包机退回去了。我们的亲密关系之所以失败，部分原因就在于，它在设计上没有——按照达尔文的说法——“适应变化”。

让我们扔掉烤面包机，拥抱目标明确的爱情哲学，把浪漫的感情带入21世纪吧。这本书讲的就是如何目标明确地走进一段亲密关系，若想长久地维持这段关系，你也需要同样的思维模式。

我们都希望自己的亲密关系天长地久，但没有几个人知道怎么做到。为了达到这个目的，我在行为科学的启发下，设计出一套工具，帮助你建立起长久的亲密关系。在过去的几年里，世界上成千上万对情侣使用过这套工具，希望能够营造出一种适应变化的、经得起摔打的，最重要的是能够天长地久的亲密关系。

亲密关系契约

对我们当中的许多人来说，只有在婚礼仪式上，我们才明确说出对婚姻的承诺。但随着人类的寿命越来越长，从我们说出誓言到"直到死亡把我们分开"这件事真实发生，中间可能隔着超过半个世纪的时间。在这半个世纪里，我们会成长、变化。我们需要一套现代系统，帮助我们的亲密关系适应这种成长和变化。这套现代系统就是亲密关系契约。

在本书第十五章中，我曾阐述过为分手制订一份书面计划很有用；我还说过，与被动同意相比，主动参与某件事，会让你更有可能去做成这件事。亲密关系契约遵循的是同样的逻辑。和前面的书面计划相比，这份契约更加生动、活泼，它会随着时间不断变化和发展。

这份契约针对的是已婚的或者处于长期的、彼此有承诺的亲密关系中的伴侣。让我们先说说它不是什么："契约"这个词可能听起来有点吓人，但它绝对不是一份婚前协议。我们说的是一份不具法律约束力，但双方都同意的文件；它帮助伴侣们为他们的亲密关系设定一个共同的愿景。你们可以把它写在餐巾纸上，写在谷歌文档里，或者用冰箱贴把它拼出来。

这份契约应该促使夫妻间进行例行检查，弄清楚他们对这段亲密关系的期望是什么。他们要解决的是这类问题：*我们希望多久回一次父母家？我们怎么分摊费用？性对我们重要吗？我们能对彼此忠诚吗？*

心理学家杰西·欧文、盖里纳·罗迪斯和斯科特·斯坦利观察到，那些愿意花时间讨论重大决策的情侣比那些不愿意花时间讨论重大决策的情侣更幸福。我在全国各地举办过一些研讨班，带领数百对情侣编写亲密关系契约，帮助他们更多地和伴侣讨论重大决策。

当你编写这份亲密关系契约时，要诚实，要不设防，愿意妥协。这绝对不是抱怨对方缺点的时候，也不是提出要求的时候。这里的重点不是讨价还价——"你洗衣服我刷碗"——而是在价值观上取得一致："我们承诺支持对方的梦想，并为实现这些梦想做出必要的牺牲。"

我一点也不意外，这些契约中条款的多样性令我感到惊讶。有些条款一本正经，比如一对伴侣描述他们将如何偿还学生贷款；还有一些则很搞笑，比如，一对伴侣承诺不再购买宜家的家具了。

在契约的第一页上，伴侣双方要商定一个具体日期，到那个日期再重新评估这份契约。到了那一天，他们会给对方反馈，看看他们做得怎么样。一些伴侣每年都会重新评估他们的契约，还有一些则在5年或者7年之后这么做。这次谈话人为地建立了一个决策点，双方在这时候都可以问：**在我们目前的亲密关系中，还需要些什么？**然后他们就可以修改契约，来反映他们个人的变化。这样一来，远在感情破裂之前，他们就可以对亲密关系持续进行调整。正如肯尼迪总统说的那样："要在阳光灿烂的日子里修理屋顶。"他当然不是在说自己的婚姻，但这话的意思再明白不过。

选择主动决策，而不是任凭感情自然发展。在附录中，我加入了一个练习，帮助你分两步写出自己的亲密关系契约。这些文档是我和我的朋友兼合作者汉娜·休斯一起完成的。首先，你会看到一张自我反思表，你应该自己一个人把它填完。那张表格会问你一些问题，比如，你需要多少独处的时间；你们之间表达爱意的语言是什么；在亲密关系中，你钟爱的惯例活动有哪些，等等。然后你会看到一份空白的亲密关系契约，你要和你的伴侣一起把它写出来。

exercises

练习

亲密关系契约

找一个周末，确保你和你的伴侣都有空。如果这个周末可以一起出去度假，那就太好了！如果不能，那就策划一次浪漫的居家假日。首先，也是最重要的一点：关掉手机。整个周末，在美味菜肴和浓情蜜意的包围中，一起制订你们的亲密关系契约，谈论一下爱情和你们之间的联系吧。你们是真爱至上，不是合同至上。

例行检查

我喜欢心理治疗师埃丝特·佩雷尔的这句话：“人际关系的质量决定了你的生活质量。人际关系就是你的人生故事；请认真书写，经常修订。”

按照她的意思，要多久修订一次呢？我喜欢每周一次的“例行检查”：你和你的伴侣简单交谈一下，说说自己心里在想什么。亲密关系契约为你们的感情发展设定了方向，而例行检查则确保沿着正确的轨道一路向前。许多伴侣不敢坦白自己想要什么，无论是要孩子、要开放婚姻接纳第三者，还是要结束这段感情。所有的亲密关系都有自己的问题，而几乎所有人都觉得挑明了说太尴尬。亲密关系契约和例行检查就是专门设计来减少尴尬的工具。

每周日晚上，我和斯科特都会坐在我们的白色沙发上聊天。他总是坐在靠门的地方（对此我决定不去过度解读），而我则四仰八叉地躺在软凳上。他经常吃爆米花，而我吃完晚饭后一直觉得很饱。

我们会问彼此三个问题：*你上周过得怎么样？你觉得得到了我的支持吗？下周你需要我怎么支持你？*有时候这种谈话不超过五分钟。但当我们这周刚好休假时，例行检查就会变成绵长、亲密的谈话。当然，这些交谈可能是艰难的，但它们通常都很重要，而且有启发。当问题出现时，我们会设法处理。这是我们保持沟通、发现自己以及我们的亲密关系中出现了什么变化的方式。例行检查让我们有能力在为时过晚、积怨过深之前解决碰到的问题。

和检查同样重要的是“例行”本身。让这件事仪式化、始终如一，遵循了一个行为科学家经常使用的超级简单的原理：如果我们在日历上设定一件事，并把它设成默认选项，我们就非常有可能完成它。这些检查在我们的日程表上是一个重复发生的事件，所以我们不需要敦促彼此特意留出时间讨论这些事情。日程表真是帮了我们的忙。在我的客户中，很多采用了例行检查方法的伴侣都表示，他们觉得更幸福、更有激情，也更有耐性了。

问自己这个问题：如果我和我的伴侣定期坐下来，谈谈我身上正在发生的事情，我的生活会变成什么样子？我向你保证，这值得一试。你要选择的是目标明确的爱情。

exercises
练习

设计自己的例行检查

和你的伴侣一起坐下来回答下面的问题：

1. 你们想什么时候开始每周一次的例行检查？

2. 你们想在哪里谈话？想一个你们都觉得舒服的地方。沙发上吗？附近公园里最喜欢的长椅上？

3. 你们每个星期都想问对方什么问题？

4. 怎样才能让例行检查变得富有特色呢？例如，你们能一边谈话一边吃你们最喜欢的甜点吗？或者互相按摩足底？

5. 如果你们不能待在一起，会怎样进行例行检查？

下一步：一个目标明确的爱的世界

牢固的亲密关系不会凭空出现。这需要你尽心尽力，需要你做出正确的选择。这需要目标明确的爱情。在这个目标明确的爱的世界里——其实是在这个目标明确的生机勃勃的世界里——当你回顾自己的生活时，你看到的是一系列经过深思熟虑、主动做出的决策，这才是你的希望所在。也许你更爱另一个人，也许有三段亲密关系对你而言都很重要，也许你现在还是单身，生活中充满了令人兴奋的事情。不管怎样，生活都是一次探索之旅，而不是一次意外事件。主动设计自己的生活，对自己负责，对自己诚实，知道自己是谁，想要什么，而且最重要的是，必要时勇于做出改变。你不必按照别人的想法生活，你要按照自己的想法生活。

在我为这本书进行调研的过程中，我有幸遇到了很多人，他们给了我很多启发：从他们身上，我看到了目标明确的爱情是什么样子。

举几个例子。有位男士出去约会，每次都坦承自己想要什么，通常情况下，他得到的回应都是欣赏和宽慰。

还有一位男士，他学会了向妻子开口，说出他在这个家里想要的东西——一个他可以自行装饰、完全属于自己的地方。

有些伴侣在外人眼里根本无法获得幸福，但他们的目标明确，所以他们的生活中同样充满了快乐和喜悦。其中一些伴侣经历过各种悲剧，从罕见的癌症到多次流产。但他们每天都投入大量精力维护这段感情，共同渡过难关。他们决心战胜困难，成为比例极小的幸福美满的神仙眷侣中的一对。

你也有这个机会。如何做到这件事并不是秘密。我希望这本书已经告诉你应该如何去做了。现在就行动起来，从此以后目标明确地生活下去。

总结

1. 过去四十年来，能找到长期美满的亲密关系的人越来越少。好消息是，美满的亲密关系是营造出来的，不是碰运气碰来的。你可以创造出你梦想中的亲密关系。
2. 建立一种适应变化、不断发展的亲密关系，这是它能够持久的关键。我们低估了自己在未来可能的成长和变化，我们应该寻找的是一种可以和我们的伴侣一起学习和成长的亲密关系。
3. 写一份亲密关系契约，为你们的感情发展设定方向，并随时修改你们的愿景。每周的例行检查可以帮助你们处理出现的问题。
4. 在一个目标明确的爱的世界里，设计自己的生活，对自己负责。你要对自己诚实，知道你是谁，你想要什么，最重要的是，必要时勇于做出改变。你不是按照别人的想法生活，而是按照自己的想法生活。现在就行动起来，从此以后目标明确地生活下去。

致谢

写书是一个人的事，除非你像我这样幸运，拥有一群值得信赖的朋友和顾问，愿意把你的项目当成自己的工作那样热心对待。

斯科特·梅耶·麦金尼，感谢你花了大量的时间编辑手稿，悉心守护我的精神健康，提醒我在关系科学领域不断探索。你就是我永远的合著人。

感谢我心爱的产品经理莫莉·格劳伯曼，你帮我创建写这本书所需的架构和各项支持。在这个过程中，你赢得了本的青睐，实至名归。感谢艾伦·休特，我的语法学家兼可靠的顾问，你那些及时、慷慨的反馈让我的观点、写作风格，甚至文中笑话的效果都进一步得到增强。成年后交朋友是一件很有趣的事。我花了八年时间才遇到你们二位；我每天都心怀感恩，并从未停止寻找。

康纳·迪曼德-尤曼，你能全身心投入这个项目中，真是我的幸运。因为你的助力，本书的每一章都变得更有趣、更深入了。

丽兹·福斯琳，我由衷钦佩你的创造力、智慧和才华。感谢你在本书出炉的全过程中坦率的反馈。和你在一起时，我总能做回真实的自己，这真是一份难得的馈赠。

金伯利·鲍德温，我们真是一对完美好搭档，感谢你一次次出手相救。

感谢布里特·尼尔森和汉娜·休斯，谢谢你们给了我这么棒的高雅品位。二位的设计天分在这段极具挑战的日子里为我提供了力量。

罗斯·伯恩，感谢你对初始提案以及本书的基础研究做出的宝贵贡献。

感谢托比·斯坦，我的调皮搭档。你就是友谊的典范，你在本书出炉的全过程中亲自给予的支持堪称无价。

感谢艾米丽·格拉夫，我这位西蒙与舒斯特出版社的不知疲倦的编辑。你很早就在我身上看到了这本书的构思，成为我每一步前行的坚定支持者，是我们一起完成了这个项目。

致我的终身益友们，是你们造就了我。我们的友谊就是我最大的成就。我们畅聊和一起相处的美好时光成了我生活中最大的期盼。我终于实现了这个多年的夙愿，能走到这一步，都是因为你们一直守护在我的身边。

达尼·海利策，我们的友谊跨越了30年，比所有的前任加起来都持久。你永远是我的家人。

拉娜·施莱辛格，我们是怎么在四岁时就找到了彼此的？我的一切都是我们俩的；你不仅仅是我朋友，你就是我的一部分。

艾莉森·康登、托里·西梅奥尼和米歇拉·德桑蒂斯，我们相互扶持、彼此指引，能取得今日的成就，真让我感到骄傲。能够在四维空间里共同生活，是多么幸运啊。

感谢泰莎·里昂-莱恩，我的姐姐。感谢你从一开始就和我一起谋划这本书。真高兴有你在身旁，和我度过一生。

玛塔贝尔·瓦瑟曼，我由衷欣赏你的热情、创意和智慧。我喜欢透过你的视角来观察我自己。

克里斯汀·伯曼，你就是湾区超级英雄联盟的队长。你从不拒绝，过去十年来，你的所有接纳促成了这么多美好的事，也包括这本书。

埃里克·托伦伯格，你自称是我的第一个“粉丝”。你的投资和对我工作的信心让很多事都成为可能。我们的友谊是我人生的一大幸事。

米莎·萨菲恩，你是一位实实在在的正人君子。

萨拉·索丁，本书的成书过程中，你慷慨地阅读了那么多大纲、草稿和文本，甚至挑灯夜战。你真是一个值得信赖的顾问和朋友。

塔拉·库莎，你的智慧和指导给了我追求激情的勇气。能与你以朋友相称，是我的荣幸。

感谢米凯拉·斯沃岑斯基，你在纽约的盛情款待为我开启了很多机会。没有什么比在你的沙发上和你聊天更让我开心的了。

如果没有导师们的慷慨和智慧，这本书就不会存在，他们都是行为和人际关系科学领域的巨人。

感谢丹·艾瑞里，在你身边学习是我能想到的学习行为科学的最好机会。你向我展示了如何过一种充实、实验性生活的方方面面。

感谢埃丝特·佩雷尔，你富有远见的工作为这本书铺平了道路。从我们第一次谈论我的父母，到我们谈论养育子女，你为我的生活增添了深度、复杂度和智慧。是你激励了我。

感谢约翰·戈特曼和朱莉·戈特曼——最原创的“人

际关系大师”，感谢你们的指导和对这个领域的贡献。我和斯科特很早就参加了你们的研讨会，这让我们的关系更紧密了。

感谢伊莱·芬克尔，感谢你严谨的研究，这些研究塑造了我对爱和婚恋关系的看法。感谢你的善良和慷慨，感谢你给我提供了一起工作的机会。致艾莉森·芬克尔，我没有忘记你。感谢你欢迎我走进你们的家里，走进你们的心里。

感谢丹·琼斯、史蒂文·莱维特、海伦·费希尔、阿兰·德波顿、亚历山德拉·所罗门、巴里·施瓦茨、希娜·艾扬格、泰·田代，以及数十位分享了自己爱情生活的受访者，谢谢你们向我分享你们的智慧，是我们的这些交谈塑造了这本书。

致我早期的读者——拉娜、托丽、特莎、托比、克里斯汀、莫莉、艾伦、康纳、马塔贝列、丽兹、艾托沙·凯夫、亚历克西斯·科涅维奇、里贾纳·埃斯卡米利亚、迈克尔·弗维尔、劳拉·汤普森、法瑞尔·尤里、辛迪·梅耶、克雷格·米诺夫和菲奥娜·罗密里——感谢你们热忱的关注、创造性的建议和建设性的反馈。是你们把未来的读者从干瘪的笑话和晦涩的建议中解救了出来。

感谢迈克·王、杰西卡·科尔、瑞·包、泰勒·博斯梅尼、瑞安·迪克、布伦纳·赫尔、特莎、山姆·斯蒂尔、斯蒂芬妮·舍尔、黄美辰、乔什·霍洛维兹、娜塔莉·图尔萨尼和玛丽娜·阿加帕基斯的慷慨相助，组织了分工明确的晚宴，让众人在餐桌上畅谈、分享和反馈的各种想法，进一步丰富了本书。

感谢戴维·哈伯斯坦，感谢你慷慨地动用你那卓越的法律头脑帮助我，甚至在你休产假的第一周都不例外。

感谢艾莉森·亨特，我的经纪人，感谢你从一开始就对本书充满信心。再也找不到比你更坚定的拥护者了。

致我的客户，感谢你们信任我参与你们的爱情生活。你们向我展现的脆弱、奉献和热情是激励我写成此书的动力。

致我的家人，能写出这本书所需要的很多条件都来自你们的给予，来自你们对我的培养：让我变得坚韧、热爱语言，对自己的能力充满信心。感谢法瑞尔·尤里和本·萨克斯，能够拥有你们的爱和忠诚，让我感到无比幸运。感谢南希阿姨，你的婚姻为我设定了一个高标杆，你在婚姻生活这片疆土的“Kavanah”（目标）激励了我，并为本书提供了很多优秀的想法。感谢邦妮和约翰·尤里，是你们向我灌输了对阅读的热爱。我最大的愿望就是写一本书，并让我的父母读到。这个愿望实现了。

附录

关键谈话要点

1. 你这次谈话的目的是什么？（换句话说，你理想的成功谈话是什么样子的？）

2. 这次谈话中，你想要传递的核心信息是什么？

3. 你想用什么语气说话？你想避免什么语气？

4. 你希望用什么开场白？

5. 你需要说清楚哪些内容？

6. 你担心对方会有哪些反应？

7. 如果发生了这种情况，你打算怎么做？

8. 你想怎样结束这次谈话？

自我反思表

说明

请你独自填写这张表，要对自己的需求做到诚实、开放。

时间投入

可用的时间段

我可以和伴侣在以下的时间段在一起（选择所有可用的时间段）：

☐ 工作日的上午______

☐ 工作日的下午______

☐ 工作日的晚上______

☐ 周末上午______

☐ 周末下午______

☐ 周末晚上______

理想情况下，我每周会和我的伴侣单独相处______次。

惯例活动

在我现在或之前的恋情中，我最钟爱的三个惯例活动是（例如，周六去商店采购，约会看电影，周日在床上吃早餐等）：

1.______

2. ______________________________

3. ______________________________

未来，我希望形成下面这个新的惯例活动：

____

____

____

特别活动

我喜欢和伴侣一起做以下三个特别活动（例如，旅行、去高档餐厅、一起上课等）：

1. ______________________________

2. ______________________________

3. ______________________________

独处的时间

对于独处时间，我需要：

□ 很多（每天2小时）

□ 一般（每周至少一个晚上）

□ 不多（只要有机会独处就可以）

我很喜欢独自进行下列两项活动（例如，瑜伽、去商店采购等）：

1. ______________________________

2. ______________________________

社交生活

朋友

我希望经常和朋友们一起进行的活动（或者某个传统）：

____

____

____

我希望我的伴侣知道，下列这些朋友是我最关心和珍爱的：

1.______________________________________

2.______________________________________

3.______________________________________

我希望我的伴侣在我社交生活中的参与程度：

☐ 完全融入（我们有共同的朋友和活动）

☐ 部分融入（我们有共同的朋友和活动，但也有不同的小组和爱好）

☐ 彼此分开（我喜欢和伴侣各自有不同的社交生活和爱好）

家庭

我希望我们多久看望家人：

☐ 每周至少一次

☐ 每月至少一次

☐ 一年几次

☐ 一年一次

☐ 几乎不看望

我希望在以下节日（或场合）与家人一起度过：

1.______________________________

2.______________________________

3.______________________________

情感需求

表达爱意

人们喜欢以不同的方式接受爱的表达。五种表达爱意的方式包括：肯定的言辞、共同相处的休闲时光、礼物、身体力行的服务、身体接触。

我钟爱的表达爱意的方式是：

☐ 肯定的言词

☐ 共同相处的休闲时光

☐ 礼物

☐ 身体力行的服务

☐ 身体接触

应对压力

当我感到有压力的时候，我会做下面的事情来帮助自己放松（例如，洗澡、独处、找人谈心、散步、给朋友打电话等）：

____

____

当我感到有压力的时候，我希望伴侣以下列方式给予支持（选择所有适合的方式）：

- ☐ 聆听我的发泄
- ☐ 找一些事情做让我分心
- ☐ 给我独处的时间
- ☐ 提供解决方案
- ☐ 其他方式：________________________

争吵

当我和伴侣的意见不一致时，我更喜欢用下列方式进行沟通（选择所有喜欢的方式）：

- ☐ 面对面沟通
- ☐ 邮件沟通
- ☐ 发短信沟通
- ☐ 其他方式：________________________

关于性爱

对我而言，性爱：

☐ 非常重要

☐ 比较重要

☐ 不重要

理想情况下，我希望我的伴侣每周/月和我做爱_______次。

就排他性而言，我希望我们的关系是：

☐ 绝对专一

☐ 偶尔允许开放

☐ 完全开放

☐ 其他：______________________________

亲密关系契约

说明

找个时间，最好挑一个让你们感到放松和浪漫的环境，和你的伴侣一起完成这份契约。首先填写“自我反思表”。然后，和对方分享你的表格，并且运用积极聆听的技巧，确保你的伴侣感受到你听懂了他要说的话，并且给他反馈。有必要的话，不必一次完成，可以休息一下。最后，在契约上签上你们的名字——别忘了接吻！

契约正文

我们认识到，长久的亲密关系需要双方付出努力。为此，我们选择对彼此持续投入感情，以促进我们爱得更深、更满足，不断成长。我们知道，在彼此相爱和感到幸福的时期投入精力加深、加强我们的亲密关系，要比到了困难时期再试图改善更容易。

鉴于上述认知，为确保这一亲密关系中各方的共同利益，起草该契约。

本契约由以下双方签订：

伴侣1：______________________________

伴侣2：______________________________

（以下简称“伴侣双方”或“伴侣1”“伴侣2”）

本契约自________________________签订生效。

双方同意，在________检查和回顾契约，并进行修订。

维系关系的承诺

人际关系研究专家约翰·戈特曼和朱莉·戈特曼告诉我们，“承诺”是“情感交流的基本单位”。承诺可大可小，可以是口头的，也可以是书面的。这些承诺的核心就是维系关系。这些承诺采用的方式多种多样，可能是口头表达，可能是提问，还可能是肢体接触。它们可能是风趣的、严肃的，甚至是带有性意味的。每次你的伴侣提出一个承诺，你都有一个选择。你可以实现这个承诺，迎合伴侣的需求；或者“甩开”这个承诺，忽略维系关系的请求。那些和睦的亲密关系中，伴侣双方86%的时间都会实现彼此的承诺。那些岌岌可危的亲密关系中，伴侣双方只有33%的时间会实现彼此的承诺。经常实现彼此承诺的伴侣享受着一种充满信任、激情和满意性生活的亲密关系。

伴侣1：

（签字）：__________

伴侣2：

（签字）：__________

时间投入

惯例活动

我们要在每周的以下时间单独在一起度过（在每周的这段时间里标注出见面的次数）：

☐ 工作日的上午________________________________

☐ 工作日的下午________________________________

☐ 工作日的晚上________________________________

☐ 周末上午____________________________________

☐ 周末下午____________________________________

☐ 周末晚上____________________________________

我们每周将单独相处______________次。

我们每周会有________天/晚在一起时不用手机。

我们俩最喜欢一起做的惯例活动有（例如，去商店采购、约会看电影、在床上吃早餐等）：

____

____

____

我们承诺，尽可能多地在一起进行这些活动。

如果我们每月错过了__________次在一起的休闲时光，我们将采取以下措施弥补（例如，外出度周末、一起在家烹饪晚餐等）：

我们同样希望尝试开发新的惯例活动。

从现在起到下次例行检查，我们会尝试新的惯例活动（例如，周日做顿早午餐、睡觉前谈论感恩的时刻等等）：

特别活动

以下三项特别活动对我们而言非常重要（例如，旅行、去高档餐厅、一起上课等）：

1. ______
2. ______
3. ______

我们承诺拨出时间，按照下列频率进行下列活动（例如，一起做饭——每周一次，等等）：

1. ______
2. ______
3. ______

独处的时间

我们都认同，每个人都需要一些独处时间给自己充电。

伴侣1

对于独处时间，我需要：

- ☐ 很多（每天2小时）
- ☐ 一般（每周至少一个晚上）
- ☐ 不多（只要有机会独处就可以）

对我而言，独自进行的这项活动十分宝贵：

伴侣2

对于独处时间，我需要：

- ☐ 很多（每天2小时）
- ☐ 一般（每周至少一个晚上）
- ☐ 不多（只要有机会独处就可以）

对我而言，独自进行的这项活动十分宝贵：

我们都明白，双方都需要独处的时间。

朋友

我希望自己的朋友圈子：

- ☐ 完全和对方分享
- ☐ 有一定的重叠
- ☐ 彼此分开

伴侣1

我承诺去结识伴侣2社交圈子中的下述三人：

1. ______________________________

2. ______________________________

3. ______________________________

伴侣2

我承诺去结识伴侣1社交圈子中的下述三人：

1. ______________________________

2. ______________________________

3. ______________________________

从现在起到下次例行检查，我们为社交生活设定一个目标（例如，一起参加更多的聚会、参加一个运动队、每月举办一次晚餐聚会等）：

____

____

____

家庭

我们将看望伴侣1的家人，频率如下：

☐ 每周

☐ 每月

☐ 每年

☐ 其他：______________________________

我们将看望伴侣2的家人，频率如下：

☐ 每周

☐ 每月

☐ 每年

☐ 其他：________________________________

节假日和特殊场合

以下节日/特殊场合的优先次序如下（例如，在某一方家里、某种信仰等）：

场合1：________________________________

我们希望这样度过：________________________________

场合2：________________________________

我们希望这样度过：________________________________

场合3：________________________________

我们希望这样度过：________________________________

情感需求

表达爱意

我们知道，人们喜欢以不同的方式接受爱的表达。五种表达爱意的方式包括：肯定的言辞、共同相处的休闲时光、礼物、身体力行的服务、身体接触。

我们喜欢以下列方式接受爱意的表达：

伴侣 1

我钟爱的表达爱意的方式是：

伴侣 2

我钟爱的表达爱意的方式是：

应对压力

我们知道，每个人缓解压力的方式不一样。

伴侣 1

我缓解压力的方法是：

当我感到有压力的时候，伴侣这么做是对我的支持：

伴侣 2

我缓解压力的方法是：

当我感到有压力的时候，伴侣这么做是对我的支持：

争吵

我们知道，在亲密关系中，有些行为是具有破坏性的。约翰·戈特曼和朱莉·戈特曼告诉我们，**批评、鄙视、辩护**或**冷战**的伴侣更有可能分手，待在一起也往往不开心。因此，这些行为被统称为亲密关系的“终结者”。

避免亲密关系的“终结者”

批评：我不会用言语攻击伴侣的性格或个性，我只会说我此刻的感受，对未来的不同做法提出具体要求。(例如，我会说“你总是不和我在一起，我感到很孤独。我希望我们一周有一晚能待在一起”，而不会说“你根本不在乎我”！)

鄙视：我不会攻击我的伴侣，我会营造一种欣赏的氛围，提醒自己注意伴侣的优点。

辩护：我不会文过饰非、推卸责任、自欺欺人，我会接受伴侣的反馈和观点，然后道歉。

冷战：当我们发生冲突，我感到情绪失控时，我不会选择逃离，而是停顿一下让自己冷静下来。当我觉得我可以再次开展有成效的谈话时，我会重新讨论刚才的内容。

伴侣1：　　　　　　　　　**伴侣2**：

(签字)：____________　　(签字)：____________

当我们争吵时，我们更喜欢采取以下的沟通方式(例如，面对面，或通过书面形式交流等)：

伴侣1

我更喜欢这样：

____

____

____

伴侣2

我更喜欢这样：

____

____

____

当情绪失控时，人们可能会负面情绪泛滥。当我们感到被这种情绪淹没时，我们将用以下词语要求暂停，让彼此都冷静一下：____

关于性爱

对我们而言，性爱：

☐ 非常重要

☐ 比较重要

☐ 不重要

我们承诺，每________至少做爱________次。

就排他性而言，我们的关系是：

☐ 绝对专一

☐ 偶尔允许开放

☐ 完全开放

□ 其他：________________________________

我们同意，共同遵循丹·萨维奇（Dan Savage）的GGG政策：当涉及我们的性生活时，我们倡导“好（good）、给予（give）和游戏（game）”。

伴侣1： **伴侣2：**

（签字）：________________ （签字）：________________

结束语

我们明白，稳固的亲密关系需要伴侣双方不断努力。我们都承认，我们心中的优先事项、个人兴趣和个人感受可能——而且很可能——会随着时间的推移发生改变。我们承诺遵守上述条款，直到下次对契约进行回顾或我们的亲密关系结束。

伴侣1

姓名：________________________________

签字：________________________________

伴侣2

姓名：________________________________

签字：________________________________

日期：________________________________

股[illegible]作手回忆录

[美] 埃德温·勒菲弗 著

储勤虎 译

REMINISCENCES OF A STOCK OPERATOR

中信出版集团 | 北京

图书在版编目（CIP）数据

股票作手回忆录 /（美）埃德温·勒菲弗著；储勤虎译 . -- 北京：中信出版社，2021.3（2022.3重印）

书名原文：Reminiscences of a stock operator

ISBN 978-7-5217-2638-1

Ⅰ . ①股… Ⅱ . ①埃… ②储… Ⅲ . ①股票投资—经验—美国 Ⅳ . ① F837.125

中国版本图书馆 CIP 数据核字（2021）第 016379 号

股票作手回忆录

著　　者：[美] 埃德温 · 勒菲弗

译　　者：储勤虎

出版发行：中信出版集团股份有限公司

（北京市朝阳区惠新东街甲 4 号富盛大厦 2 座　邮编　100029）

承 印 者：宝蕾元仁浩（天津）印刷有限公司

开　　本：880mm × 1230mm　1/32　　印　　张：11　　字　　数：230 千字

版　　次：2021 年 3 月第 1 版　　印　　次：2022 年 3 月第 4 次印刷

书　　号：ISBN 978-7-5217-2638-1

定　　价：49.00 元

目录

contents

第一章 初出江湖，小试牛刀

我中学一毕业便出来谋生，第一份工作是在一家股票经纪行做计价员。上学时，我就对数字比较敏感，心算尤为出色，在学校里，我仅用一年的时间便学完了三年的数学课程。在经纪行，客户通常会坐在自动收报机旁，高声喊出最新股价。而计价员的工作是把股价写到营业大厅的行情牌上。我从未觉得客户的报价速度太快，因为我总是能熟记数字，不费吹灰之力。

经纪行里还有很多其他员工，我与他们自然而然结为好友。但是，在市场交易活跃时，从上午 10 点到下午 3 点，我会忙得不可开交，因而几乎无暇与他们交谈。当然，这是上班时间，所以我并不在意有无时间与他人交流。

所幸，忙碌的工作并未妨碍我对工作进行深入思考。对我而言，那些报价并非代表股票的价格，即每股值多少美元，它们只是一堆数字而已，当然，这些数字是有意义的。它们不断变化，这才是我最感兴趣的地方。这些数字为何会改变？我不知道，也不关心，甚至从未思考过这个问题，我只是发现它们变来变去。在工作日每天五小时以及周六两小时的工作时间里，我思考的唯一一件事情便是：它们总是在变。

这就是我第一次对价格的走势萌生兴趣的原因。我具备很强的数字记忆能力，能记住股价上涨或下跌前一天的详细走势，我的心算能力也派上了用场。

我发现，股价在上涨和回落前都会表现出特定的规律。类似的情况不胜枚举，从这些先例中，我得到启示。我当时只有 14 岁，在无数次观察之后，我开始检验观察结果的准确性，将当日股市走势与往日行情进行比较。不久之后，我开始预测股价的走势。正如我说的那样，我预测走势的唯一依据是股价过往的表现，我的心中仿佛有了内幕消息，期待股价表现良好。我已经准确地“掌握”了价格变化的周期。我想你应该明白我说的意思。

例如，我知道在哪个时点买入比卖出的胜算更高一点儿。股市如战场，而报价纸带上的数据就是你在战场上使用的望远镜，在大部分情况下，你可以凭借这些数据取胜。

而我在早年明白的另一个道理是，华尔街股市从来都是老生常谈。这是因为投机活动拥有悠久的历史，今日股市发生的一切，过去也发生过，而且未来还会重演。这一道理我始终铭记于心。我总是设法记住每只股票波动的时间和趋势，我对经验的利用方式决定了我必须记住这些信息。

我对于这种投机游戏以及预测所有活跃股票的涨跌趋势是如此兴致勃勃且迫不及待，以至我专门买了一个小笔记本，把自己的观察所得都记录到这个小本子上。这个本子记录的并非假想交易，许多人记录假想交易仅仅是为了避免在赚得数百万美元时得意忘形，或在血本无归时郁郁寡欢。更确切地说，这个小本子记录了我的成败，除了判断股价走势，我最感兴趣的事情莫过于验证自己的观察是否准确，换言之，验证我的分析是否正确。

比如，在仔细研究某只活跃股票一天内的细微波动之后，我会得出这样一个结论：在突破 8 点或 10 点之前，这只股票的走势将一如既往。我会在周一记下这只股票及其价格，然后回顾它过往的表现，写下我对周二和周三股价走势的预测。之后，我会将自己的预测与报价纸带上的实际记录进行比对。

这就是我最初对报价纸带上的信息感兴趣的原因。从一开始，我就认为股价波动与涨跌有关。每一次波动必然事出有因，但报价纸带从来都不关心这背后的原因，也不会对波动做出任何解释。我在 14 岁时都未曾利用报价纸带来探究波动背后的原因，如今人到 40 岁，就更不会这样做了。对于某只股票今日波动背后的缘由，我们恐怕在数天、数周，甚至数月之后依然不得而知。但那又如何？面对报价纸带，你应该立刻采取行动，而非等待明日。你可以迟些探究波动背后的原因，但在面对波动时，你必须当机立断，否则就会被机会抛弃，这种情况屡见不鲜。你可能还记得几天前，尽管市场上其他股票的价格强势回升，但空心管公司的股价却逆市下跌了 3 美元，这是事实。在接下来的周一，你会发现该公司董事决定取消分红，而这正是事实背后的原因。即使该公司董事并未抛售手中的股票，但要注意的是，他们也没有买进，这表明他们对接下来应如何操作有清晰的认识。该公司没有内幕交易，因此，其股价必然会逆市下跌。

我在小本子上做笔记的习惯持续了大概半年的时间。每天工作完成后，我并没有立即回家，而是把想要记录的数字都写下来，然后钻研其中的变化，以寻找重复或类似的股价走势，并学习从报价纸带中解读行情，尽管当时我并未意识到这就是解盘。

一天，当我正在吃午饭时，办公室里一位年纪比我稍大的同事跑过来，悄悄问我身上有没有钱。

我反问道："为什么要问这个问题？"

他说："是这样的，我打听到一条准确的内幕消息，是关于伯灵顿公司的。如果能找到人加入我，我打算赌一把。"

"赌一把是什么意思？"我问道。在我看来，依靠内幕消息炒股或有资格利用它们的就只有我们的客户——那些腰缠万贯的老家伙。这是为什么呢？因为要玩这种资本游戏，动辄需要数百甚至数千美元的资金，而这笔钱足以让你购置一辆私人马车，并雇用一名戴着丝绸大礼帽的车夫。

他答道："就是赌一把！你现在有多少钱？"

"你需要多少？"

"如果能够筹到 5 美元，我可以买入 5 股。"

"你打算怎么赌？"

"一家对赌行允许我动用支付给他的保证金，我会将全部的资金拿来购买伯灵顿公司的股票，"他说，"这只股票肯定会涨，我们很快就会赚一倍，简直就像捡钱一样容易。”

“等等！”我对他说，然后拿出我的小笔记本。

对于让我的钱翻番，我并不感兴趣，我在意的倒是他对伯灵顿公司股价即将上涨的判断。如果他所言属实，我的笔记本应该会反映出这一点。我翻看了笔记本，果然，根据我的记录，伯灵顿公司当前的股价表现与它在上涨前的表现如出一辙。此前，我从未买卖过任何股票，也从未参与过赌博。但我明白这是对我研究结果和爱好的准确性进行检验的一次绝佳机会。我立即意识到，如果我的预测在实践中行不通，那么在理论上，它也不会引起别人的兴趣。于是，我把所有的钱都给了他，然后，他去附近一家对赌行，用我们拼凑的资金买进一些伯灵顿公司的股票。两天后，我们卖出股票，我赚了 3.12 美元。

从那次之后，我便开始独自作战，在对赌行买卖股票。我总是在午饭时间到那里买卖股票，对我来说，买与卖从来没有任何区别。我按照自己的一套方法来买卖股票，并非选择自己喜欢的股票，或是听从他人建议。我对股票的全部了解就源于它们的数据。实际上，在对赌行，你只需要对由自动收报机打印在报价纸带上的股价波动下注，因此，我的方法非常奏效。

不久，我从对赌行赚的钱远远超过在股票经纪行的收入。于是，我辞职了。当时，我遭到家人的反对，但是当他们看到我赚到的钱后，也就不再说什么了。由于我年纪尚小，所以当一个小职员的工资也不高。但我凭一己之力买卖股票却干得风生水起。

15 岁时，我便在短短几个月内从对赌行赚到了人生的第一个

1 000美元，这还未算上我之前已带回家的钱，我把这些现金全都放在母亲面前。但母亲显得忧心忡忡，她希望我把钱存进银行，远离诱惑。她认为对一个白手起家的15岁男孩来说，我赚的钱太多了。她甚至不相信这钱是真的，并时常对此感到担心和不安。但我并未多想，只是一心想继续证明我的预测准确无误。毕竟靠自己的头脑取得成功才是人生的乐趣所在。如果购买10股试水的结果能够证明我的预测准确，那么当我以100股交易时，准确率会提升10倍。缴付更多的保证金只是表明我对预测的准确性更有把握。这样做需要更多勇气？不！并无区别！与拥有200万美元而投入100万美元的做法相比，我拿仅有的10美元去冒险更需要勇气。

总之，我15岁时利用股市过上了丰衣足食的生活。起初我在较小规模的对赌行交易，在这儿，如果有人一次性交易20股，就会被怀疑是乔装改扮的约翰·W.盖茨或微服私访的摩根。那时候，对赌行很少欺骗客户，也没必要那么做。因为即使客户预测准确，对赌行也有很多其他方式从客户处捞钱，这种生意非常有利可图。当对赌行进行光明正大的合法经营时，对他们而言，股市波动足以令那些小额交易亏损。股市的轻微反应足以让那区区0.75个点的保证金打水漂，而且赖账者永远不能再踏足这个行业，无法进行任何交易。

我没有追随者，总是单枪匹马。总之，这是个单打独斗的工作。全凭自身头脑赚钱，不是吗？股价走势与我的预测吻合时，我未曾求亲靠友；当股价与我的预测相背时，也没人能帮我扭转乾坤。我觉得没必要把自己的生意告诉别人。当然，我身边有很多朋友，但我交易时总是独来独往。这就是我喜欢“单枪匹马”交易的原因。

结果没过多久，那些对赌行便因我持续获利而大为恼火。有一次，当我去对赌行缴付保证金时，工作人员看了一眼却根本不收，将我拒之门外。我“投机小子”这个绰号便源于此时。后来我不得不一再更换经纪行，从一家对赌行换到另一家，最后迫于无奈我开始使用假名。一开始，我从小额交易入手，每次只买卖 15 或 20 股。有时，当他们起疑时，我会先故意做亏，然后适时地大赚一笔。当然好景不长，他们发现承担不起为我交易股票的代价，就会对我下逐客令，让我另寻其他证券公司，不要妨碍业主分红。

有一次，与我交易了几个月的一家大型对赌行将我拒之门外，我愤而决定要从它那里赚更多的钱。那家对赌行在全市都设有分行，有的位于酒店大堂，有的位于附近城镇。我前往一家设于酒店的分行，问了经理几个问题，然后开始交易。但当我以独特的方式交易一只活跃股时，经理从总行收到消息，询问是谁在操作。经理向我转述了来自总行的问题，我告诉他我的名字是爱德华 · 罗宾逊，来自剑桥。他打电话将这个好消息告诉了总行。但对方想知道我的长相。经理转问我时，我对他说：“告诉他，我是一个又矮又胖的男人，深色头发，留着大胡子！”但经理并没有照我说的去做，而是真实地描述了我的样貌。结果听过对方的话后，经理满脸涨红，挂了电话便叫我离开。

“他们说了什么？”我礼貌地问。

“他们说：‘你这个彻头彻尾的傻瓜，我们不是告诉过你不要和拉里 · 利文斯顿进行任何交易吗？你还故意让他敲诈了我们 700 美元！'”然后他就不再透露更多了。

我换了一家又一家的分行，但是工作人员都认识我，我的钱在任何一家分行都用不上。甚至进去看看报价，都有职员对我冷言冷语。为了让他们允许我交易，我承诺会隔很久才来交易一次，但无济于事。

最后只剩一家证券公司可以去了，那是股票经纪公司中规模最大、资金最雄厚的大都会证券经纪公司。

大都会被评为 A-1 级证券公司，业务量庞大，在新英格兰的每个制造业城镇都设有分行。他们接受了我的交易，我买卖股票，有赚有赔，但最终他们也想与我断绝交易，他们并未像小公司那样直接拒绝我的交易。当然不是因为他们赖皮，而是因为他们知道，如果仅仅因为一个人碰巧赚了点儿小钱就不愿与这个人交易，此事一旦公之于众，他们将名誉扫地。但他们想出来一些坏点子，将保证金提高到 3 个点，并强迫我先付 0.5 个点的手续费，后来涨到 1 个点，最后是 1.5 个点。这是他们为我设置的一些障碍！障碍是怎样设置的呢？方法很简单！假设钢铁公司以 90 美元出售股票，而你买入了，你的交易单据上通常会写着："买入 10 股钢铁公司股票，买入价为 90-1/8 美元。"如果你支付 1 个点的保证金，这表示当价格跌破 89-1/4 美元，你将自动出局。对赌行不会向客户催缴更多的保证金，客户也不必忍痛通知经纪人平仓。

但大都会在手续费上做手脚的行为过于卑鄙。这意味着，如果我的买入价是 90 美元，那么单据上写的不是"买入 10 股钢铁公司股，买入价为 90-1/8 美元”，而是“买入 10 股钢铁公司股，买入价为 91-1/8 美元”。为什么？我买下该股后，它可能会上涨 1.25 点，但如果平仓，我仍会亏损。而且大都会坚持要求我从一开始就支付 3 个点的保证金，从而使我的交易能力降低了 2/3。尽管如此，大都会是唯一一家接受我交易的对赌行，我不得不接受他们的条件，否则只能放弃交易。

当然，我的交易有赚有赔，但总体来说，我是赢家。然而，虽然大都会强加给我的可怕限制足以击垮任何人，但他们并不满足。他们试图欺骗我，却以失败告终。我凭直觉逃过一劫。

正如我前面所说，大都会是我最后的选择。这是新英格兰资产最雄厚的对赌行，通常对交易没有限制。我认为我是他们最大的个人交易者，也是最稳定的常客。大都会的交易大厅富丽堂皇，报价板之大也是我前所未见的。报价板的长度和整个交易大厅的长度相当，上面显示的报价涉及的交易物品包罗万象，包括纽约和波士顿证券交易所交易的股票，以及棉花、小麦、粮食、金属等任何能在纽约、芝加哥、波士顿和利物浦买卖的东西，可以说应有尽有。

你知道客户如何在对赌行交易吗？你把钱交给职员，告诉他你想买卖的股票。职员会查看报价纸带或报价板，将最新的报价和时间填在单据上，记录内容包括股票买卖的日期、时间、价格、股数以及你缴纳的金额，让单据看起来好像一份定期经纪人的报告。当你想结束交易时，告诉职员（可以找同一名或其他职员，视具体证券公司而定）。他记录下最新报价，或者如果股票一直不活跃，他会等待报价纸带上出现下一个报价。他将价格和时间写在单据上。完成后，便会把单据交还给你，然后你就可以到收银台套现。当然，当市场行情不利，价格超过你的保证金限额时，交易将自动结束，而你的单据就会变成一张废纸。

在规模较小的对赌行，客户可以进行小额交易，少至 5 股也能买卖。单据是一张小纸条，买入委托单和卖出委托单颜色不同。有时，例如在疯涨的牛市中，对赌行会受到重创，因为顾客全部看涨，而且碰巧他们的预测都正确。这时，对赌行会扣除交易佣金，如果你以 20 美元买入一只股票，单据上的价格就是 20-1/4 美元。因此，你只剩下 0.75 美元来支持股价涨跌。

大都会是新英格兰最出色的对赌行，拥有成千上万的客户，而我相信自己是它唯一害怕的客户。无论是被迫缴纳致命的手续费，还是 3 个点的保证金，都没有大幅消减我的交易能力。我一直在它允许的范围内买卖。有时，我的持股量多达 5 000 股。

有一天，我做空 3 500 股美国制糖公司股票，拿到 7 张各 500 股的粉红色大单据。大都会使用的单据是一张大纸条，上面留有空白位置，用于记录额外的保证金。当然，对赌行从不要求客户支付更多的保证金。你的保证金越少，对它们越有利，因为它们的利润来自你损失的保证金。在规模较小的对赌行，如果你想增加保证金，它们会开出一张新的单据，这样就可以向你收取买入股票的佣金，而且股价每下跌 1 美元，你的保证金只能承受 0.75 美元的波动，因为它们将卖出股票的佣金看作一笔新的交易。

我记得这一天我交了 1 万多美元的保证金。

第一次拥有 1 万美元现金时，我才 20 岁。你应该还记得我母亲之前对我的忠告吧。你可能会想，除了约翰 · 洛克菲勒，谁会身怀如此巨款。母亲过去常常告诫我要懂得知足常乐，去做一些正经生意。我当时费尽心机说服她我不是在赌博，而是通过预测赚钱。在母亲的眼中，1 万美元是一笔巨款，而我看到的是更多的保证金。

我以 105-1/4 美元的价格卖出手中 3 509 股美国制糖公司的股票。交易大厅里还有另一个人，亨利 · 威廉姆斯，他做空了 2 500 股。我过去常常坐在自动收报机旁，为记价员高声喊出报价。美国制糖公司股票价格的表现与我的预期如出一辙，股价迅速下探了几美元，短暂持平后再度下跌。市场总体相当疲软，一切看似顺利。但美国制糖公司股票的表现游移不定，这令我心神不宁，我认为应该马上离场。于是我以 103 美元的当天最低价抛出该股票。我本该更有信心，但反而更加不安。我知道肯定是哪里出了问题，却无法准确找出问题所在。若山雨欲来，而我不知这山雨从何而来，就无法提前防备。所以，我应及时离场。

你知道，我从不盲目行事，因为我不喜欢这样做，也从未这样做过。即使是小时候，我也必须弄清楚做某些事情的原因。但这次例外，没有明确的理由，我的内心如此不安，简直到了无法忍受的地步。于是，我叫上一个朋友，戴夫 · 怀曼，我对他说："戴夫，希望你能帮我个忙，帮我喊一会儿报价。当你喊出美国制糖公司股票的下一个报价前，稍停一会儿，好吗？"

他说没问题，于是我站起身把位置让给他，请他替自动收报机喊出价格。我从口袋里掏出那 7 张美国制糖公司的单据，走到柜台前。结束交易时，职员会在单据上做标记。但是我实在不知道为什么自己要离场，于是我斜靠在柜台旁，手里拿着单据，免得职员看见它们。很快，电报机咔嗒作响，职员汤姆·伯纳姆迅速转过头聆听报价。我有种不详之感，好像闻到了阴谋的味道，于是当机立断，决定不再等了。就在这时，坐在自动收报机旁的戴夫·怀曼开始喊道："制糖……"电光火石之间，我把单据拍到职员面前的柜台上，喊道："平仓美国制糖公司！"于是，证券公司不得不按最新报价平仓我的美国制糖公司股票。戴夫喊出的价格仍是 103 美元。

根据我的预测，美国制糖公司股票这时应已跌破 103 美元。报价机的声音有问题，我觉得附近藏着陷阱。无论如何，电报机现在像疯了一样，我注意到职员汤姆·伯纳姆并没有在我的单据上记录，只是聆听着电报机的咔嗒声，好像在等待什么事情发生。于是，我对他大吼道："喂，汤姆，你到底在等什么？快在这些单据上标上价格，103 美元！快！"

交易厅里所有人都被我的吼声吸引了，并转过身来一探究竟，所以你看，虽然大都会从来没有买入股份，但说不定对赌行会像银行一样，由于同样的起因而发生挤兑风波。如果一名顾客起疑，其他顾客也会跟着起疑。所以汤姆虽然看起来很不情愿，但还是走过来在我的单据上标上"103 美元平仓"，然后把 7 张单据推到我面前。他的脸色难看极了。

汤姆的位置距收银台不超过 8 英尺[1]。但还未待我到收银台取钱，戴夫·怀曼就在自动收报机旁边兴奋地喊道："天哪！美国制糖公司，每股 108 美元！"但为时已晚。所以我只是大笑着对汤姆说："老兄，这压根没用，不是吗？"

这当然是一场阴谋。亨利·威廉姆斯和我联手做空 6 000 股美国制糖公司股票。那家对赌行收取了我和亨利的保证金，证券公司可能还有其他客户做空了很多美国制糖公司股票，可能共计 8 000 或 1 万股。假设他们有 2 万美元的美国制糖公司股票保证金，这笔钱足以让这家对赌行在纽约证券交易所操纵股市，令我们血本无归。过去，每当对赌行发现有大量多头买入某只股票时，它们通常会找几个经纪人将该股股价压低，让所有做空的客户血本无归。对赌行的代价只是在几百股股票上损失不超过 2 美元，却能赚取数以千计的美元。

这就是大都会对我和亨利·威廉姆斯以及其他做空美国制糖公司股票的客户所策划的阴谋。它在纽约的经纪人把价格炒到 108 美元。当然最终价格回落，但是亨利和许多其他客户已经损失惨重。股价出现无法解释的急剧暴跌，随后立即反弹，当时报纸将该现象称为"对赌行推动力"。

最有趣的是，在大都会试图欺骗我之后不到 10 天，一名纽约作手让大都会直接损失超过 7 万美元。此人是纽约证券交易所的一员，在鼎盛时期曾叱咤股市。在 1896 年"布莱恩恐慌"期间，他作为"空

1　1 英尺=30.48 厘米。——编者注

头”名声大噪。证券交易所的规则总是令他无法利用其他会员来实行他的某些计划，因此他总是触及这些规则的灰色地带。有一天，他心想如果他从当地对赌行谋取一些不义之财，交易所和警方应该不会控告他。于是他派出35个人乔装成客户，前往证券公司总部和较大的分行，安排他们在某日某时买入证券公司允许购买的最大数量的股票，并按指示套利退出。当然，他所做的是在好友中散播关于该股票的内幕消息，然后走进证券交易所大厅，在投机掮客的推波助澜下，抬高股价。投机掮客认为，要是能谨慎选择合适的股票，想把价格抬高3~4美元将轻而易举。他在对赌行安排的同党按照事先计划套现。

有朋友告诉我，除去同党的开支和酬劳，发起人净赚了7万美元。他在全美各地多次故技重施，回击了在纽约、波士顿、费城、芝加哥、辛辛那提和圣路易斯的较大型对赌行。他最钟意的股票之一是西联公司，因为让这样的半活跃股票升跌几美元易如反掌。他的同党以一定价格买入，以获利2美元的价格卖出，做空并再赚3美元。顺便一提，前几天新闻报道称那个人去世了，死时穷困潦倒，默默无闻。如果他死于1896年，每份纽约报纸的头版至少会有一栏刊登他的消息。事实上，他的讣闻只是刊登在第五版，而且仅有寥寥两行文字。

第二章

纽约证交所大翻船

一方面，我发现如果收取我 3% 保证金和 1.5% 佣金的这个“杀手锏”还不能让我知难而退的话，那么大都会证券经纪公司已经做好准备采用“下三滥”的手段来收拾我了；另一方面，种种迹象表明它无论如何都不想和我再有生意往来了。在进退维谷之间，我很快就决定去纽约，这样我就可以在纽约证券交易所会员公司的办公室做交易了。我之所以不想去波士顿分行，是因为那里的报价还得靠电报传递，而我希望尽快获取一手资料。于是在我 21 岁时，我便来到纽约闯荡，带着全部身家——2 500 美元。

我说过，我 20 岁时便赚到了 1 万美元，我在美国制糖公司股票交易中缴纳的保证金就有 1 万多美元。但我并非每次都能稳赚不赔。我的交易计划非常完善，赢多亏少。如果我能坚持这个方法，则有七成的胜算。事实上，如果我在交易前坚信自己的判断正确，多数都会赚钱。我失败的原因在于头脑不够冷静，没能坚守自己的策略，也就是说，只有当我确信自己的想法在市场上有先例时，我才会进行股票买卖。万事万物皆需讲究时机，可惜当时我并不明白这一道理。这正是华尔街许多聪明人失败的原因。世上有随时随地犯错的普通傻瓜，也有认为必须不停交易的华尔街白痴。任何人都没有足够的理由每天买卖股票，也没有人有足够的知识，确保每次都明智操作。

我已经证实了这一点。每次我凭借经验分析报价纸带，总能赚上一笔，而一旦操作失误，则必定亏损。连我也不例外，不是吗？巨大的报价板就在眼前，交易委托单令人目不暇接，交易的人们看着自己的股票变成现金，或变成废纸。我对于刺激的渴望战胜了自己的理智。在对赌行，你的保证金额度太小，注定不能长线交易，很容易立刻被淘汰出局。一心只想着不断交易而不顾市场大势，是很多华尔街投机者甚至专业投资者赔本的主要原因。他们每天都想着赚点儿钱回家，就好像从事一份有固定收入的工作。别忘了，那时候我只是个毛头小子，并不懂得我后来学到的知识，但正是那些知识让我在 15 年后拥有了很好的耐心，在观察到某只看涨的股票后能够苦等两周，直到它上升 30 美元才敢放心买入。那时我囊中羞涩，一心想着东山再起，因此，绝不能鲁莽行事。我必须有百分之百的把握，所以我一直静观其变。我说的这些发生在 1915 年，由于这期间发生过很多的故事，可谓一言难尽，我会在后文详述。言归正传，现在说说我在对赌行赢了几年钱之后又将大部分盈利赔进去的故事。

有时对于一些错误，我也会明知故犯，而且一生中不止一次犯错。股票作手必须战胜心魔，否则会付出惨重的代价。不管怎样，我怀揣 2 500 美元来到纽约。那里没有任何一家对赌行值得信任。纽约证券交易所和警方对对赌行围追堵截，严厉打击。况且我想找一处除了保证金对股票交易不设任何限制的地方。我的保证金寥寥无几，但我相信终有一日我将不再囊中羞涩。当务之急是找到一处可以进行公平交易的地方。于是我前往纽约证券交易所，它在美国国内也有几家分支机构，我还认识其中的一些职员，但他们大多早已转行另谋出路。我在那里待了没多久就离开了，因为不喜欢其中的一位合伙人，接着我去了 A.R. 富乐顿公司。在 A.R. 富乐顿公司，我敢肯定有人将我早年的经历事先透露给了所有人，因为很快那里的人就开始叫我“投机小子”了，当然我看起来一直都很年轻。这在某些方面于我而言是一种障碍，但它也激励着我闯出一番自己的天地，因为有很多人觉得我年轻好对付。对赌行的一些家伙看我是个毛头小子，总觉得我是一个交好运的傻瓜，且全凭侥幸才能屡战不败。但实际上，我并非总能立于不败之地，在纽约还没到 6 个月我就破产了。我是个十分活跃的作手，作为赢家小有名气。我猜我的佣金加起来应该是一笔不小的数目，而且赊了很多账，但最终难逃失败的厄运。虽然我每次交易都小心谨慎，但失败是注定的，原因就是我在对赌行混得太成功了！

我只有在对赌行才能以自己的方式赚钱，因为我赌的是市场波动。我研读报价纸带就是这个目的。买进时，股价就在我眼前的报价板上。即便在未买进之前，我也早已对股票的买价胸有成竹。而且我总能立即卖出。因为行动迅速，所以每次都能从中获利。我能乘胜追击，也能立即止损。举例来说，有时当我确定某只股票会波动一个点位时，我也不用贪多，只支付一个点的保证金，就能让本金快速翻倍，或只赚半个点的利润。一天交易一两百股，到月底战绩也不会差，对吧？

这种安排实际上行不通，因为即便对赌行有足够的资金承受高额稳定的损失，它们也不愿这样做。它们容不下总是赢钱的不上道的客户。

无论如何，在对赌行用得得心应手的稳赚套路在 A.R. 富乐顿公司却完全行不通。我在那里买卖股票。美国制糖公司的股价可能是 105 美元，我预计会跌 3 美元。事实上，当报价纸带上打印出 105 美元的那一刻，交易所报价板上的实际成交价可能已经变成 103 美元或 104 美元了。而等 A.R. 富乐顿公司收盘代表执行我卖出 1 000 股的交易指令时，价格可能会更低。直到拿到收盘代表的报告后，我才知道自己以什么样的价位卖出那 1 000 股。同一笔交易，我在对赌行那里能稳赚 3 000 美元，而在股票交易所可能连一分钱都赚不到。当然这个例子比较极端，但事实是 A.R. 富乐顿公司的报价纸带显示的往往是历史交易数据，而我一直按自己的套路交易，却始终对此不明就里。

如果我进行大笔交易，自身在收盘时会进一步压低价格。在对赌行，我无须考虑自身交易会带来何种影响。我在纽约一败涂地是因为这里的游戏规则完全不同。我吃败仗并非因为我做的是合法交易，而是我对游戏规则一无所知。有人曾说我擅长分析报价纸带。但即使拥有专家级的报价分析技巧，也难逃亏钱的厄运。如果我在交易所亲自操盘，说不定会赚很多钱。我如果能够混进收盘代表中，就会根据当时的情况及时调整交易方法。当然，假如我当时的交易规模和现在一样大，那么我之前的那套交易方法仍然行不通，原因就在于我自身的交易对股价产生了冲击。

说得简单点儿，我对股票投机的游戏规则一知半解。我只是对其中一部分规则要领略知一二，而这些要领始终令我受益匪浅。然而以我的能力仍然亏钱，那么股市新手们又哪有机会获利或赚钱呢？

没过多久我便意识到自己的交易方法不对，却不知道症结所在。有时我的方法卓有成效，但有时又突然令我接连受挫。要知道我当时年仅 22 岁，并非我故步自封不愿意找出自己的错误，只是因为在那个年纪，没人能做到无所不知、无所不晓。

证券所的人对我很好。因为他们对保证金有规定，所以我没法尽情下单，A.R. 富乐顿老先生及其公司其他成员对我都非常友善。但经过 6 个月的活跃交易后，我不仅亏光全部的本钱，就连之前赚的钱也赔得一干二净，甚至还欠下该公司几百美元的债务。

我只是一个从未出过远门的小毛孩，如今却身无分文。但我知道自己没错，只是我的方法有误。我不知道我说得够不够清楚，但是我面对股市行情从不发脾气。我从不质疑纸带上的报价，毕竟一味抱怨市场行情无济于事。

我迫不及待地想恢复交易，于是直接去找富乐顿老先生，对他说："嗨，您能不能再借我 500 美元？"

"为什么？"他问。

"我得弄些钱。"

"弄钱干什么？"他又问道。

"当然是为了保证金呀。"我回答道。

“500 美元？”他边说边皱紧眉头，“你也知道他们要你保持 10% 的保证金，也就是说买卖 100 股股票就要交 1 000 美元的保证金。那倒不如我给你一个信用额度……”

“不用！”我说，“我不需要什么信用额度。我已经欠了公司债务。我只想让您借我 500 美元好让我东山再起，出去赚一笔再回来。”

“那你打算怎么做？”富乐顿问道。

“我会到对赌行那里做交易。”我回答道。

“就在这做。”他说。

“不行！”我说道，“我目前还没有把握能在这家证券交易所赚钱，但我确信我一定可以从对赌行捞一笔。我很清楚那里面的游戏规则，我知道自己在哪儿出了差错。”

他最终把钱借给了我，我走出了那家证券交易所，昔日被对赌行称为“少年杀手”的我就是在这里赔得一干二净的。我不能回家，因为那里的对赌行不会接受我的业务。纽约也不用考虑，当时纽约连一家对赌行都没有。他们告诉我，布洛德大街和新街遍布各种对赌行，但是在我的生意需要它们的时候，我却一家都找不到。于是经过一番深思熟虑，我决定前往圣路易斯大街试试。听说那里有两家对赌行的生意规模很大，遍及整个中西部。它们一定获利极丰，而且它们的分公司遍布几十座城镇。事实上我曾听说，论业务量，东部任何一家对赌行都无法与它们匹敌。它们公开营业，就连股市的顶尖高手都毫不犹豫地跑到这里交易。有位同行甚至告诉我，其中一家的老板过去曾任商会副主席，但应该不是在圣路易斯商会。无论如何，我决定带着

500 美元去那儿交易，赚上一笔，然后回到身为纽约证券交易所会员的 A.R. 富乐顿公司，把赚的钱放进去充当保证金。

我来到圣路易斯后找了一家旅店，梳洗修整了一番，就出去找对赌行。其中一家对赌行是 J.G. 多兰公司，另一家是 H.S. 泰勒公司。我知道自己能够在这里稳赚一笔。这次我决定采取最稳妥的方法。唯一担心的是有人认出我并赶我走，因为全美的对赌行都对我这个“交易神童”有所耳闻。就像赌坊一样，他们会随时收集关于操盘高手的内幕消息。J.G. 多兰公司要比 H.S. 泰勒公司近一些，所以我先去了 J.G. 多兰公司。我希望它能让我多做几天交易，再打发我走人。我径直走了进去，里面很宽敞，至少有几百号人在盯着报价板。我很庆幸自己在人群中并不显眼，我站着观察交易板并仔细查看上面的股票，直到挑出合适的股票玩上第一把。

我环顾四周，目光投向了接单员，人们就是在这里下注并接到成交单的。他正看着我，于是我走到他身边问道：“这里可以交易棉花和小麦吗？”

“可以，小朋友。”他说道。

“那我也能买股票吗？”

“有钱就行。”他答道。

“我有钱，我有钱！”我说道，像一个故意装阔的少年。

“你真有？”他边说边笑。

“100 美元可以买多少股？”我故作不快地问道。

“前提是你得有 100 美元。”

“别说100美元，就是200我也拿得出来！”我回他。

“哦，真有你的！”他说。

“你给我买200股。”我冲着他说道。

“200股什么？”他问道，变得一本正经，生意归生意。

我再次看了一下报价板，假装仔细思索一番，然后告诉他：“200股奥马哈。”

“没问题！”他说。他收了我的钱，清点完毕后签好了成交单。

“你叫什么名字？”他问我。

“霍拉斯·肯特。”我答道。

他递给我成交单，我走开了并在股民中坐下来，等着股价慢慢上涨。

我速度很快，一天之内多次交易，第二天也是如此。两天内我赚了2 800美元，我希望它能够让我做完一个星期。以我当时赚钱的速度，战绩应该不会差。然后我会转战另一家对赌行，如果我还能有如此好运，我就能带着一堆钞票返回纽约。

第三天早上，我故作腼腆，走到窗口前要买500美元的B.R.T.，柜员告诉我：“肯特先生，我们老板要见你。”

我知道好戏到头了，但我仍然问他：“他为什么想见我？”

“我不清楚。”

“他在哪？”

“在他的私人办公室，朝那边走。”他指着那边的一扇门。我走了进去，多兰正坐在办公椅上。他转身说道：“请坐，利文斯顿。”

他指着一把椅子，我的最后一丝希望破灭了。我并不知道他是如何发现我的，也许是看过了旅店登记名册。

“您为什么想见我？”我问他。

“听着，孩子，我对你没什么恶意，一点儿都没有。”

“我看得出来。”我说。

他从转椅上站起来，这家伙身材高大魁梧。他对我说：“到这边来，利文斯顿。”他走到门旁打开门，指着大厅的股民。“看见了吗？”他问道。

“看见什么？”

“这群家伙。看看他们，孩子。300 多号人呀！300 多号呆瓜！他们养活我和我的家人，看到了吧？300 多号呆瓜！然后你来了，你两天赚的钱比我从这 300 多号呆瓜身上两个星期捞到的还多。生意不是这样做的，孩子，至少我不会这样做！我对你没有任何恶意。你赚到的钱都是你的，但是现在你别想再从我这里赚走一分钱！”

“为什么，我……”

“就这样，你前天进来的时候我就很不喜欢你的样子。老实说，一点儿都不喜欢。我看你第一眼就知道你是个老千。我把那蠢蛋喊进来，”他说着，用手指向那位闯祸的营业员，“问他你做了什么。他告诉我之后，我跟他说：‘我不喜欢那家伙的样子，他看起来像个老千！’但那个蠢蛋却说：‘我才不信！他叫霍拉斯·肯特，只不过是一个冒充老手的黄毛小子罢了，没事的！’好吧，我也没再说什么，随他去了。那蠢蛋害我损失了 2 800 美元。我对你并没什么恶意，但你也别想再从我的保险柜里面捞走一分钱。”

“听我说……”我刚开始说。

“你听我说，利文斯顿，”他说道，“我以前就对你有所耳闻。我从这群傻瓜的赌注中赚钱，但是你来错了地方。我这人说话算数，从我这里赚的钱你直接拿走好了。但我已经知道你的底细，所以我可不想让自己变成大傻瓜，让你再从我这里赚走一分钱。小伙子，你还是另寻他处吧！”

我带着赚来的 2 800 美元离开了多兰的对赌行。泰勒的对赌行就在同一条街上。我发现泰勒富得流油，他还同时经营着多家台球厅。于是我决定到他那里试试。我在犹豫到底是循序渐进然后增加到几千股，还是一开始就倾尽所有，毕竟我在这里交易的时间可能不会超过一天。输钱后它很快就会变得聪明起来，我的确很想买进 1 000 股 B.R.T.，我有把握从中赚取四五个点的利润。但是如果它开始就对我有所怀疑或者如果很多客户长期持有这只股票，它可能根本不会让我交易。我想最好一开始还是分散交易，从小股买卖入手。

这个地方不像多兰的对赌行那么大，但是装修很有格调，显然这里的客户身份档次也更高。这地方倒是非常适合我，我决定买进 1 000 股 B.R.T.。于是我走到窗口前对营业员说：“我想买入一些 B.R.T. 股票，有没有什么限制？”

“没限制，”营业员说道，“只要你有钱，想买多少都可以。”

“买入 1 500 股。”我说着就从口袋里掏出一卷钱，营业员开始写单子。

这时我看到一个红头发的男人将营业员从柜台支开，他身子前倾告诉我："利文斯顿，你还是回多兰吧。我们不做你的生意。"

"我先取走我的成交单，"我说道。"我刚买了一点 B.R.T.。"

"什么单子你都别想拿，"他说，这时其他营业员都聚到他身后看着我，"别再来这里做交易了。我们不做你的生意，明白吗？"

此时气急败坏或者争辩都毫无意义，于是我返回旅店，结了账，搭上第一班前往纽约的火车。世道艰辛。我本想赚上一笔，却不曾想那个泰勒连一笔交易都不让我做。

我回到纽约，还清了富乐顿的 500 美元欠款，用在圣路易斯赚来的钱再次买卖股票。我的运气时好时坏，但总的来说还是有所盈余。毕竟，我之前的经验还在。但是我还需要抓住一点，那就是股票投机知识要比我在去富乐顿交易厅做交易之前想的还要多。我就像字谜游戏爱好者，在喜欢的周日增刊上玩着各种填字谜游戏，不填出来决不罢休。我当然也想为我的字谜游戏找到答案。我以为我在对赌行学的东西足够用了，但是我想错了。

回纽约的几个月后，有个古怪的老头来到富乐顿交易厅，他认识富乐顿。听说他们一起拥有过一群赛马。很显然，他也辉煌过。我被介绍给老麦克德维特。他告诉众人，有一群西部来的赛马骗子刚刚在圣路易斯行骗赢了一把。为首的是一个名叫泰勒的台球场老板，他说道。

"哪个泰勒？"我问他。

"H.S. 泰勒。"

“我认识那家伙。”我说。

“他这人不靠谱。”麦克德维特说。

“何止不靠谱，”我回答道，“我还有笔小账要和他算一算。”

“要怎么算？”

“教训这群混蛋首先要从他们的口袋入手。我现在在圣路易斯还没办法碰他，但总有一天会的。”我把自己心中的不快全都向麦克德维特吐露出来。

“嗯，”老麦克答道，“他想在纽约开一家对赌行，但是没成功，因此他只好在霍博肯开了一家。人家都说那里的交易无上限，赚的钱堆得山高，直布罗陀岩山在它面前也只是矮脚鸡身上的一只跳蚤。“那是家什么店？”我以为他说的是台球场。

“对赌行。”麦克德维特说。

“你确定现在还开着？”

“是的，几个人亲口告诉我的。”

“这都是道听途说，”我说，“您能不能帮我查查它是否还在营业，以及它允许的最大交易量是多少？”

“没问题，小伙子，”麦克德维特说，“我明天一早亲自去一趟，回来再告诉你。”

他真的去了。泰勒的生意似乎做得特别大，而且对任何单子都来者不拒。这天是星期五，这周的市场行情一直在上涨，这是20年前的事了，而且周六的银行报告肯定会显示超额准备金大幅下降。这是大额交易商的惯用借口，他们会借机突袭市场，将钱从实力不足的小投资人手中震出来。股票一般都会在最后半小时的交易中出现回落，大众交易最活跃的股票显得尤为突出。这些股票当然也是泰勒的客户长期持有的股票，对赌行也希望看到有人做空这些股票。看到这群傻瓜做多或做空某只股票再好不过了，而且只需要一个点的保证金，非常容易。

那个星期六的早上，我赶忙去了一趟霍博肯，找到了泰勒的对赌行。宽敞的交易厅、崭新的报价板、精力充沛的营业员以及身着灰色制服的保安。大厅里差不多有 25 位客户。

我找到经理谈话。他问我有什么可以为我效劳的，我什么也没说，只是告诉他，人们在赛马场光凭运气就能赚很多钱，倾其所有，几分钟内站着就可以赢几千美元，而炒股往往要等上好几天才能赚那么一点儿。他听了以后开始告诉我股市交易如何更加安全，他的某些客户是如何赚了大钱的，你甚至会觉得这里才是帮你正儿八经在交易所买卖股票的经纪行，而且只要你的交易量够大，赚多少钱都不是问题。他一定觉得我想去台球室赌一把，所以他想在其他人卷走我资产之前先趁机宰我一把，因此他告诉我立刻买入，星期六 12 点之前就收盘了。这样我就可以在整个下午进行其他投注。如果选对股票，或许我能带更多的钱去赛马场。

我假装半信半疑地看着他，他喋喋不休地唠叨着。我看了下时钟。11 点 15 分的时候，我说："好吧。"我开始给他发出各种股票卖出指令。我给了他 2 000 美元的现金，他高兴地收下了。他告诉我说，我肯定能赚大钱，并希望我常来光顾。

果然不出我所料，交易者们开始打压他们认为会导致最大止损的股票，股票价格也开始滑落。通常在最后 5 分钟，交易者们会回补，价格也会随之攀升，但那时我早已平仓。

我赚了 5 100 美元，然后去兑换现金。

"真高兴我买入了。"我对经理说，并把成交单递给他。

"嗯。"他对我说，"我兑换不了这么多现金。没想到你能赚这么多。你星期一早上过来取吧，一定兑现。"

"好吧。但现在你有多少我就先取多少。"我说。

"你总得让我先把这些小额交易者的账付清吧。"他说，"我会连本带利一起付给你的，等我先付清其他的交易单再说吧。"于是我就等他把其他人所赚的钱先付清，我心里清楚这笔钱肯定是安全的。泰勒的交易厅业务做得顺风顺水，想必也不会赖账。如果真赖账，除了拿走他当时剩下的所有钱，也没什么更好的办法了。我拿到自己 2 000 美元的保证金以及营业厅的 800 美元，这是他的营业厅剩下的所有资产了。我告诉他我星期一还会过来。他发誓，一定备好钞票等我。

星期一我到达霍博肯的时候还不到 12 点。我看见一个家伙正在和经理交谈，此人正是那天泰勒让我滚回多兰之时我在圣路易斯见到的那个人。我立即明白经理已给本部交易厅打了电报，因此他们派人来调查此事，毕竟骗子不会相信任何人。

"我来要回剩下的钱款。"我对经理说。

"是这个人吗？"圣路易斯来的人问道。

“是的。”经理说，从口袋里掏出一叠黄色钞票。

“等等！”圣路易斯来的人对他说，然后转身对着我，“利文斯顿，我们不是已经告诉过你不做你的生意吗？”

“先把钱给我。”我对经理说，他递过来两张 2 000 美元、4 张 500 美元和 3 张 100 美元的钞票。

“你说什么？”我对圣路易斯来的人说。

“我们早说过不接你的生意。”

“是的。”我回道，“这就是我来的原因。”

“好，下次别再来了，走得远远的！”他朝我咆哮道。穿灰色制服的保安也走过来，一副无所事事的样子。圣路易斯来的人对着经理挥舞拳头并大吼道：“你应该更有眼色一点儿，你这白痴，决不能让这家伙从你的眼皮底下溜进来。他就是利文斯顿。你已经收到了命令。”

“你听着，”我对圣路易斯来的人说道，“这里不是圣路易斯。你老板对贝尔法斯特人要的花招在这儿可行不通。”

“你给我滚出交易厅，别在我这里交易！”他大吼道。

“如果我不能在这交易，那其他人也不能。”我反驳道，“你想用这种把戏拒付是不可能的！”

好吧，他突然转变了口气。

“看这里，小子。”他气得团团转，“帮我们个忙。讲讲道理！你每天这样我们也扛不住。老家伙如果知道是你的话，肯定会火冒三丈，发发善心吧，利文斯顿！”

“我不会难为你们。”我承诺道。

“讲讲道理，好不好？看在上帝的分儿上，走得远远的！让我们有个好的开始。你知道我们才开始营业，好吗？”

“我下次再来的时候，可不想看到你们这么趾高气扬地做生意。”我说完就留下他一个劲儿地呵斥着那位经理。他们在圣路易斯那般对我，我必须从他们这里捞上一笔作为补偿。再和他们争执不休或者让他们关门大吉也没什么意义了。我回到富尔顿的交易厅，将事情原原本本地讲给麦克德维特听。我还告诉他，如果他同意，我想让他帮我去泰勒的赌场以每股20美元或30美元开始交易，让他们慢慢适应他。然后如果等到可以赚上一笔的好机会，我就立刻给他打电话，全部投进去。

我给了麦克德维特1 000美元，他按我说的这套去霍博肯交易，并成了那里的常客。有一天，眼看股价即将跌破支撑线，我马上悄悄通知麦克抛空股票。那天我净赚2 800美元，给了麦克报酬和分红后，我开始怀疑他偷偷为自己投了一笔。之后过了不到一个月，泰勒的霍博肯分公司倒闭了。警察也开始忙活起来。虽然我在那里只做了两次交易，却并未获利。我们碰到了疯涨的牛市，但股价表现不尽如人意，甚至不足以支付保证金。当然所有客户都是多头，在赚钱，也在抬高股价。全美的对赌行都陷入倒闭潮。

游戏规则已经变了，在老式对赌行做交易比起在有信誉的经纪行交易有着决定性的优势。一方面，保证金到达消耗点后，交易会自动关闭，这是止损的最佳方式。你不会亏本，也不会出现糟糕的执行指令或其他情况。纽约的对赌行并没有像我们在西部对赌行听说的那般对客户慷慨大方。它们习惯于限制客户在某只股票上的盈利，受欢迎的股票盈利不会超过两个点，其中包括美国制糖、田纳西煤矿和铁矿股票。即使它们在 10 分钟之内上涨了 10 美元，你每股也只能赚 2 美元。它们觉得如果不设限制，客户就会赚大发了，1 美元的成本就能博得 10 美元的回报。于是出现这种情况，所有对赌行，包括最大规模的对赌行都不愿接受特定股票的单子。1900 年，在大选日的前一天，麦金莱获选已成定局，此处的所有对赌行都不允许客户购买股票。麦金莱的获胜比例是 3 ∶ 1。如果在周一买进，你就能稳稳地把 3 个点的获利翻倍为 6 个点甚至更多。如果押布莱恩获胜，买股票也能赚钱。但那天对赌行拒绝任何买入指令。

如果不是因为它们拒绝了我的生意，我会一直在它们那儿交易下去。要是那样，我永远也不会了解股票投机交易还大有学问，绝非趁着股票波动赚取几点利润那么简单。

第三章

5 万美元打了水漂

通常，我们需要花很长时间才能从自己所犯过的所有错误中吸取全部教训。常言道，凡事都有正反两面。但是股票市场只有一面，这一面既非多头，亦非空头，而是要选择“对头”。为牢牢地记住这一基本原则，我花费的时间远远超过我在股票投机生意中掌握技术性更强的操作所花费的时间。

我曾听说有人在股票市场进行虚拟操作，通过赚来的虚拟美元证明自己的英明，以这种方式自娱自乐。有时，这些虚拟的投机者通过这种虚拟的操作可以获利数百万美元。但由于是虚拟操作，这些投机者很容易变成“豪赌客”。这就有点儿像我听过的一则老故事，故事中的决斗者要在第二天和另外一个人决斗。

他的助手问决斗者：“你的枪法是否不错？”

“怎么说呢，我能够在 20 步以外击中葡萄酒杯的杯柄。”决斗者面露谦虚的表情说道。

该助手不为所动，说道：“很好，那如果这个酒杯举着一把装好子弹的手枪正对着你的心脏，你还能命中杯柄吗？”

对我而言，我必须用钱来证明我的观点正确与否。我在股市亏损的经验告诉我，除非确定不会被迫撤退，否则我根本不会考虑开始前进。但是如果无法前进，我根本就不会采取任何行动。我这样说并不表示当你选择错误的时候，你不应该将亏损控制在一定范围内；相反，你应该止损，但是不能变得优柔寡断。我在一生中犯过很多错误，但是在亏钱的过程中我也收获了很多经验，并且积累了很多宝贵的教训，它们让我知道哪些事不能做。我曾几度破产，但是从来没有一败涂地，要不然我现在也不会在这里。我一直都知道我还有机会，而且我不会再犯同样的错误，我对自己深信不疑。

如果你想在炒股这个游戏中谋生，你必须相信我自己和你的判断，这就是我不相信内幕消息的原因。如果我听信史密斯的内幕消息购入股票，那么我还得靠他的内幕消息才能卖出这些股票，这样我就必须完全依赖他。如果你在股票卖出的时候正值史密斯先生外出度假呢？所以没有人可以仅仅依靠别人的指点来发家致富。我从自己的经验中学到的是：依靠自己的判断比依赖任何人的内幕消息更有胜算。我花了 5 年时间才学会如何明智地买卖股票，在判断正确的时候可以大赚一笔。

我在股市的精彩经历并没有你想象的那么丰富。我想说的是，学习如何投机的过程并非那么戏剧性。我曾几度破产，而这些经历是不堪回首的。但是我亏钱的方式与其他在华尔街亏钱的投资者如出一辙。股票投机是一件困难而又费劲的事，投机者必须时刻保持警惕，不然很快就会丢掉饭碗。

我的方法非常简单，而这个方法本该在富乐顿那里遭遇失败后我就该掌握的，即从另一个角度看待投机活动。但是我以前并不知道炒股涉及的知识要远远超过我从对赌行学到的经验。我曾以为我已经掌握了这个游戏的规则，实际上我只是打败了对赌行。同时，在对赌行交易获得的报价纸带读取能力和对记忆力的训练对我而言尤为珍贵。我算是轻而易举就掌握了这两种能力。早期我作为作手获得成功完全取决于这两种能力，而并非我的大脑或知识，因为我的大脑从未受过训练，因而非常无知。是实战教会了我游戏规则，而且在教会我的同时也给了我惩罚。

我还记得初到纽约的那些日子。那些对赌行将我拒之门外，这使我不得不去寻找有声誉的证券经纪行。我在从事第一份工作时，有一位同事在纽约证券交易所的会员公司哈丁兄弟公司工作。我于清晨到达纽约，并在同一天的下午 1 点前，已经在这家公司开立了一个账户并准备进行交易。

之前我并未解释，我在这家公司的交易做得如鱼得水，正如我在对赌行一样。在对赌行，我所做的仅仅是对股价波动下注并捕捉价格上微小但确定的变化。没有人会帮助我指出本质上的区别或帮我改正错误。如果曾有人告诉我我的方法不管用，我可能还是会亲自尝试一下进行自我验证。因为只有一件事能说服我我做错了，那就是亏钱，只有当我赢钱的时候我才是对的。这就是投机。

在那个时候，公司有一段时间交易非常活跃，并且市场也是如此。这让大家非常振奋，而我却出奇地平静。对我来说，在我面前的只是我无比熟悉的报价板，人们说的是我在 15 岁以前就学过的行话。有一个小伙子正做着我在第一家股票经纪行所做的同样的工作。仍然有大群客户聚集在报价板前，或站在旁边等待报价，或谈论市场行情。这种运作方式与我所熟悉的那套方式完全一样。这种氛围与我第一次在伯灵顿的股市赚取 3.12 美元时感受到的氛围并无二致。同样的自动收报机和同样的交易者，因此游戏规则还是老样子。但是请记住，那时我才 22 岁。我非常自信地认为我非常精通这个游戏规则，为什么不呢？

我看着报价板，发现了一些看起来不错的股票。它们的波动方式并无异常。我以每股 84 美元的价格买入了 100 股，然后在不到一小时的时间以每股 85 美元的价格卖出。然后我发现了其他喜欢的股票，再进行同样的操作；在非常短的时间内，我净赚了四分之三个点。很不错的开始，不是吗？

但是请注意，作为富有声誉的证券交易行的客户，在第一天，而且仅在两小时之内，我一共买入和卖出了 1 100 只股票。而那一天的交易结果是，我恰好损失了 1 100 美元。这就是说，在尝试的第一次交易中，我近一半的财产消失无踪。而且要知道，有些交易还是有一些利润的。但是那一天我以亏掉 1 100 美元而告终。

我对此并未担心，因为我并不认为自己的决定有什么问题。而且我认为我的决定都非常正确，如果我是在之前的大都会对赌行交易，结果肯定会赚钱。游戏规则并没有发挥应有的作用，这一点从我那凭空消失的 1 100 美元就可以得到证明。但是既然游戏规则是完全正确的，那么我没必要担心。毕竟人在22岁的无知并非一种致命的缺陷。

不久之后我告诉自己："在这里我不能以这种方式交易，自动收报机并没有发挥它应有的作用！"但是我并没有对它追根究底，依然采用之前的方式，于是时有输赢，直到最后我亏得一干二净。我去找老富乐顿，请他借我500美元。我之前说过，我带着从对赌行赢来的钱从圣路易斯回来，我在那里总是能赢钱。

我变得更加谨慎了，而且有一阵子表现还不错。手头一旦宽裕，我的生活就变得更加惬意了。我到处结交朋友，享受大好时光。要知道，我那时候还没满23岁，独自一人在纽约生活，口袋里装满轻松赚来的钱，并且自以为是地认为我已经开始掌握新报价机的原理了。

对于在证券交易所执行指令，我开始慎重考虑，并且我的行动也变得更加谨慎。但是我依然相信报价纸带，依旧忽视基本原则，而这就导致我无法找出真正的问题所在。

这之后我们就迎来了1901年的大繁荣时期，那时候我赚了一大笔钱，至少对一个年轻的男孩而言是如此。你们还记得那个时候吗？那时美国空前繁荣，行业整合和资本合并达到前所未有的高度，而且人们疯狂地沉迷于股票。在以前的繁荣时期，我听说过华尔街曾自称每天交易25万股，每天交易的证券票面金额达到2 500万美元。但是在1901年，我们每天的交易量曾达到300万股。所有人都从股市中赚到了钱。许多钢铁巨富来到小镇，他们比醉酒的水手更加挥金如土，唯一能满足他们的游戏就只有股市了。以下是华尔街有史以来最挥金如土的部分土豪名单：约翰·盖茨，享有"跟我赌100万美元"的盛名，以及他的朋友们，比如约翰·德雷克、洛亚尔·史密斯等；里德–利兹–穆尔那帮人，他们卖出所持有的部分钢铁股票，然后以收入所得在公开市场买入洛克岛系统公司的大部分股票；还有施瓦布、弗里克、菲普斯和匹兹堡的一些小帮派；当然，还有一些大亨在股市洗牌中亏钱，他们也曾是叱咤风云的疯狂炒家。在那个时期，每个人都可以自由买卖所有股票。基恩将美国的钢铁股炒热。一位股票经纪商在短短几分钟内卖出 10 万股。这真是一个创造传奇的时代！伴随这个时代的还有一些精彩的股市传奇故事。而且股票交易无须纳税！完全没有“秋后算账”的迹象。

当然，一段时间之后，关于股灾到来的传言甚嚣尘上，股市老手说除了他们其他人都疯了，但是除了他们人人都在赚钱。我当然明白股市的上涨总会到头，疯狂跟风买入的情况也终将结束，因此，我对股市抱着看跌态度。但是我每次卖出都会亏钱，若非补救及时，我会损失更大。我希望股市暴跌。你们可能会觉得当我还是一个小男孩时就已经大手笔交易了，我在那次繁荣期自然会赚很多钱，但实际情况是我在交易时稳扎稳打，在买入时赚钱，在卖出时又赔钱，所以在股市繁荣时我赚的没有你们想象的那么多。

买卖北太平洋铁路公司股票的时候，我并未卖空。我的报价纸带分析技巧派上了用场。我认为大部分股票的价格趋于稳定，但是该股票股价似乎有所上升。现在大家都知道当时的普通股和优先股都不断被库恩·勒布·哈里曼联手买入。好吧，我不顾交易厅里所有人的反对，做多了北太平洋公司 1 000 多只普通股。当它升到每股 110 美元左右时，我可以获得30点的盈利，于是我抓住了这个机会。这笔交易使我的经纪行账户余额接近5万美元，这是那个时期我所积累的财富的巅峰。对于一个几个月前在同一家交易行输掉全部身家的小伙子而言，这还不算太差。

如果你还有印象的话，应该记得当时哈里曼集团通知摩根和希尔，想要加入伯灵顿-北方-北太平洋铁路集团的董事会，然后摩根的人首先指示基恩买入5万股北太平洋铁路公司的股票，以掌握控股权。我听说基恩让罗伯特·培根更改了指示，要求买入15万股，然后银行家遵从了指示。但不管事实如何，基恩将他的一位经纪商艾迪·诺顿派到北太平洋铁路公司，并买入10万股。在我看来，紧接着他们又买入5万股。于是这场著名的逼仓事件开始了。全世界的人们都知道在1901年5月8日股市收市后一场金融巨头之间的博弈开始上演，两派金融巨头之间针锋相对的场面此前在美国还从未出现过。哈里曼对阵摩根，就如同针尖对麦芒。

5月9日的早晨，我的口袋里有将近5万美元的现金，手上未持有任何股票。正如我先前所言，有一段时间我极度看跌股市，我的观点终于得到验证。我知道接下来股价会先来一场大跌，之后就会出现一些可低价买入的有盈利价值的股票。然后股市可能会迅速回暖，那些低价买入的人就可以大赚一笔。这种情况就算不是福尔摩斯也能想明白。我们将迎来一次极佳的买入和卖出机遇，这个机遇让我们不但会稳赚，而且会大赚一笔。

所有事情正如我预料的那样发展。我所预料的完全正确，但是我亏了个精光！让我遭遇此次惨败的是一件反常之事。如果反常之事不曾在世间发生，那么你我之间将千篇一律，生活也将极度无趣，游戏规则就变成简单的加减法，这最终会使炒股变成一场单调乏味的记账员比赛。正是这种猜测的过程使我们的大脑潜力得到开发。想想你需要付出多大的努力才能猜出正确的结论。

正如我预料的那样，股市已经非常火热。交易量相当可观，股市波动的幅度前所未见。我发出了很多市价卖盘指令，当看到开盘价时我大受打击——股价跌得太厉害了！我的经纪商按照我的指令行事。他们和其他经纪商一样精明能干且尽心尽责，但是当他们完成我的指令时，股票已经跌破 20 美元以上。报价纸带远远落后于市场行情，而且由于大量的交易蜂拥而至，关于股市行情的报告也姗姗来迟。例如，我发现，当我看到报价纸带上的价格为每股 100 美元时，我发出卖出指令，但是我的经纪商是在股价为每股 80 美元时卖出的，较前一晚收盘时的价格总共下跌了 30 或 40 美元。在我看来，我卖空时的价格似乎正是我本来计划低价买入的价格。股市再怎么下跌也不会跌到地球那边的中国去。于是我决定立即空头回补，然后做多。

我的经纪商按照我的指令买入，但是买入时的价格并非使我做出上述决定时的价格，而是交易员收到我的指令时交易所当时的价格。这个价格比我预期的价格平均高出 15 点。在一天之内损失 35 点，没有人能够承受得住这种损失。

自动收报机远远落后于市场，这让我损失惨重。我已经习惯于将报价纸带作为我交易的最佳拍档，因为我都是根据它给出的信息来下注的。但是这一次报价纸带欺骗了我。报价纸带上打印的价格和实际价格的差异让我蒙受了损失。我不仅重蹈覆辙，而且这次败得更为彻底，失败的原因与之前毫无二致。现在看来，不顾经纪商执行指令时的实际情况，仅依靠分析报价纸带是显然不够的。现在想想，为什么我当时没有看出自己的问题并找到解决办法呢？

我不顾交易执行的实际价格情况，不断地买进卖出，这种做法比没发现自己的问题更为糟糕。没错，我对交易的价格从未设过限制。市场行情如此火爆，我必须碰碰运气。这就是我总是试图打败市场，而非捕捉特定价格的原因。当我认为应该卖出时，我就出手。当我认为股价会上涨时，我就会买入。我遵守了投机的这一基本准则，这一点拯救了我。以限定价格在一家声誉良好的证券交易行交易只不过是我在对赌行采用的方法的一种翻版，只不过效率低下。如果那样做的话，我可能永远不会理解股票投机的真正意义，而是继续盲目相信有限的经验。

由于自动收报机相比市场存在滞后情况，每当我尝试通过限制交易指令的价格来最大限度地减少市价交易带来的不利影响时，我会发现市场已抛弃了我。这种情况反反复复，以至我不再尝试。我无法向你解释我花了这么多年才明白这个道理的原因——投机游戏在于预测未来大方向的股市行情，而非对随后的报价赌一把。

在经过 5 月 9 日的惨败后，我不得不继续为生活而拼搏，我所采用的是一种经过改良但仍然有缺陷的方法。如果不是偶尔还能赚取一些利润的话，我可能会更快地把握市场脉搏。但是，我赚的钱足以让我过得很好。我喜欢广交朋友，享受生活。在那个夏天，我同数百位富有的华尔街成功人士一样，在新泽西海岸避暑。我的盈利不足以支撑我的亏损和生活开销。

我没有像过去那样固执地用老一套的方法进行交易。我的问题出在哪里，我自己都说不清楚，自然也无法试着解决它。我长篇大论地谈论这个问题是想说明，在真正能够盈利之前我经历了种种曲折。面对大型猎物时，我的老式霰弹枪和 BB 弹不可能像大威力连发步枪那样好用。

在那年初秋，我不仅再次惨败，而且对这个游戏感到厌倦。由于无法取胜，我决定离开纽约，去其他地方另做打算。我的交易生涯从 14 岁就开始了。在我还是 15 岁的小男孩时，我就赚到了人生第一个 1 000 美元，而且我在 21 岁之前就赚到了人生第一个 1 万美元。我曾数次赚到 1 万美元却再次将它们亏掉。在纽约，我曾赚到数万美元并再次亏掉。我的财富曾达到 5 万美元，但是仅仅两天之后再次亏完。我没有干其他买卖，也不会其他技能。几年后，我重回起点。应该说比起点更差，因为我已经养成了一些非常烧钱的习惯和生活方式，虽然与在股市屡战屡败相比，这些习惯和生活方式对我造成的困扰没有那么大。

第四章

打道回府，逆势翻盘

唉，我就这样回了家。但从到家的那一刻起，我就意识到自己人生唯一的使命就是赚取资本杀回华尔街。那是这个国家唯一可以让我进行大量交易的地方。如果我的投机游戏玩得还不错，总有一天，我需要华尔街这样的大地方来一展拳脚。当一个人认为自己是对的时候，他总想得到应有的一切以证明自己。

虽然未抱多大希望，但是我还是尝试着重回对赌行那里去。对赌行的数量变少了，而且有些还是陌生人开的。那些记得我的对赌行不会给我机会向它们证明我回来后是否依然厉害如初。我如实地告诉它们，我以前在家乡赢的钱在纽约全赔光了，我并非如自己所想的对股市了如指掌，现在和我做交易算得上是一门划算的买卖。但是它们仍然不愿意与我交易。而新开的对赌行也不靠谱，那些老板认为，如果客户有把握赌对，就应该像个绅士一样最多买入 20 股。

我急需资金，而只有更大的对赌行才有能力从常客那里捞到更多资金。我找了个朋友，让他到某个对赌行去交易。我假装闲逛进去，到处看看。我再次尝试诱哄接单员接受小额的买卖盘，就算只有 50

股也行。当然他拒绝了。我和朋友临时编了一套暗码，请他按我的指示买卖。但是这个方法只帮我小赚了一笔。不久，职员开始对此颇有微词，不愿意接我朋友的买卖盘。最后，某天他打算卖出 100 股圣保罗公司股票时，这些职员拒绝了他。

我们后来才知道，有一位客户看到我们聚在外面交谈，便进去向对赌行告密，所以当我的朋友走到接单员面前要求卖出 100 股圣保罗公司股票时，接单员说："我们不接受任何圣保罗的卖单，不接你的单。"

"为什么，有什么问题吗，乔？"我朋友问道。

"没什么，就是不做单了。"乔回答。

"钱不对吗？看，都在这儿了。"然后朋友就把我的 100 美元钞票递了过去，10 张面值为 10 美元的票子。他装作很气愤的样子，而我漫不经心地在旁边看着，大多数客户渐渐围了过来。一看到证券公司和客户高声交谈或者发生争吵，他们总是要过来凑热闹的。他们想要找到些蛛丝马迹，以便了解证券公司的偿付能力。

接单员乔是一名助理经理，他从工作间走出来，走到我朋友面前，看看他，又看看我。

"有趣！"他慢悠悠地说，"真是有趣，利文斯顿不在附近的话，你就什么都不做。只是干坐着，一直目不转睛地盯着报价板。但是等他一进来，你就突然忙起来了。尽管你可能是替自己买的股票，但是以后别来这了。利文斯顿暗中给你通风报信，我们不会再上他的当了。"

唉，我的财路就这样断了。幸亏扣除开支我还赚了几百美元，我一个劲地想怎么用这笔钱，因为我目前迫切需要赚足够多的钱，然后杀回纽约，我感觉下一次可以做得更好。我花了很多时间静心反思自己以前犯过的一些愚蠢错误，而且，在看问题时，只有退到更远处，才能看得更透彻。当务之急是，如何获得一笔新的资金。

有一天，我在酒店大厅和一些熟人聊天，他们都是很稳健的作手，每个人都在谈论股市。我说没有人能凭借经纪商的糟糕操作赢得这场投机游戏，尤其是如果他像我一样以市价交易。

有个人高声问我指的是哪几家交易行。

我说："全美最牛的交易行啊。"他又问："哪家算得上最牛？"我看得出来，他不相信我和一流的交易所打过交道。

但是我反驳道："我说的是纽约证券交易所的任何一家会员公司。不是它们使诈或者粗心大意，但是如果你按市价买入股票，直到从经纪商那里拿到报告前，你都不知道股票成本是多少。股价往往是一两个点的涨跌，而非 10 个点或 15 个点这样的大幅变化。而场外作手不直接参与操作，并不能捕捉这些细微的涨跌变化。如果对赌行可以进行大宗交易，我更愿意天天去那里交易。"

和我搭话的那个家伙我从未见过，他名叫罗伯特，看起来很友善。他把我喊到一边，问我是不是在其他交易所交易过，我否认了。他说他认识一些棉花交易所、农产品交易所和其他更小规模证券交易所的会员公司。这些证券公司操作都很谨慎，而且对客户指令执行尤其小心翼翼。他说这些公司和纽约证券交易所规模最大、最精明的证券公司有私下往来，凭借自身的影响力和每月几十万股的业务量，它们获得的服务水平要优于个体散户。

“这些公司真的很适合小客户。”他说，“它们擅长外省业务，无论是 10 股还是 1 万股，它们都平等对待、认真处理。它们很有能力，也讲诚信。”

“你说得对，但是如果这些公司要付给证券交易所 1/8 的固定佣金，那它们的收入从何而来呢？”

“是的，它们需要支付 1/8。但是你知道的！”他向我眨了眨眼。

“是的。”我说道，“证券交易所不会做的一件事就是分享佣金。政府宁愿会员公司犯谋杀、纵火和重婚罪，也不愿意它们替外行人交易时收取的佣金低于 1/8。证券交易所正常运转的前提是不违背这条规则。”

他肯定看到我和证券交易所的人交谈过，因为他接着说道：“听着！这些虚伪的证券交易所总会有那么一家因为违背这条规则停业一年，不是吗？它们有各种各样的方法获得退款，所以没有人能告密成功。”他可能从我的神情看出我并不相信他的话，所以他继续说道：“另外，在某些业务上，我们，我是说那些证券公司会在收取 1/8 的佣金外另收 32 美元的费用。它们做事很厚道，除非有特殊情况，或客户账户闲置，否则它们决不收取这笔费用。你知道吧，不这么做也赚不到钱。它们这生意也不能白做啊。”

听到这，我就知道他在替一些冒牌经纪商揽客。“那类可靠的证券公司你有认识的吗？”我问他。

“我可知道全美最大的经纪公司。”他说，“我就在那交易。那家公司业务量很大，在美国和加拿大的 78 个城市都有分公司。如果不严格遵守行业标准，它们也不可能每年都做得那么出色，是不是？”

“当然。”我附和道，“它们交易的股票和纽约证券交易所里的是一样的吗？”

“当然了，在场外交易市场、美国或欧洲的任何其他交易所都是一样的。它们交易小麦、棉花和粮食股票，以及任何你想买卖的股票。它们在世界各地都有代理，在每个交易所都有会员，会员可以用自己的名义交易或者秘密交易。”

那个时候我虽然已经摸清了他的底细，但是我还想继续套他的话。

“是啊，”我说，“但是这也改变不了买卖盘得让其他人来操作的事实，没有人可以保证市场发生怎样的变化，也没有人能担保自动收报机价格会不会偏离实际的场内交易价格。如果在这家公司获得报价，接着提交买卖盘，然后发电报到纽约，这中间很多宝贵的时间就浪费了。我还是回纽约吧，大不了在信誉好的证券公司那里亏点儿钱。”

“我可不知道什么亏钱，我们的客户也没有亏钱的习惯。他们都在赚钱，我们关心的是这个。”

“你的客户？”

“是啊，我有这个公司的股份，如果可以帮公司招揽客户的话，我乐意这么做，毕竟它诚心待我，我也从它那里赚了不少钱。如果你想的话，我可以把你介绍给那个公司的经理。”

“公司名是什么？”我问他。

他告诉了我，我听说过这个公司。它在各种报纸上做广告，大肆宣传客户听了其给的内幕消息而赚了大钱的消息。这就是那个公司最显著的特点了。它并非正规的证券公司，而是对赌行，一些所谓的经纪商，他们精心地伪装自己，让世人都相信他们是从事合法生意的正规经纪人，进而兜售买卖盘。这家公司是该类公司里资历最老的一家。

它们算是这类经纪商的典型了，但是今年这些经纪商有很多已经破产了。虽然它们欺骗大众所用的工具不同，或者因为老把戏太出名而改变了某些细节，但是大致上原理和方法是一样的。

它们总是给客户发信息通知他们买入或者卖出股票，发数百封传真建议客户立即买入某只股票，另外发数百封传真建议其他客户卖出同一只股票，就是过去赛马情报贩子玩的老把戏。然后它们就会收到买入或者卖出的指令。这家公司会通过一个声誉良好的证券交易所买卖股票，比如 1 000 股，然后得到正规的股票报告。如果有人心存疑虑，毫不客气地议论证券公司私自买空卖空客户买卖盘，它们就会把报告展示给这些人看。

它们也经常在交易所组建全权委托联合资金池，鼓励客户书面授权它们按照公司认为最好的方式，使用客户资金或以客户名义做交易，还假装是给予客户极大的恩惠。这样，当客户资金不翼而飞时，即使是最喜欢找碴的客户也无法索取法律赔偿。它们在账面上抬高股票价格，引诱客户参与，然后玩一个对赌行常玩的老套路，将成百上千的保证金数额较小的客户清洗出局。它们不放过任何人，妇女、教师和老人更是它们的理想目标。

我对这个兜售者说："我讨厌所有的经纪商，但是我会仔细考虑。"旋即抽身离去，以免他再多说什么。

我调查过这家公司，知道它有成百上千的客户，虽然赖账的事早有耳闻，但是我倒是没发现客户赚钱而公司拒付的例子。而难点在于要找到在那家公司赚过钱的人，可我确实是赚了钱的。那时候股市走势似乎对公司有利，所以即使某项交易给公司造成了损失，它们大概也不会赖账。当然，最后大多数这类公司都难逃破产的厄运。美国多次出现买空卖空证券商破产的风潮，就像过去银行接二连三地倒闭一样蔓延开来。其他公司的客户也纷纷提款，一时间人心惶惶。但当时美国有很多退休的对赌行老板。

而对于这家兜售者公司，除了无时不刻不在不择手段地牟利以及偶尔弄虚作假，我并没有听过什么耸人听闻的故事。它的专长就是欺骗那些想要一朝致富的傻瓜，但是它总是向客户索要书面许可，以骗取客户的资金。

我曾经碰到一个家伙，他告诉我他目睹了600多封电报建议客户买入某只股票，同时又有另外600多封电报强烈推荐其他客户出售同一只股票。

"是的，我知道这个把戏。"我跟他这么说道。

他接着说："是啊，但是第二天他们又发电报给同一批客户建议他们清仓，转而买卖另一只股票。”

我问办公室里的一位高级合伙人：“为什么你们要这么做？前半部分我还看得懂，虽然最后这些客户和其他人都会亏钱，但是肯定有些客户从账面上来看暂时赚了钱。可是像这样发电报你们只会失去所有的客户。这又是什么道理？”

他回答说：“无论他们买入什么，怎么买入，也不管他们买入的时机和地点，反正到最后都要亏钱。等他们亏了钱，我就失去了客户。那不如我尽可能多赚一点儿他们的钱，然后重新找一批客户。”

坦白来说，我不关心这家公司是不是具有商业道德。我说过，我很讨厌泰勒的公司，如果能报复他们，我就很开心。但是对这家公司我没有这种恶意，他们也许是骗子，也许也没有别人描述的那样坏。我没打算让它替我进行任何交易，也没想听从他们的建议，或者听信他们的谎言。我唯一关心的是如何攒笔资金，回到纽约的证券交易公司继续大宗交易，那儿不是对赌行，在那里你不用担心警方会突然搜查，邮政局也不会突然冻结你的资金，幸运的话，一年半载之后或许你能从1美元里拿回8美分。

总之，我下定决心要看看这家公司和那些所谓的合法经纪商相比有什么交易优势。我拿不出很多钱作为保证金，而且我确信对冲订单在这方面也更自由些，因此几百美元在这家公司应该也耐用得多。

我找到那家公司，然后和经理见面聊了聊。当他发现我是一个老手，曾在纽约证券交易所开过户头，并把身上所有的钱输了个精光时，他不再向我承诺如果让他投资我的存款就可以日进斗金。他以为我是一个痴迷于股票行情的傻瓜，一直赌一直输，不论是买空卖空客户订单的经纪商，还是因佣金而沾沾自喜的经纪商，我都可以为他们提供稳定的收入。

我只告诉经理我要找的是一个像样的执行者，因为作为一个身经百战的老手，我不想看到报告上的股票价格跟自动收报机上的价格有半个甚至一个点的差距。

他用名誉向我保证他们会依照我的指示行事。他想接我的生意是因为想向我证明他们拥有一流经纪商的水准，他们公司聘用了行业精英。事实上，他们因执行力出色而出名。如果报价机的价格和报告价格有出入，那么他们总是取有利于客户的价格，尽管他们无法保证这一点。如果我在他们公司开立一个账户，我可以根据电报价格交易，他们对自己的经纪商颇有自信。

我在这里交易，其实就和在对赌行一样，都是以它们提供的二手报价进行交易。我不想表现得太过急切，所以我摇了摇头，然后对他说我估计不会在当天开户，但是要开户时我会告诉他。他强烈推荐我马上开户，因为现在正是一个入市的好时机。这个好时机只是对他们而言，当前市场呆滞，价格波动小，是一个引诱客户入市，然后煽动他们购买推荐股票并借机敲诈一笔的好时机。我被他缠住了，难以脱身。

最后只得留下了姓名和住址，然后在当天就开始收到预付电报和信函，劝说我买入某些股票或其他证券，据说他们知道有联合资金池要把价格炒高 50 美元。

我开始忙着四处寻找类似对赌行的证券公司。如果要从它们的魔爪中赚钱并累积一定的资金，唯一的途径便是在附近的对赌行交易。

在尽可能了解所有信息之后，我在三家公司开了账户。我租了一个小的办公室，并通过电报机直接和他们沟通。

我以小笔资金进行交易，这样他们就不会在一开始被吓跑。之后我也有输有赢，然后他们告诉我能用得上直通电报机的人应该大干一场，他们不喜欢缩手缩脚的胆小鬼。他们认为只要我投的钱越多，亏得就越多，然后垮得越快，这样他们赚得就越多。他们的算盘听起来也相当合理，这些人对付的都是普通股民，而从盈亏的角度讲，普通股民从来都撑不了多久就会血本无归。破产的客户无法再进行交易，而仅仅遭受重创的客户却可以抱怨和嘲讽，或制造事端来破坏他们的交易。

我和一家当地公司确立了合作关系，该公司有电报机直通纽约，联系身为纽约证券交易所成员的通信员。我买了一台股票自动收报机，然后开始保守地交易。就像我说的，这样交易和在对赌行交易大同小异，只不过速度要慢一些。

这场游戏我很有把握，结果也的确如此。我没有让这场游戏的结果变成每次都赢，而是少量买进卖出，保证总体上的盈利状态。我的生活质量又好起来，但是我总是要存点儿钱，我希望多攒一点儿资金，以便杀回华尔街。我又开了两条电报线路，直接通往另外两家对赌行。算起来总共有五家公司，当然它们都是好的合作伙伴。

曾经有几次我的计划出了差错，股票没有表现出正常水平，而是与历史走势截然不同。但是这并没有也无法给我造成很大的打击，毕竟我还是有些微薄的利润。我和经纪商之间的关系不错，他们的账户和记录总是和我的不一致，这些差别无一例外地都对我不利。无巧不成书！还好我为自己据理力争，而且最后他们通常都按我的方式去做。他们把我从他们那里赢的钱视为临时贷款，总是想要再拿回去。

这些经纪人缺乏公平交易精神，总是千方百计地想多赚钱，并不满足于佣金分成。因为有些傻瓜总是亏钱，他们从未真正投机过，所以你可能会觉得这些家伙做的事虽然不合法但却合理。但事实并非如此，“将欲取之，必先与之”这句至理名言他们似乎从未听过，还是一个劲地买空卖空。他们几次三番试图用那些老把戏骗我。趁我不注意，他们成功骗到我几次。当我的买盘比平时少时，他们经常这么做。我指责他们卖空股票或者有更严重的行径，但是他们否认，最终我只得妥协，像往常一样交易。和骗子交易的好处在于，只要你继续和他做交易，他总是会原谅你揭穿他的骗局。在他看来，这一切都没什么大不了。他总是愿意向你妥协，多么“宽宏大量”的人啊！

这些骗子的伎俩让我蒙受越来越多的资金损失，我实在是忍无可忍，所以我决定给他们好好上一课。我选中一些原本最适合投机但现在不活跃的股票。如果我挑一只从未活跃过的股票，他们肯定会怀疑我。我向五个经纪人都下了订单购买这只股票。他们收到订单，正在等待报价机纸带上的新报价，这时我通过自己的证券交易办公室按市价卖出了100股这只股票。我急切地督促他们快速行动。你可以想象，如果卖出单抵达交易所内，一家和外地有联系的佣金行就会想要尽快卖出一只呆滞的股票。虽然有些人捡了便宜，但是这笔交易的成交价将印在报价纸带上，成为我支付那五个买盘的价格。在很长一段时间内，我以很低的价格做多那400股股票。专线公司问我打听到了什么消息，我说有人提示我这么做。在闭市前，我发买盘给我那个颇有信誉的证券行，马不停蹄地将那几百股股票又买了回来。我不希望在任何情况下做空，也不在乎他们付了多少钱。他们发电报到纽约，然后买入那几百股股票，这导致股价暴涨。不过我已经通过经纪行的朋友落了买卖盘，卖出了这500股股票。事情进展得很顺利。

他们一直都不加以改进，所以我多次故技重施。我不敢大肆惩戒他们，只是从他们那小赚一笔，100股赚的钱很少会超过一两个点。但是这也帮助我扩充了我的小金库，我一直都在攒钱，为下一次的华尔街冒险之旅做着准备。我有时会变换花样，拿一些股票做空，但不会过分。每次能净赚600或800美元，我对此很满意。

有一天这个把戏进行得过于顺利，甚至引起了10个点的波动。这完全出乎我的意料。事实上，凑巧有个经纪人手上有我的200股股票，而不是平常的100股，而其他四个经纪人手里还是100股。这对他们可不是一件好事。他们对此愤愤不平，开始通过电报抱怨。我去找那个经理，就是那个急于让我开户，被我抓到使计蒙骗我却故作宽宏大量的那个人。对于他那样做股票经纪的人来说，他总是言过其实。

“这只股票存在虚假交易，该死的，我们不会付你一毛钱的！”他赌咒道。

“这不是虚假交易，你收到过我的买盘。那时你让我买入了，现在也应该让我卖出。公平起见，你不能耍赖，不是吗？”

“不，我能！”他大喊，“我能证明有人设了骗局。”

“谁设了局？”我问。

“某个人！”

“都有谁？”我继续问。

“你的朋友肯定有份儿。”他说。

我反驳他：“你很清楚我都是一个人炒股。从我在股市开始交易以来，一直如此，镇上的每个人都知道这一点。现在我给你些忠告：马上把钱给我。我不想发脾气，赶快照我说的做。”

“我不会付的。有人在操纵这次交易。”他大喊。

我没有耐心听他说下去，所以我告诉他：“赶紧付钱给我，现在，马上！”

他又咋咋呼呼了好一阵，一口咬定我是万恶的骗子，但是最后还是掏了腰包。其他几个经纪人没有那么粗鲁，其中一位经纪行的经理一直在研究我那些呆滞股票交易的把戏。在他收到买卖盘时，他不仅为我买入了股票，也在小交易所为他自己买了一些，所以他也赚了些钱。这些家伙不在乎被客户投诉他们欺诈，因为他们自有一套辩护的技巧。但是他们害怕我赖着不走，他们不怕我拿走银行里的钱，因为他们时刻注意不让资金暴露在这种风险之中。对他们而言，被称为骗子是无关紧要的事，而冠上赖账的名声就是灭顶之灾。客户在经纪商那里亏钱不是一件稀奇的事。但是如果客户赚了钱却拿不到手，这在投机者的法典里就是最严重的罪行。

我从合作的所有经纪公司那里都拿回了钱，但是那10个点的价格上涨让我再也不能愉快地赚那些骗子经纪公司的钱了，他们开始对自己曾用来欺骗成百上千可怜客户的那些小伎俩警惕起来。我恢复了自己惯常的交易方式，但是市场并不总和我的股价预测体系一致，换句话说，经纪公司处理订单的规模限制了我的发挥，我无法在短时间内大赚一笔。

这样持续了一年时间，在此期间我想方设法和那些经纪公司交易，从他们那里赚钱。那一年里我活得逍遥自在，买了辆车，也不限制自己的开销。我必须存笔资金，但是同时我也要生活。如果我对股市的投资配置是正确的，那么我不能把赚来的钱都尽数花完，我总是需要存一些钱。如果我的投资配置有误，那么我完全赚不到钱，自然也无钱可花。我攒足了相当可观的一笔钱，而且从那5个对赌行也赚不了什么大钱，所以像我说的那样，我决定重回纽约。

我开着自己的车，邀请曾经是作手的一个朋友共同驾车前往纽约。他接受了我的邀约，然后我们一同出发。我们停在纽黑文吃晚饭。在宾馆里我遇到一个炒股的老熟人，我们聊了很多，他提到镇上有一个交易所配了直达电报机，而且生意做得不错。

我们离开酒店动身去纽约，但是我把车开到那个交易所所在的街道，想看看它外面是什么样的。我们找到了这家交易所，然后情不自禁地停了下来，想要看看里面的样子。那不是一家很奢华的交易所，但是那里有黑色的股价板，有炒股的人群，而炒股游戏也进行得热火朝天。

交易所经理是一个小伙子，看上去好像有过演员或政治演讲家的经历，令人印象非常深刻。在说“早上好”的时候，他表现得就好像经过 10 年的艰苦探索，终于发现清晨的美好，然后他将这美好的早晨、蓝天和晨曦，连同公司的资金都作为礼物送给你。他看到我们驾驶一辆外观靓丽的汽车驶过来，尽管我们俩看起来都年轻且无忧无虑，我也并不觉得自己看起来像 20 岁，但是他很自然地推测我们两个是耶鲁大学的学生。我没有向他解释我们不是，当然他也没有给我们解释的机会，而是开始滔滔不绝地讲话。他说他很高兴见到我们，并建议我们找个舒服的位子坐下聊聊。我们发现那天早上的股市弥漫在一种“慈善氛围”中，经理叫嚷着要增加大学生的零花钱，毕竟自古以来聪明的大学生总是零花钱不够用。而在此时此地，借助这台自动收报机，投一笔小钱就能有数以千计的回报。股市带来的回报可以让他们有取之不尽的零花钱。

那个友善的对赌行经理迫切地想要我们参与进来，我想如果不玩一把就可惜了。所以我告诉他我会如他所愿去玩一把，因为听说很多人都在股市赚了大钱。

我开始很小心谨慎地交易，但是每次赚钱就增加资金。我朋友也照做。

我们在纽黑文待了一整晚。次日早上 9 点 55 分，我们来到这家热情好客的对赌行。那位“演说家”很高兴看到我们，认为他自己会交好运。但是我那天赚了将近 1 500 美元。第二天早上我们又拜访了那位经理，交给他一个卖盘，要出售500股美国制糖公司的股份。他几经犹豫，最后默默地接受了！糖股价格下跌了1美元，我立马抛售了，然后递给他交易单。这一下就赚了500美元的利润，外加500美元的保证金。他从保险柜里取出20张面值50美元的现金，极其缓慢地数了三遍，然后在我面前又数了一次。好像他的手指分泌出了黏液，将这些钞票都粘在他手上，但是最后他还是把钱递给了我。他交叉双臂，咬着下嘴唇，然后盯着我背后窗户的上方。

我告诉他我要售出200股钢铁公司股票。但是他一动不动，没有听到我说的话。我重复了一遍要求，只不过把交易量提高为300股。他终于将头转了过来。我等他开口，但是他只是看着我。然后他咂了咂嘴，咽了咽口水，好像要开始抨击对立阵营贪污受贿者50年来的暴政。

最后他冲我手上的黄色钞票摆了摆手，接着喊道："拿走那玩意！"

"拿走什么？"我问，我不是很理解他指的是什么。

"你要去哪里，小伙子？"他的声音给我留下深刻的印象。

"纽约。"我告诉他。

"那就对了。"他一个劲地点头说道，"那就完全对了。你们最好离开这儿，因为我知道了两件事，小伙子！我知道你们不是耶鲁的学生，也知道你们的真实身份。对！是的！就是这样！"

"是吗？"我礼貌地问。

"对，你们两个，"他停顿了一下，然后像在国会演讲一样，他大喊道，“你们两个是美利坚合众国的大人物！学生？是啊！你们肯定是新生！绝对是！”

我们走开了，让他独自在那里自言自语。他可能并不那么在意这些钱。职业赌徒都不在意亏钱，因为这是游戏的一部分，正所谓风水轮流转。真正伤他自尊的是他上了我们的当。

这就是我为回归华尔街而做的第三次尝试。我一直在研究，当然也试着找到我的股价预测体系存在的问题，正是这些问题导致我之前在富乐顿公司的失败。我 20 岁就赚到了自己的第一笔 1 万美元的资金，后来我把它输光了。但是我知道了钱是怎么赔掉的，为什么会赔掉，那是因为我交易时总是错过正确的时机；是因为基于我的研究和经验所建立的系统告诉我不适合交易时，我仍坚持入市并下了赌注。我希望赢，而并非仅仅弄明白应该在状态良好的时候赢钱。在 22 岁时，我迅速积累了 5.5 万美元的资金，然后在 5 月 9 日亏完了这笔钱。我同样知道亏钱的原因和方式，正是那天滞后的报价纸带上的价格和前所未有的股市波动让我一败涂地。但是我不明白为什么在离开圣路易斯回到纽约后，或在 5 月 9 日股市恐慌平息后我仍然在赔钱。对于我在交易过程中发现的某些错误，我已经有应对的方法，或者说有弥补的措施了，但是我需要真正地将它们加以实践。

在教会我们哪些事情不能做这件事上，没有什么能比得上让你失去这个世界上所拥有的一切更有效的方法了。当你明白为了避免亏钱哪些事情不能做的时候，你就已经开始掌握如何做才能赢钱的技巧。你懂了吗？如果懂了，你就开始上道了！

第五章 深入思考，相机而动

我认为那些痴迷于研究股票行情的人，即过去的“纸带虫”会失手，正所谓物极必反，过度专业会使他们不知变通，从而付出惨痛的代价。毕竟无论主要的法则有多么严格，投机游戏并非仅靠数学运算或固定规则就能取胜。即便是看盘，仅依赖于数学运算也远远不够，还要辅以其他技巧，即观察股票的市场表现，以帮助你判断它是否按照先前所观察到的先例发展。假若某只股票行情不好，就不要碰它。因为如果无法准确地判断问题所在，你就无法判断股票的走势。而无法判断走势，便无法预知价格变动，自然也就无法赚钱。

观察股票行情并研究其过往的表现，这种做法由来已久。我初到纽约时便听到一个法国人经常在经纪行里谈论他的图表，起初我以为他是某家公司的一个怪人，这家公司收留他是因为同事都是好心肠。之后，我发现他讲的内容总是很有说服力，且令人印象极其深刻。他称数学运算是唯一不会说谎也不能说谎的东西，通过研究数学曲线的变化，他能预测市场走势。同时，他可以分析曲线并进行判断，例如，为何基恩能够在著名的艾奇逊公司优先股牛市操盘中大获全胜，以及之后为何他会在南太平洋公司的联合资金池中一败涂地。在那之后，不时会有一两个专业交易公司尝试法国人的方法，然而最终他们还是会重拾自己那一套不科学的老方法来维持生计。我听到那个法国人说基恩认为图表是百分之百正确的，然而基恩也声称此方法在实际运用于动态市场的时候见效过于缓慢。

此后，有家经纪行绘制了一幅日常价格走势图，该图表能简单明了地反映出近几个月每只股票的行情。在根据不靠谱的内幕消息买进股票后，通过比较单独和总体的市场曲线，以及将某些规则铭记于心，客户可以判断出股票的价格是否会上涨。因此，他们将此图表视为一种辅助性的情报。现如今，佣金行比比皆是，在这些地方你都能看见交易图表。它们是经纪行的统计专家绘制的现成图表，不仅包括股票，还包括大宗商品。

我想说，图表对于那些能够看懂的人会有帮助，或者更确切地说，对于那些能将从图表中获取的知识融会贯通的人会有帮助。然而，普通的图表研究者倾向于沉迷这样一种想法，即股票投机无非就是关注股票的波谷和波峰以及主要走势和次级折返走势。如果自信超越了理智，那么他将注定会破产。有一位数学家，他能力极高且训练有素，毕业于一所著名的技术学校，曾是一家知名证券交易所的合伙人。他通过细心钻研大量市场股票、债券、粮食、棉花和货币等的价格表现，从而绘制出图表。他追溯多年前的信息，探寻它们之间的关联和周期性走势，还有其他方方面面。多年来，他将他的图表运用于股票交易，他真正做的就是利用高度智能的算术平均法。人们告诉我他经常盈利，直到世界大战爆发，所有先例都成为过眼云烟。我听说他和他的大量追随者在收手前损失了数百万美元。然而，在行情看涨时，即使是世界大战也不能阻止股市成为牛市。同理，如果行情看跌，它也不能阻止股市变成熊市。因此，若想在股市赚钱，就要懂得评估市场行情。

我并非故意偏离主题，然而我总是会想起在华尔街最初几年所经历的事情。当时未开窍的事情如今已然明了，同时我也会想起因愚昧无知而犯下的各种错误，而这些错误正是普通股票投机者在长年累月的实战中都会犯的错误。

在重返纽约试图第三次在股市闯出一番天地后，我的交易非常活跃。我并未指望自己可以如当年在对赌行时那样获得同样的成功，但是我觉得经过一段时间，自己能够做得比那时更好，因为我能够进行更大额的投资了。然而，我现在已经明白我的主要问题所在，即无法掌握股票赌博和股票投机之间的重要差异。由于 7 年来对看盘颇有经验且具备一定的天赋，因此我投入的资金虽然不能给我带来大笔财富，但是也能让我获得很高的利润。虽然和往常一样，我赢了又输，但是不赚不亏。赚得越多花得越多，这是大多数人的通病。这个毛病不仅仅赚快钱者有之，实际上，每个人，只要不是守财奴都会如此。

有些人，比如老拉塞尔·塞奇，擅长赚钱也喜欢囤积财富，因此，他们会毫无疑问地守着巨额财富去世。

每天的上午 10 点到下午 3 点是我聚精会神进行股票投机的时间，而 3 点之后，我便开始纵情享受生活。请不要误会，我从未因享乐而耽误过正事，之前的亏钱是源于失误而非纵情恣欲或过度享乐。我也从未出现过神志不清或四肢痉挛等耽误正事的情况。因为对我而言，我无法承担由于身心交瘁而导致的损失。即使是现在，我也会在晚上10点上床睡觉。作为一个年轻人，我从未熬过夜，因为睡眠不充足会导致我无法正常交易。鉴于我在股市中整体上处于一种赚钱的状态，所以我认为没有必要放弃享受生命中的美好。而且股市始终会在那里，为我享受美好生活买单。我获得了一种自信，这种自信源于以专业冷静的态度看待自己的谋生方式。

我在交易手法中所做的第一个改变是关于时间的。我无法像之前在对赌行那样，等非常有把握时再出手，然后赚一两个点。如果我想要从富乐顿的经纪行了解市场走势，我必须更早地提前开始研究。换言之，我必须研究接下来的市场行情，预测股票走势。这听起来平淡无奇，但是你会明白我想要表达的意思。对我而言至关重要的是，我对这个投机游戏的态度的转变。它一点一点地教会我押注波动与预测不可避免的上涨和下降之间的本质区别，以及赌博和投机之间的根本性区别。

研究市场时，我必须回顾一小时以上的历史行情，这一点是我在这个世界上最大的对赌行无论如何都学不到的。我对交易报告、铁路收益、金融以及商业数据相当感兴趣。当然，我热衷于大笔交易，因此，人们戏称我为“少年赌客”，但是我同时还喜欢研究股票走势。如果某种东西可以帮助我更明智地交易，我绝不会讨厌它。在解决问题之前，我必须了解问题所在，当找到解决方法时，我必须证明此方法准确无误。我知道仅有一种方法可以证明自己正确与否，那就是用我的钱赚到更多的钱。

尽管目前我的进步看起来比较缓慢，但是我的账户余额在增加，所以我认为我已经尽力学得很快了。倘若我经常亏损，这可能会刺激我更持之以恒地学习。当然，我本可以发现更多的自身错误。然而，我不确定亏损的确切数值，因为如果之前亏损更多，我可能会缺钱，这样我就无法测试我的交易方法是否有进步。

在研究我在富乐顿经纪行成功的投机经验后，我发现即使我对市场行情和总体趋势的推测是百分之百正确的，我所赚的钱也没有我对市场的“精准”分析理应赚到的钱多。为什么会这样？

这是因为从部分成功交易中学到的知识与从失败交易中学到的一样多。

例如，在牛市一开始我便看多，然后我通过买入股票来支撑自己的观点。正如我预见的那样，股票又涨了。至此，一切都很顺利。但是我还做了什么？哎呀，我听从内心“稳重的呼唤”并抑制了我年少的冲动。我下定决心不干蠢事，谨慎保守地进行投机。所有人都知道，要想做到这一点，方法便是卖掉手中的股票获利，然后待市场回落时再回购股票。这正是我此次采用的手法，或者更准确地说，这是我尝试采取的手法。我经常获利，但是我想象的回落却从未发生。我看到我的股票又上涨了 10 个百分点，我仍旧保守地守株待兔，稳稳地守着口袋里 4 个百分点的利润。人们常说倘若你获利，就绝不会变穷。事实确实如此，但是同时你也不会因为在牛市获得 4 个百分点的利润而变得富有。

我在本应赚 2 万美元的时候只赚了 2 000 美元，这便是保守的后果。大概在那时，我发现在本应该能赚得盆满钵满时我却只赚到微薄的利润，同时我发现另外一个事实：根据经验程度，傻瓜之间是存在等级差别的。

首先，菜鸟一无所知，所有人包括他自己都清楚这一点。但是比菜鸟高一级或者两级的新手认为自己见识丰富，而且他们会让别人也这样认为。这种新手可以称得上有经验的傻瓜，他们研究的是比他们高一个层次的傻瓜对市场的某些评论而非市场本身。第二个层次的傻瓜懂得如何在某些方面避免亏钱，这些方面是新手所不具备的。而事实上，这些半吊子而非百分百的菜鸟才是佣金行全年的衣食父母。一般而言，第二个层次的傻瓜平均能坚持 3 年半，而相比较而言，初次闯荡华尔街的新手通常只能坚持一个赛季，即 3 到 30 天。自然而然地，那些半吊子总是会引用著名的交易格言和各种游戏规则。他们将老手前辈的交易禁忌铭记于心，却唯独忘了最重要的一条规则，即不要成为傻瓜！

半吊子们认为自己是已经上手的那类人，因而他们热衷于在行情下降时买进。他们等待着行情下降，通过对比买入和抛售时与最高点的点数差异来衡量自己的收益。在牛市中，单纯的傻瓜完全无视规则和先例而盲目买进，因为他们缺乏明确的目标。他们会暂时赚得盆满钵满，直到一次正常的回落掏空他们的口袋。但是谨慎的傻瓜会参考他人的经验自作聪明地投机，正如我以前做的那样。我明白必须改变我在对赌行的投机方法，并且我认为任何改变都有助于解决我的问题，尤其是对其中一条被客户中那些老练的交易商奉为圭臬的规则做出的改变。

绝大部分股民（请允许我暂且将他们称为客户）比较类似。你会发现他们中极少有人会真心实意地说华尔街不欠他们的钱。在富乐顿炒股的客户也是如此，涵盖我之前说的各个等级和层次的人。然而，其中有个家伙异于常人。首先，他年岁较长。其次，他从不自愿为他人提出建议，也不会吹嘘自己的成功。他擅长聚精会神地聆听他人分享的内部消息，但是他似乎并不渴望打听内部消息，即他从不会向发言者询问他们的所见所闻。然而，当人们给他内幕消息时，他总会非常礼貌地感谢对方。有时如果别人分享的消息有用，他会再次感谢对方。但是倘若那个消息是错误的，他也不会怨天尤人，因此，无人得知他是否听信这些消息或是根本就没有在意。经纪行传言这位老投机客非常富裕且能够调动很多资金，但是他并未以佣金的方式为公司赚很多钱，至少没人看见过。他名叫帕特里奇，然而人们在他背后为他起了一个绰号叫“火鸡”，因为他的胸肌很大，下巴尖都挨到胸肌了，而且他喜欢大摇大摆地穿梭于各个房间。

因为迫切地希望其他人能够为自己的决策和行动提供推动力，以便在失败后好把责任推给对方，所以富乐顿的客户过去常常找老帕特里奇。他们会告诉他一个内幕人的朋友的某个朋友告诉他们关于某只股票的内幕消息。他们表示自己还未付诸任何行动，想让帕特里奇做参谋，为他们指条明路。然而，无论内幕消息是关于买进还是卖出的，老家伙的回答都是不变的。

客户在说完自己的困惑后问道："您认为我应该怎样做？"

老"火鸡"会将头歪向一侧，带着慈祥的微笑注视着他的客户伙伴，最后他会说出一句令人印象深刻的话："你要知道，这是一个牛市！"

我屡次听到他说："嗯，你要知道，这是一个牛市！"仿佛他在给你一个用 100 万美元的意外险保单包裹的无价法宝。当然，我并不明白他的意思。

有一天，一个名叫埃尔默·哈伍德的伙计冲进经纪行，写下一个订单并将其交给店员。之后他冲到帕特里奇先生所在的地方，帕特里奇正在耐心地聆听约翰·范宁分享他的故事，约翰说他有次无意中听到基恩给他的一个经纪人下指令，然后约翰也跟着买了 100 股，但是约翰在赚到 3 美元的利润时便将股票出售了，之后股票上涨了 24 美元。同样的悲惨故事，约翰至少向他讲过四次，但是老"火鸡"依旧同情地微笑着，就好像他第一次听到这个故事一样。

埃尔默并未向约翰·范宁表示歉意，他径直走向"火鸡"并告诉他："帕特里奇先生，我刚刚出售了我持有的克莱美汽车公司的股票。我的人跟我说市场一定会回落，然后我就可以在更便宜的时候买回股票，所以如果你手上也有股票，你最好也这样做。"

埃尔默怀疑地看着"火鸡"，正是他为"火鸡"提供了买进股票的第一手内幕消息得。即使消息的真伪尚未得到验证，但是外行或无偿的内幕消息提供者也总是认为他需要对接收过他消息的人负责到底。

“火鸡”感激地回答：“是的，哈伍德先生，我手上还有股票，这是当然！”埃尔默能够替老家伙着想，这一点相当不错。他说：“好，现在是时候赚取利润了，然后在下一次下跌时再买进。”就好像他刚为老人填写了存款单一样。由于未在受惠者的脸上察觉到任何积极的感激之情，埃尔默继续说：“我刚刚已经清仓了！”

从他的声音和举止来看，你可能会保守地估计他拥有1万股。然而帕特里奇先生遗憾地摇摇头然后嘀咕道：“不！不！我不能这样做！”

埃尔默大声喊道：“什么？”

帕特里奇说：“我就是不能这样做！”他显得非常为难。

“不是我给你提供内幕消息让你买进的吗？”

“确实是你提供的，哈伍德先生，我也非常感激你，真的，先生，但是……”

“打住！让我说！股票在10天内上涨了7个点的利润，不是吗？”

“确实是，这也是你的功劳，老兄。但是我并不考虑出售这只股票。”

埃尔默问：“不能出售？”他开始怀疑自己的耳朵。这是因为大多数内幕信息提供者在提供信息的同时也养成了打听消息的习惯。

“不，我不能这样做。”

“为什么不行？”随后埃尔默走得更近了。

“哎呀！这是一个牛市啊！”老伙伴这么说，就好像他刚刚给出了一个漫长而详尽的回答。

埃尔默说："没错。"他看起来非常生气，因为他感到很失望。他说："正如你所说，我知道这是一个牛市。但是你最好把你的股票卖掉然后在回落的时候买回，这样做你还可以降低成本。"

帕特里奇看起来非常难过，说道："老兄，如果我把股票卖出，我就会失去头寸，那样的话我将何去何从？"

埃尔默·哈伍德无奈地摊摊手，摇着头走向我试图博取同情，他对我高声耳语："请问你能说服他吗？"

我沉默不语。所以他继续说道："我为他提供了关于克莱美汽车公司的股票消息，他买了 500 股。现在他已经稳赚 7 个点的利润了，然后我建议他卖出之后在股市回弹时买回，即使是现在也应该这样做。然而，当我告诉他的时候，你知道他怎么说吗？他说如果他卖出就会丢掉工作，你能理解吗？"

老"火鸡"插嘴说道："请原谅，哈伍德先生，我并没有说我会丢掉工作，我只是说会失去头寸。当你到了我这个年纪的时候，你所经历的顺境和恐慌就会和我经历的一样多，到那个时候，你自然就会明白失去头寸是没有人能够承受的损失，即便是约翰·洛克菲勒也无法承受。兄弟，我希望这只股票回落，然后你便可以以巨大的折扣回购你的股票。但是我只能根据多年来获得的经验进行交易，为了获得这些经验，我曾经付出高昂的代价，因此我不想再付出这种代价了。但是我仍然非常感谢你，你就当作我已经将这笔钱存进银行且落袋为安了。你要知道，这是一个牛市。"然后他大摇大摆地走开了，只剩埃尔默一脸茫然地站在那里。

我当时并未完全理解帕特里奇先生的一番话，直到我开始反思我的大量失败经历之后，才恍然大悟。那时我对大势的判断非常准确，然而却并没有赚到应赚的部分。我研究得越多，越觉得那个老人是如此明智。很显然，在他年少时他也曾遭受同样的失败，并且认识到自己身上存在的人性弱点。他不会让自己轻易受到诱惑，因为过往的经历教会他要努力抵制这些诱惑，否则他将付出高昂的代价，就如我的经历一样。

当我最终参透帕特里奇老先生反复对其他客户说的那句话的意思后，我认为我的交易水平提高了一大截。他的本意其实是想告诉他们，要想赚大钱，不能仅靠单次波动，而要靠大势，也就是说，靠阅读报价纸带是远远不够的，还要预估整个市场及其走势。

在此我想说明一个道理，在华尔街闯荡多年并在盈亏数百万美元后，我发现我能够赚大钱绝不是因为我懂得思考，而在于我懂得相时而动。明白吗？我的静观其变发挥了重要作用！正确地判断市场根本不需要什么技巧。你会发现在牛市里，总会有许多人过早地看多，而在熊市里，总会有许多人过早地看空。我认识很多能够在正确的时机伺机而动的聪明人，他们在能获得最大利润的价位买入或出售股票。但是他们的经历总是与我的吻合，即他们并未从中赚到大钱。能够正确判断市场且静观其变的人定会非同寻常，这其实也是最难掌握的技巧。作为一名作手，只有在牢牢地掌握这个技巧之后，才能赚到高额利润。事实上，在掌握这个交易技巧之后，赚几百万美元比未掌握这个技巧之前赚几百美元要容易得多。

原因在于，我们虽然能够清晰且准确地做出判断，但是在市场准确沿着我们判断的趋势发展前，我们会很容易失去耐心或者变得疑虑，这也是许多华尔街的操盘者虽然并不处在傻瓜等级，也不属于第三个层次，但是仍然亏钱的原因。打败他们的是他们自己，而非市场，因为即使他们头脑聪明，也无法静观其变，所以终将失败。老“火鸡”的言行是完全正确的，他不仅具备坚守自己信念的勇气，而且具备常人没有的耐心。

无视大幅回升便尝试买入或卖出是我的致命缺点。没有人能抓住所有的波动。在牛市中，你需要做的便是买进并持有该股票，直到你确信牛市即将结束。要做到这一点，你必须研究整体市场行情，且没有任何内幕消息或特殊因素影响单只股票的表现。之后不要理这些股票，无限期地放在那里！你要做的便是静观其变，直到你觉察到，或者说直到你认为你觉察到市场逆转，或者整体行情开始逆转。要做到这一点，你必须开动脑筋且具有远见，否则，我的这个建议就会像直接告诉你低价买进和高价出售一样愚蠢。不要尝试赚最后或最初的一个价位，这是每个人都能学会的技巧，也是最有用的技巧之一。最后或最初的一个价位是这个世界上最昂贵的价位，就是这两个价位让股票交易商损失几百万美元，足够修建一条横跨大陆的混凝土公路。

当我开始以不那么莽撞的方式交易后，我对在富乐顿经纪行的操作进行研究后发现了另一个现象：我最初的操作很少出现亏损。于是，我自然而然地决定开始进行大笔交易。这让我对自己的判断有了信心，从而不会受他人的建议或者自己偶尔不耐烦的心情的影响。倘若对自己的判断缺乏真正的信心，就无法在这场投机游戏中大有作为。我学到的所有技巧可以总结为：研判整体行情，持仓并坚守。我可以一直等待，没有丝毫的不耐烦。知道股市调整只是暂时现象，所以我绝不动摇。我做空了10万股并预见大反弹即将到来，我一直认为这样的反弹不可避免，甚至还有益，它可以使我在账面上获得100万美元的利润。我依然按兵不动，即使看到我账面上的利润少了一半，我也丝毫没有考虑空头回补，然后回调时卖空。我明白，如果我这样做就可能失去头寸，而只有拥有头寸才有把握实现绝杀。让你大赚一笔的是大波动。

如果你说我领悟的速度太慢，那是因为我一直从失误中吸取教训，人在犯错误后，往往需要一段时间才能认识到错误，且需要更长的时间才能吸取教训以杜绝这种错误。但与此同时，我过得逍遥自在且本身很年轻，所以这也算一种弥补。我的大部分成功仍然部分源于读取报价纸带，因为我的方法非常适用于我所处的市场。由于那时的损失并没有刚开始在纽约闯荡时的大，因此我的心情也没有像那个时候那样烦躁。当你知道我在不到两年的时间就破产三次，便会发现这并不值得骄傲。而正如我说的那样，经历破产是一次非常有效且具有教育意义的教训。

因为我一直享受生活，所以我的本金并没有迅速增加。与我年纪和品位相同的年轻人希望拥有的东西，我也一样不想错过。我有自己的小轿车，既然钱都是从股市中赚到的，我并不觉得省吃俭用有任何意义。自动收报机只会在周日和假期停止运行，这也是它的职责所在。每次当我反思损失的原因或犯错的缘由时，我都会将一条新的“戒条”添加到我的资产清单。而不降低生活成本是使我不断增加资产的最佳办法。当然，我的经历既有难忘的，也有无趣的，但是如果要我事无巨细地全部说出来，那么将永远没有尽头。事实上，我在交易中学到的一些于我有一定价值的东西是我唯一不费吹灰之力就记得的宝贵教训。这些东西丰富了我的投机知识储备，同时让我更加了解自己！

第六章

大西洋城悟本心

1906 年春，我来到大西洋城休了个短假。当时我已经清仓，唯一的想法就是换个环境好好地休息一下。顺便说一下，在度假之前我已经回到第一个经纪行——哈丁兄弟公司，我的账户交易一直非常活跃。我可以采用波段操作的方式交易 3 000 ~ 4 000 股。这个交易量并未超过我在古老的大都会经纪行时的交易量，要知道那时我只有 20 岁。但它们在保证金的处理方面略有不同，对赌行会向我收取 1 个点的保证金，但其实并没有什么股票交易，而经纪行虽然也向我收取保证金，但是它会在纽约股票交易所用我的账户实际买卖股票。

你可能会记得我在第一章提到过，我曾在大都会做空 3 500 股美国制糖公司股票，在那个时候有一瞬间我心中涌出一种不详的预感，这种感觉驱使我想要终止交易。好吧，我经常会产生这种奇怪的感觉。通常，我会跟着感觉走。但有时候我又对这种感觉嗤之以鼻，并告诉自己，仅凭这种突如其来的盲目冲动就改变自己的立场，简直是一种愚蠢至极的行为。我认为这种感觉是由于紧张所致，而紧张的原因是我抽了太多雪茄、睡眠不足、肝脏迟钝或者其他诸如此类的因素。当我说服自己无视自己的冲动而坚持己见时，我总是有理由为此感到后悔。有的时候我没凭直觉卖出，第二天去城里的时候，发现股市表现强劲，甚至还呈现上涨态势，我就告诉自己：仅凭一时的冲动而盲目卖出股票的行为是多么愚蠢。但在接下来的一天，股票急剧下跌，这种情况算下来有十几次。这样看来，一定是某个地方出了问题，要是我不那么理智，操盘也不那么符合逻辑，也许我就赚到钱了。这种感觉显然是由心理因素，而非生理因素造成的。

我只想讲讲其中的一次经历，因为它令我印象深刻。那是1906年的春天，我正在大西洋城休短假。当时有个朋友跟我在一起，他也是哈丁兄弟公司的客户。那时，我无意交易，只想享受我的假期。我总能放下交易纵情享乐，除非股市非常活跃，且我的仓位较重。我记得那是一个牛市。市场前景对于所有企业而言均表现良好，股市走势放缓但基调平稳，所有迹象都表明股价会上涨。

一天早上，我们吃完早餐，翻阅了所有的纽约晨报，然后欣赏海鸥啄起蛤蜊飞到20英尺高的上空后，将它们抛到湿硬的沙地上，摔碎蛤蜊壳开始享用早餐，我们觉得有些厌倦，然后，我和朋友起身前往海边木板道散步。那是我们白天最喜欢做的事情。

晌午还没到，我们慢悠悠地散着步，消磨时间，呼吸着海边微咸的空气。哈丁兄弟公司有一个营业部设在木板道上，我们每天上午散步时都会顺道来这里看看开市情况。来这里更多是出于一种惯性，毕竟我也没做任何交易。

我们发现市场强劲且交易活跃。我的朋友对股市尤为看涨，他持有中等仓位，当时的买入价比现价低了好几个点。于是，他开始告诉我，持有股票以等待更高的价格出手在目前看来显然是非常睿智的做法。我没怎么认真地听他讲话，这样做也省去了是否要同意他观点的麻烦。我看了看报价板，发现大部分股票都在上涨，除了联合太平洋铁路公司。我的预感告诉我应该卖了它。我说不出其他的原因，就是想要卖了它。我反问自己为什么会有这种预感，我发现找不出任何卖空它的理由。

我直直地盯着报价板上显示的最后价格，直到数字、报价板或者其他任何东西在眼前虚化。我唯一的念头就是想卖出这只股票，我也不懂自己究竟为什么这样想。在朋友看来，我的神态肯定很怪异，因为他就站在我旁边，他突然推了一下我，问道："嘿，你怎么啦？"

"不知道。"我说。

"要去睡会儿吗？"他说。

"不用。"我说，"我不打算睡觉。我只想去卖了那只股票。"之前跟着感觉走，我总能赚到钱。我走到一张桌子旁，桌上有一些空白的指令单。我朋友也跟了过来。我填好按当前市价卖出 1 000 股联合太平洋铁路公司股票的单子，并递给经理。我在填单并递给他的时候，他面带笑容。但他在看了单子后，笑容戛然而止，他直直地看着我。

"你没写错吧？"他问我。但我只看着他，一言不发，他则跑去把单子递给操作员。"你在干什么？"我朋友问道。

"我要卖了它。"我告诉他。

"卖那只股票？"他冲我喊道。因为他觉得我的看法应该跟他一致，他认为现在是多头市场，我怎么能够认为现在是空头市场呢？一定是哪里出了问题。

“1 000 股‘联太’。”我说。

“为什么？”他十分激动地问我。

我摇摇头，表示我这样做没有缘由。但他肯定认为我从哪里打听到什么内幕消息，他抓住我的胳膊把我拉进了大厅以远离其他客户的视线，避开他们的耳目。

“你打听到什么内幕消息了吗？”他问我，他的语气异常激动。“联太”是他十分看好的股票之一，他对这只股票看涨，因为公司的前景和收益俱佳。尽管如此，如果能打听到二手的内幕消息，他还是可以接受看空的。“没有！”我说。

“没有吗？”他语带怀疑，这一点非常明显。

“我什么内幕消息都没有。”

“那你究竟为什么要卖？”

“我不知道。”我告诉他，我说的字字属实。

“噢，过来，拉里。”他说。

他知道我在出手时向来都很清楚原因。我已经卖出了 1 000 股“联太”。在这样强劲的市场上，我一定有充足的理由卖掉那么多股股票。

“我不知道。”我重复道，“我只是预感有事要发生。”

“什么事？”

“我不知道，我也说不出原因，我只知道我想要卖掉‘联太’。我还要让他们再卖 1 000 股。”

我走回营业部，给他们发出了再卖 1 000 股的指令。如果第一个 1 000 股我没有卖错的话，我应该再一次出手。

“到底会发生什么事呢？”我朋友穷追不舍地问道，他无法下定决心跟随我的脚步。如果我告诉他我听说“联太”要下跌了，恐怕他都不问我从哪打听到的消息，理由是什么，就会跟着卖了。“到底会发生什么事呢？”他又问了一次。

“一切都有可能发生，但是是否发生我无法向你保证。我说不出原因，我也不懂算命。”我告诉他。

“你疯了。”他说，“彻底疯了，你竟然无缘无故地卖空这些股票。而你却不知道原因！”

“我不知道我为什么要卖掉它。我只知道我想卖掉它。”我回答道，“就像我想做其他事情一样。”我的感觉很强烈，因此我又卖了 1 000 股。

在我朋友看来，我已经卖得够多了。他抓住我的胳膊说道：“赶紧！我们离开这里吧！省得你卖光了所有的股票。”

因为我已经卖得够多了，已经满足我先前的愿望了，所以我朋友拉我的时候我就跟他走了，走的时候都还没拿到第二次和第三次卖出 2 000 股的报告单。就算是有绝佳的理由出手，但是刚刚的一阵狂卖，还是让我心潮澎湃。尤其是在整个市场如此强劲、没有任何迹象让人预料到熊市到来的情况下，无缘无故就卖空股票似乎并不妥当。但我记得之前有一次我产生过同样强烈的预感而想要卖空股票时，却没有照做，一想到我总是追悔莫及。

我把这些故事中的一些讲给我的朋友听。吉姆·菲斯克只是看着我朋友说道："继续啊！快点儿！都卖光了吧！到时候可别忘了邀请我参加你的葬礼。"

"好的。"我说，"如果他卖空，你到时候就看他赚得盆满钵满吧！那你自己也卖些'联太'的股票啊。"

"我才不卖！我是那种随波逐流赚大钱的作手。"

第二天，更详细的报告发布后，股市开始下跌，但并没有想象中的那么严重。我知道天底下已经没有东西可以延缓一场股市重挫，于是我又卖了 5 000 股。没错，在那个时候，股市的情况于大多数人而言是显而易见的，我的经纪人也乐于让我这么做。经纪人和我并没有鲁莽行事，我评估市场的方式也并无不妥。第三天，股市开始大幅下挫。毫无疑问，有人要付出代价，而我理所当然地得寸进尺。于是，我又翻了一倍，卖了 1 万股。因为在这种情况下，这是我能够做出的唯一选择。

我当时脑子里只想着我这次绝对赌对了，这可是天赐良机。剩下的就看我如何充分利用它了。于是，我出手了更多股票。如果你问我是否想过这个问题：这么大的做空力量下来，都不需要多大的反弹，就有可能洗掉我所有的账面利润，甚至我的本金。我也不知道我有没有想过这个问题，但就算我有想过也没有多大用处。我并非在鲁莽的情况下孤注一掷；相反，我采用了保守的交易模式。这个世界上有人能够阻止地震的发生吗？他们能做到不花一分一毫一夜之间修复坍塌的楼房吗？在地震发生的头几个小时，就算用全世界所有的钱也无法完成修复工作，难道不是吗？

我既非盲目的赌徒，也非疯狂的卖空者。我没有被一时的成功冲昏头脑，或者认为整个国家在旧金山几乎被地震夷为平地而从地图上消失后会成为一片废墟。相反，我异常清醒！我不希望出现恐慌。第二天我就大赚一笔，25 万美元。这是我从开始炒股到那个时候赚得最多的一次，前后只用了几天时间。在开始的几天，华尔街并没有在意地震。他们会告诉你关于地震的第一批报道并没有严重到令人担忧，但我认为原因在于我们在短时间内无法改变公众对股票市场的看法。甚至专业的交易者多半都反应迟缓且缺乏长远的眼光。

我也不知道该如何给你一个科学或随意的解释。我只是如实地告诉你我做了什么，为什么要这么做以及这样做的结果。与我的神秘预感相比，我更关心的是我凭借它赚了 25 万美元。这就意味着，如果时机成熟，我可以用波段的方式操作比以往任何时候都要大的盘子。

那年夏天，我去了萨拉托加温泉区。我本来是要去度假的，但同时我也关注股市。首先，我的身体还没有疲累到一想到股市就心烦的程度。其次，我在那里认识的所有人对股市要么兴趣正浓，要么曾经非常感兴趣。因此，我们会自然而然地讨论相关话题。我发现他们在交谈与交易时的行为有着天壤之别。有些家伙在与你交谈时，会让你联想到行为放肆的员工大骂脾气暴躁的老板，就像呵斥野狗一样。

哈丁兄弟公司在萨拉托加也设有一个营业部，有很多客户在那里交易。但我猜他们来这儿的真实原因应该是广告效应，在度假胜地设立一个营业部就如同在人流量大的地段挂一个广告牌。我以前常常顺路到这儿来，闲坐在一群客户中。这个营业部的经理是从纽约总部调过来的，为人不错，他在营业部与朋友和陌生人逢场作戏般地打招呼，当然有可能的话也可以招来生意。这里是打听关于赌马、股市各种内幕消息的好地方，当然也是服务员赚取小费的好地方。营业部知道我不是来打听什么内幕消息的，所以这个经理每次秘密地从纽约总部得到什么消息后，都不会走到我的面前与我小心耳语一番。他只会把电报径直递给我，说“这是他们刚刚发的”，或者其他此类的话语。

每次来这个营业部，我自然会关注股市。于我而言，看报价板和观察股市信号其实是同一个过程，并没有区别。我发现我的宝贝股“联太”似乎要上涨了。虽然价格已然很高，但是这只股票的表现好像正在吸筹。我连续观察了好几天，没有买卖“联太”。我观察得越久越坚信有人正在买这只股票，这个人肯定不简单，因为他手上不仅有大量的资金可以调配，而且他对股市了如指掌。我认为这个吸筹手段真是高明。

在确认了这一点之后，我很自然地就开始以每股160美元的价格买进。这只股票表现一直不错，因而我不断买入，每次500股。我买得越多，它涨得越快，虽然没有出现暴涨的情况，但是我感觉很好。从报价纸带上，我看不出这只股票不会继续大幅上涨的理由。

营业部的经理突然找到我，跟我说他们收到来自纽约总部的电报，问我是否在营业部，他们回答说在时，另一封电报又传来："别让他离开那里。告诉他，哈丁先生要跟他谈一谈。"

我回答说我等哈丁先生的电话，然后又买入5 000股"联太"。我不知道哈丁先生会跟我聊什么，我觉得聊的话题应该与生意无关。相较于我购买的股票量，我的保证金绰绰有余。很快，经理就走进来跟我说埃德·哈丁先生打来长途电话找我。

"你好，埃德。"我说。

但他回道："你到底是怎么回事？你是不是疯了？"

"是你疯了吧？"我说。

"你在干什么？"他问。

"你什么意思？"

"一直买'联太'的股票。"

"为什么不能买？是我的保证金有问题吗？"

"这不是保证金的问题，而是你被人利用了。"

"我不明白你在说什么。"

"为什么你要不断地购买'联太'股票？"

"因为它在涨啊。"我说。

"涨？鬼才信！你难道不明白圈内人把它都倒卖给你了？你已经成了别人的活靶子了。你这样还不如去赌马，别被他们骗了。"

"没人骗我。"我告诉他，"我没有跟任何人提过购买这只股票。"

但他反驳我说："你不要指望那只股票每次都有奇迹发生，会救你于水火之中。趁现在还有机会，赶紧悬崖勒马吧。”他说：“在这个节骨眼上做多这只股票简直就是愚蠢，这些骗子正恨不得一股脑儿把它往外抛呢。”

“但是报价纸带显示有人在买这只股票。”我继续说道。

“拉里，看到你的订单，我的心脏病都要犯了。看在上帝的分儿上，别买这只股票别被人给利用了。赶紧出吧！马上。它随时都有可能崩盘。该做的我都做了。再见！”然后他挂了电话。

埃德·哈丁是个非常聪明的家伙，他消息灵通，无私善良，是一个靠得住的朋友。更重要的是，我知道他愿意广纳意见。在买“联太”的过程中，我靠的是多年股票走向的研究经验，以及大幅上涨后我对特定征兆的感知，当然这种感知也是我从多年的经验中习得的。我不知道我当时怎么了，但我想我之所以通过报价纸带得出吸筹的结论，原因在于这是圈内人精心操作的结果，他们让纸带传达了虚假信息。也许埃德·哈丁为阻止我犯下他认定的弥天大错而做的努力感动了我，他的思想和动机都毋庸置疑。我说不出自己为什么要听从他的意见，但我确实照他说的做了。

于是，我卖空了所有“联太”的股票。如果做多“联太”是很不明智的做法，那么不做空同样不是明智之举。因此，在卖出所有做多的“联太”股票后，我又做空了 4 000 股。我在每股 162 美元左右卖出了大部分的“联太”股票。

第二天，联合太平洋铁路公司的董事们宣布这只股派发 10% 的股息。起初，华尔街没有人相信这条消息。这简直太像输红眼的赌徒绝望地孤注一掷了，所有的报刊都聚焦于联合太平洋铁路公司的董事。但就在华尔街的精英犹豫不决之际，市场却炸开了锅。“联太”一路领先，在巨大交易量的推动下，其价格创下新高。有些场内交易者在一小时内就大赚一笔，之后我听说有一个脑袋不怎么灵光的专家，在犯了一个错误的情况下还稳赚了 35 万美元。第二周，他便卖掉了他在交易所的席位，然后下个月，他就过上了农场主的生活。

从听到董事宣布史无前例地派发 10% 股息的那一刻起，我就意识到自己活该，因为我没有坚守自己的经验判断而轻信了情报贩子的建议。我没有坚守自己的信念，然后听信朋友基于怀疑而做出的判断，仅仅因为我跟他没有利益冲突，而且通常情况下他很有主见。

看到“联太”股价创新高后，我自言自语：“我不应该做空这只股票的。”

此时，我除了存放在哈丁兄弟公司的保证金，便一无所有了。认识到这个事实后，我内心平静，既没有感到轻松，也没有因此而顽固不化。很显然，我曾经准确地读懂了纸带，因为埃德·哈丁而动摇了自己的决心实在是很愚蠢的做法。因自己的错误而指责他人没有任何实际意义，因为我不想浪费时间，何况事情已成定局。因此，我发出指令减少空头头寸。当我发出按市场价买进 4 000 股“联太”的指令时，它的价格在每股 165 美元上下。在这个价格时，我亏了 3 个点。在执行我的指令前，我的经纪人替我买进的部分股票价格达到每股 172 ~ 174 美元。拿到报告后，我发现埃德·哈丁的好意干涉让我损失了 4 万美元。对缺乏勇气坚守自己信念的人而言，这笔钱不算多！这次教训的代价还算是小的。

我并不担心，因为我根据纸带判断这只股票的价格还会上涨。虽然这次股市的波动有些不同寻常，而且没有先例可循，但是这一次我做了我认为应该做的事。在发出第一个买入4 000股空头回补的指令后，我马上决定根据我对报价纸带的判断来扭亏为盈。我买入4 000股，到第二天早上，我就平仓了。这样一来，我不仅弥补了之前4万美元的亏损，而且赚了大约1.5万美元。如果埃德·哈丁没有试图替我“省钱”的话，我一定会大赚一笔。不过，也正是多亏了他，我才从中学到了教训，而且我坚信，正是这一教训，才让我顺利地从“股票交易”这所大学毕了业。

我写这个教训的目的并非告诉大家，要坚守自己的本心，而不要听取内幕消息。我想跟大家分享的是，这一教训使我对自己更有信心，从而使我最终摆脱陈旧的交易方法。这次萨拉托加的经历是我的交易生涯中最后一次盲目的交易。自此之后，我便开始将目光放在市场大势上，而非着眼于单只股票。在这所股票投机学校里，我实现了跳级，但这一跳级过程实在是漫长而曲折。

第七章 抓住时机

如果有人问我对股市是看多还是看空，我会毫不犹豫地告诉他们，但我不会教人去买入或卖出某只特定的股票。熊市期间，股票普遍走低；牛市期间，股票普遍走高。当然我的本意并非指在战争引起的熊市中，军火股股价不会走高。我想说的是，上面说的适用于一般情况。然而，一般人并不想听有关股市行情的预测。他们只想有人直接教他们买入或卖出哪只特定的股票。他们不想动手研究，甚至连动动脑子都不愿意，只想着不劳而获。对他们来说，要一张张清点从地上捡来的钱实在太麻烦了。

但我还没有懒到那个程度，只是我发现，琢磨单只股票确实要比思考整个股市来得轻松，推敲个股价格波动要比思考整体市场变动更为容易。我认为是时候改变一下思考方式了，我也确实这么做了。

人们似乎很难轻易地掌握股票交易的基本原理。我经常说，在市场呈上升趋势时买进是最轻松的一种方式。但重点不在于越低价买进越好，也不在于如何在最高价时做空，而是要在合适的时机买入或卖出。我在看跌时卖出股票，每股卖出的价格肯定会比上一次更低。但当我买进时，情况正好相反。我必须在价格一步步上涨的情况下买进。我会在价格逐步上涨而非逐步下跌的情况下买入做多。

例如，假设现在我正在买进某只股票。我在 110 美元时买进 2 000 股。如果在我买进后股票上涨到 111 美元，那么我的操作暂时看来是正确的，因为目前股票已经涨了 1 个点，我处于盈利的状态。因为我操作正确，所以我继续买进 2 000 股。如果股价仍在上涨，我再买进第三笔 2 000 股。假设价格涨到了 114 美元，这时，我认为买到这就差不多了。我现在已具备一定的交易基础，以平均 111.75 美元的成交价做多 6 000 股，当前为 114 美元。我此时不会继续买进，而是静观其变。我推测，股票上涨到某个阶段可能会出现回落。我想看看回落后的市场行情，可能市场会回落到我在第三笔时买进的价位。假设市场价格上涨后回落到 112.25 美元，然后出现回升。那么就在股价回到 113.75 美元时，我立即下指令以市价买入 4 000 股。嗯，如果这 4 000 股都是以 113.75 美元成交的，那么我会觉得不对劲，这时我会卖出 1 000 股测试一下市场的反应。但假设我在 113.75 美元时下指令买进 4 000 股之后，有 2 000 股的成交价为 114 美元，500 股的成交价为 114.5 美元，剩下的股票价格越来越高，最后的 500 股成交价为 115.5 美元，那么我知道我的操作是正确的。通过这 4 000 股的购买方式，我可以判断出在这一特定时间买进这只特定股票的操作是否正确。当然，我的推测都是建立在充分研究股市整体情况且行情看涨的基础之上的。我从来都不会太轻易地买入价格低廉的股票。

我曾听说一个关于迪肯 · 怀特的故事，他当时是华尔街最大的作手之一。他是一位非常和善的老人，聪明绝顶且富有胆识。据我所知，他在辉煌时期曾有几番成就。

过去，美国制糖公司经常在市场中掀起热议。

而该公司的总裁 H.O. 哈夫迈耶在当时的势头可谓如日中天。我和一些老前辈闲聊时听说，哈夫迈耶和他的手下既坐拥大量的现金，也具有一定的智谋，足以在他们自己的股票方面做得顺风顺水。他们告诉我，哈夫迈耶在美国制糖公司股票上击败的小型专业作手比其他任何内幕交易者在其他股票上击败的作手数量都要多。通常，如果有内幕人员试图操纵市场，场内交易者不会推波助澜，而是极有可能会阻挠他们的行为。

有一天，一位认识迪肯的男士急匆匆地冲进他的办公室，一脸兴奋地对他说："迪肯，你是不是说过，我一有好消息就马上来告诉你，如果你觉得有用，就带我炒上几百股！"他停下来喘了口气，等待对方的答复。

迪肯用他一贯耽于沉思的表情看着他，说道："我不确定我是不是真有这么说过，但如果你的消息有用，我愿意给你些报酬。"

"我给你带来的就是有用的消息。"

"那挺好的。"迪肯非常温和地回应他，这让报信人鼓起了更大的勇气。

"好的，迪肯。"为防止别人听见，他微微凑近迪肯，小声地说道："H.O. 哈夫迈耶正在买进美国制糖公司的股票。"

"是吗？"迪肯非常平静地问道。

报信人听到他的反问有些不快，然后强调了一遍："是的！他满仓买进了。"

"朋友，你确定吗？"迪肯再一次反问。

"迪肯，我的消息绝对假不了。那帮圈内人现在是想尽办法有多少买多少。我猜这肯定和关税有些关系，普通股绝对会大赚一笔，收益将会超过优先股。也就是说头一笔肯定至少能赚 30 个点。

"你真的这么认为吗？"迪肯透过他的老式银框眼镜看着这位报信人，他过去就是用这副眼镜来查看报价纸带的。

"我真这么认为？不，这不是我凭空推测出来的，这就是我了解的事实。千真万确！怎么了迪肯，哈夫迈耶和他的朋友现在就在买进美国制糖公司的股票，如果没净赚 40 个点他们绝不会罢休！如果股市在他们还未满仓之前就暴涨，我也不会觉得惊讶。他们在股市的交易没有一个月前那么频繁了。"

"他在买进美国制糖公司股票是吗？"迪肯心不在焉地重复道。

"买进？哎呀，他这是在抢进，赶在股票价格因为自己大量购买而上涨之前疯狂抢进。"

"所以呢？"迪肯只回复了寥寥数语。这下彻底把报信人给惹急了，他说："迪肯！这绝对是个好消息。不会有假！"

"是吗？"

"是啊，这个消息绝对有价值。你要不要用？"

"嗯，行。我要用。"

"什么时候用？"报信人有些怀疑地问道。

“现在就用。”然后迪肯喊道，“弗兰克！”这是他身边最精明的一位经纪人，当时正在隔壁房间。

弗兰克回应道：“来了，迪肯。”

“你现在去交易所卖掉 1 万股美国制糖公司股票。”

“卖掉？”报信人激动地大喊。弗兰克本来正在跑去交易所的路上，听到这声激动的喊叫声不得不停下脚步。

“是啊。”迪肯平静地回应。

“但我刚刚已经告诉你哈夫迈耶正在买进！”

“我知道。”迪肯依然很冷静，然后转身对经纪人说，“快去，弗兰克！”

经纪人赶忙跑去执行交易指令。这时报信人已涨得满脸通红，霎时暴跳如雷：“我专门带来一个天大的好消息，我把你当朋友，认为你为人正直才告诉你，希望你能采用这条消息。”

“我已经采用了。”迪肯平静地打断了他的话。

“但我刚刚跟你说了，哈夫迈耶那帮人正在买进！”

“是的，我知道。”

“他们在买进！买进！我说的是买进！”报信人尖叫道。

“是的，买进！我知道你说的是买进。”迪肯笃定地说。他站在收报机旁，看着纸带。

“但你现在要卖出！”

“是的，1 万股。”迪肯点了点头，“是卖出，没错。”

他停下对话，全神贯注地看着纸带。报信人也凑上前，想看看迪肯在看什么，毕竟他总是如此老谋深算。他正越过迪肯的肩膀看过去时，一位职员拿着一张纸条走了进来，显然是弗兰克让人送交易报告回来了。执事连看都没看一眼，他已经从纸带上看到他的交易结果了。

于是他对职员说道："叫他再去卖掉 1 万股美国制糖公司股票。"

"迪肯，我发誓，他们真的在买进！"

"是哈夫迈耶先生亲口告诉你的吗？"迪肯平静地问道。

"当然不是！他从不向别人透露任何事情，甚至不会帮好友赚一分钱。但我肯定这条消息是真的。"

"朋友，不要太激动。"迪肯举起一只手，认真看着纸带。

报信人悻悻地说："我要知道你会反着来，就绝不会这么浪费彼此的时间了。但你要是损失惨重，我也开心不起来。迪肯，我觉得很遗憾。真的！你如果不介意的话，我就去别处用这条消息做交易了。"

"我正在用你的消息做交易。我对市场多少有一些了解，可能不及你和你的朋友哈夫迈耶，但我还是略知一二的。我以往的经验告诉我，对于你的这条消息，我现在的做法是最明智的。如果有人和我一样在华尔街闯荡多年，那么他一定会对真心为他感到遗憾的人心存感激。冷静点儿，朋友。"

这位报信人目不转睛地看着迪肯，他对迪肯的判断力和勇气有着崇高的敬意。

很快，那位职员又走了进来，给迪肯递了一份交易报告。迪肯看着报告说：“现在你去买进 3 万股美国制糖公司股票。3 万股！”

职员匆忙离开。报信人一边看着这只老狐狸，一边嘴里嘟囔着。

“朋友。”迪肯温和地解释道，“我相信你说的都是事实。但是即便我亲耳听到哈夫迈耶告诉你这个消息，我也会采取同样的做法。哈夫迈耶那帮人是否真如你所说正在买进股票，只有一种方法可以确认，那就是用我刚刚的做法去验证。第一笔 1 万股的股票非常容易脱手，但这还不足以下结论。第二笔 1 万股也被市场吞掉，而且行情还在持续上涨。2 万股都被买走了，说明确实有人想要接手市场上的所有股票，到底是谁买走的并不重要。所以我回补了空头，并且做多了 1 万股，就目前来看，你带来的确实是个不错的消息。”

“有多不错？”报信人问道。

“你可以在交易所以 1 万股的平均价格获得 500 股。”迪肯回应道，“再见，朋友。下次请冷静一点儿。”

报信人说道：“迪肯，你卖掉股票的时候能不能帮我也卖掉？我确实没有自己想象中那么会做交易。”

道理就是这样。这就是我从不轻易买进廉价股票的原因。当然，我总会尝试以有利于我交易的方式有效地买进股票。而卖出股票时，很显然，必须有人想要这些股票，否则你无法将股票卖出。

当涉及的资金规模较大时，必须时刻将这一点铭记于心。一位交易者研究了市场情况、认真筹划了交易策略，然后开始付诸实践。他以大笔资金买入，积累了大量账面利润。但他并不能够随心所欲地卖出。你不能指望市场像吸收 100 股那样轻松地吸收 5 万股的股票。

他必须耐心等待，直到市场能够吸收全部股票为止。当市场具备充足的购买力时，则说明时机到了。机会到来时，必须牢牢把握。通常，一个作手必须时刻等待时机到来。他不能在自己想卖出时卖出，而必须在能卖出时卖出。为确认合适的时机，他必须仔细地观察并测试市场。要判断市场何时能够吸纳你想卖出的股票其实很简单。但是，除非你能百分之百肯定时机恰当，否则刚开始行动时就满仓操作是不明智的。请记住，你完全不必担心买进时股票价格过高，或卖出时股票价格过低。但在首次交易结束后，如果第一笔交易未获利，请不要开始做第二笔交易。你需要耐心等待和观察。这时，你可以充分利用你的报价纸带解读能力，确定可以开始行动的合适时机。在合适的时机开始行动，往往决定着一场交易的成败。这一点的重要性，我在多年后才明白，在明白这个道理之前，我亏掉的钱有几十万美元。

我并非建议你一直采用金字塔式加仓法。当然，不采用金字塔式加仓法也赚不了这么多钱。但我想说的是，如果有一个作手在做投机买卖，并且只做500股的交易，那么他不应该一次全部买进。如果他只是想赌一把，那么我唯一的建议就是，不要这样做!

如果他第一笔买进了100股，立即就出现了亏损，那么为什么还要继续买进？他应该马上发现自己的判断出错了，至少暂时出错了。

第八章

研究股市的基本原则和大势

1906年夏天在萨拉托加发生的那起联合太平洋铁路公司股票事件使我比以往任何时候都更加独立，我不再轻易听信内幕消息和其他人根据自己的观点推测和怀疑而给出的建议，不管这些人私底下与我关系是否友好，也不管他们的个人能力是否优秀。已有无数事实可以证明我的解盘能力比周围大多数人更加精准，这一点并非自吹自擂。与哈丁兄弟的普通客户相比，我的能力更强，可以做到完全不受投机偏见支配。在我的眼里，熊市、牛市都一样，我不会偏好哪一方。我始终坚信的一点就是，要避免失误。

我一直观察股市的实际数据并得出自己的判断，尽管那时我还是个毛头小子，但那是我得出结论的唯一途径。我无法逃避其他人要我忽视的事实数据，那是我自己得出来的数据，你明白吗？如果我坚信某一件事，可以确定的一点是，这件事于我而言我不得不信。我做多是因为我的解盘结果是看涨，但是你会发现很多以精明著称的股民之所以看涨是因为他们手中持有股票，而我不会因为持股这一事实或者让先入为主的观念左右我的判断。这就是我为何多番强调要相信报价纸带的原因。因股市超乎预料或不合逻辑的表现对你不利而大发雷霆，与得了肺炎而责怪肺不好并无二致。

后来我才逐渐明白，股票投机远不止是解盘。老帕特里奇对于在牛市持续看涨的重要性的坚持，毫无疑问让我思考确定市场行情的必要性要高于一切。我开始意识到只有在大幅波动时才能斩获高额利润。无论最初是何种因素引起大幅波动，它的持续性实际上取决于市场大势，而非联合资金池的操纵或金融家的诡计，并且波动幅度、速度以及持续时间是由其推动因素决定的，任何人都无法阻止。

自从经历过萨拉托加那起事件后，我领悟得更为透彻，或者应该说我的判断更为成熟。既然整个股市跟随大势波动，那么研究各类交易或某只股票的表现也不像之前我所认为的那样有必要了。同时，通过研究股市波动，股民在交易时便不再画地为牢，可以买入或卖出全部股票。对于特定股票而言，当卖出数量超过一定比例的股本时，做空就很危险，该数量取决于持股人、持股方式及地点。但如果价格合适，可以全盘做空 100 万只股票，且无须面临被逼仓的风险。过去，内幕人士精心制造逼仓和轧空的恐慌，通过做空定期大赚一笔。

很显然，牛市看多、熊市看空就是我们要做的事。这听起来有些幼稚，是不是？但是要将这一理论付诸实践就意味着要预测股市的概率，在我明白这一道理之前，我必须牢记这一基本原理。我花了很长一段时间才学会按照这一原理交易，但我不得不为自己正言，直至那时，我并未持有足够多的股票来实践该方法。如果交易量够大，那么一次股市波动就可以大赚一笔，而进行大额交易，在经纪人那里必须存有足够多的钱。

我一直认为我必须从股市中赚出每天的生活费，这种想法妨碍了我想要增加本金的做法，因为本金多就可以在市场波动时采用耗时更长、成本更高但获利更多的交易方法。

但如今，我对自己的能力更加自信，而且我的经纪人不再把我视为一个偶然交好运的“投机小子”。他们从我身上赚取了大量的佣金，但是同时我有可能成为他们心中的星级客户，这样，对于他们而言，我的利用价值超过了我的实际交易额。毕竟，在任何经纪行眼里，能够赚钱的客户都是香饽饽。

当我不再满足于只是解读报价纸带，我便不再专注于特定股票的日常波动。当我这样做了之后，我就只需要从另一个不同的角度分析市场。我从研究股票的报价及价格波动转变为研究股市的基本原则和大势。

当然，一直以来我都坚持阅览每日新闻，所有作手都是如此。但大部分内容都是小道消息，有些是故意捏造的假消息，剩下的内容也不过是作者的一家之言。当涉及股市的大势分析时，即使是享有业界盛誉的每周评论文章也无法令我满意，而且财经编辑的观点通常也与我的不同。对他们而言，整理事实依据并从中得出结论并不重要，但对我来说恰恰相反。在时间因素的估计方面，我们的观点也大相径庭。对我来说，预测未来几周的走势比分析上一周的数据更为重要。

多年来，我因缺乏经验、年少无知以及资金不足而尝遍苦头，而如今我因为自己对市场的独到发现而得意扬扬。从我对炒股这种游戏的全新认识中，我找到了我在纽约屡次失败而无法大赚一笔的原因。如今，有了充足的资源、经验和自信，我迫不及待地想要尝试我获得的这把“新钥匙”，以至我忽略了股市之门上还有另外一把锁——时间之锁。出现这种疏忽极其正常。还是像之前那样，每次在股市之路上前进一步，我都要交上一大笔学费。

我对 1906 年的情势进行了研究之后，发现经济前景极其严峻。全球大部分的实际财富都已经蒸发，所有人或早或晚都会感受到这种通货紧缩的压力，到时人人自顾不暇。我所说的困难时期并非指价值 1 万美元的房子只能交换一车价值 8 000 美元的赛马的这种情况，而是大火将房屋彻底烧毁，铁路失事导致大部分马匹死亡这种形势更为危殆的情况。在布尔战争中，大量的资金随大炮的硝烟化为灰烬。由于英国要在南非的战场上为不从事生产劳动的士兵补给花费数百万美元，这就意味着英国投资者无法像以前那样在经济出现困境时对国家施以援手。同时，旧金山发生了地震、火灾以及其他灾难，波及每一个生产者、农民、商人、工人和百万富翁。在地震中，铁路必定毁坏严重。在我看来，没有什么可以阻止这一巨大灾难的发生。在这种环境下，唯一要做的事就是平仓！

我观察过，在做好做多或做空的决定后，我的首笔交易往往能够获利。现在当我决定卖出时，我要全部平仓。毫无疑问，真正的熊市已经来临，但我确定我应该把握机会画出我投机生涯中最浓墨重彩的一笔。

股市走跌，接着回升。形势逐渐明朗，并开始稳定走高。我的账面盈利打了水漂，而账面亏损不断增加。有一天，市场的表现好像是要将空头者赶尽杀绝，不给他们任何机会给后人讲述这个真正熊市的故事。我也熬不住了，选择了平仓。幸亏我处理及时，否则我可能连一张明信片都买不起了。我损失了大部分资金，但在那种情况下，最好还是先活下来以求他日东山再起。

我先前犯了错误，但具体是在哪里错的呢？我在熊市看跌，此为明智之举。继而做空股票，这一步也没错。然而，我太早将股票卖出，这个代价是高昂的。我的仓位没有问题，但做法不当。然而，随着时间的推移，市场越来越逼近这场注定的大跌。于是我耐心等待，当回升开始放缓并停止时，在我那不断减少的保证金允许的情况下，我尽可能多地卖出股票。这次我做对了，但也仅仅是在这一天，因为隔天股市又出现一轮回升。现实再一次狠狠地给了我一记重击！解盘后，我便平了仓并继续等待。每当股市有望下跌时，我便及时卖出，然而每次卖出后，迎来的都是股价回升的消息。

股市似乎一直全力地引导我重拾先前在对赌行使用的那套简单的交易方法。这是我首次具备明确的前瞻性的计划，以纵观全局而非专注于一两只股票的方式交易。我想，如果当时坚持下去，那么我一定会成功。当然，那时我还没有形成一套自己的下注方法，否则我会如之前跟你解释的一样，在市场下跌时做空，那样也就不会损失一大笔保证金了。我虽然操作失误，但还不至于元气大伤，你会发现，我已经观察到一些事实，但还没有学会将它们整合起来。这种不全面的观察不仅没有给我带来任何好处，反而妨碍我做出判断。

常思已过总能使我受益良多。后来我终于明白在熊市不失去头寸总归不错，但要始终通过解盘研判操作的合适时机。如果时机正确，能够为你盈利的头寸不会受到严重的威胁，继而，你就会发现静观其变也不会有什么问题。

当然，此刻的我对于自己观察的准确性更有把握，不会受到任何期望或偏好的影响。同时我掌握了更多的方法来验证我所观察到的事实以及我的观点是否正确。但1906年连续的市场反弹大幅减少了我的保证金。

那时我快27岁了，已有12年的股龄。但这是我投机生涯中首次因为发现一场即将来临的危机而进行的交易，而这场危机是我使用望远镜观测到的。从我开始初窥征兆到斩获巨额收益所花的时间明显比我预期的更久，我不禁开始思考我是否真如我预想的那样将这场危机看得一清二楚。那时我们已经出现了很多警示迹象，活期贷款利率出现轰动性上涨。一些大金融家至少在面对报社记者采访时仍展现出乐观的态度，紧随其后的股市反弹也证明了悲观主义者的观点是错误的。我不禁怀疑，我看空的观点难道是一种原则性错误？又或者我太早做空的做法是一种暂时性的失误？

我认为我的问题在于太早做空，但我实在没能忍住。紧接着，股市开始下跌，我想我的机会来了。我竭尽所能地做空，然而股市再度回升，到达相当高的点位。

于是，我彻底一文不剩。

我的判断是正确的，但我依然破产了！

出现这样的结果真是非同寻常。事情是这样的，我朝前方望去，发现了一堆美元，当中立着一标志牌，用大号字体写着“请自行取用”。美元堆旁边停着一辆马车，印有“拉里·利文斯顿卡车公司”字样。我手握一把崭新的铁铲，目力所及，空无一人，这意味着没有人与我争夺这堆钱。先于他人发现钱堆，实在是一桩美事。如果他们可以停下来看看，也许可以发现这堆美元。那时，观看棒球赛事、开车兜风或买房占据了他们全部的心思，而这堆钱用来为这些想法买单绰绰有余。第一次有这么一大笔钱摆在我的面前，我自然而然地向它飞奔而去。在奔跑的过程中，我运气不好，一下子摔倒在地，钱堆依旧在那里，而我弄丢了手中的铁铲，马车也不见了。哎！跑得太快了！我迫切地想要证明自己发现的是一堆真的美钞而非幻觉，我确实看见了，而且深信不疑。但是，只想着用那堆钱犒赏我的好眼力的冲动冲昏了我的头脑，我忽略了自己与钱堆的距离，我应该一路走过去，而非疾跑。

这就是事情的全部经过。我没有先判断进入熊市的时机是否合适。有一次，我本应该利用我的解盘能力做出判断，但是我没有这样做。这些经历让我逐渐明白，即使熊市开始前准确地看空，也不要一开始就大量卖出，要先确保股市无反弹的风险。

那些年我在哈丁经纪行交易过成千上万股，而且这家公司对我信心十足，我们之间的关系非常不错。我想他们认为我一定会在很短的时间内东山再起，他们了解大胆冒险是我的一贯作风，我所需要的就是一笔启动资金，然后赚的钱会远远多于损失的。他们过去从我的交易中赚取了很多佣金，未来会赚得更多。因此只要我的信誉够高，继续在哈丁交易便不成问题。

接连不断的打击令我不再过分自信与莽撞，或者应该说，我变得更加小心谨慎，因为我清楚自己差一点儿就陷于万劫不复之境。保持警惕和静观其变是我唯一能做的事情，当初在股市暴跌前我就应该这样做。这并非亡羊补牢，而是在下一次交易时，我必须确定无疑。如果有人可以做到不犯错，那么他可以在一个月之内拥有全世界。如果犯错了却没有从错误中吸取教训，他就会错失一切。

终于，在一个晴朗的早晨，我再一次胸有成竹地前往市中心，这一次我对自己不带一丝怀疑。我在所有报纸的财经版面都看到一则广告，这释放了一个信号，那种我先前在一头扎进市场之前没有耐心等待的那种利好信号。北太平洋和北方铁路公司宣布发行新股，并且为了方便股东，购买新股时可分期支付。这种为股东考虑的做法在华尔街可是一件新鲜事，然而，我认为这远非凶兆这么简单。

多年来，发布瓜分“新蛋糕”的消息一直是北方铁路公司的绩优股一贯使用的利好套路，所谓蛋糕包括走运的股东可以以发行价认购大北铁路新发行的股票。新股的市价总是远高于其面值，因此新股的认购权难能可贵。但目前货币市场的情况是，即使国内几家最具影响力的银行都无法确保新股认购者有足够的现金“捡这种便宜”，因为当时北方铁路公司绩优股的售价约为每股330美元！

一到经纪行，我就立马告诉埃德·哈丁：“现在是卖出的最佳时机，这就是我应该早点儿动手的原因。看看这则广告，好吗？”

他已经看过这则广告了，我向他说明了这些银行家允许分期付款的做法在我看来意味着什么，但他并没有预测暴跌就在眼前。他认为在大额卖空之前，最好再等等，理由是股市习惯性地出现大幅回升的情况。如果我选择等一等，价格有可能会下跌，但是操作会更保险。

“埃德。”我对他说，“暴跌出现的时间越晚，真正发生时程度就会越惨。这则广告相当于银行家签署的自供状，他们担心的事情正是我希望发生的。这相当于给了我们一个踏上做空马车的信号，有这个信号就够了。如果我手里有 1 000 万美元，我必定倾囊投入。”

我不得不费很多口舌与他讨论。只要是一个理智的人，就能够从那则不同寻常的广告中得出唯一的结论，但是他认为这还不够。也许对于大多数经纪行交易者而言，这一信号不足以支撑他们做出判断，但对我来说足够了。我卖了一些，但数量太少。

几天后，圣保罗公司非常殷勤地宣布自己的发行计划，具体是股票还是债券我已经记不清了，但这并不重要，重要的是我在阅读这则消息的时候发现，圣保罗铁路公司给出的认购日期要早于北方铁路公司和北太平洋铁路公司宣布的认购日期，而后者发布公告的时间要早于前者。这已经显而易见，就好比他们正拿着一个扩音器大声喊道：“圣保罗铁路公司正在力图打败另外两家铁路公司，以争夺华尔街为数不多的资金。”很显然，圣保罗铁路公司的银行家担心剩余的资金不够三家公司瓜分，所以他们不打算说：“你先请，我的铁哥们儿！”如果资金已经如此稀缺，银行家知道之后会发生什么吗？铁路急需资金投入，但如果没有资金，该如何是好呢？

当然是卖掉！因为一心盯着股票市场，那一周，普通股民对这一信号几乎没有什么感觉，而睿智的股票作手已经能够通过这一信号预测一整年的趋势，这就是业余和专业的区别。

对我而言，看到这一信号后，我不再疑惑和犹豫，我当时就下定决心坚持我的想法。当天早上，我的第一场做空战役真正打响了，我采用了自那以后一直沿用的作战路线。哈丁知道我的想法与立场后，并没有反对我以大约每股 330 美元做空北方铁路公司绩优股，以及高价做空其他股票。我从先前损失惨重的错误中吸取了教训，以更加明智的方式做空。

我很快就重新建立起声誉和信用，这就是在经纪行判断正确、操作成功的好处，无论这种成功是否偶然。但是，这一次我的判断如此地分毫不差，并非源于预感或者娴熟的解盘能力，而是基于我对影响大势的因素做出的分析。这一次，我没有靠猜测，而是根据股市的现状去预测必然会发生的趋势，所以卖掉股票是一个自然而然、不需要任何勇气的做法。在这种情况下，我唯一能看到的就是股价下跌，因此，我必须采取行动，不是吗？不然我还能怎么做？

整个股市疲软不振，不久，股市出现一次回升，有人跑过来提醒我股市已经触底。得知空头净额庞大，那些大鳄决定从空头身上榨出“油水”。他们不会心慈手软，这是毫无疑问的，他们的做法就是想让我们这些空头回吐几百万美元。我已经习惯了对这些好心提醒者表示感谢，即使知道他们的建议不对，我也从不跟他们争辩，免得他们认为我不识抬举。

之前那个和我一起在大西洋城待过的朋友正苦恼不安。他能够理解地震之后我对股市波动的预感。自从我明智地顺从自己的“盲目冲动”，卖掉联合太平洋铁路公司股票而将 25 万美元收入囊中之后，他便无法怀疑我的直觉。他曾说，当他本人看多时，是冥冥之中的天意让我卖出股票。他也能够理解我在萨拉托加做的第二次联合太平洋铁路公司股票交易，这是因为他知道任何涉及单只股票交易的内幕消息，必然会提前确定股票的走势，要么涨，要么跌。但是，预言所有的股票必跌这件事一直都让他苦恼不堪。这种不好的消息能有什么好处？究竟应该怎样才知道如何做呢？

我想起老帕特里奇最喜欢说的一句话，“嗯，这是牛市，你要知道”。对任何足够睿智的人而言，这句话就好像他已经透漏足够多的内幕消息了，而事实的确如此。非常奇怪的是，那些在市场暴跌 15 或 20 个点后损失惨重但仍然按兵不动的股民，如何在迎来 3 个点的上涨后欣喜不已，然后就确定股市已经触底，全面的反弹就要开始了呢？

一天，我的朋友来找我，并问道：“你清仓了吗？”

“为什么要清仓？”我反问。

“为了全天下最棒的一个理由。”

“什么理由？”

“赚钱啊，股市已经触底了，跌下来的必然会涨上去，不是吗？”

“没错，”我回答道，“股票会先跌到底，然后会上涨，但不会立马上涨，需要几天的时间才能真正地‘死翘翘’。现在还不是‘尸体’浮出水面的时候，因为股票还没有真正‘完蛋’。”

一位老前辈听到我说的这番话，他是那种总是喜欢追忆往事的人。他说，威廉 R. 特拉弗斯有一次碰见一位朋友，那个时候他的朋友看多，而他看空，双方在交流各自对股市的看法后，那位朋友问道："特拉弗斯先生，市场如此坚挺，你怎么能看跌呢？"特拉弗斯反驳："是的！很坚挺！不过是死得直挺挺的那种'挺'！"那个去别人办公室，想要查看公司账簿的就是特拉弗斯。职员问他："请问您是否持有我们公司的股份？"特拉弗斯说："应……该说曾经持有！因为我刚刚做空了 2 万股！"

回升的幅度越来越小，我把得寸进尺的心理发挥到极致。每次我卖出几千股北方铁路公司绩优股，其股价就下跌几个点，同时，我还试探出其他几只有利可图的股票，并卖出了一些。我卖出的股票全部获利，除了雷丁，这只股票让人印象深刻。

其他股票都像高空跳水一样，唯独雷丁的股价稳如磐石。所有人都认为这只股票被轧空，它的表现也的确如此。有人曾经告诫我：做空雷丁无异于自杀。在经纪行中，有些人和我一样全盘看跌，但当有人表示要做空雷丁时，这些人便反应激烈。我自己也做空了一些，且对此坚信不疑。另外，我更倾向于猎取那些疲软的股票，而不是防守森严的特殊股。在其他股票上，我靠我的报价纸带分析能力可以赚得更轻松。

我听到过大量关于雷丁多头集团的信息，该集团实力极为雄厚。从朋友那里得知，最初集团成员持有大量的低价股票，这样其股票的平均价格实际上比市价还低。此外，该集团的主要成员与多家银行关系极为亲密，他们利用银行的资金大量持有雷丁股票。只要雷丁的股价稳住，他们与银行之间的关系便坚不可摧。其中一个集团成员的账面盈利超过 300 万美元，所以轻微的下跌不足以对其造成致命影响。也难怪这只股票如此坚挺，可以在熊市中逆流而上。不时总有场内交易者看着雷丁的股价，咂咂嘴巴，做空一两千股试试水。但是，因为无法撼动雷丁的股价，所以这些交易者只能选择平仓，并转移到其他更容易获利的股票上。每当我看到雷丁的股价时，我便做空一点儿，目的是确认我忠于新的交易原则，不会厚此薄彼。

要是搁以前，雷丁坚挺的股价可能会让我上当。报价纸带一直传递出这样的信息：远离该股！但理性告诉我，情况并非如此。我预测所有股票都会出现普跌的情况，无一例外，无论有没有多头集团支撑。

我交易时一直都是单枪匹马，这个习惯始于和对赌行打交道时，并延续至今。我必须独立观察和思考，这是我自己的思维习惯。但我可以告诉你，在股市开始按我预料的那样下跌后，我在人生中第一次感觉到我不再孤单，我有着这个世界上最强大、最可靠的盟友——市场大势。他们不遗余力地帮助我。也许我的盟友在集结后备力量方面偶尔会有点儿慢，但只要我耐心等候，他们绝对可靠。我并不是拿报价纸带分析能力或预感去和碰运气做比较，看看谁胜谁负，而是靠事情发展的必然逻辑来赚钱。

而赚钱的关键在于预测准确，了解大势，并相时而动。我的盟友——市场大势发出“跌”的指令，雷丁却未服从这个指令，这对我们来说是一种羞辱。看着雷丁稳若泰山，仿佛一切风平浪静，我开始变得有些心烦。它应该是整个股市里做空的最佳选择，因为其股价还未下跌，而雷丁内部多头集团持有大量的股票，在资金紧缩问题越来越凸显的情况下，他们压根无法继续持有。总有一天，银行家的朋友的处境也不会比无依无靠的股民好多少。雷丁必定会像其他股票一样下跌。雷丁如果不跌，我的理论就是错的；如果我错了，那么事实也错了，逻辑自然也是错的。

我猜测雷丁价格坚挺是因为华尔街不敢做空。于是有一天我给两个经纪商每家一个指令，要求他们同时卖出 4 000 股。这只被认为做空无异于自杀的股票，在遭受做空订单的轰炸时，也抵不住直线下滑，你真应该看看它当时的惨状。我又做空了好几千股。我开始做空时，股价还在每股 111 美元，几分钟后我以每股 92 美元的价格全部平仓。

从那以后，一切都顺风顺水。1907 年 2 月，我清仓了，北方铁路公司绩优股大跌 60 或 70 个点，其他股票也悉数下跌，幅度和北方铁路公司股票差不多。我狠赚了一笔，但还是清仓了，原因在于，我认为这次下跌透支了市场预期。我预测市场会出现一次相当大的反弹，但是我看多的信心还没有强到想要空转多。我不打算彻底放弃我看空的立场。对我而言，市场暂时并非交易的好时机。之前在对赌行赚到的第一笔 1 万美元之所以付诸东流，就是因为我每天不分时机地交易，也不考虑市场大势是否合适。我不会重蹈覆辙了，而且大家不要忘了，就在不久前，我因为太早看到跌势，并且在合适的时机到来之前卖掉而最终导致身无分文。现在，我赚了一大笔，我想要兑现，这样我才会感觉先前的决定是正确的。股市回弹曾置我于万劫不复之地，我不会让下一个回弹再次击败我。我没有继续按兵不动，而是前往佛罗里达州。我热衷于钓鱼，而且需要好好休息，而在佛罗里达，我这两个要求都可以得到满足。另外，华尔街与棕榈滩之间设有直连电报。

第九章 见微知著

我乘游艇远离佛罗里达海岸，海上钓鱼实在惬意。我已经清仓了，因而无事一身轻。那是一段逍遥的时光。有一天，在棕榈滩边，一些朋友乘着摩托艇来了，其中一人带了一张报纸。我有些日子没有看报纸了，甚至也没有想看的欲望。无论上面刊登了什么新闻，我都不感兴趣。但是朋友带来的那张我却浏览了一遍。我看到股市大幅反弹，上涨了10个点以上。

我告诉那些朋友，我会和他们一起上岸。股市不时出现适度反弹是合理的，但熊市还没有结束，而华尔街、愚蠢的股民或绝望的多头无视货币状况，不合理地抬高价格或任由其他人这样做，这简直让人无法忍受。我只是看看市场，我不知道要做或不做什么，但我知道我迫切地想要看到报价板。

我的经纪商哈丁兄弟在棕榈滩设有分公司。当我走进去时，我发现那里有很多我认识的家伙，他们中的大多数都在谈论行情上涨。他们是观察行情的短期交易者，需要行动迅速。这样的交易者并不关心长远的前景，因为他们的游戏风格并不需要如此。我告诉过你们我是如何在纽约的交易所被称为“操盘小子”的。当然，人们总习惯于夸大别人的盈利和他投资的规模。办公室里的伙计们听说我在纽约做空头大赚一笔，现在觉得我会再次做空。他们认为这次股市会一路回升，却认为我有责任去拼一把。

我本来是去佛罗里达海上钓鱼的。我那时就像一根紧绷的弦，需要度假放松一下。但是，当看到股价复苏的势头时，我便觉得没有必要再放松了。我没有想过上岸后要做什么，但我知道必须现在抛售股票。我是对的，而这一点只能通过那个唯一的老方法来证明。全盘抛售将是一个适当、谨慎且有利可图甚至爱国的行为。

我在报价板上第一眼看到的是阿纳康达正要突破 300 点。它的股价一路突飞猛进，而且显然有雄心勃勃的多头参与其中。我之前总结过一个交易理论，即当股价第一次超过 100、200 或 300 点时，决不会就此止步，而是会继续爬升。所以如果你在这种临界点立即买入，盈利几乎十拿九稳。胆小的人不愿意在股价创新高时买入，我却有这种经验提供指引。

阿纳康达只是一只 1/4 股票，票面价值只有 25 美元。相对于其他面值为 100 美元的股票，这种股票的 400 股通常相当于它们的 100 股。我认为当它超过 300 点后，理应继续上涨，很可能转眼就涨到 340 点。

请记住，虽然我倾向于看跌，但我也是一个纸带分析型作手。我了解阿纳康达这只股，如果按照预想的那样，我相信阿纳康达会快速上涨。快速变化的股票总是能吸引我。我已经学会了耐心静待事态的发展，但我个人的偏好是快速买进和卖出，而阿纳康达肯定不会停滞不前。我买入是因为它超过了 300 点，而验证自己观察结果的那种渴望一直在我的心中挥之不去。

当时，行情显示买盘比卖盘强势，因此全盘反弹无疑会持续下去。在做空之前静心等待是明智之举。尽管如此，在等待期间我也能赢利。我可以通过从阿纳康达快速赚取 30 个点来实现这一目标。看跌整个市场但看涨这只股票！所以我买入了 3.2 万股阿纳康达股票，即 8 000 股全股票。这可能略显孤注一掷，但我确信我的经验和判断。我认为赚得的利润将有助于我扩大随后熊市运营的盈利。

第二天，由于北上的风暴或者其他什么情况，电报通信中断了。我只能在哈丁的办公室里等待消息。正如股票交易员在交易无法进行时所做的那样，人们都在胡吹海侃，进行五花八门的猜测。然后我们得知了当天唯一的报价：阿纳康达，292 点。

当时，在我身边有一个小伙子，他是一名经纪人，我在纽约见过他。他知道我买入了 8 000 股全股，我怀疑他也持有一些，因为当我们得知那个报价时，他确实吃了一惊。他无法判断那一刻股票是否已经又下跌了 10 个点。从阿纳康达股价上涨的速度看，它已然下跌了 20 个点也并不是什么稀奇的事情。但我告诉他："别担心，约翰。明天就会好起来的。"这确实是我的感受。但他看着我，摇了摇头。他有自己的看法，他就是那样的人。所以我笑了，我们在办公室等待着，万一还有新的报价呢？然而，事与愿违。那是唯一一个报价：阿纳康达，292 点。这意味着我账面亏损了近 10 万美元。我想要快速收益。好吧，确实很快。

第二天通信恢复正常，我们像往常一样得到了报价消息。阿纳康达开盘于298点，上涨至302.4，但很快就开始停滞不前。此外，市场上其他股票的表现也没有显示出进一步反弹的迹象。我暗忖，如果阿纳康达回落至301点，那么必须认为整件事情是一个假象。按照合理的上涨情况，股价本该毫不停顿地升至310点。反之，如果它的走势表明先例不再奏效，那么我便错了。当一个人做错时，唯一正确的事就是别再错下去。我已经买入8 000股全股，原本奢望着上涨30或40点。这不是我第一次犯错，也不是最后一次。

果不其然，阿纳康达跌回301点。一看到这个数字，我立刻溜到电报员旁边。他们可以和纽约的交易所直接联系。我告诉他："卖掉我全部的阿纳康达股票，8 000股全股。"我说得很小声，不想任何人知道我在干什么。他近乎惊恐地抬头看我。我点点头："全部！"

"利文斯顿先生，您的意思肯定不是说按市场价成交吧？"他表现得就像因为他这个粗心的经纪人的拙劣行为而让我损失了几百万美元。但我只是告诉他："卖掉它！不用管！"

当时，布莱克兄弟——吉姆和奥利也在办公室。他们距我们有点儿远，应该听不到操作员和我的谈话。他们原本是来自芝加哥的交易商巨头，当年是操盘能手，现在也在纽约证券交易所有着举足轻重的地位。他们非常富有，也是十足的赌徒。

当我离开电报员，回到报价板前面的座位时，奥利弗·布莱克对我笑着点点头。

"你会后悔的，拉里。"他说。

我停住脚步：“你什么意思？”

“明天你又会买进的。”

“买进什么？”我说。除了那个电报员，我没和任何人说过。

“阿纳康达。”他说，“到时你会以 320 美元的价格买进的。这实在不是明智之举，拉里。”他又笑了。

“什么不是明智之举？”我表现得很无辜。

“以市场价卖掉你的 8 000 股阿纳康达。更准确地说，你固执地卖掉它。”奥利弗 · 布莱克说。

我知道他本就聪明，而且总是有内部消息。但是，他竟对我的交易一清二楚，这实在出乎我的意料。我确信公司没有泄露我的信息。

他笑着说：“我从查利 · 克拉策那里知道的。”那是电报员的名字。

“可是他从未挪过步啊。”我很疑惑。

“我听不到你和他的低语，”他咯咯地笑，“但是他发往纽约交易所的信息，我听得一字不差。很多年前，我曾经因为电报的一个错误被大骂一通，后来就学了电报。从那以后，每次我像你刚才那样发出指示时，总要确认电报员是否原原本本地发送了我表达的意思，我知道他以我的名义发了什么。但是你，你会为卖出阿纳康达后悔的，它会涨到 500 美元。”

“这次不会，奥利。”我说。

他凝视着我，说：“你太自大了。”

“不是我自大，而是行情如此。”我说。那里并没有自动收报机，自然看不到行情。但他明白我的意思。

“我听说有些家伙，”他说，“他们盯着报价盘时，看到的不是价格，而是股票买入和卖出的时间表。但是他们被关在有软垫保护的精神病房里，这样才不会伤到自己。”

我没有理会他，因为那个时候伙计给了我一张便笺。他们以299-3/4美元卖出了5 000股。我知道我们得到的报价有延迟。当我向电报员发出卖出指令时，棕榈滩报价板上的价格是301美元。我确信，在那个时刻股票在纽约证券交易所实际卖出的价格更低。如果有人想以296美元买走我的股票，我也会心满意足地接受。事实证明，我从不给交易设限是对的。假设我将出售价格限制在300美元，结果会怎样？我就没办法出手了。千万不要这样，当你想卖出时，就卖吧。

现在，我买入这些股票的成本接近300美元。他们帮我以299-3/4美元卖出了500股，以299-5/8美元卖出了1 000股，然后299-1/2美元卖出100股，以299-3/8美元和299-1/4美元各卖出200股。剩下的以298-3/4美元卖出。脱手最后100股时，即使哈丁公司最聪明的经纪人也足足花费了15分钟，他们不想差价太大。

在我得到最后一笔持有股票出售报告的那一刻，我着手上岸真正要做的事情——做空。我只是不得不做。在股市反常的回升之后，人们抢着买进。唉，人们又开始谈论行情看涨了。然而，市场的进程告诉我，回升已然结束。卖掉它们是安全的，无须再考虑了。

第二天，阿纳康达开盘低于296美元。奥利弗·布莱克一直在等待进一步的反弹，早早地过来翘首盼望着股票超过320美元。我不知道他买入了多少股，或者他是否在做多头。但是当他看到开盘价时，脸上没有一点儿笑意。当天，股价持续下跌，来自棕榈滩的报告表明，这只股票没有出售市场了。

当然，这是任何人都需要的证实。我日渐增长的账面利润在时刻提醒我我是对的。自然，我又卖掉了更多股票。

这是个熊市。所有的股票！所有股票都在下跌。第二天是星期五，也是华盛顿的生日。我不能待在佛罗里达州钓鱼了，因为我已然决定做空头。在纽约有人需要我。谁呢？我自己啊。棕榈滩太远，太偏僻了。来回发电报浪费了太多宝贵的时间。

我离开棕榈滩，去了纽约。星期一我不得不在圣奥古斯丁待了三个小时，才等到一班火车。那里有个经纪人办公室，自然待在那里时我得去看看股市怎么样了。阿纳康达自上一个交易日已跌了 7 美元。事实上，它一直在跌，直至那年秋天才出现转机。

我到了纽约后，大约四个月都在做空头。股市像之前一样频繁反弹，而我不停地平仓再卖出。严格来说，我并非消极等待。请记住，我曾亏掉了之前在旧金山大地震中赚到的 30 万美元，一分不剩。我曾经是对的，然而还是破产了。我现在正在安全地操作，因为人们在低谷后总会享受上升期，即使他们没有赚取最大利润，也能甘之如饴。赚钱的方法就是行动起来，赚大钱的方法就是在恰当的时间做恰当的事。这个行业必须兼顾理论和实践。股票投机商不能仅仅是个着眼于理论的学者，他必须既是学者又是投机客。

即便我现在能发现当时哪些策略不够恰当，但那时我做得也够好了。夏天一到，股市又不景气了。到秋天行情转好之前，势必没有大展拳脚的空间了。我熟识的人都离开了或者去了欧洲。我想那确实是个不赖的选择，于是，我清算了一切。当我前往欧洲的时候，净赚 75 万美元以上。这于我而言差强人意吧。

我在艾克斯莱班玩得很开心，这是我赚来的假期。这里的人们挥金如土，朋友和熟人云集，所有人都一心要玩得开心，这实在是个好地方。在艾克斯这些唾手可得。华尔街是如此遥远，以至我从未想过它。可以说，这里比美国的任何度假胜地都要好。我不必听股市的讨论，也不必参与交易。我的钱足够我逍遥很长一段时间，而且，当我回来的时候，我知道该如何赚更多的钱。

有一天，我在《巴黎先驱报》上看到一则来自纽约的资讯，称斯梅尔特冶炼公司宣布了额外的股息。它抬高了股票的价格，而整个市场已经恢复得非常强劲。当然，这改变了在艾克斯度假的我的一切。这个消息只是意味着多头投机者仍在拼命对抗市场环境，无视常识和基本的诚实。因为他们知道即将发生的事情，正借由这样的阴谋抬升股市，以便在风暴来临前脱手股票。或许他们真的不像我那样相信危险已近在咫尺。华尔街的大人物像政治家或简单的傻瓜一样倾向于成为一厢情愿的思想家。我是无法做到那样的，作为投机商，这种态度是致命的。或许，证券制造商或新企业的推动者可以沉溺于渺茫的希望中吧。

无论如何，我知道在那样的熊市中所有抬升股价的操控都是注定失败的。我读到消息的那一刻，就知道只有一件事能让自己感到舒服，那就是做空斯梅尔特冶炼公司。为什么？因为当这些局内人在金钱恐慌的边缘增加股息率时，他们在近乎恳求地让我做这件事。这与你童年时代的那些“激将法”一样令人气恼。他们在激我卖出那些股票。

我通过发电报卖出了一些斯梅尔特冶炼公司的股票，并建议我在纽约的朋友们也做空头。当我从经纪人那里拿到报告时，看到他们卖出的价格比我在《巴黎先驱报》上看到的报价低6个点。情形如何，显而易见。

我本来计划月底返回巴黎，然后大约三周后前往纽约。但是当我收到经纪人的电报后，立即回到了巴黎。当天，我给轮船公司打电话，了解到第二天有一艘快艇前往纽约，我就订了票。

然后我回到纽约，比原计划早了一个月。因为这是最适合做空头的地方。我手头有超过50万美元的现金可以作为保证金。我回来不是因为我爱做空头，而是出于我的逻辑判断。

我卖出了更多股票。随着资金收紧，活期借款费率上涨，股票价格走低。我早已预见了。最初，我的远见让我破产。但现在我是正确的，并且财运亨通。然而，真正的快乐在于我意识到，作为一名交易商，我终于步入正轨了。我仍然有很多东西要学，但我知道该怎么做。我不再挣扎，不再对错参半。观察行情是股市操作的重要一环，在合适的时间入场以及坚守仓位亦如此。但我最大的发现是，一个人必须研究一般条件，条分缕析，才能预测各种可能性。简而言之，我明白了必须为我的钱工作。我不再盲目地投注或忙于掌握游戏技巧，而是通过刻苦学习和清晰思考来获得成功。我也发现没有人能免于犯傻，而犯傻的操作会得到犯傻的报酬。因为付款人在工作，所以你永远能得到你的报酬。

我们的经纪行赚了很多钱。我自己的操作是如此成功，以至人们开始四处谈论，而且自然而然地言过其实。我被视为在各种股票中引领暴跌的始作俑者，那些我不知道名字的人过去常常向我表示祝贺。我赚的钱成为他们眼中最了不起的成就，而当我最初告诉他们行情看跌时，他们认为我是一个亏钱后心怀怨恨的疯子，但是他们对此只字不提。他们也完全不记得我预测过市场即将遭遇困境。我经纪人的会计员在记录我名下的分类账的贷方时使用了足足三分之一滴墨水，这对他们来说是一个了不起的成就。

朋友们曾经告诉我，各个办公室都在谈论哈丁兄弟公司的操盘小子，说我对多头投机者制造了各种威胁。即便股市下挫显而易见，很长一段时间内这些多头投机者仍试图抬高各种股票的价格。直到今天他们仍在谈论我的袭击。

从 9 月下旬开始，货币市场向整个世界发出警告。但是，对奇迹的信仰使得人们并未出售剩余的投机资产。为什么？一位经纪人在 10 月的第一周给我讲了一个故事，这让我对自己的节制感到羞耻。

你们应该记得贷款的发放曾经是在资金交易台附近的交易所大厅进行的。那些收到银行拆借贷款偿付通知的经纪人大体上都知道他们需要再借多少钱。当然，只要可贷资金受到关注，银行就知道自己的立场，有钱提供贷款的银行会将钱送到交易所。这笔银行资金由一些经纪人处理，他们的主要业务是定期贷款。临近中午，当天的续约率会公布出来。通常这代表了当时达成的贷款交易的适当平均值。业务规则是出价者和要价者公开交易，以便每个人都知道行情。在中午和大约下午 2 点这段时间，通常没有太多的资金交易。但是在交割时间之后，即下午 2 点 15 分，经纪人会确切地知道他们当天的现金头寸会是什么样的，他们能够去资金交易台借出他们所拥有的余额，或者借入他们需要的资金。这项业务也是公开进行的。

在 10 月初的某一天，我提到的那个经纪人来找我。他告诉我经纪人都很恼火，他们有钱时也不去资金交易台提供借贷。原因是几个知名的证券经纪公司的职员都在那里窥伺着，准备一有人提供资金就抢占下来。当然，没有哪个公开提供资金的贷款人可以拒绝向这些公司提供贷款。它们有偿付能力，并且抵押品足够。但问题是，一旦这些公司借到了暂借款，贷方得到还款就无望了。他们会说他们无法偿还，而贷款人只能无可奈何地续签贷款。因此，任何有钱借给同伴的股票交易所过去常常把钱借给个人而不是交易台，他们会对好朋友低声说："需要 100 美元吗？"意思是："你想借 10 万美元吗？"代理银行的货币经纪人目前采用相同的计划，资金交易台完全是一派凄凉景象。想想看吧！

他还告诉我，在 10 月的日子里，股票交易所的规矩是借款人自行决定利率。你看，它每年在 100% 至 150% 之间波动。我推想，通过让借款人自行确定利率，从某种程度上贷款人就不会觉得自己像在放高利贷了，但是他得到的肯定和其他人一样多。贷款人自然不会奢望高利率，他公平地交易，像其他人所做的那样付钱。他需要的是钱，有钱他就心满意足了。

事情变得越来越糟。终于，可怕的最终审判来临了。那些多头投机者、乐观主义者、一厢情愿的思想家以及那些起初就为一点点损失担惊受怕的人，现在即将遭受断腕之痛了。那是 1907 年 10 月 24 日，我永远不会忘记那一天。

资金经纪商的报告早早就表明，借款人必须支付贷款人认为合适的任何费用，然而没有足够的资金可供分配，那天比往常拥挤得多。当下午的交割时刻来临时，资金交易台周围肯定有 100 多个经纪人，每个人都希望借到钱以解公司的燃眉之急。如果没有钱，他们必须以市场中的任何价格出售他们凭保证金持有的股票。而当时买家同资金一样稀缺，市面上看不到一分钱。

我朋友的合伙人和我一样做空头。因此，公司不必借钱，但我的朋友（就是我提到的那个经纪人）看到资金交易台周围憔悴的面孔，他很快就找到我。他知道我持有很多空头头寸，足以影响整个市场。

他说："我的天哪，拉里！我不知道发生什么了。我从未见过这种情况，不能继续下去了，我们必须放弃一些东西。我一眼望去，似乎所有人都要破产了。你不能抛售了，而且市场上压根没有钱了。"

"你什么意思？"我问。

但他回答："你听说过把老鼠放在玻璃钟罩内的课堂实验吗？当你开始将空气从钟罩中抽出时，你可以看到可怜的老鼠呼吸越来越快，它的两肋起伏得就像过度工作的风箱，由于钟罩内氧气供应在减少，它拼命地获取足够氧气。你看着它窒息，直到它的眼睛几乎从眼眶中弹出，喘着气，奄奄一息。嗯，这就是当我看到资金交易台的人群时想到的画面！到处都没有钱，你也无法平仓，因为没有人买。在我看来，在这一刻整个华尔街都破产了！”

这引发了我的思考。我见过一次股市溃败，但是我承认那不是历史上最糟糕的一次恐慌。倘若事态进一步恶化，每个人都会亏钱。

最后，显然在资金交易台等待资金只是徒劳，那里不会有资金的。然后地狱降临，一片混乱。

我后来听说，股票交易所的主席 R.H. 托马斯知道华尔街的所有人都将遭遇灾祸，便出去寻求支援。他拜访了詹姆斯·斯蒂尔曼，他是美国最富有的银行——国民城市银行的总裁。该银行曾夸耀其贷款利率从未高出 6%。

斯蒂尔曼听了他的话之后，说：“托马斯先生，我们得去找摩根先生商量这件事。”

这两人怀着避开金融史上最具灾难性的恐慌的心愿，一起去 J.P. 摩根公司见摩根先生。托马斯先生道出原委，当他说完后，摩根先生说：“回到交易所，告诉他们会有钱给他们的。”

“哪里？”

“银行里！”

在关键时期，人们对摩根先生的信任如此强烈，以至托马斯没听完更多细节就赶回了交易所，向那些被宣判死刑的朋友宣布赦免令。

然后，不到下午 2 点 30 分，摩根先生派遣范·恩伯里与阿特伯里公司的约翰·T. 阿特伯里来到人群中。众所周知，他与摩根公司关系密切。我的朋友说，这位老经纪人迅速走向资金交易台，他像复兴会议上的劝诫者那样举起手。这群人听到托马斯的宣告后，起初稍微平静下来，之后又担心救济计划已经流产，最糟糕的情况依旧会到来。但当看着阿特伯里先生的脸，看到他举起手时，他们立刻闭上了嘴。

随后一片死寂，阿特伯里先生说："我有权借出 1 000 万美元。别着急，这对你们来说足够了！"

然后他开始记录。他没有告诉每个贷款人借款人的姓名，而是摘记贷款人的姓名和贷款数额，告诉他："你会知道你的钱在哪里的。"他指的是借款银行的名称。

一两天之后，我听说摩根先生只是告诉纽约这些吓坏了的银行家，他们必须提供股票交易所需要的资金。

"但是我们没钱了，我们已经最大限度地借贷了。"各家银行表示抗议。

"你们还有准备金。"摩根厉声说道。

"但是我们的准备金已经低于法定限度了。"他们一片哀号。

"用准备金！准备金正是为了应对这种情况的！"银行遵循了他的要求，放出近 2 000 万美元的准备金。这拯救了股市，银行恐慌直到下周才到来。J.P. 摩根是个了不起的人，没有人比得上他。

在我的股市生涯里，那是我记得最清晰的一天。那天，我的盈利超过了 100 万美元。它为我的第一场精细谋划的交易战役画上了完美的句号。我曾预见的终于成为现实，但最为重要的是：我那疯狂的梦成真了。我当了一天的国王！

当然我会加以说明。在待在纽约的那些年里，我常常苦思为什么我不能像 15 岁时在波士顿的投机券商那里那样，在纽约的股票交易所所向披靡。我知道有一天我会找出问题所在，然后停止犯错。到那时，我不仅会有正确的意志，而且会有知识确保自己是正确的。这就意味着力量。

请不要误解我。这不是深思熟虑的伟大梦想，也不是源自过分虚荣的徒劳欲望，而是一种感觉，在富乐顿办公室和哈丁兄弟公司那里让我感到困惑的旧股票市场终有一天会臣服于我。我只是觉得这一天终会到来，果然在 1907 年 10 月 24 日，这一天到来了。

我之所以这么说，是因为那天早上，一位替我做了很多生意并且知道我一直在做空头的经纪人，去了华尔街的顶尖银行。我的这位朋友告诉银行家我的交易量有多么大，因为我确实把我的运气推到了极限。如果不能从中得到所有的好处，那么我做的是对的又有什么意义呢？

也许经纪人为了让故事听起来非比寻常，他过于夸大其词了。也许我的追随者比我知道的更多。也许这位银行家对于情势的严峻程度比我了解得更多。无论如何，我的朋友对我说："他非常感兴趣地听我讲，我告诉他你说过，经过一两次推动后，当真正的卖出开始时，市场将会出现波动。我讲完后，他说他今天晚些时候可能有些事情需要我去做。"

当佣金行发现无论出什么价格都得不到一分钱的时候，我就知道时机已到。我把经纪人派到各种各样的人群中。为什么？因为一度没有人竞标联合太平洋铁路公司的股票，无论什么价格！想想看！其他股票也一样。没钱持有股票，也没有人购买它们。

我有大量的账面利润，而且我确信要摧毁价格我要做的就是发出指令，出售联合太平洋铁路公司和其他六只高派息股各 1 万股，那么接下来发生的就是地狱了。在我看来，可能出现的恐慌将过于严重，以至理事会可能认为关闭交易所是明智之举，就像 1914 年 8 月世界大战爆发时所做的那样。

这意味着我的账面利润会大大增加，也意味着我可能无法将这些利润转换为实际现金。但还有其他事情需要考虑，其中之一是进一步的股市崩坏将妨碍其复苏的进度，而我本来指望着大放血后的补偿性改善。这样的恐慌一般会给国家带来很大的伤害。

我下定决心，因为继续积极看跌是不明智和令人不快的，所以对我来说做空不合逻辑。于是我转头开始买入。

在我的经纪人开始为我买进之后不久（价格很低），银行家派人来找我的朋友。

“我派人去找你。”他说，“因为我希望你立即去找你的朋友利文斯顿，告诉他我们希望他今天不要卖出任何股票，市场承受不住更多压力了。事实上，避免毁灭性的恐慌将是一项非常艰巨的任务。唤起你朋友的爱国心吧！在如今的情况下，个人必须为所有人的利益着想。一旦他有答复，就立即告诉我。”

我的朋友回来告诉了我。他很懂人情世故。我想他认为我打算摧毁市场，而我会把他的要求视为扔掉赚 1 000 万美元的机会。他知道我讨厌一些大人物，因为当他们像我一样知道了即将到来的事情时，他们还试图以大量的股票让股民入市。

事实上，大人物也是大的受害者，我以低价买进的大量股票都来自著名的金融机构。当时我并不知道，不过这不重要。我几乎已经补仓了所有的空头，而在我看来，如果没有人打击市场，那么我便有机会低价买进股票，同时帮助价格回升。

所以我告诉朋友："回去告诉布兰克先生，我同意他的意见。即使在他派人来找你之前，我也完全意识到局势的严重性。我不仅今天不再抛售任何股票，而且会尽可能多地买入。"我信守诺言，那天给多头账户买入了 10 万股。接下来的 9 个月，我没有再抛出任何空头股票。

这就是为什么我告诉朋友，我的梦想成真了，甚至我一度成了国王。当天，股票市场肯定会受到任何有心摧毁的人的摆布。我并非沉浸于所谓伟大的妄想。事实上，当我被指责袭击市场，以及华尔街的舆论夸大我的操作时，我的那种感受想必你也能明白。

我完好无损地功成身退了。报纸上说，操盘小子拉里 · 利文斯顿赚了几百万美元。那天闭市后，我的资产超过 100 万美元。但我最大的收益不是钱，而是无形资产：我是对的，我已经向前看并遵循了明确的计划。我已经学会了一个人为了赚大钱必须做些什么。我再也不是个赌徒了，我终于学会了以明智的方式进行大笔交易。对我来说这是很重要的一天。

第十章

最小阻力原则

承认自己所犯的错误，最大的好处便是它会帮助我们在通往成功的路上不断吸取教训，但我们所有人生来都是趋利避害的。如果你把某些错误和鞭打联想到一起，你便不会想尝试第二次了。而且，所有在股市犯的错误，都会给你的两处软肋带来伤害——钱包和虚荣心。但我要告诉你一件怪事：股票投机者有时明知自己在犯错，还是会义无反顾地错下去。在犯下这些错误之后，他会问自己为什么会犯错；在惩罚的痛苦过去很久之后，经过冷静的思考，他可能会明白自己是怎么犯错的，是在何时、是在交易过程中的哪一环节步入错误的深渊的，但他可能始终无法弄清楚自己犯错的根本原因。而后，他会痛骂自己一番，然后放下这件事情。

当然，一个人如果既聪明又幸运，就不会犯同样的错误。但他还是会犯与先前所犯错误类似的错误。错误的种类如此繁多，以至一旦你想看看自己能做出什么傻事，就会有一个错误找上你。

说到我犯的第一个价值百万美元的错误，必须回到 1907 年 10 月股市崩跌之后我首次成为百万富翁的时候。随着我的不断交易，拥有百万美元仅仅意味着更多的存款。金钱并不能给作手带来更多的慰藉，因为无论贫富，他都会犯错，而犯错永远不会让人感到舒适。只要一位百万富翁做出正确的判断，钱就只是他的奴仆而已。我最不担心的就是亏损。一旦接受亏损这个事实，我就不再为其烦恼。一夜过后，我就将其抛之脑后。但是，对我们的钱包和内心真正造成伤害的并非接受亏损这个事实，而是犯错本身。你还记得迪克森·G. 沃茨讲过的那个故事吗？有个人总是紧张不安，于是他的朋友就问他怎么了。

紧张的那位回答道："我睡不着。"

朋友问道："为什么睡不着？"

"我买了很多棉花，我心里老是惦记着，就怕它价格跌了，所以怎么都睡不着。我快崩溃了，我该怎么办？"

朋友回应："那就卖掉些，卖到你能安心睡着为止。"

通常，一个人久入芝兰之室而不闻其香，久入鲍鱼之肆而不闻其臭。习惯一种处境之后，之前与现在的差别也就感受不出来了。也就是说，一个人成为百万富翁之后，他便会记不清尚未成为百万富翁时的感受。他只记得有些事情他以前做不到，现在能做了。对于相当年轻的普通人来说，由俭入奢易，由奢入简难。而要忘记自己曾经的富有就更难了。我想这是因为金钱带来了欲望，或者金钱促使欲望成倍增长。我的意思是，当一个人在股市赚了钱之后，他很快就会丢掉不花钱的习惯。然而，在他把钱亏完之后，他要花很长一段时间才能改掉大手大脚的毛病。

1907 年 10 月，把空头买入平仓并开始做多之后，我决定暂时放松一下。我买了一艘游艇，打算去南部海域巡游一番。我对钓鱼很着迷，这本应是我一生中最快乐的时光。我对这趟旅程翘首以盼，希望随时能出发。但最终我没能成行，瞬息万变的股市让我一刻都不得放松。

我在做股票交易的同时，也一直在做大宗商品交易。我的大宗商品交易生涯是从少年时在对赌行开始的。我研究大宗商品交易市场多年，尽管不如研究股市那般勤勉。其实，比起股票，我更愿意做大宗商品交易。毫无疑问，大宗商品交易更加合理，它比股票交易更具商业风险投资的性质，一个人可以像处理任何商业问题那样对待大宗商品交易。在大宗商品交易市场中，使用虚构的理论来支持或反对某种市场趋势或许可行，但这样得来的成功只是暂时的，因为事实终将胜于雄辩。就像经营常规的生意一样，任何作手都可以通过研究和观察获得收益。他可以观察和评估某种大宗商品，他对这种大宗商品的了解相比其他人也差不了多少，而且不必防备内幕投机者的交易。在棉花、小麦或玉米市场，红利不会突如其来或者在一夜之间增加。从长远来看，大宗商品价格仅遵循一条经济规律——供求规律。大宗商品交易市场作手只需要了解现在和未来的供求情况即可，而无须像股票交易那样顾虑方方面面。大宗商品交易对我来说一直都很有吸引力。

当然，所有的投机市场情况皆如此，报价纸带上的信息如出一辙。任何人只要肯动脑筋想一想，这些信息就会简单明了。他会发现，如果自我提问，并综合考虑当前形势，那么答案自现。但人们从来不愿意费心去提问，更别说去寻找答案了。一般美国人无论何时何地都不会轻信他人，但当他前往经纪商办公室并查看报价纸带时（无论是股票还是大宗商品交易），他的警惕心会消失无踪。在所有的游戏中，只有这种游戏需要玩家在入场前钻研一番，但他偏偏在投身其中时，抛弃了往常极其明智的预先准备和谨慎戒备。他冒险把自己的一半财产投入股票市场前所做的考虑，还不如选购一辆中等价位汽车时考虑得多。

研读报价纸带并不如表面看起来那么复杂。当然，你得有经验才行。但是，更为重要的是，你要牢记某些基本原则。研读报价纸带不是算命，报价纸带不会告诉你下周四下午 1 点 35 分你的确切身家。研读报价纸带首先是确定如何交易，其次是确定何时交易，即是买进还是卖出更为明智。无论是股市还是棉花、小麦、玉米或燕麦市场，它的运作原理都相同。

观察市场（即报价纸带记录的价格轨迹）的目的只有一个：确定方向，也就是价格走势。我们知道，价格会根据它们遇到的阻力而上涨或下跌。为了便于理解，我们可以这么说，价格就像所有事物一样，会沿着阻力最小的路线移动。它们会倾向于走简单的路线，因此，如果上涨的阻力比下跌的阻力小，它们就会上涨，反之亦然。

只要市场开始正常运行，任何人都应该清楚这是牛市还是熊市。对于思想开放且观察力相当敏锐的人来说，是牛市还是熊市，趋势显而易见，他不会将事实和他的理论牵强附会地联系在一起，因为对于投机者来说，这绝非明智之举。这样的人会知道（或应该知道）这是牛市还是熊市，他如果知道这一点，就知道该买进还是卖出。因此，在市场的最初阶段，人们就需要知道该买进还是卖出。

假设市场如惯常的那样，在10点范围内波动——最高至130点，最低至120点。如果只看最低值，市场就可能看起来非常疲软；或者，在市场上涨了8~10个点之后，市场可能看起来非常坚挺。一个人不应该被表象迷惑，从而开始交易。他应该耐心等待，直到报价纸带告诉他，时机已经成熟。事实上，那些因为股票看起来便宜而买进或者因为股票看起来贵而卖出的人，已经损失了不计其数的金钱。投机者不是投资者，他的目标并不是确保他的资金能以良好的利率获取稳定的回报，而是通过他所投机的东西的价格涨跌来获利。因此，他得确定一条从交易那一刻起未来阻力最小的路线，而后便是等待这条路线显露踪迹的那一刻，因为那是他开始忙碌的信号。

研读报价纸带不过是帮助他发现，在130美元时卖出比买入多，那么接下来正常情况下价格会有所回落。在卖出胜过买入时，只能粗浅解读报价纸带的人可能会得出这样的结论——价格会持续上涨，甚至到150美元时也不会突然停止上涨。于是他们开始买入，但是价格开始回落了。这时，他们要么继续持有，要么以少量亏损卖出，要么卖空然后看跌。然而，在跌至120美元时，下跌阻力增强。买入胜过卖出，市场反弹，空头回补。投资大众常常遭市场洗盘，这让人不得不感叹，他们真是学不会吃一堑长一智。

最终，某种因素增强了上涨或下跌的力量，于是最大阻力点随之上移或下移，也就是说，在130美元时买入将首次胜过卖出，或在120美元时卖出胜过买入。价格将突破原先的边界或运动极限，并继续上涨或下跌。通常，总有大量交易者会在120美元时做空，因为那时市场看上去非常疲软；或在130美元时做多，因为那时市场看上去非常坚挺。当市场违背他们的意愿发展时，他们要么被迫改变主意并改变投资方向，要么结束交易。无论哪种情况，都有助于他们更清晰地确定阻力最小的价格走向路线。因此，明智的交易者会一边耐心等待这条价格路线变得明确，一边观察基本的商业形势，并借助部分群体交易的力量——这部分群体因为猜错市场走向，必须立即纠正错误。这类纠正性交易往往将价格推向阻力最小的路线。

在此我要说一点，尽管无法用数学算法或投机公式来证明，但我的经验是，偶然事件（意外或不可预见的事件）总是对我的市场仓位有帮助，只要我的仓位是基于我对最小阻力路线的确定而建立的。你还记得我跟你说过的在萨拉托加发生的联合太平洋铁路公司股票交易的事件吗？我做多是因为我发现阻力最小的路线上行了。我应该多持有一段时间，而不应该被经纪人告诉我的“有内幕人员在抛售股票”的消息影响。公司董事的想法对股票市场没有任何影响。我也不可能知道公司董事的想法，但是我可以知道（同时我也的确知道）的是，报价纸带在隐晦地告诉我们：“上涨！”就在那时，公司突然宣布上调红利，股票也上涨了30美元。虽然164美元看起来高得惊人，但正如我之前告诉你的，股民永远不会因为股票价位太高而停止买进，也不会因为股票价位太低而停止卖出。本质上，价位与确定最小阻力路线无关。

在实操中，你会发现，如果你像我说的那样交易，那么在当日闭市和次日开市之间传出的任何重要消息，通常都与阻力最小的路线的方向一致。市场趋势在消息公布之前就已经确定了。处于牛市时，看跌的消息往往被忽视，看涨的消息则被夸大，反之亦然。在一战爆发前夕，市场处于非常疲软的状态。这时，德国宣告实行“无限制潜艇战”策略。当时我已经做空了 15 万股，不是因为我早早知道这则消息，而是因为我一直沿着阻力最小的路线交易。就我的交易而言，这则消息是突然传出的。当然，那天我利用这个机会空头回补。

你要做的就是观察报价纸带、确定阻力点，并在确定最小阻力路线后随时准备交易。这听起来非常简单，但在实际操作中，你必须提防许多事情，其中最重要的是要防范你自己，即人之本性。通常，有两种力量在帮助人们做出正确的选择——对自己有利的条件以及失败者的教训。当处于牛市时，看跌的因素往往被忽视。这就是人之本性，但人们仍然对实际情况感到惊讶。有这么一个故事，大家都说因为某一两处地区气候恶劣，小麦产量一落千丈，农民无以为生。当所有的农作物都收割完毕，所有小麦种植区的农民都开始将他们的小麦运送到传送带时，对小麦产量不看好的人才震惊地发现，小麦产量的损失是如此之小。到头来，他们发现自己只是促进了空头交易。

在做期货市场交易时，一个人千万不能固执己见，而要有开放的思想，并懂得灵活变通。不管你对农作物情况或可能的需求情况有什么看法，都不该对报价纸带的信息置若罔闻——这是不明智的做法。我想起我之前的一次经历，因为过于期待行情开始的信号，我错过了一场重要的交易。当时我对整体局势很有把握，所以我认为没有必要等待阻力最小的那条路线显现。我甚至觉得自己或许可以帮助市场推动这条路线显现出来，因为它看似只需要一点儿助力。

我当时非常看好棉花。它的价格在每包 12 美分附近徘徊，在适当的区间上下波动。我可以看出，它就在中间线徘徊。我知道自己应该耐心等待。但当时我鬼迷心窍，我觉得如果稍微推它一把，它就会越过最高阻力点。

于是，我买入了 5 万包。果然，价格上涨了。在我停止买入的那一刻，它也果不其然地停止上涨。然后，它开始回落到我开始买入时的水平。我卖出平仓后，它也停止下跌。我觉得自己离行情开始的信号更近一步了，我甚至觉得自己可以再次这般操作，手动触发行情开始的信号。我真这么做了，同样的情况再次发生。买入，价格上涨，直到我停止买入，价格才开始下跌。这样的事我重复做了四五次，直到最后厌倦了才停手。这一番折腾花了我大约 20 万美元。最终，我彻底放弃了。没过多久，它就开始一番猛涨，直到涨到一个价位。要是当初我没有这么急急忙忙地开始，涨到这个价位我就能猛赚一笔了。

很多作手都有多次类似的经历，因此我总结出以下规则：在交易惨淡的市场中，价格只是在狭窄的范围内波动，这种波动基本上没有牟利的空间，在这种情况下，试图预测市场下一个大动作是上涨还是下跌是毫无意义的。你要做的事情是观察市场，查看报价纸带，确定无意义价格波动的限值，并确保自己不会在价格突破最高或最低限值前动心。投机者必须致力于从市场赚钱，而不能执迷于让报价纸带顺从自己的心意发展。永远不要奢望报价纸带会给出理由或解释。在股市中，马后炮行为并不会为你赚取红利。

不久前，我参加了一个友人聚会，他们提到小麦。有些人看涨，有些人看跌。最后，他们询问我的看法。那时，我已经研究小麦市场有一段时间了。我知道，他们不需要统计数据或市场形势分析。于是我说："如果你们单纯想在小麦上赚钱，我可以直接告诉你们应该怎么做。"

他们都说自己想赚钱，于是我告诉他们："如果你真的想靠小麦赚钱，只需要观察小麦的形势，伺机而动。当它的价格超过每蒲式耳[1]1.20 美元时，立刻买进，你就能打一记漂亮的快球！"

"为什么不以现在的每蒲式耳 1.14 美元买进？"一个人问。

"因为我还不知道它到底会不会涨。"

"那为什么以每蒲式耳 1.20 美元买进？这个价格看起来很高。"

"你是愿意抱着大赚一笔的渺小希望盲赌一把，还是愿意明智地投机，赚取金额相对较低但可能性更大的盈利？"

他们都说自己想要低盈利高保障，于是我说："那就照我说的做，超过每蒲式耳 1.20 美元就买进。"

如前所述，我已经观察小麦市场有段时间了。几个月来，它的价格一直在每蒲式耳 1.10 美元和 1.20 美元之间波动，毫无进展。有一天，它闭市的价格高于每蒲式耳 1.19 美元，于是我开始严阵以待。果

1 常用谷物品种国际单位换算标准为 1 吨小麦 =38.01 蒲式耳。——编者注

然，第二天小麦的开市价格为每蒲式耳1.205美元，于是我买进了。它一路上涨到每蒲式耳1.21美元、1.22美元、1.23美元、1.25美元，而我一路紧跟。

此刻，我可以向你阐述当时的具体情况，但当时我还是云里雾里的。当小麦价格在有限的区间波动时，有关它的波动踪迹，我丝毫没有头绪。我怀疑最终价格会上涨，因为全球小麦不至于产量过剩导致价格暴跌，可尽管抱着这样的想法，我还是说不准最终价格会突破每蒲式耳1.20美元继续上涨，还是突破每蒲式耳1.10美元继续下跌。

事实上，欧洲人似乎一直在悄无声息地采购小麦，而许多交易者在每蒲式耳1.19美元左右已经卖空了。由于欧洲人的采购和其他原因，大量小麦已经被运离市场，所以最终价格开始出现大幅波动，突破了每蒲式耳1.20美元的大关。而这正是我所等待和需要的时机。我知道，当价格超过每蒲式耳1.20美元时，接踵而来的就是持续上涨，因为此时上涨趋势最终汇聚了足够的力量突破上限，必然有某些大事要发生。换言之，跨过每蒲式耳1.20美元，小麦价格的最小阻力路线就可以确定了。届时，市场的形势会截然不同。

我记得那一天我们这里是节假日，所有市场都休市了。但在加拿大的温尼伯，小麦开盘价每蒲式耳涨了6美分。第二天，我们这里的市场开盘时，小麦价格每蒲式耳也涨了6美分。价格就是沿着阻力最小的路线波动的。

我刚刚告诉你的，是我以研究报价纸带为基础进行交易的精髓。我潜心钻研价格最有可能的走势，我还会通过其他测试性交易来检验我的交易方向，确定市场心理变化的时刻。通过观察我开始交易之后的价格变化，我可以做到这一点。

我曾告诉一些经验丰富的作手，我喜欢高价买入股票来看涨以及低价卖出股票来看跌，否则干脆不交易。令人惊讶的是，他们中的很多人在听到我的言论时都露出不相信的表情。作手如果始终坚守他的投机理念，即等待最小阻力路线显现之后，在报价纸带显示价格上涨趋势时买进，在报价纸带显示价格下跌趋势时卖出，赚钱就不是什么难事了。随着价格走势线不断攀升，他应该逐渐加仓。起初，他可以用 1/5 的资金买入。如果没有盈利，就不能加仓，因为显然他开始买入的点是错误的——从错误的点入手一般无利可图，所以这时不是大笔交易的正确时机。曾经暗示“价格上涨”的报价纸带未必在说谎，可能现在它只是暗示了“时机未到”。

长期以来，我在棉花交易方面一直有着非常成功的经验。我有套自己的棉花交易理论，而且完全遵照这套理论行事。假设我已决定投入 4 万 ~ 5 万包，我会如前文所述钻研报价纸带，寻找买进或卖出的良机。假设阻力最小的路线呈上涨趋势，我会买进 1 万包。买进完成之后，如果市场价格在我最初买进价格的基础上涨了 10 个点，那么我会再买 1 万包。结果市场价格持续上涨。这时，如果总计涨了 20 个点，或者每包我可获得 1 美元的利润，那么我会再买进 2 万包。至此，满仓。但是，如果在初次买入 1 万或 2 万包后，账面出现亏损，那么我会立即平仓。出现这种情况，说明我的判断出错了，也许只是暂时出错，但正如我前文所述，如果开头便错了，就不值得继续了。

我坚持自己的交易理论所取得的成果是，每一次价格大幅波动时，我都占有一席之地。在加仓至满仓的过程中，有些试探性的交易可能会让我亏损5万~6万美元，看似我付出的代价很大，但事实并非如此。在真正的价格大幅波动开始之后，要多久才能弥补我为了确保在正确的时间建仓而损失的5万美元？眨眼之间！为了做到天时地利人和，一切都是值得的。

正如我前文所述，这就是我的投机理念。只在盈利的时候才决定加大赌注，如果亏损就立刻停手，这样只需要损失一小笔试探性交易金额。简单算一算，你就可以知道这种做法是非常明智的，而事实也的确如此。一个人如果按照我所描述的方式交易，就能始终处于有利的地位，就可以在这场豪赌中牟利。

职业作手总是拥有一套这样或那样的交易理念体系，这套体系的形成基于他们的经验，并由他们对投机的态度或渴求决定。我记得我曾在棕榈滩遇到一位老先生，他的名字我记不清了，或者我一下子想不起来了。我知道他曾在华尔街闯荡多年，早在内战时期他就在华尔街闯荡了，有人告诉我他是一个精明的老头，他已历尽兴衰，因此他总说兴衰更迭本就不是什么新鲜事，尤其是在股市。

这位老先生问了我很多问题。当我把自己在交易中的实践告诉他时，他点头道："对！对！你做得对。你建仓的方式，你的思维方式，让你成功建立了适合自己的理念体系，你遵循这套体系行事很容易，因为你最不担心的就是因试探交易而折损金钱。我想起帕特·赫恩。你听说过他吗？ 他是一位非常有名的体育赛事赌徒，他在我们这有交易账户。这家伙很聪明，而且很胆大。他买卖股票赚了钱，于是有人向他讨教，可他从来不会给他们任何建议。如果有人找上门问他，他觉得他们的交易是否明智，他会引用他最喜欢的一句赛马格言来回复：'非赌不知输赢。'他在我们的交易所进行交易。他的交易习惯是，先买100股活跃股，如果股价上涨1%，他会再买100股；如果再涨1%，他会再买100股，以此类推。他常说，他玩股票不是给别人送钱的，因此他每次买入时，都会设置一个止损指令，如果股价低于最近一笔成交价1个点就卖出。如果股价持续上涨，他就会相应地上调止损点。如果股价回落1%，就会触发他的止损指令，他会退出市场。他宣称，不管损失的是初始保证金还是账面利润，只要亏损超过1%，这笔交易就没有必要继续。

"你知道，专业赌徒的目标不是胜算不大的投资，而是有把握盈利的投资。当然，如果投资胜算不大，但最终可以盈利，这样的投资也是可以尝试的。在股市中，帕特既不靠内幕消息进行交易，也不奢望股价每周上涨20个点，他的目标是有把握地赚取足够的金钱，让自己过上美满的生活。我在华尔街遇到过成千上万的外行，帕特·赫恩是仅有的一位把炒股视作法罗纸牌或轮盘赌那样碰运气的游戏的人，但他同时明智地坚持着一套相对可靠的投注方法。

"在帕特去世后，我们一位之前一直和帕特交易并采用他的理论的客户通过拉克万纳铁路股票赚了超过10万美元。然后，他转投其他股票，因为他已经赚得盆满钵满，他觉得自己不必再死守帕特那一套了。当股价回落时，他没有及时止损，而是任其发展，他觉得亏损的只是他赚来的盈利。自然，最终他把所有钱都亏完了，他退出的时候，甚至还欠我们几千美元。

“他后来在股市晃荡了两三年。在他把钱亏完之后，他对股市的热情还是持续了很久。不过只要他规规矩矩的，我们就不反对他继续炒股。我记得，他过去坦率地承认过，说自己没有坚持帕特·赫恩的那一套真是愚蠢至极。有一天，他兴冲冲地来找我，想在我们交易所卖空某只股票。他为人很好，他在鼎盛时期也算是一位好客户，于是我告诉他，我个人愿意为他的账户担保100股。

“他卖空了100股湖滨公司股票，那是1875年，当时比尔·特拉弗斯正在掼压股票。我的这位朋友罗伯茨抓住了做空湖滨公司股票的好时机，并且随着跌势一路做空，就像他以前大赚特赚时惯常做的那样。之后他抛弃了帕特·赫恩的那一套理论，转而将盈利的可能寄托于希望。

“通过4天金字塔式的加码，罗伯茨拥有了1.5万美元的账面利润。我注意到他并没有设置止损指令，便跟他提了这件事。他告诉我，崩跌还没有真正开始，他不打算因为1个点的回落就退出，那时是8月。9月中旬前，为了给他的第四个孩子买一辆婴儿车，他向我借了10美元。他没有坚持自己经过实践检验的理论体系。这也是他们大多数人的问题所在。”这位老先生冲我摇了摇头。

他是对的。有时，我觉得投机行为一定是一种不近人情的行当，因为我发现投机者一般都是在与自己的本性作战。所有人身上都容易出现的弱点，恰好决定了投机行为的成败。通常，正是这些弱点让他获得同伴的喜爱，或者这些弱点正是他在其他商业活动中应该提防的。而颇具讽刺意味的是，这些商业活动远不如股票或期货交易那般危险。

投机者的主要敌人往往来自投机者自身。希望和害怕，这两样与人性密不可分。从事投机活动时，如果市场行情与你的意愿背道而驰，每一天你都寄希望于这是市场这般走向的最后一天，你听从希望的摆布，结果亏损得更多。但同时，对于你的盟友们来说，也是希望这种东西，为投机事业帝国大大小小的缔造者和开拓者带来了成功。而当市场行情顺从你的心意发展时，你又开始害怕，担心第二天你的盈利会消失无踪，你很快就会被踢出局。因为害怕，你无法赚得你本应赚得的金额。成功的作手必须战胜这两种根深蒂固的本能，他必须对抗那些被称为自然冲动的东西。在看似有希望的时候，他必须担心害怕；在该害怕的时候，他必须抱有希望。在出现亏损时，他不应抱有侥幸的希望，而是要担心亏损可能会进一步加大；在开始盈利时，他不应担惊受怕，而要抱有可能赢取丰厚利润的希望。像普通大众那样投资股票是绝对行不通的。

我从 14 岁起就开始投身于投机活动，从未停止，我自认为我对这一行当是颇为熟稔甚至精通的。我持续交易近 30 年，有过小额交易，也有过以数百万美元做赌本的大额交易，通过这些交易，我得出这样一个结论：铁打的股市，流水的股民！在股市中，一个人可能一时风生水起，但不可能永远长盛不衰！一个人可能从某几笔棉花或谷物交易中赚钱，但不可能一直只赚不亏。这就像赛马，一个人可能在一场赛马中获胜，但不可能场场告捷。

如果我知道怎样让我的表述更有力或更果断，我肯定会这么做。其他人的反对毫无意义，因为我知道，我的这些表述毋庸置疑是正确的。

第十一章

棉花市场一显身手

现在我将时间拉回到1907年10月。那时，我买了一艘游艇，并做好了离开纽约到南方水域游玩的所有准备。我对钓鱼非常痴迷，这一次我打算在自己的游艇上尽情地钓鱼，去自己想去的地方。万事俱备，只剩出发了。我已经在股票上大赚特赚了，但就在出发前的最后一刻，玉米期货拖了我的后腿。

需要说明的是，在那个让我赚到100万美元的恐慌到来之前，我一直在芝加哥交易谷物期货。当时，我在小麦和玉米期货上分别做空了1 000万蒲式耳。我已经对谷物期货市场研究了很长一段时间，并像看空股票那样不看好玉米和小麦期货。

它们都开始下跌了，但就在小麦持续下跌时，芝加哥最大手笔的作手，我姑且称他为斯特拉顿，心血来潮打算囤积玉米。在清空所有的股票后，我已经做好准备，打算开着我的游艇去南方游玩。就在这时，我发现小麦给我带来了可观的收益，但玉米价格却因斯特拉顿的囤积而走高，这给我带来不小的损失。

我知道美国国内玉米的实际数量要远超价格显示的数量，市场供求规律依然如故。但玉米在运输中遇到严重的交通堵塞，这导致其无法满足市场供应，而市场需求又主要来自斯特拉顿。我记得以前常常祈祷寒潮的到来，以便将泥泞不堪的道路冻住，这样，农民就可以把他们种植的玉米运到市场上。但我的祈祷并没有奏效。

当时的情况就是，我一方面期待着开启我愉快的垂钓之旅，但玉米期货的亏损让我无法出行。因为，市场状况如此，我无法安心抽身。当然，斯特拉顿也随时密切关注卖空比例，他知道他把我套牢了，而我也清楚他的操作。但我说过，我曾寄希望于天气，希望它能助我一臂之力。考虑到天气或其他慈悲的神明都不会满足我的心愿，于是，我开始研究如何靠自己克服困难。

我以很高的利润清空了我的小麦头寸，但玉米期货的问题却越来越棘手。如果我能以当时的市价卖出 1 000 万蒲式耳玉米，即使损失巨大，我也乐意立即出手。但如果我开始买进玉米期货，斯特拉顿自然会马不停蹄地压缩玉米市场，这样，我就会因为自己买进而推高玉米价格，这无疑是一种“自杀式”行为。

虽然玉米市场价格高涨，但是我想去钓鱼的欲望更高，所以我必须立即靠我自己寻求脱困之法。我必须实施战略性撤退，买回我做空的 1 000 万蒲式耳玉米，以此尽量减少自己的损失。

巧合的是，那时斯特拉顿同时还在进行燕麦期货交易，并把燕麦市场控制得死死的。我一直在关注农作物的新闻及场内交易的小道消息，我听说在期货市场上，强大的阿穆尔利益集团与斯特拉顿的关系并不友好。当然，我知道斯特拉顿是不会让我买回我需要的玉米期货的，除非按照他开的价格。但当我听到阿穆尔与斯特拉顿针锋相对的传闻时，我突然想到应该向芝加哥的作手寻求帮助。由他们将斯特拉顿不会卖给我的玉米期货卖给我，这是他们能够帮到我的唯一办法。只要能够通过他们买到玉米期货，剩下的就好办了。

首先，玉米价格每下降 1/8 美分，我就下达指令买入 50 万蒲式耳玉米期货。在发出这些指令后，我又给 4 家经纪行各自按照市场价格同时卖出 5 万蒲式耳燕麦期货。我认为燕麦价格应该很快会下跌。因为我知道那些作手的心思，他们很快就会认为阿穆尔要对斯特拉顿下手了，这一点我非常有把握。看到他们在燕麦上开战，那些作手会理所当然地认定接下来玉米价格也会走低，这样他们就会开始卖出玉米。如果斯特拉顿囤积玉米的诡计失败，那么我会大赚一笔。

我对芝加哥作手心理的猜测果然没错。在看到燕麦价格由于多个经纪行零星出售而下跌后，他们立即转向玉米市场，不遗余力地卖出玉米。这样，我就可以在接下来的 10 分钟买进 600 万蒲式耳玉米期货。

当发现他们停止卖出玉米期货后，我以市价再买进 400 万蒲式耳。这自然会再次推高玉米期货的价格。最终，通过这种策略，我轧平了 1 000 万蒲式耳玉米期货的全部头寸，价格与我开始利用经纪行出售来平仓时的价格相差不到 0.5 美分。先前我为了引诱作手们卖出玉米期货而做空了 20 万蒲式耳燕麦期货，最后我在平仓后发现只有 3 000 美元的损失。就空头诱饵而言，这 3 000 美元的损失是非常低的。我在玉米期货上的大部分亏损被我从小麦期货上获得的利润抵消了，因此，那次我在谷物期货交易上的全部损失仅为 2.5 万美元。随后，玉米期货每蒲式耳上涨了 25 美分。毫无疑问，我曾经成为斯特拉顿砧板上的一块肉。如果我不考虑价格就直接着手买进 1 000 万蒲式耳玉米期货，到底会亏损多少则难以预料。

一个人如果多年如一日地坚持做一件事，就必然会养成习惯，这一点与普通的初学者有天壤之别。而正是这种差别将专业人士与业余人士区分开来。决定一个人在投机市场上赚钱的关键在于他看待事物的方式。大众股民对自己的交易的看法一般都是比较业余的。有时会不合时宜地出现自负情绪，因此，他们无法进行深入或详尽的思考。因为专业人士深知如果其他事情做好了，利润自然是水到渠成的事，所以他们关心的是做对的事情，而非赚钱。和专业的台球运动员一样，作手在交易过程中要顾及的是长远利益，而非眼前的某一杆。对专业作手而言，为头寸绞尽脑汁应该成为一种本能。

我记得我听过艾迪生 · 坎马克的故事，这个故事很好地描述了我想要表达的观点。根据我掌握的所有信息，我倾向于认为坎马克是华尔街最出色的股票作手之一。他并非像很多人认为的那样喜欢习惯性做空，不过他确实更喜欢做空交易，以及利用希望和恐惧这两大人性的弱点。他曾创造以下警句："看涨时不卖！"老一辈作手告诉我，他赚的最多的几次都发生在做多的时候，所以很显然，他是根据市场条件而非偏见来进行交易的。不管怎样，他都是一个堪称完美的作手。我记得好像有一次，在很久以前的一次牛市行情结束时，坎马克对股市看空，一个非常健谈的金融作家 J. 阿瑟 · 约瑟夫也知道了这件事。然而，那个时候股市不仅强劲，而且持续看涨，这与许多牛市领头羊和报纸上利好的报道带来的市场刺激一致。因为明白做空消息对于像坎马克这样的作手来说具有极大的利用价值，所以有一天约瑟夫揣着好消息跑进了坎马克的办公室。

"坎马克先生，我有一个非常好的朋友在圣保罗营业厅做股票转让交易员，他刚刚告诉了我一些事，我觉得您应该知道。"

"什么事情？"坎马克漫不经心地问道。

"您对股市的看法是不是已经变了？您现在还看空，是吗？"约瑟夫问道，想要确认一下。如果坎马克不感兴趣，那么他也不打算浪费时间。

"是的。那么，好消息是什么？"

"我今天去了圣保罗营业厅，平时为了去搜集新闻，我每个星期都会去那里两三次，我那个朋友告诉我：'那个老家伙在卖出了。'他说的老家伙是威廉·洛克菲勒。'吉米，是真的吗？'我问我朋友，他回答说：'是的，每上涨 3/8 个点他就卖出 1 500 股。我这两三天一直在转卖这只股票。'所以，我就马不停蹄地赶来告诉您了。"

坎马克不是一个容易激动的人，相反，他早已习惯了各种人闯进他的办公室，告诉他各种消息、绯闻、谣言、内幕消息或谎言，他早已不轻易相信这些东西。所以，他只是问："你确定你听到的属实吗，约瑟夫？"

"你问我确定吗？我当然确定了！您觉得我耳聋吗？"约瑟夫说道。

“那你确定你朋友说的是真的吗？”

“那当然！”约瑟夫称，“我和他相识多年了。他从不会对我说谎。他不会的！那是不可能的！我了解他，他是个十分可靠的人，我可以用我的性命担保他说的都是真的。在这个世界上，他是我最了解的人，可能比你了解我的程度还要深，虽然咱们也是多年的老相识了。”

“嗯，你对他有把握吗？”坎马克再次看着约瑟夫。然后他说：“好吧，你应该知道。”然后他给他的经纪商W.B.惠勒打了电话。约瑟夫希望能听到他说要下达卖出至少5万股股票的指令。威廉·洛克菲勒正在充分利用市场的优势，卖出他在圣保罗持有的股份。至于这些出售的股票是投资还是投机，其实并不重要。重要的是，标准石油公司最优秀的股票作手正在抛售圣保罗股票。普通人如果得到来源可靠的消息，他会怎么做呢？这个问题根本就不需要问。

但坎马克不是普通人，他是那个年代最优秀的空头作手，在那个时候，他看空市场，于是他对经纪商说：“比利，看看报价板，每上涨3/8美元就买1.5万股圣保罗。”那时股票价格已经涨到了90美元。

“您说错了吧，您是说要卖出吧？”约瑟夫急忙插话。他在华尔街已经不算是一名新手了，但他对市场的看法是从报社记者以及大众股民的角度出发的。根据内幕人员卖出的消息，市场价格当然应该是要下跌的。而没有什么内部卖出消息比威廉·洛克菲勒的交易消息更可靠了。标准石油公司在卖出，而坎马克在买进！不应该这样！

“不。”坎马克说道，“我是说买进！”

“那难道您不相信我吗？”

“不，我相信！”

“您是不相信我的消息吗？”

“不，我也相信。”

“您不是看空吗？”

“是的。”

“那么您这样做是什么意思？”

“这就是我买进的原因。现在请听我说，你跟你那个可靠的朋友保持联系，他们一旦不再按比例卖出，请立刻告诉我。立刻！明白吗？”

“明白！”约瑟夫答道，便离开了，我们不清楚他在离开时是否能理解坎马克买进威廉·洛克菲勒的股票的动机。因为他明白坎马克看空整个股市，所以他对坎马克的这番操作感到迷惑不解。尽管不太理解坎马克的操作，但约瑟夫仍然去见了他的那个股票转让交易员朋友，并让他的朋友在洛克菲勒停止抛售时立即通知他。然后，约瑟夫每周向他的朋友打听两次消息。

一天，他的股票转让交易员朋友告诉他：“那个老头不会有更多股票卖出了。”约瑟夫向他道了谢，立刻带着消息跑进了坎马克的办公室。

坎马克认真地听着，转向惠勒问道：“比利，我们营业处有多少股圣保罗？”惠勒查看了一下，报告说他们手上共有约 6 万股。

坎马克是看空市场的，甚至在刚开始买进圣保罗股票之前，就已经做空了运谷铁路公司股票以及其他各种股票。他现在重仓做空股市。他立即吩咐惠勒卖出他们做多的那6万股圣保罗股票，甚至更多。他以做多的圣保罗股票为杠杆，压低了股票的总价格，这为他的操作提供了极大的便利。

圣保罗一直下跌到每股44美元才停止，坎马克靠它猛赚了一笔。他以纯熟的技巧进行操作，并获得与该技巧相称的收益。我想要说明的是他对交易的习惯性看法。他并不需要深思熟虑，对于某只股票，他能迅速看到对他而言比赚钱更为重要的事情。他能够看出这是进行大规模空头操作的天赐良机，不仅时间点恰到好处，而且在这一时间点行动能为随后的空头操作提供最初的市场推动力。他立即就发现，买进圣保罗股票能够为他进行大规模空头操作提供充足的火力，所以在获取了圣保罗的内幕消息之后，他选择继续买进而非卖出。

好吧，还是说回我自己吧！在结束了小麦和玉米期货交易后，我开着游艇来到南方。我在佛罗里达的海域巡游了一番，度过了一段美好时光。垂钓过程十分愉快，一切都那么美好。我别无所求，无忧无虑。

一天，我在棕榈滩上岸，遇到了许多华尔街的朋友和其他熟人。他们都在讨论那时最引人注目的棉花投机者。一篇来自纽约的报道说，珀西·托马斯输得倾家荡产。这不是一起商业破产，据传这位举世闻名的作手在棉花期货市场上遭遇了第二次滑铁卢。

对他，我一直非常敬佩。我第一次是通过报纸听说他的，那时适逢股票交易所的经纪会员谢尔登和托马斯公司破产，而就在那时，托马斯想要囤积棉花期货。谢尔登缺乏托马斯那样的远见和勇气，在每次行将成功时都畏手畏尾。至少华尔街当时是这么说他的。不管怎样，那时他们非但没有大赚一笔，还在几年后遭遇了轰动一时的惨败，具体损失了几百万美元我不太记得了。公司破产后，托马斯就单干了。他不遗余力地研究棉花期货，不久之后就东山再起了。他连本带利地偿还了债主的债务，虽然在法律层面上，他没有义务这样做。清偿债务后，他还余下 100 万美元。他在棉花期货市场上东山再起的传奇事迹，简直可以媲美迪肯·怀特利用股市在一年内清偿了 100 万美元债务的传奇故事。因此，我极其欣赏托马斯的胆识和头脑。

在棕榈滩，所有人都在谈论托马斯 3 月棉花期货交易破产的消息。我们都知道流言的传播扩散方式，你听到的都是经过夸大其词、添油加醋的不实信息。为什么？因为我听到有人传播过一则关于我的流言，以至第一个传播者在不到 24 小时后再次听到这则流言时，连他自己都分辨不出来了，它已经被人添加了各种新奇生动的细节而变得面目全非了。

听到珀西·托马斯最近破产的消息后，我开始将注意力从钓鱼转移到棉花期货市场上。我阅读了几沓别人给我的交易文件，获取关于棉花期货市场的最新情况。回到纽约后，我放弃了研究市场。每个人都在看空，并且都在卖出 7 月棉花期货。人就是这样，你知道的。我猜测人们之所以做某件事，是因为他们身边的人都在做，这就是传染效应的最佳案例。也许这就是群体心理的某个阶段或另一种表现。无论如何，在数百个作手看来，卖掉 7 月棉花期货无疑是聪明、正确且稳妥的做法！把这种行为称为鲁莽之举还不太合适，因为这个词的程度还不够。作手只是片面地看待市场，他们的眼中只有丰厚的利润。他们肯定在期待价格下跌。

当然，我目睹了这一切，我突然想到那些做空的人恐怕没有足够多的时间平仓。我对情况了解得越多，我想得越通透，我最终决定买进 7 月棉花期货。我开始行动，很快买入 10 万包。由于很多人都在卖出，我毫不费力就买到了。我觉得我应该悬赏 100 万美元，只要能抓住一个不再卖出 7 月棉花期货的操盘者，不论死活，但是我相信没有人能够拿到这笔赏金。

应该是在 5 月下旬，我不断地买进，他们则不断地卖给我，直到我签订了所有的流动合同。那时，我一共买到了 12 万包棉花期货。我买完最后几包的几天后，棉花的价格开始上涨。而且自从开始上涨后，便一发不可收拾，一天就上涨 40 ~ 50 点。

某个星期六，大约是在我买进棉花的 10 天后，棉花价格才开始缓慢走高。我也不清楚还有没有更多的 7 月棉花期货可卖。这要看我能不能找得到了，等到最后 10 分钟我才开始行动。在那个时候，我知道那些人通常选择在这个时候做空，如果收市时价格上涨，他们就妥妥地上钩了。所以我发送了 4 张不同的订单，按照市场价每张同时买进 5 000 包。价格上升了 30 点，做空者正竭尽全力想方设法脱身。最后市场以最高价收市了。看好了，我所做的就是买进最后的 2 万包。

第二天是星期天。但是到了星期一，利物浦开盘后本应上涨 20 点才能做到与纽约的涨幅持平。出乎意料的是，开盘后它上涨了 50 点。这意味着利物浦以 100% 的涨幅优势领先纽约涨幅。这次上涨当然与我无关。这表明我的推测合理，而且我的交易路线阻力最小。当然，我没有忘记我还要处理极重的多头仓位。市场价格可能会急剧或逐步上涨，但是无法吸纳哪怕是一丁点儿的卖盘。

当然，利物浦的消息让市场陷入狂热。但我发现它涨得越高，7月棉花期货似乎就越少。但我是不会减少仓位的。总体而言，星期一的走势让看空者既刺激又沮丧。但即使如此，我也未察觉到任何要出现空头恐慌的迹象，也未发现任何空头者要盲目蜂拥着去平仓的征兆。我的仓位一共有 14 万包棉花期货，我必须为它们找到买家。

星期二早上，在去办公室时的路上，我在大楼门口偶遇一位朋友。

“今天《世界报》上的报道相当不错哦。”他笑着对我说。

“什么报道？”我问道。

“怎么？你别告诉我你还没有看过那篇报道！”

“我从不看《世界报》。”我说，“报道内容是什么？”

“为什么不看？那篇报道的内容全是关于你的。上面说你在囤积 7 月棉花期货。”

“我还没看。”我告诉他后便转身离开了。我不知道他是否相信我说的话。因为我没有告诉他那篇报道的真假，他可能觉得我那样做很不够意思。

到办公室后，我让人找来一份报纸。果然，那篇报道就在那份报纸的头版头条：“拉里·利文斯顿控盘 7 月棉花期货”。

我自然瞬间就意识到这篇文章会完全扰乱市场。对于如何完美地处理我那14万包棉花期货，即使是深谋远虑，我也找不到比那篇报道更好的方法。而实际上，我不可能找到更好的方法。在那个时候，全美都在通过《世界报》或其他转载的报纸阅读那篇文章。而且，那篇文章还通过电报传到了欧洲，这一点从利物浦的价格反映上可以清楚地看出。整个市场简直疯了。当然，有那样的新闻，市场的反应一点儿都不奇怪。

我自然清楚纽约市场接下来的表现，也清楚我接下来该怎么做。这里的市场将在10点开市。10点10分，我将清仓，卖掉我那全部14万包棉花期货。事后证明，我以那天的最高价卖出了我的大多数头寸。作手们为推高市场做出了贡献。而我所做的不过是发现了一个天赐良机，它让我可以卖出手中的棉花期货。我没有办法不抓住这个机会。除了这样做，我还能怎么办呢？

因此，这个我深知需要冥思苦想良久才能解决的问题就这样被一个偶发事件解决了。如果《世界报》没有发布那篇报道，我就无法在不牺牲大部分账面利润的情况下清仓。在价格不下挫的情况下卖出14万包7月棉花期货，这个花招已超出我的能力。但《世界报》发布的报道巧妙地帮我实现了我梦寐以求的目标。

我不知道《世界报》为什么要刊发那篇文章。我永远都不会知道，我猜想应该是那个记者有个朋友在棉花期货市场向他透漏了内幕消息，所以他认为自己可以抢先发表一个独家新闻。我不认识那位记者或《世界报》的任何人。直到那天早上9点之后我才知道这篇报道已经发表了，如果不是我的朋友提醒，我那个时候还不知道它的存在。

如果没有那篇报道，我就不可能有足够大的市场来清仓。这就是大额交易的麻烦之一。因为交易额太大，当你清仓时你无法随心所欲地偷偷摸摸出手。你无法在想要卖出或者觉得有必要卖出时脱手。你必须在能够卖出时，或者在市场足以吸纳你的全部头寸时脱手。错失脱手的良机可能会让你损失几百万美元，千万不要犹豫。你如果犹豫了，就会失败。你也不能尝试以要伎俩的方式解困，比如通过竞争性买入抬高空头市场的价格，因为这样做会降低市场的吸纳能力。我想说的是，把握机会并不像听起来那么简单。我们必须随时小心谨慎，这样当机会来临时，才能牢牢地把握住。

当然，并不是所有人都知道我那次偶发的幸运事件。在华尔街，以及其他任何地方，让人大发横财的任何意外都会招致别人的怀疑。但如果某个意外导致你亏本，就不会有人把它当成意外，人们会认为这是你贪心不足或自我膨胀的必然结果。而如果你因为某个意外而一夜暴富，那么人们会说你这是趁火打劫，还会说一些寡廉鲜耻者成功、保守正派者败北之类的话。

指责我故意设套的，除了那些居心叵测、因自己的鲁莽而受到惩罚并感到懊悔的空头投机者，还有其他人。

过了一两天，全球棉花期货市场的一位巨头碰到我之后说：“利文斯顿，7 月棉花期货绝对是你有史以来做过的最狡猾的交易。当你在市场上清仓时，我还在好奇你会亏多少。要知道，这个市场还没有大到足以吸纳五六万包棉花而不会引发抛售的规模，我感兴趣的是，你如何在没有损失账面收入的同时又能清仓。你的这个诡计真是非常狡猾，我可想不出来。”

“这件事跟我无关。”我尽可能真诚地向他做出解释。

但他只是反复地说：“老兄，你太狡猾了。真是个大滑头！你就不要过于谦虚了！”

那次交易之后，有些报纸称我为“棉花之王”。但是正如我前面说的那样，这个称号并非实至名归。当然，我用不着告诉你，即使是把全美国的钱都拿过来，也无法收买纽约的《世界报》专栏，而且我也没有足够的个人影响力来保证能够发表那篇报道。那个时候，就这个称号而言，我完全是浪得虚名。

然而，我讲这个故事的初衷并非对各种强加到名不副实的交易者头上的称号进行说教，也不是强调抓住机会（不管是何时或者如何到来的）的必要性，而是想要对7月棉花期货交易后，我在各种报纸上声名狼藉的原因进行解释。但是如果没有那些报纸，我就不可能见到珀西·托马斯这个大名鼎鼎的人物了。

第十二章

迷信权威亏损百万

我成功地结束了7月棉花期货交易，这比我预期的还要顺利，不久之后，我便收到一封要求面谈的邮件。这封信上的签名是珀西·托马斯。毫无疑问，我当即回复了他，告知他任何时候只要他愿意来，我就会在我的办公室里跟他见面。第二天他便来了。

一直以来我都很佩服他。他的名字在任何一个种植或买卖棉花的地方都可谓家喻户晓。在欧洲以及美国各个地方，人们在跟我交谈时，都喜欢引用托马斯的观点。我记得有一次在一个瑞士度假山庄，我与一位开罗银行家交谈，他对埃及的棉花种植颇感兴趣，并与欧内斯特·卡塞尔爵士生前有过合作。当他听说我来自纽约之后，便立马问我关于珀西·托马斯的事情，他会定期收集和阅读托马斯的市场报告。

我一直认为托马斯是在用科学的方式做生意。他是一位实至名归的投机者，一位兼具梦想家般的远见和斗士般的胆识的思想家，他消息异常灵通，懂得棉花期货交易的理论和实践。他热衷于聆听他人的建议，也乐于表达自己的想法、理论与概念。同时，因为他有多年的交易经验，赢过大钱也吃过大亏，所以关于棉花期货市场的实务和棉花期货交易者的心理，他几乎无所不知。

自他的旧证券交易公司谢尔登和托马斯公司经营失败后，他便开始单打独斗。在不到两年的时间内，他就东山再起了，这几乎算得上凯旋。我记得我从《太阳报》上得知，他在经济上站稳脚跟后的第一件事便是还清了旧债，之后他聘请了一位专家，帮他研究和决定应该如何更好地投资100万美元。那位专家在摸清他的资产并分析了几家公司的报告之后，建议他购买德拉华和哈德逊公司的股票。

在亏掉几百万美元东山再起、弥补亏空并赚回更多的钱之后，托马斯又因为3月棉花期货交易而血本无归。他见到我之后，单刀直入地提出和我联手交易的想法。不管他获得什么信息，他都会立即告诉我，之后再公之于众。我主要负责实际交易，因为他说我在这方面有着他没有的特殊天赋。

由于众多原因，他的这个提议对我并没有吸引力。我直接告诉他我不想与人联手交易，也没有兴趣学习这方面的东西。但是他坚持说我们联手会是一个非常完美的组合，直到我直截了当地对他说我不想影响别人做交易，他才作罢。

我告诉他："如果我自己犯傻，我会独自承受后果和损失。没有任何拖延或者意料之外的烦恼。我选择单枪匹马做交易，因为这是最明智也是成本最低的选择。我拿自己的大脑与其他交易者的大脑较量，这便是我的乐趣所在，而我与这些交易者素未谋面，也未交谈过，他们从未从我这里获得任何买卖方面的建议，我也从未想要认识或了解他们。当我赚钱时，我靠的是自己的想法，我不会把它们卖掉或资本化。如果我用其他方式赚到钱，我会没有赚钱的感觉。你的提议并没有打动我，因为只有按我自己的方式为自己交易，我才觉得这种投机有意思。”

他说他对我这样的想法表示很遗憾，并试图说服我拒绝他的提议是一个错误的决定，但我坚定自己的观点。接下来，我们进行了愉快的交谈。我告诉他我知道他会“重整旗鼓”，而且如果他允许我为他提供经济支援，我会感到很荣幸，然而他说他不会从我这里接受任何借款。之后他问我 7 月棉花期货交易的事情，我毫无保留地告诉他，我是如何开始的，我买了多少棉花期货及其价格，还有其他细节。我们闲聊了一会后他就离开了。

在前文中，我说过作为一个投机者，你会面临很多敌人，其中大部分敌人会在暗处实施各种破坏行为，提到这个我脑海里就会浮现出自己曾经犯下的错误。我认识到，一个人即使拥有创新的头脑和长期独立思考的习惯，在面对一个拥有较高说服力的角色时，仍然很容易受到影响。我对普通人在投机时表现出的坏毛病（例如贪婪、恐惧以及希望）具有相当强的免疫力。但是作为一名普通人，我发现我极易犯错。

在这个特殊时间，我本应该保持警惕，因为不久前我经历过的一件事情证明一个人有多容易被说服，从而做出违背其判断甚至是意愿的事情。那件事发生在哈丁的交易行。我在交易行拥有自己的私人房间，而且如果没有我的同意，没有人能在市场交易期间打扰我。我不喜欢被打扰，而且由于我的交易规模非常大，且账户收益相当可观，所以我非常谨慎。

一天，在闭市后，我听到有人说：“下午好，利文斯顿先生。”

我转身看见一个完全陌生的家伙，他大概有30或35岁。我不知道他是如何进来的，但是他就在那儿站着。我推断他有生意要和我谈，所以他才能进来。但是我并没有开口，我只是看着他，一会儿后他便说：“我来找你谈谈关于沃尔特·斯科特的著作。”之后他便开始推销。

他是一名图书代理商。乍一看，他的举止和谈吐都不怎么讨人喜欢，而且相貌平平。但是他确实很有个人魅力。他高谈阔论着，我自认为我认真聆听了，然而我不知道他在说什么。我想我一直都没有听懂他说的话，即使有他在旁边解释，我也是云里雾里的。当结束一番自言自语之后，他首先把钢笔递给我，然后是一个空白表格，让我在上面签字。那是一个合同，支付500美元便可买到斯科特的全套作品。

在签完字的那一刻我清醒了。但是他已经将合同妥妥地收进他的口袋里。我并不想要那些书，因为我没有地方放置它们，而且对我来说它们毫无用处，我也无人可送。然而我已经同意花500美元将它们买下了。

由于我已经非常习惯亏钱了，所以我不会首先思考错误本身。我习惯思考的是操作以及错误发生的原因。首先，我想知道自己的局限性以及思维习惯。另一个原因是，我并不想在同一个地方跌倒两次。

我们原谅自己所犯错误的前提是，要从错误中吸取教训以避免重蹈覆辙。

唉，因为一下子便损失了 500 美元，而且也没搞清楚问题所在，所以我盯着这个家伙，开始上下打量他。我发誓他那会儿正朝着我微笑，是那种会心的微笑，他似乎看穿了我的小心思。不知何故，我知道不必向他做出任何解释，他便知道我想对他说什么。因此我跳过解释和开场白，直截了当地问他："你能从那 500 美元的订单中获得多少佣金？"

他立马摇头说："我不能告诉你！抱歉！"

我坚持问："你能赚到多少钱？"

他说："1/3，但是我不能那样做！"

"500 美元的 1/3 是 166.66 美元。如果你把我签了的合同还给我，我会给你 200 美元现金。"为了证明我的诚意，我从口袋里掏出了钱。

他说："我跟你说了我不能那样做。"

我问："是因为你所有的客户都这样问过你吗？"

他回答："并没有。"

"那为什么你如此肯定我会这样做？"

"因为你们这类人就喜欢这样做，你是一个一流的输家，而这一点也让你成为一个一流的商人。我非常感谢你，但是我不能那样做。"

"现在请告诉我，为什么你不想得到比你的佣金还多的钱？"

他说："事实上并非如此。我并不是只为了获得佣金而工作。"

"那么你为了什么而工作呢？"

他回答："为了佣金和记录。"

"什么记录？"

"我的记录。"

"什么意思？"

他问我："你只是为了钱而工作吗？"

我回答："是的。"

"不。"他摇了摇头，"不，你不是。如果只是这个原因，你便不会获得足够多的乐趣。你工作肯定不仅仅是为了赚更多的钱存入你的银行账户，而且你在华尔街工作不是因为你想轻而易举地赚钱。你从其他方式中获得了乐趣。嗯，我也一样。"

我并没有反驳而是问他："那你是如何获得乐趣的？"

他坦白地说："嗯，我们都有一个致命弱点。"

"你的是什么呢？"

他回答说："虚荣。"

我告诉他："好，你成功地让我签下合同。现在我想解除合同，我会为你这 10 分钟的工作支付 200 美元的报酬。难道这还不能让你为之自豪？"

他回答："不，你看，其他所有干我们这行的推销员已经在华尔街推销了好几个月了，但是都没赚到什么钱。他们将推销失败归结为书和地域的问题。因此，书商派我来向其他推销员证明，问题出在他们的推销技巧上，跟书本身和推销地点无关。他们的佣金为销售额的 1/4。我之前在克利夫兰工作，在两周的时间内就卖出了 82 套书。我来这里的目的，不仅是卖一些书给那些不会从其他代理商那里买书的人，还要卖给那些推销员没有机会接触的人。这也是他们给我 1/3 佣金的原因。”

“我不太能明白你是如何成功地向我卖出那套书的。”

他用安慰的语气说：“哎呀，我还向 J. P. 摩根卖了一套呢。”

我说：“不，这不可能。”

他并没有生气，只说：“没骗你，这是真的！”

“你卖了一套沃尔特·斯科特的书给摩根？那个不仅收藏了一些精美装订版而且可能还有一些小说手稿的摩根？”

“对啊，这是他的亲笔签名。”之后他向我快速地亮了一下摩根亲笔签的合同。那可能并非摩根先生的亲笔签名，但是那时我并没有对此产生怀疑。

他的口袋里不是也有我签的合同吗？我只是感到好奇。所以我问他：“你是怎么搞定图书管理员那一关的？”

“我并没有看见任何图书管理员。然后我就在摩根的办公室里看到他本人了。”

我说：“这太不可能了！”每个人都知道，空手进入摩根先生的私人办公室比拿着个闹钟一样嘀嗒作响的包裹进入白宫还难。

但是他断言道：“我确实做到了。”

“但是你是怎么进入他的办公室的？”

他反问：“我是怎么进入你的办公室的？”

我回答：“我不知道，你告诉我。”

“嗯，我进入摩根办公室的方法和进入你办公室的方法一样。我只是跟拦住我不让我进的门卫聊天。另外，我让摩根签合同的方式也跟我让你签合同的方式一样。你不会为了一套书而签合同，你只是接过我递给你的钢笔做我让你做的事情。所以，我搞定你们两个的方式毫无区别。”

大约 3 分钟后我才想到要提出疑问，我问他：“那真的是摩根的签名吗？”

“当然！他还是个孩子的时候就会写他的名字了。”

“整个事情就是这样？”

他回答：“就这样，我明确地知道我在做什么，这就是所有的秘密。我非常感谢您，祝您有美好的一天，利文斯顿先生。”之后他便要走出去。

我说：“等一下，我一定要让你从我这里赚到 200 美元。”然后我递给他 35 美元。

他摇了摇头，然后说：“不，我不能要你的钱，但是我能这样做！”之后他从口袋里拿出合同，撕成两半递给我。

我数了 200 美元递到他面前，他再次摇了摇头。

我说：“你难道不是这个意思吗？”

“不。”

“那你为什么撕毁合同？”

“因为你没有抱怨，而是接受了这一事实，如果我站在你的角度，那么我也会这样做。”

我说："但是我是自愿给你这200美元的。"

"我知道，但钱并不代表一切。"

他声音里的某种力量使我脱口而出："你说得对，钱不是一切。那你现在真正想让我为你做点儿什么？"

他说："你脑子转得真快，不是吗？你真的想为我做点儿什么吗？"

我告诉他："对，确实是。但是我会不会做取决于你想让我做什么。"

"请带我进入埃德·哈丁先生的办公室，并且告诉他让我和他聊3分钟。然后让我和他单独聊聊。"

我摇了摇头说："他是我的好朋友。"

那个书籍代理商说："他有50岁了，而且是一个经纪商。"他说得完全正确，所以我带他走进埃德的办公室。那之后，我再没听过关于那个书籍代理商的事情。但是几周后的某天晚上，在去往上城区的路上。我在第六大道L号火车上碰见了他。他非常有礼貌地脱掉帽子，我也向他点头。他走过来问我："最近怎么样，利文斯顿先生？还有哈丁先生还好吗？"

"他很好。你为什么这样问？"我感觉他好像有什么事情要跟我讲。

"你带我去看他的那天，我向他出售了价值2000美元的书。"

我说："他对此只字未提。"

"是的，他那样的人是不会提这种事的。"

"什么样的人不会提这种事？"

“那种觉得犯错是一件不好的事情而从未犯错的人。那种总是知道自己想要什么，没有人能够改变他的想法的人。我拿这种人当作案例来教育我的孩子，并且我的太太听了这些案例之后总是心情愉悦。你帮了我一个大忙，利文斯顿先生。当我放弃你急着要塞给我的那200美元的时候我就料到了。”

“如果哈丁先生没有签下你的订单呢？”

“哦，但是我知道他会签的。我已经看穿他是什么样的人了，所以搞定他易如反掌。”

“是的。”我坚持问，“但如果你的书他一本都没买呢？”

“我会回去找你，并卖点儿书给你。祝你愉快，利文斯顿先生。我要去拜访市长了。”当火车在公园广场停下时，他站起身。

我说：“我希望你卖10套书给他。”市长阁下是坦慕尼协会（纽约市民主党组织）的一员。

他说：“我是共和党人。”之后他利索却从容不迫地走出去，就好像笃定火车会等他一样。事实上确实如此。

我之所以细致入微地向你讲述这个故事，是因为故事的主人公不同寻常，他让我买了我并不打算买的东西。他是第一个让我做这种事的人。按理说，我的生命中本不应该出现第二个这样的人，然而这样的人还是出现了。你永远都不要指望世界上只有一个非同寻常的销售员，或者指望自己完全不受这种人的影响。

在我婉言但明确地拒绝与托马斯联手交易的请求之后，他离开我的办公室，在那时我发誓，在商业上我们两个永远不会有交集。我不确定我是否会再次遇见他。然而就在第二天，他给我写了一封信，感谢我对他的帮助并邀请我去看他。我回信说我会去拜访他。他再次写信，于是我应邀前去。

我经常和他见面。听他讲话总能使我心情愉悦，他博学多才、谈吐风趣。我认为他是我见过的最有魅力的人。

我们聊了很多事情，他博览群书，精通多门学科，才华出众，能对所学的知识进行饶有兴趣的概括。他话语中的智慧令人印象深刻，他能言善辩，无人能敌。我听过许多人谴责托马斯，包括说他伪善，但是有时候我会想，他非凡的善辩能力是不是来自这样一个事实，即他先把自己说服得如此彻底，从而获得了极大的力量去说服别人。

当然，我们谈论最多的还是市场方面的问题。我并不看好棉花期货市场，而他的观点和我相反。我看不到市场任何利好的一面，他却能看到。他提出很多本应该改变我想法的事实和数字，然而我并没有屈服于这些事实和数字。对于这些信息，我无法反驳，因为我不能否认它们的真实性，但是它们无法动摇我对自己报价纸带研读能力的信念。然而他对此很坚持，直到我不再对我从交易报和日报上搜罗到的信息感到确定无疑。这意味着我不能通过自己的视角来观察市场。一个人可能很难被违背自身信念的东西说服，但是他有可能被人说服而变得不确定且优柔寡断，这种情况比违背自身信念更为严重，因为这意味着他在交易时无法做到信心十足。

虽然我并没有完全乱套，但我不再像往日那样泰然自若，或者更准确地说，我停止了自我思考。我无法详尽细致地告诉你，我是怎样一步步陷入这种即将让我付出巨大代价的心理状态的。我认为这源于他对通过专门渠道获得的数字精确性的自信，以及我对自己获得的数据的不自信，我的数据并非通过专门渠道获取，而是属于公知信息。他不停地向我唠叨他那1万个分布在南方城市的情报员的绝对可靠性，因为这种可靠性不止一次得到证明。最后，我阅读市场行情的方式变得和他的一样，因为我们阅读的是同一本书的同一页，而这本书是他放在我面前的。他头脑富有逻辑性。一旦接受了他所说的事实，我从这些事实中得出的结论就理所当然地与他的一致了。

当他开始与我谈论棉花期货行情的时候，我不仅看空，而且还做空市场。当我开始接受他的事实和数字时，我逐渐开始担心我先前的头寸建立在错误的信息之上。当然，我不应该在那样想的同时不平仓。并且一旦我因受托马斯的影响觉得自己错了而平仓，我就只能做多，这就是我的思维方式。要知道，股票交易和商品期货是我生活的全部。我自然会觉得如果看空不对，看多就是正确的，而且如果看多正确，买进就是当务之急。正如我在棕榈滩的老朋友跟我说的那样，帕特·赫恩说过："非赌不知输赢！"我必须证明我对市场的判断是正确的，而证明结果我只有等到月底才能从我经纪人的报表中得知。

我开始买进棉花期货。很快，我的头寸就和我往常一样多了，大约有6万包。这是我职业生涯中最愚蠢的一次投机。这一次，我只是按照别人的设定来玩游戏，而并非依靠自己的观察和结论。我这愚蠢的游戏如果这样结束，那就太不合适了。我不仅在没有理由看多时买进，而且没有参照我以往的经验积累仓位。我没有用正确的方式交易。因为听从别人的观点，我以失败告终。

市场并没有朝我预估的方向发展。当我对我的头寸信心十足时，我从未感到害怕或焦躁不安。但如果托马斯是正确的，市场的表现不应该如此。一步错便步步错，所以我理所当然地被弄糊涂了。我不仅允许自己被说服不要理会亏损，而且被说服持仓。那种投机风格与我的本性截然不同，而且与我的交易原则和理论背道而驰。即使年少时在对赌行，我也能更加理性。然而，那时的我已经不是真正的自己，我变成另一个深受托马斯影响的人。

我不仅做多了棉花期货，而且加重了小麦仓位。小麦期货的市场表现非常好，这给我带来可观的利润。加仓棉花期货的愚蠢行为导致我的仓位增加到约 15 万包。而就在这个时候，我感觉身体不太舒服。我之所以说这些，并非为我的错误找借口，我仅仅在陈述一个相关事实。我记得我去了贝肖尔，想让身体放松一下。

在那里我进行了一些思考。对我来说，我的头寸似乎有些过大。在通常情况下，我不是一个胆小怕事的人，但是那时我开始感到紧张，并因此而决定减少头寸。而要减少头寸，我必须清仓棉花或者小麦期货。

在深谙这个游戏规则且有 12～14 年股票或商品期货投机经验积淀的情况下，我竟然犯错了，这简直令人难以置信。棉花期货亏钱了，我继续持仓，小麦期货赚钱了，我却将它卖出，这简直是一个愚蠢透顶的做法。但是我唯一能辩解的只有一点，那次交易本质上是由托马斯主导的，我只是一个傀儡。在所有的投机失误中，很少有比亏损时加仓更愚蠢的做法了。这一点在我的棉花期货交易之后不久就得到彻底的验证。在股票市场上，永远要平掉亏损的仓位，持有盈利的头寸。很显然这才是明智的做法，我对此非常清楚，所以直到现在我仍感叹自己当初为何要反其道而行之。

于是我卖掉手上的小麦期货，主动地丧失了本应属于我的利润。在我脱手后，它的价格便以势不可当的态势每蒲式耳涨了 20 美分。如果我没有将它出售，那么我可以赚到约 800 万美元。然后，因为决定继续持有亏损的仓位，我买入了更多棉花期货！

我非常清楚地记得我每天是怎样买入更多的棉花期货的。你可能会问我为什么要继续买入？答案是为了阻止价格下跌！如果这都不算超级傻瓜的做法，那么什么才算是呢？我只是一直不断地投入更多的钱，目的是最终亏掉。我的经纪人和我的知己都无法理解这种行为，直到今天他们也无法理解。当然，倘若交易结果反转，我就会创造传奇。有人不止一次地警告我，不要过于依赖托马斯的绝妙分析，对此我毫不在意，继续买进棉花期货，以防价格下跌。我甚至跑到利物浦去买入棉花期货。在我意识到自己的所作所为之前，我已经囤积了 44 万包棉花期货，但为时已晚，于是，我卖出了所有头寸。

我几乎亏掉了在其他所有股票和商品期货交易中赚到的钱。但是我并没有输得一干二净，还剩下几十万美元，要知道在遇见我的天才朋友珀西·托马斯之前，我手上还有几百万美元。对于我来说，为了获得成功而违背从经验中习得的法则，这种做法岂止是愚蠢。

我从这次失败中获得一个宝贵的教训，那就是一个人可以毫无缘由地做出愚蠢的行为。在损失了上百万美元之后，我才明白对一个作手来说，另外一个危险的敌人便是极易被另一个性格极具吸引力的人说服，尤其是当这个人振振有词地表达貌似有理的观点时。然而，我一直觉得，即使损失只是100万美元，我也能很深刻地吸取教训。但是吸取教训需要的代价大部分情况下都是命运女神说了算。在给你一番颠覆式的教训之后，命运女神会接着给你出示一份账单，因为她知道无论账单上的金额是多少，你都必须支付。在明白自己做得有多么愚蠢之后，我将这次惨痛的教训做了一个了结。珀西·托马斯从我的生活中消失了。

这次失败使我损失了超过90%的资金，正如吉姆·费斯克过去常说的那样，一切都烟消云散了。在不到一年的时间内，我就成为一名百万富翁。我通过智慧和运气赚来的数百万美元却因为我的倒行逆施而亏得一干二净。我卖掉了两艘游艇，并果断地换了一种不那么奢侈的生活方式。

但是屋漏偏逢连夜雨，我开始走霉运。我先是不幸身染疾病，之后又急需20万美元现金。在几个月前，这笔钱对我来说只是九牛一毛，然而在幸运女神快速离我而去之后，20万美元几乎是我的全部身家。我必须拿出这笔钱，但问题是，我去哪里找钱？我不想从经纪行账户的余额中支取这笔钱，因为我如果这样做了，就没有多少保证金可供交易了，而且倘若我想快速赚回百万美元，我会比以往任何时候都需要一个交易平台。因此，我仅剩一个选择，那便是从股市中得到这笔钱！

想想看吧，你如果足够了解在经纪公司炒股的那些普通客户，就会认同这样一个观点，即希望从股市赚钱来支付账单是华尔街最常见的亏损原因之一。如果你一门心思地想要这样做，那么你最终会亏得倾家荡产。

哎，有一年冬天，在哈丁的经纪行里，有一帮喜欢张扬显摆的“成功人士”花了 3～4 万美元买了一件大衣，但是这帮人没有一个人有机会穿上它。整个事情的起因是这样的：碰巧有一个知名的场内交易人穿着一件有衬里的海獭皮的毛皮大衣来到交易行，作为一名公司高管，他后来成为一名全球知名人物。在那个时候，皮草的价格还没有飙到天价，所以那件外套的价值也不过区区 1 万美元。哈丁经纪行的一个叫鲍勃·基翁的家伙决定买一件有衬里的俄罗斯黑貂毛的毛皮大衣。他在市郊询问了这种毛皮大衣的价格，差不多是 1 万美元。

其中一个家伙反对说：“这也太贵了吧！”

“哦，还好！还好！”鲍勃·基翁轻描淡写地说道，“也就大概一周的薪水而已，除非你们这帮人为了表示对我这个经纪行里最友好的男人的敬意，答应将这件黑貂皮大衣作为一件礼轻情意重的礼物送给我。有没有人发表送礼感言？没有吗？那好吧，我就让股市为我买单好了！”

埃德·哈丁问：“你为什么想要一件黑貂皮大衣？”

“以我的身高，穿上它肯定特别好看。”鲍勃一边回答一边起身。

“你刚才说要怎样弄到这笔钱？”吉姆·墨菲问道，他是经纪行里最擅长打探内幕信息的人。

“明智地炒短线，吉姆，这便是答案。”鲍勃回答，他知道墨菲仅仅是想得到内幕消息。

果然，吉姆又问道：“你打算买哪只股票？”

“你又错了，朋友，现在不是买进的好时机。我打算卖出 5 000 股钢铁股。它应该至少会下降 10 个点，我只需要净赚 2.5 个点就行了。我这个预测有点儿保守，不是吗？”

“你听到什么消息了吗？”墨菲急切地问道。他身材高瘦、头发黝黑且面有菜色，他从不出去吃午饭，因为害怕错过报价纸带上的消息。

“别人跟我说，在我所有想买的大衣中，那件最适合我。”他转向哈丁，说，“埃德，亲爱的！帮我以市价卖出 5 000 股美国钢铁公司股票。现在就卖！”

鲍勃是一名投机者，喜欢动不动就开玩笑，这让所有人都知道他意志坚定是他为人处世的方式。他卖出 5 000 股钢铁股，之后股价骤然飙升。鲍勃并没有像他平时说话时那么蠢，他在亏了 1.5 个点之后立即止损，并向经纪行的伙计说，纽约的天气太暖和了，不适合穿毛皮大衣。毛皮大衣对身体不好，穿起来太过招摇。其余的伙伴都奚落他。但没过多久，有个家伙为了买那件毛皮大衣买了一些联合太平洋铁路公司股票，他损失了 1 800 美元，还说黑貂皮适合做女人的披肩，一个低调而智慧的男人不应该穿有衬里的黑貂皮大衣。

自此之后，那些家伙前赴后继地设法从股市赚钱买那件毛皮大衣。有一天，我说为了防止经纪行破产，我愿意买下它。但是他们都说这样做有失公允，如果我自己想要那件牛皮大衣，那么我应该通过股市赚钱来买单。然而，埃德·哈丁强烈支持我的想法，然后当天下午我便前往毛皮商那里去买那件大衣。但结果是，有个从芝加哥来的人已经在上周把它买走了。

这只是其中的一个故事。在华尔街，只要是将赚钱购买汽车、手镯、摩托艇或画作的希望寄托于股市，就没有不亏钱的。有太多股民寄希望于从“铁公鸡”般的股市赚钱以购买生日礼物，如果将他们亏损的钱全部加起来，足够我建一所大医院了。事实上，在华尔街发生的所有不幸中，最常见、最经久不衰的不幸就是执迷不悟地将股市当作仁慈的女救星。

像所有久经验证的不幸一样，这种不幸的存在是有原因的。当一个人打算让股市为他突然的需求买单时，他会怎样做呢？他只会满怀希望，选择赌一把。这时他面临的风险比理智地投机更大，因为如果选择理智地投机，那么他会对基本大势进行冷静的研究，之后根据逻辑判断得出的观点或看法操作。而选择赌一把的话，这种人一开始追求的就是即时利润，因为他等不起。假如市场以他的意志为转移，就必须马上对他有利。他自我安慰地认为，他所要求的不过是一场输赢对半的赌局。因为他准备好速战速决，希望赚 2 个点，相应地亏 2 个点就止损，且抱有输赢参半的幻想。我曾碰到有人在这种交易中亏掉了数千美元，尤其是那种在小幅调整之前的牛市中高位买进的交易。这种交易方式绝对行不通。唉，我那股票作手生涯中愚蠢透顶的做法成为压垮我的最后一根稻草。我破产了，失去了那次棉花期货交易后仅存的钱。这还不是最严重的，因为我还在交易且不断亏损。我固执地认为我最终一定能从股市中赚回来，但最终的结局是我山穷水尽了。我欠了一屁股债，不仅欠了主要经纪人的债，还欠了其他经纪行的债，因为我当初无须提供足够的保证金便能与这些经纪行进行交易。我不仅这次欠债，而且自此之后一直是负债累累。

第十三章 火中取栗痛失良机

情况就是这样，我再次破产了，这很糟糕。而更糟的是，我的交易出现了致命的错误。我变得病态、紧张和不安，并且无法冷静地推论。也就是说，我的心态是投机者在交易时不该有的，一切都乱了套。确实，我开始觉得过往的分寸感无法恢复。我已经习惯了大量持仓，比如超过 10 万股，所以我担心在做小笔交易时我无法表现出良好的判断力。当你全部的持仓为 100 股时，正确与否似乎没有多大价值。但养成大量持仓赚大钱的习惯后，在小笔交易中我不确定何时该取出盈利。我无法向你描述我所感受到的那种赤手空拳的无力感。

我再次破产，无法重仓出击。我债务缠身，而且交易屡现错误！经过多年的成功后，错误也在不断磨炼我，它们本该是让我取得更大成功的基石。可现在，我的状况比在对赌行入行时还要糟糕。我对股票投机的学问了解得很多，但对人性弱点的博弈却知之甚少。没有人可以像机器那样始终以相同的效率运行。我现在知道，不要相信自己在任何时候都能不受其他人和不幸的影响。

金钱的损失从未让我担心，但是其他麻烦让我苦恼。我详细研究了这场灾难，当然，发现自己的愚蠢之处并不困难。我找到了犯错的确切时间和地点。一个人若要在投机市场上做得风生水起，就必须彻底了解自己。要想知道自己能愚蠢到什么地步，需要很长时间都接受教训。我有时认为，对于投机者来说，他们若能从此避免骄傲自负，那么付出任何代价都不算过分。聪明人的许多挫败都可以直接追溯到骄傲自大的心态，这是随处可见的通病，而且代价不菲，对于华尔街的投机者而言尤其如此。

我在纽约很不开心，又回到那种曾经的感觉。我不想交易，因为我的交易状态不佳。我决定离开，前往其他地方寻找本金。我想，环境的改变可以帮助我再次找回自己。所以我被投机生意打败了，又一次离开了纽约。我的情形比破产还糟，因为我欠几个经纪人十多万美元。

我去了芝加哥，并在那里找到了本金。本金不是很多，这仅仅意味着我需要多一点儿时间才能赢回我的财富。我曾经与之做交易的一家交易所对我作为交易者的能力尚有信心，他们愿意允许我在经纪行进行小笔交易，从而证明他们所料不差。

我入市非常保守。我不知道如果我待在那里会怎样，但是，一段我职业生涯中最非凡的经历缩短了我在芝加哥的逗留时间，那几乎是一个不可思议的故事。

有一天，我收到卢修斯·塔克的电报。在他担任一家证券交易所的经纪行经理那会儿，我就认识他了。之前我有时会与那家交易所做点儿生意，但后来我们断了联系。他在电报上说：马上来纽约。

L. 塔克。

我明白他从共同的朋友那里知道了我的困境，而且他肯定有什么锦囊妙计。但同时，我没有钱浪费在不必要的纽约旅行上。所以我没有按他说的做，而是给他打了个长途电话。

“我收到你的电报了。”我说，“那是什么意思？”

“纽约有个大银行家想见你。”他答道。

“是谁？”我问，我实在想不出会是谁。

“你到了纽约，我会告诉你的，否则都是白搭。”

“你说他想见我？”

“是的。”

“关于什么？”

“如果你给他这个机会的话，他会亲口告诉你的。”卢修斯说。

“你就不能写信给我吗？”

“不能。”

“那就明白点儿告诉我。”我说，“否则我不会去的。”

“听着，卢修斯。”我又说道，“至少告诉我，这是不是一次没有意义的旅行。”

“当然不是，这会对你有好处的。”

“你就不能给点儿暗示吗？”

“不能。”他说，“这样对他不公平。更何况，我并不清楚他能为你做到什么程度。但是接受我的建议，来吧，快点儿。”

“你确定他想见的人是我？”

“除了你不可能是任何人了，我建议你最好过来。发电报告诉我你搭的是哪列火车，我去火车站接你。”

“好吧。”我说，然后挂断电话。

我不喜欢这么神秘，但是我知道卢修斯很友善，而且他肯定有充足的理由这样讲。我在芝加哥过得并没有那么滋润，以至离开那里会让我心碎。以我当时的交易速度，我要花很长时间才能赚到足够的钱，达到原来的交易规模。

我回到纽约，不知道会发生什么。确实，在旅途中我不止一次地害怕会徒劳无功，并且担心白白浪费掉我的火车票和时间。我无法猜测我将拥有一生中最奇特的经历。

卢修斯到车站接我，并立即告诉我，他是应著名的威廉森和布朗证券交易公司的丹尼尔·威廉森先生的紧急要求找我来的。威廉森先生让卢修斯告诉我，他有一个商业计划，并笃定我会接受，因为这对我来说是有利可图的。卢修斯发誓他不知道这个计划是什么，这家公司的名声应该能保证威廉森不会向我提出什么不正当的要求。

丹尼尔·威廉森是该公司的高级成员，公司由埃格伯特·威廉森于19世纪70年代创立。公司没有布朗这号人，而且很多年来都没有。在丹尼尔父亲的时代，这家公司就非常卓越，丹尼尔继承了一笔可观的财富，并且没有涉足过多的外部业务。公司有一位抵得上100个普通客户的特殊客户，那就是威廉森的姐夫阿尔文·马昆德，他除了是十几家银行和信托公司的董事，还担任过伟大的切萨皮克–大西洋铁路公司的总裁。他是继詹姆斯 J. 希尔之后铁路界最个性鲜明的人物，并且是被称为福特·道森帮的强大银行业集团的发言人和核心成员。他的财富人们估计在 5 000 万到 5 亿美元之间，而这个估量取决于说话者的胆识。当他去世时，人们发现他身家 2.5 亿美元，全部来自华尔街。所以你看，他真是位特殊的客户。

卢修斯告诉我他刚刚接受了威廉森和布朗证券交易公司为他准备的职位。他被认为是一个活跃的商业大亨。该公司正做一般佣金业务，而卢修斯说服威廉森先生开设了两家分支机构，一家在市郊的大酒店，另一家在芝加哥。我或多或少地推断出，他们会在芝加哥的分支结构给我提供一个职位，也许是经纪行经理，这是我不愿接受的。我没有告诉卢修斯，因为我认为最好等到邀约提出后再拒绝。

卢修斯带我进了威廉森先生的私人办公室，把我介绍给他的老板，就匆匆离开了房间，仿佛他希望避免在认识双方的情况下被视为见证人。我准备听他的邀约然后拒绝。

威廉森先生非常和蔼可亲。他是位完完全全的绅士，举止优雅，脸上总带着亲切的微笑。我可以看得出，他很容易结交朋友，而且能维持友谊。为什么不呢？他很健康，因此心情愉快。他家财万贯，因此不会被怀疑动机不纯。再加上他的受教育背景和社交教养，这些让他不仅礼貌而且友好，不仅友好而且乐于助人。

我一言不发，没什么要说的。而且，在说话之前，我总是先让对方充分发表自己的意见。有人告诉我，国家城市银行行长詹姆斯·斯蒂尔曼（顺便说一句，他是威廉森的亲密朋友）生前一直践行着这种做法。有人向他提出主张时，他会面无表情，静静地倾听。当那人说完后，斯蒂尔曼先生继续看他，仿佛那人还没有说完。因此那人感觉必须多说点儿，于是就说了更多。仅仅通过注视和聆听，斯蒂尔曼经常能让别人的报价比开始交谈时变得有利得多。

我保持沉默，并非为了诱使人们提供更好的价格，而是因为我喜欢了解所有事实。通过让一个人充分发言，你就可以立即做出决定。这是一个节省时间的好方法。它避免了争论和漫长的讨论，这些毫无用处。就我的参与而言，我面对的所有业务主张几乎都可以通过我说“是”或“否”来解决。但是只有完整的主张摆在我的面前时，我才能马上说“是”或“否”。

丹尼尔·威廉森在讲话，而我在聆听。他告诉我，他听说过很多关于我在股票市场上操作的传闻，而对于我离开自己的熟悉领域，在棉花期货上大栽跟头，他感到遗憾。正是我的不幸才让他有幸和我面谈。他认为我的专长是股票市场，我为此而生，所以我不应该偏离它。

“利文斯顿先生，”他亲切地说道，“这就是我们想和你做生意的原因。”

“怎么个做生意法？”我问他。

“当你的经纪商。”他说，“我的公司想做你的股票生意。”

“我很想把股票生意交给你做。”我说，“可我做不到。”

“为什么做不到？”他问。

“我没钱了。”我回答。

“这方面不是问题。”他友好地微笑，“我会提供给你的。”他拿出一本口袋支票簿，开出一张 2.5 万美元的支票，交给了我。

“这是干吗？”我问。

“给你存在你自己的银行里，你可以开自己的支票。我希望你在我们的经纪行进行交易。我不在乎你是赢是输。如果这笔钱没了，我会再给你一张个人支票。因此，你不必对此过于谨慎。行吗？”

我知道这家公司资金充足、业务繁荣，不会非得需要谁的生意不可，更不用说给一个家伙钱，让他用作保证金了。而且他这也太好心了吧！他没有通过公司给我贷款，而是给了我现金，这样只有他一个人知道现金的来源，唯一的条件是，我进行的交易必须经由他的公司。而且他承诺，我如果照做的话，就会给我更多钱！但是，这背后肯定有原因。

“你到底有什么想法？”我问他。

“想法很简单，我们希望我们的经纪行有一个被认为是大型活跃交易者的客户。每个人都知道你重仓做空，这就是我特别喜欢你的地方。你被称为作手。”

“我还是不明白。”我说。

“我坦白地告诉你吧，利文斯顿先生。我们有两三个非常富有的客户，他们以很大的规模买卖股票。我不希望我们每卖出一两万股股票时，华尔街的人就怀疑是他们在做多头。如果华尔街的人知道你正在我们的经纪行进行交易，他们就不会知道市场上是你在做空还是其他客户在做多。”

我恍然大悟。他想用我作手的名头来掩护他姐夫！碰巧的是，一年半前，我在熊市上大赚了一笔。当然，华尔街的八卦和愚蠢的谣言贩子已经养成了习惯，他们将每次的股价下跌都归咎于我。直到今天，当市场非常疲软时，他们还会说是我在搞鬼。

我无须深思，一眼就看到丹尼尔·威廉森为我提供了一次回归，甚至是迅速回归的机会。我拿了支票，存入银行，在他的公司开了一个账户，然后开始交易。当时市场足够活跃，而且品类广泛，因而不必死磕一两个板块。正如我所说，我在开始时担心自己失去了正确交易的诀窍，但我似乎并未失去。在三周的时间里，我凭着丹尼尔·威廉森借给我的 2.5 万美元赚了 11.2 万美元。

我去找他："我来还你那 2.5 万美元。"

"不，不！"他激动地摆手拒绝我，就像我给他的是蓖麻油鸡尾酒一样。"不，不，我的孩子。等到你的账目达到一定数额再说吧。不要想这件事了，你才只赚了点儿零钱。"

我在这里犯下的错误，比我在华尔街职业生涯中犯过的任何其他错误都让我更后悔。它造成了我漫长而沉闷的苦难岁月。我本应该坚持把钱还给他的，我赚取的财富将比我损失的多得多，并且进展迅速。三周以来，我的平均利润率为每周 150%。从那时起，我的交易规模稳步增长。但是，我没有让自己摆脱所有债务，而是由着他，并没有强迫他接受这 2.5 万美元。当然，由于他没有提取先前替我垫付的这 2.5 万美元，我觉得自己不能自在地提取利润。我非常感谢他，但我生来就不愿意欠人钱财或人情。我可以用钱还钱，但对于恩情和善意，我只能还之以恩情和善意。你往往会发现，这些道德义务有时代价高昂。而且，没有法定时效。

我没有动那笔钱，我继续着自己的交易，一切进展顺利。我在恢复自己的心态，并且相信不久之后我便会重现1907年的雄风。一旦我这样做了，我所求的就是让市场坚持一段时间，这样我就能弥补之前的损失了。但是赚钱或不赚钱并没有让我感到困扰。让我感到高兴的是，我正在改掉错误的习惯，我正在做回自己。数月来它让我焦头烂额，但我学到了经验教训。

大约在那个时候，我转为看跌，开始卖空几只铁路股票，其中包括切萨皮克-大西洋铁路公司股票。我想我只是少量持仓，大约8 000股。

一天早上，当我到达市区时，丹尼尔·威廉森在开盘前叫我去他的私人办公室，他对我说："拉里，现在不要对切萨皮克-大西洋铁路公司股票做任何操作。卖空8 000股是个糟糕的操作。我今天早上在伦敦为你平仓了，并且做了多头。"

我确定切萨皮克-大西洋铁路公司股票会下跌，报价纸带很清楚地告诉我这一点。此外，我对整个市场都看跌，不是剧烈或疯狂地看跌，但足以让我舒服地持有适量的空头。我对威廉森说："你这样做是为了什么？我对整个市场都看跌，它们都在下跌。"

但是他只是摇了摇头，说："我这样做是因为我碰巧知道切萨皮克-大西洋铁路公司一些你可能不知道的事情。我给你的建议是不要做空那只股票，直到我告诉你这样做是安全的。"

我能做什么呢？那不是一个愚蠢的提示。那条建议来自他那董事会主席的姐夫。丹尼尔不仅是阿尔文·马昆德最亲密的朋友，而且对我很友善很慷慨。他信任我，相信我的话，我不能不感谢他。因此，感觉再次战胜了判断，我屈服了。让我的判断服从他的心愿是对我的毁灭。感恩是一个正派的人情不自禁的感受，但是我不应该让它完全束缚住自己。我知道的第一件事不仅是我失去了所有的利润，而且欠公司 15 万美元。我对此感到非常难受，但丹尼尔告诉我不要担心。

“我会把你从这个坑里救出来的。”他承诺道，“肯定会的。但是，你得配合我，你必须停止你的交易。我不能一边帮你赚钱，然后又让你毁灭我所有的成果。只要你暂时退出市场，我就会给你机会让你赚钱。行吗，拉里？”

我再一次问你：我能做什么？我想到了他的友善，我不能做任何可能被理解为缺乏感激的事情。我已经变得喜欢他了，他非常和蔼可亲，而且友善。我记得从他那里得到的全是鼓励，他一直向我保证一切都会好起来的。大概是 6 个月后的一天，他脸上带着微笑来找我，给了我一些贷方传票。

“我告诉过你，我会把你从那个坑里拉出来的。”他说，“现在我做到了。”然后我发现，他不仅帮我彻底还清了债务，而且我还有少量的贷方余额。

我认为我可以毫不费力地东山再起，因为市场是正确的，但是他对我说：“我已经为你买了 1 万股切萨皮克-大西洋铁路公司股票。”那是他的姐夫阿尔文·马昆德控制的另一条铁路，他也支配着那只股票的市场命运。

当一个人像丹尼尔·威廉森对待我那样对待你时，无论你对市场的看法如何，除了说“谢谢”你也不知道该说什么了。你可能确信自己是对的，但是正如帕特·赫恩所说：“非赌不知输赢！”而丹尼尔·威廉森用他的钱为我下注。

好吧，切萨皮克–大西洋铁路公司股票跌了，并且不曾回升。我亏掉了那 1 万股，具体多少钱我已经记不清了，后来是丹尼尔帮我全卖掉的。我欠他的比以往任何时候都要多。但是，你从未在自己的生活中见过比这更好或更宽容的债主。他从不抱怨，反而鼓励并劝说我不要担心。最后，我的损失再一次得到弥补，方式同样慷慨而神秘。

他什么都没透露，只提到一些账户号码。丹尼尔·威廉森只是对我说：“这笔交易的利润弥补了你在切萨皮克–大西洋铁路公司股票上的亏损。”他会告诉我他是如何卖出了 7 500 股其他股票，并从中赚钱的。说实话，直到被告知债务已经偿清，我都对属于我的那些交易一无所知。

这样的情况发生了几次之后，我开始思考。我得从另一个角度审视我的情况了。最后我明白了，很显然，丹尼尔·威廉森在利用我。想到这一点我就很生气，但让我更生气的是，我没有早点儿明白这件事。当我回想一遍所有的事情后，我去找了丹尼尔·威廉森，告诉他我要和公司一刀两断，然后我离开了威廉森和布朗证券交易公司，我对他或他的任何合伙人都无话可说。这对我有什么好处？但是我承认，我对自己的气愤不亚于我对威廉森和布朗证券交易公司的气愤。

金钱的损失并没有困扰我。每当我在股市亏损时，我都会觉得我学到了一些东西。如果我亏了钱，那么我会获得经验，所以那笔钱实际上算是交学费了。一个人是需要经验的，而他必须为此付出代价。但是，在丹尼尔·威廉森经纪行的那种经历对我造成了很大的伤害，并且让我失去了绝佳的机会。金钱的损失不算什么，可以弥补，但是像曾经那样的机会并不是每天都有的。

你看，当时交易股市形势大好。我是对的，我的意思是，我的理解准确无误。赚到数百万美元的机会就摆在那里。但是我让我的感激干扰了我的操作。我捆住了自己的手，我必须按照丹尼尔·威廉森的好意去做。总之，这比和亲戚做生意更让人不满意。糟糕的生意！

而这并不是最糟糕的事情。最糟糕的是，在那之后，我几乎没有赚大钱的机会了，股市趋于平缓。事情变得越来越糟，我不仅失去了所有财产，而且比以往任何时候都更加负债累累。从1911年、1912年、1913年到1914年，那是一段漫长而艰苦的岁月。无钱可赚，机会压根就不存在，所以我的境况比以往任何时候都要糟糕。

当你对可能发生的事情没有深刻的洞见时，损失就不会让人难受。这恰恰是我无法克服的，当然这让我更加不安。我发现投机者容易犯的错误几乎数不胜数。作为一个普通人，在丹尼尔·威廉森的经纪行那样行事是正确的。但是作为投机者，让自己受任何原因的影响而违背自己的判断，这是不正确、不明智的。高贵品格理所当然，但并非在股市上。因为报价纸带没有侠义气概，而且也不会犒赏忠诚。但我意识到我不可能采取不同的行动，我无法仅仅因为想在股市交易，就改变自己。但是，交易永远都是交易，作为投机者，我的交易永远要以自己的判断为支撑。

这是一次非常奇特的经历。我来告诉你发生了什么。丹尼尔·威廉森第一次见到我时，对我说的话很真诚。每当他的公司在任何股票上交易几千股时，华尔街都会推断阿尔文·马昆德正在买卖股票。可以肯定的是，他是经纪行的大交易者，他把全部的生意都交给了这家公司。他是华尔街有史以来最优秀的大交易者之一。好吧，我被当成烟幕了，专门掩护马昆德的交易。

我进公司不久，阿尔文·马昆德就病了。他的病很早就被诊断为不治之症，而丹尼尔·威廉森当然比马昆德自己更早知道这件事。这就是为什么丹尼尔平掉了我的切萨皮克-大西洋铁路公司股票。他已经开始清算他姐夫投机性持有的那只股票和其他股票了。

当然，当马昆德去世时，财产管理组织必须清算他的投机和半投机仓位，到那时我们已经陷入熊市了。通过束缚我的方式，丹尼尔极大地帮助了财产管理组织。我是一个不可小觑的交易者，并且我对股市的看法完全正确，这并不是自夸。我知道威廉森记得我在 1907 年的熊市中的成功运作，而他承担不起任我胡作非为的风险。为什么？如果我坚持我的方向，我会赚很多钱，以至当他试图清算阿尔文·马昆德财产的一部分时，我可能已经交易了数十万股。作为活跃的空头，我会给马昆德的继承人造成数百万美元的损失，因为阿尔文只留下了几亿美元。

对于他们而言，让我负债然后为我还清债务的成本，比任由我到其他积极运作的经纪行做空头的成本要低得多。倘若不是我自己感觉不能辜负丹尼尔·威廉森，我早就会那么做了。

我一直认为，在我的股票作手生涯中，这一次是最有趣也是最不幸的经历。作为教训，它让我付出的代价不成比例地高。它将我休养生息的时间推迟了好几年。我还很年轻，可以耐心等待损失的数百万美元回到我的腰包。但是对于受穷的人来说，五年是很漫长的。不论年轻或年老，没有人会甘之如饴。没有游艇倒也还好，但是没有好的股市，就太难重回巅峰了。一生中最大的机会明明摆在我的眼前，我却错失了，我无法伸出手去拿。丹尼尔·威廉森这个精明的家伙，正如他们的所作所为那样老练，他有远见、机灵而大胆。他是一个思想家，富有想象力，可以发现任何人的弱点，可以冷血地一击即中。他有自己的计划，不久他又想出对付我的办法，以减少我对股市的影响。他实际上并非因为钱而对付我。相反，从外表看来，他似乎很善良。他爱他的姐姐马昆德太太，并对她履行了应尽的职责。

第十四章 股市惨淡债台高筑，抓住机遇还清欠款

在离开威廉森和布朗证券交易公司后，我一直为愁云所笼罩，担心股市没有什么油水了。股市一头扎进漫长的钱荒期，整整四年，我一分钱都没赚到。正如比利·亨利奎兹说的那样："在这种股市行情下，即使是臭鼬放屁都闻不出什么味道。"

在我看来，我仿佛失去了命运之神的宠幸。惩罚我也许是上帝的旨意，但是实际上我过去从未骄傲自满到招致报应的程度。对于一个处于欠债状态的作手必须忏悔的那些投机性罪行，我一条都没有犯过。我对典型的傻瓜式交易并不感到内疚。对于我曾经做的，或者更确切地说，我不曾做的事情，在第 42 街以北的地方理应受到称赞而非指责。而在华尔街，这些事情是相当荒谬且代价巨大的。但是到目前为止，这些事情最糟糕的地方在于，它们倾向于禁止我们在股市掺杂人类的情感。

我离开了威廉森和布朗证券交易公司，并在其他经纪行的公司试了一下。在所有地方，我都以亏钱告终。这个结果完全是我自作自受，因为我试图强迫股市给我它原本没有义务给予的东西，即赚钱的

智慧和机遇。我在各个经纪行获取信用额度时没有遇到任何困难，因为那些了解我的人对我有信心。如果我告诉你，当我最终停止以信用额度交易时，我已经欠各个经纪行 100 多万美元了，你就知道他们对我的信心有多强了。

接连亏钱的原因不是我失去了抓住股市机遇的能力，而是在那惨淡的四年里，股市根本就不存在赚钱的机会。但我还得为了生活拼命努力，想要发财结果却债台高筑。因为不想欠朋友们更多钱，在停止自己的账户交易之后，我靠帮其他人管理账户来谋生，这些人相信我深谙这个游戏的规则，以至在行情惨淡时也能盈利。通过提供这些服务，我可以得到利润 1% 的分成，但前提是有利润可赚。这就是我当时的生存方式。好吧，确切地说，这就是我维持生计的方式。

当然，我并不总是亏钱，但是我所赚的并没有大量地减少我的负债。最终，随着情况越来越糟，我生平第一次感到沮丧。

那段时间我似乎诸事不顺。对于自己从昔日拥有游艇的百万富翁沦落到负债累累并过上简朴生活的遭遇，我并没有四处向人抱怨。尽管我并不喜欢这一处境，但是我并没有自怨自艾。我也不打算耐心地等候时机，并希望老天爷结束我的不幸。我分析了自己的问题，显而易见，我摆脱困境的唯一方式就是赚钱，而要赚钱，我只能靠成功的交易。我之前有成功的交易记录，现在我必须再一次成功。在过去，我曾不止一次用小额本金赚到成千上万美元，我迟早会从股市中找到东山再起的机会的。

我说服自己，不管哪里出错都只会是我自己的错，股市永远不会有错。那我现在的问题是什么呢？我对我交易问题的各个环节进行分析研究并展开精神自省。我冷静地思考了这个问题并得出结论：问题的根源在于我对自己所欠债务的担忧。因为这些债务，我一直受着精神不安的折磨。我必须向你说明，这种不安不仅仅源于我意识到自己负债，任何一个生意人在日常生意中都会遇到一些债务问题。我的大多数债务其实是不利的商业环境导致的生意债务，并不比一个长时间的反常天气导致负债的商人的处境更严重。

当然，随着时间的推移我依然不能偿还债务，我开始变得没有那么冷静了。我必须解释一下，请记住，我的负债超过 100 万美元，全部都是在股市亏掉的。我的大多数债权人都非常友善，并没有来骚扰我，但是其中有两个人确实让我痛苦万分。他们曾寸步不离地跟着我。每次当我在股市中获得一点儿利润时，这两个“跟班”就会询问关于获利的所有细节，并且坚持要我偿还欠款。我欠他们中的一个人 800 美元，那个人威胁要起诉我，还要拿我的家具抵债，等等。除了我看起来并不怎么像舞台上即将死于穷困的流浪汉，我真的无法理解为什么他认为我在隐匿资产。

在我对问题进行研究之后，我发现这并不是通过阅读报价纸带就能解决的问题，解决问题的关键在于剖析自我。我十分无情地得出一个结论，即只要我处于忧虑的状态中，我将永远无法做成任何事。但我同样清楚的一点是，只要我债务在身，我就会一直焦虑下去。我的意思是，只要有任何一位债权人有权骚扰我，或者在我积累到足够的本金之前他坚持要求我还钱以阻挠我东山再起，我就完全无计可施。

这一切都是明摆着的事，所以我心里想："我必须申请破产保护。"除了这样，还能怎么做以缓解我的精神压力呢？

这听起来既简单又合情合理，不是吗？但是我得告诉你，这远不是一件让人愉快的事情，我讨厌这样做，我讨厌把自己置于一种让人误解或做出错误判断的处境。我本人对钱从来都不在乎，为此而撒谎是我从来都没有过多考虑的事情。但是我知道，不是每个人都会有这样的看法。当然，我知道如果日后东山再起，我会还清所有人的债务，因为这是我的义务。但是除非我能够按照以前的方式进行交易，否则我永远无法还清那 100 万美元。

我鼓起勇气前去拜访我的那些债权人。因为他们中的大部分人都是我的朋友或老熟人，所以拜访他们对我来说是一件异常困难的事情。

我非常坦诚地向他们说明了我的情况。我说："我并非逃避你们的债务才走到这一步，而是出于对我们双方的公平起见，我必须让自己有能力赚钱。我隔三岔五地就会想一下这个解决方法，时间已经过去两年了，但是我就是没有勇气坦白地向你们说出来，如果我那样做了可能对大家都好。我想说的内容概括如下：如果我因这些债务而受到骚扰或精神困扰，我肯定无法像之前那样进行交易。我本应该在一年前就采取这样的措施，现在我终于下定决心了。除此之外，我没有其他方面的理由了。"

第一位债权人所说的实际上和所有其他债权人说的并无二致。他代表他的公司跟我说了如下一番话。

“利文斯顿。”他说，“我们了解你，也十分理解你现在的处境。我告诉你我们的决定，我们会免除你的债务。让你的律师准备好你想要的法律文件，我们会在上面签字的。”

实际上我所有的大债权人都是这样说的。这也体现了华尔街的另一面。我的这些债权人的做法不仅是出于无心的善意或一种慷慨的气度，这也是一个非常明智的决定，因为这明显是一笔好生意。对于这种善意和商业气魄，我心存感激。

这些债权人免除我的债务的总额超过 100 万美元。但是有两位欠债数额不多的债权人不愿意签字免除我的债务。其中之一就是我之前提到的那位我欠他 800 美元的先生。我还欠一家股票经纪行 6 万美元，那家公司已经破产，而它的破产接管人完全不认识我，迟早会来找我的麻烦的。即使他们打算按照我最大的债权人的做法免除我的债务，我也不认为法院会让他们签字。无论如何，在大部分债权人免除债务后，我的破产明细表中的债务只剩下 10 万美元了。不过，上面说过，我的实际负债远超 100 万美元。

我在报纸上看到关于我申请破产的新闻，这让我非常不愉快。我先前一直都承诺会全额偿还我的债务，而这种破产见报的体验让我倍感羞愧。我确定，只要我还活着，就一定会清偿所有人的债务，但是看过这篇文章的人并不知道这个事实。自从我在报纸上看到这个报道后，我都不好意思出门。但是目前这种羞愧的感觉已经慢慢淡化，我无法向你解释当我知道我再也不用受那些人的骚扰时我紧绷的心情有多么放松，那些人也不知道，如果一个人想要在股票投机中获利，他就必须将全部精力投入其中。

我的精神因为不再受到债务的烦扰而得到放松，以至我可以带着成功的信念进行交易，因此，下一步就是重新获得本金。从 1914 年 7 月 31 日至 12 月中旬，纽约股票交易所一直处于关闭状态，华尔街死气沉沉。在很长一段时间内，我没有任何生意可做。我欠所有朋友的债，我不能因为他们如此善意友好地对我，就心安理得地再次寻求他们的帮助，因为我知道这时候没有人能够为别人提供太多的帮助。

获得可观的本金是一项十分艰巨的任务，因为纽约股票交易所关闭，我无法向经纪商寻求任何帮助。我也去几个地方试了一下，但都以失败告终。

最后我去找了丹尼尔·威廉森。那是 1915 年 2 月，我告诉他我现在已经没有任何因欠债而导致的精神负担了，并且已经做好了像之前那样进行交易的准备。你应该还记得，当初他要我去他的公司交易的时候，他曾经向我提出不用经他允许就可以使用 2.5 万美元保证金的条件。

既然我需要他，他对我说："如果你觉得有些股票看起来不错，打算买入 500 股，那就放手去做吧，没关系的。"

我对他表示了感谢，然后离开了。他曾经让我失去赚到一大笔钱的机会，而且这家公司也从我这里赚取了大量佣金。我承认，想到威廉森和布朗证券交易公司并没有向我提供可观的本金，我心中有些不快。刚开始我交易得有些保守。如果我可交易的额度多于 500 股，可能会更容易、更快地恢复我的财务状况。但是，无论如何，我都意识到，尽管只有 500 股，这也是我东山再起的机会。

我离开了丹尼尔·威廉森的办公室，并分析了股市的整体状况，以及我自己的问题。那时股市行情看涨，这对我和成千上万的作手来说都是显而易见的。但是我那个时候只有 500 股的头寸。这就是说我没有退路，交易条件十分有限。最初，我不能承受哪怕是一丁点儿的挫折。我必须通过第一次交易来增加我的本金。初次买入的 500 股必须盈利。我必须赚到真金白银。我知道，如果没有足够多的交易资本，我将无法做出正确的判断。如果缺乏足够的保证金，要对投机游戏采取冷静客观的态度是不可能的，而要形成这种态度，必须有能力承担一些小额损失，比如那种我在大额投入前测试股市时所遭受的一些损失。

现在回想起来，我发现作为一名投机者，那时候我处于职业生涯中最为关键的时期。如果这次我再次失败了，何时何地能够再次得到另一笔本金再试一次就很难说了。很显然，我必须等待那一关键时刻的来临。

我甚至都没有在威廉森和布朗证券交易公司附近出现过。我的意思是，在长达 6 星期的时间内，我沉着地分析报价纸带，在此期间有意地回避它们。我担心的是，如果我进入威廉森和布朗证券交易公司，并且明知道我有机会买入 500 股，我可能会因为这种诱惑而在错误的时间进行交易，或者买入错误的股票。作为一名作手，除了要研究股市的大势、记住股市的前车之鉴，我还得牢记普通股民的心理以及经纪商的局限性。同时，我还必须了解自己，并针对自己的弱点做好防备。没有必要为人性而感到生气。我已经认识到，明白如何了解自己和明白如何解读报价纸带一样有必要。我就像考虑农作物状况或分析收益报告时的心情和精神那样，研究了我对特定冲动或活跃股市难以抗拒的诱惑的反应。

因此，日复一日，尽管我身无分文且迫切地希望恢复交易，我还是在另一家无法交易的经纪行的报价板前坐着，认真地研究股市行情，不错过报价纸带上的任何一笔交易，静候股市全速上涨的那个关键时刻。

在 1915 年早些时候最关键的那些日子里，由于第一次世界大战这个举世皆知的事件，我最看多的股票是伯利恒钢铁。我很确定它会继续上涨，但是为了确保我能够在第一次交易中就大获全胜（这是必须的），我决定等它越过那个点之后再买入。

我之前讲过，根据我的经验，当一只股票第一次越过 100 美元、200 美元或 300 美元的关口时，它一般会继续上涨 30～50 点，而且超过 300 美元之后的上涨速度比超过 100 美元或 200 美元之后的上涨速度更快。我第一次漂亮的大手笔是买入阿纳康达公司的股票，我在股价超过 200 美元时买入，在一天之后以 260 美元卖出。在股价刚刚超过其票面价值时买入的实践可以追溯到我早期在对赌行交易的那些日子。这是一条很早就存在的交易原则。

你能够想象我有多渴望恢复往日的那种交易规模。我如此迫切地想要开始交易，以至无法思考其他任何事情，但是我控制住了自己。我目睹伯利恒钢铁股价逐日攀升，正如我确信的那样，但是我抑制住了自己冲进威廉森和布朗证券交易公司买入500股的冲动。我明白我必须尽我所能在第一次交易时就大获全胜。

那只股票每上涨1个点，就相当于我与500美元失之交臂。最初上涨的10个点则意味着我本可以用金字塔的方式建仓，那样一来，我现在拥有的就不是500股，而是整整1 000股了，如此一来，每上涨1个点我就可以赚1 000美元。但是我仍然静观其变，我没有听从内心强烈的欲望，或者受到激烈的思想斗争的干扰，而是服从我根据经验和常识得出的理性的判断。只有赚到一笔像样的本金，我才有资格去碰一下运气。但是在没有本金的情况下，碰运气，即使是数额很小的尝试，对我来说也奢侈无比。我忍耐了整整6个星期，终于，常识战胜了贪婪和欲望！

当股价涨到每股90美元时，我开始动摇并变得非常焦虑。在我如此看多的情况下，因为没有买入，我错失了一大笔钱。当它涨到每股98美元的时候，我告诉自己：伯利恒钢铁的股价将会突破每股100美元，而且当它跨过这个门槛后将会一发不可收！”从报价纸带上来看，这一点再清楚不过了。实际上，这简直就像股市拿着一个扩音器向我喊话，告诉我这一趋势。我跟你说，当报价机还在打印98这个数字我就已经看到纸带显示100这个数字了。而且我知道，这并非内心深处的欲望驱使我做出这一结论，而是我在阅读报价纸带后根据直觉做出的断定。所以我告诉自己：“我不能等它涨到每股100美元时才出手，必须现在就买入，这个价格跟超过票面价值没有什么区别。”

我冲到威廉森和布朗证券交易公司，下达了买入500股伯利恒钢铁的交易指令，那时市场价还是每股 98 美元。我以每股 98 ~ 99 美元的价格买入 500 股。我买入后，它飞速上涨，收市时的价格可能是每股 114 ~ 115 美元。我再次买入 500 股。

第二天，伯利恒钢铁的股价为每股 145 美元，我保住了本金，确切地讲，这是我辛苦赚来的。为了等待合适的交易时机，我度过了最紧张且令人备受折磨的 6 个星期。但是我的付出获得了回报，因为现在我有足够的资本进行较大规模的交易了。如果只能交易 500 股，我是不可能做出什么成绩的。

无论做什么事情，正确的开端都非常重要。在伯利恒钢铁股票交易后，我表现得非常好，真的，好到以至你可能不相信做交易的是同一个人。实际上，我已经不是原来的我了，因为之前我被各种债务烦扰，而且交易判断失误，现在我一身轻松，并且能够做出正确的判断。再也没有债权人来骚扰我，也没有资金短缺的问题影响我的思考或者阻止我听从经验的指引，所以我能够持续获利。

就在我迈向发财之路的当口，卢西塔尼亚号事件突然就发生了。每隔一段时间，你就会遭受一次打击，就像心口被大力撞击了一样，老天爷这样做可能是为了提醒你这样一个可悲的事实：没有人能够总是在股市保持正确的判断而不受意外事件的影响。我曾听人们谈论说，卢西塔尼亚号被鱼雷击沉的消息对任何专业的投机者都不会造成太大的打击，他们接着说，这是因为这些投机者在华尔街得知这个消息之前很早就知情了。我不够聪明，没能够提前得知消息而避免损失，我能告诉你的是，卢西塔尼亚号事件和其他一两个我未能成功预见的意外情况让我遭受了损失，到 1915 年年底，我发现我在经纪行账户的余额大概是 14 万美元。尽管在这一年的大部分时间我对股市行情的判断都是对的，但是我真正赚到的也就是这些。

在接下来的一年，我的表现更为出色。我实在是非常幸运。在这个疯狂的牛市中我尽情看涨。形势肯定是对我有利的，因此我除了赚钱没有其他事情可做。这让我想起标准石油公司 H. H. 罗杰斯生前说过的一句名言，大意是有些时候你不想赚钱都没办法，这就好比你在没有雨伞的情况下冲进暴风雨中铁定会淋湿一样。这是我们经历过的最明显不过的牛市。每个人都可以清楚地看到，协约国在美国疯狂地购买各种物资，这让美国成为当时世界上最为繁荣的国家。美国拥有世界上其他国家没有的产品，因此，全世界的现金迅速地流到美国。我的意思是，来自世界各地的黄金大量地涌入美国，通货膨胀自然无法避免，而这意味着物价全面飞涨。

股价上涨几乎甚至根本不需要任何人为的操控，这一点从一开始就显而易见。这就是本次牛市来临前所需的铺垫比其他牛市少得多的原因。这一时期不仅比以往任何时候都更容易形成“战时新娘潮”，而且事实证明，对于普通股民而言，股市比以往任何时候都更容易获利。也就是说，1915 年，股市回报的惠及面比华尔街历史上任何其他繁荣时期都更广泛。普通股民没有将他们的全部账面利润换成现金，也没能长期守住他们的利润的现象只是历史的重演。而说到历史重演的频繁性和持续性，恐怕没有任何地方比得上华尔街了。如果你读一下当代有关股市繁荣和恐慌的文献记录，有一点一定会让你印象最为深刻，那就是今天的股票投机活动（或股票投机者）与昨天相比几乎没有差别。游戏的规则一如既往，人性亦如此。

1916 年，我一路跟随股市上涨的步伐。我和其他人一样看涨，但是我时刻保持警惕。所有人包括我都明白，股市上涨终有尽头，而我时刻关注它释放的报警信号。我没有特别关注会从哪里冒出个内幕消息，所以我并没有紧盯着某一个点。我没有而且从未觉得我与股市的某一面是牢牢绑定的。牛市曾带给我丰厚的利润，熊市也曾对我慷慨解囊，所以一旦接收到撤离的报警信号，我就没有足够的理由坚持站在多头或空头的一面了。我们不要发誓永远追随多头或空头，而是要始终关注正确的那一面。

还有另一点需要牢记，即市场既不会在一次暴涨的盛宴中就到达顶峰，也不会以突然反转的形式终结。股市能够并且经常在股价普遍开始下跌之前很久就已经结束了牛市的态势。当我注意到那些曾是股市领头羊的股票一个接一个地从顶点下降了几个点，而且在几个月里第一次并未回涨时，我期待已久的报警信号出现了。这些股票竞相上涨的态势很显然已经结束了，我显然需要改变自己的交易策略。

道理很简单，在多头股市中，股价毫无疑问会呈上涨趋势。因此，当一只股票的走势与总体趋势相反时，你认为那只特定的股票有问题是合乎情理的。这足以让一个有经验的作手感觉到问题的存在。他绝不能指望报价纸带像老师授课那样把一切讲得一清二楚。他的工作就是聆听股市的声音，听到股市说“离场！”，然后立即离开，而不要幻想它会向你提交一份申请让你审批。

正如上面所说，我注意到一些上涨势头迅猛的领头羊股票已经停止涨势。它们下跌了 6 ~ 7 个点，然后一直原地踏步。同时，股市的其余股票在新的领头羊股票的带领下持续上涨。这些公司本身并没有什么问题，所以我不得不从其他地方寻找原因。那些股票已经跟着市场大势上涨了几个月。尽管牛市的劲头依然十分强劲，但是它们停止了上涨，这意味着对于这些特定股票来说，多头股市已经结束。而对股市的其他股票来说，股市无疑还是呈上涨的态势。

没有必要因为对股市感到困惑就什么都不做，因为股市并没有逆流出现。我那时对股市并没有转而看空，因为报价纸带并没有向我传递出这样的信息。多头股市并没有结束，尽管离终点只是一步之遥。在多头终结之前依然有利可图。鉴于这种情况，我只是看空那些已经停止上涨的股票，由于股市还有上涨的动力，所以我选择了既买进也卖出。

我卖出那些已经停止上涨的领头羊股票，每只卖空 5 000 股，然后做多新的领头羊股票。那些我做空的股票并没有太多动静，但是做多的股票持续上涨。当那些做多的股票最终依次停止上涨时，我将它们卖出，每只卖空 5 000 股。这时相对于看多，我看空的程度要更大一些，因为很显然，下一次大赚一笔的机会在做空的那一边。尽管我确定在多头股市真正结束之前空头股市已经开始，但我清楚地知道大量做空的时机还没有成熟。杞人忧天的说法是毫无道理的，特别是在时机成熟之前过早采取行动。从报价纸带上来看，空头大军的巡逻小队已经冲了过去，此时正是做好准备的时候。

我继续进行卖出和买入的交易，直到差不多一个月后，我的空头仓位已经达到6万股（总共12只股票，每只股票5 000股）。这些股票在当年年初都曾广受股民欢迎，因为它们曾是大多头股市的领头羊。6万股的仓位还不算太重，但是请不要忘记，股市同时也不是绝对看空的。

然后某一天，整个股市变得十分疲软，所有股票的价格都开始下跌。当我做空的12只股票中的每只股票都可盈利至少4个点时，我知道我的预测是对的。通过报价纸带，我了解到现在可以放心地做空了，于是我立即将空头仓位增加了一倍。

我预测的态势来临了。在目前这个形势明显的空头股市中，我做空股票。股市已经用不着我继续推波助澜了。它注定会按照我认为的方式发展，明白了这一点后，再等一等也没有关系。在将空头仓位增加一倍后，很长一段时间我没有进行其他交易。在我满仓后大约7个星期，发生了著名的"泄密"事件，股价下跌惨重。据说有人提前从华盛顿得到消息，说威尔逊总统即将发表声明，该声明可能会立即结束欧洲的战争。这次世界大战催生并维持了"战时新娘潮"，因此，和平在这个时候就是一项看空因素。当交易大厅里最聪明的作手之一被指责利用提前获得的消息获利时，他只是表示出售股票并不是因为任何消息，而是因为他认为多头行情已经呈现颓势了。而我早在7个星期之前便将空头仓位加倍了。

一听到这个消息，股市应声大幅下挫，我自然平仓，这是当时唯一可行的做法。如果发生了当初做计划时没有预料到的情况，那么你应该理所当然地利用天赐良机。一方面，一旦出现大幅暴跌，就会出现一个足够大的多转空股市，而且这也是将纸面利润兑现为真金白银的大好时机。即使是在空头股市，你也不可能总是将12万股平仓，却不受因平仓而导致的价格被抬高的影响。你必须等待时机，以便在不因价格被抬高而损失账面利润的情况下买进那么多股票。

我想要说明的是，我并没有指望在这个特定的时间点会出现由于这一特定事件引起特定股价下跌的情况。但是，正如我先前所说，作为一个有着30年经验的作手，我的经验告诉我，这种意外通常沿着阻力最小的方向发展，而我正是基于这一原则建仓的。你需要记住的另一点是，永远不要尝试在最高点卖出，因为这样做是不明智的。要等到股市价格调整后，如果没有出现反弹再卖出。

在1916年，通过在整个牛市持续期间一直做多，然后在熊市开始时做空，我赚了差不多300万美元。就像我前面说的，你不需要与股市的任何一边牢牢绑定直到永远。

那年冬天，我与往常度假一样南下来到棕榈滩，因为我非常喜欢海钓。

那时候我做空股票和小麦，这两者都给我带来丰厚的利润。没有什么事情让我烦心，所以我玩得很开心。当然，除非我前往欧洲旅游，否则我不可能真正做到远离股票或大宗商品交易市场。这不，我在阿迪朗达克山我的住所处和经纪行之间，设立了一条直连电报线。

在棕榈滩时，我曾定期前往经纪商的分支营业厅。我注意到，我之前不感兴趣的棉花期货表现非常强劲，而且正在一路走高。大概在那个时候（1917年），我听到很多关于威尔逊总统正在努力结束战争的消息。这些报道是从华盛顿那边以报纸和私人建议的形式传到我在棕榈滩的老朋友那里的。这就是有一天我认为多个股市的发展反映出人们对威尔逊总统能够取得成功的信心的原因。由于和平近在咫尺，所以股票和小麦期货应该会下跌，而棉花期货应该会上涨。对于股票和小麦期货的下跌，我已经做好了万全的准备，但是对于棉花期货，我已经有一段时间没有采取任何行动了。

在那个下午的2点20分我还未买入一包棉花期货，但是到了2点25分，由于相信和平即将来临，我买入1.5万包棉花期货作为开始。我计划按照我之前的方法进行交易，即持续买入直到满仓，我在前文已经提到过。

那个下午，就在股市闭市后，我们收到德国将实施无限制潜艇战的消息。但是我无计可施，只能坐等股市第二天开盘。我记得，在格里德利的那个晚上，一位大资本家提出以低于当天下午收市价5美元的价格出售任意数量的美国钢铁公司的股票。那时有几位匹兹堡的百万富翁在场听到了这一提议，但是没有任何人接话。因为他们知道，到第二天股市开盘的时候，这些股票一定会断崖式下跌。

不出所料，第二天上午，股市和大宗商品交易市场一片哗然，你可以想象一下那种景象。有些股票的开盘价比前一晚的收市价低8美元。对我而言，这是平仓获利的天赐良机。正如我之前所说，在空头市场，如果股市突然形成悲观情绪，平仓始终是明智的选择。

如果你掌握的可交易额度比较大，又想快速地将纸面利润兑现为真金白银，而无须承受较大的损失，平仓是你唯一的选择。例如，仅美国钢铁公司这一只股票，我就做空了5万股。当然，我也做空了其他股票，而且当我发现市场适合平仓时，我也照做了。我的利润达到约150万美元。出现这种机会，我不能轻易放弃。

我在前一天下午交易结束的最后半小时买入的1.5万包棉花期货在开盘时下跌了500点。这简直是断崖式的跌幅！这意味着我一夜之间损失了37.5万美元。对于股票和小麦期货市场，我很清楚，唯一明智的做法就是平仓，但是对于棉花期货，我就不太清楚该怎么做了。我需要考虑的事情很多，虽然我总是在确信自己错了的那一刻坦然地接受失败，但是那天早晨我不想接受失败的现实。然后我进行了反思，我来南方是为了享受美好的垂钓时光的，而不是让自己在棉花期货市场的行情中饱受煎熬。而且，既然我已经在小麦期货和股市赚到了大钱，那就接受棉花期货市场的损失吧。我就当只赚了100万美元多一点，而不是150多万美元。这只是一个会计账目上的问题，就像股票推销员在你问太多问题时经常会跟你说的那样。

如果我没有在前一天赶在闭市之前买入棉花期货，我就不会损失那40万美元。这件事表明，即使你的仓位一般，也可能会迅速亏掉一大笔钱。我的主要头寸是绝对正确的，我从这次意外中得到了很好的教训，而这次意外的性质与之前驱使我在股票和小麦期货市场建仓的考虑是截然相反的。请注意，投机的阻力最小路线再一次向作手证明了它的价值。尽管由于德国无限制潜艇战的公告带来的市场因素出人意料，但是价格走势还是如我所料。如果事情像我预料的那样发展，那么对于所有三个股市，我的判断就是完全正确的，因为随着和平的到来，小麦期货和股票会下跌，而棉花期货会上涨，这样的话，我就会在这三个市场大赚一笔。和平也好，战争也罢，我对股票和小麦期货市场的仓位判断都是正确的，这也是意外事件能为我助力的原因。但在棉花期货市场，我的交易方法基于股市之外的因素，即我赌威尔逊总统会在和平谈判中取得成功。导致我在棉花期货市场失利的正是德国的军事统帅。

当我在 1917 年年初返回纽约时，我还清了之前欠下的 100 多万美元。对我而言，偿还债务是一件非常开心的事情。我本可以提前几个月还清我的债务，但是出于一个非常简单的原因，我并没有那样做。那时候我在股市的交易很活跃且比较成功，我需要投入手上的全部资金。1915 年和 1916 年的股市充满了机遇，我应该充分利用这一黄金时期，为了我自己以及那些债权人，我有责任这样做。那时我知道我将会赚到一大笔钱，我不急着将债务还清，因为他们中的大多数人对于能收到还款并未抱有任何期望，而我只是让他们多等几个月。我不想一点一点地偿还债务或者只偿还某个人的债务，而是希望一次性还清所有债务。所以只要市场在最大程度上对我有利，我就会继续在资金允许的情况下进行最大手笔的交易。

我表示希望支付利息，但是所有之前已经签署了债务免除协议的债权人都断然拒绝了。在所有的债权人中，我将欠 800 美元的那个家伙留在最后偿还。就是他曾经让我的人生异常沉重，而且一度让我备受困扰以致无法交易。我故意将他放在最后，让他等着，直到他听说我已经还清了所有其他人的欠款。然后我才向他支付了那800美元的债务。我这么做是想给他一个教训，希望下一次如果有人欠他几百美元的话，他能够做到体谅别人。

这就是我东山再起的过程。

在还清所有债务后，我将一大笔钱投入年金。我打定主意，我再也不要过手头拮据、惴惴不安和缺少本金的生活了。当然，在结婚后，我在家族信托中为妻子投入一些钱。之后，在我的儿子出生后，我也为他投入一笔钱。

我这么做不仅仅是因为害怕我的这些财富被股市一扫而空，还因为我明白一个人可能会将他触手可及的财富挥霍一空。我在家族信托中为妻子和孩子投入资金，他们在我出现亏损时就不会受到影响。

在我所认识的人中，不止一个人这样做，但是当他们急需用钱的时候，又连哄带骗地让他们的妻子签字放弃信托，然后这笔钱就会被他们亏掉。但是我解决了这个问题，无论我或我的妻子想要干什么，这个信托始终生效。无论我们任何一方有什么动作，无论我有什么市场需求，甚至是我挚爱的妻子因为爱而为我放弃这笔钱，它都不会受到影响。我绝对不再冒任何风险！

第十五章 咖啡期货交易横生枝节

在投机的诸多风险中，未曾预料甚至是无法预料的事情发生的概率很高。在某些情况下，即使是最谨慎的人也有正当的理由去碰运气，如果他希望自己不是一个在商业上没有勇气的人。正常的交易风险并不比出门逛街或乘火车旅行时遇到的风险高。在我眼里，当我因无法预见的事情的发展变化而遭受损失时，我的心态与遭遇一场不期而至的暴风雨时的心态并无二致，我不会因为损失而产生更大的怨恨。从出生到死亡的整个人生本身就是一场赌博，即使我因缺乏未卜先知的天赋而发生意外，我都可以泰然自若地接受。但是，在我作为投机者的职业生涯中，有时候我即使判断正确且公平交易，也还是会被卑鄙无耻的对手凭借肮脏且不公平的伎俩骗走收入。

面对骗子、懦夫和乌合之众的不端行为，一个思维敏捷且有远见的商人是可以保护自己免受影响的。除了那么一两家对赌行，我从未遇到过彻头彻尾的欺诈。因为即使在那些地方，人们也遵守诚信为本的准则。以诚相待而非赖账才能赚大钱。不管在哪里，如果有某个商人在你一不注意的情况下就有可能玩花样而导致你必须时刻提防他，那么和他做生意绝非一桩好买卖。但是，在面对一个假装抱怨的骗子时，一个正直的人是无能为力的。公平竞争就是公平竞争。如果要讲一讲我因为笃信承诺的神圣性和君子协定的不可侵犯性而成为牺牲品的次数，应该有十几次。但是我不打算这样做，因为讲出来没有任何用处。

小说家、牧师和女性都喜欢把证券交易所的大厅暗指为腐败分子明争暗斗的“战场”，把华尔街的日常业务称为“作战”。这种称谓极具戏剧性，却是完全的误导。我不认为炒股这门生意就代表着冲突或明争暗斗。我从未与个人或投机团体发生过冲突。我与他们只是在观点（即我对基本大势的解读）上存在差异。剧作家笔下的商战并非人与人之间的争斗，它们只是商业眼光的一种检验。我力图忠于事实，且只忠于事实，并据此支配我的行为。这就是伯纳德·M. 巴鲁克成功赢得财富的秘诀。有时我对整个事实了解得不够清晰或及时，又或者我没有做出合乎逻辑的推理。只要任何一种情况发生，我就会亏钱。而一旦我出错，代价就是亏钱。

理性之人不会拒绝为自己的错误付出代价。在犯错误这方面，股市一视同仁，既没有偏好某些人，也不会放过任何人。但是对于我在判断正确的情况下仍然亏钱的现象，我心有不甘。当然，我指的并不是那些因某些特定交易所的规则突然改变而使我亏损的交易。我谨记那些投机中的危险因素，并不时地提醒自己，在存入银行账户之前，任何利润都不能算是安全的。

第一次世界大战爆发后，欧洲的商品价格开始上涨，这是意料之中的。这一点和战后的通货膨胀一样很容易被预测。当然，随着战争的持续，股市整体上涨仍在持续。你可能还记得，我在 1915 年正忙着“东山再起”。股市的繁荣已然出现，利用好这个时机，我责无旁贷。我最安全、最轻松、最快捷的赚钱之道就来自股市，而且你知道的，我的运气向来不错。

到了 1917 年 7 月，我不仅能够还清所有债务，而且赚了不少。这意味着我现在有时间、金钱和倾向考虑进行大宗商品和股票交易了。多年来，我一直致力于研究所有市场，我发现商品的价格比战前上涨了 100% ~ 400%。只有一种商品例外，那就是咖啡。当然，这是有原因的。战争的爆发意味着欧洲市场的关闭，大量货物被运到美国这个很大的消费市场。这导致生咖啡豆大量过剩，进而压低了咖啡的价格。嘿，当我第一次开始考虑投机咖啡期货的可能性时，咖啡实际的出售价格是低于战前的。如果说这种异常的原因是显而易见的，那么德国和奥地利潜艇活跃日日渐高效的运作必然意味着商船的数量会急剧减少，这也是显而易见的，这最终必将导致咖啡进口萎缩。由于进口减少而消耗量保持不变，多余的库存必然会被消化，而当这种情况发生时，咖啡的价格必然像其他商品一样上涨。

你不必拥有夏洛克 · 福尔摩斯那样的头脑也能判断当时的形势。对于所有人都没有买入咖啡期货的原因我不得而知，但当我决定买入时，我并不认为这是一种投机，它更像一项投资。我知道盈利需要一些时间，但我也知道利润必然不菲。所以，这是一种保守的投资操作，是银行家的投资行为而非赌徒的孤注一掷。

我在 1917 年冬天开始买入，我买入了大量的咖啡期货。然而，市场的表现却不值一提。它一直保持着不温不火的状态，价格方面也没有达到我的预期。这一切的结果是，我只是徒劳地持仓长达9个月。然后我的合同到期了，我不得不卖完所有的期权。我在那笔交易上蒙受了巨大的损失，但我确信我的观点是正确的。我对时间的预测显然是错的，但是我坚信咖啡的价格必然会像所有商品那样上涨，所以我卖完了我的期权之后就开始再次买入。我再次买入的咖啡期货是那令人失望的9个月中持有头寸的3倍。当然，我购买了可以在时间上尽可能延长的延期期权。

这次我所料不差。我一买入相当于之前3倍的期权，股市就开始转好。各地的人们似乎突然意识到咖啡期货市场会发生什么。看起来我的投资好像要所获颇丰了。

我持有的合同的卖方是咖啡烘焙商，主要是德国的公司和一些附属机构，他们自信地在巴西购买了咖啡，希望将其运到美国。然而没有船可供运输。现在他们发现自己的处境很尴尬，他们那边有源源不断的咖啡，而我这里远远不够。请记住，当价格几乎处于战前水平时，我最先开始看多咖啡期货，并且在我买入咖啡期货后，一年中的大部分时间我都在持有，然后损失了一大笔钱。决策错误的惩罚就是亏钱，而决策正确的回报就是赚钱。我显然是正确的，我现在持有大量的头寸，我有充足的理由即将大赚一笔。价格不必上涨太多，我的盈利就能达到令人满意的程度，因为我持有几十万袋。我不想用具体的数字来谈论我的操作，因为有时候它们听起来令人惊诧，而且人们可能会认为我在吹牛。实际上，我会依照自己的方式进行交易，并始终留有足够的安全余地。在这次操作中，我足够保守。我这样大量地购买期权是因为我看不到输的可能性，条件对我有利。我之前被迫等待了一年，但现在我将因为自己的等待和正确的判断而得到回报。我可以预见利润很快就能到手了。只要眼睛不瞎，预测这一点并不需要什么技巧。

数百万美元的利润的确迅速到来了！但是它并没有进入我的腰包。没有！咖啡期货市场并没有出现突然的变化而偏离轨道，也没有出现行情反转，而是咖啡根本没有进入这个国家。这究竟是怎么了？答案就是世事无常！没有人经历过这样的事情。因此，我也没有提防的理由。于是，我那一长串的投机风险表又增加了一项风险，我必须始终把这张表放在身边。很简单，卖给我咖啡期货的空头们知道了等待他们的将是什么，为了摆脱先前卖空而陷入的困境，他们发明了一种新的赖账方式。他们火速赶到华盛顿寻求帮助，并得偿所愿。

也许你还记得，政府曾制订了各种计划以防止有人在生活必需品上进一步牟取暴利。你知道大部分计划是怎么运作的。好吧，那些假仁假义的咖啡空头出现在战争工业委员会下辖的价格管制委员会（我认为他们的这一举动是官方授意的），并向该机构发出了爱国呼吁，要求它们保护美国人吃早餐的权利。他们声称，有一个名叫拉里·利文斯顿的专业投机者已经或者即将轧空咖啡业。如果不摧毁他的投机计划，他将利用战争创造的条件大肆获利，而美国人民将被迫为日常必需的咖啡支付极为高昂的费用。对那些当初向我找不到船只而向我出售咖啡的爱国者而言，1亿多美国人竟然或多或少地要感激那些不知廉耻的投机者，这简直不可思议。他们为咖啡业而非投机者发声，并且他们愿意帮助政府遏制实际或潜在的牟取暴利的行为。

现在，尽管我对那些向政府发牢骚的人深恶痛绝，并且我并非暗示价格管制委员会没有尽最大的诚意来遏制暴利和浪费，但这并不能阻止我发表意见。我认为价格管制委员会并未非常深入地研究咖啡期货市场的特殊问题。它限定了生咖啡的最高价格，还规定在期限内清算所有现有的合同。当然，这一决定意味着咖啡期货交易所将不得不关门歇业。我只有一件事可做，而我也的确做了，那就是卖掉我所有的合同。我曾经认为，自己必然能像往常那样实现数百万美元的盈利，然而这完全没有实现。我曾经和任何人一样热衷于反对在生活必需品上牟取暴利，现在也是，但是当价格管制委员会对咖啡业做出裁定时，所有其他商品的销售价格都比战前高出 250%~400%，而生咖啡豆实际上一直低于战前几年的平均水平。我看不出由谁持有咖啡会有什么实质上的不同。咖啡价格必然会上涨，原因并非无良投机者的运作，而是进口萎缩造成的剩余库存减少，而进口反过来完全受到德国潜艇对世界船只破坏的影响。价格管制委员会还没有等到咖啡价格上涨，就踩了刹车。

出于政策和权宜之计，迫使咖啡期货交易所在此时关闭是错误的决定。如果价格管制委员会放任不管，那么毫无疑问，出于我前面说过的原因，咖啡的价格将会上涨，这与任何所谓的“轧空”无关。但是适当的高价可能成为吸引市场供给的诱因。我听伯纳德·M. 巴鲁克先生说，战争工业委员会在限定价格时考虑到确保供应这一因素，因此，有些人抱怨某些商品的限价过高是有失公平的。之后，当咖啡期货交易所恢复营业时，咖啡的售价为23美分。由于供应量较小，美国人民只能承担这个价格，而供应量很小的原因是政府听从了那些假仁假义的空头的建议，这导致咖啡价格被限定得太低，以致不能支付高额的海运运费，从而确保源源不断的进口。

我一直认为，咖啡期货交易是我所有商品交易中最正当的交易。我认为这更多是一种投资而非投机行为。这种交易持续了一年多，如果其中存在投机成分的话，那么背后的操纵者也是那些有着德国姓氏和血统的爱国咖啡烘焙商。他们在巴西有咖啡，然后在纽约卖给我。价格管制委员会单单限制了这种商品的价格上涨。它预先保护了公众免受投机之害，但随之而来的不可避免的更高价格让公众吃尽了苦头。不仅如此，即使生咖啡豆的价格低至每磅[1]9美分左右，烘焙咖啡的价格也和其他商品一起上涨了。咖啡烘焙商是唯一的受益者。如果每磅生咖啡豆的价格上涨2～3美分，于我而言就意味着数百万美元的盈利，于公众而言，他们也不会因为后来的价格上涨而花费更多的钱。

就投机而言，事后分析会浪费时间，因为这样做不会有任何收获。但是这笔特殊的交易具有一定的教育意义。它与我之前的交易一样，都非常不错。上涨是必然的结果，而且合乎逻辑，以至我觉得自己一定会稳赚几百万美元，但结果并非如此。

在另外两笔交易中，我受到了价格管制委员会裁决的影响，这些

1　1磅＝0.453 6千克。——编者注

裁决在没有警告的情况下更改了交易规则。在那些情况下，我自己的头寸虽然在技术上是正确的，但是从商业层面来看，却不如咖啡期货交易那样稳健。在投机操作中，你不可能对任何事情都有绝对的把握。也正是有了这段经历，我才将无法预料的事项添加进意外风险表中。

除了咖啡期货这段插曲，我在其他商品以及股市的空头方面都非常成功，以至我开始遭受无聊的流言蜚语的攻击。华尔街的专业人士和报纸撰稿人习惯于将必然的价格下跌归咎于我和我所谓的突袭。有时，无论我是否真的在做空，我的卖出行为都被他们称为不爱国。我认为，夸大我操作的规模和影响是为了满足公众对每次价格变动的因由的渴求，而这种渴求是个无底洞。

我已经说过很多次，没有任何操纵行为可以导致股价下跌并使其持续低迷。这没有什么难理解的。对于每个愿意花半分钟思考的人来说，原因显而易见。假设操作者突袭了一只股票，即令其价格降低至实际价值以下的水平，哪些事情会不可避免地发生呢？嘿，突袭者会立刻面临最佳内部购买的对抗。知道股票价值的人总是会在人们低价出售时买入。内部人士如果不购买，就是基本大势并非看涨，不利于他们自由支配自己的资源。当人们谈论突袭时，他们得出的结论是：突袭是不正当的行为，几乎相当于犯罪。但是，以比实际价值低得多的价格卖出股票是一件极危险的事情。我们需要牢记的是，所谓被突袭的股票如果没有反弹，就表明并没有太多内部人士买入，而在出现真正的突袭（即不正当的卖空）时，内部人士买入的情况通常就会出现。当出现这种情况时，股价不会一直下跌。应该说，在 99% 的情况下，所谓突袭确实是合理的下跌，并且跌幅有时会加速，但这背后的推手并非专业作手，无论他操控股市的能力多么强大。

认为大多数的突然下跌或个股的急剧下跌是某位投机者操纵的结果这套理论，只是盲目的赌徒编造的借口，他们只会相信别人告诉他们的任何事情，而不愿意动一下脑子。倒霉的投机者在亏损后，往往会从经纪商和股市造谣者那里听到一个借口，即损失是由投机者突袭造成的，这种借口实际上是一个与实际趋势刚好相反的提示。这种相反的提示和空头提示的区别在于：空头提示显而易见，就是积极建议卖空；相反的提示却给不出任何解释，仅仅是为了防止你明智地卖空。股票大跌时，卖出是自然的选择。下跌原因虽然不明了，但事出必有因，因此应该及时退出。但是，如果股市下跌是操纵者突袭导致的，那么退出是不明智的，因为操纵者停止操作的那一刻价格必然反弹。这就是相反的提示！

第十六章 内幕消息害人害己

内幕消息！人们多么希望得到内幕消息啊！他们不仅渴望得到内幕消息，也迫切地想把内幕消息透露给他人，其中有贪婪和虚荣的成分。有时，看着那些绝顶聪明的人四处打探内幕消息是一件非常有趣的事情。给出内幕消息的人无须担心消息的真假，因为打听内幕消息的人并不是冲着可靠的内幕消息去的，只要是个消息就行。消息如果可靠，就太好了！如若不是，就只能祝愿自己下次好运。这让我想到一般佣金行的普通客户。有那么一类股票发起人和操纵者，他们始终坚定地相信这些内幕消息。这类人将顺利传播内幕消息视为一种高尚的宣传任务，视为世界上最牛的推销手段。这是因为，打听和获得内幕消息的人一直都是内幕消息的传递者，这使得内幕消息的传播成了一种循环的广告链。这些情报贩子抱有这样一种幻觉：只要散播得当，就没有哪个大活人可以拒绝内幕消息。他们用心研究如何巧妙地将内幕消息散播出去。

我每天都能从形形色色的人那里获得上百条内幕消息。我给你讲一个关于婆罗洲锡业的故事吧。你还记得这只股票的发行时间吗？它发行时恰逢股市繁荣的鼎盛时期。发起人的联合资金池听取了一个非常聪明的银行家的建议，决定立刻公开上市，而不是聘请承销团慢慢上市。这是个好主意，但是这些联合资金池成员犯的唯一错误就是经验不足。他们不知道股市在繁荣时期的能耐，而且与此同时，他们也不够开明。他们一致认为有必要抬高价格来发售股票，但是他们最初设定的交易价格无法让作手和开拓型投机者毫无顾虑地购买该股票。

按理说，发起人应该坚持下去，但是面对这个疯狂的牛市，他们的贪婪却成了彻头彻尾的保守主义。在足够多的内幕消息的怂恿下，那些股民愿意购买任何一只股票。他们需要的不是投资，而是轻而易举地赚钱，稳赚不赔地从投机中获利。由于交战国大量采购战争物资，黄金不断涌入美国。他们告诉我，在发起人制订婆罗洲锡业股票发行计划时，为了所谓的公众利益，他们将开盘价抬高三次才达成首笔正式交易。

曾经有人邀请我加入这个联合资金池，经过一番调查之后我没有接受该邀请，这是因为，如果这只股票有任何市场操作空间的话，我希望亲自动手。我会根据自己获得的信息和自己的那一套方法来交易。当婆罗洲锡业股票发行时，我已经摸清了该联合资金池的财力和他们的计划，同样知晓了股民的能耐，所以我在发行首日的第一个小时就买入了1万股。至少从交易量来看，这只股票的市场首秀是成功的。事实上，这些发起人发现股民的购买欲望如此强烈，以至他们认为，短时间内卖出太多股票是一个错误的决定。他们发现我买入1万股，也就是在那个时候，他们意识到，如果只是把价格抬高25或30

美元，那么他们很可能会卖光所有股票。于是，他们得出结论，我从那1万股获得的收益，会在他们自认为已经十拿九稳的数百万美元盈利中，吃掉很大一块利润。所以，他们停止了涨价操作，并且试图将我踢出局。但是，我只是静观其变。因为担心牛市行情不再，他们只好放弃我，然后他们重新抬高价格，避免在计划外损失更多的股票。

在看到其他股票上涨到极高的价格后，他们开始得陇望蜀，设想赚几十亿美元。好吧，当婆罗洲锡业的价格飙升至每股120美元时，我把1万股股票卖还给他们。这一举动抑制了股价的上涨，这个联合资金池的经理也放缓了抬价的步伐。在下一波股价普遍上涨的浪潮中，他们又一次尝试为这只股票做市，并处理掉大量股票，但是事实证明，这次的股价太高了。最终，他们将股价炒至每股150美元。但是牛市的繁荣已经一去不复返了，所以该联合资金池不得不将已显颓势的股票卖给那些喜欢在某次不错的回弹之后买入的股民，他们错误地认为，一只曾经售价为每股150美元的股票，现在降到每股130美元肯定很便宜，而降到每股120美元股民就是占了大便宜。他们首先会将内幕消息传给场内作手，这些作手通常能做一波短线行情，然后透露给佣金行。该联合资金池千方百计地挽救，但问题是，牛市的繁荣已经成为过去。韭菜们已经被其他股票套牢，该联合资金池没有注意到或不愿意承认这一事实。

那会儿我和太太还在棕榈滩度假。一天我在格里德利赢了点儿钱，回家的时候我从中抽了一张500美元的票子给我太太利文斯顿夫人。很凑巧的是，当晚她在一个晚宴上遇到了婆罗洲锡业公司的主席维森斯坦先生，他那时担任该联合资金池的经理。直到过了一段时间我们才知道，这个维森斯坦事先做了安排，故意在晚宴上坐在我太太旁边。

他对我太太表现得很友善，谈论的内容也十分有趣。最后他悄悄地告诉我太太："利文斯顿夫人，我打算做些之前从未做过的大事。我很高兴能这么做，因为你清楚地知道这件事意味着什么。"他停顿了一下，然后急切地看着我太太，想要确定她不仅聪明而且足够谨慎。我太太从他的脸上清楚地看出这一点。但是她只回答说："是的。"

"是啊，利文斯顿夫人。我非常荣幸遇到您和您的丈夫，我想要向您证明，我这么说是真心实意的，我希望以后能经常见到二位。我本来是没必要告诉您这些的，我待会儿要说的事可是需要严格保密的！"然后他低声说道，"如果您买一些婆罗洲锡业的股票，肯定能大赚一笔。"

"你对这个有把握？"我太太问。

"就在离开酒店前，"他说，"我收到电报，里面有至少几天内都不会向股民公布的内幕消息。我打算尽可能多地买入股票。如果您打算在明天开盘时购入一些股票，您可以和我以同样的价格同一时间买入。我向您保证，婆罗洲锡业的股票肯定会涨。我可只把这个消息告诉您一个人了。绝对只有您一个！"

我太太对他表达了感谢，然后告诉他自己对股票投机一窍不通。但是这个维森斯坦向我太太保证，除了知道他告诉她的内幕消息，她没必要懂太多。为了保证我太太没有听错，他重复了一遍：“您唯一要做的就是尽可能多地购买婆罗洲锡业的股票。我敢跟您打包票，如果您这么做，肯定不会亏一分钱。我这辈子从来没有告诉过哪位女士或男士要买入任何东西。但是我保证这只股票的价格不会止步于每股200美元，我也希望您能赚些钱。我自己没法买了所有股票，而且如果除我以外会有什么人从这次涨价中获利，我希望那个人是您，而不是其他什么陌生人。我私下里告诉您是因为我相信您不会和别人说这件事。利文斯顿夫人，您记住我的话，一定要买婆罗洲锡业的股票！”

他显得诚意十足，并且成功地打动了我太太，她开始觉得自己为那天下午我给她的那张500美元纸币找到了一个绝好的用处。那个钱没有花费我一点儿本钱，也不是她的零花钱。换句话说，如果她运气不好输了钱，也没什么大不了。何况那位先生说她肯定能赢钱。如果先瞒着我用她自己的方法赚钱，之后再跟我说，那就太好了。

第二天早上股市开盘前，我太太就跑去哈丁兄弟公司的股票经纪行，她对经理说：“黑利先生，我想买一些股票，但是我不想走常规账户，因为在赚钱之前我不想让我丈夫知道这件事。你能替我办到吗？”

黑利经理说：“噢，当然。我们可以开一个特殊账户。您要买什么股票，买多少呢？”

我太太给了他500美元，然后告诉他：“请听我说，我不想亏损超过这个金额。如果超了，我不想欠你任何东西。另外，请记住，我不想我丈夫利文斯顿先生知道任何相关的消息。一旦开盘，就用这500美元尽可能多地替我买入婆罗洲锡业的股票。”

黑利拿了钱，并向我太太保证他会守口如瓶，然后在开盘时替我太太买了100股。我认为她买进的价位是在每股108美元。这只股票当天势头很不错，收盘时又上涨了3个点。利文斯顿夫人对自己取得的成绩高兴得不得了，她费了老大的劲才忍住没告诉我这件事。

恰巧那时我看大多数市场都呈下跌趋势，于是婆罗洲锡业的异常走势引起我的注意。我认为那个时候无论哪只股票都不应该上涨，更不用说涨那么多了。那天我决定开始卖空，然后我卖出1万股婆罗洲锡业。我觉得如果当时我没有卖出股票，它原本会上升5～6美元，而不仅仅是3美元。

第二天，我在开盘时卖出2万股，然后在收盘前又卖出2万股，最后这只股票股价跌至每股102美元。

第三天早上，哈丁兄弟棕榈滩经纪行的经理黑利先生正在等候利文斯顿夫人到访。我太太经常会在11点左右溜达进来，看看情况，顺便看看我在做什么。

黑利把她拉到一边：“利文斯顿夫人，如果您想要我帮您继续持有这100股婆罗洲锡业的股票，您需要给我更多的保证金。”

“但是我没有更多钱了。”她回答道。

“我可以把它转到您的常规账户。”经理说。

“不行，那样的话我丈夫会知道这件事的。”我太太拒绝了他。

“但是现在您的这个账户已经有亏损了。”他继续说。

“我之前清楚地告诉过你，我不想亏损超过 500 美元。我甚至连那 500 美元也不想失去。”她说道。

“我明白，利文斯顿夫人，但是我不想在未征得您同意的情况下擅自卖出股票，现在除非您授权我继续持有，不然我必须将它卖出。”

“可是我买它的时候表现可好了。”她反问，“我不相信这么快就变成这个样子了，你相信吗？”

“是啊。”黑利回答，“我之前也不信。”股票经纪行的人必须懂些外交辞令。

“它到底出了什么问题，黑利先生？”

黑利先生知道实情，但是要告诉她实情的话，肯定会把我给供出来，而客户的交易是决不能泄露的。于是他说：“不管从什么渠道，我没有听说任何特别的事。看啊！这一波行价又下跌了！”他指着股票报价板喊道。

我太太愣愣地看着下跌的股票，接着她哭喊道：“噢，黑利先生！我不想失去我那 500 美元！我该怎么办？”

“我也不知道，利文斯顿夫人，但是换作我，我会问问利文斯顿先生。”

“噢，不！他和我说过，不希望我独立做股票投机生意。如果我问他，他肯定会替我买卖股票，这是我第一次在他一无所知的情况下交易，我现在不敢告诉他。”

“好吧。”黑利先生安慰道，“他是一个厉害的作手，他会知道该怎么做。”看到我太太疯狂地摇头，他不怀好意地加了一句：“不然您需要提供一两千美元的保证金来保住您的婆罗洲锡业股票。”

这句话让她当场下定决心。她徘徊在这个股票经纪行里，但是随着股市越来越疲软，她走到我坐着看股票交易板的位子，然后告诉我她想跟我谈谈。我们走进一间私人办公室，接着她将这件事向我全盘托出。我只是对她说：“傻姑娘，你别掺和这件事了。”

她承诺会听我的话，我给了她 500 美元，她开心地走了。股票价格已经跌到票面价值了。

我知道这是怎么一回事。维森斯坦是一个狡猾的人，他以为我太太会把他告诉她的话传给我，那么我会研究这只股票。他知道这类股票走势总是会吸引我，而我一向以重仓交易闻名。我猜他肯定觉得我会买 1 万或 2 万股。

在我听过的所有内幕消息中，这个内幕消息策划得最为精心，也最为狡猾，但是还是出了岔子，这是肯定的。首先，这个傻姑娘正好当天收到一笔意外之财，一张 500 美元的票子，所以从心态上来讲要比往常更勇于冒险。她希望凭一己之力赚钱，因此天真地以戏剧化的形式接受了这个令人无法抗拒的诱惑。她知道我作为一个内行人对外行人从事股票投机的看法，所以她不敢跟我提起这件事。维森斯坦恰好对她的心理做了错误的预判。

他也完全猜错了我是怎样的一类作手。我从来不听信内幕消息，而且当时对整个市场，我是看空的。他以为自己的小伎俩能够成功地引诱我购买婆罗洲锡业股票，但是正是股市的走势和 3 个点的增长让我选择从婆罗洲锡业股票开始全部卖空。

在我听完我太太的故事后，我想要卖出婆罗洲锡业股票的念头前所未有地强烈。每天早上开盘和下午收盘前，我都会规律性地卖空一些股票，直到我抓住机会平仓，然后获得一笔可观的利润。

在我看来，听信内幕消息进行交易可谓愚蠢至极。可能我天生就不是那种听信内幕消息的人。有时候我觉得那些听信内幕信息的人就像酒鬼。他们无法抵抗酒的诱惑，总是想痛饮一番，并且以此作为幸福人生不可或缺的一部分。敞开你的耳朵，去听信那些内幕消息，确实不需要花费什么力气。向实现个人心愿迈出坚实而漫长的第一步，是最令人开心的事。而仅次于此的，便是别人清楚地告诉你你要怎么做来获得快乐，而你只要轻松照办就好了。与其说人们由于迫切地想要致富而被欲望遮住了双眼，不如说他们是不愿思考而导致愿望受到束缚。

而且，并不是只在市场外你才能看到那些积习难改的内幕消息轻信者。在纽约证券交易所场内的那些专业作手也染上了这个坏毛病。我当然意识到，他们一直对我怀有误解是因为我从未给过任何人内幕消息。如果我告诉一个普通人："你应该自己卖出 500 股钢铁股票！"他会当场照办。但是如果我告诉他我对整个股市看空，并且给出具体的理由，他肯定听得很不耐烦，等我讲完，他就会用眼睛瞪我，觉得我对整体大势发表看法是在浪费他的时间，不如就像华尔街到处都是的那些真心实意的"慈善家"，直截了当地给他一个具体的内幕消息。那些"慈善家"乐于将上百万美元的钱塞到朋友、熟人甚至陌生人的口袋里。

所有人都期待奇迹出现，但是过分坚信奇迹是过度沉溺于希望的结果。有这么一群人，每隔一段时间他们就痴迷于希望。我们都知道，这些长期沉迷于希望的人被称为典型的乐天派。那些听信内幕消息的人本质上都算这类人。

我有一个熟人，是纽约证券交易所的会员。他和其他人一样都认为我是一头自私冷血的野兽，因为我从不传播内幕消息，或是把朋友牵涉进来。多年前的某一天，他和一位报界的朋友聊天，那个人随意地提到，他从可靠来源得到消息，G.O.H. 的股价要上涨。我那位经纪商朋友立刻买入了 1 000 股，然后就看到股价迅速回落。到卖出止损前，他已经亏了 3 500 美元。一两天后当他再遇到那位报界的朋友时，他依然愤愤不平。

“你给我一条什么见鬼的内幕消息。”他抱怨道。

“什么内幕消息来着？”那个记者问，他已经记不清了。

“关于 G.O.H. 的，你说是从可靠来源得来的消息。”

“没错啊。那个公司的一位董事告诉我的，他是财务委员会的成员。”

“是哪位董事？”我那经纪商朋友恶狠狠地问。

“如果你一定要知道，那么我告诉你。”那个报界记者回答道，“就是你的岳父韦斯特莱克先生。”

“该死，你为什么不告诉我你指的是他！”我那经纪商朋友大声喊道，“你让我亏了 3 500 美元！”他不相信家里人给的内幕消息，他觉得内幕消息来源越远越可靠。

老韦斯特莱克是一位富有而成功的银行家和股票发起人。有一天，他巧遇约翰·盖茨，盖茨向他打听消息。“如果你会按我说的去做，我就给你个建议。如果不是，那么我也别白费口舌了。”老韦斯特莱克没好气地说。

“当然，我一定照办。”盖茨欣然答应。

卖空雷丁公司的股票！我可以确定它会有 25 个点的利润，可能还会有更多。但是 25 个点是肯定有的。”韦斯特莱克笃定地说。

“真是万分感谢。”盖茨带着十足的信任开心地与他握手告别，然后走进股票经纪行。

韦斯特莱克专门炒雷丁公司的股票。他了解这个公司的一切，并且和内幕人员关系很好，所以他对雷丁股市的事情了如指掌，这是所有人都知道的。现在他建议这个西部赌徒卖空这只股票。

是的，雷丁公司股价持续上涨，涨幅大概是几个星期涨 100 点。某一天，老韦斯特莱克在街上迎头遇到约翰，但是他假装没有看到约翰，继续向前走。约翰·盖茨追上去，笑容满面地抓住他的手。老韦斯特莱克不明所以地和约翰握了握手。

“我要感谢您之前给我关于雷丁公司股票的内幕消息。”盖茨说道。

“我没有给你任何内幕消息啊？”韦斯特莱克皱了皱眉。

“您当然给了。而且是一个绝佳的消息。我因此赚了 60 000 美元。”

“赚了 60 000 美元？”

“对啊！您不记得了吗？您告诉我要卖出雷丁公司的股票，所以我就买入了！韦斯特莱克先生，按您的消息反向操作，我总是能赚到钱。”约翰·盖茨开心地说道，“一直都是这样！”

老韦斯特莱克望着这个豪爽的西部赌客，羡慕地说：“盖茨，如果我有你这样的头脑，那么我会变得多么富有啊！”

几天前，我遇到W.A. 罗杰斯先生，他是一位知名的漫画家，他那有关华尔街的画作受到许多经纪商的推崇。他在《纽约先驱报》每日漫画栏目的画作，在数年内给数千人带去了快乐。他向我讲述了一个故事。那时正值我们与西班牙开战前，他在一个经纪商朋友那里待了一晚。待他离开时，他从挂衣架上拿起自己的圆顶高帽，至少他觉得那是自己的帽子，因为外形相同，而且戴起来大小正好。

那时，整个华尔街的人都在思考和谈论一件事，那就是和西班牙的战争。人们都有一个疑问，美国会和西班牙开战吗？如果开战，那么股市会下挫，主要原因并非我们卖出，更多是源于持有美国债券的欧洲股民所施加的压力。如果没有战争，那么肯定是买入股票的好时机，毕竟耸人听闻的小道消息已经使得股市大幅下滑了。罗杰斯先生接着讲完故事的剩余部分：

“我的朋友，我之前在他家过夜的那位经纪商，第二天万分焦虑地站在交易所办公室里，脑子里做着剧烈的思想斗争，不知道到底是做多还是做空。他将每一边的利弊都权衡了一遍，但是还是没法分辨哪些是谣言，哪些是真相。由于没有真实可信的新闻给他指导，他一会儿觉得战争不可避免，下一刻又说服自己战争是完全不可能发生的。他如此困惑不解，难免着急上火，所以他摘下自己的圆顶高帽，想擦一下额头的汗珠。他不确定该买入还是卖出。”

“碰巧他看了一眼帽子内里。里面有几个金色字母，正好拼成WAR（战争）这个词。这恰恰就是他唯一需要的：一种预感。这难道不是老天借帽子给我的暗示吗？所以他卖出大量股票，正好两国正式宣战，他借此大赚了一笔。”最后W.A.罗杰斯说道：“我再也没有拿回那顶帽子！”

但是在我听过的故事里，最精彩的一个是有关J.T.胡德的故事。他是纽约证券交易所最出名的成员之一。一天，另一名场内作手伯特·沃克告诉胡德，他帮了大西洋和南方公司（Atlantic & Southern）一位知名董事的忙。作为回报，这位心怀感激的内幕人员建议他尽其所能买入该公司的股票。公司的董事打算采取行动，让公司股价上涨至少25美元。并非所有董事都参与了这件事，但是预计大多数董事都会投赞成票。

伯特·沃克推测股息率将会上涨。他将消息告诉他的朋友胡德，然后两人各自买入几千股该公司的股票。这只股票在他们买入前后都很疲软，但是胡德解释说这很明显是为了便于公司联合资金池吸筹，而该联合资金池的领头人就是伯特那位心怀感恩的朋友。

接下来的周四，在收市后，大西洋和南方公司的董事们开会并通过了派发股息方案。在周五早上开市的头6分钟，这只股票又跌了6美元。

伯特·沃克愤怒极了。他去拜访那位董事朋友，那位董事称对于这一情况他也很伤心，并且感到愧疚。他还说自己忘了告诉伯特·沃克要买入股票这件事，所以才没有打电话告诉他董事会的多数派计划有变。这位董事深感懊悔，他急于弥补过失，所以给了伯特·沃克另外一个内幕消息。他贴心地提醒说，他的几名同事想以更便宜的价格买入股票，与他的判断相反，他们采用了下流的伎俩。他不得不屈服以赢得他们的选票。但是，现在他们已经满仓，也就没有任何事情可以阻止股票上涨了。现在买进大西洋和南方公司股票绝对是一件万无一失的好事。

听了这一内幕消息，伯特不仅原谅了他，而且和这位高高在上的金融家热情地握了手。理所应当地，他急忙找到他的朋友胡德，也是这件事的共同受害者，把这个令人高兴的内幕消息透露给他，他们马上就要大赚一笔了。前一个内幕消息说这只股票要涨，所以他们就买入了。但是现在这只股票跌了15美元，所以买入更是易如反掌。于是他们通过联合账户买入5 000股。

他们似乎为这只股票的下挫敲响了警钟，紧接着股票价格大幅下跌，这明显是因为有内幕人士卖出股票。两名业内人士很快就证实了这种怀疑。胡德卖出他们持有的5 000股。当胡德结束操作时，伯特·沃克对他说："如果那个该死的金融家没有在前天逃去佛罗里达，我一定揍得他屁滚尿流。嗯，我肯定揍他。你跟我来。"

"去哪里？"胡德问。

"去电报局。我要给那个卑鄙小人写一封让他终生难忘的电报。走！"

胡德跟上去，伯特领着他去了电报局。在5 000股股票交易上，他们损失惨重，所以在愤怒情绪的驱使下，他写了一篇上乘的声讨函，极尽咒骂之能事。他向胡德读了这篇电报，然后说道："这封电报非常贴切地描述了我对他的看法。"

就在他准备将电报递给一旁等候的电报员时，胡德说："等一下，伯特！"

"怎么了？"

"我们不能发这封电报。"胡德真诚地劝说道。

"为什么不呢？"伯特厉声说道。

"这会激怒他。"

"这就是我们想要的，不是吗？"伯特吃惊地看着胡德说。

但是胡德不以为然地摇了摇头，然后用严肃的语调说道："如果你发送了这封电报，那么我们再也不能从他那里获取内幕消息了。"

连一个专业的作手都这样说，现在责备那些听信内幕消息的傻瓜有什么用呢？人们听信内幕消息不是因为他们愚蠢，而是因为他们喜欢用所谓的"希望"麻痹自己。老罗斯柴尔德男爵的致富秘诀比以往任何时候都更适合用来投机。有人问他，在交易所赚钱是不是一件很难的事，他回答说，正好相反，非常容易。

"那是因为您太富有了。"采访者反驳道。

"根本不是这样的。我发现了一个简单的方法，只要照这个方法坚持下去，我就会不停地赚钱。如果你想听，我会告诉你我的秘诀。那就是，我从不在价格最低点买入，而且我总是很快就卖出。"

投资者是不同于常人的另一个群体。他们中的大多数都过分追求公司库存、收入统计和各类数据，好像那些就意味着事实和定论。通常，人为因素的影响会被最小化。很少有人会买入“个人独资公司”的股票。但是，在我认识的投资者中，最有智慧的是一个来自宾夕法尼亚州的荷兰人，后来他来了华尔街，与拉塞尔·塞奇往来密切。

他是一位伟大的研究型投资者，在做任何决定前凡事都讲究证据。他坚信要敢于怀疑，要用自己的眼睛去观察，而不是让别人代劳。我记得那是好几年前的事了，那时他好像持有很多艾奇逊铁路公司的股票。之后，他开始听到一些令人不安的消息，是关于这家公司和它的管理者的。有人告诉他，公司总裁莱因哈特先生并不像我们认为的那样是一个传奇人物，实际上他是一个极度奢侈浪费的管理者，他的鲁莽很快就会把这个公司搞得一团糟。公司早晚会为此付出代价。

对这位来自宾夕法尼亚州的荷兰人来说，这个消息正是他所需要的。他急忙赶往波士顿拜访莱因哈特先生，然后问了他几个问题。其中，他提到自己听到的种种控诉，然后问艾奇逊-托皮卡-圣菲铁路公司总裁莱因哈特先生这些控诉是否属实。

莱因哈特先生不仅断然否认了这些控诉，而且用数据进一步证明这些控诉者都是恶意的骗子。这个人询问了准确信息，总裁先生详细地向他展示了公司是怎么运作的，以及公司的财务状况。

这个人谢过莱因哈特总裁，他返回纽约后，马上卖出他持有的所有艾奇逊股票。大概一周后，他用闲散资金买了很多特拉华—拉克瓦纳和西部铁路公司（缩写为 D.L & W.）的股票。

多年后，当我们谈论起那些幸运的股票互换案例时，他提到自己的这个例子。他解释了是什么驱使他做出这个决定的。

“你看，”他说，“我注意到，当莱因哈特总裁要书写数据时，他从翻盖红木写字桌的一格里取出一沓信纸。那是一沓厚实精美的布纹纸，印有漂亮的双色信头。这种纸很昂贵，而且更糟糕的是，用这种昂贵的信纸完全没有必要。他在一张纸上写了几个数字，告诉我这家公司某些业务板块的具体盈利情况，或者证明他们是如何削减开支或降低运营成本的，之后，他就把那昂贵的纸揉成一团，丢进垃圾桶。不一会儿，他又拿出一张全新的印有漂亮的双色信头的信纸，想向我展示他们正在引入的节俭之举。他在上面写了几个数字，然后，你猜对了，又丢进垃圾桶！就这样，他不假思索又浪费了许多钱。这给我一个印象：如果公司总裁是这样的一个人，他几乎不可能坚持推行或者奖励厉行节俭的措施。于是我决定相信之前有人告诉我的消息，即该公司管理者是一个铺张浪费的人，而不是接受那位总裁的现身说法，所以我卖掉了自己持有的艾奇逊股票。

“很偶然，几天后我有机会前往 D.L.& W. 公司的办公室。老萨姆·斯隆是公司总裁。他的办公室就是离门口最近的那间，办公室的门大开着，而且门总是开着的。那些天，只要有人走进 D.L.& W. 公司的总务处，他们就能看到公司总裁坐在他的办公桌前。如果有正事要谈，任何人都能立刻走进去和他交谈。金融记者经常跟我说，他们从来不用和老萨姆·斯隆绕圈子。不管其他董事在股市遇到什么紧急情况，只要他们问老萨姆，就能够直截了当地从他那得到是或否的答案。

“当我走进办公室的时候，我看到老先生正在忙。我一开始以为他在拆信，等我走近那张桌子，我才看清他在干什么，之后我了解到这是他的日常习惯。将信件分类和拆封后，信封并没有被丢掉，他将这些信封归拢起来，带到办公室里。在闲暇的时候，他会将信封沿四周剪开。这样他就得到了两张小小的纸片，每一张都有一面是干净空白的。他会将这些纸片叠在一起，然后分发出去，用来代替便笺纸做计算之用，就像莱因哈特总裁用精美印刷的信纸为我计算那样。他这样做既没有浪费空信封，同时充分利用了空闲时间，真是一举两得！

“我突然想到，如果 D.L.& W. 公司有这样的总裁，那么这家公司会在公司各个部门推行厉行节俭的措施，因为总裁会关注这一点。当然，我知道这个公司派发定期股息，而且资产状况良好。我尽我所能买入 D.L.& W. 公司的股票。从那以后，我的股本翻了一番，又翻了两番。我每年的分红金额已经和我最初的投资额一样多了。我到现在仍持有 D.L.& W. 公司的股票。至于艾奇逊公司，在我看到公司总裁为了用数字向我证明他不是挥霍无度的人，一张接一张地将印有双色信头的布纹纸丢进垃圾桶的几个月后，这家公司就被其他人接管了。”

这个故事的精彩之处在于，它是真人真事，而且论投资带来的利润，这个从宾夕法尼亚州来的荷兰人买入的其他股票都比不上 D.L.& W. 公司的股票。

第十七章 持续学习，不断观察，积累记忆，精确计算

我的一位非常要好的朋友很喜欢在人前讲一些有关我的“神秘第六感”的故事。他总是将一些无法分析的特殊能力强加到我的头上。他甚至对外宣传，我只是机械地跟随内心的某些神秘直觉，从而能够在正确的时间退出股市。他有一个“黑猫奇谈”的故事，大概的内容是：我在吃早饭时，一只黑猫跳上餐桌，告诉我要赶快抛售我手里持有的大量股票，当我听到猫咪透露的消息后，一直心情不悦，坐立难安，直到我卖掉所有做多的股票。我在行情的最高价位卖出，这当然更加强了我这位精明冷静朋友的直觉理论。

而事实是，我去华盛顿只是为了努力说服一些国会议员，让他们相信对我们征税是不明智的决定，而且当时我也没太关注股市。卖掉我的大量股票其实只是我临时起意，因此我的朋友编造了这个离奇的故事。

我承认，有时我确实会有无法抗拒的冲动，想在股市上大干一场。我做多或做空股票都无关紧要，只是我必须离场，如果不这样

做，我会感到不安。我认为我离场是因为我看到很多警告信号。也许没有人可以足够清楚或有力地给我一个积极明确的理由让我去做我突然想做的事情。也许这就是他们所谓的“自动收报机直觉”，老一代的作手说，詹姆斯 R. 基恩和他的前辈也有这种第六感。在通常情况下，预警不仅合理，而且非常及时，这一点我必须承认。但在那次特殊的情况下，我没有任何预感，那只黑猫与此事无关。朋友说我那天早上起床脾气很暴躁，如果真是那样，我能想到的也只有一种原因。我没有说服国会议员，他们没有像我一样看待对华尔街征税的问题。我并不是想阻止政府对股票交易征税或想逃税，而是想从股票作手的角度，提出我认为公平合理的征税建议。我不希望政府用公平对待扼杀这只本来可以下更多金蛋的鹅。也许是，我的失败不仅激怒了我自己，而且让我对整个行业在重税下的未来感到悲观。但我会告诉你整件事情的前因后果。

牛市伊始，我对钢材贸易和黄铜股市的前景都很看好，因此我对这两个种类的股票感到乐观，并开始适量买入。刚开始时，我买入了犹他铜业公司的 5 000 股，后来因为表现不佳而暂停买入，它的行情表现并没有让我觉得我继续买入是明智的选择。当时股价在每股 114 美元左右，我也开始以几乎相同的价格买入美国钢铁公司的股票。由于股票行情表现不错，于是我按照之前的操作方式，第一天就买入 2 万股。

美国钢铁公司股价行情良好，因此我持续买入，直到我总共持有 7.2 万股。但我没有增持犹他铜业公司的股票，股数仍是我最初购买的 5 000 股。它的走势并不理想，我不能买入过多。

大家都知道股市的表现，当时正是大牛市。市场行情节节攀升，整体环境利好。即使股价大幅上涨，我的账面利润不容小觑，报价纸带也吹着警醒的号角：时机未到！时机未到！当我到达华盛顿时，报价纸带还在我的耳边重复着那句话。当然，虽然我仍然看涨，但我也不打算在那天晚些时候增加投资。与此同时，市场走势与我的预测吻合，我没有必要整天坐在报价板前，时刻等待离场的消息。除非出现完全不可抗拒的灾难，否则在撤退的号角吹响之前，市场走势一定会先出现迟疑，或者以其他某种方式通知我，为投机逆转做好准备。这就是为什么我能放心地和国会议员谈征税的问题。

与此同时，股价不断上涨，这意味着牛市已临近尾声。

我不会费尽心机去推测具体的结束日期，因为这完全不是我能决定的。当然，你应该也知道我会随时留意一些内幕消息，无须多说。不管怎样，我一向如此，这俨然成为我的一项职业习惯。

我不太确定，但我更怀疑牛市已走到尽头，就在我平仓的前一天。在看到这样的高价时，我想到所持有的股票数量以及平仓后的巨额利润，后来又想到我徒劳地试图说服我们的立法者通过华尔街公平和明智地处理问题。也许平仓的想法就在那时以那种方式埋在了我的心里。我在潜意识里一整晚都在思考这个问题。一大早我就到了股市，纳闷那天的行情会如何。当我走进交易大厅时，我并没太注意股价又上涨了，利润更让人满意了，而是看到股市强大的吸收能力。在这样的股市中，我可以抛售任何数量的股票。当然，当一个人持有全品类股票时，他必须时刻警惕，寻找机会将账面利润转化为实际现金。同时，应该尽量减少掉期交易中的利润损失。经验告诉我，一个人总能找到套现的机会，而这个机会通常出现在市场尾声。这不是解读报价纸带或直觉。

当然，当我那天早上发现我可以在股市毫不费力地抛出所有股票时，我当即将我持有的股票抛售一空。当你要抛售时，你卖出 50 股并不比卖出 5 万股更明智或更勇敢。但是，在最疲软的股市，你可以卖出 50 股，而卖出 5 万股需要考虑是否会压低其价格。我持有 7.2 万股美国钢铁公司的股票，这可能不算数量巨大，但你不可能总是抛售大量股票而不损失一点儿利润，当你算出来的时候，这些利润在纸上看起来是如此美好，而损失的痛苦就像你存到银行里的钱一样多。

我共有约 150 万美元的总利润，我趁这个机会将其变现。但这并不是我认为自己在抛售时做出正确抉择的主要原因。市场向我证明了这一点，这确实令我感到满意。事情是这样的，我成功地抛售了我所有的 7.2 万股美国钢铁公司股票，平均价格仅比当天的最高点和市场行情高出一个点。市场证明我是对的，时机刚好。但是，就在同一天的同一时间，我抛出 5 000 股犹他铜业，价格却跌破了 5 个点。请回想一下，我是同时买进这两只股票的，我明智地把我的美国钢铁公司系列股票从 2 万股增加到 7.2 万股，同样明智地没有增持犹他铜业公司股票系列，始终是最初的 5 000 股。我之前没有抛售犹他铜业公司股票是因为我看好铜货交易，当时是股市的牛市，即使我没有从中获利，犹他铜业公司的股票也不会让我损失太大。我的抉择正确无误，但和预感无关。

股票作手的学习非常像医学教育。医生必须花费多年时间学习解剖学、生理学、本草学和旁系学科。首先学习理论，然后把毕生精力投入实践。通过观察和给各种病理现象分类，医生学会了诊断病情。对病理现象观察的准确性决定了诊断的正确性，如果医生的诊断非常正确，那么他应该在他的预后中做得相当好，当然，要始终牢记，人非圣贤，且世事难料，医生也无法百分之百做出诊断。只是，随着经验的积累，医生的诊断会更加精确，也更加快速，许多人认为这是一种本能，其实并不是。实际上，他是根据多年来对这类病例的观察做出的诊断。确诊后，他也知晓正确的治疗方法。当然，这一切都是经验。你可以向他人传授知识，即你收集的卡片索引的事实，但经验只能由个人获取。如果经验不足，下手不够快，交易者即使行业知识丰富，知道该怎样做，也会在交易中失败。

观察、经验、记忆和数学计算能力这些是作手成功的秘诀。交易者不仅要准确地观察，而且要时刻牢记所观察的结果。无论个人对不合理的信念有多强烈，或者认为意想不到的好事发生得多么频繁，也不能押注于不合理或意想不到的事。他必须总是在概率上下注，也就是说，试着预测。多年的交易实践，持续的钻研学习，不断积累的记忆，使作手能够在意外发生的瞬间以及预期的事情发生的时候立刻采取行动。

如果没有经验和良好的记忆力，那么即使拥有很强的数学能力和非同寻常的精确观察能力，也会在投机交易中失败。就像想要跟上科技发展步伐的医生一样，精明的作手从不停止研究股市的整体情况，他们会洞悉并关注可能影响不同股市行情的任何因素。在行业中交易了多年之后，洞悉股市最新动态就成了一种习惯，所有操作好像是自动进行的。拥有这种宝贵的专业态度，才能在行业中经常获利！专业人士与业余人士或偶尔从事买卖的作手之间的区别，无论怎样强调都不为过。例如，我发现记忆力和数学能力对我的交易帮助很大，毕竟华尔街靠数学基础赚钱，我的意思是，在华尔街要靠处理事实和数字赚钱。

当我说作手必须时刻洞悉股市最新动态，而且必须对所有股市和行情走势采取纯粹的专业态度时，我只是想再次强调，直觉和神秘的自动收报机第六感与成功交易没有太大关系。当然，经验丰富的作手往往操作迅速，不会事先给出他自己所有的理由，但这些理由是充分的好理由，因为这些理由基于他在多年工作和思考中收集的事实，是从专业的角度看问题的，股市的一举一动他都一目了然。让我举例说明我所说的专业态度。

我一直在关注大宗商品交易市场，这是多年的习惯。如你所知，政府报告显示冬小麦收成与去年大致相同，春小麦收成比 1921 年产量要高。春小麦条件要好得多，收成可能会比平时早。当我看到作物的数据时，我看到我们在产量计算方面可能期望的数字，同时，我立刻想到煤矿工人和铁路工人的罢工。我情不自禁地想到它们，因为我的头脑总是想到所有与股市有关的走势。我立刻想到，已经影响到各地货运的罢工肯定会对小麦价格产生不利影响。我当时的思路是：运输设施因罢工而瘫痪，冬小麦运往市场的时间必然会有相当大的延误，而等到形势好转后，春小麦也已经可以运往市场了。这意味着，当铁路能够运送大量小麦时，它们将把冬小麦和早春小麦一起运来，这意味着大量小麦将同时涌入股市。既然如此，作手们显然有可能在一段时间内不会看涨小麦期货，因为他们会像我一样思考。除非价格下降到使购买小麦期货成为一项很好的投资选择，否则他们不会购买小麦期货，到时供过于求，价格自然会下降。想到这里，我必须验证自己的判断是否正确。正如老帕特·赫恩常说的那样："非赌不知输赢！"在看跌和卖出之间，没有必要浪费时间。

经验告诉我，市场的行情动向是一名作手必须遵循的最佳指南。就像医生通过测量病人的体温和脉搏，或观察眼球的颜色和舌苔了解病症一般。

现在，一个人通常应该能够在 0.25 美分的范围内买卖 100 万蒲式耳的小麦期货。当天，我抛售 25 万蒲式耳来测试市场的及时性，价格下跌了 0.25 美分。然而，市场的反应并没有完全给我明确的答案，我又卖出 25 万蒲式耳。我注意到市场只是零散吸入我的抛售，即以 1 万或 1.5 万蒲式耳的批次，而不是通常情况下的两三笔交易。除了如此零星的吸入，价格又下降了 1-1/4 美分。现在，市场的表现和价格的下降表明，市场没有购买力，这一点不需要浪费时间多做解释。既然如此，那么我要做的唯一的事情是什么？当然是抛售更多。有时，遵循经验的指示可能会亏损。但如果不遵循经验，只会亏损得更多。于是我卖出了 200 万蒲式耳，价格又下跌了一些。几天后，市场的走势几乎迫使我再卖出 200 万蒲式耳，小麦期货的价格进一步下跌。又过了几天，小麦期货开始暴跌，每蒲式耳损失了 6 美分。价格一路狂跌，只是偶尔会有短暂的反弹。

我并不是遵循直觉，也没人给我内幕消息。我获得利润得益于我对大宗商品交易市场的习惯性或专业性心态，这种心态来自我在这一行的多年经验。我学习是因为我的职业是交易。当报价纸带告诉我我预测正确时，我的任务就是增加我的商品系列，随即增持，这一行就是这样。

我发现，在这个行业中，经验往往能带来最稳定的利润，而观察会为你提供最可靠的消息。有时，你要做的就是观察某只股票的走势。你只需要观察它，然后，你的经验会告诉你如何从与通常不同的波动中获利，即从可能的波动中获利。举例来说，我们知道并非所有的股票走势都趋同，而是同类的所有股票在牛市时会上涨，在熊市时会下跌，这是常见的投机。所有的内幕消息都是自己放出去的，佣金行对此十分了解，他们会把这些内幕消息透露给任何不明此理的客户。比如，他们会建议客户购买那些落后于同类的其他股票。因此，如果美国钢铁公司股价上涨，人们在逻辑上会认为，克鲁克贝尔、合众国或伯利恒迟早也会跟着上涨。交易条件和前景应与同类别的所有股票一样，一同经历牛市。从理论上说，每只股票都会有出头之日，这已被无数次证实。股民之所以会购买甲钢材公司的股票，是因为乙钢材公司和丙钢材公司的股票已经上涨，而甲钢材公司股票还未上涨。

如果某只股票走势反常，即使是在牛市中，我也不会贸然买入。因为有很多次当我在确认无疑的牛市中买进一只股票时，我发现同类别的其他股票并不看涨，于是我卖掉了我的股票。为什么？经验告诉我，违背我所谓明显的同系大趋势是不明智的。我不能指望只在确定的情况下交易，我必须估计和预测各种可能性。一位有经验的券商曾对我说："如果我走在铁轨上，看到一列火车以每小时60英里[1]的速度朝我驶来，我会继续走在铁轨上吗？朋友，我会躲开，我不会为自己的聪明和谨慎而自鸣得意。"

前一年，在牛市行情一片大好时，我注意到其中一只股票的走势有别于同类别的其他股票，除了这只股票，整个该类股票都在和大盘同步上涨。我买空相当多的布莱克伍德汽车公司股票。人人都知道这家公司业务庞大，其股价从每天1点上升到3点，买入该股的股民越来越多。这自然引起股民对该类股票的关注，所有各类汽车股的股价都开始上涨。然而，其中一只股票一直在波动，直至停滞不前，那就是切斯特公司的股票。这只股票落后于其他股票，不久股民就开始议论纷纷。切斯特公司股价的低迷和疲软与布莱克伍德汽车公司股票和其他汽车股票的强势和活跃形成鲜明对比，因此股民理所当然地听信那些打探内幕消息的情报贩子和"智者"的意见，认为切斯特公司股票必定会跟着同类股票一起上涨，并开始买入切斯特公司股票。

然而，切斯特公司的股价非但没有通过这种适量的公开收购上

1　1英里≈1.61千米。——编者注

涨，反而下滑了不少。现在，考虑到在同类股票中布莱克伍德是牛市中的龙头股之一，以及当前汽车需求大幅上升和破纪录的产量，要在牛市中抬高切斯特股票的股价易如反掌。

由此可见，切斯特的内幕集团在牛市中并没有像其他内幕集团那样做该做的事情。如此反常的原因可能有两个：第一，内幕人员希望股价上涨前集聚更多的股票，然后提高价格，但你如果分析了切斯特公司股票的交易量和特点，你就会发现这个理由根本站不住脚；第二，切斯特公司害怕抬高股价后股票难以卖出。

当那些最应该买入汽车股票的人都没有买入，我为什么要买入呢？我推测，不管其他汽车公司股票行情多么好，卖空切斯特公司股票，都是稳操胜券的事。经验告诉我，不要买入一只不跟随同类龙头股的股票。

要猜到这个事实非常简单，内幕人员不仅没有买入，反而在偷偷抛售。其实还有其他一些关于不能买入切斯特公司的股票的征兆性警告信号，尽管我需要知道的只是切斯特公司的股票与同类股票走势不一致这一事实。不仅如此，我又通过报价纸带预测出这种情况，这就是我卖空切斯特公司股票的原因。就在不久之后的一天，切斯特公司股票的股价开始跌破。后来，我们从切斯特公司得到消息，内幕人员确实一直在抛售，他们非常清楚，公司的状况并不好。和往常一样，原因在股价跌破后才被公开。但预警信号在跌破前就已经非常明显了。我并没有留意股价的暴跌，我只是留意预警信号。我不知道切斯特公司遭遇了什么问题，也并没有凭直觉做事。我只知道情况异常，大事不妙。

就在前几天，圭亚那金矿公司股票经历了报纸所报道的暴跌。在每股 50 美元左右的价格公开出售股票后，该公司在证券交易所上市了。股价在每股 35 美元左右开始下跌，最后跌至每股 20 美元。

当然，这对我来说并不是什么轰动的大事，因为这种情况完全可以推测出来。你如果打听过，就会了解这家公司的历史，很多人都知道。下面是我打听到的消息：6 位知名的资本家和一家大银行成立了一个财团，贝尔岛勘探公司的董事长（6 位资本家之一）向圭亚那金矿公司注资 1 000 多万美元，购买了圭亚那金矿公司 100 万总股中的 25 万股及其他债券。这只股票为股息红利型，广告宣传得很好。贝尔岛勘探公司认为最好将股票变现，于是它向银行家发出 25 万股的认购电话，银行家安排将这只股票和他们自己持有的一些股票上市。银行家考虑将股市操纵委托给专业机构，该机构要求的酬劳是 25 万股以每股 36 美元以上价位出售后所得利润的 1/3。据我所知，协议已经草拟完毕并准备签署了，但在最后一刻，银行家决定亲自进行股市营销，以省下这笔费用。于是他们组建了一个内幕人员联合资金池。银行家以每股 36 美元购买了贝尔岛勘探公司 25 万股股份，然后以每股 41 美元与其他股票一起上市。也就是说，内幕人员从一开始就已支付给自己的银行伙伴 5 个点的利润。我不知道他们是否清楚这一点。

显然，对银行家来说，这一操作似乎是轻而易举的。股市已进入牛市，圭亚那金矿公司所属的集团的股票更是龙头股。该公司盈利丰厚，定期派发股息，再加上投资人大名鼎鼎，股民普遍将圭亚那金矿公司股票视为投资股。大约 40 万股被卖给了股民，股价一路飙升至每股 47 美元。

黄金类股走势强劲，但不久圭亚那金矿公司股票股价开始疲软，跌了 10 个点。如果联合资金池是在操作股票，这点儿跌势并不是问题。但很快，华尔街风声四起，传言公司总体情况并不乐观，股票并没有满足投资人的高期望。这样，股价下降的原因变得很明显。但在知道原因之前，我得到了警告，并采取了措施来测试圭亚那金矿公司股票股价的走势。这只股票的表现和切斯特公司股票如出一辙。我抛售了圭亚那金矿公司股票，其价格开始下跌。之后我抛了更多，股价又下滑更多。这只股票和切斯特公司股票以及其他十几只股票的表现大同小异，我还清楚地记得它们的“临床病史”。我从报价纸带轻易推测出，内幕人员自身没有购买必定有问题，内幕人员非常清楚他们为什么不在牛市中购买自己的股票。但不知情的局外人却开始买进，因为股价曾涨至每股 45 美元，而不超过 35 美元的价位看起来很诱人。而且该公司会不断分红，可以说，这只股票很便宜。

然后消息传开了，在传到股民耳中之前，我像以往那样早就收到这条重要信息。但有关媒体报道，该公司开采的都是一些岩石而不是金矿，这让我明白了内幕人员提前抛售的原因。当然，我抛售并不是因为这条新闻。股票走势异常，我很久以前就卖掉了那只股票，我的关注点并不是那些复杂的深奥问题。我是一名作手，所以只寻找一个迹象：是否有内幕人员买入？然而事实上根本就没有。内幕人员为什么不看好自己的股票，没在下跌时买进它，我不需要知道原因。他们不打算再次操纵股价上涨，知道这一点就足够了，卖空股票轻而易举。股民已经购买了近 50 万股，股权不断流转，但只是从一群一心想抛出止损的不知情的局外人手里，转到另一群一心想要获利而买入的不知情的局外人手里。

股民因买进圭亚那金矿公司股票而蒙受损失，而我因抛售这只股票而获利，我刚刚所讲的这一切只是为了强调研究某类股票走势的重要性，但能力或经验不足的作手经常会忽视这一点而蒙受损失。报价纸带警告的不仅仅是股市，在大宗商品交易市场，它的警哨声也相当重要。

我在进行棉花期货交易时有过一段有趣的经历。当时我看跌股票，进行了一些短线操作，同时我卖空了 5 万包棉花期货。我的股票交易利润可观，但我忽略了棉花期货。等我想起棉花期货时，我的 5 万包已经损失了 25 万美元。我说过，股票交易非常有趣，我也非常擅长，所以我不想把我的注意力转移开。每当我想到棉花期货，我就对自己说："等价格下跌我就回补。"价格有时会下跌一点儿，但就在我决定承担损失和弥补差价时，价格再次反弹，涨得比以往任何时候都高。所以我决定再等一段时间，然后把精力集中在股票交易上。最后，我以丰厚的利润抛售了我的股票，然后去温泉村度假休息。

这时，我第一次真正有时间来处理我的棉花期货亏损问题。交易对我不利，有几次看起来可能会扭转局势。我注意到，每当有人大量抛售时，棉花期货的价格就会短暂下跌。但价格几乎马上就会反弹，并创下新高。

最后，当我在温泉村待了几天之后，我已经亏损了 100 万美元，可棉花期货价格依然呈上升趋势。我仔细想了想自己做过和没有做过的事，然后对自己说："我一定错了！"对我来说，只要觉得自己犯了错误，我就会立刻离场，不会犹豫。所以，当我回补时，损失了大约 100 万美元。

第二天早上，我就开始专心打高尔夫球，不再想任何其他事情。我在棉花期货市场交易过，但预测失算。我为自己的错误付出了代价，收到的账单现在还保存完好。经此一事，我更加留意棉花期货市场了。当我回到旅馆吃午饭时，我顺便在交易所的交易大厅停了下来，看了看棉花期货的报价，掉价 50 美元。这并不能说明什么，但我也注意到，棉花期货的价格并没有像过去几周那样出现反弹，而是在打压价格的特定抛售压力缓解后才出现反弹。这表示阻力最小的那条线是向上走的，我之前的视而不见让我亏损了 100 万美元。

但现在让我蒙受巨大损失的原因已经不再是一个好的理由，因为价格没有像往常那样迅速而有力地反弹。于是我卖空了 1 万包然后等待，很快价格下跌了 50 个点。我又多等了一会儿，价格并没有反弹。这时，我已经很饿了，所以我走进餐厅，点了午餐。服务员还没来得及上菜，我就着急起身去了交易大厅，我发现价格并没有反弹，于是我又卖空 1 万包。等了一会儿，价格又下跌了 40 美元，我非常开心。这表明我的交易是正确的，于是我回到餐厅，吃了午饭，然后回到交易大厅。那天棉花期货价格没有再上涨，当天晚上，我离开了温泉村。

打高尔夫球固然很享受，但我在棉花期货抛售交易上却非常失策，回补时也出现失误。因此我必须找回工作状态，回到可以让我安心交易的地方。市场接受了我卖出的第一笔 1 万包棉花期货，于是我抛出第二笔，两笔交易的市场反应让我确信转机已经到来，这是行情走势上的不同。

到了华盛顿之后，我去了交易大厅，我老朋友塔克的交易大厅。在交易大厅待了一会儿之后，市场又下跌了一些。我现在比以前更相信自己的操作是非常正确的。于是我随即卖出 4 万包，市价下跌了 75 美元，这表明市场并不支持它。当晚，股市收盘时棉花期货仍处于低位，原来的购买力显然已荡然无存。目前，我还不清楚这种力量将发展到何种程度，但我对自己的立场是否明智充满信心。翌日早上，我开车离开华盛顿前往纽约，其实我没有必要匆匆忙忙。

当路过费城时，我去了一家交易大厅。我看到棉花期货市场非常低迷，价格暴跌，出现了小规模的恐慌。我不能再等自己到纽约了，于是我立刻给经纪人打了长途电话，请他帮我把我做空的股票回补。一收到报告，我就发现这笔利润几乎弥补了以前的亏损，于是驱车前往纽约，没在路上停下来再看报价。

时至今日，当年和我一起在温泉村度假的朋友还会聊当天的情形，我是怎样从就餐椅子上一下子跳起来跑去做空第二笔 1 万包棉花期货的。但这显然不是一种预感，这是一种冲动，因为我深信，抛售棉花期货的时机就在此刻，不管我以前犯了多么大的错误，我必须利用好这个时机，这是我的机会，这是潜意识的力量，我的潜意识帮我得出这一结论。在华盛顿抛售的决定是我观察的结果。多年的交易经验告诉我，阻力最小的路线已经从上涨转到了下跌。

我在棉花期货市场亏损了100万美元，但我并没有因此而抱怨，我不会因为自己犯了错误就自怨自艾，更不会因为在费城回补而弥补了亏损就沾沾自喜。我的头脑关注的只是交易问题，我认为我之所以能弥补自己的第一次损失，是因为我的经验和记忆。

第十八章 坚信自己，不惧谎言

在华尔街，历史总是不断重演。你还记得之前我跟你说过的那个故事吗？我如何在斯特拉顿操纵玉米期货市场的情况下巧妙地空头回补。实际上，还有一次，我在股市用了同样的技巧。那是热带贸易公司（缩写为 T.T.）的股票，这只股票我既靠做多盈利过，也靠做空盈利过。它属于活跃股，是热衷于冒险的作手们的最爱。报纸曾多次指责 T.T. 股票内幕人员，说他们更关心股票的价格波动，却不鼓励长期投资。有一天，我认识的一位颇有才干的经纪商斩钉截铁地对我说，T.T. 总裁马利根和他的朋友们真是太会榨取股市了，就连伊利铁路的丹尼尔·德鲁和美国制糖公司的 H.O. 哈夫迈耶在这方面也无法与其比拟。他们好几次鼓励空头卖空 T.T. 股票，然后采取高效快速的逼空手段，压迫空头平仓。整个过程就像液压机运作，冷血无情且一丝不苟。

当然，也有人说起 T.T. 股票历史行情中出现过的“不甚愉快的事件”。不过我敢说，这些批评人士一定受过 T.T. 的逼空压榨。为什么这些场内交易者明明经常被内幕人员以不正当手段加以坑害，却还非要投身这只股票的交易呢？原因很简单，首先，他们喜欢活跃股，他们可以从 T.T. 股票交易中获得炒股的乐趣。其次，购买这只股票无须无尽的沉闷等待，也不必追根究底，既不浪费时间，也不用枯耗着等待股价开始波动。股市总是有足够的股票在流通，除非空头净额足够大，使得逼空行为一触即发。总之，赶着上当受骗的大有人在！

就在前一段时间，我如往常那样在佛罗里达度寒假。我无忧无虑地享受钓鱼的乐趣，除了定期接收一沓报纸，其他时间我完全摒弃市场行情的纷扰。一天早晨，当每半周一次的邮件寄到时，我查看了股市行情，发现 T.T. 卖到了每股 155 美元。我记得，我上次看到 T.T. 股价时它是每股 140 美元左右。当时我的想法是，这只股票将进入熊市，我要等待卖空的良机，不必太着急动手，这就是我心无旁骛地在这里钓鱼的原因。我心知，当卖空的良机到来时，我就得回去。但在此期间，无论我做什么或没做什么，都丝毫不会加快股市的进展。

我那天早晨拿到的报纸报道，T.T. 股票的表现在整个股市尤为显眼。这说明，我之前持有的 T.T. 股票将步入熊市的观点正在渐变为现实，因为我认为内幕人员应该不会蠢到在整体市场低迷的情况下抬高 T.T. 股价。有时候，压榨市场的行为也是要放一放的。在作手心中，异常因素往往不是什么好事。而在我看来，这时候抬高 T.T. 股价是大错特错的。没有人能犯如此重大的错误而不受惩罚，在股市中犯如此重大的错误就更不用说了。

读完报纸后，我就回去钓鱼了，但我一直在想 T.T. 的内幕人员到底要做什么。如果他们这时候抬高股价，是注定要失败的，这就和一个人没带降落伞从 20 层楼跳下去一样，注定摔成一摊烂泥。我一心挂念着这件事，根本无心其他事，于是干脆放下鱼竿，给我的经纪商发了封电报，让他们按市价卖空 2 000 股 T.T. 股票。做完这件事后，我终于可以安心回去钓鱼了，而且收获不小。

那天下午，我收到特快专递送来的回电。我的经纪商说，他们以每股 153 美元卖掉了 2 000 股 T.T. 股票，到目前为止一切顺利。我是在市场下行时卖空的，这在我的意料之中。但是我不能再钓鱼了，我离报价板太远了。在我开始思索 T.T. 股价会随大市一同下跌，而不是在内幕人员的操盘下上涨的所有原因后，我有了回去的念头。于是，我离开我的钓鱼营地，回到了棕榈滩，或者更确切地说，重新取得了和纽约的直线电报联系。

当我到达棕榈滩时，我发现那些误入歧途的内幕人员仍然执迷不悟，于是我再卖空 2 000 股 T.T. 股票。收到成交报告后，我又卖空了 2 000 股。股市表现非常顺心如意，我一卖空，股价就跌。一切都进展得很顺利，于是我出门遛了个弯。但我并不开心，我觉得自己卖少了，每次一想到这一点，我就更不开心。于是我回到经纪行，又卖了 2 000 股。

在卖空这只股票后，我终于开心了。目前，我卖空了 1 万股。

之后，我决定返回纽约。我现在有事要做，钓鱼的事只能改天再说。

到达纽约后，我专门调查了这家公司的实际和潜在业务。我之前就觉得，内幕人员在这时抬升股价，与整体市场走向背道而驰，同时也不利于公司盈利，简直就是莽撞至极的做法，而我所了解的情况更加深了我的这一想法。

尽管这波股价上涨既不合逻辑也不合时宜，但已经吸引了一些股民跟风，这无疑鼓励了内幕人员继续采取这种不明智的策略。因此，我卖出更多的股票。内幕人员终于停止了这种愚蠢行为。于是我按照自己的交易方法，一次又一次地试探股市，直到最后我卖空了 3 万股 T.T. 股票，当时的价位是每股 133 美元。

之前有人警告过我，说 T.T. 内幕人员知道华尔街每一笔股票交易的确切去向、空头的身份和空头净额，以及其他具有战略意义的消息。他们是精明能干的作手。总之，他们是危险的对手。但事实不可否认，我们最强大的盟友就是市场大势。

当然，在股价从每股 153 美元一路跌至每股 133 美元的过程中，空头净额有所增加，而在股价反弹时，买进的股民开始如往常一样争论道：这只股票在每股 153 美元或价位更高的时候，大家就已经认为它值得买进了，现在每股低了 20 美元，那更应该买进了。同样一只股票，同样的股息率，同一批经纪商，同样的业务——真是划算的买卖！

股民的买进降低了该股票的流通供应量，而内幕人员知道许多场内作手在做空，所以他们觉得此刻是收紧供应压榨空头的好时机了。股价如期上涨到每股 150 美元，我敢说当时有很多人空头回补了，但我岿然不动。为什么我不动呢？内幕人员可能会知道有 3 万股的空头没有平仓，但即使他们知道了也不能怎样，我是不会被吓到的。当初促使我在每股153美元卖空并且即使一路跌至每股133美元我也岿然不动的因素依然存在，而且比以往任何时候都更强烈。内幕人员可能希望我被迫平仓，但他们没有给出令人信服的论据。股市的基本形势对我有利，因此无所畏惧和保持耐心并不困难，投机者必须对自己本人和自己的判断有信心。迪克森G. 沃茨生前是纽约棉花交易所主席，也是《投机艺术》一书的作者。他说过，投机者的勇气便是按照自己的决定行事的信心。对我来说，就是不要害怕犯错，因为除非事实证明我是错误的，否则我从不认为我是错的。事实上，不凭借我的经验，我便难以安心。特定时间的市场走向不一定能证明我错了，涨跌特征才能决定我所持仓位是否正确。凭借已知的情况和经验交易，我必然会获利。但如果我失败了，那么必然是我自身的问题。

从每股133美元到每股150美元的反弹不至于吓得我去空头回补。不久，正如我预料的那样，股价又开始下跌。在内幕人员出手之前，它跌破了每股140美元。在股民买进的同时，市面上出现一波看好该股票的流言。听说该公司的利润非常丰厚，因此股民合理推测定期股息率将增长。此外，据说空头净额也非常大，而一场“世纪逼空行动”即将展开来惩戒这些空头，特别是某位持股过量的作手。总之，众说纷纭，而他们把价格上抬了10个点。

即使他们这样控制股市，对我来说似乎也构不成特别的威胁。但当股价达到每股149美元时，我认为任由华尔街的人把四处流传的看涨言论当作事实接受是不明智的。当然，我或其他局外人的话可能无法说服那些惊慌失措的空头，或者那些轻信佣金行的客户，而这些佣金行通常靠内幕消息进行交易。最有效也最有礼貌的反驳可能只需要打印出报价纸带。人们会相信报价纸带，却不会相信任何活人信誓旦旦的保证，更不会相信一个做空 3 万股股票的家伙的保证。所以我采取了对付斯特拉顿操纵玉米期货市场时相同的策略——卖空燕麦期货，诱导作手们看跌玉米期货以围魏救赵。这一次我的经验和记忆力再次发力。

当内幕人员为了恐吓空头而上抬 T.T. 股价时，我并没有试图通过卖出这只股票阻止股价上涨。我已经卖空 3 万股，在流通股票中占大头，这算是我认为明智的做空量。我不打算因我的莽撞而破坏我的计划，一头撞进别人布置的诱人圈套中——股价的第二次反弹就是实打实的诱饵了。当 T.T. 股价达到每股 149 美元时，我所做的就是卖出 1 万股赤道贸易公司的股票。这家公司持有大部分 T.T. 股票。

赤道贸易公司的股票不如 T.T. 的那样活跃，正如我预料的那样，我一卖空，它的股价就大幅下跌，而这样一来，我的目的就达到了。作手和佣金行的客户之前听信 T.T. 股票会上涨的谣传而兴奋不已，现在看到 T.T. 股价上涨，但同时赤道贸易公司的股票被大量抛售且急剧下跌，他们自然会得出这样的结论：T.T. 股价的上涨可能只是人为操纵的烟幕弹，目的显然是方便赤道贸易公司（T.T. 股票的最大持有者）进行内部清算。肯定是内幕人员做多和卖出平仓赤道贸易公司股票，因为目前 T.T. 股票如此坚挺，没有一个局外人会傻到在此时卖空那么多赤道贸易公司股票。于是股民卖掉了 T.T. 股票，阻止了 T.T. 股价的上涨，内幕人员当然不愿意接手股民急于卖出的所有股票。当内幕人员不再能支持 T.T. 股价的上涨后，T.T. 的股价自然就下跌了。此时，作手和主流佣金行也卖出了部分赤道贸易公司的股票，而我趁此时机买入平仓，稍微赚了一点儿。我卖掉它不是为了赚钱，而是为了遏制 T.T. 股价的上涨。

T.T. 的内幕人员和辛勤工作的公关人员一次又一次向华尔街宣扬各种股价上涨的消息，试图抬升股价。每一次他们这样做，我就卖空赤道贸易公司股票，T.T. 股价就会下跌，同时赤道贸易公司股价也随之下跌，趁此机会我买入平仓。一切慢慢脱离了幕后操纵者的控制。T.T. 股价最终跌至每股 125 美元，空头净额增长到非常大，以至内幕人员得以将股价抬升 20 ~ 25 美元。这一次，空头净额的确扩张过度，由此带来的价格反弹是合理的。虽然我已经预见到这次股价反弹，但我并没有买入平仓，因为我不想放弃我的仓位。在赤道贸易公司股价随 T.T. 股价上涨之前，我卖空了大量赤道贸易公司股票，并和之前一样稍有获利。这证明，最近轰动一时的上涨言论虽然甚嚣尘上，但完全是在瞎扯。

此时，整体股市已经非常疲软。如前所述，当初在佛罗里达的钓鱼营地，因为确信我们正处于熊市，我才开始卖空 T.T. 股票。我做空了好几只股票，但 T.T. 股票是我的宠儿。最后，整体股市形势太强，内幕人员果然难以抗拒，最终 T.T. 股价来了个大滑坡。T.T. 股价多年来首次跌破每股 120 美元，然后跌至每股 110 美元，直至跌至低于票面价值，但我还是没有买入平仓。有一天，当整个股市极度疲软时，T.T. 股价跌破每股 90 美元，我趁此颓势空头回补。还是之前的道理！

我掌握了股市的大好形势——股市疲软，卖方比买方多。即使这样做像是在吹嘘我的聪明才智，我也要告诉你，我几乎就是在最低价买入平仓了我的 3 万股 T.T. 股票的。但我并未想过在最低价时买入平仓，我只是想在不损失多少利润的情况下，将账面利润变现。

在整个股价波动的过程中，我都岿然不动，因为我知道我的仓位是安全的。我没有逆市而动，也没有违抗基本的股市形势，而是反其道而行之，这就是为什么我如此确信自负的内幕人员会失败。他们尝试做的事情，前人已经尝试过，但都以失败告终。即使我和其他人一样清楚地知道反弹会出现，频繁的股价反弹也吓不倒我。我知道，比起买入平仓然后以更高价卖空，按兵不动会带来更好的结果。通过坚守我认为正确的仓位，我赚了 100 多万美元。我不依赖于直觉，不依赖于技巧性研读报价纸带，也不依赖于固执的勇气，那是因为我相信自己的判断力，这不是我自作聪明或是我的虚荣心的作祟。知识就是力量，这种力量不会惧怕谎言，即使报价纸带显示结果如此，也不必惧怕，谎言很快就会现形。

一年后，T.T. 股价再次被抬升到每股 150 美元，并在这一价位徘徊了几个星期。因为整体股市之前持续上涨，而且不再处于牛市，所以股价理所应当有所回落。我之所以知道，是因为我试探过。目前，T.T. 所属集团经营不善，即使股市其他股票股价即将上涨（事实并非如此），我也实在拿不出任何看涨这只股票的理由。所以我开始卖出 T.T. 股票。我打算卖出 1 万股。我一卖出，股价就跌了。我看不出有什么支持该股票股价上涨的力量。但是突然之间，股市买进量发生了变化。

我向你保证，这股支持力量一介入，我立马就察觉到了。我并不是想说自己像巫师那样。我立刻想到，假设这只股票的内幕人员现在在整体股市下滑的情况下买入这只股票，而他们并没有保持股价上涨的道德义务，那么这波上涨背后必有原因。这些内幕人员既不是无知的傻瓜，也不是慈善家，更不是一心维持股价涨势以在场外出售更多股票的银行家。尽管我和其他人都卖出了这只股票，股价还是上涨了。在每股 153 美元时，我买入平仓了我的 1 万股。在每股 156 美元时，我开始做多，因为当时的报价纸带告诉我，阻力最小的路线是向上的。我对整体股市是看跌的，但我面对的是某只股票的交易情况，而不是适用于整体股市的投机理论。最终股价涨至每股 200 美元以上，超出正常价格。这件事在当年轰动一时。新闻报道和旁人纷纷说我这次怕是要亏 800 万 ~ 900 万美元了，而我暗自窃喜。事实上，在 T.T. 股价一路上涨的过程中，我并未做空，而在做多。实际上，我持有的时间有点儿长了，这导致我的部分账面利润流失了。你想知道为什么我会出现这样的错误吗？因为我觉得设身处地地想，T.T. 内部人员自然会按照我所想的那样行事。但我没必要思考这些事情，因为我的事情就是交易，也就是正视并坚持摆在我面前的事实，而不是去多想其他人应该做的事情。

第十九章 股票操纵历来有之

我不知道何人从何时开始将“操纵股市”一词和证券交易所里再正常不过的大宗股票交易联系在一起，这不过是正常的销售流程罢了。操纵股市以便低价买进一只股票并增持，这种行为也是“操纵股市”，但性质有所不同。它未必违法，但想不让人认为不合理就难了。如何在牛市行情下买上一堆股票而同时又不抬高股价呢？这是一个难题，但是要怎么解决呢？这个难题涉及的因素很多，我无法给出一个通用的解决办法，除非你说可以通过灵活的操纵来解决。什么意思？好吧，意思就是具体情况具体分析，没有比这更好的答案了。

我对我自己各个阶段的生意都很感兴趣，当然，我也从他人和自己身上学到很多经验，但如今，要想在下午收盘后从经纪商所讲的故事中学到如何操纵股票却非常困难。过去绝大多数伎俩、方法和应急手段都已陈旧无用，股票交易规则和条款已经变了，丹尼尔·德鲁、雅各布·利特尔和杰伊·古尔德 50 年前或 75 年前的故事，不管讲得多准确多详细，都不值得一听。如今的股市操纵者不必了解他们的故事和方法，就像西点军校的实习生不再需要研究古人的箭术来增加自己对弹道学的知识一样。

另一方面，研究人为因素还是有好处的。比如，人们总是很容易相信让自己觉得安心的东西。再比如，人们总是任由（用鼓励更为恰当）自身的贪婪或因粗心而导致的后果影响自己。害怕和希望是人人都有的心理活动，所以研究投机者的心理和以往一样具有价值。战场上的武器变了，但是在纽约证券交易所这一战场中，策略仍然可用。我认为托马斯 F. 伍德洛克对整件事情做出了最清楚的总结。他说："股票投机成功的原理就在于，假设人们会重犯过去犯的错误。"

股市行情好的时候，就是加入股市的股民最多的时候。这个时候不需要特别精明，所以在这个时候浪费时间讨论操纵还是投机没有任何意义，这就好比找出街对面屋顶上同时落下的雨点之间有什么不同一样。傻瓜总是希望不劳而获。坦白地说，好的市场行情对于人们好赌的天性有着很大的吸引力。这种天性会被贪婪唤醒，被大好的行情刺激。想赚不义之财的人最终总是证明，这个利欲熏心的世界根本不存在这种好事。最初，当我听到过去交易的各种诀窍和方法时，我一直以为 19 世纪六七十年代的人们比起 20 世纪初的人更容易上当受骗。但事实是，当天或隔天，我就会从报纸上看到各种新闻，比如最新的庞氏骗局，对赌行突然破产，成千上万的资金被骗，绝大多数都消失得无影无踪。

我最初来纽约的时候，人们对虚假交易和对敲感到大惊小怪，因为这些都是证券交易所禁止的。有时虚假交易的手段过于拙劣，骗不了任何人。只要有人抬高股票价格，或是出现像我以前多次提到的

“对赌行故意抬价”时，经纪商就会毫不犹豫地以“洗牌很活跃”为由搪塞客户。“对赌行故意抬价”是指股票的出售价突然下降 2 ~ 3 个点，以便在记录板上留下下跌的记录，这样对赌行就可以从这些长期持有某股票的小额交易客户身上捞一笔。至于对敲，人们在操作的时候总是充满担忧，因为股票经纪行之间难以协同操作，而且这类交易违反了证券交易所的规定。几年前，一位著名的作手取消了对敲的卖出指令，却没有取消其买入指令，结果一位无辜的经纪商在大约几分钟内便将股票价格抬高了 25 美元，然而在他停止买入后价格以同样的速度恢复到原来的点。这么操作的初衷是创造出股市很活跃的景象，用这种不靠谱的武器，生意当然会每况愈下。现在你知道了，如果经纪商不具备纽约证券交易所的会员资格，那么你对最好的经纪商也不能抱有任何信心，再说，相比过去，现在所有涉及虚假交易的操作征收的税款都更高。

字典对“操纵”的定义还有“逼仓”的意思。现在，操纵股市或竞争性买入股票可能会导致逼仓。例如，1901 年 5 月 9 日发生的北太平洋铁路公司股票逼仓案就显然不是操纵股市的结果。斯图兹汽车公司股票逼仓案让牵涉此事的所有人在金钱和威望方面都付出了沉重的代价。这显然不是一场精心安排的逼仓案。

实际上，在几次大型逼仓行动中，鲜有逼仓者能从中获利。范德比尔特船长逼空哈莱姆铁路股票收获颇丰，但这个老家伙从做空赌徒、狡诈的立法议员和参议院身上赚到的几百万美元是他应得的，因为这些人都想欺骗他。但是，杰伊 · 古尔德在逼空西北铁路股票时却赔了。迪肯·怀特逼空拉克万纳铁路股票赚了100万美元，但是吉姆·基恩在逼空汉尼拔和圣乔铁路股票时损失了100万美元。成功地在逼空中赚钱的关键是将持有的股票以高出成本的价格卖出，这样才能以数量达到一定规模的短期利息轻松获利。

我常常在想，半个世纪以前的大作手为何如此热衷于逼空的伎俩？他们都是有能力有经验的老手，头脑精明，也不会像孩子那样轻信同行作手。然而，他们频频上当受骗，这令人惊讶。一位明智的老作手告诉我，但凡19世纪六七十年代的大作手都有一种野心，那就是操作一次逼空。多数情况下这都是虚荣心在作祟，而其他逼空则是出于报复。不管怎样，作为一个成功逼空过某只股票或其他股票的作手而被人提起，这实际上是对他个人的智慧、勇气和赚到的钞票的一种赞誉。这让逼空者更加有恃无恐，他们全盘接受了同行的赞许。让他们拼命策划逼空行动的原因可不仅仅是可观的财富收益，更多是这些冷血作手内心的虚荣心。

那个年代，人与人之间津津有味地互相利用着，人们还觉得心安理得。我以前说过，我不止一次成功逃脱被压榨的命运，不是因为我拥有某种神秘的警觉感，而是因为我非常清楚，在某一时刻买入股票并做空太过于鲁莽。我只是凭常识办事，而这些常识想必在过去已经被许多人的实践验证了。老丹尼尔·德鲁通常会有条不紊地压榨年轻作手，让他们高价购买卖空给他的伊利铁路股票。他自己也曾在伊利铁路股票做空案中受到范德比尔特船长的压榨，当老德鲁祈求船长放他一马时，船长只是冷冰冰地引述了老德鲁这位大炒客的不朽名句：一个人卖掉不属于自己的东西后，最终要么自己买回来，要么进监狱。

现在的华尔街已经忘却了那位曾经独领风骚的大作手。他有一个不朽的说法，那就是“掺水股”。

艾迪生 · G. 杰尔姆是 1863 年春公认的公开板之王，有人告诉我，他给出的股市建议就如同银行的现金那样值钱。在所有人看来，他是最伟大的作手，豪赚百万美元，出手阔绰到了奢侈的地步。他在华尔街有一大批追随者，直到人称“沉默威廉”的亨利 · 基普出现，基普在老南方铁路逼空案中让杰尔姆亏损了数百万美元。顺便提一下，基普还是罗斯韦尔从 · P. 弗劳尔的姻亲兄弟。

在以往的很多逼空案中，操纵主要不是让其他人知道你正在操纵他之前受多方蛊惑而卖空的股票，这种做法主要是针对行业中的职业作手，对于一般股民而言，他们不会加入做空过程。这些精明的职业交易者做空该类股票的原因和他们在今天采取相同做法的原因如出一辙。除了在船长逼空哈莱姆铁路股票时遭遇信用破产的政客卖出股票，我还从我听过的其他故事中了解到，职业操盘手正是由于股票价格过高而选择卖出的。他们认为，价格过高的原因在于该只股票以前从未卖过那么高的价格，而这也导致股票购买价过高。如果股票价格过高而无法被购买，这恰恰是售出的大好时机。这个理念听起来非常前卫，不是吗？他们考虑的是价格，而船长考虑的是价值！多年后，老一辈交易者告诉我，当他们想形容一个人一贫如洗时，他们就会说：“他做空了哈莱姆铁路股票！”

多年前，我碰巧有幸和杰伊·古尔德的一位经纪商洽谈。他一本正经地向我保证，古尔德先生是一个非比寻常的人，他的出现让老丹尼尔·德鲁颤抖，“和他做买卖只有死路一条”！他的成绩遥遥领先于古往今来的所有操纵者。他一定是一位不折不扣的金融奇才，所以才能取得这样的成就，这点毋庸置疑。虽然时隔已久，但我仍然知道他拥有让自己适应新状况的秘诀，而这正是一位作手的价值所在。他不停地变化自己的攻守方式，丝毫看不出吃力，因为在做股票投机时，他更在乎能否操纵股票。他操纵股市是为了投资而不是反转股市。他很早就意识到要赚大钱就得掌控铁路，而不是在证券交易所操纵其他人的股票。

当然，他利用股市赚钱。但是我想这是因为他需要一大笔钱，而股市是赚快钱最轻松的地方，就像老科利斯·P. 亨廷顿一样——因为他总是需要 2 000 万 ~ 3 000 万美元，而银行不愿意贷这么多款给他，所以他总是缺钱。没有金钱做只撑的抱负只是一场空，金钱意味着成就，成就意味着权力，权力意味着金钱，而金钱也就是成就，如此循环。

当然操纵股市的人并不限于当时赫赫有名的作手，也有很多不出名的小作手。我还记得一位老一辈经纪商讲给我听的关于 19 世纪 60 年代早期人情道德的故事，他说：“我对华尔街最早的记忆是我第一次参观金融街的时候，我父亲要到那里出席业务会议，出于某种原因他把我一起带去了。我们来到百老汇大街，我记得是在华尔街的拐角处。我们沿着华尔街向下走，正当我们来到百老汇大街或拿骚大街的时候，就是现在银行家信托公司的所在地，我看到有一群人正跟着两个人。其中一个人朝东边走，边走边摆出一副漠不关心的样子。另一个人紧跟在他后面，这时出现了一个红脸男人，他一只手用力挥舞着手中的帽子，另一只手握成拳头在空中晃动，并高声叫嚷道：'吝啬鬼！吝啬鬼！吝啬鬼！赚黑心钱的滋味怎么样？吝啬鬼！吝啬鬼！'我能看到很多人把头探出了窗外。那时候还没有高楼大厦，但我确定二楼和三楼的人都伸长了脖子好奇地向外观望。我父亲就问他们出了什么事，我听到有人回答，但没听清。我始终紧紧抓住父亲的手，以免躁动不安的人群把我俩冲散，人越来越多，就如同大街上的人群一样，这让我感到局促不安。愤怒的人群从拿骚街、百老汇大街及华尔街的四面八方蜂拥而来。在我们费了九牛二虎之力脱离人群后，父亲向我解释说那个不停叫喊着'吝啬鬼！'的人是某某，我已经记不清名字了，但他是华尔街帮派股票最大的作手，据说他在华尔街赚的钱和赔的钱都是除雅各布·利特尔外所有人中最多的。我之所以记得雅各布·利特尔这个名字，是因为我觉得这个名字特别滑稽。另外一个人就是那位吝啬鬼，他是一位臭名昭著的资金锁定人。我已经记不清他的真名了，我只记得他身材瘦高，面色苍白。那个时候，这些小集团通常会通过借款或减少贷给证券交易所借款人的资金量来锁定资金。他们借贷资金然后得到一张保付支票，实际上，他们并不会把钱取出来用。当然这种做法就是操纵，或是操纵的一种形式。”

我自己同意老先生的看法，现如今这种形式的操纵已经绝迹了。

我自己至今从未与任何一位一直为华尔街所津津乐道的股票操纵

高手接触过。我不是说领导者，我指的是操纵者。他们都生活在我那个年代之前，虽然我初来纽约之时，赫赫有名的詹姆斯 · R. 基恩正处在自己事业的巅峰时期，但我那时还是个黄毛小子，一心只想着能找到一家信誉良好的经纪行，并像我在自己的家乡那样在那里成功地赚上一笔。而那时的基恩也乐此不疲地操纵着美国钢铁公司股票——他的操纵杰作。而我没有什么操纵经验，对操纵本身及其价值和意义也一无所知，正因如此，我也没有多大的需要去了解。如果我有过想要去了解的念头，我顶多会认为这是一种外表光鲜亮丽但没有任何水平的诡计，和我在对赌行碰到的诡计没什么两样。自此之后，我听到的这种话题大多是由猜测和疑惑构成的——只是出于猜测而非理智分析。

有一些熟悉基恩的人告诉我，基恩是华尔街有史以来最大胆、最出色的作手。这就充分说明了他的厉害之处，因为华尔街也有过很多了不起的作手，他们的名字已完全被人遗忘，但毫无疑问他们曾经是那个时代的王者！正是由于报价纸带，他们才从默默无闻的小人物中脱颖而出，一跃成为金融界的翘楚，但小小的报价纸带终究未能让他们在金融界长久辉煌下去并名垂青史。无论如何，基恩是那个年代最好的操纵者，那是一个漫长而又让人为之兴奋的岁月。

他在为哈夫迈耶兄弟提供服务之时，后者一直想让他为美国制糖公司的股票开发出一片新股市，他将个人对炒股的理解、作为作手的经验以及天赋转化为资本。因为他当时已经破产了，要不然他会继续以自己的方式进行交易，他可是个大手笔的人。他对美国制糖公司的股票操纵相当成功，他让这只股票成了交易中最受追捧的股票，而这就使得这只股票很容易被卖出去。自此之后，这对儿兄弟不停地要求他管理联合资金池，有人告诉我在操作这些联合资金池的时候，他从不索要或收受费用，而是像该联合资金池的其他成员那样从自己的股票中赚钱。当然，股票的市场运作也是由他专门负责的。我们经常可以听到双方互相背叛的消息，而他与惠特尼-瑞安集团的矛盾就是由这种猜疑引起的。作为操纵者很容易遭到同行的误解，他们无法像他本人那样清楚他的需求。我之所以知道这点，是基于我个人的经验。

很遗憾，基恩并没有把他在 1901 年春成功操纵美国钢铁公司股票这一丰功伟绩准确保留下来。我认为，基恩未曾和 J.P. 摩根就此事亲自交谈过。摩根公司与塔尔博特 · J. 泰勒的公司交易或通过它进行交易，而基恩把这家经纪行作为自己的大本营。塔尔博特 · J. 泰勒是基恩的女婿，我肯定基恩从工作中获得的报酬包含了他从工作中得到的乐趣，他在那年春季从自己亲手组建起来的股市中获利数百万美元的事迹尽人皆知。他告诉我的一位朋友，他在几周内就为承销商的财团向公开市场卖出了大约 75 万股。考虑到以下两件事情，这个成绩也不算差：第一，这些都是一家公司最新发行且未经受股市考验的股票，而这家公司的资本在当时甚至超过整个美国的所有债务；第二，D.G. 里德、W.B. 利兹、穆尔兄弟、亨利 · 菲普斯、H.C. 弗里克和其他钢铁大亨同时也在基恩帮忙创立的股市中向股民出售了成千上万只股票。

当然，整个大环境对他有利。不仅是实际业务，还有当时的股市情绪以及他无限制的金融后盾，都为他的成功提供了充足保障。我们拥有的绝不仅仅是大牛市，还有以后再也不会出现的繁荣景象和心态。未被消化的股票随后引起了大恐慌，1901 年，基恩给当时的钢铁公司普通股标价为每股 55 美元，结果到 1903 年每股只能以 10 美元卖出，1904 年更是降到每股 8-7/8 美元。

我们无法分析基恩的操纵手段。他的著作无处寻找，也不存在充足且翔实的记录。例如，若是能了解他在联合铜业股票上的操纵手段一定非常有意思。H. H. 罗杰斯和威廉 · 洛克菲勒试图处理他们在股市剩余的股票，却以失败而告终。最终他们不得不找到基恩帮助他们出售库存股票，他同意了。要知道 H. H. 罗杰斯在他那个年代是华尔街最干练的商人之一，威廉 · 洛克菲勒也是整个标准石油集团最大胆的投机者。他们实际上拥有无限的资源和极高的威望以及多年的股市交易经验，但即便如此，他们也不得不求助于基恩。之所以提出这一点是因为我想向你说明，有些事情还得专家出马。这只股票广受追捧，而且受到美国最伟大的资本家的赞助，但是想成功售出还得牺牲大笔金钱和声望。罗杰斯和洛克菲勒能找到基恩鼎力相助，实在是再明智不过了。

基恩立即开始工作。当时他趁着牛市行情以票面价值卖出 22 万股联合铜业的股票。紧接着他开始处理股民持续买进的内线，结果价格又涨了 10 美元。股民争相购买内幕人士已售出的股票确实使得股市一片高涨。据说，罗杰斯实际上建议基恩长期持有联合铜业的股票。罗杰斯把股票转接给基恩的说法近乎不可信，以他的精明圆滑一定知道基恩绝非一只温顺的羔羊，会任由他宰割。基恩拿出自己一贯的作风，在价格高涨之后，趁着价格下跌大幅卖出。当然他的策略会随着自己的需求以及每天持续变化的小波动而调整。股市如战场，要时刻铭记战略和策略之间的不同。

和基恩关系最亲近的一个人（也是我知道的最出色的飞绳钓手）在第二天告诉我，基恩在操纵联合铜业的时候发现自己手中竟然没有一只当初为推高价格而不得不买入的股票，于是第二天他买回了数千只股票，一天后再卖出。然后他当然会从股市中退出，观察股市到底如何自我调节以及如何适应这个过程。等到他真正卖出头寸的时候，他采取的就是我告诉你的方法：在股价下跌时卖出。股民总是在寻找反弹，而且做空的人也在买入平仓。

在那次操盘中和基恩关系最近的那个人告诉我，在基恩帮助罗杰斯和洛克菲勒赚了2 000万 2 500万美元后，罗杰斯给了他 张20万美元的支票。这个事很容易让人联想到一则故事，一位百万富翁的妻子给了大都会歌剧院女清洁工50美分，以奖励她帮自己找到了价值10万美元的项链。基恩很有礼貌地退回了那张支票，并附上留言，说自己并非股市作手，而且很高兴能为他们服务。他们将支票保留下来，并回信说希望再次与基恩合作。不久之后，H.H. 罗杰斯便友好地建议基恩以每股130美元的价格买入联合铜业的股票。

基恩的确是一位了不起的作手！他的私人秘书告诉我，当股市按照基恩的预想变化时，他会大发雷霆。认识他的人都说他总是在冷嘲热讽中宣泄自己的愤怒，而这些冷嘲热讽却又让人难以忘怀。但他最幽默的时候就是在亏损的时候，此时的他变成了世界上最彬彬有礼、平易近人且风趣幽默的人。

他在全世界所有的成功投机者中拥有最高级别的思维素质。他显然不会和报价纸带过不去。他胆大心细，当意识到犯错时，他可以在转瞬之间改正自己的错误行为。

自他那个年代之后，股市交易规则发生了很大的改变，而且执行起来也比以前更加严格，针对股票交易和利润以及其他各种形式的税收已经让交易彻底变了味儿，基恩运用自如并从中获利的手段现在已经无法使用。同时，有人向我们承诺，说华尔街的商业道德上升到一个新高度。可以确定，基恩在金融史上的任何时期都是一位优秀的作手。他是一位杰出的股票作手，也完全明白投机的来龙去脉。如果他在 1922 年担此重任，肯定会和 1901 年或 1876 年时一样成功，那时刚离开加州初到纽约的他两年内就赚了 900 万美元。总有一些人胆大心细，永远走在普通股民的前头。无论普通股民如何改变，他们都注定领先一步。

实际上，变化根本不如我们想象的那样激烈，回报也不是那么丰厚，因为这已经不再是一份能让自己成为先锋的工作。因此，回报也不再像以往那么丰厚。但从某些方面来说，操纵却变得比以往更容易了，而在其他方面却比基恩那个时代困难了太多。

毫无疑问，广告是一门艺术，而操纵是一种以报价纸带为媒介的广告艺术，报价纸带上发生的一切都是操纵者希望股民看到的，而且越真实越有说服力，越有说服力广告越成功。如今的操纵者，举例来说，创造出股市繁荣的表象还不够，他们要做的是让股市真正繁荣。因此，操控必须以扎实的交易原则为基础。正因如此，基恩在一开始就是一位了不起的股市作手。

第二十章

操纵即交易

“操纵”一词听起来令人厌恶，它需要一个别名。我认为，操作过程本身没什么特别神秘或不正当的，它只是为了出售大量股票，当然，前提是这种操作没有伴随虚假陈述。毫无疑问，操作者一定会在投机者中寻找他的买主。他的目标是那些寻求资本高回报率，因此愿意承担比正常商业风险更大风险的人。有的人明知这一点，却把自己想赚快钱的愿望的落空归咎于他人，我对他们实在没有多少同情。当赚钱时，他就说自己是个了不起的聪明人。但是当他亏钱时，他就说对方是个骗子，是操纵者！在这种时候，从这些人嘴里说出的这个词暗指他人使用了欺诈手段，但这并非事实。

通常，操作的目的是扩大股票销售量，即有能力随时以一定的价格处置一定数量的股票。当然，由于基本大势的逆转，发行商可能无法卖出股票，除非做出牺牲，而这种牺牲通常大到让他们无法愉快地接受。这时，他们可能会决定雇用一名专业人员，相信他的技能和经验能够让他们有条不紊地撤退，而不至于遭受可怕的溃败。

你会发现，我所讲的操作并不是为了以尽可能低的价格积聚大量股票，比如为了攫取控制权而大量买入，因为这种情况如今并不常见。

当杰伊·古尔德希望牢牢控制西联公司并决定买入一大笔股票时，华盛顿·E. 康纳这个多年以来从未在证券交易所大厅出现的作手，突然出现在西联的交易处，他开始买入西联的股票。交易者们嘲笑他愚蠢至极，不该把他们想得这般天真，于是他们兴高采烈地把他想买的股票统统卖给了他。如果你以为他装出一副古尔德先生想要买入西联的样子来提高价格，那么这种想法未免太过天真。那是操纵吗？我想我只能说："既不是，也是！"

正如我所说，在大多数情况下，股市操作的目的是尽量以最佳价格向股民出售股票，要考虑到销售和分布两个问题。从各个方面来看，1 000 人持有股票显然比一个人持有股票对股市更有利。因此，操作者不仅要考虑以好的价格出售，还要考虑持股者的分布特征。

如果你将价格抬升到一个很高的水平，随后却不能诱使股民买入，那么这样做毫无意义。每当经验不足的操纵者尝试在高价时脱手却失败时，老手就摆出一副洞察世事的样子，告诉你牵马到河易，强马饮水难。这真是太坏了！事实上，你最好记住一条股市操作规则，这是基恩及他之前那些能干的前辈深谙的一条规则：将股票操作至最高点，然后在下跌时卖给股民。

让我从头说起吧。假设有一个承销团或股票池或个人希望尽可能以最好的价格卖出一只股票，这只股票已在纽约证券交易所上市。卖出的最佳地点应该是公开市场，而最好的买家应该是普通股民。买卖谈判由一个人负责，他或某些现任或前任合伙人曾试图在股票交易所出售股票，但没有成功。他已经或即将充分熟悉市场的运作，并意识到这项工作需要更多的经验和更大的才能。他自己认识或通过传闻得知有几名成功地完成类似交易的人，并决定向他们取经。正如人生病会去看医生、需要专业知识会去请教工程师一样，他向他们中的一个求助。

假设他听说我是深谙此道之人。那么，我猜他会试图找到关于我的所有信息。然后，他会安排和我见上一面，并适时造访我的办公室。

当然，我很可能了解那只股票及其背景，因为这就是我的工作。

我就是这样来谋生的。我的访客会将他和他合伙人的目标告诉我，并请我接受这笔交易。

然后轮到我发话了。我会让他们提供一切我认为必要的信息，以便我清楚地了解委托的交易。我确定价值并预估该股票的适销性。这些信息以及我对当前状况的判断，会反过来帮助我评估操作成功的可能性。

如果我掌握的资料告诉我交易可行，那么我会接受这个提议，然后当场告诉他我的服务条件。如果他接受我的酬金和条件，我便会立即展开行动。

我通常会要求对方为我提供大额股票的买入期权。我坚持认为，逐渐上涨的执行价格对所有人而言都是最公平的。买入期权的执行价格开始时略低于当前市场价格，然后上涨。例如，我接到 10 万股的看涨期权，而股票的报价为每股 40 美元。我首先以每股 35 美元买入数千股股票期权，然后分别以每股 37、40、45 和 50 美元等价格认购，以此类推，直到价格升至每股 75 或 80 美元。

如果我的专业操作致使价格上涨，并且在最高价时人们对此股票的需求能够大到让我卖出较大数额的股票，那么我当然会先认购该只股票。我在赚钱，我的客户也在赚钱，这才是我希望的结果。他们为我的技能投资，理所当然应该从中得到想要的回报。当然，有时候也可能以失败告终，但这种情况很少发生，因为我只有在确定交易有利可图时才会接手。1923 年，有一两次交易不那么幸运，我没有赚到钱。这当然是有原因的，不过这是另外一回事，也许以后我会提到。

推动股价上涨的第一步就是向大众宣传上涨行情的到来。听起来很傻，不是吗？但是，仔细一想，这种宣传一点儿都不傻，不是吗？实际上，要将你正式的意图广而告之，最有效的方法就是使股票变得活跃而坚挺。归根结底，世界上最厉害的宣传员就是自动收报机，而报价纸带是目前最好的广告媒介。我不必为客户发布任何文章，也不必告知各日报这只股票的价值，亦不必游说金融评论员发表关于该公司的良好前景的评论。我也不需要人跟风买进，我只需要让股票活跃，就可以称心如意。当股票活跃时，就需要给出股票活跃的解释。当然，这意味着市场会自动给出必要的理由，而我不必出一分力。

场内交易者都希望交易活跃。只要有自由交易的市场，他们就会以任何水平买卖任何股票。他们将在任何交易活跃的地方买卖数千股股票，其总交易量相当大。他们一定是操作者的第一批买家。他们会一路追随你，会在操作的所有阶段为你提供很大的帮助。我知道詹姆斯 · R. 基恩习惯于雇用场内最活跃的交易者，这样做既能隐藏操作的源头，也是因为他知道他们是迄今为止最好的业务传播者和内部消息散布者。他经常口头授意他们买入期权，执行价会高于市场价，如此一来，在这些期权变现之前他们能助他一臂之力，因为他为这些人带来了利益。我只需要让股票交易变得活跃就能获得职业交易者的追随，除此之外，并没有其他要求。当然，要记住，交易所的这些专业人士购买股票是为了赚取利润。他们不苛求巨额利润，但必须快速获得盈利。

我让股票的交易变得活跃以吸引投机者的注意，其目的我上文已提过。我买进，然后卖出，交易者也跟风效仿。只要像我坚持的那样，通过期权投机性持有大量股票，抛售压力就不大。因此，多头强于空头，而股民更多地会选择跟随场内交易者而非操作者。他们作为买家参与进来。我满足这个可取的需求，即卖出股票保持平衡。如果需求达到应有的水平，那么吸纳的股票将比我在操纵的早期阶段必须积累的还要多。当发生这种情况时，我的技巧就是做空股票。换句话说，我卖出的股票比实际持有的多。对我而言，这样做是绝对安全的，因为我是凭着买入期权来卖出的。当然，当股民的需求减少时，股价就会停止增长。然后，我要做的就是等待。

比如，后来股票已经停止上涨，一整天价格都很疲软。整个股市可能会出现回落的趋势，又或许某些敏锐的交易者发觉我的股票未曾出现买入指令，于是他卖出了，他的同伴也跟风效仿。无论是什么原因，我的股票开始下跌。那么，我开始买入它。如果股票受到其持有者的欢迎，我应该给予它应得的支持。还有一点，我能够在不积累持仓的情况下提供支持，即在随后的卖出中无须增加卖出量。你会发现，我这样做并没有减少我的财务资源。当然，我真正要做的是，在股民或交易者或两者的需求足以让我做空的情况下，我会以较高的价格卖空股票。当股票下跌时，股市会有需求，让交易者和股民清楚这一点总是好事。这往往会阻止职业交易者草率地卖空，并阻止惊慌失措的持有人斩仓。这种卖出情形经常会在股票变得越来越疲软时出现，反过来说，股票在失去支持后就会出现这种情况。我的这些买入平仓发挥了稳定价格的作用。

随着市场的扩大，我当然会在上涨的时候卖出股票，但卖出的数额从来都不足以阻止上涨。这完全与我稳定价格的计划一致。显而易见，我越是合理有序地卖出更多股票，越会鼓舞保守投机者的士气，他们的买入数量远超草率的场内交易者。此外，在股票不可避免变得疲软时，我也能为其提供更多支持。我总是可以通过做空，在不增加风险的情况下为股票提供支持。一般来说，我卖出的价格都能让我获利。但是我常常在没有获利的情况下出售股票，仅仅是为了创造或增加我所谓的无风险购买力。我的任务不仅是抬高价格，或者为客户出售一大笔股票，而且是为自己赚钱。因此，我不要求任何客户为我的业务提供资金。我的服务费用取决于我的成功程度。

当然，我所描述的做法并非一成不变。我既没有也不会遵循一个僵化的系统，我会根据情况修改条款和条件。

对于需要分销的股票，必须操纵至可能的最高点后再卖出。我再次强调这一点，因为这是买卖的基础。同时，很显然股民也认为卖出都是在最高价位上完成的。有时候，股票好像成了掺水股，就是涨不上去，这时就该卖出。价格自然会因为你的卖出而下降，并且下跌幅度会超出你的期望，但是通常你可以让它恢复活力。只要我操作的股票在我买入时上涨，我就知道一切顺利，并且如有需要，我可以使用自己的资金自信地买入，而无须担心。其他任何股票表现相同时，我也会这样做。这就是最小阻力路线。你还记得我提出的关于最小阻力路线的交易理论，不是吗？那么，我会在价格的最小阻力路线建立起来后按照这一路线操作，我并非在某个特定时刻操纵某只特定股票才这样做，而是因为我作为一名作手始终都应该这样做。

当我的购买行为并没有让股价上涨时，我会停止买进，然后转而卖出，让股价降下来。当同只股票出现类似情况时，即使我没有碰巧操纵那只股票，我也会这样做。你也知道，股票的买卖主要是在下跌过程中完成的。在价格下行的过程中可以脱手的股票数量之多，绝对会令你感到惊讶。

我一再强调，在操作过程中，我绝对不会忘记自己是一名股票交易者。毕竟，作为操作者，我遇到的问题与作为交易者时面临的问题相同。当操作者无法控制股票的发展时，所有操作就该结束了。当你要操作的股票未按预期发展时，你要立刻停止操作。不要与报价纸带讲道理，也不要试图赚回利润。趁着还能以微小的代价全身而退，不要犹豫，立刻退出。

第二十一章 股票操纵——成钢铁，败石油

我很清楚，在与人交流的过程中，这样的泛泛之谈是不会让人印象深刻的，泛泛之谈很少能够让人印象深刻。如果能够给出一个具体的案例，那么我可能更有说服力。我会告诉你，我将一只股票的价格推高 30 点使用的方法，虽然在这一过程中我只积累了 7 000 股，但我打开的股市可吸纳任何数量的股票。

这只股票就是帝国钢铁。发行这只股票的人都享有良好的信誉，而且内幕消息将该股票作为一类颇具价值的资产广泛散播。这只股票约 30% 的总股本通过多家华尔街经销商向股民发售，但是自从上市以来它的表现并不抢眼。偶尔会有人问起这只股票，原始承销团中的某些内幕人员可能会表示，公司的盈利好于预期，前景甚为可观。情况的确如此，而且发展势头也不错，但是还不至于让人兴奋。这只股票缺乏投资吸引力，而且在投资者看来，股票价格的稳定性和股息的持久性还未得到证明。它表现得默默无闻，甚为平庸。即便在内幕人员高调公布公司经营状况的真实报告后，这只股票的价格也未出现明确的上涨或下跌。

帝国钢铁的股票依然默默无闻，逐渐被人遗忘，而且没人散播关于它的内幕消息。它满足于沦为那些价格不会下跌的股票中的一员，价格不会下跌是因为没人愿意做空一只分销情况一般的股票。因为这只股票被内部人员重仓持有，卖出者在很大程度上会受他们的摆布。同样，市场上也缺乏诱因促使人们去买进这只股票。因此，对于投资者而言，帝国钢铁就只是一种投机股票。对于投机者来说，这种股票如死水一般，从你买进的那一刻起，这只股票便陷入了沉寂，而这种沉寂并不符合投资者意愿。就像如果某人被迫要将一具尸体带在身边一到两年，那么他所付出的成本要远远高于最初将尸体火化的成本。这样即便有好事从天而降，他也会发现自己备受牵绊而力不从心。

一天，帝国钢铁辛迪加一位最重要的股东代表自己和他的合伙人来见我。他们希望我为这只股票造市，这只股票剩余尚未分销的 70% 的股份还在他们手上。他们希望我能够帮忙出售股票，而且售价要比他们自己在公开股市售出的价格更高。他们想知道让我接手的条件。

我答应他们会在几天内给出答复，然后仔细探了探这家公司的老底。我动用专家对该公司的生产、商务和财务等各个部门进行了调查。他们向我交出一份非常客观的报告。我的意图并非打探公司的优势或不足，而是了解它的真实情况，用事实说话。

这些报告表明，这家公司的资产颇具价值。公司前景足以证明投资者只要稍等一段时间，然后按照现行市价买进股票就肯定错不了。在这种环境下，这只股票价格的上涨实际上是最普通、最合理的股市动态，这实际上是一个对未来公司价值进行贴现的过程。因此，我完全有理由安心且自信地接下对帝国钢铁进行看涨操控的任务。

我把我的想法告诉了我的助手，然后他通过我办公室的电话商谈这一交易的细节，我向他说明了我的条件。对于我向他们提供的服务，我不要求现金回报，而是要求获得10万股帝国钢铁股票的认购期权。这些认购期权的执行价为70－100美元。有人可能误以为这是一笔丰厚的服务费，但是他们也应该考虑到，这些内幕人员不可能以每股70美元的价格卖出10万股，甚至连5万股都是天方夜谭。这只股票没有市场，大谈丰厚的收益和可观的前景并不能吸引买家。此外，如果我的客户没有先赚上几百万美元，我也不可能将我的服务费折算成现金收入囊中。我并非想索取一笔高昂的销售佣金，而是想在操作成功后获得一笔合理的报酬。

我知道这只股票拥有真正的价值，而且总体股市行情看涨，因此，所有不错的股票，其价格都会迎来一波涨幅，我猜想我接下来应该会有一番作为。我的客户听我说完这番话后深受鼓舞，立刻同意了我的条件。这笔交易在一派愉悦的气氛中拉开了序幕。

我竭尽所能地保护自身的利益。这个辛迪加拥有或控制着这只已发行的股票约70%的股份。我让他们通过第三方托管协议的方式处置这70%的股份，我可不想成为这些大股东的“接盘侠”。大部分股份就这样被安全地锁定了，我还需要考虑其他30%零星的股份，这是我不得不承担的风险。投机老手从不指望开展“零风险”的投机活动。事实上，所有未经托管的股票在顷刻间涌入股市的可能性，并不比人寿保险公司的所有投保人在同一天的同一时间死亡的可能性更高。保险公司使用寿命精算表统计人类死亡率，而股市风险也有一个不成文的精算表。

在针对这种股市交易中某些可以预防的风险做好保护措施后，我准备开始我的计划，目标是让我所持有的认购期权增值。为此，我必须将认购期权的价格抬高，并为我所持有的认购期权开辟一个可以吸纳 10 万股股票的股市。

我做的第一件事就是弄清楚在出现一波上涨行情时，市场上会有多少股票卖出。我的经纪人就能帮我轻松搞定此事，他们能轻而易举地确定某只股票是否可以以市场价或稍高于市场价的价格出售。我不知道交易专家是否告诉过他们交易簿上交易指令的情况。这只股票当时的票面价值是每股 70 美元，但是以这个价格我连 1 000 股都卖不出去。在这个价格点位甚至低几个点时，是否会有少量需求，我没有确凿的证据来证明。我需要根据经纪人的信息做出判断，而这些信息足以让我知道有多少股票需要卖出以及买进需求的大小。

在这些点位建立仓位之后，我悄悄地买入价格在每股 70 美元或稍高水平卖出的所有股票，这里的“我”是指我的经纪人。因为我的客户自然会在锁定股票之前取消可能发出的任何卖盘指令，所以这些股票是为那部分少数持股人代销而出售的。

我不需要买入很多股份。而且，我知道这种正确的上涨行情会诱发其他买盘指令，当然也会诱发卖盘指令。

我并没有向任何人透露帝国钢铁看涨的内幕消息，完全没必要如此。我的当务之急是通过最佳的宣传手段直接影响股市情绪，我的意思并非绝对不做任何有关行情看涨的宣传。宣传一只新股票的价值就如同将毛织品、鞋子和汽车的价值广而告之一样，是一种再正当不过且合理、可取的行为。通过对大众股民的判断，我可以得出准确可靠的信息。但是，报价纸带上的信息足以让我实现我的目标。如我之前所说，信誉良好的报纸经常会对股市动向加以解读。这也是一种新闻，读者不仅需要了解股市动态，也要知道其中的原因。因此，无须操纵者帮忙，这些财经作者也会发表所有可用的信息和小道消息，而且会分析收益报告、交易状况以及前景，总而言之，他们会报道一切有关上涨趋势的消息。每当新闻界人士或熟人询问我对某只股票的看法时，我都会毫不犹豫地告诉他们。我不会自告奋勇地给出建议，也从来不会给出内幕消息，但是保密对我的股市操作没有任何好处。同时，我意识到，这个世界上最好的情报贩子和最有说服力的“推销员”还是报价纸带。

在我买入了所有价格在每股 70 美元或稍高价位卖出的股票后，股市的压力得到缓解。而且，此举清楚地反映出帝国钢铁股票成交的最小阻力路线，这只股票明显呈上涨趋势。交易大厅里机警的作手一旦意识到这一事实，就会按照逻辑判断推测这只股票肯定会上涨，但至于上涨多少，他们并不清楚，不过这足以让他们明白是时候买进了。他们对帝国钢铁的需求只是源于这只股票显而易见的上涨趋势，即报价纸带反映出来的绝对可靠的看涨信号。我立即全数执行，将最初从心力交瘁的持股者那里购入的股票卖给这些作手。当然，我明智而审慎地完成了此次卖出交易，同时，我的卖出仅止于满足那些作手的需求。我没有强行将我手上的股票投入股市，我也不希望上涨速度过快。在价格刚刚上涨的阶段就将手中的10万股卖出一半显然不是一桩好买卖。我要做的是开辟一个股市，让它吸纳我手中的所有股票。

尽管我卖出的股票刚好满足作手急于购买的需求，但我并未出手买入，股市暂时缺少了我迄今为止稳定施加的购买力。作手适时地停止买入，价格也停止了上涨。之后，失望的看涨作手或那些在看涨趋势消失后便马上停止买入的作手立刻开始卖出股票。但对于此次卖出，我显然是有备而来的，在股价下跌期间，我以高出几个点的价格将卖给这些作手的股票再次买回。我知道，买进的股票必定会卖出，而这种买入行为反过来会抑制下跌的趋势。价格一旦停止下跌，也就不会出现卖盘指令了。

之后我故技重施，在股价上涨的过程中买进所有卖出的股票，数量不是很多。然后价格开始第二轮上涨，起始价格高于每股70美元。别忘了，股价下跌时，很多持股者都非常希望之前能够把股票买了，但即便股价比最高点低3或4美元他们仍然不会卖出。这种投机者总是发誓，只要价格回升他们肯定会全部卖出。他们趁价格上涨下达卖出指令，然后在股票的价格趋势出现变化时又改变主意。当然，那些稳扎稳打的短线作手总是会获利抛售，他们不会放过每一次赚钱的机会。

此后，我要做的就是重复这个过程，交替买卖，但始终设法将价格一步步推高。

有时，在你买进所有待售的股票后，将股价大幅抬升一波以便让你所操纵的股票出现一阵暴涨是有好处的，因为这是一种很好的广告，不仅可以制造话题，还会吸引专业的作手和那些喜欢看涨的大众投机者。我认为这部分投机者占很大的比例。我操作帝国钢铁采用的就是这种手段，而且对于这种暴涨诱发的需求，不管有多大，我都会满足。我的卖出操作推动股价始终保持上升势头，且上升的幅度和速度都在一定的范围内。在价格下跌时买进，价格上涨时卖出的过程中，我所做的不仅仅是抬高股价，我还在提高帝国钢铁股票的流通性。

在我开始操作帝国钢铁股票后，大众仍然可以自由买卖股票。我的意思是，可以在不引起价格过度波动的情况下买卖合理数量的股票。再也不用担心买入后变得无计可施，或卖出后被拼命压榨。越来越多的专业作手和大众股民逐渐相信帝国钢铁股票会在股市上持续坚挺，这种信念的产生和股票走势带来的信心有莫大关系。当然，这种买卖也清除了很多其他的障碍。结果，在买卖成千上万只股票后，我成功地以票面价值卖出了这只股票。现在所有人都愿意以每股 100 美元买进帝国钢铁股票。为什么不呢？现在所有人都知道这是一只有利可图的股票，它曾经是特价品，现在依然是，上涨的价格便是证据。一只股票可以从每股 70 美元上涨 30 美元，那么它也可以从票面价值再上涨 30 美元，这就是很多人的思考方式。

在将这只股票的价格每股标高 30 美元的过程中，我只积累了 7 000 股。我买进这些股票的平均价格几乎正好是每股 85 美元，这意味着每股 15 美元的利润，当然我的全部利润比这要多得多，虽然仍然是票面价值。这是非常保险的利润，因为我已经有了一个可以卖出全部股票的市场。明智地操作这只股票可能还会卖出更高的价格，我手上握有10万股价格递增的认购期权，它们的价位都在每股70美元到100美元之间。

股市状况让我无法执行特定的计划，将账面利润转化为现金。假如要我自己说，我倒觉得这是一次漂亮的股票操作，完全合乎情理，所以理所当然地会取得成功。这家公司的资产颇具价值，它的股票即便是在高位上，价格也不算贵。原始承销团的一位成员公司——一家知名且拥有丰富资源的银行想要确保对该公司的控制权。控股一家像帝国钢铁那样蓬勃发展的成长型公司，对于银行来说比个人投资者更有价值。因此，这家银行提出想要购买我对这只股票的所有期权。这意味着我可以获得丰厚的利润，于是我立即接受了这个提议。一次性卖空股票赚取可观利润是最让我求之不得的事，而且我对自己的战果也非常满意。

在我出售我所拥有的10万股认购期权之前，我了解到这些银行家已经聘请了更多专家对这一资产进行了更为彻底的考察。他们得到的报告表明，他们给我的报价是完全值得的。我留下了几千股作为投资，我相信这只股票未来的表现。

我对帝国钢铁股票的操作没有任何不正常或不合理的地方。只要我买进的股票价格持续上涨，我就知道胜券在握。有些股票的票面价值虚高，但这只股票并非如此。当你发现股市对买入反应不足时，那么你不必等待更可靠的内幕消息才卖出。你要知道，一只有价值的股票在下跌后，即使跌幅达到20美元，只要总体市场行情没问题，你也能通过操作使其反弹。而帝国钢铁股票的表现一直不错，我从未因为它的表现而被迫采取类似的做法。

在操作股票的过程中，我始终谨记基本的交易原则。也许你会好奇我为何反复提及此事，或者不停地向你唠叨我绝不会因为股市表现而去质疑报价纸带或在交易中失去耐心。你可能会认为那些在自己的事业上获利数百万美元，并且经常在华尔街股市大获成功的精明人，一定会参透冷静交易的真谛，是不是？好吧，你也许会感到惊讶，我们许多成功的股票推广人经常会由于股市的表现不尽如人意而表现得像个泼妇。他们认为股市的表现就像对他们个人的一种冒犯，他们先是情绪失控，接着就开始亏钱。

曾有很多关于我和约翰·普伦蒂斯不和的流言蜚语在坊间广为流传。人们被流言诱导，期待着戏剧性一幕的上演，比如我们在股市交易中失手，或互相背叛让我或他损失数百万美元，凡此种种。但是，事实并非如此。

普伦蒂斯和我是认识多年的朋友。他曾多次给我提供情报，让我从中获利，而我也给过他建议，至于他是否采纳，我无从知晓。他若是采纳，肯定能攒下不少钱。

他在组织和推广石油产品公司股票方面发挥了很大的作用。这只股票最初上市时多少都获得了成功，然而之后股市大环境开始恶化，这只新股票的表现并未达到普伦蒂斯及其合伙人的预期。当基本大势开始向好时，普伦蒂斯组建了一个联合资金池，然后开始操作石油产品公司股票。

我无法向你说明他的任何操作技巧，他并未告诉我他的操作之道，我也没有问过他。但是显而易见，尽管他在华尔街拥有丰富的交易经验和毋庸置疑的才华，他的一切所作所为最终都于事无补，因为不久之后联合资金池发现他们并不能卖出多少股票。他肯定已经竭尽所能，不然作为一名联合资金池经理，若非黔驴技穷，他绝不会轻易让一个局外人取代自己，而一般人都不愿承认这一事实。但他最终还是来找我出面了。在一阵友好的寒暄之后，他表示希望我负责开发石油产品公司股票的市场，处置联合资金池的持股，总计超过 10 万股。这只股票的成交价为每股 102 ~ 103 美元。

我对这件事没什么把握，于是我谢绝了他的提议。但是他坚持让我接手，考虑到私人交情，最后我还是同意了。本质上，我不喜欢做一些没有把握的事情，但我同时觉得一个人应该为自己的朋友出点儿力。我表示会尽力而为，但同时告诉他我对此并不是很有信心，并列举了我可能会遇到的不利因素。但是普伦蒂斯只是表示，他并不要求我保证为联合资金池带来数百万美元的利润，他确信如果我能接手这个任务，我所取得的成果足以让任何通情达理之人心满意足。

于是，我接手了这个违背我自己判断的任务。我发现情况非常不乐观，这也是我所担心的，这种状况很大程度上是普伦蒂斯在替联合资金池操作股票时个人失误所致。但是对我来说，主要的不利因素还是时间。我确信牛市很快就会过去，而普伦蒂斯备受鼓舞的股价上涨可能仅仅是一次稍纵即逝的回升。我担心，股市会在我完成石油产品公司股票的买卖前完全转跌。但是，既然已经给出承诺，我决定尽我所能去完成任务。

我开始抬高股价，并取得了一定的成功。在我看来，把股价抬高到每股 107 美元左右是相当不错的成绩，而且总的来说，我甚至还卖出了一些股票。虽然卖出的数量不多，但是我很庆幸并未增加联合资金池持有的股数。许多联合资金池之外的人士就等着股票价格上涨一点儿然后立即抛售，对他们来说，我的出现犹如天赐之福。如果当时的总体市场状况能够好一点儿，我所取得的成绩可能会更好，如果他们早点儿找到我就好了。我觉得，对于联合资金池来说，我现在能做的就是以尽量小的损失摆脱这只股票。

我派人将普伦蒂斯请来，并告诉他我的观点，但是他提出反对意见。然后我向他解释了我采取这种立场的原因，我说："普伦蒂斯，我对股市动态把握得很透彻。没有人跟进这只股票，从股民对我操作的反应就不难看出这一点。听着，尽管石油产品公司股票对作手有很大的吸引力，并且你自始至终都全力以赴地为这只股票提供所有的支持，但是若你发现股民仍然对它不理不睬，在这种情况下，你大概就可以确定问题不在于股票而在于股市了。有些事情是强迫不来的，如果一厢情愿地赶鸭子上架，那么注定会失败。对一只股票而言，如果有其他人购买，那么联合资金池经理应该很乐意买进自己持有的股票。但如果他是股市上唯一的买家，那么他是一个不折不扣的傻子。我每次买进 5 000 股股票的同时，股民应该乐意或者能够再买进 5 000 股。但是我肯定不会自己一个人买进，因为这样做的后果就是我持有一大堆我不需要且需要做多的股票。现在你没有其他选择，唯有选择脱手，而脱手的唯一途径就是卖出。"

“你的意思是说，能卖什么价就卖什么价？”普伦蒂斯问道。

“对！”我说，我看得出他已经准备好反对我。

“如果我卖出联合资金池的全部股票，股价无疑会跌破票面价值。”

“不！我绝不会这样做！”他叫嚷道，他的反应就如同我让他加入自杀俱乐部一般。

“普伦蒂斯，”我说，“为了卖出股票将股票的价格抬高是股票操作的基本原则，但是你不会在价格上涨时大批卖出，因为这样做不对，价格由高到低下跌之时才是大量卖出的时机。我无法将你的股票价格抬高到每股125美元或130美元，我心有余而力不足。所以你需要从这个价位开始卖出。在我看来，所有股票都会下跌，石油产品公司股票也不例外。现在卖出联合资金池的股票让价格下跌，也好过下个月因其他人卖出而暴跌。无论如何，下跌在所难免。”

我不觉得我的话有多么令人痛苦，但他发出雷鸣般的咆哮。他根本听不进我的建议，他想要的结果是无法实现的。如果这样，可能会搅乱股市，更不用说把股票质押在银行造成种种不便的可能性，如此种种。

我再次告诉他，根据我的判断，石油产品公司股票下跌15或20美元是必然的，因为整个股市的趋势就是如此，而且我一再强调，期待这只股票能够与众不同、大放异彩实属荒谬。但我还是在白费口舌，他仍然坚持让我继续支持这只股票。

他是一位精明干练的商人，是当时最为成功的推广人之一，也曾在华尔街的交易中赚了数百万美元，比一般人更了解股市投机的游戏规则，但是在这种熊市初现端倪的情况下他居然坚持支持这只股票。诚然，这是他的股票，但同时这是一桩亏本买卖。我俩的想法大相径庭，于是我又和他争了起来。但是这也无济于事，他坚持下达买进指令支持这只股票。

当然，当整体股市变得疲软，股价真正开始下跌时，石油产品公司的股票也会与其他股票一同下跌。事实上，由于普伦蒂斯的指令，我不但没有卖出反而还为联合资金池买进了这只股票。

对此唯一的解释就是，普伦蒂斯不相信熊市已经近在眼前，而我确信牛市已经结束了。对石油产品公司股票和市场其他股票的试验已验证了我的第一个猜测，我不会等到熊市完全到来才开始卖出。虽然我做空了其他股票，但我连一股石油产品公司股票都未曾卖出。

如我所料，套牢石油产品公司联合资金池的不仅是他们最初持有的股票，还有他们为维持股价而徒劳买进的股票。最后他们确实进行了平仓，但若当初普伦蒂斯能够放手让我按照自己的意愿卖出股票，他们平仓时的价位肯定远不止这个价，这个我可以确定。但是在我看来，普伦蒂斯仍觉得自己并未做错，他甚至亲口说自己确实没错。他说我当时趁着股市行情上涨做空了其他股票，所以才给他提出这样的建议，他这么说我也能理解。当然，这意味着以任意价格卖空联合资金池所持有的股票导致石油产品公司股票股价下跌，对我在其他股票上的空头头寸有利。

这完全是胡说八道。看空并非因为我做空了其他股票，而是我估计的股市行情就是如此，而且我只是在看空后才做空。生财之道就在于永远不要做错事，至少股市如此。我计划卖出联合资金池的股票正是基于我在股市 20 年的经验，而经验告诉我这个计划行得通，因此这一决定就显得相当明智。作为一名作手，普伦蒂斯应该跟我一样看清这一点。而现在无论怎样都为时已晚。

我觉得普伦蒂斯与成千上万的局外人一样，都幻想着操纵者可以无所不能，事实并非如此。基恩干过的一笔最大的买卖就是他在 1901 年春成功操作了美国钢铁公司普通股和优先股。他成功的原因不在于他的聪明才智和掌握丰富的资源，也并非因为全美最富有的财团在替他撑腰。这些只不过是他成功的部分原因，主要原因还是整体股市对他有利，而且股民也拥有正常的心理状态。

一个人与经验教训和常识对着干可不是什么好事。但是华尔街的傻瓜们并不都是局外人，普伦蒂斯对我的不满就是我刚刚所说的情况。他感到苦恼的是，我并非按照自己的意愿而是根据他的指示来操作股票。

只要不在操作股票时故意做出任何虚假陈述，那么这些为大量售出股票而进行的操作就没有什么神秘、见不得光或不正当的地方。合理的股票操作必须基于合理的交易原则。人们总是太过于强调诸如虚假回购等旧式做法，但是我向你保证，这种近乎欺骗的小伎俩几乎起不到任何作用。股市操作与股票及债权场外交易的区别就在于客户的性质而非吸引客户的方式。J. P. 摩根公司卖出债券的对象是投资者，而操纵者卖出股票的对象是投机者。投资者看重资金的安全及所投资金带来的利益回报的持久性，而投机者在乎的是快速获利。

操纵者必然会将投机者作为他的一级股市，只要机会得当，这些投机者就会想方设法获取巨大的资本回报，而他们承担的风险也比一般的商业风险高出很多。我自己从不相信这种盲目的赌博，我也许会孤注一掷，也许会一次买进 100 股。但不管是哪种情况，我必然会有这么做的原因。

我清楚地记得我是怎样进入股票操作这一行的，股票操作就是为其他人推销股票。回忆这件事让我很开心，因为它完美地展现了华尔街的专业人士对股市操作的态度。操作股票是我“东山再起”之后的事了，当时是因为 1915 年的伯利恒钢铁交易，我的财务状况才开始好转的。

那时候我都是稳扎稳打，而且运气很不错。我从未想过成为报纸上的名人，但是也不会刻意回避媒体。同时，你知道，若某位作手碰巧表现得比较活跃，那么华尔街的专业人士就惯于夸大他的成功或失败。当然，报社会打听到他的消息，并将谣言刊登出来。据小道消息，我已经破产过无数次，或者还是那一群所谓权威人士鼓吹我已经赚得盆满钵满了。看到类似的报道，我唯一的反应就是想知道这种报道究竟是如何产生的，从何而来，又是怎样传开的。我的经纪人朋友接二连三地向我讲着同一个故事，每次的故事情节都稍有变动，变得更加生动丰满。

绕了这么一大圈，我就是想向你讲述我最初是怎样踏上替他人操纵股票这条道路的。在这一方面，报纸上关于我一次性还清数百万美元欠款的故事发挥了重要作用。我在股市的大手笔买卖以及我的成功事迹被报纸大肆渲染，这让我成了华尔街家喻户晓的人物。过去一位作手只要可动用的仓位达到20万股就可以称霸股市，但这样的日子已经一去不复返。要知道，股民总是希望昔日的领头者后继有人。基恩是一位经验丰富的股票作手，凭一己之力豪赚数百万美元，而使自己声名远扬，很多股票推广人和银行也因此想让他出面销售大量股票。简而言之，正是因为华尔街的这些人听说了他先前交易股票的成功事迹，才争相聘请他为自己操纵股票的。

但是基恩已经驾鹤西去。他说过，如果赛森比不在天上等他，他宁可下地狱。还有其他两三位，他们一度在数月创造了股市历史，但由于长久以来没有什么动作，最终也淡出人们的视野。我特别想指出的是那些大手笔的西部人，他们在1901年来到华尔街，他们从自己持有的钢铁股中赚了数百万美元后依然留在华尔街。他们实际上是超级成功的推广人，而非基恩那样的股票作手。他们非常能干和富有，他们成功地卖出了他们和自己朋友所负责的公司的证券。他们并不是类似基恩或弗劳尔州长之流的伟大的操纵者，但是，华尔街对他们的好奇依然不减，而且他们在专业人士和交易更加活跃的经纪行之间肯定还有一群追随者。当他们的交易不再活跃后，华尔街才发现自己已找不到操纵者，至少报纸上再也看不到他们的消息了。

你应该记得在1915年纽约证券交易所恢复交易后迎来的大牛市。随着市场的扩张，协约国在美国国内的各种采购累积达到数十亿美元，股市进入繁荣时期。就股票操作而言，任何人都可以不费吹灰之力为“战时新娘潮”创造无限的市场。许多人只是利用合同，甚至只是遵照合同的约定就赚取了数百万美元。他们能成为成功的推广人无非仰仗友好的银行家，或是将他们的公司在场外交易市场上市。只要吹捧到位，股民自然会吃这一套。

在那次繁荣逐渐消失后，一些推广人发现他们在推销股票的时候需要专家的帮助。当股民被各种各样的证券套牢，并且其中的一些还是以较高的价格买进的时候，再要卖出未经考验的股票就不那么容易了。在经过一次繁荣后，股民都确信股价不会再涨。这不是因为买家提高了鉴别股票好坏的能力，而是因为盲目买进的形势已经结束，人们的思想已经发生了变化。要让大众变得悲观，用不着股价下跌，只要股市转为低迷，并保持这个状态一段时间就足够了。

在繁荣时期，成立公司虽说不是只朝着利用大众对各种股票的购买欲大赚一笔的目的去的，但主要目的就是这样。当然，总有一些股票推广的步伐姗姗来迟。这些推广人之所以会犯这种错误，是因为他们和一般人一样，不希望看到繁荣的终结。而且，如果真有可能大赚一笔，冒险也是值得的。当我们被虚假的希望蒙蔽了双眼时，我们就再也看不到价格的顶点。如果看到一只以每股 12 或 14 美元的价格都没人愿意买进的股票突然涨到每股 30 美元，一般人都会断定这就是它的最高价了，但是它涨到了每股 50 美元。你觉得这次肯定不会再涨，但它继续涨到每股 60、70 甚至 75 美元。这时候你确信这只在几周前还达不到每股 15 美元的股票充其量也就是如此。但是它继续蹿到了每股 80、85 美元。因此一般人绝不会考虑股票的价值，而只会考虑价格，支配他们行动的不是股市状况而是恐惧。于是这些人采取了最简单的方式，那就是他们不再考虑价格的上涨会受到限制。这就是这些局外人虽然足够明智没有在价格最高时买进，但是也没有获利平仓的原因。在股市繁荣时，从账面上看，大众股民总是能最先赚到大钱，但遗憾的是这些利润终究只停留在账面上。

第二十二章

内幕助力联合炉具，人心不足蛇吞象

吉姆·巴恩斯不仅是我的主要经纪人，也是我的好友。有一天，他前来拜访，希望我能帮他一个大忙。他以前从未用那种方式向我开口，因此我问他到底是什么忙，内心希望我能够力所能及地帮到他。他告诉我，他的公司看中了一只股票，事实上，他们是这家公司的主要发起人，并持有该公司很大一部分股票。由于情况发生变化，他们必须卖出一大批股票。吉姆希望我亲手操刀，帮他完成此次推广任务。那只股票是联合炉具。

然而出于各种原因，我并不希望与这只股票有任何牵连。但这是吉姆的请求，我不得不帮。他坚持说看在他的面子上帮他一个忙，单凭这一点，我就无法拒绝。他是个好人，而且是我的好朋友。据我所知，他的公司已深陷其中，我最后答应他将尽力而为。

我一直认为，战争带来的繁荣和其他繁荣之间最独特的区别就是股市出现新的面孔——少年银行家。

战争引发的繁荣程度令人惊叹，其根源和成因对所有人而言显而易见。与此同时，美国国内最大的银行以及信托公司竭尽所能地帮助各种类型以及处于各种处境的发起人和军火制造商，让他们在一夕之间成为百万富翁。以至只要有人说他有个朋友是任意一个协约国朋友，他就可以在合同签订之前拿到合同履行所需的全部资金。我听过这样一些令人不可思议的故事：昔日的小职员摇身一变成为公司总裁，拿着从深信不疑的信托公司那里借来的资金，做着几百万美元的生意；还有商务合同易手多次，每次易手都会创造一笔利润。黄金从欧洲潮水般涌入美国，而银行必须想方设法留住这些黄金。

这种做生意的方式可能会令老一辈人感到担忧，但如今这么想的人似乎也不多了。在和平年代，人们看到的大多是白发苍苍的银行行长，而在战争时期，年轻的银行家才是主角。银行确实赚得盆满钵满。

借着与马歇尔国民银行年轻行长的交情以及他的信任，吉姆·巴恩斯和他的合伙人决定将三家知名的炉具公司合并成一家新公司，并向公众发行新公司的股票，而好几个月以来，公众见什么买什么，比如购买带雕刻图案的认购证书。

他们面临的一个问题是，炉具业生意繁荣兴隆，以至实际上这三家公司的普通股股东有史以来首次获得股息，因此，他们的大股东不愿意放弃控股权。这 3 家公司的股票在场外交易市场的行情非常不错，它们之前已经卖出足够多想要出手的股票，并且满足于现状。这 3 家公司各自的市值太小，很难引发较大的市场波动，这也是吉姆·巴恩斯的公司介入的契机。他的想法是，合并后的新公司必须市值足够大，以便在证券交易所上市，而上市后，新发行的股票将比之前的股票更值钱。只要改变一下认购证书的颜色就能让股票更值钱，这是华尔街惯用的伎俩。比如，当某只股票难以再按票面价值出售时，将 1 只股票拆成 4 只，就能以每股 30 或 35 美元的价格出售新股票。这就相当于原先的股票价格上涨至每股 120 或 140 美元，而这个价格对于老股票而言是难以企及的。

看来巴恩斯和他的合伙人已成功地说服持有部分格雷炉具公司（大型公司）股票的朋友参与合并，条件是每 4 股联合炉具股票的股票换一股格雷公司的股票。米德兰公司和韦斯顿公司则紧随格雷炉具巨头的脚步参与合并，条件是一股换一股。先前在证券交易所中，这两家公司的股价在每股 25 美元至 30 美元之间，而知名度更高且已派发股息的格雷炉具公司，其股票价格在每股 125 美元左右。

为了从那些坚持要变现的股票持有者手中购买股票，以及为重组升级和推广提供额外的运作资金，筹集几百万美元对公司而言是必要之举。因此巴恩斯拜访了他的银行行长朋友，这位行长非常慷慨地为重组后的辛迪加贷款 350 万美元，以新公司的 10 万股股票作为抵押。我还听说，辛迪加向该银行行长保证股价不会低于每股 50 美元。因为涉及标的价值较大，所以这是一笔非常有利可图的交易。

发起人犯下的第一个错误是时机问题。市场上新股发行量已达到饱和状态，而他们本应该看出这一点。然而，如果他们没有企图复制其他发起人在股市鼎盛时期大赚特赚的做法，那么即使在那个时候，他们也能赚到一笔可观的收益。

但你千万不要想当然地认为吉姆·巴恩斯和他的合伙人是一群傻

子或是缺乏经验的愣头青。相反，他们精明干练，对华尔街的玩法十分在行，他们当中有些人甚至是极为成功的股票作手。但是，他们犯下的错误可不只是高估了股民的购买力这么简单，因为这种购买力毕竟只能通过股市的实际检验才能得知。他们犯下的最大同时也是代价更为高昂的错误就是，他们认为牛市会持续更长的时间。在我看来，他们犯错的原因在于他们曾经在短时间内获得过巨大的成功，以至他们确信自己能够在牛市结束前完成交易。他们所有人都享有盛名，在专业交易者和经纪行中有大批的跟随者。

此次交易的推广做得极为到位，各家报纸均不吝篇幅地对此大肆报道。之前的三家公司代表美国的炉具业，而且它们的产品闻名全球。这次合并是一种爱国行为，日报上有大量的关于此次合并必将占领全球市场的报道。拿下亚洲、非洲和北美市场简直如探囊取物。

合并后新公司的董事均为金融板块读者非常熟悉的知名人士。此次合并的推广工作令人拍手叫绝，匿名内幕人员对该股票价格的走势的承诺非常明确且令人信服，以至对这只新股，市场产生了巨大的需求量。在新股认购关闭后，他们发现这只以每股 50 美元向公众发行的股票超额认购率达到 25%。

你想想看，发起人期待的最好局面是在做出数周的努力，并且将价格提升至每股 75 美元或更高，以便使均价达到每股 50 美元之后，成功地以每股 50 美元的价格出售新股票。而要达到这个价格水平，参与合并的三家公司的股票都需要在先前价格的基础上上涨约 100%。而它们并没有将股票价格拉升至预期的水平，这就是问题所在。这也告诉我们一个道理，尽管每个行业都有其独特的需求，但在满足这些需求方面，所谓通才不如专才。出乎意料的超额认购令发起人喜出望外，因此，他们认为不管该股什么价格，也不管发行多少，股民都已经做好了购买的准备。而事实上，他们竟然愚蠢到出现配额不够的情况。就算发起人下定决心要贪婪一把，最起码也应该尽力做好贪婪的准备。

当然，他们应该做的是全额配售新股。这样他们就可以至少做空公众总认购额 25% 的股票数量，而且在必要的情况下，不用付出任何成本就可以支撑股价。对他们而言，无须付出任何努力，他们就可以轻轻松松处于绝佳的战略位置，而这种战略位置可是我在操纵股票时孜孜以求的目标。他们本可以通过稳住股价，避免下跌，以此来为市场对新股价格的稳定以及承销团支撑股票注入信心。他们本该知道，要做的事远不止向股民出售新股，因为新股只是他们需要销售的一小部分。

他们自以为功德圆满，没过多久，那两个致命错误的后果便开始显现。由于股市出现修正趋势，股民不再购买任何新股。那些内幕人员临阵退缩，不再支持联合炉具。在股价回落时，如果连他们自己都不购买自己公司的股票，那么还能指望谁买呢？内部支持的缺失通常被认为是绝佳的看空信号。

此时，没有必要深入分析数据。联合炉具股票和市场上其他股票的价格一样上下浮动，但从未超过最初的市场报价，即略高于每股 50 美元。巴恩斯和他的朋友最后不得不出手买进，以保证价格在每股 40

美元以上。没有在新股上市之初给予支持着实令人遗憾，但未按股民认购数足额配售这一点更糟糕。

不管怎样，这只股票如期在纽约证券交易所上市，其价格持续下跌，直到跌至名义价格每股 37 美元。吉姆·巴恩斯和他的合伙人不得不将新股维持在这个价格上，因为当时他们以每股 35 美元的价格抵押了 10 万股给银行。倘若银行企图清偿这笔贷款，那么无法想象它的价格会跌落到什么地步。那些曾经蜂拥而至以每股 50 美元认购新股的股民，对于现在每股 37 美元的价格毫不在意，就算是每股 27 美元他们也不会入手的。

随着时间的流逝，银行过度延长贷款期限的行为引发了公众的担忧。年轻银行家的日子到头了，银行业似乎处在一不小心就退回之前保守主义状态的边缘。昔日的亲密好友现在被行长要求偿清债务，就好像行长从未与他们打过高尔夫球一样。

银行用不着威胁还款，债务人也无须乞求宽限时日，情况的发展已令双方极度不安。这不，和我的朋友吉姆·巴恩斯有业务往来的那家银行表面上依旧泰然自若，但实际情况是，它非常想对贷款人说："看在老天的分儿上，解决那笔贷款吧，否则我们将一团糟！"

这种处境的糟糕程度以及它随时爆发的可能性令吉姆·巴恩斯不得不向我寻求帮助，希望我能够卖出 10 万股联合炉具股票，从而清偿银行 350 万美元的贷款。如今，吉姆并不奢求从这只股票中赚取任何利润，如果辛迪加的新股只遭受一点点损失，他们对我将不胜感激。

巴恩斯的这一请求看起来毫无胜算。在所有人提振信心，企图相信牛市即将复苏时，尽管有过几次回弹，但股市整体而言既不活跃，也不坚挺。

我给巴恩斯的答复是，我会深入考察一下，并告诉他接手这个任务的条件。我确实研究了一番，但也仅限于研究当前所处的股市阶段，我并未分析这家公司去年的年报。我不打算以公司收益即将大涨以及前景良好来兜售这只股票，而是选择在公开市场处置这只股票。我考虑的是在这个任务中，有哪些因素应该、可以或者可能对我有帮助，或者有哪些因素妨碍我实现目标。

首先，我发现这只股票大部分被极少数人持有，这对我而言风险太大，且令我担忧。克利夫顿 · P. 凯恩公司身兼银行家、经纪人以及纽约证券交易所会员多重身份，持股数多达 7 万股。这家公司与吉姆关系密切，且精研炉具股票数年，在促成此次公司合并的过程中发挥了很重要的影响作用。它的客户也从这次合并重组中获利。前议员塞缪尔 · 戈登也持股 7 万股，他是戈登兄弟公司的特别合伙人，这家公司由他的侄子创立。此外，知名的作手乔舒亚 · 沃尔夫持股 6 万股。这三个华尔街专业老手共持有 20 万股联合炉具股票，对于抛售股票的时机，他们不需要任何好心人的指导。如果我做出任何操纵行为，以吸引股民买入，换句话说，如果我让这只股票变得活跃且坚挺，凯恩、戈登和沃尔夫一定会果断地出手，而且绝对不会小量抛售。这 20 万股股票如尼亚加拉瀑布那样在股市中倾泻而出的画面对我而言并不是闹着玩的。别忘了牛市大势已去，无论我如何巧妙地操作，都无法制造巨大的需求。吉姆 · 巴恩斯对此不再抱有一丝幻想，所以他选择退避三舍，让我来接这个烫手的山芋。他给了我一只掺水股，希望我在奄奄一息的牛市终结前卖掉它。当然，尽管报纸上还没有出现任何关于牛市即将终结的报道，但对于这一点，我心里清楚，吉姆·巴恩斯清楚，银行当然也清楚。

尽管如此，我已经答应帮忙，所以我派人去请凯恩、戈登和沃尔夫。他们手中持有那20万股股票可算得上是一柄高悬于我头顶之上的达摩克利斯之剑，我想我得把达摩克利斯头顶上方悬挂利剑的头发换成铁链才行。对我来说，最简单的办法就是签订一些互惠协议。在我抛售银行那10万股联合炉具股票之时，如果他们能按兵不动，我将积极帮助他们做市，以便我们所有人都可以成功地抛出。事实上，只要他们抛出1/10，联合炉具股票股价绝对会大跌。这一点他们心知肚明，所以从未想过要这样做。我对他们唯一的要求是准确地判断抛售时机以及保持明智，避免在不理智的情况下采取自私的做法。在华尔街或其他地方，损人又不利己的做法没有半点儿好处。我希望说服他们未到时机或欠缺考虑的抛出将妨碍我们所有人全盘抛出，时不我待。

我希望这个提议能够吸引他们，因为他们是经验丰富的华尔街专业人士，对联合炉具股票的实际需求不抱有任何幻想。克利夫顿·凯恩是一家经纪行的老板，该经纪行业务兴旺，分公司已覆盖11座城市，客户数不胜数。他的公司曾是多家集团的管理者。

持7万股的前议员戈登非常富有。虽然他曾因违约而遭到一名16岁美甲师的起诉，但是在都市新闻读者的眼中，他仍然大名鼎鼎。这名美甲师拥有价值5 000美元的貂皮大衣，收到过132封来自被告的书信。他帮助侄子成立经纪行，并且成为这家公司的特别合伙人。他还入股十几家集团。戈登继承了米德兰炉具公司的一大笔股份，并在合并后获得 10 万股联合炉具股票。他持有的仓位太重，所以才没有轻信吉姆·巴恩斯传出的关于牛市重大利好的内幕消息，在股市疲软前就变现 3 万股。后来他对一个朋友说，本来他可以卖出更多，但其联合炉具的大股东都是他的老朋友，请求他不要再卖了，出于对他们的尊重，他便停手了。如我所言，除此之外，他没有市场可以再抛出了。

第三位大额持股人是乔舒亚·沃尔夫。他可能是作手中最享有盛名的一位。这 20 年来，所有人都知道他是交易厅的大赌客之一。在抬高和压低股价方面，少有对手。一两万股在他眼里也就相当于其他人眼中的两三百股。我来纽约之前就听过他的大名。那时他与一个嗜赌的小圈子过从甚密，这个小圈子不管是在赛马还是在股市上都是一掷千金，绝无上限。

有人曾评头论足地说他不过是一介赌徒，但他确实有真本事，在投机方面有极强的天赋。与此同时，他对高雅追求毫无兴趣，这一点使他成为无数奇闻逸事里的当事人。其中一个广为流传的故事是这样的：有一次，乔舒亚参加一场他眼中的上流晚宴，几位宾客开始谈论文学，其间由于女主人一时疏忽，没有及时转换话题。乔舒亚旁边的一位女士发现他一直在默默地吃东西，于是转向他，急切地想要听一听这位大金融家的高见，她开口问道：“沃尔夫先生，您如何评价巴尔扎克？”乔舒亚十分礼貌地停止咀嚼，咽下口中的食物之后回答道："我从未在场外证券市场交易过这只股票！"

上面说的这三位便是联合炉具的三大个人股东。见面时，我告诉他们如果能够成立一个辛迪加，投入一些资金，并且给予我股票认购期权，价格比市价稍高一点儿，那么我会竭尽全力地做市。他们立即问我需要多少资金。

我回答道："你们持有这只股票已经有很长一段时间了，目前对它束手无策。除了做市，没有其他方法可以出手这20万股，我想你们应该都清楚这一点。必须有股市吸收你们抛出的股票才行，而明智的做法是手握足额资金，以购买最初为做市而可能需要买入的股票。启动这个计划后，如果因资金短缺而停止，那么我所做的一切都是徒劳无益的。我建议你们成立一个辛迪加，筹集600万美元现金。然后给这个辛迪加设置一个认购期权，在每股40美元时认购这20万股，并且将你们手上所有的股票交给第三方托管。如果事情顺利，你们不仅可以成功地摆脱这只股票，而且辛迪加也可以赚一点儿。"

我前面提到过，市面上关于我在股市中大赚特赚的传言层出不穷，各种版本都有。我想这些传言应该会有帮助，正所谓"成功是成功之母"。不管怎样，我对这些家伙无须做太多解释，他们深知孤军作战的后果。他们认为我的计划不错，离开时表示会立即创立这个辛迪加。

他们没有费多大的劲儿就吸引了很多朋友加入，我猜想，他们在向朋友谈论辛迪加的收益时，表现出来的信心肯定比我足。据说，他们真的相信辛迪加会创造可观的收益，这样的话，他们并没有昧着良心散播内幕消息。几天后，辛迪加正式成立了。凯恩、戈登和沃尔夫以每股 40 美元给出了 20 万股的认购期权，我确保股票已由第三方托管。如此，在我抬高这只股票的价格时，这 20 万股也就不会流入市场。我必须保护自己，许多很有前景的交易因集团成员或圈内人未能相互信任而以失败告终。在华尔街，人们对自相残杀的做法司空见惯，并没有什么偏见。我记得那时美国第二钢铁和电线公司的股票发行时，内幕人士互相指责对方失信，企图卖出全部持股。约翰 · W. 盖茨和他的伙伴与塞利格曼家族和他们的银行伙伴曾签订了一份君子协议。噢，我听到有人在经纪行吟诵过一首四行诗，据说出自约翰 · W. 盖茨之手：

> 狼蛛跳上蜈蚣背，得意笑声悚然起："先下手为强，后下手遭殃！"

请注意，我绝非在暗示我的华尔街朋友会在股市交易中暗算我。只不过根据一般原则，人们应该为任何意外做好准备，这是一个基本常识。

沃尔夫、凯恩和戈登告知我已成立辛迪加，接下来会注入 600 万美元现金，因此等待资金入账是我唯一能做的事。我催促他们尽快完成入账。然而，这笔钱是一笔笔汇入的，大概分四五次分批到账。我并不知晓其中的原因，只记得当时我不得不向沃尔夫、凯恩和戈登发出求助信号。

那天下午我便收到几张大额支票，这样我手上的资金到账的大约有400万美元，剩下的200万美元他们承诺会在一两天内汇入。终于，看起来这个辛迪加有望在牛市结束前有一番作为了。即使在最理想的情况下，要脱手这20万股也绝非易事，我越早开始动手，情况对我越有利。大众对非活跃股的新股市动向并不是特别关心，但有了这400万美元现金，我就有了很大的操作空间来激发人们对某只股票的兴趣。这笔资金足以吸纳所有可能出现的抛售。像我先前说的那样，如果时间紧迫，就没有必要等待剩余的200万美元到账。很显然，这只股票越早涨到每股50美元，对辛迪加越有利。

第二天早晨开盘时，我很惊讶地发现联合炉具股票的交易量非比寻常。先前我说过这只股票曾连续几个月沉入池底，价格固定在每股37美元。他们的银行贷款是以每股35美元作为抵押的，所以吉姆·巴恩斯极力护盘，以防止它继续下跌。在吉姆看来，与其期待联合炉具股票价格上涨还不如期待海峡对岸的直布罗陀巨岩能够闪闪发光。

好家伙，那天早晨，市场对这只股的需求十分旺盛，推动价格上涨至每股39美元。开盘后第一个小时的交易量比前半年所有的交易量加起来还要多，这一情况在当天引起轰动，并且点燃整个市场的看涨热情。事后，我听说经纪行的客户大厅都在讨论这只股票。

我不知道这是怎么回事，但看着联合炉具股票的上涨肯定不会让我心情沉重。与往常一样，我不需要主动询问任何股票的异常波动，因为场内经纪人为我提供交易服务的朋友以及场内交易者中有些私交很好的会实时告诉我最新消息。他们认为我想要知道这些信息，所以他们在得知任何消息或传闻后，都会打电话告诉我。那天，我听到的所有消息是内部绝对有人在买进联合炉具股票。其中没有任何虚假买卖，所有的交易都是货真价实的。从每股 37 美元一直到每股 39 美元，购买者吃下了所有抛售的股票，当问及入手缘由或内幕消息时，这些购买者一概三缄其口。这一行为让狡猾且警惕的交易者断定他们一定在酝酿什么大动作。如果某只股票随着内幕人员的购买而上涨，而这些内幕人员不鼓励他人跟风，那些纸带虫就会开始疑惑到底何时发布正式公告。

我什么都没做，只是观察、思考并跟踪这只股票的交易量。但隔天，购买量不仅更高而且势头更猛。客户发出的在高于每股 37 美元的价位上卖出股票的指令，连续几个月躺在交易者的指令簿上睡大觉，而现在毫不费力就被抢购一空，而且新的卖出指令数量不足以抑制这只股票的涨势。因此，这只股票的价格自然而然地涨到超过每股 40 美元，在那一天达到每股 42 美元。

当联合炉具股票股价涨到每股 42 美元时，我觉得可以抛售银行持有的那些作为贷款抵押的股票了。当然，我预估股价会因我的抛售而有所下降，但只要全部股票出售的均价在每股 37 美元，那么我的做法也算无可挑剔。我知道这只股票的真实价值，从好几个月的不活跃表现也可以大概看出它的适销性。我小心翼翼地出手，直到我卖出 3 万股，但即使我出手了 3 万股，它的涨势也丝毫没有受到打击！

那天下午，有人跟我讲述了这次适时而又神秘涨势的原因。看起来好像是有一些场内交易者在前晚收盘后和隔天早晨开盘前收到风声，称我极度看涨联合炉具股票，准备采用“惯用的手法”，将股价一鼓作气地推高 15 到 20 美元，而这个所谓“惯用的手法”是从那些从未研究过我的交易记录的人士口中传出来的。主要的内幕消息爆料人正是乔舒亚·沃尔夫，正是他自己的内部买进点燃了前日的涨势。而他交易场内的朋友十分愿意相信他的内幕消息，因为他知道很多内幕，不会向朋友提供错误的信息。

事实上，抛售股票对市场造成的压力没有我先前担心的那样大。考虑到我已经锁定了 30 万股，所以先前的担心不无道理。如今的形势表明，抬高这只股票比我预想的要轻松得多。毕竟州长弗劳尔说得对，每当人们指责他操纵公司股票，如芝加哥天然气公司、联邦钢铁公司或 B. R. T. 公司时，他便会这样说：“我只知道一个抬高股价的办法，那就是买进。”这也是场内交易者唯一可行的办法，因为股价会随买入而发生变化。

翌日，我在早餐前阅读了晨报，说是拉里·利文斯顿准备做多联合炉具股票。这则消息被成千上万的读者阅读过，自然也通过电报传至数百家分公司和外地营业部。至于其他细节，则有所不同，其中一个版本说我成立一个内部集团，准备惩罚那些过分的空头。有一个版本则暗示联合炉具不久后将宣布派发红利，另一个版本则提醒所有人，对于某只我看涨的股票，要注意我采取的“惯用手法”，还有一个版本指责该公司通过隐藏资产让内幕人员买入。在所有版本中有一点是一致的，那就是涨势还未真正开始。

等我抵达办公室，并在股市开盘前阅读了信件之后，我意识到整个华尔街都充斥着炙手可热的内幕消息：立即购买联合炉具股票。那天早上，我办公室的电话一直响个不停，接听员无数次都被问到同一个问题，问法都差不多：联合炉具股票是否真的会涨？我不得不说乔舒亚·沃尔夫、凯恩和戈登，可能还有吉姆·巴恩斯，在散播内幕消息这一点上表现相当出色。

我自己都不知道我有这么一大批追随者。那天早上，我不知道为什么全美各地都涌现出大量买单，想要购买数千股联合炉具股票，而这只股票三天前还无人问津。并且别忘了，事实上，大众能够掌握的信息无非报纸上对我成功投机事迹的"吹捧"所形成的名气。在这一点上，我必须感谢那一两个想象力丰富的记者。

是的，在上涨的第三天，我卖出联合炉具股票，并且在第四、第五天继续抛售。突然之间，我发现已经帮吉姆·巴恩斯卖出马歇尔国家银行所持有的10万股了，这些股票是作为他公司需要偿还的350万美元贷款的质押品。如果说股票操纵者最成功的操作就是以尽可能低的成本取得想要的结果，那么联合炉具股票的交易必定是我华尔街职业生涯中最成功的一次。原因何在？因为在任何时候，我都不需要买入任何股票。我不需要为了之后轻松抛出而先买入。我也没有把价格抬至可能的最高点，然后才开始真正抛出。我的大额卖单甚至是在涨势而非跌势中抛出的。这简直就是梦寐以求的绝佳机会，尤其在着急抛出时，连手指都不用抬一下就可以获得专为你创造的充足的购买力。我曾听州长弗劳尔的一个朋友说过，弗劳尔曾为某一B.R.T.公司账户操盘，在其中一次最成功的针对牛市领头羊的操作中，该集团卖出 5 万股，赚了一笔。但弗劳尔公司收取佣金的股票数量却超过 25 万股。W.P. 汉密尔顿先生曾说詹姆斯 · R. 基恩必须至少交易 70 万股，才能派发 22 万股联合铜业。这可是一大笔佣金支出！而相比之下，我只需要为吉姆 · 巴恩斯实际卖出的那 10 万股支付佣金，这确实省下一笔费用。

我已经出手了曾向朋友吉姆承诺要卖出的股票，而这时辛迪加同意筹集的资金还未全部到位。我对买回之前抛售的股票又没有兴趣，我宁愿去其他地方，给自己来场短假。具体我也记不清了，但我清楚地记得，在我放手联合炉具股票不久后，它的价格就开始下滑。某一天，股市整体疲软，有一位失望至极的多头想要尽快处理掉手上的联合炉具股票，他一卖出，股价就跌至赎回价格（每股 40 美元）以下，但似乎没有人想要接盘。我在前面说过，我对总体股市形势并不看好，所以我更加感激那个奇迹的出现，让我能够成功地处理掉那 10 万股，且无须像那些善良的内幕消息散播者预言的那样，在一个星期内把价格抬高二三十个点。

由于失去所有的支撑，联合炉具股票股价持续下跌，直到有一天惨跌至每股 32 美元。这是有史以来最低的价格。而之前吉姆 · 巴恩斯以及原来的辛迪加把它锁定在每股 37 美元，银行才没把其抵押的 10 万股抛售给公众。

那天，我心情愉悦，正在办公室解读报价纸带，听说乔舒亚 · 沃尔夫来访。我跟门卫说可以见他，他便冲进来了。他身材并不魁梧，但他看起来气鼓鼓的，这一点我立马就察觉到了。

他跑向站在自动收报机旁的我，大声质问："喂，你到底是怎么回事？"

"请坐，沃尔夫先生。"我礼貌地说，然后自己也坐下，想让他平心静气地说话。

"我不要坐下！我想知道这到底是什么意思！"他声嘶力竭地喊道。

"什么什么意思？"

"你究竟对它做了什么？"

"我对什么做了什么？"

"那只股票！那只股票！"

"哪只股票？"我问他。

但我这样说只会让他更生气，他随之怒吼道："联合炉具！你对它做了什么？"

"没做什么！绝对没有。怎么了？"我问道。

他盯了我足足 5 秒，然后彻底爆发了："看看它的股价！看看！"

他确实十分生气。于是我起身，看了看报价纸带。

我回答说："现在的价格是每股 31.25 美元。"

"是啊，每股 31.25 美元，而我手上还有一大批。"

"我知道你有 6 万股。这批股票在你手上已持有很长一段时间了，因为你最初购买格雷炉具时……"

我还没有说完，他就打断我："但我又买进了一些。有些是以每股 40 美元的高价买进的！而且我还没有抛出去！"

他怀着深深的敌意怒视着我，我不得不对他说："可是我并没有让你买进。"

"你没有什么？"

"我并没有让你大量买进。"

"我没有说你让我这么做。但你不是准备抬高它吗？"

"我为什么要这么做？"我打断他。他看着我，无法组织言语来表达内心的愤怒。待他平复后，他说："你准备抬高价格。你有资金买进这只股票。"

"是的，但我一股都没有买。"我回答他。

这是彻底激怒他的最后一根稻草。

"你一股都没有买？你有 400 多万美元现金可以买入，结果一股都没有买？"

"一股都没有！"我重复了这句话。

他气得说不出话来，最后艰难地问道："你这是什么玩法？"

此刻，他一定在心里给我安上了各种滔天罪名，并就这些罪名诅咒我，同时，我敢确定，他的眼前一定浮现出一长串的罪名。面对这样的情形，我不得不对他说："沃尔夫先生，你真正想问的是为什么我没有以高于每股 50 美元的价格买下你手上的股票，而这些股票是你以低于每股 40 美元的价格入手的。是这样吗？"

"不，不是这样。你有每股 40 美元的认购期权，还有 400 万美元现金可以操盘抬价。"

"确实如此，但我没有动用那笔钱，所以辛迪加并没有因为我的操作而损失一分钱。”

“你看，利文斯顿先生……”他开始说道。我并没有让他继续说下去。

“沃尔夫先生，你听我说。你知道你、戈登和凯恩手上加起来的20万股因为第三方托管而被锁定，即使我抬高价格，市场上也不会有大批股票流动，我抬高价格的原因有二：第一，为联合炉具股票做市；第二，在每股40美元的认购期权上赚一笔。但你不满足于以每股40美元的价格抛售已在你手上烂了数月的6万股股票，或者不满足于辛迪加收益的分成（如果有的话），于是你决定在股票价格低于每股40美元时大量购买联合炉具股票，然后等我利用辛迪加的资金抬高价格后，将这些股票脱手卖给我，因为你内心肯定我一定会这么做。你抢在我买入之前买入，然后在我卖出之前脱手，这样做我很有可能就成为那个接盘侠。我猜想，你估计我一定会把价格抬到每股60美元，为此，你可能纯粹出于脱手的目的买入1万股，这对于你来说简直是小事一桩。与此同时，为了确保在我没有接盘的情况下有其他人接手，你将消息散播至美国、加拿大和墨西哥，却未曾考虑这样做将为我增加多大的麻烦。你所有的朋友都知道我准备干什么。在他们还有我买入的过程中，你将坐收渔翁之利。然后收到你内幕消息的密友在他们买入后又将该消息透露给他们的朋友，第三层获得消息的人打算传给第四、第五，可能还有第六层打听消息的人。所以当我最后开始抛售时，我发现数千名睿智的投机者正在等着我。沃尔夫先生，你们的想法真是善良。在我考虑买入前，联合炉具股票就开始上涨，你无法想象我当时有多么震惊，以及我是多么感激那些准备以每股50或60美元卖给我的投机者，他们以大约每股40美元的价格买入承销团的10万股。你觉得我没有拿那400万美元为这些人牟利简直是个傻瓜，是吗？那笔资金是用来买入股票的，但也只能在必要的情况下才使用。然而，我没有买入。”

乔舒亚毕竟在华尔街混迹多年，因此愤怒不至于冲昏他的头脑。在我和盘托出后，他已慢慢冷静下来。他以友好的口吻问：“好吧，拉里老兄，我们应该怎么做？”

“你想怎么做就怎么做。”

“噢，看在咱们交情的分儿上告诉我吧，如果是你面临同样的困境，你会怎么做？”

“如果我深陷其中，”我严肃地说，“你知道我会怎么做吗？”

“怎么做？”

“我会将它们全部卖出！”我回答道。

他盯着我看了好一会儿，然后一言不发地转身离开我的办公室。自此以后，他再也没有登门拜访。

不久之后，议员戈登也找上我。他同样十分生气，将他们自己惹到的麻烦归咎于我。接着，凯恩也加入声讨我的队伍。他们忘记在成立辛迪加的时候，他们的股票大量滞销，只记得我手握辛迪加几百万美元资金却没有卖出他们的持股，以及这只股票之前很活跃，价格在每股44美元，而如今它跌至每股30美元还是无人问津。按照他们的想法，我应该全部卖出并收获丰厚的利润。

当然，他们之后也冷静下来。辛迪加没有损失一分一毫，主要问题还是那个：卖掉他们持有的股票。一两天后，他们回头找我，希望我能帮助他们脱离困境。戈登尤为坚持，最后我答应帮助他们以每股25.5美元抛出他们手上囤积的股票。

那些以高于这个价格卖出的股票，我将收取总成交金额的一半作为酬劳。联合炉具股票最后一笔成交价是每股30美元。我又一次帮他们卖出全部股票。基于股市大势及联合炉具股票的表现，目前只有一种可行方法，即在这只股票下滑时抛出，并且一开始不试图拉高价格。价格上涨时，大量吃进股票。在下跌时，我可以遇到一些买家，他们认为当一只股票从顶峰跌落15或20美元时，就可以低价入手，尤其是它的顶峰刚过不久。他们认为会发生回弹。联合炉具股票从一路上涨至将近每股44美元，到目前低于每股30美元，看起来确实值得入手。

果不其然，选择股票下跌的购买者大量买进，我便成功地清空他们的持股。但你认为戈登、沃尔夫或凯恩会为此不胜感激吗？一点儿也不。我从他们的朋友那里大概得知，他们仍对我心怀怨恨，到处散播我对他们做了什么的谣言。他们无法原谅我没有按照他们预料的那样抬高价格。

事实上，若不是沃尔夫和其他人四处散播他们看涨的内幕消息，我也无法卖出抵押给银行的那10万股。如果按照以往的做法，以合乎逻辑的正常方式操作，那么任何价格我都必须接受。我早先说过，股市已进入衰退期，在这种情况下，要不计价格谨慎抛出。我想他们还是相信有其他可行的方法，但事实上并没有。他们还是很生气。我倒一点儿也不，生气不会带来任何好处。我不止一次认识到无法控制脾气的投机者注定会失败这一事实。在这件事上，他们的抱怨并没有引起任何后续风波。但我告诉你一件非同寻常的事。一天，利文斯顿夫人前往一家别人热心推荐的裁缝店。这家店的女裁缝能干且乐于助人，性格很讨喜。在见面三四次之后，女裁缝认为对利文斯顿夫人的感觉没有那么陌生了，便对利文斯顿夫人说："我希望利文斯顿先生尽快抬高联合炉具股票的股价。我们听闻他准备这么做，于是入手了一些。人们经常说他战无不胜。"

无辜的人因听信这种内幕消息而惨遭损失，这实在不是一件令人开心的事情。或许你可以明白我为什么从不透露内幕消息。那个裁缝让我觉得，如果非要抱怨的话，沃尔夫是我真正想要抱怨的人。

第二十三章

空头袭击是借口，股市割韭没商量

股票投机行为永远不会消失，而且让它消失也并非可取。我们并不能通过发出投机有风险的警告来阻止投机行为。有些人，无论他们的能力有多强或者经验有多丰富，你都无法阻止他们在股市出现猜错的情况。由于考虑不周，或者意想不到的事情发生，即使是精心制订的计划也会失败。灾难可能是自然灾害或天气造成的，也可能是自身的贪婪、他人的自负、恐惧或不受控制的奢望造成的。但是，除了这些所谓投机者的天敌，股票投机者还必须对付道德和商业上防不胜防的做法或弊端。

回首 25 年前初次来到华尔街时遇到的一些“惯例”，我不得不承认，股市情况在不断好转。尽管以投机为目的的“经纪行”仍然通过对那些坚持幻想快速致富的股民“割韭菜”而生意兴隆，但是旧式的对赌行已不复存在。在追查这些彻头彻尾的骗子，并要求会员严格遵守规则方面，证券交易所的工作做得非常出色。许多健全的规定和限制虽然现在已被严格执行，但仍有改进的空间。相比道德上的麻木不仁，华尔街根深蒂固的保守主义才是某些弊端持续存在的原因。

要想从股票投机中获利一直都困难重重，而现在更是难上加难。就在不久前，真正的作手还可以对交易所交易清单上的每只股票都有很好的了解。1901 年，当摩根大通成立美国钢铁公司时，该公司仅仅由多个较小的钢铁公司合并而成，其中大部分公司的成立时间不到两年。当时证券交易所清单上只有 275 只股票，约 100 只股票在其“非上市部门”交易。其中包含许多股民不需要知道的股票，由于这些股票为少数股或保息股，因此发行量较小或不活跃，缺乏投机吸引力。事实上，绝大多数股票都是多年没有交易的股票。如今，在常规清单上大约有 900 只股票，在近期活跃的股市上，大约有 600 只不同的股票在交易。此外，之前的股票组合和类别更容易跟踪。当时的股票不仅数量较少，而且资本化程度较低，作手必须关注的消息范围也没有如今这么广泛。而如今，你可以交易市场上所有的股票，世界上几乎每个行业都有股票。要保持消息灵通，需要投入更多的时间和精力，从这个意义上讲，股票投机对那些想要明智操作的作手来说变得更加困难。

以投机性质买卖股票的股民成千上万，但真正获利的人屈指可数。由于股民在某种程度上始终“泡在”股市中，因此始终会有人蒙受损失。投机者最致命的死敌包括无知、贪婪、恐惧和希望。世界上所有的法典，以及地球上所有证券交易所的规则都不能从人身上根除这些固有的本性。对于把精心构思的计划搞得一团糟的种种意外，即使让冷漠的经济学家或热心的慈善家制定规章也无力回天。与直截了当的内幕消息不同，蓄意传播的虚假信息是造成损失的另一个诱因。

这些消息在传到股票作手的耳朵之前倾向于先乔装打扮一番，所以更加隐蔽和危险。

当然，普通的局外人要么靠内幕消息交易，要么靠口头或书面、直接或暗示的谣言交易。对于普通的内幕消息，你防不胜防。例如，一位多年的挚友真诚地告诉你他的交易，即买卖某些股票，希望帮助你致富。当然，他也是出于一片好意。但如果内幕消息出了问题，你能怎么办？此外，对于从狡猾的专业情报贩子口中传出的内幕消息，股民也无从防范，上当受骗的概率和买到假金砖或假酒的概率差不多。

在典型的华尔街谣言面前，投机的大众股民既得不到任何保护，在上当之后也无法获得任何补偿。证券批发商、操纵者、联合资金池和个人可以利用各种手段，帮助他们以尽可能高的价格处置剩余的股份。在所有的手段中，通过报纸和自动收报机传播行情看涨的消息是最致命的。

随便翻开财经报社的报纸，你就会惊讶地发现大量隐含的半官方性质的声明。权威人士都是一些什么“主要内幕人员”或“杰出董事”或“高级官员”或“掌权人士”，所以他们理应清楚自己所讲的内容。这是今天的报纸，我随便挑一段，听听这个：“一位知名银行家表示，现在预测股市疲软还为时过早。”

一位知名银行家真的这么说过吗？如果他这么说了，他为什么要这么说呢？他为什么不让人把他的名字印出来？难道他害怕提供名字之后，股民会相信他的话吗？

这里还有一段，讲的是一家公司的故事，这家公司的股票本周一直很活跃。这一次，发表声明的人士是一位“杰出董事”。如果确有其人，那么究竟是董事会十几个董事中的哪一位？显然，不愿透露姓名的匿名人士不会对该声明可能造成的任何损失负责。

除了对各地的投机行为进行理性的研究，股票作手还必须考虑与华尔街投机有关的其他一些事实。除了设法弄清楚如何赚钱，还必须尽量避免亏损。知道什么不该做与知道应该做什么同等重要。因此，我们必须谨记，任何个股的上涨实际上都是受到某种操控，而抬高价格是由内幕人士策划的，其目的有且只有一个，就是尽量以最高的价格出售股票。然而，如果一个股民坚持想要知道某只股票上涨的原因，那么他是打破砂锅问到底的精明人。操纵者自然会用一种便于分配的计算方法“解释”涨势。我深信，如果禁止发表匿名的看涨言论，即那些目的在于让股民购买或持有股票的声明，那么股民的损失会大大减少。

绝大部分由未具名董事或内幕人员授权发表的看涨文章，都向股民传达了不可靠和误导性的信息。股民每年会因相信这种半官方且“可靠”的声明而损失数百万美元。

例如，假设某行业一家公司经历了一段低迷期。这家公司的股票不活跃，其报价代表了大众对这只股票实际价值的普遍且可能准确的看法。有人如果觉得这只股票在这个价位上非常便宜，就会买进，这样，股价就会上涨。股价如果太贵，超出其真实价值，大家就会抛售，股价就会下降。如果这两种情况都没有出现，就不会有人谈论这只股票或采取任何行动。

当公司业务出现转机时，谁会是第一个知道这件事的人，是内幕人员还是大众？肯定不是大众。接下来会发生什么？如果业务持续改善，盈利将增加，公司将恢复派发股息。或者，如果没有停止派发股息，公司可能会支付更高的股息。也就是说，股票的价值会增加。

假设公司的经营情况在不断改善，管理层会公布这种令人振奋的消息吗？董事长会告诉股东吗？好心的董事是否会为了股民的利益，在报纸的财经版上发布署名信息？谦逊的内幕人员是否会遵循他一贯的匿名方式，发表一份未经签署的声明，大意是公司的未来大有可期？不会。没有人会透露半点儿消息，也不会有人在报纸或自动收报机上发表任何声明。

这种有价值的信息会对股民保密，而一向守口如瓶的“知名内幕人员”会进入股市，买进他们能拿到的所有廉价股票，然后大赚一笔。随后，这些内幕人员在掌握大量信息后持续低调买入，股价也随之上涨。财经记者认为内幕人员应该知道价格上涨的原因，于是提出问题。不愿透露姓名的内幕人员一致宣布他们没有消息要发布。他们不知道股价上涨的原因。有时他们甚至表示，他们并不是特别关注股市的变化无常或股票投机者的行为。

股市继续上涨，当知道内情的人士买完了他们想要或可以买入的所有股票后，大众股民盼望的“好日子”就来了。华尔街立刻开始散布各种牛市看涨的谣言。报社告诉作手们“有可靠的消息”表明该公司确实已经顺利渡过难关。这位不愿透露姓名的谦逊董事曾经表示不敢保证股价会上涨，但现在又改口称，股东们完全有理由对公司前景充满期待。

在大量看涨消息的诱惑下，股民开始买进这只股票。这些购买有助于把价格推得更高。到了合适的时机，那些无一例外都不具名的董事的预言得以实现，公司恢复支付股息，或者按情况增加股息。这样一来，看涨的因素就会成倍增加，不仅比以往更多，而且更具煽动性。当一位“主要董事”被直接问到公司当前的经营情况时，他向全世界宣告，情况不仅仅是好转。一位“知名内幕人员”在记者的百般请求下终于透露，公司的收入非常可观。一位与该公司有业务联系的“知名银行家”在别人的要求下，道出该公司实现了业内史无前例的销量。即使没有新订单，公司也得夜以继日地赶工好几个月才能完成现有订单。一位“财务委员会委员”在报纸上用双边线圈起的大号字声明中表示，股民对该股票的上涨行情感到惊讶，而他对此感到吃惊。唯一令人意外的是，该股的上升幅度较为缓和。只要分析即将发布的年度报告，任何人都能够很容易地计算出股票的票面价值比市场价格高出多少。

但在任何情况下，股民都不会得知这位透露消息的好心人士的大名。

只要利润继续向好，只要内幕人员看不出公司发展有任何停止的迹象，他们就会一直持有低价买入的股票。既然没有什么因素可以导致股价下跌，那么他们为什么要现在抛售？但是，当公司业务出现下滑时，会发生什么？他们是发表声明或警告，还是会给出一点点的暗示？不会。现在股市出现下滑趋势。就像公司的生意好转时他们悄悄买进一样，现在他们也会悄悄地卖出。在内幕人员大量抛售股票的情况下，股价自然会下跌。然后股民开始得到熟悉的“解释”。一个“主要内幕人员”表示一切正常。下跌仅仅是因为有些空头抛售操纵股票。当股票下跌了一段时间后，某一天定会猛跌，股民对“原因”或“解释”的需求就会变得更加迫切。除非有人说点儿什么，否则股民会担心发生最坏的情况。于是，新闻自动收报机会打印出如下内容：“我们采访了该公司的一位杰出董事，当被问及股价疲软的原因时，他解释称，他能得出的唯一结论是，目前的下跌趋势是空头做空造成的。基本大势没有变。公司业务空前繁忙，除非在此期间发生完全意想不到的事情，否则在下一次股息大会上公司将会提高股息。空头咄咄逼人，而股市的疲软显然是一场突袭，意在引起大家的恐慌，让大家抛售持有的股票。”为了让消息更加可信，好意的新闻自动收报机很可能会继续发表如下声明：据“可靠消息”，股票下跌当日，内幕人员已买入大部分空头抛出的股票，空头玩火自焚，很快就会自食其果。

部分股民因相信看涨言论和买入股票而蒙受损失，此外，还有部分股民因受到劝阻而不愿抛售股票，最终蒙受损失。让股民买进“知名内幕人员”想要卖出的股票的第二个最好的办法是，当该内幕人员不想支撑或增持这只股票时，他要防止股民抛售同一只股票。股民看了“杰出董事”的声明后，会相信什么？普通的局外人会怎么想？当然是相信股票不可能下跌，下跌是空头做空所致，一旦卖空暂停，内幕人员就会策划一次惩罚性的涨势，空头将被迫以高昂的价格回补。股民对此深信不疑，因为如果下跌真的是由空头袭击所致，情况就会如此。

尽管内幕人员承诺威胁要来一次涨势，严重打压空头，但是该股仍未反弹。股价一直下降，停不下来。而实际上是内幕人员抛售了大量股票，这导致股市无法消化。

而这些由“杰出董事”和“主要内幕人员”出售的内部股票，则成为职业作手脚下的一只足球，被踢来踢去。股价一直下降，似乎没有终点。内幕人员知道，交易条件将对公司未来的盈利产生不利影响，在公司业务好转之前，他们不敢持有这只股票。而业务再次好转之后，他们又会不动声色地悄悄买入。

我在股市浸淫多年，对股市了如指掌，我可以肯定，没有一次大幅下跌是由空头袭击所致。所谓空头袭击，只不过是基于对真实情况的准确了解而进行的抛售。但他们不能对股民声称该股是因内幕人员抛售或内幕人员不买入才下跌的。大家都会匆忙地抛售，而当每个人都抛售，却没有人买入时，就会有人付出巨大的代价。

股民应该牢牢把握一点：股票长期下跌的真正原因绝不是空头袭击。当某只股票持续下跌时，这只股票肯定有问题，问题不是出在股市上，就是出在公司本身。如果某只股票下跌不合理，这只股票很快就会以低于实际价值被卖出，这会引发股民买入，从而止住跌势。事实上，只有当股票价格非常高时，空头才能赚大钱。总之，可以肯定的一点是，内幕人员绝不会把真正有价值的信息公之于众。

当然，纽黑文就是一个典型的案例。现在大家都知道这只股票是怎么一回事，但当时鲜有人知。该股票在1902年以每股255美元的价格被出售，是新英格兰地区最重要的铁路投资。在当时的新英格兰，衡量一个人在社会上的声望和地位就是他持有该公司股票的数量。如果有人说该公司已濒临破产，他不会因为此番言论被送进监狱，却会被送进精神病院，和其他疯子关在一起。但当摩根士丹利任命了一名激进的新董事，灾难就开始了，人们最初并不清楚新政策是否会惠及这条铁路。但随着联合铁路公司开始以虚高的价格上马一处又一处项目，一些眼光敏锐的交易者开始怀疑梅伦政策的明智性。有家公司以200万美元的价格购买了手推车系统，转手就以1 000万美元的价格倒卖给纽黑文。于是，有一两名胆大者冒着大不敬的罪名，指出管理层行事莽撞。如果有人暗示即使是纽黑文也无法承受这种铺张浪费，那么这种想法简直像怀疑直布罗陀巨岩的坚固性一样荒谬可笑。

当然，内幕人士是最先发现公司未来暗藏危险的一群人。他们在了解公司的真实情况之后减持了该股票。新英格兰的优质铁路股票在抛售和无人支持的情况下，价格开始下跌。如往常一样，股民开始质疑，并要求做出解释，内幕人员立即故技重施。“知名内幕人士”宣称，股票一切正常，下跌是胆大的空头抛售所致。于是新英格兰的“投资者”保留了他们所持有的纽约、纽黑文和哈特福德股票。为什么不应该继续持有？内幕人员不是说一切正常且下跌是空头抛售所致吗？公司不是一直都在照常发布派息公告和支付股息吗？

在此期间，内幕人士没有兑现打压空头的承诺，股价反而再创新低。内幕人士抛售的心情变得更为迫切，抛售的行为更加明目张胆。跌势加剧，新英格兰地区那些寻求稳妥投资和稳定分红的股民损失惨重。于是，波士顿一些有公德心的人开始要求相关人士给出股价暴跌的真实原因，但他们被骂成股票掮客和蛊惑人心的煽动者。

从每股255美元至每股12美元的历史性暴跌绝对不是而且绝对不可能是空头操作的结果。这种跌势既非空头操作引发，也不能靠它来维持。内幕人员不停地卖出，而且价格总是比他们在说出真相或允许别人说出真相的情况下卖得高。不管股价是每股250、200、150、100、50还是25美元，都高于股票的实际价值，内幕人员心知肚明，而股民被蒙在鼓里。当股民试图通过购买或出售一家公司的股票获利时，他们不妨考虑一下自己所处的不利地位，因为这家公司的真实情况只有少数人才能知道。

对于过去20年来跌幅最大的股票而言，其价格暴跌并非空头袭击所致。把它解释为空头袭击比较容易被大众接受，但是这一做法是造成大众数以百万计美元损失背后的真正推手。这种解释可以打消股民看到股票表现之后萌生的卖出念头，并且他们如果不是对空头袭击停止后价格会立即反弹抱有希望，他们就会清仓。过去，我常听到基恩受到股民的指责。在他之前，股民就常常指责查利·沃里舍夫或艾迪生·坎马克。后来我也成了他们股票亏损时指责的对象。

说到这里，我想起当时有关因特维尔石油公司的一个故事。当时公司有一个联合资金池抬高股价，在股价上涨的过程中出现了一些买家，之后操纵者把股价炒到每股50美元。联合资金池随后抛售，股价迅速暴跌。随后大众要求公司对暴跌做出解释。为什么因特维尔这么疲软？怀有此疑问的股民数量如此之多，以至这个问题的答案成为头条新闻。曾经有一家财经新闻报社向最了解暴跌情况的券商打电话询问原因，这些券商清楚地知道上涨和下跌的原因。当报社要求券商提供一个可以在全美范围内印刷和广而告之的原因时，这些券商、联合资金池的成员说了些什么？暴跌原因？原因就是拉里·利文斯顿袭击了股市！这还不够，他们还补充道，接下来会采取措施“整治”他。当然，因特维尔联合资金池依然在抛售。当时，该公司的股价仅为每股 12 美元左右，他们可以在每股 10 美元或更低的价格出售，而他们的平均售价仍然高于成本。

内幕人员在下跌时抛售股票是明智和正确的选择。但对于以每股 35 或 40 美元买进的局外人来说，情况就不一样了。看着报纸上刊登的新闻，局外人依旧持有股票不放，等待看内幕人员抓住拉里·利文斯顿好好惩治一番。

在牛市中，特别是在繁荣时期，股民最初都会赚钱，但随后就会亏掉，原因是在牛市逗留过久而错过赚钱的机会。这种“空头袭击”的说辞使股民在牛市里逗留太久。对于那些匿名的内幕人士希望股民相信的解释，股民应该小心提防。

第二十四章

内幕声明绝不能信

股民总是希望有人能为他们指点迷津，正是这一点让内幕消息传播变得司空见惯。经纪人以商情通报及口头传达的方式为客户交易出谋划策的做法在情理之中。但是经纪人不能过于迷信当前大势，因为股市变化的轨迹通常会比当前大势提前6~9个月。今天的盈利并不能成为经纪人推荐客户购买股票的正当理由，除非能够确保从今天起6~9个月后的业务前景使客户有理由相信他所买入股票的盈利水平将保持不变。如果将目光放得更长远一些，你就可以清楚地发现业务状况始终在发展，进而改变了当前的股价支撑因素，那么认为当前股价便宜的观点自然站不住脚。作手必须目光长远，而经纪人一心只盯着眼前的佣金，因此普通的商情通报不可避免会存在谬误。经纪人要生存就得从股民那里赚取佣金，他们会尝试通过商情通报或口头信息给股民传话，这诱导股民购买内幕人士或操纵者委托他们卖出的股票。

内幕人士会找到经纪人的头目，告诉他："我希望你能帮我操作我的股票，帮我处理掉5万只股票。"这种情况屡见不鲜。

经纪人会进一步询问详情。例如，这只股票的报价为每股 50 美元，内幕人士告诉他："我会以每股 45 美元的价格给你 5 000 股认购期权，价格每增加一个点就再加 5 000 股，直到给完 5 万股。我也会按市价再给你 5 万股的卖出期权。"

若经纪人拥有一大批追随者，那么他可以轻松大捞一笔。当然，这种经纪人正对内幕人士的口味。与全美各地的分公司和交易网点有直线电报连接的经纪行通常可以在此类交易中俘获大批的追随者。要知道，正是由于拥有卖出期权，经纪人无论如何都稳赚不赔。若他可以让股民一直听话，那么他不仅可以获得常规佣金，更可以卖出全部头寸，进而赚取巨大利润。

我想起了华尔街一位赫赫有名的"内幕人士"的光辉战绩。

他会拜访大型经纪公司的大客户经理，有时甚至会去拜访公司的初级合伙人。然后他会说："嘿！老兄，我很感激你一直以来给我的帮助，现在我要给你一个赚大钱的机会。我们不妨组成一家新公司，以合并我们其中一家公司的资产，最后我们以比当前报价高出很多的价格收购那只股票。我会以每股 65 美元的价格给你 500 股班塔姆商场的股票。这只股票现在的报价是每股 72 美元。"

这位心怀感恩的内幕人士和多家大型经纪公司的十几位高管都说了同样的话。既然得到这位内幕人士恩惠的人都在华尔街，当他们拿到这只已经有账面盈利的股票后会做什么呢？当然是建议所有能够接触到的人都来买这只股票。这位好心的内幕人士心知肚明，这些人会帮助他做市，然后他就会将手中的股票高价卖给可怜的股民。

除此之外，股票推销员的其他伎俩也应被禁止。交易所应该禁止交易以分批付款的形式在场外向大众发行的上市公司股票。对任何股票而言，有正式的报价相当于一种认可。此外，自由股市的权威背书以及偶尔出现的价格差异是吸引大众购买的重要因素。

另一种常见的兜售伎俩就是专门为便宜行事而增发股本，这会让轻率的股民损失数百万美元，而且不会有人因此坐牢。整个过程无非更改一下股票证书上的颜色而已。

惯用的伎俩就是用 2 只、4 只甚至 10 只新股来兑换一只旧股，这么做的目的通常是让旧商品更容易被销售出去。例如，每磅包装的原价是 1 美元，卖起来很吃力，但将其分成 1/4 磅，并分别以 25 美分、27 美分或 30 美分的价格出售就会好卖很多。

股民为什么不问一下为何他们能如此轻易地买到股票？这只不过是华尔街"慈善家"的另一种伎俩，但是明智的交易者会警惕这种糖衣炮弹。这就是识破对方伎俩所需的全部警告信号，但股民视而不见，因此每年亏损数百万美元。

只要有人制造或散布谣言，企图损害个人或公司信用或业务，通过影响股民卖出股票来故意压低股价，最终将难逃法律的制裁。最初，法律手段的主要目的可能是惩戒那些在股市面对重重压力之时质疑银行偿付能力的人，以此来缓解股市恐慌情绪。当然此举也是用来保护股民的利益，以免他们以低于实际价值的价格卖出股票。换句话说，国家法律就是用来惩罚看跌或类似传言的传播者。

那么如何才能保护股民，使其避免以高于实际价值的价格买入股票呢？谁负责惩罚那些散播不正当看涨消息的人呢？没有人。然而股民接受内幕人士的匿名建议以更高的价格买进股票反而亏了更多钱，而且亏损的程度远远高于在所谓“空头袭击”期间因听从看跌建议而以低于股票实际价值的价格卖出时所造成的损失。

如果能通过一项法律，像现在惩罚看空谎言散播者那样惩罚看多谎言散播者，我相信大众会避免数百万美元的亏损。

当然，股票推销员、操纵者和其他从乐观的匿名信息中获利的人士会告诉你，单凭谣言和不可靠的声明就贸然交易之人活该自作自受。也许有人会认为，自作孽不可活。

股票交易所应该出手解围，保护股民免受不公正做法的侵害，这对交易所而言至关重要。某位内幕人士如果希望股民接受自己所述事实甚至其个人观点，就让他为自己的言论背书。但即使为看涨消息背书，也不一定就表明这些消息真的会实现，但这会让“内幕人士”和“董事们”更加谨言慎行。

股民要时刻将股票交易的基本原则铭记于心。股价上涨时，完全没有必要追究其上涨的原因。让股价持续上涨的关键就是不停地买入。只要它保持上涨势头，哪怕偶尔出现小幅自然回调，比较稳妥的建议就是跟随股票走势顺势而为。但如果某只股票价格在保持持续稳定上涨势头之后开始反转，呈下跌之势，即便偶尔出现小幅反弹，其最小阻力路线也会由上涨转为下跌。既然如此，那么还有什么可解释的？股票的下跌理由可能很充分，但这些理由只有少部分人知道，这些人要么绝口不提下跌的原因，要么直接告诉股民股价太低。股票交